아르케
북스

222

안
후
상 安厚相, An Hu Sang

원광대학교 사학과를 졸업하고 성균관대학교(석사)와 전남대학교(박사)에서 한국근대사
및 한국근대종교운동사를 전공하였다. 목아불교박물관, 조계총림 보조사상연구원, 충남대
유학연구소 등에서 다양한 연구 활동을 하였다. 현재 한국신종교학회 이사, 사단법인 노령
역사문화연구원 원장으로 있으며, 고창북고등학교 교사로 재직 중이다.

저서로는『한국근현대사 이야기, 5·18과 바나나』와 공서『한국민족운동과 종교』,『일제강
점기 보천교의 민족운동』,『조계종사』,『19세기 사상의 거처』,『전라북도 근현대 인물이야
기』,『한국독립운동사사전』,『정읍시사』외 다수가 있다. 연구논문으로는「무오년 제주법정
사 항일항쟁 연구」,「보천교와 물산장려운동」,「식민지시기 보천교의 '공개'와 공개 배경」,
「보천교의 반일성 연구'를 위한 연구사적 검토」,「일제강점기 보천교의 독립운동」,「한국불
교 총본사건설과 이종욱」,「내장사의 유래와 '내장산 내장사' 인식」,「손화중 피체지' 재고」
외 다수가 있다.

민속원 아르케북스 222 minsokwon archebooks

일제강점기 보천교의 신국가 건설운동

| 안후상 |

민 속 원

머리말

　이 책『일제강점기 보천교의 신국가 건설운동』은 33년이라는 세월을 감내한 결과이다. 사회주의 운동사에 관심을 가졌던 학부 시절의 나는 3차 조선공산당 김철수金錣洙의 녹취록을 접하였다. 녹취록은 보천교普天教 차경석車京石으로부터 자금을 지원받았다는 내용이었고, 그로부터 시작된 '보천교 운동 연구'는 석사학위논문(1992)으로 이어졌다. 그리고 30년이 지난 2022년 8월「일제강점기 보천교의 민족운동 연구」(박사학위논문)를 완성하였다. 이 책은 앞의 박사학위논문이다.

　나는 신종교이지 민족종교로 불리는 보천교의 활동을 통해서 일제강점기의 민족운동을 이해하고자 하였다. 근대 한국 신종교의 활동에 대한 인식이 박약한 역사학계보다는 종교학계나 한국신종교학회에 기대어 관련 연구를 이어갔다. 하지만, 역사학도로서 역사학계에 나의 연구를 알리고, 그리고 인정받고 싶었다. 그러던 중 전남대학교 사학과 윤선자 교수님을 만나게 되었고, 연구 방법론을 다시금 익히며 사료의 발굴과 정리에만 16년의 세월을 흘려보내야 했다. 고등학교 교사다 보니 많은 시간과 열정을 쏟을 수 없었던 것도 학위논문을 더디게 하였다.

　탐구하고 글쓰기를 좋아하지만, 박사학위논문을 작성한다는 것은 매우 힘든 일이었다. 중간에 포기할까도 여러 번 생각하였지만 무엇보다 윤선자 교수님의 양동 작전, 즉 열렬한 응원과 함께 꼼꼼하고 치밀한 지도, 그리고 일제강점기 근대적 지식도 권력도 재력도 없는 민중들의 핍진한 삶에서도 잃지 않은 민족성 등을 생각하면 포기할 수 없었다. 당시 민중들은 '민족nation'을 의식하지 못했지만 타민족의 압박에서 벗어날 방법들을 끊임없이 모색하였다. 이들이 바로 동학東學에 뿌리를 둔 보천교와 보천교계 신종교들이다.

19세기 조선은 정치·사회적 문란과 경제적 혼란이 가중되었다. 이것으로 인해 민중의 삶은 그 어느 때보다 피폐하였다. 여기에다 서양 제국주의 세력 및 일본의 침략적 접근이 거세었다. 이러한 가운데 지배 이념인 성리학과는 다른 주장을 담은 새로운 종교가 등장하였다. 그 대표적인 게 동학이다.

전라도에서 동학운동을 주도하던 차경석이 1907년 강증산姜甑山을 만나면서 시작된 보천교는 일제강점기 내내 24방주方主 또는 60방주方主라는 민중 조직을 통해 새로운 정부 수립 운동, 즉 후천선경後天仙境 신정부 건설운동을 전개하였다. 일제는 이러한 보천교의 활동을 "국체를 부정하는 불온한 사상"으로, 그리고 "독립운동"으로 규정하였다.

1918년 제주도에서 김연일金蓮日과 보천교 교인 박주석朴周錫이 제주의 민중을 이끌고 식민 통치 기관을 습격하였다. 일제를 몰아내고 제주의 왕王이 되겠다는 이들은 충청남도 계룡산에다 도읍都邑을 정하고 황제를 옹립시키겠다며 제주의 민중을 끌어들였다.

1920년대 보천교는 국내외 민족운동을 인적·물적으로 지원하였다. 물산장려운동을 지원한 보천교는 1930년대까지 자작자급의 경제운동을 전개하였다. 1920년대 중반에는 만주의 민족운동 단체 정의부正義府와 함께 군자금 모집을 시도하였다. 그러나 보천교의 민족운동은 고천제告天祭를 통해 '시국時國'이라는 국호를 선포하고 새로운 정부를 수립하는 일이었다.

보천교가 새로운 정부를 수립한다는 것은 일본의 왕王을 부정하고 식민지 상태를 인정하지 않겠다는 것이다. 따라서 1930년대 일제는 후천선경 신정부 건설운동을 전개하는 보천교를 강제 해체하였다. 그러나 보천교 잔여 세력들, 즉 보천교계 신종교들은 뿔뿔이 흩어져 비밀리에 후천선경 건설운동을 이어갔다. 일제는 이들을 "민족주의가 농후하고 국체를 부정한 불온한 비밀결사 단체"라며 탄압하였다.

보천교계 신종교들 가운데 강원도와 황해도를 거점으로 한 선도교仙道敎는 후천선경 신국가 건설을 선언하며 민중을 조직하였다. 전라북도의 황극교黃極敎와 미륵불교의 '신인동맹神人同盟'은 고천제와 수령제受靈祭를 통해서 민중에게 민족의식을 심었다. 그리고 일제의 패망을 기원하고 예언하는 비밀집회를 이어 나가며, 새로운 국가 수립을 시도하였다.

일제강점기에 나라를 되찾을 마땅한 정치적 책략이나 경제적 수단이 없었던 민중은 『정감록』이나 강증산의 예언에 의지하며, 진인眞人의 출현을 고대하였다. 그리고 고천제나 예언 등을 통해서 양반 중심이 아닌 민중 중심의 새로운 사회의 건설을 시도하였다. 민중의 집합체인 보천교는 후천선경을 상징하는 중앙본부를 전라북도 정읍군 입암면 대흥리大興里에다 건설하였다. 그리고 대한민국 임시정부와 함께 한국韓國을 독립시킬 것이라고 선전하였다. 그 현실성과는 상관없이 '항일'과 '민족성'으로 채워져 있는 보천교의 활동을 당시 지식인들은 보지 못하였다.

종교는 당대 사람들의 필요에 따라 만들어지기도 하고 재구성되기도 한다. 일제강점기 한국인들의 바람은 한국 민족의 독립과 새로운 정부나 국가의 수립이었다. 보천교와 보천교계 신종교들의 활동 역시 이것과 다르지 않았다. 이들은 전前근대적이었고, 그 주장이나 논리들은 들쑥날쑥 산발적이었다. 그러함에도 성속聖俗을 넘나들며 민족의 독립과 새로운 정부나 새로운 국가 수립을 일관되게 도모하였다. 이러한 보천교와 보천교계 신종교를 일제는 식민 통치에 장해가 된다며, 그리고 이들의 민족운동이 체계적이고 이념적으로 발전할 가능성이 있다며 보안법이나 치안유지법으로 탄압하였다.

이 책은 그동안 흔히 볼 수 있는 '민족운동사 연구'와는 차이가 있다. 사소하고 주변적인 것처럼 여겨지는 방식으로써 민족운동을 전개한 흔치 않은 사례이기 때문이다. 보천교와 보천교계 신종교들의 민족운동 과정에서 구속, 기소된 자는 424명, 이 가운데 154명이 독립유공자이다. 이들은 타자他者인 일제의 지배에서 벗어나고자 하였지만, 그 방법은 지극히 토속적이고 전통적이었다. 일부 지식인들은 보천교의 이러한 성향을 보지 못하였으며, 심지어 근대성을 선善으로 보천교의 전前근대성을 악惡으로 바라보기까지 하였다. 그러면서 민중의 민족성은 점차 설 자리를 잃게 되었다.

보천교는 초기에 제주도에서 척양척왜의 기치를 내걸며 일제 식민 통치 기관을 불태우고, 새로운 왕王의 등극을 꾀하였다. 일왕日王의 초상을 그려놓고 복숭아 나뭇가지로 만든 화살을 초상을 향해 쏘았다. 그리고 죽은 일왕의 혼魂을 불러내 꾸짖거나 고려 말 충신들의 영靈을 위로하는 의식을 통해서 민족정신을 주입하였다. 새로운 정부나 국가의 중앙본부를 건설하였고, 그곳을 갈등과 전쟁이 없는 선경仙境으로 삼았다. 그뿐 아니라, 대한민국 임시정부와 사회주의 운동가들에게 거금을 지원하였으며, 의열단, 정의부, 불변단 등 국외 독립운동 단체와도 긴밀히 협력하였다. 심지어 일부 지식인들이나 민족운동가들은 보천교에서 교직敎職을 맡기도 하였다.

그러나 변화하는 시대 흐름을 자각하지 못한 보천교가 일제의 식민 지배 정책에 이용당했다는, 당시의 비판도 있었다. 시국대동단時局大同團을 결성하여 일제의 식민 정책에 동조한 듯한 활동을 비판한 것이다. 그즈음 보천교 박멸운동이 거세게 일었는데, 그 배경에는 다름 아닌 보천교의 《시대일보》 경영이었다. '무지몽매'·'미신사교'의 보천교가 문명의 상징 신문新聞을 경영한다는 것은 당시의 그들로서는 있을 수 없는 일이었다.

일제강점기 일부 지식인들과 민족운동가들은 일제 식민 통치 논리이기도 한 근대 문명주의에 함몰돼 있었다. 반反문명의 상징을 보천교로 설정한 이들은 보천교 박멸운동을 주도하였다. 그런데 보천교의 상투와 갓, 두루마기를 반反문명으로 이해하고 비판했던 이들에게 정녕 있어야 할 '민족'은 보이지 않았다.

나의 이러한 문제의식은 기존의 관련 연구에서 갖는 것과 사뭇 다르다. 따라서 신중함이 더해지면서 학위논문의 완성은 지체되었다. 그즈음 윤선자 교수님은 보천교의 민족운동 관련 통계를 주문하였다. 나는 즉시 국가기록원의 '독립운동관련판결문'과 국가보훈처의 '공훈전자사료관'에 매달렸고, 6개월 만에 보천교 관련 독립운동 관계자 424명, 그 가운데 154명이 독립유공자였다는 통계를 작성할 수 있었다. 이는 타 종교의 관련 통계를 훨씬 능가한 수치이다.

이와 같은 통계는 학위논문의 완성에 있어서 화룡점정이 되었다. 더딤과 힘듦은 어느새 사라졌고, 새로운 사료와 통계를 바탕으로 하는 학위논문은 빠르게 완성되어 갔다. 학위논문 심사는 지도 과정보다 순조로웠다. 하지만, 심사과정에서 "보천교의 활동을 민족주의나 민족운동에 가두는 것은 아쉬움이다."라는 임종명 교수님의 고언은 아직도 뇌리에 남아 있다.

사실 오래전부터 보천교 중앙본소가 있는 정읍井邑으로 다수의 사람이 이주한 배경에는 전前근대적 신분 상승의 욕구와 관련이 있을 것이라는 가설이 있었다. 일제강점기에 전前근대적 사고가 잔존한 근거로서 보천교의 활동이 하나의 사례로서 제시되기도 하였다. 이처럼 다양한 접근 방식은 차후 연구에서 기약할 수밖에 없다. 왜냐하면, 나의 연구 역량이 아직은 불민不敏하기 때문이다. 아울러, 갑작스러운 출판 제의에 책의 제목과 편집 체계까지 세세하게 상의하는 민속원의 홍종화 사장님의 거침없는 제안을 물리치기가 어려웠기 때문이다.

이 책은 권력도 책략도 재력도 없는 일제강점기의 민중이 할 수 있는 민족운동 사례이다. 이 책이 일제강점기 한국 민족운동의 역사를 확장하는 데 일조했으면 하는 기대감이 있으며, 이 같은 사례들이 더 많이 발굴되고 제시되었으면 하는 바람도 있다. 국권을 되찾고 새로운 정부나 국가를 수립하고자 조직을 하고, 일본의 패망을 예언하거나 국호를 선포했다는 이유로 고문을 당하고 죽음에 이른 이들에게 이렇게 말해드리고 싶다. 당신들이 했던 활동도 민족운동이었다고!

이 책의 출판은 윤선자 교수님의 탁월한 지도 덕분이다. 심사과정에서 한규무·임종명·류시현·김창수 교수님의 고언은 학위논문을 완성하는 데 큰 도움이 되었다. 심사위원 교수님들께 다시 한번 감사드린다. 보천교를 연구하는 내내 곁에서 끊임없는 격려와 함께 도움을 준 분들이 적지 않다. 나의 부족한 연구 능력을 채워준 분들이 적지 않았기에 이와 같은 책이 나올 수 있었던 것 아닌가!

'보천교普天教'라는 주제로 오랜 세월 함께 연구해 온 김재영 박사님과 김철수 교수님은 응원과 격려에 머물지 않고 학위논문 초안을 꼼꼼히 읽고 지적하였다. 그 고마움은 평생

잊지 않을 것이다. 일본 가쿠슈인 대학學習院大學에서 귀중한 사료를 수집해 준 최연식 교수님과 석사학위논문에서부터 지금까지 많은 영감을 준 김탁 박사님은 나의 길이기도 하다.

학부 때부터 한국 근대사와 동학농민운동사의 재미를 일깨워준 신순철 교수님, 보천교를 주제로 글을 쓰게 해 저널에 싣게 한 최준석 교수님, 석사학위논문을 따뜻하고 자상하게 지도해준 성대경 교수님, 사료 보는 눈을 뜨게 하고, 보천교로 많은 사람이 이주하게 된 배경을 박사학위논문의 주제로 삼으라 주문한 송준호 교수님 등은 오늘의 나를 있게 하였다. 사도師道의 길을 걸으면서 연구할 수 있도록 배려한 이강수 박사님과 이홍수 교수님 역시 오늘의 나를 있게 하였다. 이 모든 분께 깊이 감사드린다.

나의 보천교 연구를 응원하면서 한국 신종교와 친근하게 도왔던 분들도 있다. 이강오 · 유병덕 · 김홍철 · 윤이흠 · 황선명 · 양은용 · 박광수 교수님과 윤승룡 박사님, 이희태 선생님, 이경우 선생님, 그리고 나의 연구의 균형타 역할을 한 김방룡 교수님과 김상욱 박사님 등은 이 책의 출판을 있게 한 씨줄이라 할 수 있다.

보천교의 역사를 복원하겠다며 나의 연구에 큰 관심과 격려를 아끼지 않은 이훈상 이사장님 외 월곡기념사업회 회원님들, 지역사를 함께 연구해 온 이진우 선생님을 비롯한 사단법인 노령역사문화연구원의 문우文友들, 그리고 나의 연구를 널리 알리고 지원을 아끼지 않았던 장학수 의원님과 김욱 선배님 등은 날줄이라 할 수 있다. 이 모든 분께 깊이 감사드린다. 그리고 출판에 아낌없는 제언을 해준 홍종화 사장님과 편집부의 노고도 잊지 않겠다.

이 책은 33년간 나의 연구를 묵묵히 지켜보고 응원해 준 나의 아내 정명숙 님과 정은 · 재영 · 자은 등 나의 가족에게 온전히 바친다. 나의 연구를 지켜보면서 걱정과 기대의 복잡한 마음이었을 나의 부모님과 형제들께 이 책의 출판으로 얻을 수 있는 모든 영광을 안겨드린다.

2023년 2월
노령의 자택에서 안후상 씀

차례

日帝强占期
普天敎
新國家 建設運動

제1장

서론

—

서론

1919년 3·1운동 이후 복벽주의운동은 극복되고 공화주의운동이 전개되었다.[1] 그렇지만 정치 이념과 종교 관념이 미분화된 상태의 농민층은 보수 지향적 전통주의나 복고적 규범의식에서 크게 벗어나지 못하였다.[2] 근대의 한국韓國[3] 민중民衆은 전前근대적 사고에 머물러 있었다는 것인데, 그것과 관련한 사례는 한국 신종교新宗教[4]에서 찾을 수 있다. 일제강점기 한국 신종교들은 대체로 새 왕조王朝나 신정부新政府의 개창을 목표로 하였기

---

1) 강만길, 『한국현대사』, 창작과비평사, 1984, 46-47쪽; 강만길, 『고쳐 쓴 한국 현대사』, 창비, 1994, 59쪽.
2) 황선명, 「잃어버린 코뮌」, 『신종교연구』 2집, 한국신종교학회, 2000. 5, 40-48쪽.
3) '韓國'은 1897년 大韓帝國, 일제강점기 大韓民國臨時政府, 그리고 1948년 大韓民國의 약칭이다. 이 책에서 '韓國'은 일제강점기 한반도와 한국인을 가리킨다.
4) 용어 '類似宗教', '似而非宗教', 淫祀, '邪教' 등은 19세기 근대화 과정에서 일제가 만든 새 용어이다. 보천교와 같은 한국의 신종교를 일제는 '類似宗教'라 했고 광복 직후에는 '新興宗教'라 하였다. 앞의 '유사종교'나 '신흥종교'에는 경멸적 의미가 내포돼 있다는 이유로 관련 학계에서는 '新宗教'라는 용어를 1980년대부터 사용하였다. 『한국정신문화대백과사전』(1979)에서 '新宗教'라는 용어를 사용하였으며, 1999년에 창립된 관련 학회의 이름도 '韓國新宗教學會'이다. 이외, '民衆宗教', '民族宗教' 또는 '民俗宗教' 등의 용어가 있으나 이는 종교의 성향에 따른 분화된 용어이다. 이 책에서는 중립적이고 객관적인 용어 '新宗教'를 사용하겠다.

때문이다.

한국 신종교들은 한국의 정세 변화에 따라서 변화를 추구하였다.[5] 동학東學은 1905년 손병희孫秉熙의 주도하에 천도교天道教로 개칭하고서 반反근대 · 반反외세에서 문명개화文明開化 쪽으로 노선을 변경하였다.[6] 손병희의 노선을 따르지 않은 이들은 별도의 군소 교단을 만들었다.[7] 손병희의 노선에 반대했던 차경석車京石은 강증산姜甑山을 만나면서 새로운 종교를 모색하였다.

차경석은 1910년대에 동학과 마찬가지로 농민을 기반으로 한 보천교普天教[8]라는 신종교를 만들었다. 일제강점기에 후천선경後天仙境 신정부新政府 건설을 내세운 보천교는 『정감록』이나 각종 비결秘訣의 정서 속에서 급성장하였다.[9] '후천선경 신정부 건설'은 일제강

---

5) 강만길, 『고쳐 쓴 한국현대사』, 창작과비평사, 1984, 228쪽.
6) 김정인, 『천도교 근대 민족운동 연구』, 한울, 2009, 48쪽.
7) 天道教와는 다른 東學 계통의 신종교는 侍天教, 上帝教, 青林教, 大華教, 人天教, 水雲教, 無極大道教 등이 있다.
8) '普天教'는 1922년에 표명된 이름이며, 그전에는 太乙教, 仙道教, 흠치교(吽哆教), 天子教 등이라 하였다. 이 책에서는 1922년 전후 차경석이 중심이 된 仙道教나 太乙教를 '普天教'라고 칭하겠다. 대체로 보천교라는 교명이 표명되기 이전에 일제는 차경석 일파를 '仙道教'로 金亨烈 일파를 '太乙教'로 파악하였다. (南山太郎, 「奇奇怪怪秘密結社の解剖(4)」, 『朝鮮公論』券號第10券10號, 1922.10; 『일제강점기 보천교 민족운동 자료집IV』, 전라북도 · 정읍시 · 충남대학교충청문화연구소, 2018, 174쪽) 차경석과 김형렬은 1914년까지 姜甑山의 유지를 받든 종교적 형제지간이었다. 따라서 사회 일반에서는 이 둘을 混同했으나 당시 언론은 차경석의 일파를 '太乙教'라고 표기하였다. (「講演會報告に關する件」, 鐘路警察署長, 1924.9.28.; 『일제강점기 보천교 민족운동 자료집III』, 2018, 201쪽) 그 이유는 김형렬 일파가 차경석 일파와 비교해 그 세가 미약했고, 언론은 김형렬과 차경석을 한통속으로 여겼기 때문이다. "결국 본교(필자 주 : 보천교)는 연혁에서 이름을 흠치, 선도 또는 태을이라 칭하고 실제로는 포교자가 임의로 혼용하고 있다."는 기록도 있다. (南山太郎, 「秘密結社の解剖(四)」, 『朝鮮公論』第10券10號 · 通卷第115號, 1922.10.; 『일제강점기 보천교의 민족운동 자료집IV』, 2018, 178-179쪽) 교명인 普天教를 "普는 廣也며 大也이오, 天은 萬物을 覆하나 私가 無합으로 갈옷 普天이라 하니라."고 당시의 관련 교단은 설명하였다. (『普天教報』 創刊號, 普天教眞正院, 1922, 743쪽)
9) 일제는 "……포교에 힘쓴 결과 한때는 교도 6백만이라 불렸으며, 그의 잠재 세력은 참으로 경시할 수 없는 것이 있으므로, 이것을 어떻게 관리하고 조종할까는 조선의 치안 유지에도 중대하게 관계하는……" (『普天教一般』, 1926, 55쪽) 것이라고 기록하였다. 그리고 보천교의 교인을 "한때 그 수가 100만 명"이라고도 언급하였다. (무라야마 지준, 최길성 · 장상언 역, 『조선의 유사종교』(1935), 계명대학교출판부, 1991, 257쪽. 이하 『조선의 유사종교』라 함) 그런데 앞의 『조선의 유사종교』의 〈표 8-32〉 흠치교계 도별 · 연도별 교세」에서는 증산교 계통의 연도별 교세를 1920년 24,699명, 1922년 30,741명, 1925년 42,631명, 1928년 43,686명 등이라 하였다. (『조선의 유사종교』, 644-652쪽). 어느 쪽이건 재고가 요구되는 수치이다.

점기 보천교의 활동에서 일관一貫되며, 이는 한때 수탈당하고 소외된 식민지 민중의 불안과 불만의 대안으로 제시되기도 하였다.[10]

중국의 상수역학象數易學에서 비롯된 후천개벽後天開闢의 이상적 세계가 후천선경이다. 후천선경은 조선 후기 역학자 김항金恒이 강조하였으며, 이는 유교적 복고주의라 할 수 있는 대동지치大同之治와도 가깝다. 이후 후천선경은 강일순, 차경석 등에 의해서 강조되었다. 특히, 차경석은 강증산이 강조한 '조화정부造化政府'를 후천선경과 결부시켜 당시 민중들에게 제시하니, 이른바 후천선경 신정부 건설이다.[11] 당시 정치적인 이념과 신비적인 종교 관념이 미분화된 상태의 민중은 성속聖俗의 경계가 모호한 '후천선경 신정부'를 중국 요순시대의 대동 사회인 양 받아들이기도 하였다.[12]

일제는 1915년 8월 16일 「포교 규칙」을 공포해 불교佛教, 기독교基督教, 신도神道만을 종교로 인정하고, 천도교나 보천교 등 한국인이 만든 종교, 즉 한국 신종교는 유사종교類似宗教로 규정하였다.[13] 종교와 유사종교를 구분하는 기준은 조선총독부의 판단이 결정적이었다. 공인된 종교가 아니더라도 '종교처럼' 취급해 주는 예외적 사항도 전적으로 조선총독부가 판단할 사안이었다.[14] 따라서 한국의 신종교는 유사종교로 분류돼, 1907년에 공포된 '보안법'과 1910년에 공포된 '집회취체集會取締에 관한 건', 그리고 1925년에 공포된 '치안유지법' 등으로 규제받고 탄압을 받았다. 정치에 관여하지 않은 종교만이 순수하고 진정한 종교라고 했던 일제는 보천교를 가장 많이 규제하고 탄압하였다.

---

10) 동학 이후부터 1930년대까지 한국 신종교는 70여 종일 정도로 성황이었다. (『조선의 유사종교』, 15쪽) 국권을 상실하고 절망에 빠진 민중의 심성이 이렇듯 수많은 신종교를 만들었다. 그 가운데 다수가 강증산을 교조로 하는 보천교와 보천교계 신종교이다.

11) 강증산은 차경석에게 "後天仙境을 열고 造化政府를 세워 死滅에 빠진 세상, 특히 韓國 民族을 구제하겠다."고 말하였다. (李祥昊, 『甑山天師公事記』, 相生社, 1926, 9쪽 · 72-73쪽). 차경석은 강증산의 '후천선경 조화정부'를 정치성이 짙은 용어 '후천선경 신정부'로 고쳐 불렀다.

12) 황선명, 「잃어버린 코뮨」, 『신종교연구』 12, 한국신종교학회, 2000. 5, 21-27쪽 · 48쪽.

13) 「布教 規則」 제1조 "본령에서 종교라 칭함은 神道, 佛教 及 基督教를 謂함"이며, 제15조 "조선 총독은 필요에 따라 有한 경우에 在하여는 宗教類似 단체라고 認한 것에 본령을 準用함도 有함"이라 하였다. (《朝鮮總督府官報》 1915. 8. 16)

14) 「布教 規則」 第15條(《朝鮮總督府官報》 1915. 8. 16).

『고등경찰에 관한 관내 상황』
(전라북도, 1926)
한국 민족종교를 '유사종교'라고
규정하고 사찰한 내용을 정리해
놓은 일제의 기밀 문서이다.

　일제는 보천교를 '독립운동 단체', '불경스러운 단체', '국권 회복을 위한 비밀결사체' 등으로 규정하였다. 1930년대 보천교계 신종교[15]에 대해서는 '국체를 변형하려는 비밀결사체' 또는 '조선 독립운동 단체' 등으로 규정하고 '보안법'과 '치안유지법' 등을 적용하여 탄압하였다. 실제로 보천교와 보천교계 신종교는 신정부 및 신국가 건설운동을 전개하면서 일왕日王과는 다른 새로운 왕王을 추대하겠다고 하였다.[16] 이처럼 식민 통치를 하는 데 보천교와 보천교계 신종교들이 장해가 되었기 때문에 일제는 이들을 탄압하였다.

---

15) 1930년대 보천교가 쇠락하고 강제 해체되는 가운데 그 잔여 세력들이 보천교와 같은 조직운동을 전개하였다. 이들은 인적, 교리적인 것뿐만 아니라 목표나 방법까지도 보천교를 닮았다. 따라서 보천교와 그 잔여 세력들 모두 이 책에서는 '보천교'라고 표기하겠다. 그리고 보천교와 보천교의 잔여 세력을 구분할 필요가 있을 때는 '보천교계 신종교'라 표기하겠다.

16) '仙道를 標榜하는 秘密 團體 大檢擧',《동아일보》1921. 4. 26.; 황해도 옹진의 崔道成 판결문(1945. 3. 12. 고등법원형사부). 다소 회화적이긴 하나, 姜甑山이 자칭 '上帝[하느님]'이면 그의 제자 차경석은 '天子'나 '皇帝'이어야 한다. 초기 보천교는 종교 조직으로서 출발하였다. 종교 조직은 합리성을 초월한다고 하지만 日常化(routinization) 되어가는 과정에서 합리화는 불가피하다. 그럼에도 보천교는 일제강점기 내내 정치적이고 세속적인 지향과 종교적인 지향의 경계에 있었다.

보천교가 국권을 회복하고 신정부나 신국가를 건설하겠다는 것은 일제 식민 통치와 조선총독부를 인정하지 않겠다는 것이다. 따라서 필자는 보천교의 이러한 활동을 민족운동民族運動으로 이해한다. 일제강점기의 보천교와 일제日帝도 보천교의 활동을 민족이나 민족운동과 연결을 짓고 있다.[17] 근대성을 찾아볼 수 없다며 보천교의 활동을 민족운동으로 볼 수 없다는 일각의 견해도 있지만, 민족주의와 민족운동을 근대적 사상으로만 이해하는 것에는 분명 한계가 있다고 생각한다.

민족民族이란 혈연과 언어, 전통과 문화, 역사와 지연을 공유하는 공동체이다.[18] 이러한 것을 자각하는 것을 민족의식이라 하고 민족의식의 발전적 행동 논리 또는 행동 철학을 민족주의라고 한다.[19] 민족주의가 외형적으로 동태화動態化될 때 '민족주의운동' 또는

---

17) 韓國의 獨立運動이란 일제강점기 한국 민족이 일제로부터 독립을 위해 다양한 민족운동을 전개하는 일, 또는 그 운동을 말한다. 유사한 말로는 民族解放運動이 있다. 民族運動이란 민족의 독립뿐 아니라 민족의 통합이나 확장 등을 위해 전개하는 일이다. 따라서 독립운동은 민족운동의 범주에 포함된다. 일제강점기 보천교와 보천교계 신종교들은 민족의 독립뿐 아니라 '天子 登極'을 꾀하고 신정부 또는 신국가 건설을 도모하였으며, '세계의 중심 上等國 韓國'을 추구하였다. 1926년에 간행된 『甑山天師公事記』에 "이제 너(필자 주 : 차경석)를 만남에……내가 三界大權으로 天地를 改造하여 仙境을 열고 造化政府를 세워서 死滅에 濱한 世界蒼生을 건지려 할 새, 너의 東方에 巡廻하다가 이때에 그친 것은 곧 慘禍中에 빠진 無名弱小의 民族을 먼저 도와서 萬古에 싸인 원을 풀어주려 함이라. 나를 좇는 者는 永遠의 福을 얻어 不老不死하여 仙境의 樂을 누릴 것이니라 하시니라."(李祥昊, 『甑山天師公事記』, 相生社, 1926, 72-73쪽)는 내용이 있다. 즉 '玉皇上帝'인 강증산이 동쪽을 순회하다가 慘禍에 빠져 있는 이름 없는 약소민족인 한국을 먼저 도와주고자 왔다는 내용으로, 이를 옮긴이는 李祥昊이다. 이상호가 강증산의 제자들에게 들었던 얘기를 옮기는 과정에서 '民族'이라는 용어가 들어간 것으로 추정되며, 이때의 '민족'은 강증산이 아닌 책의 저자 李祥昊가 선택한 용어이다. 비록, 이상호의 기록이기는 하지만, 그가 쓴 책은 강증산의 활동을 기록한 것이기에, '민족은 강증산과 전혀 무관하게 선택되었다고 볼 수 없다. 일제 통치자들도 보천교의 이러한 활동을 민족운동으로 파악하였다. 『조선의 유사종교』에 보천교 핵심 간부 鄭基道가 "조선민족으로서는 보천교를 신앙해야만 조선민족일 수 있다"고 선전했다는 일제 경찰의 기록이 소개돼 있다.(『조선의 유사종교』, 258쪽) 1930년대 일제는 보천교계 신종교를 탄압하는 가운데 "사안의 대부분이 유사종교 단체 관계자에 의해 감행되고 있다는 것, 범인은 대부분이 40세 이상의 중노년자로 무지한 농민이 차지하고 있다는 것, 사상 배경은 民族主義에 의한 것이 가장 많다는 것"(「支那事變以後に於る保安法違反事件に關する調査」, 《思想彙報》 第19號, 1939년 12월, 61-83項; 『원광대종교문제연구소 자료집 총서, 『사상휘보』 민족종교 관련기사 - 조선총독부 고등법원(1934~43년) -』, 집문당, 2015, 7쪽)이라고 하였다. 일제가 보천교계 신종교의 활동 배경에 民族主義가 있다고 본 것이다. 이처럼 보천교와 일제 모두는 보천교와 보천교계 신종교의 활동을 '민족운동' 또는 '민족주의'로 바라보았다.
18) 이만열, 「민족주의」, 『한국사 시민강좌』 25, 일조각, 1999, 3쪽.
19) 조동걸, 『韓國民族主義의 成立과 獨立運動史研究』, 지식산업사, 1989, 8쪽. 이하 조동걸의 『한국민족주의

'민족운동'이라고 한다. 따라서 민족주의에는 '이념'과 '운동'이 동시에 내포돼 있다. 즉 민족주의는 민족의 독립과 통일, 민족의 발전을 지향하고 추진하는 이념이자 운동이다.[20]

위정척사운동이나 한말韓末 복벽주의적復辟主義的 운동의 지향점들은 개혁을 통해서 이루어지는 근대사회가 아니라는 점에서 근대 민족주의로 보기 어렵다는 견해가 있다. 민족주의를 국민주권주의 관점에서 이해한다면 한국 민족주의는 1919년 3·1운동을 거치면서 비로소 형성된다는 주장이다.[21] 그러나 위정척사운동은 한말韓末 의병운동으로, 그리고 일제강점기 복벽주의적 국권회복운동으로 이어졌다. 따라서 한말 민족주의적 요소를 '국민주권의 달성'이라는 측면에서만 본다는 것에는 한계가 있다는 지적이 있다.[22]

한국의 민족주의를 근대적 사상으로 규정하는 데 대해 부정적인 조동걸은 민족주의를 근대적 소산으로만 볼 것이 아니라, 고전적 민족주의와 근대적 민족주의 등 두 유형으로 분류하는 것이 역사에 충실할 수 있다고 하였다.[23] 그러면서 한말 근대적 민족주의를 민중적 민족주의와 시민적 민족주의로 분류하는 등 그 유형을 확대하였다.[24] 그리고 1910년대 복벽주의 이념은 근대 민족주의와 병존하다가 3·1운동을 계기로 복벽주의가

의 성립과 독립운동사연구』라 함.

20) 이만열, 「민족주의」, 『한국사 시민강좌』 25, 일조각, 1999, 3-4쪽. 民族主義란 민족이 단일 주권 국가를 이뤄 대외적으로 자주독립을 유지하고 대내적으로 공동체 안의 평등과 정의 실현을 목표로 하여 사회의 통합과 발전을 도모하는 이념이다. (이만열의 앞의 글, 3쪽) 민족주의가 외형적으로 動態化될 때 민족주의 운동이라고 한다. 식민 지배를 받는 지역에서의 民族主義運動은 민족의 자유와 독립을 추구하는 운동 (『한국근현대사사전』)이기에 일제강점기 민족주의운동은 민족운동과 다르지 않다. 한국에서의 民族獨立 運動은 개항을 전후한 시기에서 1945년 광복 때까지 일제를 주축으로 한 제국주의 침략에 대항하여 한민족의 독립을 수호·쟁취하려는 일체의 운동이다. (『한민족대백과사전』) 따라서 일제강점기의 민족독 립운동은 민족운동의 범주에 들어간다.

21) 강만길, 『韓國 民族運動史論』, 한길사, 1985, 20-21쪽; 강만길, 『韓國 民族運動史論』, 창비, 2018, 18쪽.

22) 이만열, 「민족주의」, 『한국사 시민강좌』 25, 일조각, 1999, 6-10쪽. 韓末 민족운동의 큰 흐름을 크게 위정 척사운동, 개화운동, 민중운동 등 세 흐름으로 구분한 이만열은 동학농민전쟁에서 반봉건·반외세의 사 회사상을 분출한 민중은 그 후 위정척사론자들과 제휴해 의병운동으로 발전하게 되었고, 개화 세력과 손을 잡고 독립협회운동과 애국계몽운동을 가능케 하였다고 언급하였다. (이만열, 『한국기독교와 민족의 식』, 지식산업사, 1991, 270쪽)

23) 조동걸, 『한국민족주의의 성립과 독립운동사연구』, 8-9쪽. 민족주의를 근대의 산물로 보는 이는 홉스봄이 다. (E. J. 홉스봄·강명세 옮김, 『1780년 이후의 민족과 민족주의』, 창작과비평, 1994, 24-27쪽)

24) 조동걸, 『한국민족주의의 성립과 독립운동사연구』, 10-11쪽.

『보천교일반』(전라북도, 1926)
전라북도에서 당시 요시찰 대상 보천교를 사찰한
내용을 정리한 비밀 문서로, 230쪽에 이른다.

극복되었으며, 1920년대에는 사회 계층상 모순이 심화되면서 시민적 민족주의와 민중적 민족주의로 재분류되었다고 하였다.[25]

강만길은 경술국치庚戌國恥 이후 한국 민족주의를 설명하면서 보천교의 1918년 제주 법정사 항일운동을 언급하였다. "태을교太乙敎와 같이 유사종교 단체가 새로운 황제 출현으로 국권을 회복할 수 있다고 선전한 따위는 그만두고서라도,……"[26] 당시에 독립운동 전략상의 복벽주의론이 있었지만, 독립운동의 대세는 공화주의운동이었다는 것을 설명하는 과정에서 언급하였다.[27] 즉 "복벽주의적 운동은 항일운동은 될지언정 민족주의운동은 될 수 없다."라는 것이며, 이는 보천교의 활동을 민족운동으로 볼 수 없다는 취지이기도 하다.[28] 근대성이 없는 반외세 저항주의나 항일운동은 민족주의운동 또는 민족운동으로 볼 수 없다는 것인데, 강돈구는 근대화는 민족주의와 관계없이 이루어질 수 있고, 민족주의는 근대화를 지향하지 않을 수도 있으며, 근대성이 없는 민족주의도 가능하다고 주장하였다.[29]

25) 조동걸, 『한국민족주의의 성립과 독립운동사연구』, 12-13쪽; 조동걸, 『韓國民族主義의 發展과 獨立運動史研究』, 지식산업사, 1993, 22쪽.
26) 강만길, 『韓國 民族運動史論』, 창비, 2018, 154쪽. 강만길은 제주 법정사 항일운동의 사례를 들어서 경술국치 이후 독립운동 과정에서 보천교와 같은 신종교의 활동과 복벽주의적 독립운동이 연결되는 경우가 많았다고 하였다. (강만길의 앞의 책, 154쪽)
27) 강만길, 『韓國 民族運動史論』, 창비, 2018, 154-156쪽.
28) 강민길은 복벽주의적 운농은 항일운동으로서도 점차 도태되어갔고, 국민주권주의의 위에 선 공화주의자들의 항일운동만이 지속되어 독립운동의 모체가 되었으며, 또 민족운동으로 발전할 수 있었다고 주장하였다. (강만길, 『韓國 民族運動史論』, 창비, 2018, 29쪽)
29) 강돈구, 『韓國近代宗敎와 民族主義』, 집문당, 1992, 39쪽. 강돈구는 근대 민족주의의 기점을 近代性에서 찾는 것은, 예를 들어서 近代宗敎에서 宗敎의 近代性을 찾는 것과 마찬가지로 어려움이 따른다고 하였

최근에 좁은 의미의 민족주의를 자유주의적·공화주의적 민족주의라 하고, 넓은 의미의 민족주의(내셔널리즘)를 좁은 의미의 민족주의, 국가주의, 애국주의, 사회주의적 민족주의 등을 모두 포괄하자는 제언이 있었다.[30] 그리고 1930년대 말 전시체제의 황국신민화 정책은 '민중적 민족주의'의 원초적 속성을 강화하는 계기가 되었다는 주장도 있었다.[31] 앞의 '민중적 민족주의'는 '근대주의의 취약성'을 의미하기도 하지만, 당시의 민중에게 근대성을 찾기가 어렵다는 쪽으로도 해석할 수 있다.

일제강점기의 정치 이념과 종교 관념이 미분화된 상태의 민중, 즉 농민층이나 신종교에서 근대성을 찾기란 쉽지 않다.[32] 당시의 일부 지식인에게서 찾을 수 있는 근대성으로 일제강점기 민족주의를 설명한다면 한국의 민족운동은 매우 협소해질 수밖에 없다. 민중의 민족을 보존하려는 의식에는 국민주권주의로 나아가지 못한 한계는 있지만, 제국주의

다.(강돈구의 앞의 책, 36쪽) 강돈구의 이 같은 주장은 앤서니 D. 스미스의 주장과도 같다.(앤서니 D. 스미스·강철구 옮김, 『민족이란 무엇인가 - 근대주의를 넘어선 새로운 모색』, 도서출판용의숲, 2012)

30) 박찬승, 『민족·민족주의』, 도서출판소화, 2016, 265쪽.

31) 윤해동, 「한국 민족주의의 근대성 비판」, 『역사문제연구』 4, 역사문제연구소, 2004.4, 62쪽. 윤해동은 "국가가 없는 상태에서의 민족주의라고 하더라도 민족 구성원이 근대적 개인으로서 가져야 할 의식이나 자세에 대해 등한함으로써 장래 근대국가로 구성해야 할 원동력으로서 민족주의에 하나의 결손 요소를 낳았"(윤해동의 앞의 책, 62쪽)으며, 이는 "일제강점기 한국 근대 민족주의에서 민중주의의 실현은 부르주아의 주도권 장악 실패 또는 주도권 상실을 의미하며, 이는 역으로 근대주의의 취약함을 드러낸 것"(윤해동의 앞의 책, 74쪽)이라고 주장하였다. 당시 민중은 '근대적 개인'으로서 가져야 할 의식이나 자세에 소홀하였다는 것인데, 농민들, 즉 민중에게서 근대성을 찾기가 어렵다는 것으로도 해석할 수 있다.

32) '民衆'은 국가나 사회를 구성하는 일반 국민 또는 피지배 계급이자 지배 권력의 중심에서 밀려난 국외자(outsider)이자 주변인(marginal mam)이다. 용어 '民衆'은 일제강점기에도 자주 언급되었다. 예컨대, 당시 일부 지식인들은 "民衆의 첫째 특징은 官이 아닌 것이다. 다음에 민중인 까닭에 소수 계급일 수는 없을 것이다. 그러므로 소수인 재산가는 민중이 아니오, 소수인 자유업자는 민중이 아니오, 그러면 민중이란 무엇인고. 그것은 다수자라 할 것이니, 이 의미로 보아 조선의 민중은 農民, 漁民, 勞動者를 합한 것이라 할 것이다. 그중에서 가장 다수를 점한 것이 전 인구의 8/10이나 되는 농민인즉 조선 민중의 중심은 농민에 있을 것이다."('未發見의 民衆, 民衆은 力의 源泉', 《동아일보》 1924.2.6)라고 언급하였다. 즉 전체 인구의 80%에 해당하는 농민층을 민중으로 규정한 것이다. 이와는 달리, 일제 통치자들은 韓國 新宗敎를 民衆으로 파악하였다.(「思想犯罪から觀た朝鮮在來類似宗敎」, 《思想彙報》 第22號, 1940년 3월, 17-49頁; 『원광대종교문제연구소 자료집총서, 『사상휘보』 민족종교 관련기사 - 조선총독부 고등법원(1934~43년) - 』, 집문당, 2015, 21-22쪽) 참고로, 이 책 「부록1」의 〈표6〉 보천교 민족운동 관련 통계 - 직업'에 나타나는 보천교 민족운동 참가자 424명 가운데 농민이 339명이다. 농민이 전체의 80%를 차지한다. 용어 '民衆'에 대한 다양한 견해가 있겠지만, 이 책에서 '民衆'은 한국 신종교 세력을 포함하고 있다.

침략에 대한 저항의 성격만큼은 당시 그 어떤 운동이나 사조보다 선명하였다.[33] 따라서 근대성이 부족하지만, 민족성만큼은 선명한 일제강점기의 보천교와 보천교계 신종교들의 활동을 이 책(연구)에서는 한국 민족운동으로 바라본다.

선행연구와 쟁점

광복 이후에 '보천교'를 처음 언급한 이는 이강오이다.[34] 1966년에 천자등극설天子登極說을 언급한 이강오는 역사적인 평가 없이, 보천교는 기본적으로 사교邪敎이며 친일 종교단체라고 하였다.[35] 1969년에 보천교만이 아닌 신종교 전반을 정리한 유병덕은 이강오의 보천교 평가에 대한 어떠한 언급도 없이, 보천교를 비롯한 한국의 신종교들을 긍정적으로 바라보았다.[36] 그러나 그 용어는 '신흥종교'였고, 보천교는 '신흥종교' 가운데 하나였다. 이강오와 유병덕의 언급은 연구라기보다는 집성集成한 자료에 가깝다. 이강오 이후에 노길명, 홍범초, 김홍철, 김탁 등이 단편적으로나마 '증산교 운동'이라는 이름으로 관련 연구를 시도하였다.[37]

1980년대 노길명은 이강오와는 달리 보천교를 민족종교民族宗敎로 파악하였다.[38] 보천

---

33) 民族主義를 이해하는 방법은 시대와 지역, 그리고 사람에 따라서 많은 차이가 있다. 동아시아 민족주의는 서양 제국주의에 저항하는 수단으로 파악되었고, 식민지 시대를 겪은 한국 민족주의는 반외세 저항주의 중심으로 이해하였다. (강만길, 『韓國 民族運動史論』, 한길사, 1985, 11쪽) 한국에서 '민족'은 韓末에 등장하였고, '민족주의'는 제국주의에 저항하면서 韓民族을 보전하는 방법으로 제시되었다. ('論說; 帝國主義와 民族主義', 《대한매일신보》 1909.5.28) 이때의 '민족'은 인종적 순수함(ethnos)과 단일 민족의 서사로 파악되기도 한다. ('讀史新論 續', 《신한국보》 1910.9.13.; '讀史新論(續)', 《대한매일신보》, 1908.12.12) 이 책에서도 일제강점기의 민족주의는 민족의 보존과 함께 제국주의 간섭에서의 탈피가 중요한 요소라고 판단하였다.

34) 이강오, 「普天敎 - 한국신흥종교자료편 제1부 증산교계 각론에서」, 『전북대학교논문집』 8, 전북대, 1966; 이강오, 『한국신흥종교총람』, 대흥기획, 1992. 이하 이강오의 「普天敎」, 이강오의 『한국신흥종교총람』이라 함.

35) 이강오, 「普天敎」, 15-19쪽 · 19-25쪽.

36) 유병덕, 「韓國 新興宗敎의 類似宗敎 規定에 關한 硏究」, 『圓光大學校論文集』 4, 圓光大學校, 1969.

37) 보천교 중앙본부가 있던 전라북도 정읍군 입암면 일명 대흥리를 대상으로 하는 인문지리적 접근을 시도한 김용곤의 「新興宗敎 聚落에 관한 연구 - 普天敎 發祥地 大興 마을을 중심으로 - 」(전북대교육대학원 석사학위논문, 1989)도 있다.

38) 노길명, 「일제하의 甑山敎運動 - 普天敎를 중심으로 한 序說的 硏究 - 」, 『崇山朴吉眞博士古稀記念論集

교의 천자등극설에는 반일적 성향과 민족주의적 성격이 내포돼 있으며, 고천제에서 국호國號를 선포한 것은 민족적 좌절감과 패배감에 사로잡힌 당시 민중들에게 심리적 보상을 제공하였다고 주장하였다.[39] 홍범초는 1920년대 《동아일보》의 관련 기사를 근거로 보천교의 천자등극설이 '광복운동'이었다고 하였다.[40] 보천교를 증산교 일파로 인식한 김홍철 역시 강증산의 사상 속에는 민족의식이 들어 있다고 주장하였다.[41] 보천교를 '증산교'라고 표기한 김탁은 실질적인 분석 대상을 보천교로 삼았다. 이 논문에서 김탁은 일제가 보천교를 탄압한 이유는 보천교가 한국의 독립과 함께 '천자 등극'이라는 예언을 했기 때문이라고 하였다.[42]

보천교를 증산교로 파악한 이상의 선행연구들은 일제강점기 보천교의 활동을 민족운동으로 평가하였다. 그리고 하나같이 강증산의 사상이나 영향 관계 속에서 보천교를 바라보았다. 보천교의 성립은 강증산이 있었기에 가능하였음을 부인할 수 없지만, 이들이 말하는 강증산의 사상은 보천교의 조직운동에 가담한 이들에 의해서 체계화되었다는 점을 간과할 수 없다.

1990년대에 '보천교'라는 주제의 연구가 처음 시작되었다.[43] 필자는 일제강점기 신문·잡지의 관련 기사와 일제의 기록을 토대로 보천교가 1920년대 한국 민족운동을 지원하고 실력양성운동에도 참여하였음을 밝혔다.[44] 또한, 1918년 제주도에서 일어난 무장봉기는

韓國近代宗敎思想史』, 원광대출판국, 1984, 3-7쪽. 이하 노길명의 「일제하의 甑山敎運動」이라 함.

39) 노길명, 「일제하 甑山敎運動」, 7-8쪽. 보천교는 일제강점기에 민족운동을 한 민족종교이며, 그 조직 및 활동을 '증산종교운동' 또는 '보천교운동'이라고 하였다.(노길명의 앞의 글)

40) 홍범초, 「보천교 초기교단의 포교에 관한 연구」, 『한국종교』 10, 원광대학교종교문제연구소, 1985, 178-180쪽.

41) 김홍철, 「일제하 증산교의 민족운동에 관한 연구」, 『증산사상연구』 14, 증산사상연구회, 1988, 328-334쪽.

42) 김탁, 「종교적 예언은 실현될 것인가 - 증산교를 중심으로 - 」, 『정문연대학원논문집』, 한국정신문화연구원 한국학대학원, 1988, 8-9쪽.

43) 이 책에서는 KCI 등재지나 등재후보지, 그리고 이에 준하는 학술지에 게재된 관련 논문들을 검토하였다. 현재 보천교 관련 宗敎 敎團에서 진행되는 연구는 객관성이 의심되기 때문에 이 책의 연구사에서는 제외하였다.

44) 안후상, 「日帝下 普天敎運動 - 교주 차경석을 중심으로(上)」, 『남민』 4, 서해문집, 1992; 안후상, 「普天敎와 物產獎勵運動」, 『한국민족운동연구』 19, 한국민족운동사연구회, 1998. 「日帝下 普天敎運動 - 교주 차경석을 중심으로」을 수정, 보완한 것이 「일제하 보천교운동」(성균관대교육대학원 석사학위논문, 1922)이다.

보천교와 불교계가 함께 일으킨 항일운동임을 밝혔다.[45]

강돈구는 보천교가 고천제에서 국호를 선포한 것은 천도遷都를 주장한 것과 같은 것이라고 하였다. 보천교의 고천제를 "……이제는 일본의 역할이 끝나고 드디어 우리 민족의 새 국가가 탄생하였다는 것을 알리는 의미 있는 사건 …… 증산교, 특히 보천교에 입교하는 사람들의 입교 동기가 일본을 쫓아내고 조국의 광복을 되찾기 위한 것이었다는 주장도 이해할 수 있는 것"[46]이라면서, 보천교의 활동을 민족운동이라고 하였다.

윤이흠도 보천교는 민족종교이며, 민족적 성향이 많기에 일제의 탄압을 받았다고 주장하였다. 즉 "대사상과 신통 묘술로 신정부를 건설한다."라는 예언이 일제에 위협을 주었기 때문에 감시와 탄압을 받았다고 하였다.[47] 1999년에 한국신종교학회가 창립되고 학회지 『신종교연구』가 발간되었다. 이후 『신종교연구』의 보천교 관련 글은 주로 황선명, 김재영, 김철수, 그리고 필자에 의해 발표되었다.

2000년대에도 보천교의 활동을 민족운동으로 인식하는 글들이 발표되었다. 김재영은 천자등극운동은 '독립운동'이며,[48] 1925년 시국대동단時局大同團 활동 이전까지 보천교의 활동을 민족운동으로 볼 수 있다고 하였다.[49] 이 같은 결론은 시국대동단 이후의 민족운동으로 볼 수 있는 관련 사료를 찾지 못했기 때문이며, 근래에 시국대동단의 활동 시기나 그 이후 보천교가 김좌진이나 의열단과 관련이 있다는, 그리고 내란음모 혐의 등으로 보천교가 탄압받았다는 기록이 다수 발굴되었다. 성주현 역시 보천교의 활동을 민족운동으로 파악하였다.[50] 그런데 태을교와 보천교는 이름만 다를 뿐 같은 종교인데도 다른 조직이나 활동으로 설명하는 한계를 보였다.

---

45) 안후상, 「戊午年 濟州 法井寺 항일항쟁 연구」, 『종교학연구』 15, 서울대학교종교학연구회, 1996.
46) 강돈구, 『韓國近代宗教와 民族主義』, 집문당, 1992, 133-134쪽.
47) 윤이흠, 『日帝의 韓國民族宗教 抹殺策 - 그 정책의 실상과 자료 - 』, 고려한림원, 1997, 97-104쪽. 앞의 책 「일제하 보천교 탄압 사례」는 필자가 정리하였다. 이하 윤이흠의 『일제의 한국민족종교 말살책』이라 함.
48) 김재영, 「普天教의 天子登極說의 實體」, 『한국종교사연구』 9, 한국종교사학회, 2002; 김재영, 『저항과 변혁의 땅』, 정읍문화원, 2010; 김재영, 『보천교와 한국 신종교』, 신아출판사, 2001.
49) 김재영, 「1920년대 보천교의 민족운동에 대한 경향성」, 『전북사학』 31, 전북사학회, 2007.
50) 성주현, 「1920년대 초 태을교인의 민족운동」, 『일제강점기의 민족운동과 종교』, 국학자료원, 2002.

보천교의 항일과 친일의 역사를 제시한 조경달은 민중의 에너지를 흡수, 이용한 대표적인 '신흥종교' 보천교는 동학과 마찬가지로 민중종교운동의 성격을 갖는다고 하였다.[51] 윤선자는 일제가 보천교를 강증산 계통의 종교단체이고, 이러한 종교단체를 준準민족종교 단체로 규정했기에 해산을 획책하였다고 언급하였다.[52]

지금까지의 선행연구와는 달리 김정인은 보천교의 활동을 민족운동으로 볼 수 없다고 하였다. "근대종교로서 갖추어야 할 최소한의 요건을 충족하지 못한 보천교의 활동"은 민족운동과 거리가 있다고 한 것이다.[53] 이강오와 조경달은 시국대동단의 활동을 내세워 보천교를 친일 종교단체라고 하였지만, 김정인은 근대종교의 자격 요건을 내세워 민족운동으로 볼 수 없다고 하였다.

2000년대 필자는 차경석이 사망한 1936년에 강제 해체된 보천교의 조직은 사라졌지만, 그 잔여 세력들의 비밀결사적 조직운동은 다시 시작되었다고 하였다. 그리고 기도와 예언을 통해서 후천선경 신국가新國家 건설을 도모하였으며, 그런 이유로 일제의 탄압을 피할 수 없었다고 하였다.[54] 그간의 선행연구들은 1920년대 보천교의 활동에 국한하였지만, 필자는 1930, 40년대에까지 확장하였다.

2010년대 송형목은 일제의 보천교 탄압에 주목하면서, 1922년에 단행된 '교단 공개'는 일제의 탄압을 최소화하려는 교단 핵심부의 선택이었다고 하였다.[55] 장원아는 조선총독부와 《동아일보》계열, 천도교 세력, 사회주의 세력 등이 보천교를 사교邪敎로 규정하고 성토한 배경에는 이러한 세력의 이해관계에 따른, 그리고 당시 사회 상황의 전개에 따른

---

51) 趙景達, 「植民地朝鮮における新興宗教の展開と民衆(上) - 普天教の抗日と親日」, 『思想』, 岩波書店, 2001.2; 趙景達, 「植民地朝鮮における新興宗教の展開と民衆(下) - 普天教の抗日と 親日」, 『思想』, 岩波書店, 2001.3; 조경달(허영란 옮김), 『민중과 유토피아』, 역사비평사, 2009.

52) 윤선자, 『한국근대사와 종교』, 국학자료원, 2002. 이하 윤선자의 『한국근대사와 종교』라 함.

53) 김정인, 「1920년대 전반기 普天敎의 浮沈과 民族運動」, 『일제강점기의 민족운동과 종교』, 국학자료원, 2002. 이하 김정인의 「1920년대 전반기 보천교의 부침과 민족운동」이라 함.

54) 안후상, 「仙道系列의 豫言을 어떻게 볼 것인가」, 『신종교연구』 6, 한국신종교학회, 2002. 안후상은 앞의 글에서 부안의 원군교, 제주의 무극대도, 평강의 선도교 등의 사례를 들었다.

55) 宋炯穆, 「植民地朝鮮における朝鮮總督府の新宗教政策と '宗教地形'の變化 - 1920年代前半における普天 教の活動を中心に - 」, 立命館大學大學院 文學研究科 日本史學專修 碩士論文, 2012.

조응 결과라고 하였다.[56]

근래에는 김방룡, 김철수, 김재영, 남창희, 그리고 필자 등이 '일제강점기 보천교의 민족운동사 연구'를 진행하였다.[57] 이 가운데 김철수와 필자의 논문에서 일제강점기 보천교의 민족운동을 살펴볼 수 있었다. 김철수는 '보천교의 항일성'이 식민 통치에 위협이 된다는 일제의 주장이 담긴 문서들을 바탕으로 보천교의 민족주의적 성격을 정리하였다.[58] 국가기록원의 「독립운동관련판결문」을 분석한 필자는 보천교가 후천선경 신정부 건설을 위해서 당시에도 익숙하지 않은 방식의 민족운동을 전개하였다고 주장하였다.[59] 필자는 또한 1930년대 보천교계 신종교로 분류되는 전라북도 정읍군 태인면 무극대도無極大道의 민족운동을 당시 관련 판결문과 신문 기사의 분석을 통해서 정리하였다.[60] 근래에 김철수와 필자는 일제의 다양한 문서들과 다량의 판결문을 분석함으로써 보천교의 활동을 민족운동으로 파악하였다.

2017년과 2018년에는 보천교의 민족운동과 관련한 각종 자료들을 발굴해 번역, 탈초한 『일제강점기 보천교의 민족운동 자료집(Ⅰ·Ⅱ·Ⅲ·Ⅳ)』 4권이 발간되었다.[61] 4권의 자료집에는 보천교의 민족운동과 관련한 '판결문', '공문서', 『普天敎一般』, 『洋村及外人事情一覽』, 『朝鮮公論』, 《朝鮮思想通信》 등 일제의 기록들과 신문·잡지의 관련 기사 등의 원문과 번역문, 그리고 해제논문 등이 실려 있다.[62] 여기에는 1930, 40년대 관련 판결문이나

---

56) 장원아, 「1920년대 보천교의 활동과 조선사회의 대응」, 서울대석사학위논문, 2013; 장원아, 「1920년대 보천교의 활동과 조선사회의 대응」, 『한국사론』 59, 서울대인문대학국사학과, 2013.

57) 김방룡·김철수·김재영·남창희·안후상의 연구는 『일제강점기 보천교의 민족운동』(기역, 2017)으로 발간되었다. 앞의 책에 실린 논문 가운데 김철수와 안후상의 논문이 보천교의 민족운동과 직접 관련돼 있다. 그렇지만, 1920년대 보천교의 활동에 국한돼 있으며, 관련 사례와 사료는 제한적이다.

58) 김철수, 「일제 식민권력의 기록으로 본 보천교의 민족주의적 성격」, 『일제강점기 보천교의 민족운동』, 도서출판기역, 2017; 김철수, 『잃어버린 역사 普天敎』, 상생출판, 2017.

59) 안후상, 「일제강점기 보천교의 독립운동 - 온라인 국가기록원의 '독립운동관련판결문'을 중심으로 -」, 『일제강점기 보천교의 민족운동』, 도서출판기역, 2017.

60) 안후상, 「태인 무극대도의 민족운동 연구」, 『태인 무극대도의 역사·문화적 회고 및 전망』, 도서출판기역, 2019.

61) 일제강점기 보천교의 민족운동사 자료집 편찬위원회(편)의 『일제강점기 보천교의 민족운동 자료집(Ⅰ·Ⅱ)』, 전라북도·정읍시·충남대충청문화연구소, 2017; 『일제강점기 보천교의 민족운동 자료집(Ⅲ·Ⅳ)』, 전라북도·정읍시·충남대충청문화연구소, 2018.

일제 공문서 다수가 포함돼 있다.

2018년에는 한국민족운동사학회에서 관련 학술대회를 개최한 결과물인 『보천교와 보천교인의 민족운동』[63]을 출판하였다. 앞의 책에는 만주滿洲 지역의 민족운동에 보천교의 역할이 있었음을 알 수 있는 사료들을 분석한 논문들이 실렸다. 특히, 만주의 한국 민족운동 단체인 정의부와 신민부, 그리고 김좌진 계열이 보천교를 한국 민족운동에 활용하려 했던 구체적인 사례들이 소개되었다.[64] 보천교가 조선총독부에 의해 강제 해체되는 과정에서 한국 사회가 일제의 보천교 탄압에 동조하고 지지하였으며, 따라서 조선총독부의 한국 신종교 배제 전략이 주효했음을 밝히는 연구도 있었다.[65] 이렇듯, 2018년의 보천교 관련 연구는 양적인 것 못지않게 그 내용도 풍성하였다.

〈표1〉 보천교의 활동을 평가한 연구

저자	논문 및 저서	발표년	보천교에 대한 평가	연구의 한계	비고
노길명	「일제하 증산교 운동」	1989	민족운동	보천교 측 자료에 의존, 다양한 사료와 사례 부족, 1920년대 활동에 국한	민족성이 강한 민족운동

---

62) 『일제강점기 보천교의 민족운동 자료집(Ⅰ·Ⅱ·Ⅲ·Ⅳ)』의 관련 判決文은 정진숙·안후상, 『普天敎一般』과 『洋村及外人事情一覽』은 에미코, 《朝鮮思想通信》과 『朝鮮公論』은 송영은, 일제의 각종 문서는 김철수, 신문·잡지의 관련 기사는 정원기가 맡았다.

63) 한국민족운동사학회 엮음, 『보천교와 보천교인의 민족운동』, 도서출판선인, 2018. 앞의 책은 조규태의 「보천교의 성립과 그 민족운동사적 의미」, 윤소영의 「훔치교, 선도교와 제주 법정사 항일운동」, 김재영의 「후천개벽운동과 보천교」, 박환의 「1920년대 만주지역 독립운동단체 군자금 모금과 보천교 - 김좌진과 보천교」, 안후상의 「1920년대 보천교의 '권총단 사건' 연구」, 김철수의 「1920년대 보천교의 실력양성운동」, 조성운의 「1920년대 국내 언론을 통해 본 보천교의 종교적 특성 - 보천교 반대운동을 중심으로」, 김정인의 「1930년대 조선총독부의 탄압과 보천교의 강제 해산」 등으로 구성돼 있다. 김정인의 「1930년대 조선총독부의 탄압과 보천교의 강제 해산」 외의 논문들은 시기적으로는 1920년대의 활동에 머물고 있으며, 따라서 통시적인 이 책과는 차이가 있다.

64) 박환, 「1920년대 만주지역 독립운동단체 군자금 모금과 보천교 - 김좌진과 보천교」; 안후상, 「1920년대 보천교의 '권총단 사건' 연구」.

65) 김정인, 「1930년대 조선총독부의 탄압과 보천교의 강제 해산」, 『보천교와 보천교인의 민족운동』, 도서출판선인, 2018.

홍범초	「보천교 초기 교단의 포교에 관한 연구」	1985	〃	〃	광복운동
김홍철	「일제하 증산교의 민족운동에 관한 연구」	1988	〃	〃	강증산의 사상은 민족의식
김탁	「종교적 예언은 실현될 것인가」	1988	〃	〃	독립과 천자등극의 예언은 민족운동
안후상	「일제하 보천교운동」 외 다수	1992	〃	다양한 사료와 사례 부족, 1920년대 활동에 국한	한국 민족운동에 인적·물적 자원 지원
강돈구	『한국근대종교와 민족주의』	1992	〃	〃	고천제에서 국호 선포는 새 국가 탄생을 의미
윤이흠	『일제의 한국 민족종교 말살책』	1997	〃	〃	민족적 문제에 직면한 민족적 자기 각성을 표현한 민족종교
趙景達	「植民地朝鮮における新興宗敎の展開と民衆(上·下)-普天敎の抗日と親日」	2001	친일과 항일	민중운동의 시각, 1920년대 활동에 국한	친일과 항일로 얽혀 있는 민중운동
김정인	「1920년대 전반기 보천교의 부침과 민족운동」 외	2001	친일과 미신사교	근대성을 강조, 1920년대 활동에 국한	당시 지식인들의 기준인 근대성으로써 보천교를 미신사교라 함
윤선자	『한국근대사와 종교』	2002	민족운동	민족운동 강조, 1920년대 활동에 국한	일제가 보천교를 준민족단체로 규정해 해산
김재영	「보천교의 천자등극설의 실체」 외 다수	2002	〃	〃	시국대동단 이전까지 민족운동
성주현	「1920년대 초 태을교인의 민족운동」	2002	〃	다양한 사료와 사례 부족, 1920년대의 활동에 국한, 교명의 혼동	1920년대 초반은 민족운동
송형목	「植民地朝鮮における朝鮮總督府の新宗敎政策と'宗敎地形'の變化」	2012	〃	1920년대 활동에 국한	일제의 탄압은 근대의 폭력성이 담김
김철수	「일제 식민권력의 기록으로 본 보천교의 민족주의적 성격」 외 다수	2016	〃	〃	보천교의 민족주의적 성격 다분
박환	「1920년대 만주 지역 독립운동단체 군자금 모금과 보천교」	2018	〃	〃	민족운동 자금모집에 보천교의 역할

보천교의 활동을 민족종교운동 또는 민족운동으로 이해한 연구자는 윤이흠, 윤선자, 김재영, 성주현, 김철수, 그리고 필자이다. 1920년대 전반기 근대종교로의 개편과 민족운동 진영으로의 진출을 시도한 보천교의 실패와 좌절의 과정을 정리한 김정인은 일제의 일방적인 종교와 유사종교의 편 가름에 의해서만이 아닌, 당시 민족운동 진영에서도 종교와 사교邪教를 구분하는 나름의 기준 ─ 근대성과 민족성의 여부 ─ 이 제시되었으며, 이와 같은 기준에 의해 보천교가 사이비종교似而非宗教로 인식되었다고 하였다.[66] 김정인의 이러한 주장을 일정부분 동의할 수 있으나, 근대성이 없는 보천교의 활동을 민족운동으로 볼 수 없다는 견해에는 동의할 수 없다. 보천교의 활동에 대한 평가는 사료와 논리성으로 검토되어야 하기 때문이다.

최근에 보천교의 활동에서 한국 고유의 민족성民族性을 볼 수 있는 기록들이 속속 발굴되었다. 국가기록원에서 공개한 「독립운동관련판결문」 외 다양한 경로를 통해서 발굴한 보천교 관련 민족운동 참가자는 2021년 4월 26일 현재 424명, 이 가운데 154명이 독립유공자이다.[67] 다음 〈표2〉는 「독립운동관련판결문」의 관련 판결문·수형인명부·형사사건부, 그리고 공훈전자사료관의 「독립유공자 공적조서」, 필자가 직접 발굴한 관련 판결문 등을 종합 분석한 것이다.[68]

---

66) 김정인, 「1920년대 전반기 보천교의 부침과 민족운동」, 161쪽. 참고로, '似而非'라는 용어는 일제가 한국 민족을 지우려는 데서 사용된 통치 용어이다. 당시 동학계 신종교를 비롯한 한국의 신종교들은 모두 似而非이고 迷信이었다. 이들은 일제의 탄압을 받는 중에 교리를 만들 시간적인 여유가 없었고, 따라서 『정감록』과 같은 예언이나 秘記를 차용할 수밖에 없었다. 일제는 이들의 제압을 위해 민중의 심성적 통로인 『정감록』과 같은 예언이나 秘記를 '迷信'이라고 폄훼하였다.

67) 보천교 관련 독립유공자 현황은 2021년 4월 26일 현재 공훈전자사료관 「독립유공자 공적조서」를 토대로 하였다. 독립유공자로 선정되기 위해서는 최소 6개월 이상 독립운동을 하였거나 그로 인하여 3개월 이상 옥고를 치른 자로, 그 활동이 '조국 광복'에 기여했다고 인정될 만한 적극적인 공적이 있어야 한다. 그리고 독립운동 공적이 당시 발행된 원전 자료에서 확인됨을 원칙으로 하며, 사망 시까지 행적에 문제가 없어야 한다. 독립유공자 포상 훈격에는 건국훈장(대한민국장, 대통령장, 독립장, 애국장, 애족장)과 건국포장, 대통령표창 등이 있다. (국가보훈처 홈페이지) 보천교 관련 독립유공자 154명 가운데는 건국훈장(애국장·애족장)이 70명, 건국포장 39명, 대통령표창이 45명이다.

68) 「독립운동관련판결문」에서 검색한 단어는 강증산, 보천교, 선도교, 태을교, 우치교(吽哆教), 차경석 등 6개이다. 보천교의 활동을 기록한 다양한 문서들에서 자주 등장하는 대표적인 단어, 즉 키워드는 앞의 6개 단어이다. 앞의 우치교(吽哆教)는 吽哆教(흠치교)의 발음을 국가기록원에서 한자음 그대로 표기한

〈표2〉 보천교 민족운동 관련 통계 - 지역별 참가자

구분\연도	지역별 참가자(명)														계(명)	%
	강원	경기(경성 포함)	경남	경북	제주	전남	전북	충남	충북	함남	함북	황해	만주	미상, 미기재		
1918					18		2								20	4.7
1919					48		4								52	12.3
1920			1				1								2	0.5
1921	24		3	142		3	3	7		10		1			193	45.5
1922						14	6	6							26	6.1
1923							4		2						6	1.4
1924		1	3	2		1									7	1.7
1925		1		1											2	0.5
1926		1	1	2			2							1	6	1.4
1927		1					2								3	0.7
1938	1	3				1					4	6	2	2	17	4.0
1939		4				1		1					2		8	1.8
1940					18	2	7	2	1						30	7.1
1942		3			2										5	1.2
1943	1	1		2	4		16								24	5.7
1944						3	13								16	3.8
1945		1	2										1		4	0.9
계	26	16	9	150	90	25	58	17	4	10	4	8	4	3	424	99.3

* 2021년 4월 26일 기준, 국가기록원 「독립운동관련판결문」(데이터베이스)의 '판결문', '수형인명부', '형사사건부', 그리고 국가보훈처 공훈전자사료관 「독립유공자 공적조서」(데이터베이스) 외 「독립운동관련판결문」에 없는 관련 판결문을 참고함(이 책 「부록1」 참고)

결과이다. 앞의 6개 단어의 검색을 통해 선도교, 황극교, 미륵불교 등 보천교계 신종교의 활동 내용까지를 얻을 수 있었다. 그동안 필자가 발굴한 관련 판결문도 위의 〈표2〉를 작성하는 데 참고하였다.

위 〈표2〉는 1918년부터 1945년까지 민족운동을 전개한 보천교 관련 통계이다. 참가자 424명 가운데 독립유공자 154명이라는 숫자는 불교계의 민족운동 참가자 수를 넘어선다.[69] 절반이 넘는 참가자의 거주지는 경북과 전남(제주 포함)이다. 이는 후천선경 신정부 건설운동이 경북과 전남(제주 포함)에서 치열하게 전개되었음을 보여준다. 1910년대 제주도에서 참가자가 압도적으로 많은 것은 제주 법정사 항일운동과 관련돼 있기 때문이다. 1921년 참가자가 193명, 전체 건수의 45.5%로 나타난 것은 3·1운동 직후에 비밀스러운 보천교의 집회와 조직운동을 일제가 집중적으로 단속하고 탄압하였기 때문이다. 1940년대에 참가자가 다시 증가한 이유는 대륙 침략전쟁으로 인해 흉흉해진 민심을 파고든 보천교계 신종교를 일제가 탄압하였기 때문이다.

이 같은 통계는 일제강점기 보천교의 활동이 민족운동이라는 주장을 뒷받침한다. 예컨대, "1921년 9월 차경석은 시국時國을 선포하고 천자天子로 등극하는 식을 거행하였다. 차경석이 천자로서 황제에 등극하였다는 사실은 단순한 종교 신앙 운동의 수준에 머무는 것이 아니라, 세속적인 권한에 대한 도전이었다. 그는 교세를 확장하는 과정에서 직첩職帖을 팔고 막대한 재정을 확보함으로써 하나의 신앙 공동체의 성격을 넘어 세속적인 권력으로 등장할 수 있었다."[70]라는 주장을 앞의 통계가 뒷받침한다.

그동안의 보천교 관련 연구는 부분적이고 파편적이었다. 그 내용도 1920년대 활동에 머물러 있으며, 1930년대 보천교나 보천교계 신종교들의 활동에는 주목하지 않았었다.[71] 보천교의 민족성과 관련한 연구는 특정 시기나 특정 사건에 국한되었고, 민족성을 뒷받침하는 구체적인 사례나 사료는 미흡하였다. 또한, 보천교와 보천교계 신종교들의 민족운동 방식도 언급되지 않았다. 그러다 보니, 일제강점기 보천교의 민족운동을 통시적通時的

---

69) 2019년 1월 현재 독립유공자로 선정된 불교계 인물은 104명이다.(김성연, 「독립유공자 현황으로 본 불교계 독립운동 양상」, 『불교평론』 봄호 통권77호, 2019. 3, 119쪽) 그런데 앞의 104명 가운데는 제주 법정사 항일운동 관련자들을 불교계 인물로 평가한 31명이 포함돼 있다.

70) 윤선자, 『한국근대사와 종교』, 63쪽.

71) 1930년대 보천교계 신종교의 민족운동 연구는 필자의 「仙道系列의 豫言을 어떻게 볼 것인가」(『신종교연구』 6, 한국신종교학회, 2002)와 「태인 무극대도의 민족운동 연구」(『태인 무극대도의 역사·문화적 회고 및 전망』, 도서출판기역, 2019) 등이 있다.

신한민보(1923.5.3)의 보천교 관련 기사

이고 다각적으로 이해하는 것에는 한계가 있었다.

　지금까지의 관련 연구는 일제의 탄압으로 보천교가 해체되었다고 했지만, 일부 지식인[72]들을 중심으로 한 '보천교 성토 분위기'는 보천교 해체에 어떤 영향을 끼쳤다고 판단된다. 성토 분위기 속의 '근대 문명론[73]'은 보천교 해체와 관련하여 직접적인 영향은 없어 보인다. 그러나 보천교를 미신사교화迷信邪教化하는 데에는 어느 정도의 역할을 했으리라

---

72)　이 책에서 '지식인' 또는 '청년지식인'은 서구 지식체계의 영향을 받은 사람들이다. 1920년대 기록에서 용어 '지식인'을 찾기가 어려웠고, 1930년대에 미국 문학의 경향을 이해하는 독자들을 가리킬 때 용어 '지식인'이 사용되었다. ('米國代表『‥프랭크』와 新鄕土主義 文學(上), 米國篇', 《조선일보》 1936.1.1) 李陸史가 쓴 '魯迅追悼文(三)'(《조선일보》 1936.10.25)에서도 '인텔리'와 함께 아큐를 '구시대의 지식인'으로 칭하였다. 물론, '지식인'의 다른 쓰임새도 있겠지만, 일제강점기의 '지식인'은 서구 지식체계나 과학, 근대 문학 등의 영향을 받은 이들이다. '지식인'들은 일제강점기 내내 前近代的 의식이나 관습의 타파를 통한 신문화 건설을 주장하였다. 그리고 보천교의 활동을 비난하거나 비판하였다. 앞의 '지식인'과 구별하기 위해서 보천교 조직운동에 참여한 '지식인' 또는 '청년지식인'을 '교단 내 지식인'이라고 표기하겠다. 이는 사회 일반의 '지식인' 또는 '청년지식인'과 구별하기 위함이다. 그리고 모든 지식인이 보천교의 활동을 비난하거나 비판한 것은 아니었기에 '일부 지식인'이라는 표현도 쓰겠다.

73)　飛鳳山人, 「井邑의 車天子를 訪問하고」, 『개벽』 38, 1923.8.; '서울靑年會, 普天敎 內幕報告, 昨日의 聲討會는 中止되고 오늘의 報告會만 開催된다', 《매일신보》 1924.9.26.; '보천교를 박멸하자는 결의문을 발표하다.', 《선봉》 1924.10.28.; '井邑가는 普天敎徒, 每日 百餘名', 《매일신보》 1929.4.25.

1930년대 전라북도 정읍군 입암면 대흥리의 보천교 중앙본소 전경

추정하기 때문이다.

　필자는 그간의 연구에서 한계로 지적돼 온 1930, 40년대 보천교와 보천교계 신종교들의 민족운동을 1920년대 민족운동 사례들과 함께 통시적으로 정리할 것이다. 그리고 그들의 어렵고도 험난한 현실 타개 방식들도 살펴보겠다.[74] 예컨대, 한적한 곳에서 닭이나 돼지의 생피 또는 산속의 물을 마시면서 한국의 독립과 새로운 정부 수립을 위해 서약한 것[75] 등은 그들의 현실 타개 방식이다. 아울러, 당시 지식인들의 비판에 따른 보천교의 대응도 함께 언급될 것이다.

---

74) 필자는 오늘날의 시각으로 그들의 현실 타개 방식들을 이해하거나 평가하는 것에는 신중해야 한다는 생각이다. "모든 사람들에게 명확한 한 가지 사실이 있는데, 그것은 다른 사람은 다르다는 것이다. 그들은 우리가 생각하는 방식대로 생각하지 않는다. 그리고 만일 우리가 그들의 사고방식을 이해하기를 원한다면 우리는 상이성을 포착할 수 있는 관념을 지니고 출발하여야 한다."(로버트 단턴 · 조한옥 옮김, 『고양이 대학살』, 문학과지성사, 1996, 16쪽)

75) 경북 청송의 趙鏞元 외 25인 판결문(1921.7.11. 대구지방법원안동지청); '鷄血로 盟誓하고 獨立을 運動하던 太乙敎徒 控訴審…', 《조선일보》 1921.9.30.

연구의 목적과 구성

지금까지의 선행연구들이 보인 한계를 보완하기 위한 이 책(연구)의 목적과 구성은 다음과 같다. 이 책은 일제강점기 보천교의 민족운동을 통시적으로 파악할 것이다. 그동안의 연구는 특정 시기, 특정 사건이나 인물들을 중심으로 진행되었다. 이러한 연구는 보천교의 민족운동을 연구하는 데는 도움이 되지만, 보천교를 전체적으로 이해하는 데는 많은 한계가 있다. 따라서 통시적으로 바라볼 수 있는 구체적 사례들로써 이 책은 구성될 것이며, 그 사례들은 당시 다양한 기록들로 채워질 것이다. 그리고 보천교의 활동 사례들을 정리하면서 민중의 민족성이 어떤 형태로 구현되는지를 살펴 볼 것이다. 즉 나라를 되찾을 마땅한 계책이나 수단이 없는 민중의 현실 타개 방식들을 살펴보겠다는 것이다.

이외, '종교'와 '민족'은 한국 근대사를 이해하는 데 중요한 주제다. 따라서 보천교의 활동에서 찾아지는 민족성은 이 책의 중요 수단이자 주제이다.[76] 관련 판결문에서도 자주 등장하는『정감록』이나 각종 비결, 예언 등을 기반으로 한 보천교가 당시 민중들에게 끼친 영향도 언급될 것이다. 그리고 일부 지식인들이 '근대 문명론'을 앞세워 '보천교 박멸운동'에 나섰던 만큼 식민지 시기의 폭력성과 근대성을 거론하지 않을 수 없다.[77] 이 책『일제강점기 보천교의 신국가 건설운동』은 이상의 목적을 이루기 위해서 다음과 같이 구성된다.

첫째, 「1910년대 보천교와 법정사法井寺 항일운동」에서는 보천교의 성립과 조직운동, 그리고 성립기에 제주도에서 일어난 법정사 항일운동(1918)의 배경과 그 성격을 살펴볼 것이다. 1910년대 제주는 강증산의 후천선경 건설론이 크게 유행하였으며, 법정사 항일운동의 주도 세력은 '제주의 왕'과 '황제 등극'을 내세우며 도민島民을 조직하였다. 당시

---

76) "후천개벽 시대에 조선은 上等國이 될 것"이라는 강증산의 예언을 기반으로 한 보천교의 民族性은 "후천 세상의 중심은 한반도이고 그 주역은 우리 민족"이 될 것이라는 동학의 주장과 비슷하다고 강돈구는 언급 하였다. (강돈구, 「신종교의 민족의식 - 대종교, 단월드, 증산도를 중심으로 - 」,『한국 종교의 민족의식』, 한국학중앙연구원출판부, 2018, 146쪽)

77) 일제강점기 '근대 문명론'은 '문명개화론'과 같은 개념으로도 쓰인다. 당시 조선총독부와 일부 지식인들은 근대 문명론을 내세워 민중의 토속적이고 전통적인 모습들을 공격하였다.

한국인이 천자天子에 등극한다거나 왕王이 된다는 것은 일본 왕王의 통치를 거부한다는 의미이다. 3·1운동 이전에 국내에서 일어난 무장 항일운동의 주도 세력의 문제는 관련 연구자들 사이에서도 분분하다. 따라서 항일운동의 주도 세력 문제까지 사료와 논리로써 점검할 것이다.

둘째, 「1920년대 보천교의 신정부新政府 건설운동」에서는 보천교가 한국 민족운동가들에게 인적·물적으로 지원하고 연대했던 사례들을 정리할 것이다. 1910년대 법정사 항일운동을 계기로 교주의 동생과 핵심 간부들이 사망하였고, 24방주 조직은 파괴되었다. 이러한 경험을 한 보천교는 비밀리에 한국 민족운동가들을 지원하였고, 실력양성운동에도 참여하였다. 예컨대, 사회주의자들에게 자금 지원(1922), 워싱턴회의 후원(1922), 김좌진金佐鎭에게 군자금 지원(1922), 국민대표회의國民代表會議 참가(1923), 대한민국 임시정부에 자금 지원(1923), 의열단義烈團과의 관계(1923), 실력양성운동에 참여(1923), 군자금 모집 계획 사건(1925) 등이 그 사례이다. 두 번의 고천제와 국호 선포, 그리고 천자등극설로써 민중을 조직한 보천교의 후천선경 신정부 건설운동은 보천교 민족운동의 정점이라 할 수 있다. 이와 같은 활동을 정리하면서, 보천교 활동에 비판적인 일부 지식인들에 대한 보천교의 대응까지를 살펴보겠다.[78] 그리고 1924년 보천교 혁신운동과 그 과정에서 언급된 '정전제井田制'를 신정부 건설운동과 연계해 살펴볼 생각이다.

셋째, 「1930, 40년대 보천교계 신종교들의 신국가新國家 건설운동」에서는 1930년대 보천교계 신종교들의 신국가 건설운동을 당시의 다양한 사료들로써 정리할 것이다. 1930년대 후반 선도교仙道敎, 황극교黃極敎, 미륵불교彌勒佛敎의 '신인동맹神人同盟' 등의 신국가

---

78) 당시 친일 분자들과 교단 내 일부 보수파들은 차경석의 허락을 받고 時局大同團을 조직하였고, 일부 지식인들은 시국대동단을 허용한 보천교를 강도 높게 비난하였다. ('普天敎聲討文(申伯雨 書)',《조선일보》1924.8.26) 일부 지식인들이 '보천교 박멸운동'을 전개하면서부터 보천교는 분열의 늪에 빠져들었다. 그러는 중에 핵심 간부 이상호·이정립은 1924년 6월에《시대일보》를 인수하였다. (「問題의 時代日報 紛糾 顚末과 社會輿論」, 『개벽』1924.8, 33-34쪽) 일부 지식인들은《시대일보》인수 이전부터 '보천교 성토위원회'를 결성하였다. ('普天敎 聲討, 大演說會를 연다',《동아일보》1923.5.30.; '普天敎 聲討講演, 31일 天道敎堂에서',《매일신보》1923.5.30.; '普天敎 聲討委員會',《동아일보》1924.8.22.; '普天敎 聲討文',《조선일보》1924.8.26) 따라서 '보천교 박멸운동'은 시국대동단 이전에 이미 전개되었으며, 이는 당시 反종교운동과 관련이 깊다고 할 수 있다.

건설운동은 1920년대 보천교의 신정부 건설운동과 다르지 않다. 1948년에 수립된 대한민국 정부가 '국가'의 기능과 위상을 갖추었듯이, 당시의 신정부와 신국가는 기능과 위상의 측면에서 보면 같다. 다만, 1937년 중일전쟁 이후 총력전 체제로 전환되면서 일제는 '내부의 적에 대한 단속'이라는 명분을 내세워 한국의 신종교를 감시하고 탄압하였다. 이 과정에서 보천교계 신종교들의 민족의식은 강화되었고, '신정부 건설'보다 더 적극적 표현인 '신국가 건설'이 표방되었다. 이처럼 '신국가 건설'을 강조한 선도교, 황극교, 미륵불교 외 무극대도無極大道, 삼산교三山敎, 천자교天子敎, 선교仙敎, 조선건국단朝鮮建國團, 인도교人道敎 등의 활동도 함께 논의될 것이다.

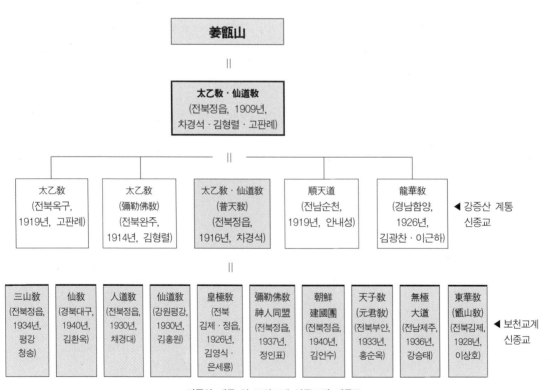

강증산 계통 및 보천교계 신종교의 계통도

* 위 계통도는 『朝鮮の類似宗敎』, 《思想彙報》, '관련 판결문' 등을 참고하여 작성함

활용 자료

이 책(연구)의 목적과 구성을 위해 다음과 같은 자료들을 활용할 것이다. 이 책에서 활용될 수 있는 자료는 크게 일제의 기록과 당시의 신문과 잡지, 그리고 보천교 측 기록이다.[79] 일제의 기록은 『太乙教徒檢擧に關する件(朝鮮總督府警務局, 1920)』, 『洋村及外人事情一覽』(1924),[80] 『未開の寶庫 濟州道』(濟州道廳, 1924),[81] 『普天敎一般』(全羅北道, 1926),[82] 『濟州島ノ槪勢』(濟州道廳, 1928),[83] 『朝鮮の類似宗敎』(朝鮮總督府, 1935),[84] 『最近に於ける朝鮮治安狀況 - 昭和八 - 十三年』(朝鮮總督府警務局, 1933 · 1938), 「秘密結社の解剖(四)」(1922)[85], 「濟州島ノ治安狀況」(『思想月報』 第2卷 第5號, 1932.8.15.), 「濟州島騷擾事件」(『暴徒史編輯資料高等警察要史』, 慶尙北道警察部, 1934) 등이다. 이 자료들은 1920, 30년대에 일제가 보천교를 '불온한 단체'로 지목하고 내밀한 감시와 탄압을 자행하는 과정에서 만들어졌다.

---

79) '일제강점기 보천교의 민족운동사 자료집 편찬위원회'는 2017년과 2018년에 『일제강점기 보천교의 민족운동 자료집(Ⅰ·Ⅱ·Ⅲ·Ⅳ)』(전라북도·정읍시·충남대충청문화연구소) 총 4권을 발간하였다. 이하 『일제강점기 보천교의 민족운동 자료집(Ⅰ·Ⅱ·Ⅲ·Ⅳ)』이라 함.

80) 『洋村及外人事情一覽』(1924)은 平壤의 外國人 실태조사보고서인데 90% 이상이 보천교 관련 내용이며, 편철자는 조선총독부로 짐작된다. 이 자료는 필자가 국가기록원(대전)에서 발굴하였다. 이하 『洋村及外人事情一覽』, 번역된 같은 자료는 『洋村及外人事情一覽』(『일제강점기 보천교의 민족운동 자료집Ⅱ』)이라 함.

81) 『未開の寶庫 濟州道』는 1924년 제주도청이 제주도의 행정, 치안, 지리, 기후, 산업, 종교 등을 조사한 보고서이다.

82) 『普天敎一般』은 1926년 전라북도에서 수집, 정리한 정보보고서 『管內最近狀況說明資料(全北)』의 부록(단행본)격이다. 총 230쪽에 이르는 이 책의 표지에는 "大正十五年六月 普天敎一般 秘 全羅北道"라고 쓰여 있으며, 보천교 교조 및 교주의 인적 사항을 비롯하여 교의 제사와 주문, 포교 수단, 성전 건축 상황, 내홍과 분열 등이 정리돼 있다. 전라북도 지사를 역임한 와타나베 시노브〔渡邊忍〕의 재임 기간(1926-1929)에 작성된 보고서로 추정된다. 앞의 자료는 필자의 부탁으로 최연식(동국대 사학과)이 일본 學習院大學에서 복사하였다. 이하 『普天敎一般』, 번역된 같은 자료는 『普天敎一般』(『일제강점기 보천교의 민족운동 자료집Ⅱ』)이라 함.

83) 최근에 출판된 『제주도 개세』(제주연구원 제주학연구센터, 2019)에는 『濟州島ノ槪勢』(원문과 번역문)가 실려 있다. 전체적으로 13개의 장으로 구성되었으며, 『未開の寶庫 濟州道』(1924)의 내용과 비슷하다. 이하 번역된 책은 『제주도 개세』라 함.

84) 『朝鮮の類似宗敎』는 조선총독부 촉탁 무라야마 지준이 1935년에 작성한 한국 신종교의 실태 조사보고서이다. 3·1운동과 같은 대규모의 소요를 막기 위해 한국인의 사고와 행동 방식을 이해하기 위한 작업이 『조선의 유사종교』이다. 『조선의 유사종교』 이후 일제의 한국 신종교 탄압은 더욱 강경해졌다. 이하 『朝鮮の類似宗敎』, 번역된 같은 책은 『조선의 유사종교』라 함.

85) 南山太郎, 「秘密結社の解剖(四)」, 『朝鮮公論(第10券10號, 通卷第115號)』, 1922.10.

또한「治安維持法違反及詐欺被疑事件檢擧に關する件」(平高秘第1461號, 平康警察署, 1935. 6.14.), 「治安維持法違反及被疑事件檢擧に關する件」(平高秘第1000號, 平康警察署, 1935.6. 17.), 「仙道教の不穩計劃に關する件」(平高秘第839號, 平康警察署, 1935.7.26.), 「朝鮮重大思想 事件經過表」(《思想彙報 續刊》, 高等法院檢事局事相部, 1936), 「仙道教の不穩計劃に關する件」 (平高秘第839號, 平康警察署, 1935.7.26.), 「仙道教徒の朝鮮獨立運動事件」(《思想彙報》 第21號, 1939.12.1.), 「支那事變以後に於る保安法違反事件に關する調査」(《思想彙報》 第19號, 1939.12), 「思想犯罪から觀の朝鮮在來類似宗敎」(《思想彙報》 第22號, 1940.3), 「刑事事件簿」(光州地方法 院濟州支廳, 1940), 「假出獄執行濟ノ件報告」(全州刑務所, 1944), 「刑事裁判書原本」(全州地方檢 察廳, 1944) 등은 1930, 40년대 보천교계 신종교들을 파괴하는 과정에서 만들어진 일제의 기록이다.

이밖에 일제의 관련 재판 기록도 상당수 있다. 2021년 4월 26일 기준 온라인 국가기 록원의 「독립운동관련판결문」에서 알 수 있는 보천교의 민족운동 참가자 수는 424명이 다. 424명은 일제 경찰과 검찰이 "조선 독립을 위해서 선도교를 조직하고 독립자금을 염출하려 하였다."라는 이유를 들어 구속, 기소한 이들이다.[86] 기각 또는 면소된 이들도 있으나 대부분은 징역형을 선고받았다. 이들의 관련 판결문은 이 책에서 중요하게 활용 될 것이다.

일제강점기 신문이나 잡지에서 볼 수 있는 보천교 관련 기사도 많다. 『개벽』, 『삼천리』, 『조광』, 일본어 잡지인 『朝鮮公論』,[87] 그리고 《신한국보》,[88] 《신한민보》,[89] 《동아일보》, 《조선일보》, 《매일신보》, 《시대일보》, 《중외일보》, 《조선중앙일보》, 《중앙일보》, 일본어

---

86) 가장 많이 적용한 '죄명'은 대정8년 제령제7호, 보안법, 치안유지법, 불경내란, 육군형법 등이다.
87) 南山太郎, 「秘密結社の解剖(四)」, 『朝鮮公論』 第10券 10號(通卷 第115號), 1922.10. 『朝鮮公論』은 『朝鮮及 滿洲』와 함께 일제강점기 최장수 잡지이나. 南山太郎은 조선총독부에서 '유사종교'의 취체나 행정 등에 관한 일을 했던 촉탁 吉川太郎으로 추정된다.
88) 《신한국보》는 새로 설립된 국민회 하와이지방총회가 기존에 발간해오던 《한인합성신보》의 제호를 1909 년 2월 12일 자로 바꾸면서 발행되었다. (한국민족문화대백과)
89) 《신한민보》는 1909년 2월 10일 샌프란시스코의 교민 단체 '국민회'의 기관지로 창간되었다. (한국민족문 화대백과)

신문인《釜山日報》,《京城日報》,《朝鮮新聞》,《朝鮮民報》,《群山日報》등도 이 책에서 중요하게 활용될 것이다.

『조선일보 항일기사 색인 - 1920-1940』[90]에서 밝힌 일제강점기 항일기사 건수는 보천교(태을교, 흠치교 포함) 147건, 천도교 32건, 기독교 23건, 불교 18건, 청림교 17건, 유교 15건, 천주교 2건, 기타종교 11건, 종교 일반 6건 등이다. 앞의 147건은 일제로부터 탄압받은 사례이지만, 그렇다고 모든 기사를 '항일'로 볼 수 있는 것은 아니다. 조선일보사에서 '보천교'라는 주제어를 설정해 기사를 분류하는 과정에서 『조선일보 항일기사 색인』과 같은 결과가 나온 것이다. 이밖에 지역 사회에서 발간한 『정읍군지』[91]가 있다.

일제강점기에 보천교는 많은 기록을 남기지 못하였다.[92] 그러나 교단 내 일부 지식인들이 남긴 『보천교보』(1922)와 『개벽』과 유사한 『보광』(1923)이 있다.[93] 1926년에는 핵심 간부 이상호李祥昊 · 이정립李正立(李成英)이 보천교를 이탈해 『증산천사공사기』를 펴냈다.[94] 강증산의 언행을 기록한 『증산천사공사기』는 여러 차례의 보완을 거쳐 『대순전경』

---

90) 조선일보사 편, 『조선일보 항일기사 색인 - 1920-1940 - 』, 조선일보사, 1986, 552-555쪽.

91) 張奉善 編, 『井邑郡誌』, 履露齋, 1936.

92) 보천교 핵심 간부 金洪奎(1888-1950)는 1945년에 "그 후 섬나라 오랑캐들의 탄압으로 교단의 언론과 문자들은 모조리 크게 금지하는 물품이 되었고, 겨우 晉나라 火爐에 태워지는 재앙을 면하고 전해진 문자는 몇 건에 불과하다."(金洪圭 編述, 『二師全書』, 普天敎中央協正院 · 總正院, 1945, 55-56쪽)라고 하였다. 일제가 기록을 금지하였기 때문에 기록이 없다는 얘기다. 하지만, 일제강점기의 보천교는 종교 조직으로서 日常化(routinization) 되어가는 과정이었고, 그 과정에서 합리화는 불가피하였다. 합리화에 동원되는 것이 '기록'인데, 당시 보천교는 정치적인 지향과 종교적 지향 사이에서 그 경계가 모호하였다. 따라서 1945년 이후에야 합리화를 상징하는 '기록'이 본격적으로 이루어졌다.

93) 『普天敎報』와 『普光』 모두는 교단 내 지식인이자 핵심 간부 李正立(李成英)이 창간하였다. 보천교는 孫秉熙의 天道敎와 함께 '동학계'로 분류되기도 하며, 손병희와 차경석 모두는 동학농민전쟁과 이후 동학운동에 뛰어들었다. 1898년과 1899년의 일명 '英學黨 事件' 또는 '戊戌 · 己亥 農民蜂起'에서 차경석은 농민군 측 '巨魁'였다.(『高敞郡捉得亂黨姓名罪目幷錄成冊』, 1899) 이후 차경석은 동학의 전국 조직인 進步會의 간부로 활동하였으며, 一進會의 '전라도 순회관' 또는 '총대'를 맡기도 하였다.(李祥昊, 『甑山天師公事記』, 相生社, 1926, 70쪽; 이돈화 편, 『天道敎創建史』, 천도교중앙종리원, 1933, 45-48쪽; 천도교중앙총부교사 편찬위원회 편, 『天道敎百年略史(上)』, 미래문화사, 1981, 350쪽)

94) 李祥昊, 『甑山天師公事記』(相生社, 1926)는 1929년에 펴낸 『大巡典經』의 底本이다. 단권, 편년체 활자본, 국판, 148쪽의 국한문 혼용, 서문은 漢文이다. 이상호의 발문에는 1921년부터 자료를 수집하여 1925년 10월에 썼다고 돼 있다. 이상호는 1888년생으로 16세까지 한학을 공부한 뒤, 1908년부터 전라남도 해남군 미산중학교에서 3년간 수학하였다. 1910년 북경, 상해 등지에서 망명 생활을 하다가 1915년에 귀국해

(1929)으로 발간되었다.[95] 이외, 이영호李英浩가 1935년에 편술했다는 『보천교연혁사(상·하)』(1948)가 있다.[96] 『증산천사공사기』와 『대순전경』은 강증산과 차경석의 구체적인 행적을 확인할 수 있는 유일한 자료이다. 이외, 미륵불교 '신인동맹 사건' 관련자들의 증언을 모은 『애국 거불』[97] 이 있다.

1922년 교단 공개 이후에 발간된 『보천교보』, 『보광』, 그리고 『보천교연혁사(상·하)』 등은 민족운동과 관련하여 보천교 측 인물들의 근황을 파악할 수 있는 유일한 자료이다. 그런데 이러한 자료는 종교적 신념에 따라 서술된 측면이 강하기 때문에 자료의 해독과 이용에 주의가 요구된다. 이외, 다양한 관계자들의 구술도 있다.[98] 구술은 이 책에서

보천교 간부로 활동하였다. (홍성찬, 「한국 근현대 李順鐸의 政治經濟思想 연구」, 『역사문제연구』(창간호), 1996, 71쪽) 이하 『甑山天師公事記』라 함.

95) 『大巡典經』(相生社, 1929)의 저자 및 발행인은 이상호이다. 앞의 책은 개정, 보완을 거듭하여 현재의 판에 이르고 있다. 이 책에서는 『大巡典經』(10판, 甑山教本部, 1987)을 참고하였다. 이하 『大巡典經』이라 함.

96) 『普天教沿革史(上·下)』의 편술자는 李英浩이다. (閔泳國 編, 『道訓』, 普天教總正院典文司, 339쪽) 『普天教沿革史(上·下)』는 1948년에 발간한 편년체로 된 교단사이다. 1958년에는 '續篇'이 추가되었다. 한적 17×25㎝ 크기의 겹장본, 세로쓰기의 국한문 혼용, 1면 6행 1행 25정자의 해서체로 돼 있다. 이 책에서는 『普天教沿革史(上·下)』(普天教中央總正院·協正院·總領院, 1948)와 『普天教沿革史(續)』(普天教中央總正院·協正院·總領院, 1959)로 구분한다. 앞의 『普天教沿革史(上·下)』는 1909년부터 1934년까지의 교단사이며, 뒤의 『普天教沿革史(續)』는 1935년부터 1936년까지의 교단사이다. 『普天教沿革史(續)』의 발간 취지나 발간 과정은 李英浩가 쓴 〈跋〉에 언급돼 있다. (『普天教沿革史(續)』, 普天教中央總正院·協正院·總領院, 1958, 13-15쪽) 차경석의 2남 龍南은 "『普天教沿革史(上·下)』는 부친(차경석)의 지시로 1930년대에 기술된 교단사이며 『普天教沿革史(續)』 역시 부친의 타개 이후 간부 李英浩가 추가로 기술한 교단사이다. 1930년대에 이의 간행을 시도하다가 일제의 검열에 따른 위기감으로 내용 일부가 수정, 삭제되는 등의 우여곡절을 겪다가 1948년에 『普天教沿革史(上·下)』를, 1958년에 『普天教沿革史(續)』를 출간하였다."라고 구술하였다. (차용남의 구술. 67세. 1990. 2. 5. 차경석의 2남. 전북 정읍시 입암면 접지리 차용남의 집에서 안후상 채록) 이하 『普天教沿革史(上·下)』라 함.

97) 雪人心 편, 『愛國 巨佛』, 미륵불교총본부, 1975. 『愛國 巨佛』은 '신인동맹 사건'으로 복역한 이들의 증언을 1975년에 雪人心이 취합하여 발간하였다.

98) 김은수의 구술(63세. 교사. 차경석 생가 소유주 김공배의 손자. 2000. 1. 26. 전라북도 고창군 부안면 연기리 마을회관에서 김재영·안후상 채록); 김은수의 구술(63세. 교사. 차경석 생가 소유주 김공배의 손자. 2001. 12. 28. 전라북도 고창군 부안면 연기리 마을회관에서 김재영·안후상 채록); 안영승의 구술(76세. 십일전 공사 참여자. 1991. 1. 22. 전라북도 정읍시 진산리 안영승의 집에서 안후상 채록); 안영승의 구술(76세. 십일전 공사 참여자. 1991. 7. 15. 전라북도 정읍시 진산리 안영승의 집에서 안후상 채록); 은희반의 구술(75세. 은세룡의 딸. 2002. 10. 19. 전라북도 부안군 줄포면 줄포리 금동 은희반의 집에서 김재영·곽형주·안후상 채록); 이강오의 구술(71세. 前전북대 철학과 교수. 1991. 10. 19. 전라북도 전주시 금암동

사료의 검증 또는 교차 검증을 위해 제한적으로 활용될 것이다.

연구의 의의

이 책(연구)의 한계는 필자의 부족한 역량에 있다. 그동안 관련 연구자들은 일제 탄압을 불러온 보천교의 주의·주장이나 취지, 신비주의적인 성향 등은 언급하지 않았다. 후천선경과 '천자 등극'에서 엿볼 수 있는 성속聖俗의 문제도 거론하지 않았다. 보천교의 활동을 둘러싼 계몽과 비계몽非啓蒙 간의 충돌이나 사이비, 이단 등의 문제, 그리고 친일 단체로 알려진 시국대동단時局大同團의 실체 등에 관한 것도 연구 단상에 올려놓지 못하였다. 필자 역시 자료의 한계를 이유로 이와 같은 주제나 소재에 접근하지 않았다. 차후 연구에서 이와 같은 주제들이 다루어지길 기대해 본다. 일제 지배자들이 남긴 기록들로써 보천교의 민족운동을 정리한다는 것 역시 한계이다. 향후 보천교와 보천교계 신종교들의 언어(구술 포함)로써 그들의 사고나 행동 양식을 살펴보는 것도 필요하다.

일제강점기 보천교와 보천교계 신종교들은 일제 지배자나 일부 지식인들로부터 배제당하였다. 이 책은 역사에서도 배제당한 이들의 삶이나 의식을 조금이나마 파악할 수 있다는 점에서 서발턴적 연구의 유효한 측면들을 참고할 것이다.[99] 지금까지는 일제

이강오의 집에서 이희태·안후상 채록); 장옥의 구술(63세. 이정립의 부인. 1990. 1. 23. 전라북도 김제시 금산면 금산리 증산교본부에서 이희태·안후상 채록); 차봉남의 구술(65세. 차경석의 3남. 1991. 5. 10., 전라북도 정읍시 입암면 접지리 차봉남의 집에서 안후상 채록); 차봉남의 구술(74세. 차경석의 3남. 2000. 1. 31. 전라북도 정읍시 입암면 접지리 차봉남의 집에서 김재영 채록); 차봉남의 구술(75세. 차경석의 3남. 2001. 12. 28. 전라북도 정읍시 입암면 접지리 차봉남의 집에서 안후상 채록); 차용남의 구술(67세. 차경석의 2남. 1990. 2. 5. 전라북도 정읍시 입암면 접지리 차용남의 집에서 안후상 채록); 차용남의 구술(67세. 차경석의 2남. 1990. 7. 30. 전라북도 정읍시 입암면 접지리 차용남의 집에서 안후상 채록); 차용남의 구술(68세. 차경석의 2남. 1991. 1. 21. 전라북도 정읍시 입암면 접지리 차용남의 집에서 안후상 채록); 차용남의 구술(75세. 차경석의 2남. 1998. 7. 22. 전라북도 정읍시 입암면 접지리 차용남의 집에서 안후상 채록); 차용남의 구술(77세. 차경석의 2남. 2000. 2. 5. 전라북도 정읍시 입암면 접지리 차용남의 집에서 안후상 채록); 최종섭의 구술(74세. 보천교 교인. 1991. 1. 23. 전라북도 정읍시 입암면 접지리 최종섭의 집에서 안후상 채록); 최종섭의 구술(74세. 보천교 교인. 1991. 7. 15. 전라북도 정읍시 입암면 접지리 최종섭의 집에서 안후상 채록). 앞의 구술들은 이하 각주에서 간략히 표기함. 예컨대, '최종섭의 구술(1991. 1. 23)'이라고 함.

99) 라나지트 구하, 김택현 옮김, 『서발턴과 봉기 - 식민 인도에서의 농민봉기의 기초적 측면들』, 박종철출판

지배자들과 일부 지식인들의 언어로써 보천교의 활동이 기술된 측면이 있다. 이때 보천교는 일제 지배자들과 일부 지식인들에게는 '야만'이자 '계몽'의 대상이다. 이와 같은 인식에서 비롯된 당시 많은 기록의 오염 문제는 이 책을 난해하고 복잡하게 만들 가능성이 있다. 따라서 필자에게는 이 기록들을 정확히 해석하고 비판하는 문제가 남아 있다.[100] 또 하나의 문제라면, 앞에서 언급했듯이 보천교의 활동을 다양하게 바라보고 연구할 수 있는 역량을 키우지 못한 한계이다.

한국 근대사에서 가장 중요한 명제는 한국韓國의 독립과 근대화이다. 특히, 일제강점기의 한국인은 민족의 독립과 근대화라는 두 과제를 동시에 해결해야만 하였다. 필자는 한국 민족운동에 더 많은 관심을 가지고 일제강점기를 고찰하고자 한다. 일제강점기 한국 민족운동을 인물, 사건, 시기, 단체, 이념, 그리고 종교 등을 통하여 고찰하는 방법이 있는데, 필자는 종교宗敎를 통해 한국 민족운동을 살펴볼 것이다.

일제강점기 한국 종교는 크게 기성종교既成宗敎와 신종교로 구분한다. 기성종교인 개신교, 천주교, 불교, 유교 등이 전개한 민족운동은 선행연구가 많이 축적돼 있다.[101] 그리고 한국 신종교인 천도교天道敎나 대종교大倧敎의 민족운동 연구도 어느 정도 진척돼 있다.[102]

사, 2008. 보천교와 보천교계 신종교에는 『고양이 대학살』(로버트 단턴)에서와 같은 '노동자들의 낙서'도 없다. 단지, 일제 지배자들을 의식한 敎團史와 식민 지배에서 벗어난 이후의 기록들이 조금 남아 있을 뿐이다.

100) 이 책은 대체로 일제 기록들로써 보천교와 보천교계 신종교들의 삶이나 의식을 살펴보는 작업이기도 하다. 일제의 기록 대부분은 관련 인물들을 구속, 문초한 결과물이다. 그런데 그 결과물에서 미세한 문제들이 발견되고 있다. 예컨대, 미륵불교 스스로가 '天人同盟'이라고 했지만, 일제는 이를 '神人同盟'이라 기록하였다. 천인동맹과 신인동맹은 거의 같은 의미로 쓰이고 있어 큰 문제는 없다. 용어 '민족'이나 '민족주의' 등도 마찬가지이다. 그렇지만, 보천교의 활동에서 '民族'이나 '民族主義'라는 용어를 쓰지 않은 것은 아니다. 따라서 일제 기록에 대한 비판적 검토가 우선되어야 함은 맞지만, 일제 기록에 대한 지나친 경계는 불필요하다. 일제 지배자들의 기록이지만 사실을 날조했다고는 볼 수 없기 때문이다. 단, 민족의 정서적 표현들이나 강압에 따른 허위 진술 등은 일제 기록이 갖는 한계이다. 또한, 일부 지식인들의 보천교에 대한 선입견에서 비롯된 편파적이고 불확실한 기록들은 사료의 오염 문제를 낳을 수 있다.

101) 대표적인 선행연구는 다음과 같다. 이만열, 『한국기독교와 민족의식』, 지식산업사, 1991; 이만열, 『한국기독교와 민족운동』, 종로서적, 1992; 김광식, 『한국 근대불교사 연구』, 민족사, 1996; 한규무, 『일제하 한국 기독교 농촌운동 - 1925~1937 - 』, 한국기독교역사연구소, 1997; 윤선자, 『일제의 종교정책과 천주교회』, 경인문화사, 2001; 윤정란, 『한국기독교 여성운동의 역사』, 국학자료원, 2003; 김희곤, 『경북유림의 독립운동』, 경인문화사, 2015.

천도교와 대종교 외 동학東學에 연원을 둔 한국 신종교들도 많이 있다. 이들 상당수는 당시나 지금이나 무지, 몽매, 미신, 사교 등의 표현으로써 평가가 이루어지는 경우가 있다. 그런데 이러한 신종교들에서 일제강점기의 시대 문제나 민족 문제가 결부된 다양한 사건들을 적잖이 접할 수 있다.

필자가 확인한 바에 의하면, 일제강점기 민족의 문제에 접근하고자 한 한국 신종교는 대부분 보천교와 보천교계 신종교들이다. 1930, 40년대의 미륵불교, 황극교, 무극대도, 삼산교, 천자교, 선교, 선도교, 조선건국단, 인도교 등은 보천교와 마찬가지로 민족운동을 전개하다가 일제 탄압을 받았다. 따라서 이 책『일제강점기 보천교의 신국가 건설운동』에는 그간 언급되지 않았던 1930, 40년대 보천교계 신종교들의 활동이 포함된다.

20세기 전반기 한국은 전통과 문명이라는 두 명제가 혼재해 있었다. 당시 보천교가 지키고자 했던 전통은 각종의 비결이나『정감록』의 예언에 기반한다.[103] 당시 민중은 이러한 비결과 예언에 기반한 보천교의 후천선경 신정부 건설운동에 관심을 가졌다.[104] 일제는 후천선경 신정부 건설을 강조한 보천교를 과학이나 합리성과는 거리가 먼 '미신으로 뭉쳐진 불온한 세력'이라며, 제거할 대상으로 보았다. 보천교의 활동을 '불온한 사상'

---

102) 근대 天道敎의 민족운동 연구는 다음과 같다. 김정인,「1910~25년간 천도교 세력의 동향과 민족운동」, 『한국사론』 32, 서울대국사학과, 1994; 성주현,「1920년대 상해지역 천도교인의 활동과 민족운동」,『문명연지』 6권3호, 한국문명학회, 2005; 조규태,「손병희의 꿈과 민족운동」,『중원문화연구』 13, 충북대중원문화연구소, 2009; 조규태,「최린의 천도교 활동과 민족운동」,『한성사학』 26, 한성사학회, 2011; 조규태,『천도교의 민족운동 연구』, 도서출판선인, 2006; 김정인,『천도교 근대 민족운동 연구』, 한울아카데미, 2009. 대종교의 민족운동 연구는 다음과 같다. 박영석,「대종교의 민족의식과 항일민족독립운동(上·下)」,『한국학보』 9권2호·9권3호, 일지사, 1983; 조준희,「이시열의 민족운동과 대종교」,『숭실사학』 28, 숭실사학회, 2012; 이숙화,「1930년대 만주지역 대종교 재건과 민족운동」,『고조선단군학』 37, 단군학회, 2017.

103) 황선명,「잃어버린 코뮨; 보천교 성립의 역사적 성격」,『신종교연구』 2, 한국신종교학회, 2000.5.

104) 윤이흠은 "후천개벽 사상에 따르면 오늘의 혼돈과 어두운 시대가 끝나고 바야흐로 後天의 새로운 理想社會가 도래하는 轉換點에 현재 우리가 처해 있다. 그런데 다가올 후천의 이상사회에서는 한반도가 그 중심이 되고, 한민족이 그 주역을 담당하게 된다고 한다. 이처럼 후천개벽 사상은 미래의 희망에 대한 우주론적 신념 체계 안에 열정적인 민족애를 담고 있다. 한마디로 그것은 민족이 당면한 역사의 횡포에 분연히 일어선 민족적 자기 각성의 종교적 표현이었다. 우주론적 근거에서 민족적 자기 각성을 불러일으킨 사건을 이름하여 民族宗敎運動이라 하며, 그 효시가 1860년대 최제우가 일으킨 東學이다."라고 하였다. (윤이흠,『일제의 한국민족종교 말살책』, 12쪽)

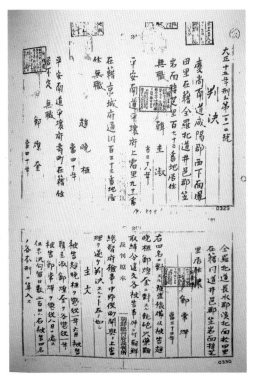

전라북도 정읍의 한규숙 외 3명의 일제 판결문(1925)
1920년대 한규숙은 보천교 핵심 간부였다.

또는 '체제 변혁을 위한 행위'라며 탄압하는 한편 '미신사교의 혹세무민'이라고 규정하였다. 당시 일부 지식인들의 생각도 이것과 다르지 않았다. '실력 양성'과 과학에만 매몰돼 있는 지식인들은 일제의 이와 같은 논리에 빠져든 것이다.

일제강점기 다양한 기록들, 특히 관련 판결문에 나오는 보천교는 당시 일부 지식인의 생각이나 논리와는 적잖게 달랐다. 관련 판결문에서 보천교와 보천교계 신종교들의 험난한 현실 타개 방식을 확인할 수 있었기 때문이다. 그런데 그 방식이나 모습들은 우리가 흔히 아는 것과 사뭇 달랐다. 나라를 되찾을 마땅한 정치적 책략이나 경제적 수단이 없는 그들에게 각종 비기祕記나 예언預言, 그리고 무속적 행위들은 민족운동을 전개하는 데 있어 가장 적합한 수단이었다. 오늘날 우리가 생각하는 민족운동과는 많이 달랐을, 그렇지만 선명한 민족적 성향을 부정할 수 없다.

일제는 한국 신종교 가운데 '흠치 계통' 신종교를 '불온한 사상'의 중심이라며 가장 많이 단속하고 탄압하였다. '흠치 계통'의 신종교는 보천교와 보천교계 신종교를 말한다. 이것을 뒷받침하는 일제의 기록들이 최근 다수 발굴되었지만, 관련 연구는 진척이 없다. 보천교와 보천교계 신종교들의 민족운동 연구가 진척을 보인다면 한국 민중의 민족운동, 더 나아가 한국 민족운동의 다양성을 확인할 수 있는 계기가 될 것이다. 그리고 앞에서 한계로 지목된 다양한 연구의 방법이나 주제들로써 관련 연구를 확장할 수도 있다.

종교는 당대 사람들의 필요에 따라 만들어지기도 하고, 확장하려고도 한다. 시대에 따라 종교가 만들어지기도 하고 재구성되기도 한다는 뜻이다. 일제강점기 한국인들의 바람은 민족의 독립과 새로운 정부 수립이다. 당시 한국 신종교들은 성속聖俗을 넘나들면서 민족의 독립과 새로운 정부 수립을 도모하였다.

종교가 성속의 분리를 추구한다는 것은 근대종교의 한 특징이다. 그러나 당시 보천교와 보천교계 신종교는 성속을 넘나들며 민족의 독립과 신정부나 신국가를 추구하였다. 그런데 그들의 주장이나 논리들은 일정치 않았고, 들쑥날쑥하였다. 그리고 그 활동들은 산발적이었다. 그러함에도 일제는 치안유지법이나 보안법 등으로 그들의 활동을 저지하였다. 그 이유는 보천교와 보천교계 신종교들이 식민 통치에 방해가 된다고 판단했기 때문이다.

이 책은 기본적으로 일제강점기의 고단한 민중의 삶 속에 드러나는 여러 의식의 단면을 살펴보는 작업이기도 하다. 즉 당시 민중은 일제의 억압이나 수탈에서 어떻게 벗어나려고 했을까? 그들이 지향하는 삶은 무엇이었을까? 하는 의문들에서 비롯된 작업이다. 이러한 의문들을 가지고서 당시 다양한 사료들을 분석하고 해석할 것이다. 분석하고 해석한 사료들로써 보천교와 보천교계 신종교들의 민족운동 사례를 재구성할 것이다. 이 책으로 인해 한국 신종교의 민족성 표출 방식이 검토될 수 있으며, 민족성이 밝혀짐으로써 한국 신종교가 전개한 민족운동의 영역이 확장되기를 기대할 수 있다. 더 나아가 종교의 민족운동사, 그리고 한국 민족운동사의 영역 확장을 꾀할 수도 있다.

天子劍가軍頭豆

玉輦「寫證品發見」

東京石第三次收潤

◇新聞紙上에서나타나삿음이이東京石画影

隙案毀到
撿事局大混雜

◇

農家一百八十萬戶

入口千五百餘

小作農　四萬

1910년대
보천교와 법정사法井寺 항일운동

1910년대 보천교와 법정사法井寺 항일운동

1900년 초 동학운동東學運動을 전개하던 차경석은 강증산姜甑山을 만나면서 문명개화를 포기하고 전통적이고도 주체적인 종교 활동을 전개하였다. 강증산이 역설한 '후천개벽後天開闢 시대의 상등국上等國 조선의 전권全權' 획득을 목표로 하는 운동에 나선 것이다. 조선의 전권 획득을 위해서는 식민지 상황부터 극복해야 한다는 게 그의 생각이었고, 보천교는 식민지 상황 극복을 위한 조직운동을 전개하였다.

보천교의 24방주제 성립 직후인 1918년에 제주도에서 항일운동이 일어났다. 1910년대는 일제 헌병경찰의 무단 통치가 한국인의 정치 · 경제 · 사회 · 문화 등 모든 영역의 활동을 봉쇄하던 시기였다.[1] 이처럼 삼엄한 시기에 제주도에서 무력을 동원한 항일운동이 전개되었다. 항일운동은 1918년 10월 5일[2] 전라남도 제주군濟州郡 좌면左面의 한라산 중턱 법정사法井寺에서 시작되었다. 따라서 이를 '법정사 항일운동'이라고 부른다.[3]

---

1) 조동걸, 『일제하 한국 농민운동사』, 한길사, 1980, 48쪽.
2) 이 책에서 표기한 날짜는 양력이다. 음력은 표기할 필요성이 있을 때만 괄호 속에다 표기하겠다.
3) 1918년 법정사 항일운동을 연구자마다 '제주 법정사 항일운동', '법정사 항일투쟁', '법정사 항일항쟁' 등으로 표기하고 있다. 濟州道는 '무오법정사 항일운동'이라고 표기하였다. 이 책은 가장 보편적 용어이면서

제주도濟州島에서는 법정사 항일운동을 오랫동안 '보천교의 난'으로 인식하였다. 예컨대, 김연일金蓮日이 법정사에서 보천교 수령 박주석朴周錫과 함께 '난'을 일으켰으며 '난'은 곧 '독립운동'이라고 하였다. 하지만, 항일운동의 주체가 보천교라는 데서 그 평가는 부정적이었다. 따라서 법정사 항일운동의 명칭은 한동안 '보천교의 난' 또는 '보천교의 폭동'이었다.[4]

근래에 법정사 항일운동 관련 연구가 이루어졌다. 그런데 보천교가 중심이 된 항일운동이라는 연구도 있지만 불교계에서 주도한 항일운동이라는 연구가 더 많다.[5] 이러한 연구는 항일운동 당시의 기록을 분석해야 함에도 지나치게 구술에 의지하고 있다. 그리고 이러한 연구를 제주도濟州道가 받아들이므로 적지 않은 문제가 야기되었다.[6] 이 책은

법정사 항일운동의 성격을 잘 나타내주는 '법정사 항일운동'으로 표기하겠다.

4) 강용삼·이경수, 『대하실록 제주백년』, 태광문화사, 1984, 211-221쪽; 변승규, 『제주도약사』, 도서출판 제주문화, 1992, 201-202쪽; 서귀포시관광과 편, 『西歸浦市誌』, 서귀포시, 1988, 275-277쪽; 제주도공보담당관실 편, 『濟州道誌(上)』, 제주도, 1982, 390-391쪽.

5) 법정사 항일운동 관련 선행연구는 임혜봉의 「濟州道 法井寺 스님들의 항일투쟁」과 안후상의 「무오년 제주 법정사 항일무장봉기 연구」(이하 『중문청년회의소 창립20주년 해방50주년기념 학술토론회 무오년 법정사 항일운동』, 중문청년회의소, 1995.8)가 처음이다. 앞의 안후상의 글은 보완되어 1년 뒤 「무오년 제주 법정사 항일항쟁 연구」(『宗敎學硏究』 15, 서울대종교학연구회, 1996)로 발표되었다. 그런데 이즈음에 김봉욱의 「법정사 항일운동의 재조명」(『제주도사연구』 4, 제주도사연구회, 1995)과 박찬식의 「1918년 중문지역의 항일운동」(『제주도』 99, 제주도, 1996)이 발표되었다. 관련 연구는 한동안 뜸하다가 2002년부터 관련 글이 발표되었으니, 박찬식, 「법정사 항일운동의 역사적 성격」; 조성윤, 「일제하 제주도의 종교상황과 법정사 항일운동」; 김창민, 「법정사 항일운동 가담자와 운동의 성격」(이하 『제주도연구』 22, 제주학회, 2002); 조성윤, 「법정사 항일운동에 대한 지역 주민의 인식」; 김창민, 「법정사 항일운동과 지역주민의 참여」; 정긍식, 「法井寺 抗日運動에 대한 法的 考察」(이하 『제주도연구』 25, 제주학회, 2004) 등이다. 불교계가 주도한 항일운동으로 바라본 연구는 다음과 같다. 김광식, 「법정사 항일운동의 재인식」, 『제주도연구』 25, 제주학회, 2004; 한금순, 「1918년 제주법정사 항일운동의 성격」, 『대각사상』 9, 대각사상연구원, 2006; 한금순, 「1918년 제주 법정사 항일운동에 대한 새로운 인식」, 『정토학연구』 10, 한국정토학회, 2007; 김광식, 「법정사 항일운동의 연구, 회고와 전망」, 『정토학연구』 11, 한국정토학회, 2008; 김광식, 「법정사 항일운동의 불교사적 의의」, 『한국민족운동사연구』 59, 한국민족운동사학회, 2009; 한금순, 「1918년 제주도 법정사항일운동 관련 『형사사건부』 분석」, 『대각사상』 12, 대각사상연구원, 2009. 이와 달리, 불교계와 보천교가 연대한 또는 보천교가 중심이 된 항일운동이라는 연구는 다음과 같다. 김정인, 「법정사 항일투쟁의 민족운동사적 위상」, 『제주도연구』 22, 제주학회, 2002; 윤소영, 「법정사 항일운동 주동 세력의 성격에 대한 재검토」, 『한국독립운동사연구』 51, 독립기념관 한국독립운동사연구소, 2015; 윤소영, 「훔치교, 선도교와 제주 법정사 항일운동」, 『보천교와 보천교인의 민족운동』, 도서출판선인, 2018.

6) 법정사 항일운동은 그동안 '보천교의 난'으로 인식되다가 근래에 들어 '무오법정사 항일운동'으로 명명되

법정사 항일운동 당시 기록들의 발굴, 분석을 통해서 항일운동의 주도 세력 및 그 성격을 재검토할 것이다.

법정사 항일운동 관련 기록은 일제의 기록과 당시의 신문, 잡지, 그리고 관련 교단 측 자료들이다. 일제 기록으로는 「刑事事件簿 第29號」(1918)[7]나 「受刑人名簿」,[8] 「太乙敎徒檢擧二關スル件」(1919),[9] 「太乙敎布敎に關する件」(1920),[10] 「太乙敎に就いて」(1922),[11] 정구용鄭九鎔의 판결문(1923. 대구복심법원), 『未開の寶庫 濟州道』(全羅南道濟州島廳, 1924),[12] 『洋村及外人事情一覽』(1924),[13] 『普天敎一般』(1926),[14] 『濟州島ノ槪勢』(全羅南道濟州島廳, 1928),[15] 「濟州島騷擾事件」(『暴徒史編輯資料高等警察要史』, 1934)[16] 등이 있다.

당시 신문과 잡지의 관련 기사도 이 책에서 활용하겠다. 교단 측 자료인 『증산천사공사기』,[17] 『보천교연혁사』,[18] 그리고 『증산교사』[19] 등도 면밀하게 살펴보겠다. 1971년부터

였다. 濟州道는 항일운동 발상지에 瓦家를 세우고 '무오법정사 항일운동'이라는 표지판을 설치하였다. 그런데 표지판의 안내 글은 한국 불교계가 중심이 되어 일어난 항일운동으로 왜곡돼 있다.

7) 「刑事事件簿 第29號」는 1918년 광주지방법원 목포지청 검사국에서 작성하였다.

8) 「受刑人名簿」는 1919년 광주지방법원 제주지청에서 작성하였다.

9) 「太乙敎徒檢擧二關スル件」(1919.12.26)은 일제 특별고등경찰이 1919년에 "全羅北道知事報告要旨"라 표기된 문건을 당시 총리대신, 각성 대신, 군사령관, 경시총감, 검사총장, 헌병대사령관 등에게 발송한 문서이다. 이하 「太乙敎徒檢擧二關スル件」(1919.12.26)이라 함.

10) 「太乙敎布敎に關する件」(1920.6.10)은 일제 특별고등경찰이 1920년에 내각총리대신, 각성 대신, 경시총감, 검사총장, 조선군사령관, 헌병대사령관 등에게 발송한 문서이다. 이하 「太乙敎布敎に關する件」(1920.6.10)이라 함.

11) 「太乙敎に就いて」(1922.3.27)는 조선군참모부가 1922년에 조선총독부, 조선헌병대사령부, 관동군사령부 등에게 발송한 문서이다. 이하 「太乙敎に就いて」(1922.3.27)라 함.

12) 『未開の寶庫 濟州道』는 1924년 제주도청이 작성한 보고서이다.

13) 『洋村及外人事情一覽』은 1924년 평양의 외국인 실태 조사보고서를 편철하는 과정에서 보천교의 실태 조사 보고서를 묶은 것으로, 보천교가 내용의 약 90% 이상을 차지한다.

14) 『普天敎一般』은 1926년에 전라북도에서 발간한 정보보고서이다.

15) 『濟州島ノ槪勢』는 全羅南道廳의 각 분야 담당자 4명이 제주도에 대한 정보를 정리할 목적으로 1928년에 작성한 보고서이다. 『未開の寶庫 濟州道』(1924)를 참고하여 작성된 것으로 보이며, 법정사 항일운동이나 보천교 관련 내용은 『未開の寶庫 濟州道』(1924)에 더 자세히 나와 있다. 최근에 『제주도 개세』(제주연구원 제주학연구센터, 2019)에 『濟州島ノ槪勢』의 원문과 번역문이 함께 실렸다. 이하 『제주도 개세』라 함.

16) 「濟州島騷擾事件」(『暴徒史編輯資料高等警察要史』, 1934)은 1934년 慶尙北道警察部에서 작성한 문서이다. 이하 『暴徒史編輯資料高等警察要史』라 함.

17) 李祥昊, 『甑山天師公事記』(相生社, 1926), 82-85쪽. 이하 『甑山天師公事記』라 함.

18) 李英浩 編, 『普天敎沿革史(上·下)』, 普天敎中央聽正院·協正院·總領院, 1948. 앞의 연혁사는 차경석의

1973년까지 약 1개월 이상 제주도 현지에서 기초조사 및 보충 조사한 탁명환·이강오의 「제주도濟州道의 신흥종교新興宗教」[20]는 제주도의 신종교 관련 유일한 기록으로, 이 책에서 참고할 것이다.

1918년 법정사 항일운동은 보천교의 성립 시기에 발생하였다. 따라서 보천교 성립사의 하나로서 항일운동을 살펴볼 것이다. 보천교 성립에 영향을 끼쳤을 차경석의 동학운동[21]은 「전라남도고창군취착난당구초동류성거주병록성책全羅南道高敞郡就捉亂黨口招同類姓居住立錄成冊」(1899)[22]과 「興德及古阜地方暴徒情況に關ける件(京公館 第38號, 1899.6.6)」[23] 등을 통해서 정리하겠다. 핵심 간부를 지낸 이상호의『증산천사공사기』(1926), 『대순전경』(1929) 등은 보천교 성립의 역사를 정리하는 데 도움이 될 것이다.

1. 보천교의 조직운동과 법정사 항일운동

일제 통감부 시기인 1907년 7월에 공포한 보안법保安法은 천도교나 보천교의 옥외 설교를 비롯한 각종 집회를 규제하는 등 천도교와 보천교를 각각 하나의 결사체로 취급하였다.[24] 이러한 분위기에서 강증산과 그의 제자들은 새로운 세상이 도래할 것을 예언하고

지시로 이영호가 1935년에 편술하였으며, 1948년에 발간하였다. 이하『普天教沿革史』라 함.

19) 李正立,『甑山教史』, 甑山教本部, 1977. 이하『甑山教史』라 함.

20) 탁명환, 「제주도의 新興宗教에 對한 小考」,『한국문화인류학』6, 한국문화인류학회, 1973; 이강오, 「濟州道의 新興宗教」,『한국신흥종교총람』, 대흥기획, 1992. 이강오는 앞의 글 序頭에서 앞의 "보고서는 1971년부터 1973년까지 약 1개월 이상 제주도 현지에서 기초조사 및 보충 조사한 결과"라고 하였다. 이하 이강오의 「濟州道의 新興宗教」라 함.

21) 동학농민전쟁(1894) 이후 차경석은 무술(1898)·기해(1899) 농민봉기에 참여하였고, 1905년 전후해서는 전라북도의 진보회 및 일진회의 활동에 집중하였다. 따라서 동학농민전쟁과 이후 동학과 관련한 차경석의 활동을 이 책에서는 '차경석의 동학운동'이라 하겠다.

22) 『高敞郡捉得亂黨姓名罪目并錄成冊』)(興德縣, 1899)은 1899년 6월에 전라도 서남부의 농민봉기, 특히 기해농민봉기의 진압 사항을 興德縣에서 중앙 정부에 보고한 문건으로 알려져 있다. 이하『高敞郡捉得亂黨姓名罪目并錄成冊』이라 함.

23) 「興德及古阜地方暴徒情況に關ける件(京公館第38號, 1899.6.6.)」,『駐韓日本公使館記錄(13卷)』, 1899(2019. 1.20. 국사편찬위원회의 한국사데이터베이스).

염원하는 주문을 외다가 관헌官의 탄압을 받았다.[25] 국권 피탈 이후에도 강증산의 제자들은 새로운 세상을 염원하는 종교적 활동을 이어갔다. 강증산의 수제자로 알려진 차경석이 이끈 보천교는 광범위한 민중 조직을 통해서 강증산의 예언이기도 한 후천선경 신정부 건설을 도모하였다. 당시 보천교의 조직운동이 활발하게 전개된 지역 가운데 하나인 제주도는 일제의 수탈로 반일 감정이 높아진데다가 강증산 계통의 종교인들이 유입되면서 크게 동요하였다. 이처럼 동요하는 도민島民들에게 새로운 정부 수립을 제시하는 보천교를 일제가 탄압하였다. 이러한 가운데 법정사 항일운동이 발생하였다.

1) 보천교의 성립과 조직운동

(1) 동학·강증산과 보천교 성립

차경석車京石(1880-1936)[26]의 부친은 동학농민전쟁 당시 장령將令으로 알려진 차치구車致九(1851-1894)[27]이다. 부친의 영향을 받았을 차경석의 동학운동은 보천교의 성립에 적지 않은 영향을 끼쳤다. 보천교의 성립에 영향을 끼친 인물은 차치구 말고도 강증산姜甑山이 있다. 차경석과 같은 시대의 같은 공간에서 활동한 강증산은 보천교 성립의 주요 배경이다.

동학농민전쟁 직후의 차경석은 세칭 영학계英學契에 관심을 가졌다. 농민전쟁으로 쫓기는 이들이 전라북도 고부古阜의 영학교회에 의탁을 하면서 만들어진 모임이 영학계英學

---

24) 1906년 11월 17일 통감부령 제45호 '종교의 포교에 관한 규칙'에는 신도, 불교, 기독교 이외의 종교는 종교가 아닌 정치적 결사체라고 돼 있다.

25) 『甑山天師公事記』, 82-85쪽.

26) 月谷은 車京石의 호, 본명은 輪洪, 京石은 자이다. 寬淳이라는 이름도 있으며, 당시 일간지에는 '車天子', '車京錫', '車景錫' 등으로 표기돼 있다. ('車京錫의 入京說을 듣고', 《시대일보》 1925. 5. 27); 『普天敎一般』, 9쪽)

27) 김상기, 『동학과 동학란』, 대성출판사, 1947, 99-102쪽; 한우근, 『동학농민봉기』, 세종대왕기념사업회, 1985, 225쪽; 오지영, 『東學史』, 대광문화사, 1987, 123-144쪽. 동학농민전쟁은 '동학운동'에 포함되지만, 이 책에서는 이 둘을 구분하겠다. 1894년 동학농민전쟁 이후의 동학 관련 사회운동(영학당, 진보회·일진회)을 '동학운동'이라 하겠다.

契이다.[28] 당시 외국인 선교사가 세운 교회는 치외법권적 성격을 가졌기 때문에 영학교회는 농민전쟁으로 쫓기는 이들의 의탁처이기도 하였다.[29]

1898년과 1899년 전라도 중서부에서 영학계가 농민봉기를 일으켰는데 이를 '영학당의 난' 또는 '무술·기해 농민봉기'라고 부른다.[30] 무술·기해 농민봉기의 외피는 영학英學이지만 동학농민전쟁과 같은 성격을 갖는다.[31] 이때 차경석은 '거괴통인巨魁通引', 즉 농민봉기의 주모자 최익서崔益瑞 보좌역이었다.[32] 이후의 차경석은 동학이 용인되는 사회 분위기를 틈타 동학東學의 전국적 조직인 진보회進步會와 일진회一進會의 사회운동에 뛰어들었다. 일진회 전라북도 총대總代로 불렸을 정도로 그는 동학운동에 전념하였다.[33]

차경석이 이끈 진보회나 일진회는 문명개화의 상징적 행위인 단발短髮을 하고 '일본과 같은 개명국'을 추구하였다. 하지만 일본의 핵심부는 일진회의 활동을 '소요騷擾'로 인식하였다.[34] 어쨌든, 일진회의 문명 개화운동은 동학에서 천도교로의 개명 선포(1905) 직전

---

28) 이영호, 「대한제국 시기 영학당 운동의 성격」, 『한국민족운동사연구』 5, 한국민족운동사연구회, 1991. 4, 4-9쪽. 英學教會는 1890년대 후반 전라도 古阜郡 말목장터에서 북장로회 외국인 선교사가 세운 교회이다. 동학농민전쟁에서 살아남은 자들이 치외법권적 성격의 서양식 교회에 의탁을 하면서 英學契가 조직되었다. (이영호의 앞의 글, 4-9쪽)

29) 『濟州島ノ槪勢』(1928)에 "……지금부터 28년 전, 천주교에 관한 대대적인 시끄러운 난리가 있었던 무렵에는 외국인은 치외법권이라고 하여, 나쁜 짓을 저지른 島民이 천주교의 신도가 되어 외국인 선교사의 그늘에 숨어 그 벌을 면하는 경우가 있었기 때문에, 도민 중 불량배는 소위 절도, 간음 등의 죄악을 멋대로 저질렀으며, 그 행위는 악화하여 횡포 행위가 되어 피해자가 속출하여 일반 도민은 천주교를 증오하는 마음이 거세어졌다."라는 내용이 들어 있다. (『제주도 개세』, 77-78쪽) 이는 당시 외국인 선교사의 치외법권적 환경에 의지한 민중의 실상을 언급한 것이다.

30) 무술년(1898)과 기해년(1899)에 영학계가 봉기를 일으켰다고 하여 '무술·기해 농민봉기'라고 부른다.

31) 「興德及古阜地方暴徒情況に關ける件(京公館第38號, 1899. 6. 6.)」, 『駐韓日本公使館記錄(13卷)』, 1899(2021. 6. 4. 국사편찬위원회의 한국사데이터베이스).

32) 『全羅南道高敞郡就捉亂黨口招同類姓名居住竝錄成冊』(1899); 차용남의 구술(1990. 2. 5).

33) 차경석이 일진회 임시 총대로 기록돼 있는 문서는 「關谷 警部의 全州一進會 動靜視察復命書 提出 件(公信第四號)」(明治三十八年一月二十一日)이다. 앞의 문서 발신자는 '在仁川領事 三增久米吉'이고 수신자는 '特命全權公使 林權助'이다. 이외, 천도교중앙총부 교사편찬위원회 편, 『천도교백년약사(上)』, 미래문화사, 1981, 350쪽에도 관련 내용이 들어 있다. 앞의 책에 진보회는 1904년 2월에 조직되었다는 내용과 함께 '全羅道 車景錫'이라는 이름이 들어 있다. 이상호의 『甑山天師公事記』 70쪽에도 "(차경석이) 일진회 전북 총대를 지낸 일이 있었다."고 돼 있다. 진보회 조직 시기의 '總代'는 도 단위의 진보회 간부로서, 교인과 관리 간의 교섭을 담당하였다.

34) 성주현, 「1904년 진보회의 조직과 정부 및 일본의 대응」, 『경기사학』 8, 경기사학회, 2004. 12, 461-463쪽.

『조선의 유사종교』에 게재된 강증산 초상

까지 손병희孫秉熙의 의중이었다.[35] 손병희는 1905년 12월 1일에 교명을 천도교天道教라 하고 교단을 재조직하였다.[36] 이때 차경석은 손병희의 천도교에는 합류하지 않았다. 차경석이 손병희와의 갈등으로 일진회 활동을 그만두었다는 기록도 있다.[37] 손병희와의 갈등이 정확히 무엇인지는 알 수 없지만, 1907년경에 일진회 활동을 그만둔 차경석이 만난 이는 강증산이다.

전라도 고부군에서 태어난 강증산姜甑山(1871-1909)[38]에 대해서 일제는 "태어나면서부

---

35) 위와 같은 글, 436-437쪽.
36) 1905년 12월 1일부터 19일까지《대한매일신보》'광고'란에 東學의 교명을 天道教로 바꾸게 된 것을 손병희의 이름으로 알렸다. (李敦化 編,「第3編 義菴聖師」,『天道教創建史』, 天道教中央宗理院, 1933, 52-53쪽)
37) 『普天教一般』, 9쪽;『大巡典經』(10판), 109쪽; 김탁,『한국종교사에서의 동학과 증산교의 만남』, 한누리미디어, 2000, 22쪽. 보천교 핵심 간부였던 이상호는『甑山天師公事記』를 썼으며, 이것이 母本이 돼『大巡典經』이 만들어졌다.
38) 강증산은 1871년 11월 1일(음력 9월 19일)에 전라도 고부군(지금의 전라북도 정읍시) 덕천면 신월리

터 용모가 원만하고 성질이 관후寬厚하며, 총명하여 지혜가 뛰어나고 어린 시절부터 생물을 사랑하는 덕德이 풍부"[39]하였으며, "서당에 들어가 한학漢學을 익히니 항시 우수하였으나 집이 가난하므로 학업을 계속할 수 없었다."고 하였다.[40] 또한 강증산은 서당에서 공부할 때 재질이 뛰어났지만 다른 또래와 함께 배우는 것을 회피하였다. 그는 오로지 선도仙道의 태을주문太乙呪文과 불교의 칠성경문七星經文, 유교의 『상서尚書』와 『서전書傳』 '서문序文' 등을 탐구하고 진리를 깨우치는 데에만 전념하였다.[41]

어려서부터 천재적인 기질을 갖췄던 강증산은 20세에 전국을 돌아다니면서 세상의 이치를 궁구하였다. 1901년에는 묘리妙理(필자 주 : 묘한 이치)를 획득하면서 자신은 천지天地와 만물을 주재하기 위해 이 세상에 내려온 옥황상제玉皇上帝라고 주장하였다.[42] 자칭 옥황상제 강증산은 자신은 신명과 접하면서 호풍환우, 둔갑장신 등 모든 도술 조화를 부릴 수 있으며, 심지어 천지를 뜯어고쳐 후천선계後天仙界로 개벽할 권능까지 갖게 되었다고 주장하였다.[43] 이처럼 신격화된 강증산과 사회운동가에 가까운 차경석이 만난 것은 강증산의 나이 35세 되는 1907년 7월이다. 이 두 사람은 전라북도 김제군 원평면(필자 주 : 지금의 금산면)의 거야마을 주점에서 만나 사제지간이 되었다.[44]

강증산을 만나기 이전의 차경석은 단발하고 문명개화를 주장하는 진보회와 일진회의 지도자였다. 강증산을 만난 그는 종교의 세계에 한 발짝 더 깊게 들어섰으며, 당면한

손바래기에서 태어났다. 甑山은 호, 자가 士玉, 一淳이 그의 이름이다. 부친의 이름은 興周요 모친은 安東權氏이다.(『甑山天師公事記』, 1쪽) 신월리의 여러 마을 가운데 하나가 '새터' 또는 '손바래기'였는데, '客望里'는 손바래기를 韓譯한 것이다. 예전에는 '仙望里'라고 하다가 강증산이 '손바래기'라 했다는 설도 있다. 일제강점기에 新基(새터)라 했다가 지금은 도로 건너의 松山과 新基를 합쳐 '新松里'라 한다. 27세가 되던 강증산은 전국을 遊歷하면서 秘書와 秘文을 접하였고, 수많은 術客과 道人을 만났다. 金一夫(1826-1897)의 正易과 金京訢의 太乙呪를 접하면서 그는 마침내 神術에 의해 사람의 병을 치료하고 세상사를 예언하였다고 한다. 이러한 힘은 기행 이적과 함께 나타났으며, 이를 본 사람들은 강증산을 道人, 神人 또는 狂人이라고 하였다. (이강오, 「普天教」, 4쪽)

39) 『조선의 유사종교』, 243쪽.
40) 『조선의 유사종교』, 243쪽.
41) 「太乙教布教に關する件」, 1920. 6. 10.
42) 『조선의 유사종교』, 243-245쪽; 「太乙教布教に關する件」, 2021. 6. 20.
43) 『甑山天師公事記』, 9쪽.
44) 『甑山天師公事記』, 70-71쪽.

사회 문제를 풀어가는 방법 또한 수정하였다. 보천교 측 기록인 『교조약사』에는 "……
그때 교주(필자 주: 차경석)께서 단발을 하였는데 교조(필자 주: 강증산)께서 망건을 준비하
고 두발을 기르라 명령하시다."라는 내용이 있다.[45] 『증산천사공사기』에도 이와 비슷한
내용이 있다.[46] 강증산의 권고대로 차경석은 두발頭髮을 기르고 상투를 틀었다. 차경석의
이러한 행위는 문명개화의 기치를 내려놓고 다시금 전통을 중시하고 척양斥洋·척외斥外
를 가다듬겠다는 의지의 표현이라 할 수 있다. 1907년에 차경석의 집으로 가는 중 강증산
은 다음과 같은 말을 하였다.

> …… 이제 너를 만남에 通情神이 나온다. 나는 西洋大法國天啓搭天下大巡이라. 내가 三界
> 大權으로 天地를 改造하여 仙境을 열고 造化政府를 세워서 死滅에 濱한 世界蒼生을 건지려
> 할 새, 너의 東方에 巡廻하다가 이 때에 그친 것은 곧 慘禍 中에 빠진 無名小弱의 民族을
> 먼저 도와서 萬古에 쌓인 冤을 풀어주랴 함이라.……[47]

즉 강증산은 '삼계 대권'으로써 천지를 개조하고 후천선경을 열며, '조화정부'를 세워
사멸에 빠진 이들을 구제하겠다는 자신의 의지를 차경석에게 피력한 것이다. 전라북도
정읍군 입암면 대흥리大興里의 차경석 집에 당도한 그는 신세계조화정부新世界造化政府를
계획하는 의식인 천지공사天地公事를 보았다. 천지공사는 새로이 개벽되는 세상을 만드는
일종의 공무公務이다. 옥황상제의 권능을 가지고 지상에 내려온 강증산이 공사公事로써
천지의 모든 일을 새롭게 계획하였다는 일종의 예언인데, 이러한 예언을 믿고 따르는
이들을 세간에서는 증산도문甑山道門이라고 불렀다.[48] 그리고 그러한 예언이 실현된 세상
을 후천선경後天仙境이라 하였다.

---

45) 『教祖略史』, 6-8쪽; 『大巡典經』(10판), 119-120쪽. 앞의 책에 차경석과 함께 一進會 활동을 한 朴公又가
상승산의 영향으로 두발을 기르고 상투에 갓, 망건을 했다는 내용이 나온다. 앞의 『교조약사』는 1935년에
발간된 教團史로 알려져 있다. 이하 『교조약사』라 함.
46) 『甑山天師公事記』, 76쪽.
47) 『甑山天師公事記』, 72-73쪽.
48) 『甑山天師公事記』, 75쪽; 최종섭의 구술(1991.7.15).

모악산 금산사 미륵전　　　　　　　　　　　금산사 미륵전의 미륵삼존불상

　　1908년 1월 29일에 관官은 증산도문의 집회와 예언을 불온한 음모라며, 강증산을 체포
하여, 40여 일 동안이나 구금拘禁하였다.[49] 그가 구금되었다는 소문이 퍼지자 도문의
사람들과 세인들은 강증산을 불신하였다.[50] 천지공사를 한 지가 언제인데 천지개벽은커
녕 세상은 조금도 나아질 기미가 없는데다가 관에 끌려가기까지 하였으니, 그의 신통력은
의심받지 않을 수 없었다. 따라서 도문을 이탈하는 자가 늘었고, 강증산은 사람들의
관심에서 멀어지게 되었다. 그러던 중 1909년 8월 9일(음력 6월 24일)에 강증산은 그의
나이 37세에 사망하였다.[51] 강증산이 사망하자 차경석과 김형렬金亨烈(1862-1932) 등 몇몇
제자들만이 그의 상례 자리를 지켰고, 그들은 그 뒤에도 도통을 위한 기도 수련을 멈추지
않았다.[52] 따라서 차경석은 김형렬과 함께 강증산의 수제자로 널리 알려지게 되었다.[53]

---

49) 『甑山天師公事記』, 82-85쪽. 앞의 기록에는 "……翌日에 古阜 警務廳에 押送하였는데 이것은 義兵 嫌疑로
　　인함이러라."고 돼 있다.
50) 이강오, 「普天教」, 13쪽 · 22쪽.
51) 『甑山天師公事記』, 145쪽.

강증산은 사망 직전에 제자들에게 "내가 금산사金山寺로 들어가리니 나를 보고 싶거든 금산사로 오라."며, 자신은 천하를 도모하러 떠났다가 일을 마친 뒤에 다시 돌아오겠다는 약속을 하였다.[54] 그러나 그는 끝내 돌아오지 않았고, 그를 끝까지 추종한 제자들까지 하나둘씩 도문을 떠났다. 그러던 중에 전라북도 김제군 모악산의 금산사金山寺 미륵전彌勒殿에서 강증산의 생신 기념 치성을 올리던 강증산의 부인으로 알려진 고판례高判禮(1880-1935)가 신통기를 부렸다. 차경석은 천지공사를 행할 때 자신의 이종 누이인 고판례를 강증산에게 소개하였고, 강증산은 그녀를 '수부首婦'라고 칭했었다.[55]

그러한 고판례가 강증산의 목소리를 내는가 하면 생전의 강증산처럼 기행 이적을 보임에[56] 차경석은 김형렬의 집에 보관 중이던 강증산이 쓰던 약장藥欌을 가져다가 신주神主로 삼았다. 사람들은 많은 호기심과 함께 또다시 차경석의 집으로 몰려들었다. 강증산이 사망한 지 2년만인 1911년에 고판례의 기행과 이적으로 증산도문은 복원되었다. 1914년경에는 복원된 도문을 태을교太乙敎 또는 선도교仙道敎라고 불렀다.[57]

태을주太乙呪를 외면서 전신戰身(필자 주 : 몸을 떠는 행위)과 개안開眼(필자 주 : 깨달아 아는 일 또는 신비한 현상을 느끼는 일)을 통해 신력神力을 체험하는 것을 기본으로 하는 태을교 또는 선도교는 민중의 삶 속으로 파고들었다. 강증산의 천지공사로 후천선경은 열려 있으며, 따라서 고통스러운 현실은 조만간 사라진다는 예언을 일부 민중은 믿고 따랐다. 이렇게 해서 불어난 사람들을 차경석이 비밀리에 조직하였다.[58] 일제는 비밀리에 후천선경 건설론을 내세워 민중을 조직하는 차경석의 태을교 또는 선도교를 정치적 성향을 띤

---

52) 이강오, 「普天敎」, 13쪽.
53) 『大巡典經』(10판), 412-415쪽.
54) 『甑山天師公事記』, 146쪽.
55) 『甑山敎史』, 35-39쪽.
56) 이강오, 「普天敎」, 13쪽.
57) 普天敎라는 이름 이전에 仙道敎라는 이름이 있었다. 仙道敎는 교단에서도 사용한 듯하며, 太乙呪를 외기 때문에 세간에서는 太乙敎로도 통하였다. 일제의 기록에도 "결국 본교는 연혁에서 이름을 훔쳐, 선도 또는 태을이라 칭하고, 실제로는 포교자가 임의로 혼용하고 있다."라고 돼 있다.(南山太郎, 「秘密結社の 解剖(四)」, 『朝鮮公論』第10券10號; 通卷第115號, 1922.10; 『일제강점기 보천교의 민족운동 자료집IV』, 178-179쪽)
58) 이강오, 「普天敎」, 13-14쪽.

비밀결사 단체라고 규정하였다. 세간에서도 이들을 '배일 단체'이니 '독립운동 단체'이니, 또는 '독립운동 단체에 자금을 지원하는 비밀결사 단체'라고 평하였다.[59]

차경석은 문명개화를 포기한 대신에 강증산의 가르침을 받들어 민중적이고도 주체적인 종교 행위를 추구해 나갔다. 더불어, 강증산이 역설한 "후천개벽後天開闢 시대의 상등국上等國 조선의 전권全權"[60] 획득을 하나의 목표로 삼았다.[61] '조선의 전권 획득'을 위해서는 먼저 식민지 상황부터 극복해야 한다는 게 차경석의 생각이었고, 태을교 또는 선도교라 불리는 보천교는 식민지 상황 극복을 위한 조직운동에 적극 나섰다.

(2) 보천교의 조직운동과 교세

1914년과 1915년 일제는 "조선의 독립을 도모하고 대사상大思想과 신통 묘술로써 새 정부를 조직하려 한다."는 혐의를 내세워 차경석을 구속하였다.[62] 일제는 보천교를 한국의 독립을 주장하는 수상한 결사체로 바라보았고, 교금은 민족운동 자금으로 이해하였다.[63] 1917년 일제는 "교금 수취"의 혐의를 내세워 또다시 차경석을 구속하였다.[64] 이 외에도 차경석은 수차례에 걸쳐 구속되었으나 일제 경찰은 혐의를 입증하지 못하였다. 차경석에 대한 증산도문 내의 질투도 끊이질 않았다. 도문의 일부는 "차경석이 나라를 세우고 황제가 되려고 한다."고 일제 경찰에 고발하기까지 하였다.[65]

---

59) '獨立運動하는 太乙敎 信者, 오는 21일로 제2심 판결', 《조선일보》 1921. 2. 19.; '太乙敎徒大檢擧, 안동에서 300명 이상을', 《동아일보》 1921. 4. 7.; '仙道를 標榜하는 秘密團體大檢擧', 《동아일보》 1921. 4. 26.; '國權 回復을 目的으로 하는 太乙敎徒 大檢擧, 강원도 이천에서 14명 검거', 《동아일보》 1921. 5. 13.

60) '약소'와 '상등국'이라는 용어는 『증산천사공사기』(1926)에 나오는 용어다. (『甑山天師公事記』, 72-73쪽) '상등국'에서 '상등'은 높은 등급을 뜻하며, 오늘날 '선진국'과 같은 개념이다.

61) 보천교는 외부의 탄압으로부터 자신을 보호하는 데 효과적인 淵源制를 유지하였다. 연원제를 바탕으로 하는 보천교의 조직이 24방주제 및 60방주제이다. 1910년대 비밀스러운 방주제는 민중 속으로 파고들었고, 일제는 이를 경계하였다. 따라서 방주제를 기반으로 한 보천교의 후천선경 신정부 건설운동은 곧 보천교의 조직운동이다.

62) 『조선의 유사종교』, 258-259쪽.

63) 경북 청송의 朴柱翰 외 26인의 판결문(1921. 6. 22. 대구지방법원안동지청);『일제강점기 보천교의 민족운동 자료집 I』 전라북도 · 정읍시 · 충남대학교 충청문화연구소, 2017, 103-114쪽; 朝鮮總督府警務局, 『最近に於ける朝鮮治安狀況-昭和八年 · 十三年』(1933 · 1938年合本), 111-132쪽.

64) 『조선의 유사종교』, 258쪽.

월곡 차경석

1916년 12월에 불어난 교의 조직을 강화하기 위해서 차경석은 24절기節氣를 딴 24방주제方主制를 만들었다.[66] 방주제는 곧 보천교의 성립을 의미한다. 일제강점기 내내 보천교는 방주제를 기반으로 하는 조직운동을 전개하였기 때문이다. 보천교의 조직이 비밀스럽게 확장되면 될수록 일제의 감시와 탄압은 가중되었다. 결국, 차경석은 일제로부터 '갑종요시찰인甲種要視察人'으로 수배를 받게 되었다.[67] 1917년 9월에 도피의 길을 걷던 차경석은 1922년 교의 조직이 세상에 공개될 때까지 강원도와 경상북도의 산지에서 보냈다.[68]

차경석은 강증산을 추종한 기간이 2년도 채 안 되지만 민중을 조직하고 관리하는 능력은 여느 제자들보다 탁월하였다. 차경석이 태을교 또는 선도교라 불리는 도문을 장악하자 이에 불만을 품은 같은 반열의 사람들이 제각기 독자적인 활동을 모색하였다.[69] 그러함에도 불구하고 차경석이 주축이 된 교세는 날로 확장되었고, 이에 따른 일제의 감시와 탄압도 잦아졌다. 1910년대 후반의 일제는 ⅰ)보천교가 국권 회복을 도모하고 ⅱ)새 정부 건설을 도모하며, ⅲ)차경석이 천자天子로 등극하고, ⅳ)차경석이 천자가 되었을 시에 믿고 따르는 이들은 높은 관직을 갖게 된다, 등의 혐의를 갖고서 보천교를 탄압하였다.[70]

1919년 3·1운동이 한창일 때 보천교의 조직운동은 전국으로 확대되었다. 이에 고무된 차경석은 김홍규金洪奎, 채규일蔡奎日 등 2인에게 24방주를 60방주로 확대할 것을 지시하

---

65) 『조선의 유사종교』, 257-260쪽.
66) 『普天教沿革史(上)』, 10쪽.
67) 『普天教一般』, 189쪽. 앞의 자료에 "교조 강증산의 뒤를 받아 교주(필자 주 : 차경석)가 되자 교도의 신망을 한 몸에 받아 神人으로서 숭배되어, 은밀하게 교세 확장의 수단으로서 國權回復을 표방하기에 이르렀기 때문에, 大正6年(1917) 4월 24일 甲種要視察人으로 편입되었다."라고 돼 있다.
68) 『普天教一般』, 189쪽; 『普天教沿革史(上)』, 15-30쪽.
69) 차경석이 조직을 확장하면 할수록 증산도문은 분열의 늪에 빠졌다. 1914년 김형렬에 이어 1919년에는 고관례가 차경석 곁을 떠났다.
70) 『普天教一般』, 41-44쪽; '叺哆教의 一部 虛無孟浪한 仙道教', 《조선일보》 1921.4.26.

였다. 도피 중이던 차경석은 1919년 10월에 경상남도 함양군咸陽郡 병곡면甁谷面 덕기리德基里 대황산록大簧山麓에서 24방주제를 60방주제로 확대 개편하고 60방주를 선임하는 고천제告天祭를 거행하였다.[71] 60방주는 수水 화火 금金 목木에 해당하는 4명의 교정敎正과 동서남북東西南北 춘하추동春夏秋冬에 해당하는 8명의 교령敎領, 24방위에 해당하는 24명의 포주胞主와 24절후에 해당하는 24명의 운주運主 등으로 구성되었다.[72] 그리고 각 방의 12임 아래 8임을 조직하고 8임 아래에 15임을 조직하였다. 이렇게 임명된 간부는 총 557,700명이 된다고 한다.[73]

방주제는 동학의 연원제淵源制에서 유래되었다. 동학에는 포주包主 · 접주接主 · 대접주大接主 · 도주都主 · 대도주大都主 등의 조직이 있는데, 포교 인원이 105명 이상인 경우에만 접주 자격이 부여되었다. 보천교도 100명의 인원을 포교해야 간부로 인정받았는데, 당시 간부만 557,700명이니 계산상 교인은 대략 600만 명이라는 것이 보천교 측의 주장이다.[74] 『朝鮮の類似宗敎』에도 매 임任에 100명 단위의 포교를 기준으로 임명하였을 때 그 조직의 책임자만 무려 55만 6천 7백 명에 달한다고 나와 있다.[75]

1920년대 보천교 기관지『보광』은 보천교 교인이 300만 명 이상이라고 하였다.[76] 일제는 "본교(필자 주 : 보천교)는 그 창설 이래 전조선全朝鮮에 걸쳐 맹렬한 교도 획득운동을 계속하여 한때 그 수가 백만百萬에 이르렀으나, 이 다수의 교도를 획득하기 위해서는 간부 및 교도로 하여금 자주 황당무계한 언사言辭를 일삼고 관헌官憲의 준엄한 단속 및 처벌을 받은 것이 한두 번이 아니다."라고 언급할 정도였다.[77] 물론, 당시 한국의 인구가

---

71) 이강오, 「普天敎」, 57-63쪽. 1919년 두 번째 고천제는 함양의 黃石山에서 있었다. 이때 교명을 '普化'로 국호를 '時國'이라 하였다. 보천교의 공간적 중심은 전라북도 정읍이지만 두 번의 고천제가 경상남도 함양에서 거행된 데에는 두 가지 이유가 있었다. 하나는 함양의 산 이름에 '皇'이나 '王'이 포함된 경우가 많으며, 다른 하나는 도피 중의 차경석이 경상북도 咸陽을 중심으로 포교 활동을 했기 때문이다.

72) 『普天敎沿革史(上)』, 100-111쪽.

73) 『普天敎沿革史(上)』, 13쪽. 60방주 대부분은 차경석에 대한 '執贄의 禮'를 행한 이들로, 이들에게는 차경석을 면회할 수 있는 자격이 주어졌다.

74) 『普天敎沿革史(上)』, 44쪽.

75) 『조선의 유사종교』, 251-253쪽.

76) 「方主諸公에게 一言」『普光』4, 普光社, 1924. 3, 8쪽.

77) 『조선의 유사종교』, 257쪽.

1,700만여 명이었을 경우 보천교 교인이 전체 인구의 3분의 1을 차지한다는 데서 의문이 따를 수 있다. 그렇지만 당시 다양한 기록에는 수십만 또는 수백만이라는 표현이 있다.[78] 이것과 관련한 1920년대 초반 일제는 다음과 같이 기록하였다.

> …… 김좌진이 보위단을 조직하고 …… 보위단에 필요한 무기를 백로군으로부터 구입할 자금이 없다는 것을 듣고, 이를 모집하고 또 차경석이 300만여 명의 신도를 갖고 있으므로 同人의 찬동을 얻으면 군자금 모집에 좋은 상황이 되니, 동인을 북만주로 데리고 가는 두 가지 目的을 가지고 公函 및 김좌진, 신현대의 ……[79]

1920년대 김좌진金佐鎭은 부족한 군자금을 얻기 위해 보천교를 끌어들이고자 하였다. 김좌진의 부하 유정근兪政根이 차경석을 만주로 데리고 가기 위해 접근했다가 일제 경찰에게 체포되었는데, 이때 김좌진 쪽에서는 "3백만 명의 교인을 갖춘 보천교"로 인식하였다. 1920년대 보천교의 교인 3백만 명은 현실적이지 않지만, 보천교의 교세가 당시에 상당했음을 짐작할 수 있는 기록들은 많이 있다.

> 태을교는 …… 흠치吽哆교 또는 보천교라 칭한다. …… 삼남 지방에 전파하여 지금은 서북 지방까지 파급하고, 그 교도의 수는 무려 10만이라 하고 헌성금이란 명칭으로 수십만 원의 거금을 징수한 적이 있다. …… 그렇지만 원래 본교(필자 주 : 보천교)는 종교로 인정할 수 없는 단체로, 당국은 이를 정치운동을 유포하는 비밀단체로 보고, 그 검거를 매우 엄밀히 해서 수년 이래 강원도 및 삼남 지방에서 수백 명의 교도를 체포하여 처형한 적이 있다. …… 그 교도의 수는 무려 10만이라고 하고 ……[80]

─────────

78) '普天敎の誕生祝ひ全道から數萬の生徒集る', 《京城日報》 1928. 7. 21. ; '수백만 교도 抱擁한 종교 유사 단체의 動向', 《조선중앙일보》 1933. 9. 21. 앞의 《京城日報》에는 보천교 관련 행사에 참가한 자가 약 2만 명, 전체 교인이 700만이라고 돼 있다.
79) 「兪政根逮捕及判決」, 京城地方法院, 1923. 8. 27. ; 『일제강점기 보천교 민족운동 자료집Ⅲ』, 197쪽.
80) 「太乙敎に就いて」, 1922. 3. 27.

…… 釜山府의 조선인 거주자 수는 약 4만 명인데 그중 2만여 명이 太乙敎 신자라고 하니, 그 추세를 알 수 있다. ……[81]

普天敎에서는 昨年 秋季 平壤에 正敎部를 設置하는데, 平壤 市內에는 敎徒가 230명에 不過하나 中○江東 各郡에 散在한 敎徒數는 3만 명 以上이라 하며, 不遠間 眞正院으로 昇格한다 더라(平壤)[82]

즉 삼남 지방의 보천교 교인이 10만, 또는 부산의 한국인 가운데 절반이 보천교 교인, 그리고 평양 주변 각 군에 산재한 보천교 교인은 3만 명 이상이라는 당시 기록들이다. 보천교의 확산에 따른 일제의 보천교 교인 검거령이 부산에 내려졌다는 《동아일보》 기사[83]도 있으며, 보천교 중앙본소가 있는 정읍군 입암면 대흥리에 행사가 있어 교인이 모이면 그 수가 수만 또는 '식표만 45만 장'이라는 기사도 있다.[84] 당시 45만 장의 식표가 필요할 정도의 교세라는 것이다. 이처럼 1910년대 민중은 강증산의 후천선경 건설론을 변용變容한 후천선경 신정부 건설운동의 차경석에게 많은 관심을 가졌다.

(3) 제주에서의 보천교 조직운동

비밀리에 전국으로 확산한 보천교의 조직운동은 특히 남해안의 도서 지역과 제주도에서 활발하게 전개되었다.[85] 보천교의 조직운동이 확산되었다는 것은 강증산의 후천선경 건설론이 유행하였다는 것과도 같은 것이다. 그렇다면 제주도에는 언제부터 후천선경 건설론이 유행하였을까? 보천교 성립에 영향을 끼친 강증산이 제주도를 다녀간 해를

---

81) 吉川文太郞, 『朝鮮の宗敎』, 森書店, 1921, 359쪽.
82) '平南의 普天敎徒數', 《동아일보》 1923. 5. 5.
83) '釜山의 흠치敎徒, 續續檢擧, 대신동을 에워싸고 일망타진', 《동아일보》 1921. 1. 22.
84) '食票만 45萬張, 10만 원을 들였다 하는 보천교 사모의 장의 상호', 《동아일보》 1922. 9. 19.
85) 전라도 남해안 도서 지역과 제주도는 역사적으로 지리적으로 '주변부'에 해당한다. 일제강점기 이러한 주변부에서 한국의 신종교들이 확산하였고 抗日의 분위기가 팽배해 있었다는 점을 눈여겨볼 필요가 있다.

강증산 계통의 경전『도전』에는 "전라도 함열에서 영광을 거쳐 제주도에 도착한 강증산은 경상남도 통영에 있던 수제자 김형렬金亨烈을 불러들였다. 1903년 초여름에 강증산은 김형렬, 김호연 등과 함께 제주도의 바닷가로 나가 해녀들 앞에서 바닷물을 사라지게 하는 기행 이적을 보였다."라고 언급돼 있다.[86] 즉 강증산이 제주도에 도착한 시기를 1903년 초여름으로 기록한 것이다.

『도전』의 위의 내용을 뒷받침하는 당시 사회 일반의 기록도 확인할 수 있다. 1938년의 잡지 『조광』에 강증산 계통의 신종교가 제주도에 들어간 시기는 1913년경이라고 나와 있다.[87] 1921년 《매일신보》도 "전라남도 관내에 있는 모든 교教는 대정3년(1914)경에 전라북도로부터 들어오고, 또는 태을교 혹은 선도교 혹은 흠치교라 하여 해마다 증가하는 모양인데, 대정5, 6년(1916, 1917)경에 선도교는 제주도에서, 태을교·흠치교는 진도珍島, 지도智島 등의 각 섬 방면에 현저히 증가한바 ……"[88]라며, 『조광』의 관련 내용을 뒷받침하고 있다.

즉 1914년경에 전라북도로부터 전라남도에 이입된 강증산 계통[89]의 신종교는 1916년 또는 1917년경에 전라남도 제주도 및 각 도서島嶼 지역에서 현저히 증가하였다는 내용이다. 그렇다면 1903년은 아니더라도, 1916년 또는 1917년경에 태을교 또는 선도교라고 불리는 보천교가 제주도에서 그 세를 확장하고 있었음이 분명하다. 이를 뒷받침하는 또 하나의 《매일신보》 기사를 소개하면 다음과 같다.

---

86) 증산도도전편찬위원회 편, 『道典』, 대원출판사, 1992, 461쪽·463쪽. 『道典』은 강증산의 최측근 제자 김호연의 구술을 바탕으로 썼다고 알려져 있다.

87) 「검거의 직접 동기」, 『朝光』, 1938. 10, 185쪽. 이와는 별도로, 이강오는 보천교가 1916년에 제주도에 상륙하였다고 하였다. (이강오, 「濟州道의 新興宗教」, 1229쪽)

88) '全南道內 邪敎數와 信徒, 처벌 인원이 142인이라는 그 숫자', 《매일신보》 1921. 5. 6. 앞의 신문 기사에서는 仙道敎와 太乙敎, 흠치교 등을 분리하였다. 1921년이면 普天敎라는 교명이 있기 전이다. 따라서 이전의 보천교를 선도교, 태을교, 흠치교 등이라 불렀다. 따라서 앞의 기사에서의 선도교·태을교·흠치교는 普天敎를 의미한다.

89) 이 책에서 강증산 계통의 신종교는 강증산의 死前 死後의 제자들이 만든 교단을 말한다. 보천교 역시 강증산 계통의 교단이다.

…… 원래 濟州島는 迷信邪教가 많은 곳으로, 大正2年(1913)경부터 姜甑山을 교조로 하는 普天教, 彌勒教, 東華教, 大世教와 최제우를 교조로 하는 동학계의 水雲教 등이 들어와서 大正8年(1919) 김연일이란 자가 그들 사교도를 규합해 가지고 자칭 불무○○라 하는 제주도 대정면 산방산에서 ○○식을 거행한 후 약 3백 명의 민중을 선동하여 중문경찰관 주재소를 습격하고, 불을 질러 태워버린 사건이 발생하는 등 ……[90]

보천교, 미륵교, 동화교, 대세교 등과 동학 계통의 수운교水雲教[91]가 1913년경에 제주도에 들어왔다는 것으로, 앞의 《매일신보》(1921.5.6)나 『조광』(1938.10)에 언급된 연도와 별차이가 없다. 법정사 항일운동의 핵심 인물 김연일이 석방된 해인 1924년 제주도의 식민통치 기관이 작성한 『未開の寶庫 濟州島』에도 1913년에 김연일이 제주도에 들어와 교인을 모집하였다는 내용이 들어 있다.[92] 이처럼 강증산 계통의 신종교 교인들이 입도入島한 시기에 김연일도 입도한 것이다. 즉 제주도에 보천교가 들어간 해가 1913년경이며, 그 세가 크게 확장된 해는 1916년경이다. 그렇다면 당시 제주도의 보천교 교세는 어느 정도일까?

1924년 일제 경찰은 "보천普天이란 차전차車天子가 천하天下를 통일한다는 것이며, 현재 교도 수는 약 30만이고, 교도가 가장 많은 곳은 제주도로, 전 인구 4만에 2만이 교도이며, 다음으로 경상남도이며 ……"[93]라고 언급하였다. 이것을 뒷받침하는 기록도 있다. "현재 (필자 주: 1923년경) 신도 숫자가 수만 명이라 칭하고, 신도에서 빨아들이는 돈을 본부에 보내고 있다고 하지만, 이것을 의심스럽게 보는 바가 있다. 앞으로 본섬(필자 주: 제주도)의 발전을 도모하자면 도민島民에게 문명적인 지식을 보급시켜서 어리석은 민중을 계몽해야 한다."[94]라는 당시 제주도 내 식민 통치 기관이 작성한 보고서이다. 즉 일제는 법정사

90) '陰鬱한 空氣 背後를 內査, 邪教 摘發에 警察苦心', 《매일신보》 1938.8.13.
91) 수운교는 崔濟愚의 再生이라고 주장하며 李象龍이 1923년에 경성에서 창립한 교단이다. 1925년에 교단을 충청남도 대덕군 탄동면 추목동으로 이전하였다.
92) 『未開の寶庫 濟州島』, 45쪽.
93) 「講演會報告ニ關スル件」, 京鍾警高秘第11927號13, 1924.9.28. 京城鐘路警察署長; 『일제강점기 보천교 민족운동 자료Ⅲ』, 202쪽.

항일운동 직후인 1920년대 초반의 제주도에는 보천교 교인이 제주 인구의 절반을 차지한 다고 파악한 것이다.

1910년대 강증산 계통의 신종교는 제주도뿐만 아니라 전국 각지로 확산되었다. 24방주제가 만들어진 1916년에 제주도에서는 보천교의 조직운동이 비밀리에 확산되었으며, 일제는 이런 보천교를 예의 주시하였다. 그러는 중에 충청남도 청양靑陽에서 일제 경찰에 의한 보천교 탄압이 시작되었다. 관련 판결문에 의하면, "……은 전부터 태을교라는 비밀 단체에 가입하여, 대정6년(1917) 2월경에 피고 이종옥李種玉 집에서 …… 도읍을 계룡산으로 옮겨 국권을 회복해야 한다."고 주장한 이민동李敏東에게 치안을 방해한 혐의를 내세워 징역 5개월을 선고하였다. 이민동과 같은 마을의 이종옥에게는 태형을 가하였다. [95]

충청남도 청양에서와 비슷한 사건이 1917년 제주도에서 발생하였다. 전라남도 진도珍島에 거점을 둔 보천교 간부 박성배朴成培가 1916년 제주도에 진출하여 조직운동을 전개하다가 보안법 위반으로 징역형을 선고받았다. 당시 32세인 박성배는 전라남도 진도군 고군면 지수리 출신으로, 1916년경에 제주도 우면 도평리 출신 오성태吳成泰를 포교하였다. [96]

1918년 5월 하순에 오성태는 같은 마을의 오유환吳維煥과 오태규吳泰奎를 상대로 "선도교 교주 강증산은 10년 내 세상에 나와 조선의 황제가 될 것이다."라고 선전하였다. 이어서 "2, 3년 안에 조선은 난리가 나서 선도교 신자 이외의 사람은 살해되거나 병들어 죽지만, 선도교 신자는 …… 관록을 받게 될 것이다."라고 말하였다. 일제는 이와 같은 말을 "정치에 관한 불온한 것"이라며 오성태를 구속, 기소하였다. 그런데 당시 일제가 크게 관심을 가진 것은 바로 보천교의 교금敎金이다. 오성태가 오유환·오태규로부터 받은 교금 140원을 일제는 "독립자금"으로 규정했기 때문이다. [97]

오성태가 오유환과 오태규를 상대로 강증산의 후천선경 건설론을 퍼트리면서 교금을 걷게 된 시기는 법정사 항일운동이 일어나기 수개월 전이다. 제주도에서 갹출한 교금을

---

94) 『未開の寶庫 濟州道』, 45쪽.
95) 충남 청양의 李敏東 외 1인 판결문, 1918.6.20., 공주지방법원.
96) 「受刑人名簿(朴成培)」, 1916.11.9., 光州地方法院濟州支廳.
97) 제주 우면의 吳成泰 판결문, 1919.1.16., 대구복심법원;『일제강점기 보천교의 민족운동 자료집Ⅰ』 59-60쪽.

일부 교인이 면화 포대에 넣어 가지고 들어오다가 전라남도 목포항木浦港에서 일제 경찰에게 발각되면서, 당시 태을교인 또는 선도교인에 대한 일제의 검거가 시작되었다.[98] 이러한 검거는 주로 제주도에서 이루어졌다. 법정사 항일운동의 배경을 "일제의 보천교 탄압"이라던 『폭도사편집자료고등경찰요사暴徒史編輯資料高等警察要史』[99]는 바로 이를 두고서 한 말이다.

2) 법정사 항일운동의 전개

(1) 항일운동의 전개와 보천교

1911년에 설립된 한라산 중턱의 법정사法井寺[100]에 김연일金蓮日이라는 종교인이 들어온 해가 1913년이다.[101] 1913년 이후 김연일의 행적을 알 수 있는 자료는 찾을 수 없다. 다만, 법정사 항일운동 관련 판결문에 김연일은 1918년 7월경부터 일제의 식민 통치를 반대하고 제주도에 거주하는 일본인 관리들을 축출해야 한다며 도민을 조직하였다. 같은 해 9월 14일에는 김연일 스스로 불무황제라며, 황제 즉위식을 거행하고 일본인을 축출하는 거사를 모의하였다.[102]

법정사 항일운동 직전에 김연일은 인근 사람들에게 갑자년甲子年 갑자월甲子月 갑자일甲子日에 불무국佛務國이 건설되며, 불무국이 건설되면 교인은 모두 구원을 받는다는 약속을

---

98) 「高判禮刑執行原簿」, 光州地方法院木浦支廳, 1919. 2. 3.; 「車輪七刑執行原簿」, 光州地方法院木浦支廳, 1919. 2. 3.; 『甑山教史』, 240-241쪽. 앞의 형집행원부에서의 고관례와 차윤칠의 죄명은 '보안법 위반'이나 모두 불기소 처분되었다. 앞의 차윤칠은 차경석의 동생으로, 석방된 직후에 형독으로 사망하였다.(『普天教沿革史(上)』, 12쪽; 『甑山教史』, 60-61쪽)

99) 『暴徒史編輯資料高等警察要史』, 265-266쪽.

100) 법정사는 1911년에 안봉려관이 설립하였고, 2년 뒤인 1913년에 일단의 종교인들이 법정사에 들어왔다. 법정사의 현주소는 제주도 서귀포시 도순동 산 1번지이지만, 최근 법정사의 위치를 두고서 논란이 일고 있다. 당시 법정사의 위치는 전라남도 제주도 도순리 한라산 남서쪽 기슭이다.

101) 김연일의 입도 시기를 『未開の寶庫 濟州島』에는 1913년, 『暴徒史編輯資料高等警察要史』에는 1914년이라 돼 있다. 발행 시기가 앞선 『未開の寶庫 濟州島』의 1913년이 정확하다고 판단된다.

102) 제주 좌면의 鄭九鎔 판결문, 1923. 6. 29., 대구복심법원; '陰鬱한 空氣 背後를 內查, 邪教 摘發에 警察苦心', 《매일신보》 1938. 8. 13.

제주 한라산의 법정사 터

하였다.[103] 이와 같은 김연일의 황제등극설은 보천교의 갑자등극설甲子登極說이나 기사등극설己巳登極說, 그리고 1940년 제주 무극대도無極大道의 경진등극설庚辰登極說과 다르지 않다.

보천교계 신종교 무극대도의 경진등극설은 "오는 1940년 경진년庚辰年 경진월庚辰月 경진일庚辰日 경진시庚辰時에 제주도 남방 자하도紫霞島로부터 정도령 진인眞人이 나타나 부하 군대 1천 수백 명을 인솔하여 붉은 배 붉은 기를 단 태을선太乙船을 타고 제주도 중문면 대포리에 상륙하여, 교주 강승태姜承泰와 협의하고 충청남도 계룡산鷄龍山으로 가서 조선朝鮮을 독립獨立시켜 천자天子로 등극登極"[104]한다는 설이다. 이와 같이 보천교와 보천교계 신종교들은 각종 등극설登極說로써 민중을 조직하였다.

1918년 9월 18일 김연일은 보천교 교인 박주석朴周錫과 함께 "왜노가 우리 조선을 병탄하였을 뿐 아니라 병탄 이후에는 관리는 물론 상인 등에 이르기까지 우리 동포를 학대하고 있다. 불원 불무황제가 출현하여 국권을 회복하게 될 것이니 우선 제일로 제주도에 사는 일본인 관리를 죽이고 상인들을 구축하여야 한다."[105]며, 항일 사상을 고취하였다.

이들은 1918년 10월 4일 밤부터 보천교 교인과 인근 마을 주민들을 법정사에 불러다 놓고 일본인을 내쫓기 위한 대오를 갖추었다. 또한, 법정사 인근 마을 이장들을 통해서 "일본 관리를 소멸하고 국권을 회복해야 하므로 다시 장정을 거느리고 참가하라. 따르기를 꺼리는 자는 군율에 따라 엄벌에 처한다."[106]라는 격문을 배포하였다. 이러한 김연일의

---

103) 『暴徒史編輯資料高等警察要史』, 265-266쪽. 이는 갑자년 갑자월 갑자일에 차경석이 황제로 등극한다는 보천교의 갑자등극설과 같다.
104) 제주 제주읍의 金景軾 판결문, 1940.10.31., 광주지방법원형사부.
105) 『暴徒史編輯資料高等警察要史』, 265-266쪽.

격문 가운데 하나를 소개하면 다음과 같다.

우리 조선은 일본에 탈취당해 괴로워하고 있다. 이제야 玉皇上帝 聖德主人이 나와 이들 조선 인민을 구제토록 명을 받았다. 이제 각 면의 이장은 즉시 주민 장정을 모아 率軍하여, 1918년 양력 10월 7일 오전 4시 하원리에 집합하라. 그래서 濟州鄕을 습격하여 관리를 체포하고 보통 일본인을 추방하라. 이 명령을 위반한 자는 군법에 처한다.[107]

옥황상제 성덕주인이라는 구세주의 명을 받은 김연일이 일제 식민지 수탈에 괴로워하고 있을 제주도민들을 구제하겠다는 내용이다. 1918년 10월 5일 제주도 서귀포 중문 일대의 길목에는 낫과 괭이, 그리고 엽총으로 무장한 봉기대 4백여 명의 행렬을 선봉대장이라 칭하는 강창규姜昌奎, 박주석朴周錫 등이 이끌었다. 이때 김연일은 "불무황제佛務皇帝인 나에게는 불력佛力이 있다. 이제 왜놈이나 개화인開化人을 몰아내고 불력으로 지상천국을 만들고, 오늘의 교도에게는 영화로운 자리를 누리게 하리라."[108]며 기세를 불어넣었다. "왜놈이나 개화인"을 배척했다는 것은 척왜양斥倭洋의 정서를 가진 보천교의 모습과 다르지 않다.

1918년 10월 7일에 일제 경찰이 서귀포로 들어오는 길목을 차단하고 경비를 강화하자 강정리와 도순리 쪽으로 방향을 바꾼 봉기대는 수 개의 전신주를 쓰러뜨렸다.[109] 이어, 하원리에서는 고이즈미 세이싱小泉淸身과 개신교인인 한국인 윤식명尹植明, 부용혁夫容赫 등을 구타하였다.[110] 그리고 제주 좌면 중문의 경찰주재소를 습격하여 전소全燒시킨 뒤에

---

106) 『暴徒史編輯資料高等警察要史』, 265-266쪽.
107) 제주 좌면의 鄭九鎔 판결문, 1923. 6. 29., 대구복심법원.
108) 서귀포시 관광과, 『서귀포시지』, 서귀포시, 1988, 276쪽.
109) "박주석의 진술", 제주 좌면의 鄭九鎔 판결문, 1923. 6. 29., 대구복심법원.
110) 제주 좌면의 鄭九鎔 판결문, 1923. 6. 29., 대구복심법원. 근래 제주도 향토지들은 봉기대가 우연히 만난 기독교의 尹植明 목사와 尹容赫 전도사를 구타하였다고 적었다. 윤식명은 전라노회 소속 목사로, 1914년부터 1921년까지 제주도 山南 지역에서 목회를 주도하였다. (제주도문화공보담당관실 편, 『제주도지(상)』, 제주도, 1982, 430쪽) 『목포 기독교 이야기』도 尹植明을 자세히 언급하였다. "尹植明(1871-1956)은 목포를 중심으로 호남과 제주에서 활동한 목사다. 강원도 철원 태생으로 경성에서 노방전도를 하던 언더우드

주재소장 요시하라吉原를 비롯하여 일본인 상인들까지 구타하였다.[111]

1918년 10월 7일에 수 명의 일제 경찰이 전열을 정비하고 반격을 가함에 봉기대는 흩어졌다.[112] 무장 봉기대가 중문리의 경찰주재소를 불태우고 주재소장을 납치하는 등의 사태를 인지한 일제는 전라남도 목포에 주둔 중인 진압부대를 제주도에 급파하였다. 진압부대는 제주도민을 무자비하게 구타하는 등 봉기대원 색출에 나섰다. 박주석 이하 12명의 핵심 인물들이 체포되었고, 불무황제라 칭하던 김연일은 육지로 달아났다가 1920년 3월경에 제주도에서 체포되었다.[113]

1924년 전라남도 제주도청은 법정사 항일운동을 "1918년 선도교仙道敎 교도 김연일이 주모자가 되어 마을 주민 수백 명을 이끌고 좌면左面 중문리中文里 주재소駐在所를 습격하고, 불을 질러 태워버렸다. 주재했던 경찰관은 일시 피난했지만 도와주러 온 경찰관의 협조로 폭민暴民을 진압했다."[114]라고 기록하였다. 1924년 당시 제주도의 식민 통치 기관

선교사로부터 복음을 듣고 기독교에 입문했다. 새문안교회에 출석하던 중 유진 벨 선교사의 요리사가 되었고, 유진 벨 선교사가 목포와 전남의 기독교를 개척할 때 함께 협력하며 헌신하였다. 윤식명은 평양신학교를 1909년 졸업하고 목사가 되었으며, 목포양동교회 7대 담임 사역자가 되었다. 이는 호남지역 교회로서는 최초로 한국인 목사가 담임하는 일이었다. 윤식명 목사는 힘 있는 설교와 선한 묘양으로 교회를 이끌었으며, 날로 성도가 늘어 예배 출석자가 550명을 넘어서자 더 큰 회집 장소의 필요에 따라 1911년 건평 121평의 새 예배당을 지었다. 100년을 훌쩍 넘겨 현존하는 이 건물은 현재 국가등록문화재 114호(목포양동교회)로 지정되어 있다. 5년간의 사역을 통해 목포양동교회 부흥과 건축을 이룬 후 1914년에 윤식명 목사는 제주 모슬포교회로 옮겨 사역하였으며, 이곳에서 1919년 3·1운동을 맞이하였고, 이후 독립군 자금 마련 운동을 벌여 일제에 의해 징역 10개월을 선고받고 옥고를 치렀다. 1920년 출옥 후 조선의 광복을 염원하며 '광선의숙'을 설립하여 신교육에 매진하는 등 7년여 제주 선교에 힘썼고, 1921년 이후에는 전라북도 지역의 교회를 맡아 목회하였다."(김양호, 『목포 기독교 이야기』, 세움북스, 2016, 142-145쪽)

111) 『未開の寶庫 濟州島』, 全羅南道濟州島廳, 1924, 30쪽; 강용삼·이경수, 『대하실록 제주 백주년』, 태광문화사, 1984, 211-221쪽; 서귀포시관광과, 『서귀포시지』, 서귀포시, 1988, 276-277쪽. 1915년 6월에 제주-성산포 간, 제주-모슬포 간 전신전화가 개통되었고, 1915년 12월에 제주-서귀포 간 전신전화가 개통되었다.(『제주도 개세』, 57쪽) 당시 봉기대가 전신선을 절단한 이유는 제주도청과의 연락을 사전에 막기 위함이었다. 봉기대가 경찰주재소를 전소하고 주재소장을 구타한 것은 분명 '항일'이지만, 일본인 상인과 개신교인들을 구타한 배경에는 척양척왜 사상이 들어 있다.

112) 제주 좌면의 鄭九鎔 판결문, 1923. 6. 29., 대구복심법원.

113) '佛務皇帝 逮捕, 木浦監獄에서 伏罪', 《매일신보》 1920. 4. 12. 또 다른 기록에는 1921년 3월에 김연일이 체포되었다고 돼 있다. (南山太郎, 「秘密結社の解剖(四)」, 『朝鮮公論』 第10卷10號; 通卷第115號, 1922. 10; 『일제강점기 보천교의 민족운동 자료집Ⅳ』, 178쪽) 그러나 앞의 《매일신보》의 관련 기사가 『朝鮮公論』보다 앞섰기에, 김연일의 체포 시기는 1920년 3월경으로 판단된다.

은 법정사 항일운동을 보천교가 주도한 것으로, 그리고 김연일을 보천교 교인으로 기록하였다.

　법정사 항일운동의 전개와 관련해서 보천교 측 기록은 소략하게나마 존재한다. 아래 내용은 1920년대 60방주 이정립李正立이 쓴『증산교사』에서 발췌하였다.

　　무오년 9월 제주도에서 金蓮日이란 술사가 불무황제라 자칭하고 도민 수백 명을 거느리고 일본 경찰관 주재소를 습격하여 순사 두어 명을 쳐 죽였는데, 목포에서 일본 경찰관 대부대가 들어가서 토벌함에 도민들은 흩어지고 김연일은 도망하여 버렸다. 일본 경찰은 이 사건을 증산교도의 소위라고 협의하여 엄밀히 조사하더니, 10월에 제주 신도 文仁宅이 교금 10여만 원을 면화포대 속에 감추어 가지고 나오다가 목포 일본 경찰에 발각되어 검거되고, 인택의 口招로 고부인과 차윤칠과 방주 8명이 체포되어 혹독한 고문을 당하고, 뒤이어 검거 선풍이 전국적으로 확대되었다.[115]

　즉 불무황제라 칭한 김연일이 제주도민을 거느리고 주재소 순사를 살해하였으며, 이에 목포 주둔 대부대가 제주도에 상륙해 이들을 토벌하였다는 내용이다. 그리고 일제 경찰이 이 사건을 보천교의 소행이라며, 교금 10만여 원을 몰래 가지고 나오던 교인 문인택 외 간부들을 검거했다는 내용이다.

　『보천교연혁사(상)』에도 "1918년 양력 11월에 교금 10여만 원을 면화 포대에 몰래 넣어 제주도를 빠져나오던 보천교 교인 문인택文仁宅이 목포에서 검거되었으며, 검거를 계기로 차경석을 비롯한 24방주들이 수배를 당하였다. 그리고 박종하朴鍾河가 검거되면서 24방주제가 탄로 났다."[116]라고 돼 있다. 더불어, 차경석의 이종누이 고판례高判禮와 그의 아우 차윤칠車輪七 등 핵심 간부 18명이 체포되었으며 "체포된 이들은 반정부 음모의 혐의로

114)『未開の寶庫 濟州島』, 全羅南道濟州島廳, 1924, 30쪽.
115)『甑山敎史』, 60-61쪽.
116)『普天敎沿革史(上)』, 12쪽. 보천교 기관지『普光』에는 1920년대 초반 朴鍾河를 제주진정원의 南主로 소개돼 있다. (「地方通信」,『普光』3, 1924.1, 64쪽) 南主는 60방주이다.

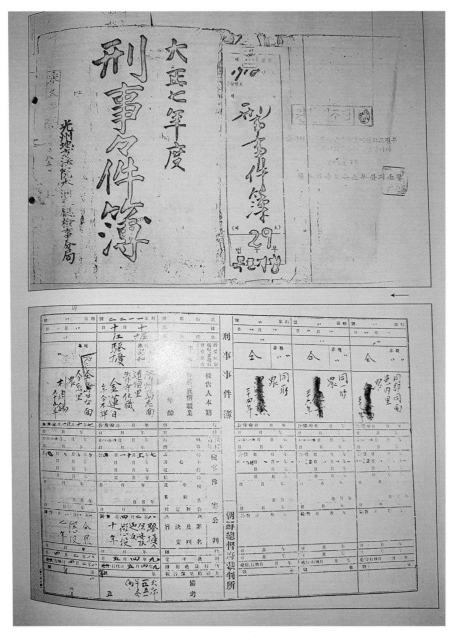

일제 「형사사건부」(1918)
제주 법정사 항일운동 참가자 인적 사항이 들어 있다.

혹독한 고문을 당하였다."라는 내용이 포함돼 있다.[117]

법정사 항일운동 전후로 교금敎金의 내막이 드러나면서[118] 일제 경찰은 육지의 보천교 교인들까지 붙잡아 구타하였다.[119] 그러면서 "……폭도 38명을 검거할 수 있었고, 차경석과 김연일 등 간부는 신도들로부터 거둬들인 수만 원을 가지고 그 소재를 감추니, 지금 그것을 알 수가 없다."[120]고 하였다. 차경석과 김연일이 교인들로부터 거둬들인 수만 원을 가지고 잠적했다는 내용인데, 그 수만 원은 문인택과 박종하 등이 가지고 나가려다가 목포항에서 발각된 것이다.[121]

일제의 혹독한 고문으로 차경석의 아우 차윤칠과 방주 김문진金文振, 그리고 재무 책임자이자 남도집리南道執里 채규철蔡奎喆 등이 형독으로 사망하였다.[122] 이듬해인 1919년 3·1 운동이 전국으로 확산이 되자 부담을 느낀 일제 경찰은 1919년 5월 5일 목포검사국에 송치된 보천교 교인 대부분을 불기소 처분하였다.[123] 이처럼 1918년 법정사 항일운동과 관련된 보천교 측 기록은 대체로 '교단의 수난사'이다. 어쨌든 보천교 측에서 법정사 항일운동 관련 기록을 남겼다는 점은 관련 기록이 없는 불교계와는 다른 점이라 할 수 있다.

(2) 법정사 항일운동 참가자

법정사 항일운동은 1918년 10월 5일에 시작되었고, 일제 진압부대에 의해 가담자 대부분이 체포된 것은 같은 해 10월 하순경이다. 항일운동 관련 「형사사건부刑事事件簿」와 「수형인명부受刑人名簿」에 따르면, 법정사 항일운동 가담자 가운데에 검찰에 송치된 인원은

---

117) 『普天敎沿革史(上)』, 12쪽; 『甑山敎史』, 60-61쪽. 앞의 기록들에 의하면, 법정사 항일운동을 계기로 체포된 이들은 金文振, 高判禮, 文仁宅, 朴聖培, 朴善一, 朴鍾河, 曹學○, 申其燮, 宋永大, 孫吉彦, 宋範奎, 李元有, 李基浩, 李極鮮, 車輪七, 蔡奎喆, 崔善黙 등이다.

118) 『甑山敎史』, 60-61쪽.

119) 『普天敎沿革史(上)』, 12쪽; 『甑山敎史』, 60-61쪽.

120) 김정명 편, 『명치백년사총서, 조선독립운동 제1권 분책 - 민족주의운동 편 -』, 1967, 247쪽.

121) 『普天敎沿革史(上)』, 12쪽; 『甑山敎史』, 60-61쪽.

122) 핵심 간부 김문진과 차경석의 동생 차윤칠이 석방된 직후에 형독으로 사망하였다.(『普天敎沿革史(上)』, 12쪽; 『甑山敎史』, 60-61쪽).

123) 「高判禮刑執行原簿」, 光州地方法院木浦支廳, 1919.2.3.; 「車輪七刑執行原簿」, 光州地方法院木浦支廳, 1919. 2.3.; 『普天敎沿革史(上)』, 12쪽; 『甑山敎史』, 60-61쪽.

66명, 이 가운데 58명이 1918년 11월에 기소되었다. 1919년 2월 판결 내용은 징역 31명, 벌금 15명, 불기소는 18명이다.[124]

1918년 12월 17일에 강수오姜壽五가, 1919년 1월 6일에는 강춘근姜春根이 판결 전 목포 감옥에서 사망하였다. 1919년 12월 1일 대전 감옥에서 김봉화金奉和가 사망하였고, 1921년 7월 24일에는 목포 감옥에서 박주석이 사망하였다. 1920년 3월에는 김연일이 체포되었고,[125] 1922년 12월에는 강창규姜昌奎가 1923년 2월에는 정구용鄭九鎔이 각각 체포되어 추가 판결을 받았다.[126]

형량은 김연일이 10년, 강창규가 8년, 박주석이 7년, 방동화와 김상언 등이 각각 6년이다. 뒤에 김연일은 5년 감형을 받고 1923년에 출옥하였다. 강창규와 방동화 등도 형의 절반 정도를 감형받았다.[127]

「형사사건부刑事事件簿」와 「수형인명부受刑人名簿」에 나타난 법정사 항일운동 가담자들의 주소지 및 출신지는 다음과 같다. 검찰에 송치된 항일운동 가담자 대부분은 제주도를 주소지 또는 출신지로 두고 있다. 단, 육지에서 건너온 이는 김연일, 정구용, 그리고 강민수이다.[128] 그리고 박주석도 전라남도 진도에서 입도한 것으로 추정되지만, 거주지는 제주도이다.

송치된 66명의 주소는 좌면 서홍 1명, 좌면 월평 11명, 좌면 도순 17명, 좌면 하원 18명, 좌면 대포 2명, 좌면 영남 4명, 좌면 중문 1명, 좌면 상예 1명, 좌면 법환 1명, 좌면 회수 1명, 좌면 월평 13명, 중면 덕수 1명, 우면 서홍 1명, 구우면 금악 2명, 중면 사계 2명, 제주 오등 1명, 제주 오라 1명 등이다. 이들의 본적지 또는 출신지는 대부분

---

124) 「刑事事件簿 第29號」, 光州地方法院木浦支廳檢事局, 1918; 「受刑人名簿」, 光州地方法院濟州支廳, 1919. 이하 「刑事事件簿」(1918), 이하 「受刑人名簿」(1919)라 함.

125) '佛務皇帝 逮捕, 木浦監獄에서 伏罪', 《매일신보》 1920. 4. 12.

126) '自稱 皇帝 姜昌奎, 濟州島에 潛伏 中 遂 逮捕, 《매일신보》 1923. 2. 18.

127) 「刑事事件簿」, 1918; 「受刑人名簿」, 1919; 『思想月報』 第2券 第5號, 高等檢事局事想部, 1932. 8. 15, 6-14쪽; 『暴徒史編輯資料高等警察要史』, 265-266쪽.

128) 「刑事事件簿」, 1918; 「受刑人名簿」, 1919; 『思想月報』 第2券 第5號, 高等檢事局事想部, 1932. 8. 15, 6-14쪽; 『暴徒史編輯資料高等警察要史』, 265-266쪽; 강용삼·이경수, 『대하실록 제주 백주년』, 태광문화사, 1984, 211-221쪽.

<표3> 법정사 항일운동 참가자의 형량 (* 아래 참가자는 검찰에 송치된 자)

형량	참가자
징역 10년	김연일
징역 8년	강창규
징역 7년	박주석
징역 6년	방동화, 김상언
징역 4년	김삼만, 양남구, 장임호, 최태우
징역 3년	고용석, 김인수, 문남규, 정구용
징역 2년	강봉환, 김무석, 김봉화, 조계성
징역 1년 6월	강민수, 김용충
징역 1년	김두삼, 이달생, 최신일, 김기수, 김명돈, 이윤평, 이승빈, 이종창, 문남은, 오병윤, 김성수
징역 6월	이춘삼
벌금 30원	양봉 외 14명
불기소	박경흡 외 17명
판결 전 사망	강수오, 강춘근
계	66명

남제주이다. 따라서 남제주 도민들이 중심이 된 항일운동이었음을 알 수 있다. 제주도 이외의 출신지는 경북 영일이 5명, 전남 진도 1명, 전남 나주 1명, 함북 1명 등이다.

주요 참가자의 연령은 60~65세가 4명, 55~59세가 4명, 50~54세가 5명, 45~49세가 7명, 40~44세가 11명, 35~39세가 8명, 30~34세가 11명, 25~29세가 5명, 20~24세가 9명, 19세 이하가 1명, 미상이 1명 등이다. 주로 30~40대의 청장년층이 법정사 항일운동을 주도하였지만 50, 60대나 20대도 참여하였다. 세대를 구분하지 않고 남제주 민중이 항일운동에 참여했음을 알 수 있다.

주요 참가자 66명의 직업으로는 '농업'이 제일 많다. 당시 농업사회에서 특별한 직업이 없는 이들도 '농업'으로 표기했을 가능성이 있다. 농업 이외 무직이 3명, 단화직短靴職 1명, 잡화상 1명, 그리고 법정사 주직 · 법정사 일용직 등으로 기재된 경우도 있었다.[129]

근래에 '불교인'으로 알려진 김연일, 강창규, 그리고 보천교 교인으로 알려진 박주석 등 핵심 인물은 「수형인명부受刑人名簿」에는 모두 '무직'으로 돼 있다. 어느 정도의 수형 기간을 거쳐서 작성된 「수형인명부受刑人名簿」는 앞의 「형사사건부刑事事件簿」보다는 정확한 기록이라고 할 수 있다.

법정사 항일운동 관련 연구에서 몇 가지 논란이 있다. 그중 하나가 김연일의 종교적 성향이고, 또 하나가 박주석의 출신지이다. 김연일의 종교적 성향은 뒤에서 언급하기로 하겠다. '정구용 판결문'(1923)에는 "박주석의 진술"이 자주 나온다. 박주석이 구속, 기소돼 판결 받은 때가 1919년 2월 4일이며, 1921년 7월 24일에 박주석이 옥사하였다. 따라서 '정구용 판결문'(1923) 속의 "박주석의 진술"은 정구용이 판결받기 이전의 기록들이다. 옥사한 박주석의 진술로써 정구용을 심판한 것으로, 그 내용을 간추리면 다음과 같다.

…… 내가 다른 피고 등과 함께 제주도 좌면 중문리 주재소를 습격하고 폭행을 한 사실은 틀림이 없으며, 大正7年(1918) 음력 6월 말경 피고 방동화가 자택에 와서 법정사로 와 달라고 함으로 음력 8월 4일 법정사에 가자 거기엔 피고 김연일, 강민수, 장임호, 김용충, 김인수 등이 함께 있어, 그들로부터 이번 폭동의 상담을 받았다. 법정사에서 앞의 각 피고들은 나를 先生으로 불렀는데, 김연일은 나에게 자기는 김해김씨의 후예이며, 제주도에 있는 일본인 전부를 몰아내고 이어 육지에 나가 불교를 널리 알리고 싶은바 그 遂行에 助力해달라고 말했다. 법정사를 출발함에 즈음해서는 김연일 등과 함께 의논한 뒤에 우선 서귀포와 중문리를 습격하고 제주성 내로 나가기로 하여, 그 沿道의 각 구장 등으로부터 민적부를 제출토록 하여 이에 따라 각 마을의 장정을 징발, 그 세력을 증대시켜 일본인 관리를 島外로 추방할 계획을 세웠다. 김연일이 각자 역할을 정했는데, 장임호는 처음 선봉대장이 되었으나 그 후 護師가 되고, 방동화는 좌대장, 강민수는 우대장, 양남구는 중군대장, 김삼만은 후군대장이 되었다고 생각된다. 법정사에 내려감에 있어, 長旗 6旒, 화승총 3정, 곤봉 수십 본을 준비했지만 누가 무엇을 갖고 갔는지는 기억하지 못하고, 일행이 영남리에 들어가 空砲를

---

129) 「刑事事件簿」, 1918.

쏘면서 부락민을 위협, 각 호마다 장정을 징발하고 격문을 배포, 만일 응하지 않을 때는 군율에 비추어 처벌한다고 말하고, 나아가 서호리, 호근리에 들어가 같은 행동으로 약간의 가입자를 얻었으나 계획한 대로 되지 않았기 때문에 예정을 변경, 서귀포 습격을 중지하고 강정리, 도순리, 하원리를 거쳐 중문리에 이르렀으나, 그곳에서 巡査隊의 습격을 받아 사방으로 흩어졌다. 강정리, 도순리 사이의 통칭 大川(필자 주 : 강정천의 옛 이름)의 西岸 부근에서 서귀포에서 제주읍으로 통하는 전선 및 전주 2본을 절단, 통신을 불능케 한 것은 姜昌奎의 명령에 의한 것이다. 하원리에서 지나가던 小泉清身, 尹植明, 夫容赫이 가담자로부터 난타당해, 그 현장은 확인되지 않았으나 상처를 입고 있는 것은 목격되었다.[130]

위에서 알 수 있는 것은 "박주석의 진술"이 정구용을 판결하는 데 결정적 근거로 활용되었다는 것이며, 이는 법정사 항일운동에 있어서 박주석의 역할을 일제가 주목했다라고 볼 수 있다. 그런데 법정사를 거점으로 한 일단의 종교인들이 박주석을 '선생'이라고 부른 점, 그리고 박주석이 이들로부터 항일운동을 제의받았다고 한 점 등으로 비추어 볼 때 박주석과 법정사를 거점으로 한 종교인들의 성향은 같다고 볼 수 없다.[131] 그렇다면 박주석은 어떤 성향의 인물이었을까?

보천교 수령으로 알려진 박주석朴周錫(1864-1921, 일명 박명수朴明洙)의 거주지 또는 주소는 제주도 좌면 금악리이지만 출신지는 전라남도 진도군 동면이다. 그런데 일부 연구자는 박주석의 출신지를 경상북도 안동安東으로 특정하였으며, 경상북도 경주 기림사祇林寺와도 연결을 지었다. 그러면서 「수형인명부受刑人名簿」에 나타난 박주석의 출신지 "전라남도 진도군 동면東面 상리上里"는 존재하지 않는 지명이라고까지 주장하였다.[132]

---

130) "박주석의 진술", 제주 좌면의 鄭九鎔 판결문, 1923.6.29. 대구복심법원.
131) 박찬식은 김연일과 박주석의 만남은 '불교인'과 보천교의 집단적 연결로 이해해야 한다고 하였다. (박찬식, 「1918년 중문지역의 항일운동」, 『제주도』 통권99호, 제주도, 1996.1, 85쪽) 김정인 역시 방외 불교인들과 보천교가 연합한, 3·1운동의 전사격 항일운동이라고 언급하였다. (김정인, 「법정사 항일투쟁의 민족운동사적 위상」, 『제주도 연구』 22, 제주학회, 2002.12, 57쪽)
132) 한금순, 「1918년 제주 법정사 항일운동의 성격」, 제주대석사학위논문, 2006, 26-27쪽. 박주석의 출신지를 경북 안동으로 특정한 것은 경북 경주의 祇林寺라는 사찰과 법정사 항일운동을 연계시키려는 의도가

박주석 후손의 증언, 그리고 현재의 전라남도 진도군에는 위와 같은 지명이 없다는 등의 이유를 들어서 박주석의 출신지를 경상북도 안동安東이라고 한 것이다. 과연 전라남도 진도군 동면 상리가 존재하지 않는 지명일까? 1872년 지방지도(규장각 소장)의 「진도부珍島府」를 살펴보면, 진도부 성내城內의 '부내면府內面'에 동상東上·동하東下, 그리고 서상西上·서하西下 등의 지명이 나타난다. 따라서 동상東上을 동면상리東面上里로 불렀거나 잦은 행정 구역 개편으로 인해 나타난 옛 지명 또는 새 지명임이 분명하다.[133] 그렇다면 1910년 전라남도 진도는 보천교의 후천선경 건설론과 관련해서 어떤 곳이었을까?

앞에서 언급했듯이, 전라남도 진도는 1916년경에 보천교의 포교가 활발하게 전개되던 곳이다.[134] 1918년 당시 전라남도 진도의 상황을 알 수 있는 1919년 일제의 관련 판결문 일부를 소개하면 다음과 같다.

> 피고 吳成泰는 진도군 고군면 지수리 朴成培의 권유로 선도교를 믿고, 大正7年(1918) 5월 하순 위의 주소지(필자 주 : 전라남도 제주도) 마을 내의 吳維煥, 吳泰奎의 두 사람에게 선도교 교주 강증산은 10년 내에는 세상에 나와 조선의 황제가 될 것이라고 선언하고, …… 2, 3년 안에 조선이 혼란스러워지며 선도교 신자 이외의 사람은 살해되거나 병들어 죽지만, 선도교 신자는 神仙의 은택을 받게 되므로 지금부터 仙道敎 제사 비용으로 돈을 낸다면 皇帝에게서 관록을 받게 될 것이다,라고 정치에 관한 불온의 말을 하여 위의 2명을 기만하였고, 진도군에 있는 선도교 본부 명의로 같은 해 6월 23일 오태규로부터 100원, 같은 해 7월 27일 오유환으로부터 40원을 갈취하였다.[135]

즉 강증산이 생환해 황제가 될 것이라며,[136] 황제에게 교금을 내도록 하고 교금을

숨어있다.

133) 이와 같은 지명은 『新舊對照朝鮮全道府君面里洞名稱一覽』(1917)에서도 찾아볼 수 있다.

134) '全南道內 邪敎數와 信徒, 처벌 인원이 142인이라는 그 숫자', 《매일신보》 1921. 5. 6.

135) 제주 우면의 吳成泰 판결문, 1919. 1. 16., 대구복심법원; 『일제강점기 보천교의 민족운동 자료집 I』, 59-60쪽.

136) 1910년대 후천선경 신정부 건설론은 강증산이 생환해 황제가 된다는 설이다. 이러한 설은 1920년대

낸 이들은 관직을 얻게 될 것이라는 "정치에 관한 불온한 말"을 했다는 이유로 일제는 제주도의 오성태를 징역형에 처했다.[137] 이때가 법정사 항일운동이 일어나기 4개월 전이다. 그런데 위의 판결문을 자세히 살펴보면, 1918년 진도에는 "선도교 본부"라고 불리는 어떤 거점이 있었다. 이에 앞선 1916년에 진도 출신의 보천교 간부 박성배朴成培는 일찍이 제주도에 진출하여 활동하다가 보안법 위반으로 징역형을 선고받은 적이 있다.[138]

앞의 박성배는 『보천교연혁사(상)』에도 나오는 보천교의 핵심 간부이다. 법정사 항일운동 직후인 1918년 11월에 체포된 15명 가운데 하나가 박성배朴聖培이며, 앞의 박성배朴成培와는 '성成'과 '성聖'이 다를 뿐, 같은 시기 일제 경찰에게 구속, 기소돼 징역형을 선고받은 그 박성배이며, 오성태를 포교한 그 박성배이다. 법정사 항일운동의 핵심 인물 박주석은 앞의 박성배처럼 진도에서 제주도로 건너온 보천교 포교사로 판단된다.

정리하자면, 보천교의 24방주제가 만들어진 1916년경에 제주도에는 보천교의 조직운동이 확산되었고, 일제는 이러한 보천교를 감시하고 탄압하였다. 이때 법정사를 거점으로 한 일단의 종교인들이 일제의 탄압을 받던 보천교 교인 박주석을 끌어들여 항일운동을 준비하였다.

2. 법정사 항일운동의 주도 세력

1906년 제주도는 전라남도 관찰사 관할이며, 목사牧使가 아닌 군수郡守가 통치하였다. 1914년 4월에는 정의군旌義郡과 대정군大靜郡이 제주군濟州郡으로 흡수, 통합되었다. 1915년 4월에는 도제道制의 실시와 함께 군수郡守를 없애고 도사島司를 두었으며, 도사 아래에

초반까지 이어졌다.('皇帝位에 登極하면, 각 대신 관찰사 군수 같은 것은 전부 태을교 신도를 등용', 《매일신보》 1921.7.22)
137) 제주 우면의 吳成泰 판결문, 1919.1.16. 대구복심법원; 『일제강점기 보천교의 민족운동 자료집 I』, 59-60쪽.
138) 「受刑人名簿(朴成培)」, 1916.11.9.

「폭도사편집자료 고등경찰요사」(1934)
법정사 항일운동이 언급돼 있다.

13개 면面이 있었다.[139] 그리고 면장과 그 아래에 사원吏員을 배치하여 사무를 처리하였다.[140]

1914년 5월에 부임한 제주도사濟州島司 이마무라 도모수村鞆는 각 관서의 책임자나 주요 요직에 일본인을 앉히는 등 일본화에 박차를 가하였다. 그 과정에서 제주도민의 반일 감정은 여느 지역과 마찬가지로 악화되었다. 여기에다 강증산 계통의 종교인들이 후천선경 건설론과 함께 척양척왜론을 퍼트리면서 제주도민의 반일 감정은 한층 격해졌다. 따라서 일제의 식민 수탈 및 제주도의 종교적 특징은 법정사 항일운동의 배경이라 할 수 있다.

법정사 항일운동의 취지나 목적이 종교적이고 핵심 인물들이 종교인이기에, 항일운동 배경에는 제주도의 종교적 특징이 자리한다. 항일운동의 또 하나의 배경은 앞서 언급하였듯이 '일제의 보천교 탄압'이다. 이처럼 제주도의 종교적 특징과 일제의 보천교 탄압, 그리고 옥황상제 성덕주인玉皇上帝聖德主人이라는 독특한 신앙은 항일운동의 배경이자 성격이라 할 수 있다.

1) 법정사 항일운동의 성격

(1) 제주에서의 식민지 수탈

1910년대 제주도에는 도사島司를 보좌하는 서무계와 재무계가 있었다. 각 계에는 주임이 있으며 주임 아래에는 속屬·기수技手·고원雇員이 있었다. 도사는 경찰서장을 겸직하고

---

139) 朝鮮總督府, 『所屬官署職員錄』, 1914, 249쪽; 『제주도 개세』, 59쪽.
140) 『제주도 개세』, 48쪽.

검사의 사무까지 맡았다.[141] 1907년 10월에는 목포경찰서 제주분서를 두었으며, 제주분서는 1908년 10월에 제주경찰서로 승격되었다. 제주경찰서는 제주도의 세 곳에다 경찰 주재소를 두었다. 그리고 경부 이하 30명이 되지 않은 경찰관이 제주도의 경찰 사무를 담당하였다.[142] 1916년 이후에는 제주도의 외도·애월·한림·고산·서귀·중문 등지에 16개의 경찰 주재소가 설치되었다. 1면 1주재소 원칙이 1919년 이후에나 실시된 것에 비해 제주도는 3년이나 빨랐다.[143] 경찰 주재소의 일본인 순사부장 아래에 일본인과 한국인 순사 3, 4인이 있었는데, 이들은 치안뿐만 아니라 보건까지도 담당하였다.[144]

제주도사는 경찰서장은 물론 농회장農會長·해녀조합장·산림회지부장을 겸직하는 등 절대적 권력을 행사하였다.[145] 제주도의 경제권을 사실상 도사가 장악한 것이다.[146] 1917년에는 제주도의 지청으로서 서귀포지청을 설치하고 지청장을 두었다.[147] 경제적으로 중요한 서귀포에다 지청을 설치한 도사는 남제주의 각종 이권을 장악함과 동시에 경제적 수탈을 자행하였다.

일본인들은 제주도에서 어업은 물론이고 교통업이나 산림업에 뛰어들었다. 1912년부터 한라산의 울창한 산림자원을 수탈하기 위한 일주도로가 건설되었는데, 이때 제주도민들이 동원되었다. 일제는 폭 6m의 도로를 확장하는 과정에서 도로 옆 토지를 기부 형식으로 압류하기도 하였다. 또한, 신고되지 않은 토지는 강제 압류하여 일본인에게 넘기는 등 일제의 수탈은 여느 지역과 마찬가지였다.[148] 그런데 일본인에게 넘긴 토지 대부분은 남제주의 토지였고, 이에 따른 남제주 도민들의 반일 감정은 한층 깊어졌다.[149]

한라산 중턱의 법정사 인근에는 화전민촌이 다수였다. 일제는 한라산의 산림까지 수탈

141) 『제주도 개세』, 61쪽.
142) 『제주도 개세』, 62쪽.
143) 강만길, 『한국현대사』, 창작과비평사, 1984, 26-27쪽.
144) 김봉옥, 『제주통사』, 도서출판 제주문화, 1987, 208쪽. 이하 김봉옥의 『제주통사』라 함.
145) 濟州邑, 『濟州邑勢』, 1936, 31-32쪽; 김봉옥, 『제주통사』, 207쪽.
146) 김봉옥, 『제주통사』, 207쪽.
147) 『제주도 개세』, 61쪽.
148) 김봉옥, 『제주통사』, 200-210쪽.
149) 위와 같은 책, 207쪽.

하였는데, 산림 수탈을 위해 일제는 전통적인 화전火田 경작을 금지하였다. 법정사 인근 주민들은 대부분 화전 경작자였고, 일제의 화전 경작 금지책에 주민들은 큰 불만을 갖게 되었다. 한라산의 원목을 대거 일본으로 운반하는 과정에서도 법정사 인근 주민들이 동원되었다.[150] 이러한 수탈 과정에서 남제주 도민들의 원성은 높아만 갔다.

남제주는 산림뿐 아니라 해녀들의 경제활동 비중이 높은 곳이다. 1914년 제주도의 어획고 225,270원 가운데 해녀들의 몫이 135,470원일 정도로 해녀들의 경제활동 비중은 높았다. 잦은 출가어업出稼漁業[151]으로 현지 해녀들의 수급이 부족해지자, 부산을 근거지로 한 일본인 고리대업자 하수 격인 객주客主들이 남제주 해녀들을 모집하여 기업 방식으로 운영하기 시작하였다. 이때부터 남제주 해녀들은 객주와 계약 없이는 독자적 출가 어업은 할 수 없었고, 권익도 보호받을 수 없었다.[152] 이렇듯 일제와 일본인의 경제 수탈은 주로 남제주에 집중되었고, 남제주 도민들의 반일 감정은 다른 여느 지역에 비해 심각하였다. 여기에다 강증산 계통의 종교인들이 유입되면서 도민들은 술렁이기 시작하였다.

(2) 제주의 종교와 법정사 창건

법정사 항일운동을 불교계가 주도했다는 일부 연구자들은 1918년경 제주도를 불교가 번성한 지역으로 묘사하였다.[153] 하지만 1918년경 제주도의 불교를 파악할 수 있는 기록이 없기에, 이 글은 1920년대 관련 기록들로써 1918년경 제주의 불교를 살펴보겠다. 1924

---

150) 이대수의 구술(1995.12.20. 제주보훈지청장. 제주보훈지청에서 안후상 채록).
151) '출가어업'이란 제주도 밖 외지에서 하는 '물질 작업'을 말한다. 1930년경부터 제주도 밖 외지로 나가 물질을 하는 해녀들이 많아졌다.
152) 서귀포시관광과 편, 『서귀포시지』, 서귀포시, 1987, 280-282쪽. 앞의 책에 의하면, 해녀들의 연 출가 일수는 195일, 체류 기간 175일, 작업 일수 87일. 그들의 총수입은 1일 1원꼴이었다. 부산을 왕복하는 뱃삯 7원 20진, 식비 31원 80전, 잡비 6원 50전, 입어료 8원, 어업세 50전 등의 지출경비는 무려 54원이나 되었다. 총수입 87원에서 54원을 공제하면 해녀들이 출가하여 벌어들인 순익은 33원으로, 흉어일 때는 객주에게 부채를 지기까지 하였다. 따라서 1920년 4월 16일에 남제주의 해녀들은 자신들의 권익을 보호하기 위해 '해녀조합'을 조직하였다.
153) 한금순, 「근대 제주 불교사 연구」, 제주대사학과 박사학위 논문, 2010.

년 전라남도 제주도청의 『未開の宝庫 濟州島』는 1920년대 초반 제주도를 다음과 같이 기록하였다.

…… 본도(필자 주 : 제주도)에서는 제주면 我羅里에 있는 한라산 중턱에 臨濟宗에 속한 觀音寺라는 절이 하나 있고 승려가 몇 명 있지만, 포교 상의 세력은 미약하다. 그런 이유로 도민 중에 사망자가 생기거나 성묘를 할 때도 어떠한 불교 형식을 취하는 것을 보지 못하였다. 또한 승려의 포교 연설 등 민중을 감화, 선도하는 적극적인 행동을 인정하지 않는다. [154]

위의 임제종臨濟宗은 '조선불교'를 말한다. 1910년에 이회광李晦光이 주도하는 원종圓宗은 일본 조동종曹洞宗과의 연합 조약을 추진하였다. 여기에 박한영朴漢永, 진진응陳震應, 김종래金鍾來 등이 이회광의 연합 조약을 매종 행위라고 비판하였다. 그러면서 "…… 먼저 호남 일대에 반항의 기旗를 세우고 조선불교의 부흥을 도圖할 새, 원종의 체맹締盟을 파괴破壞하기 위하여는 타종他宗은 별립別立하여 원종을 자멸케 함이 첩경捷徑이라는 견지에서 조선 고유의 임제종臨濟宗을 창립"[155] 하였다. 이에 따라, 1911년 1월 15일에 전라도 및 지리산 일대의 승려들이 참가한 '송광사松廣寺 총회'에서 임제종 임시 종무원을 송광사에 설치하였다. [156] 위의 『未開の宝庫 濟州島』에 언급된 임제종은 당시 '남종南宗'으로도 일컫는 전라남도의 사찰들이다. 따라서 위의 임제종 소속의 관음사觀音寺란 전라남도 해남 대흥사大興寺의 말사 격인 제주도 관음사를 말한다. 그러나 그 관음사의 교세는 미약했다는 내용이다.

제주도 화북리禾北里 출신의 안봉려관安蓬盧觀은 전라남도 해남 대흥사 소속의 승려로, 한라산에다 1909년에 관음사觀音寺를, 1911년에는 법정사法井寺를 창건하였다. [157] 1924년

---

154) 『未開の寶庫 濟州島』, 77쪽.
155) 韓龍雲, 「佛敎靑年總同盟에 對하여」, 『佛敎』 86, 1931.8.
156) 李能和, 『朝鮮佛敎通史(下)』, 新文館, 1918, 939쪽.
157) '濟州島峨眉山 蓬盧觀의 奇蹟', 《每日申報》 1918.3.2.; 정진희(혜달), 『봉려관, 근대 제주불교를 일으켜

법정사를 창건한 안봉려관

에는 포교사 안도월安道月이 안봉려관을 도와 또 다른 포교당을 개설하기도 하였다.[158] 안봉려관이 관음사와 법정사를 창건한 것은 한국불교의 전통적 행위이다.[159] 제주도에 관음사와 법정사가 창건되었다고는 하지만, 당시 제주도의 불교는 미약하였다.[160]

1920년대 초반 제주도에서 한국불교의 모습을 찾기가 힘들 정도였다. 제주도에 근대적 불교가 정착한 계기는 1924년 안봉려관과 안도월의 초대로 이회명李晦明(1866-1951)이 입도入島하면서였다. 1924년에 입도한 이회명 외 수십 명은 제주공립보통학교에서 제주불교협회를 조직하였다.[161] 이회명의 입도를 계기로 당시

세우다』, 조계종출판사, 2021, 141-146쪽.

158) '觀音寺 擴張과 布敎', 《매일신보》 1924. 8. 31.; 권태연, 『晦明文集』, 도서출판 여래, 1991, 363-367쪽. 앞의 문집의 「晦明禪師의 行蹟」에는 "1924년 2월 2일, 제주 관음사의 불사에 참여. 4월 8일, 관음사 중창 낙성식에 참여. 이때 참가자는 安道月 승려와 安蓬盧觀 비구니 등 신도 122, 신녀 553, 관료 53명이 동참하였다. 당시 제주도의 현황으로는 13면, 14포구, 5만여 호, 23만 인구가 있었다. 그해 10월에 제주에 불교협회가 조직되었다. 1925년 2월에 제주도에 들어가 포교당 상량식을 거행하였다. 1926년 2월, 안도월 승려가 법화사를 중건하고 상량식을 거행하였다. 1927년 8월에 홍수로 제주성 내 가옥 50여 호가 떠내려갔다. 그달 24일, 불교협회와 관공서의 연합으로 수륙 천도제를 거행하였다."라는 내용이 있다.(권태연의 앞의 책, 363-367쪽)

159) 『未開의 寶庫 濟州島』에는 제주도 한라산 중턱의 관음사는 임제종 소속의 사찰이었다고 돼 있다.(『未開의 寶庫 濟州島』, 77쪽) 임제종은 한국의 전통불교를 의미한다. 이 글에서 한국의 전통불교, 근대적 불교 모두를 '한국불교'라고 표기하겠다.

160) '濟州佛敎의 興隆', 《매일신보》 1925. 4. 19.

161) 1921년 이회명이 처음 제주도에 들어가 '근대불교'를 퍼트렸으며, 그 이후 제주도의 불교를 '敎派'가 아닌 '禪敎兩宗'이라 칭했다는 기록도 있다.(『佛敎』 제37호) 일제가 사찰령을 제정, 공포하면서 한국불교는 '조선불교 선교양종'을 내세운 적이 있다. (김광식, 「1910년대 불교계의 조동종 맹약과 임제종 운동」, 『한국근대불교사연구』, 민족사, 1996, 81쪽) 30본산 주지회의에서 한국불교의 종명을 '조선불교 선교양종'으로 결정하였으며, 1929년 승려대회에서도 '조선불교 선교양종'이라는 종명을 채택한 적이 있다. (김광식, 「일제하 불교계의 총본산 건설운동과 조계종」, 『한국근대불교사연구』, 민족사, 1996, 403쪽; 교육원 불학연구소 편, 『조계종사 - 근현대 편』, 대한불교조계종교육원, 2001, 35-38쪽) 즉 조선 후기뿐만 아니라 1920년대에도 한국불교를 불교계에서는 '禪敎兩宗'이라 칭하였다.

신문은 "종래從來 무불국無佛國이던 제주濟州가 유불국有佛國의 신세계新世界를 화성化成하겠다고 예측豫測하는 중中이라더라."[162]고 언급하였다. 그러나 이회명이 다녀간 뒤의 제주도의 불교 교세는 여전히 미약하였다.

> 佛教. 濟州面 我羅里 漢拏山 中腹에 觀音寺라 稱하는 一宇가 有할 뿐이더니, 近來 次次 布教手段을 고쳐 濟州城內와 濟州面 三陽里 元堂峯에 布教所를 設하고 積極的 行動을 取하나, 勢力이 微微不振하고 小數의 婦女 信仰者가 有할 뿐이다.[163]

1926년경 제주도에서의 한국불교는 나름 적극적인 포교를 했지만 그 세력은 여전히 미미했고, 소수의 여성 불교인이 있을 뿐이었다는 내용이다. 이는 『未開の寶庫 濟州島』의 관련 내용과도 크게 다르지 않다. 당시 기록들은 1920년경의 제주도에는 한라산 중턱의 관음사라는 절이 있을 뿐, 한국의 전통불교나 근대적 불교의 모습은 거의 찾아볼 수 없다고 한 것이다.[164]

1920년대 제주도에는 한국불교보다는 천주교나 개신교의 교세가 더 컸다. '이재수의 난'(1901) 이후 제주도의 천주교인은 감소하는 추세임에도 1928년 당시 제주도의 천주교인은 수백 명에 달하였다.[165] 1907년에는 평양신학교 1회 졸업생 이기풍李基豊이 조선총독부의 허가를 받아 제주도에 개신교회를 설립하였다. 1917년에는 2명의 개신교 장로가 나왔고, 1925년경에는 약 200명의 교인이 있었다.[166] 『未開の寶庫 濟州島』에 언급된 당시

---

162) '濟州佛教의 興隆', 《매일신보》 1925. 4. 19.
163) '巡廻探訪(百二十)(濟州)', 《동아일보》 1926. 10. 28.
164) 개화기 일본불교의 침투에 대응하기 위해서 대한제국 정부가 1902년 1월에 한성에다 元興寺를 창건하였다. 한국불교의 총 관리서 역할을 한 원흥사 체제는 조선 후기의 禪教兩宗 교무원이나 일본의 本山末寺와 유사한 성격을 갖는다. 이러한 원흥사의 창건과 승직의 설치는 조선의 억불정책의 기조에서 바라본다면 큰 변화임에 틀림이 없다. 따라서 한국불교의 근대적 교단의 태동은 '원흥사 창건'이라 할 수 있다. (교육원불학연구소 편, 『조계종사 - 근현대편』, 대한불교조계종교육원, 2001, 35-38쪽) 하지만, 제주도에서의 근대적 불교의 출현은 '제주불교협회의 조직'이라 할 수 있다.
165) 『제주도 개세』, 78쪽. 앞의 책에 의하면, 1928년 당시 천주교인은 200명, 한국인 신부 1명, 매해 외국인 선교사가 2, 3차례씩 각지를 돌며 포교하는 실정이다. (앞의 책, 78쪽)
166) 제주도문화공보담당관실 편, 『제주도지(상)』, 제주도, 1982, 430-431쪽.

개신교의 상황은 다음과 같다.

다음으로 미국계로 속하는 耶蘇教가 들어왔다. 이 파는 요즘 굉장히 성하고 신자는 계속 증가한다. 예배당도 점점 증설되어, 제주성 내에 광대한 예배당을 신축한 이외로 제주면 산양리 신우면 금성리, 대정면 毛瑟浦, 좌면 중문리, 동중면 성읍리, 신우면 조천리 등의 7곳에 예배당을 가지고 있다. 신도 합계 480~490명에 올라가, 목사 3명이 예배당 구역을 분담하면서 열심히 포교에 종사하고 있다. 또 부대사업으로 제주면 삼도리 대정면 모슬포 에 서당을 설치하고 신도의 아동을 교육하고 있다. [167]

1920년 전후의 제주도에는 개신교인이 500여 명에 이르며, 7곳의 예배당에 3명의 목사가 선교하고 있었다는 내용이다. 이처럼 천주교나 개신교의 교세에 비해 한국불교의 교세가 미미하던 그때 안봉려관은 1911년 한라산 중턱에다 법정사를 세운 것이다. [168]

안봉려관은 제주도 화북禾北 출신으로 속명이 안려관安廬觀이다. 1907년에 전라남도 해남군 대흥사에서 출가하였으며, 이때 법명이 봉려관蓬廬觀이다. 1909년에 제주도 관음 사를 창건하였고 1926년에는 법화사法華寺를 중창하였다. [169] 봉려관의 법정사 창건과 관련하여 1918년 《매일신보》는 다음과 같이 보도하였다.

…… 절하고 물러가 버렸더라, 괴이한 사실이라 함은 대개 이와 같은 사실이라. 과연 그러 한 일이 있었는지 없었는지 그는 알 수 없거니와 그 뒤로 봉려관은 열성으로 공부를 하며

---

167) 『未開の寶庫 濟州島』, 44쪽; 『제주도 개세』, 78쪽.
168) '濟州島 峨眉山, 蓬廬觀의 奇蹟', 《매일신보》 1918. 3. 2.; '濟州島 峨眉山, 蓬廬觀의 奇蹟', 《매일신보》 1918. 3. 3.; '濟州 觀音寺 落成式', 《매일신보》 1924. 6. 4. 『未開の寶庫 濟州島』의 "제주면 아라리에 있는 한라산 중턱에 임제종에 속한 관음사라는 절이 하나 있고 ……"의 臨濟宗은 호남 일대의 사찰을 일컫는 다. (김광식, 「1910년대 불교계의 조동종 맹약과 임제종 운동」, 『한국근대불교사연구』, 민족사, 1996, 71- 73쪽) 따라서 안봉려관이 창건한 관음사는 호남 일대의 사찰에 소속돼 있었다고 볼 수 있다.
169) '濟州島 峨眉山, 蓬廬觀의 奇蹟', 《매일신보》 1918. 3. 3.; '濟州 觀音寺 落成式', 《매일신보》 1924. 6. 4.; 정진 희, 『봉려관, 근대 제주불교를 일으켜 세우다』, 조계종출판사, 2021, 143쪽 · 307쪽.

전도에 힘을 써서 신도도 많이 늘었으며, 정법산 「法井山」에 법돌암 「法兜寺」이라는 것을 일으키고, 다시 아미산에 관음사를 창건하였다 함은 여기 기록한 바와 같더라.[170]

위의 "정법산 「法井山」"은 법정산法井山의 오기誤記이며, "「法井山」에 법돌암"이 곧 한라산 법정사法井寺라고 생각된다. 그 이유는 같은 신문 "제주도 아미산관음사 「峨眉山觀音寺」라는 절은 봉려관 「蓬廬觀」이라는 여승이 …… 법정산 법돌사 「法井山法凭寺」라는 절도 건설하였더라."[171]의 "법정산 법돌사 「法井山法凭寺」"가 위의 인용문(《매일신보》 1918. 3.3)의 "정법산 「法井山」 법돌암 「法兜寺」"과 같은 사찰로 판단되기 때문이다. 그리고 1937년 이은상의 『탐라기행, 한라산』의 「두륜산인관음사사적기頭輪山人觀音寺寺蹟記」에 나오는 "법정암法井庵"이 "정법산〔法井山〕 법돌암〔法兜寺〕"이자 한라산의 법정사로 판단되기 때문이다.[172]

봉려관이 창건한 한라산 법정사에 김연일·강민수·정구용 등이 언제, 왜 들어왔는지는 알 수 없다. 법정사 항일운동 당시 법정사의 규모나 위상과 관련한 기록도 찾아볼 수 없다. 다만, 「형사사건부刑事事件簿」에 "법정사 주직住職", "법정사 일용직", "법정사 하남" 등의 용어가 있는 것으로 보아 규모가 아주 작은 사찰이나 토굴은 아니었을 것으로 추정한다. 물론, 1918년경 법정사가 한국의 전통 사찰이었는지, 그리고 법정사를 거점으로 한 김연일·강민수·정구용 등이 한국불교의 승려였는지도 알 수 없다. 이 부분은 뒤에서 언급하기로 하겠다.

1920년 전후의 제주도는 불교보다는 육지에서 들어온 보천교의 교세가 더 컸음을 알 수 있는 기록들을 앞에서 소개하였다. 1916년과 1917년경에 보천교가 제주도에서 그 세를 확장하였고,[173] 1920년대 초에는 제주도 인구 절반이 보천교 교인일 정도였다는

---

170) '濟州島 峨眉山 蓬廬觀의 奇蹟', 《매일신보》 1918.3.3.
171) '濟州島 峨眉山 蓬廬觀의 奇蹟', 《매일신보》 1918.3.2.
172) 李殷相, 『耽羅紀行, 漢拏山』, 朝鮮日報社出版部, 1937, 155-157쪽. 앞의 책의 「頭輪山人觀音寺寺蹟記」는 이은상이 관음사의 寺蹟記를 옮겨놓은 것으로, "다시 明年(1909)에 里巷에서 鳩財하야 …… 本土에 이르면서 龍華寺의 佛像과 各幀畵 等을 陪來하였으므로 반가이 얻어 奉安하야 明年(1911) 九月에 法井庵이란 것을 創建하였다."라는 내용이다. (이은상의 앞의 책, 155-157쪽)

당시 기록들도 소개하였다.[174] 더욱이, 제주도청에서 작성한『濟州島ノ槪勢』(1928)는 "다음으로 몇 년 전 굉장한 기세로 신도가 급증하여 엄청난 세력을 보인 보천교라는 것이 있었는데, 경찰 당국이 엄중하게 단속하여 최근 본교(필자 주 : 보천교)는 완전히 자취를 감추었다."고 하였다.[175] 자취를 감추었다는 것은 일제의 탄압을 피해 비밀결사화 했다는 뜻이다.

1920년 전후 제주도에는 다양한 무속 신앙이 확산되었다는 연구도 있다. 제주도에 들어온 강증산 계통의 신종교들이 제주도의 토속 신앙들과 뒤섞여 혼합종교(Syncretism)[176]의 형태를 띠었으며, 따라서 제주도민의 '신앙'은 매우 다양하고 복잡하였다는 내용의 보고서이다.[177] 이 보고서에 의하면, 제주도에서 흔히 쓰인 '절'이라는 이름은 불교 사찰뿐만이 아닌 찬물교 계통의 교당이나 동학 계통의 수운교水雲敎 교당을 지칭하기도 하였다. 그리고 이들의 신단神壇은 제주도의 토속신이나 무속, 그리고 기성종교의 신까지도 포용 또는 도용돼 있다는 것이다.[178]

법정사 항일운동 직전의 제주도에는 강증산 계통인 보천교, 미륵교彌勒敎, 동화교東華

---

173) '全南道內 邪敎數와 信徒, 처벌 인원이 142인이라는 그 숫자', 《매일신보》 1921. 5. 6.
174) 「講演會報告ニ關スル件」, 京鍾警高秘第11927號13, 1924. 9. 28. 城鐘路警察署長;『일제강점기 보천교 민족운동 자료III』, 202쪽.
175) 『제주도 개세』, 79쪽.
176) 이강오, 「濟州道의 新興宗敎」,『한국신흥종교총람』, 도서출판대흥기획, 1992, 1231쪽·1238쪽. 혼합종교(Syncretism)는 混合主義라고도 하며, 서로 다른 원리 위에 서 있는 사상을 무비판적으로 혼합하거나 연합하려는 노력이라는 뜻의 기독교 용어이나 종교학 용어로도 쓰인다.
177) 村山智順,『朝鮮의 巫覡』, 朝鮮總督府, 1935, 6-10쪽; 이강오, 「濟州道의 新興宗敎」, 1231·1238쪽. 전라남도의 무속인 수는 경기도의 1,865명보다 많은 1,945명으로 전국 최고이지만, 전라북도의 무속인 수는 713명에 불과하다. (村山智順의 앞의 책, 6-10쪽) 인구 10만 명당 무속인이 150인 이상 되는 곳이 목포, 해남, 진도이다. 100인 이상 150인 이하인 곳은 제주도, 보성, 고흥 등이다. (村山智順의 앞의 책, 17-18쪽) 이처럼 전라남도에 무속인 수가 전국 최고인 이유는 島嶼 지역의 특성 및 濟州島의 종교적 환경 때문이다. (村山智順의 앞의 책, 6-10쪽)
178) 탁명환, 「제주도의 新興宗敎에 對한 小考」,『한국문화인류학』6, 한국문화인류학회, 1973, 134-135쪽; 이강오, 「濟州道의 新興宗敎」, 1231·1238쪽. 앞의 두 개의 보고서에 의하면, 제주도의 불교 사찰, 물법계의 교당, 수운교의 사찰은 일반적으로 '절'이라고 불렸으며, 대부분 主 信仰對象 外에 여러 巫俗神을 섬기는 Syncretism 경향이 짙다고 한다. (탁명환의 앞의 글, 134쪽) 즉 제주도에는 한라산 산신령, 용왕대신, 미륵부처, 불법할머니, 칠성대신, 天神大神 등을 함께 섬기는 경향이 있다는 것이다. (이강오의 앞의 글, 1238쪽)

敎, 대세교大世敎 등과 동학 계통인 수운교水雲敎 등이 그 교세를 확장하고 있었다.[179] 그리고 기복과 치병을 목적으로 하는 한라산의 산신山神 신앙과 바다의 해운海運을 강조하는 해양 신앙이 동학과 강증산의 후천 개벽설과 자연스럽게 뒤섞였으며,[180] 이러한 모습은 1920년 전후 제주도 종교의 한 특징이라 할 수 있다.

(3) 일제의 보천교 탄압

1910년대 제주도는 기성종교와 토착 신앙, 그리고 육지에서 건너온 신종교들이 중층 복합화 돼 있었다. 이러한 종교적 분위기 속에서 남제주 도민들은 식민지 수탈에서 벗어난 새로운 삶과 이상적 사회를 갈망하였다. 이어서, 일제의 직접적인 수탈에 놓인 남제주의 도민들은 전통을 강조하고 척양척왜를 주창하는 강증산 계통의 후천 개벽설·진인 출현설·후천선경 건설론 등의 영향을 받으면서 항일 의식을 키워나갔다.[181] 이때 한라산 중턱의 법정사를 거점으로 한 일단의 종교인들이 일제의 탄압을 받는 보천교와 협력하였다.

제주도에서의 보천교 탄압은 1918년경부터 시작되었으며, 이는 법정사 항일운동의 발발 시기와 일치한다. 일제의 보천교 탄압을 파악할 수 있는 당시 기록은 '오성태의 판결문'이다. '오성태의 판결문'은 1918년 5월부터 7월 사이의 사건을 1919년 1월 16일에 심리, 판결한 것으로, 그 일부를 소개하면 다음과 같다.

> 본 건 공소에 피고는 진도군 고군면 지수리 朴成培의 권유로 仙道敎를 신앙하게 되었다.
> 大正7年(1918) 5월 하순에 지수리의 吳維煥, 吳泰奎 등에게 "선도교주 강증산은 10년 이내

---

179) '全南道內 邪敎數와 信徒, 처벌 인원이 142인이라는 그 숫자', 《매일신보》 1921. 5. 6.
180) '陰鬱한 空氣 背後를 內査, 邪敎 摘發에 警察苦心', 《매일신보》 1938. 8. 13.; 「檢擧의 直接 동기」, 『朝光』 1938. 10, 185쪽; 이강오, 「濟州道의 新興宗敎」, 1230-1234쪽. 앞의 『朝光』은 1935년 11월 1일에 창간되던 월간 종합지로 조선일보사 출판부에서 발행하였다.
181) "제주도에는 강증산의 영향으로 후천개벽 사상이 농후하였다. 제주도에 海運이 열리고 제주도는 세계 통일의 중심지가 되고, 그래서 세계 각국이 통일되며, 造化政府를 이루고 말세의 濟世主가 나온다고 하는 소위 選民擇地說을 갖는 제주의 신종교도 있었다."(탁명환의 앞의 글, 135쪽)

에 세상에 내려와 조선의 황제가 될 것이다"라고 선언하고 "지금으로부터 7, 8년 전에 사망
하여 神仙이 되었으며 2, 3년 안에 조선이 혼란스러워지며, 선도교 신자 이외의 사람은
살해되거나 병들어 죽지만 仙道敎人은 神仙의 은택을 받게 된다. 따라서 지금이라도 선도
교 제사 비용으로 돈을 낸다면 황제에게서 관록을 받게 될 것이다"라는, 정치에 관한 불온
의 말을 하여 위의 2명을 기만하였다. 진도군에 있는 선도교 본부 납금 명의로 같은 해
6월 23일 오태규로부터 100원, 같은 해 7월 27일 오유환으로부터 40원을 갈취하였다. 생각
건대, 이에 해당하는 범죄의 증빙이 충분하지 않으므로 형사소송법 제258조, 제224조에
비추어 피고에 대해 무죄를 선고한다. 주어진 원심은 위 기소 사실에 있어 증빙이 충분하지
않다. 유죄 판결에 있어서 사실의 인정에 오류가 있어 부당하기에, 피고는 항소의 이유가
있으므로 형사소송법 제261조 제2조에 근거해 주문과 같이 판결한다.[182]

위의 판결문은 1918년 5월 하순 보천교 교인 오성태吳成泰가 강증산이 재림해 황제로
등극하게 되면 돈을 낸 이들은 모두 관직을 얻게 될 것이라는 "정치에 관한 불온한 말"을
하였다는 이유로 구속, 기소되었다는 내용이다.[183] 그런데 위의 판결문에서 자세히 살펴
봐야 할 것은 '황제'라는 용어와 '박성배'라는 인물이다. '강증산이 조선의 황제가 될 것이
다.'라는 말은 '김연일이 스스로 불무황제라 칭했다.'는 것과 같다. 즉 오성태와 김연일은
'황제 출현'과 '국권 회복'을 내세워 교금을 갹출했거나, 또는 "정치에 관한 불온한 말"을
한 혐의를 받고 있다. 단지, 오성태가 강증산을 황제라 칭했지만 김연일은 스스로를 황제
라 칭했다는 점이 다를 뿐이다.
  1918년 이전에 전라남도 진도珍島에서 제주도로 건너온 박성배는 오성태를 포교했고,
오성태는 같은 마을 사람들을 포교하다가 일제 경찰에 검거되었다. 그런데 앞의 박성배는

---

182) 제주 우면의 吳成泰 판결문, 1919. 1. 16., 대구복심법원. 앞의 판결문에 의하면, 吳成泰(25)는 보안법 위
    반 및 사기 혐의로 1918년 12월 7일 광주지방법원 제주현청에서 받은 징역 1년에 대해 항소 신청을
    하였다.
183) 강증산이 말한 '후천선경 건설'은 善한 마음으로 돌아가 모두가 道通하게 되면 그것이 바로 仙境이라는
    취지이지만, 차경석은 앞의 仙境을 '새로운 정부 수립' 또는 '새로운 국가 건설'로 해석하였다.

『보천교연혁사(상)』의 "제주도 사건"에도 나오는 인물이다.[184] 1921년 《동아일보》의 "무오년(1918) 11월에 전라남도 제주에서 그 교도들을 검거하기 시작하여 목포에까지 검거의 손이 미쳤으나 결국 모두 방면되었다."라는 기사에서 보듯, 일제는 당시 법정사 항일운동을 계기로 육지의 보천교까지 탄압하였다. 당시 육지의 보천교 탄압상을 1920년대에 방주를 지낸 이정립은 다음과 같이 기록하였다.

> (1918년 12월 28일/음력 11월 25일) …… 정오쯤 순사들이 와서 姜士成에게 부인(필자 주 : 고판례)의 계신 곳을 묻는지라, 응칠(필자 주 : 차경석의 아우)이 부인께 '반드시 禍가 있을 듯하오니, 잠깐 피하소서.'…… 얼마 아니하여 순사들이 부인과 응칠을 체포해 가니, 대저 이때 차경석의 간부 수십 명이 목포경찰서에 검거되어 모든 일을 부인에게 미루었으므로, 드디어 부인이 체포되었다.[185]

1918년 12월 제주도에서 육지로 나오다가 검거된 간부들이 모든 일을 고판례에게 미루었다는 내용이다. 이 같은 내용은 1935년에 작성되었다는 『보천교연혁사(상)』에도 언급돼 있다. 그 내용 일부를 발췌하면 다음과 같다.

> 同年(1918) 11월에 齊州敎人이 誠金을 收合하여 綿花叺에 同封하여 木浦港에 下陸하다가 警官에게 發見되어 調査한 結果에 敎金으로 判明된지라 警官이 朴鍾河를 捕捉하여 嚴重 取調하니, 朴鍾河의 口述로 因하여 方主 及 敎人 中 頭領者가 多數 逮捕되다. 此時 囚禁된 人은 朴鍾河, 車輪七, 申其燮, 蔡奎喆, 蔡善默, 宋永大, 李元有, 李基浩, 孫吉彦, 宋範奎, 李極鮮, 朴聖培, 朴善一, 曹學瑀, 金文振이라. 警官의 嚴刑拷問은 不可形言이오 其中 輪七은 더욱이 敎主의 親弟임으로 敎主의 居處를 調査함에 刑毒이 尤甚하고 蔡奎喆은 南道執理임으

---

184) 『普天敎沿革史(上)』, 6-7쪽. 법정사 항일운동으로 구속된 보천교 핵심 간부 15명 중 한 사람이 박성배이다.(『普天敎沿革史(上)』, 6-7쪽)
185) 「高判禮刑執行原簿」, 光州地方法院木浦支廳, 1919. 2. 3. ; 「車輪七刑執行原簿」, 光州地方法院木浦支廳, 1919. 2. 3. ; 『甑山敎史』, 240-241쪽. 앞의 '형집행원부'에 나타난 죄명은 보안법 위반이나 불기소 처분 등이다.

로 金錢의 用處를 照査함에 刑毒이 尤甚하고 其外 諸人에게도 陰謀有無를 調査함에 惡刑이 無數하여 幾死者屢回오 監獄四面에 鬼哭聲이 亂作한지라, 마침내 實證이 無함으로 12月 晦頃에 釋放하였으나 教主 逮捕令은 刻別嚴重하다. 金文振은 出獄後 數月에 刑毒으로 死亡하다. [186]

위의 "동년(필자 주 : 1918년) 11월"은 1918년 양력 12월이다. 12월은 법정사 항일운동에 참여한 이들이 검찰에 송치되던 때이다. 이때 보천교의 교금을 포착한 일제 경찰은 '오성태 판결문'에서도 언급된 박성배朴聖培라는 인물에 집중하였다. 이와 같은 내용은 1926년 일제의 기록인 『普天教一般』에도 자세히 언급돼 있다.

1) 전라남도 제주도 菖右面 沫源里 李燦京이라는 사람, 大正7年(1918) 11월 12일 汽船으로 實綿 및 미정제 면 19봉지를 목포로 운송하고 있었지만, 그 배 속에는 은밀하게 고액의 돈이 숨겨져 있다는 소문이 있어 당시 목포경찰서가 수사했는데, 선도교 간부 朴鐘河라는 사람이 제주도 거주의 교도로부터 전술한 것과 같은 수단 방법을 가지고 수금한 현금 12,500엔을 목포에서 받아 11월 30일 목포 출발 열차로 이동해서 井邑에 보내, 이것을 본소 재무 담당 蔡奎喆에게 교부했다는 사실이 있고, 따라서 같은 해 음력 3월 무렵에 5백 엔을, 음력 9월에는 2천 엔을, 합계 2,500엔을 똑같이 제주도 신도로부터 수금한 다음 본소 蔡奎壹에 교부했다는 사실이 발각되어, 보안법 위반 및 詐欺取財罪로서 검거되었지만 관계자인 교주 차경석은 소재 불명이기 때문에 기소 중지 처분이 내려졌다. [187]

즉 법정사 항일운동으로 인해 삼엄해진 제주도를 탈출한 보천교 교인들이 교금을 몰래 가지고 나오다가 발각되었다는 내용이다. 이는 앞의 『증산교사』나 『보천교연혁사(상)』의 관련 내용과 크게 다르지 않다. 그렇다면 이들이 가지고 나가려다가 발각된 교금教金은

---

186) 『普天教沿革史(上)』, 6-7쪽.
187) 『普天教一般』(『일제강점기 보천교의 민족운동 자료집Ⅱ』), 42-44쪽.

어떤 성격의 돈일까?

'오성태 판결문'에는 "……2, 3년 안에 조선이 혼란스러워지며 선도교 신자 이외의 사람은 살해되거나 병들어 죽지만 선도교 신자는 신선神仙의 은택을 받게 되므로, 지금부터 선도교 제사 비용으로 돈을 낸다면 황제에게서 관록을 받게 될 것이라고 정치에 관한 불온의 말을 하여……"[188]라는 내용이 있다. 즉 보천교의 교금은 새로운 나라의 황제로부터 관록을 받는 조건, 즉 미래의 관직을 담보로 한 일종의 정치 자금이다. 강증산이 황제가 되면 교금을 낸 이들은 모두 관직을 얻게 된다는 것은 일종의 후천선경 신정부 건설운동이다. 단지 후천선경 신정부 건설이라는 용어가 당시에는 드러나지 않았을 뿐이다.[189]

오성태가 관직을 조건으로 교금을 갹출한 시기는 1918년 7월경이다. 따라서 일제가 교금에 예민한 반응을 보이며 보천교를 탄압한 시기는 법정사 항일운동이 일어나기 직전이다. 『폭도사편집자료고등경찰요사暴徒史編輯資料高等警察要史』의 "일제의 보천교 탄압"이 법정사 항일운동의 원인이라고 언급한 것은 바로 이를 두고서 한 얘기이다.

정리하자면, 법정사 항일운동은 일제의 식민지 수탈이 심화하는 가운데 반일 감정이 팽배해진 제주도민을 법정사를 거점으로 한 일단의 종교인들과 일제의 탄압을 받던 보천교가 연대해 일으켰다. 이것이야말로 항일운동의 배경이자 성격이다. 그렇다면 '일단의 종교인'이란 무엇일까? '일단의 종교인'이야말로 항일운동의 주도 세력과 관련이 있기 때문이다.

2) 법정사 항일운동과 옥황상제 성덕주인玉皇上帝聖德主人

(1) 핵심 인물들의 종교적 성향

그동안 법정사 항일운동 관련 연구에서 논란이 된 부분은 항일운동의 핵심 인물 김연일

---

188) 제주 우면의 吳成泰 판결문, 1919.1.16., 대구복심법원.
189) 1910년대는 후천선경 신정부 건설운동의 시작 단계이다. '후천선경 신정부 건설' 또는 '후천선경 건설'이라는 용어가 본격적으로 세상에 드러난 것은 1920년대 초이다.

김연일 초상

의 종교적 성향이다. 김연일의 직업을 '승려'로, '법정사 주직'으로 기재된 자료는 「형사사건부刑事事件簿」(1918)이다.[190] 그러나 1년 뒤의 기록인 「수형인명부受刑人名簿」(1919)에는 김연일의 직업이 '무직'이다. 앞의 「형사사건부刑事事件簿」(1918)에 나오는 김연일의 판결 내용은 김연일이 없는 상태에서 작성된 것이다. 1920년 《매일신보》에 김연일이 1920년 3월경에 체포되었다는 내용의 기사가 있기 때문이다.[191] 『조선공론朝鮮公論』(1922)에서도 "김연일은 1921년 3월 드디어 체포되었는데 차경석은 아직도 행적이 불분명하다."고 기록돼 있기 때문이다.[192]

즉 김연일이 없는 상태에서 「형사사건부刑事事件簿」(1918)가 작성된 것이다.

김연일의 직업을 '승려'라고 기록한 「형사사건부刑事事件簿」보다는 「수형인명부受刑人名簿」의 '무직'이 더 정확하다는 주장도 있다.[193] 하지만, 「형사사건부刑事事件簿」에 기재된 김연일의 직업을 '승려'나 '법정사 주직'이라고 기록한 데는 검찰에 송치된 이들, 즉 '법정사 일용직'이나 '법정사 하남'으로 기재된 이들의 구술에서 비롯된 것이다. 그리고 「濟州島ノ治安狀況」(『思想月報』第2卷第5號)[194]이나 『暴徒史編輯資料高等警察要史』(1934)[195]에서도

---

190) 「刑事事件簿」, 1918. '법정사 주직'이란 법정사 주지를 말한다.

191) '佛務皇帝 逮捕, 목포 감옥에서 복죄', 《매일신보》 1920. 4. 12. "제주도에서 불무황제라 하고 부하 700명을 거느리고 소요한 김연일(51)은 목포지청에서 궐석 재판을 받고 징역 10년 죄로 종적이 없었던 바 3월 중에 제주도로 돌아간 것을 체포하였는데, 이번에 목포분감에서 복죄하였더라. (광주)"('佛務皇帝 逮捕, 목포 감옥에서 복죄', 《매일신보》 1920. 4. 12.)

192) 南山太郎, 「秘密結社の解剖(四)」, 『朝鮮公論』第10券10號; 通卷第115號, 1922. 10; 『일제강점기 보천교의 민족운동 자료집Ⅳ』, 178쪽.

193) 윤소영, 「훔치교, 선도교와 제주 법정사 항일운동」, 『보천교와 보천교인의 민족운동』, 도서출판선인, 2018, 46-47쪽.

194) 「濟州島ノ治安狀況」, 『思想月報』第2卷第5號, 高等檢事局事想部, 1932. 8. 15, 2-14쪽. "……합병 후에도 1918년 가을 불교도 金蓮日이라는 자가 佛務皇帝라 칭하여 도내에 있는 倭奴官吏를 박멸하고 국권을 회복하고자 仙道敎徒를 선동하였다. 都大將 이하의 隊伍軍職을 임명하고 左右中面의 각 里洞長에게 격문을 보내어 수백 명의 폭도를 모집, 火繩銃·竹槍·棍棒 등으로 무장하고 電柱 수 개를 쓰러뜨리고 전선을 절단하고, 이어 中文駐在所를 습격하여 공문서와 집기 그리고 가재도구 등을 파괴, 방화한 사례가

김연일은 '불교도' 또는 '승려'로 기록돼 있다. 앞의 『思想月報』나 『暴徒史編輯資料高等警察要史』는 1930년대 기록이지만 일제 식민 통치 기관의 기록이라는 데서 외면할 수 없다. 『暴徒史編輯資料高等警察要史』의 전문을 소개하면 다음과 같다.

3. 제주도 소요사건

수괴 김연일은 경상북도 영일군 출신으로, 4년 전 승려로 濟州島 左面 法井寺에 거주하며 항상 교도들에게 반일 사상을 고취하고 있었다. 그런데 1918년 9월 19일 음력 우란분에 법정사에 모인 교도 30명에게 "倭奴는 우리 조선을 병탄했을 뿐 아니라 병합 후에는 관리는 물론 商人에 이르기까지 우리 동포를 학대하고 있다. 근간에 佛務皇帝가 출현하여 국권을 회복할 터인데, 우선 제1로 제주도에 거주하는 일본인 관리를 죽이고 상인을 섬 밖으로 쫓아내야 한다."라고 말했다. 다음 달 10월 5일 교도 33명을 소집하고, 그는 스스로를 불무황제라 칭하여 전에 선언한 목적을 수행하려 한다 말하고, 都大將 이하 軍職을 임명하고 대오를 편성하고, 각 면의 이장에게 격문을 배포하여 동네 사람들을 이끌고 군에 따르도록 명령하였다. 그리고는 법정사에 머무르며 폭도를 지휘하여 電線을 절단하고 주재소를 습격 파괴 소각하며, 주재소원을 해치거나 길 가는 일본인을 포박 구타하여 상해를 입히는 등 2일간에 걸쳐 동네 사람 약 400명을 강제로 모아 폭동을 일으켰다. 이 사건의 원인은 仙道敎에 대한 경찰 취체가 엄중하였기 때문에 김연일은 전부터 親交가 있는 그곳 선도교 수령 박명수(필자 주: 박주석의 다른 이름)와 서로 모의한 데 있었다. 주모자는 34명으로, 그중 본도(필자 주 : 경상북도) 관계자는 다음과 같다.

記
본적: 경북 영일군(이하 미상), 수괴 김연일(48세)

있다. 이러한 종류의 반항 내지 배타적 폭동 행위는 도민의 성격으로 지금도 유전, 배양되고 있다.……"
(「濟州島ノ治安狀況」, 『思想月報』 第2卷第5號, 高等檢事局事想部, 1932.8.15, 2-14쪽)
195) 『暴徒史編輯資料高等警察要史』, 265-266쪽.

본적: 경북 영일군 창주면, 승려 정구용(40세)

본적: 경북 영일군 창주면, 승려 강민수(37세)[196]

위의 기록은 김연일을 "4년 전 승려"라고 하였다. 정구용鄭九鎔(다른 이름은 九龍 · 龜龍)과 강민수姜敏洙 역시 "승려"로 기록돼 있다. 강증산 계통의 종교인을 떠올리는 내용은 찾아볼 수 없지만 김연일은 "4년 전 승려"로, 박주석을 "선도교 수령"으로 분류한 것이다. 물론, 위의 기록은 1934년 경상북도 경찰이 작성한 경상북도에 국한한 기록이라는 한계가 있다. 그러함에도 김연일 일파와 박주석의 종교가 같다고는 볼 수 없다.[197] 단지, "김연일은 전부터 친교親交가 있는 그곳 선도교 수령 박명수와 서로 모의"했다고 하는 데서 알 수 있듯이, 김연일은 전부터 보천교와 관계를 맺고 있었음이 분명하다.

그런데 1920년대 제주의 식민 통치 기관이 작성한 『未開の寶庫 濟州島』(全羅南道濟州島廳, 1924)와 『濟州島ノ槪勢』(全羅南道濟州島廳, 1928)에는 김연일이 '보천교 교인'으로 기록돼 있다. 즉 "선도교 교도 김연일"[198]이 주모자가 되어 중문리의 경찰 주재소를 불태웠고, 그 이후에도 "독립의 목적을 달성하면 고위고관직을 수여하겠다고 말하며 관직 임명장을 주거나, 선도교를 믿으면 자손이 번영하고 온 가족 모두가 행복을 누릴 수 있다."[199]라는 말로써 도민을 선동했다는 것이다. 또한, 『濟州島ノ槪勢』에는 "1918년 10월에 선도교도 김연일이 수괴가 되어"[200] 중문주재소를 습격, 방화하였다고 돼 있다.

그렇다면 김연일의 종교적 성향은 무엇일까? 보천교 측 기록에는 김연일의 직업이 '술사術士'다.[201] 술사란 도술에 능통한 사람이다. 김연일에 대한 제주도민의 기억도 대체로 『정감록』과 '선도교仙道敎'가 회상되며, 평범한 승려가 아닌 강증산의 가르침은 물론

---

196) 『暴徒史編輯資料高等警察要史』, 265-266쪽.
197) 제주 좌면의 鄭九鎔 판결문(1923.6.29., 대구복심법원)의 "김연일 일행이 법정사에 온 바주석을 '선생'이라 하였다."는 내용은 법정사를 거점으로 한 이들과 박주석의 종교가 같지 않다는 것을 의미한다.
198) 『未開の寶庫 濟州島』, 30쪽.
199) 『未開の寶庫 濟州島』, 45쪽.
200) 『제주도 개세』, 63쪽.
201) 『甑山敎史』, 60-61쪽.

비결이나 풍수지리 등의 영향을 받은 술사로 각인돼 있다.[202] 보천교 측 기록과 제주도민의 기억은 술사이지만, 일제 측 기록은 '선도교인' 또는 '승려'이다. 필자의 판단은 김연일은 도술을 수단으로 제주도민을 조직한 승려 출신의 종교인이다. 하지만, 그가 한국불교의 승려는 아니며, 후천선경 신정부 건설운동을 전개한 김형렬이나 차경석의 아류亞流 또는 강증산 계통의 종교인이다.[203] 즉 법정사를 거점으로 한 '일단의 종교인'이란 강증산 계통의 종교인이라고 판단된다.

법정사 항일운동 참가자 가운데 김연일, 정구용, 강민수 외에 '승려' 또는 '불교인'으로 볼 수 있는 사람은 없다. 단지 몇몇 후손이 자신의 선대先代가 '승려' 또는 '불교인'이라고 주장할 뿐이다. 후손에 의해 불교인으로 분류된 이는 앞의 3인 외 방동화方東華, 장림호長林虎, 김용충金用忠, 김명돈金明敦, 김상언金商彦, 강창규姜昌奎, 최태우崔泰祐, 한윤옥韓允玉, 김삼만金三萬 등이다. 이들은 법정사 항일운동 이후에 승려가 된 경우다.

박주석 외 보천교 교인으로 분류된 이들은 조계성趙桂成, 김무석金武錫, 강봉환姜奉煥 등이다.[204] 법정사 항일운동으로 구속, 수감 된 이들 외에 항일운동을 배후에서 이끈 강상백姜祥伯 역시 그의 비문에는 '보천교 교인'으로 기록돼 있다.[205] 1926년 일제가 작성한 『普天敎一般』에서도 강상백은 '보천교 방주'로 분류돼 있다.[206] 방주는 보천교 핵심 간부를 뜻한다. 이처럼 법정사 항일운동에 가담한 이들의 종교적 성향은 기록상, 그리고

---

202) 조성윤, 「법정사 항일운동에 대한 지역 주민의 인식」, 『제주도연구』 25, 2004, 6-10쪽. 후대의 연구이기는 하지만, 조성윤은 김연일이 삭발을 했거나 불교의 승려 모습이 아니었다는 제주도민의 기억을 소개하였다. (조성윤의 앞의 글, 6-10쪽)

203) 「太乙敎徒檢擧에關한件」, 1919. 12. 26. ; 『일제강점기 보천교의 민족운동 자료집 I 』, 256-261쪽. 앞의 문서에는 "전라북도 지사 보고 요지" 및 "太乙敎徒檢擧ニ關スル件/大正8年12月26日/高警制36610號"이라 쓰여 있다. 그리고 당시 내각총리대신, 각성 대신, 경시총감, 군사령관, 양사단장, 헌병대사령관, 검사총장 등에게 발송하였다고 돼 있다.

204) 제주보훈지청의 이대수는 조계성, 김무석, 강봉환 등은 전라북도 정읍에 거주한 적이 있으며, 항일운동에 가담한 이들의 후손 상당수의 본적이 보천교 중앙본소가 있는 전라북도 정읍이었던 것을 확인할 수 있었다고 하였다. (이대수의 구술. 1995. 12. 20. 제주도 제주시 제주보훈지청에서 안후상 채록)

205) 『조선의 유사종교』, 257쪽. 姜祥伯(?-1960. 본명은 姜昇華)은 普天敎 靜宣化師였으며, 1929년 11월에 탈교해 고향인 제주도로 돌아가 水山敎를 창립하였다. 그리고 강상백의 수제자들은 檀君聖主敎와 東道法宗金剛道를 창교하였다. (이강오, 「濟州道의 新興宗敎」, 1230 · 1234쪽)

206) 『普天敎一般』(『일제강점기 보천교의 민족운동 자료집 II』), 256쪽.

구술상 보천교와 불교가 뒤섞여 있다. 그렇지만 항일운동 당시 법정사를 거점으로 한 일단의 종교인들은 당시 한국불교와 관련이 없다.

그런데 일부 연구자들은 '불무황제'가 불교적 용어라는 데서 '불교인'이 주도한 항일운동이라고 주장한다. 하지만 김연일이 한국불교의 승려였다면 '황제'라는 용어는 어색할 수밖에 없다.[207] 더불어, 우란분회盂蘭盆會를 이용해 김연일이 선동했다는 기록을 예로 들면서 불교계가 주도한 항일운동이라고 강조하지만, 백중百中을 뜻하는 우란분회 역시 강증산 계통 신종교들의 중요 행사였다는 점을 간과해서는 안 된다.[208] 그렇다면 법정사를 중심으로 한 김연일, 정구용, 강민수의 공통점은 무엇일까? 경상북도 영일군 출신이라는 점, 그리고 자신들의 종교를 불교와 연관 짓고 있다는 점이다. 그런데 강증산 계통 신종교들 역시 불교를 표방하면서 후천선경 신정부 건설운동을 전개한 사례가 있다. 그 사례 두 가지를 소개하면 다음과 같다.

첫째, 강증산의 수제자 차경석과 김형렬은 종교적 형제지간이다. 선도교仙道敎를 차경석이 주도하자 김형렬은 1914년에 차경석과 헤어져 태을교太乙敎라는 교단을 차렸다. 당시 김형렬의 태을교는 기존의 선도교에 비해 그 세가 크게 미흡하였고, 따라서 1920년경 일반의 언론이나 일제의 기록은 차경석의 교단을 대체로 태을교 또는 선도교라 칭하였다.[209] 그렇지만 1918년경 김형렬

김형렬
강증산의 수제자 김형렬은 1920년대에 '미륵불교'라는 교단을 만들어 후천선경 신정부 건설운동을 전개하였다.

---

207) 후고구려의 弓裔가 자칭 미륵불, 황제라 칭하였지만, 승려가 스스로 황제라 칭한 경우는 없다.

208) 『洋村外人事情一覽』(『일제강점기 보천교의 민족운동 자료집Ⅱ』), 118쪽; 『普天敎一般』(『일제강점기 보천교의 민족운동 자료집Ⅱ』), 205쪽.

209) "전라남도 관내에 있는 모든 敎는 大正3年(1914)경에 전라북도로부터 들어오고, 또는 태을교 혹은 선도교 혹은 흠치교라 하여 해마다 증가하는 모양 …"('전남도내 邪敎 수는 신도 처벌 인원 142인이라는 그 숫자', 《매일신보》 1921.5.6.); "태을교는 최근 항간의 무식 계급에 적지 않은 세력을 갖는 종교 단체로 吽哆敎[흠치교] 또는 普天敎라 칭한다.……"(「密第8號太其40. 太乙敎に就いて」, 『大正11年朝不逞鮮人狀

의 교단을 태을교라고 칭하기도 하였다. 일제도 1920년 이전의 김형렬의 교단과 차경석의 교단을 구분하였으며,[210] 김형렬과 차경석이 경쟁적으로 후천선경 신정부 건설운동을 전개한 사실을 언급하였다. 예컨대, 법정사 항일운동이 일어난 1918년에 전라북도 완주 完州 위봉사威鳳寺에서 태을교의 김형렬이 후천선경 신정부 건설운동을 전개하다가 일제 경찰에 검거된 사건이 있었다. 이것과 관련한 일제의 기록 일부를 소개하면 다음과 같다.

1. 발각의 단서

지난해(필자 주 : 1918년) 8월 태을교 교주 金亨烈은 태을교도와 함께 홀연히 全羅北道 全州郡 威鳳寺의 신도가 되었다. 이후 위봉사 및 위봉사 전주 포교당에 회합해 거주하였다. 한편 위봉사 주지 郭法境도 미신사교인 태을교도로서 불교에 귀의하였다. 이로써 世道 인심을 이롭게 한다고 칭해 각지에 순회 포교하면서 태을교도의 불교 귀의를 권하여 꾀하고 있었다. 김형렬과 곽법경은 불교도인 가명 아래 몰래 태을교도를 규합하여 자기의 사욕을 채우고, 또한 장래 같은 교의 단체적 세력을 이용해 불온한 계획을 세우고자 하였다. 이와 같은 사실을 탐지하여 11월 12일 검거에 착수하기에 이르렀다.

2. 피고의 이름

· 전라북도 전주군 우림면 청도리 번지 미상

  위봉사 신도 총대표(태을교주) 김형렬(58)

  ⋯⋯

· 전라북도 전주군 소양면 대흥리

  위봉사 주직 곽법경(42)

況報告』). 仙道教라는 이름을 교단에서도 사용한 듯하며, 太乙呪를 외기 때문에 세간에서는 太乙教로 통하였다. 일제 기록에도 "결국 본교는 연혁에서 이름을 흠치, 선도 또는 태을이라 칭하고, 실제로는 포교 자가 임의로 혼용하고 있다."고 돼 있다. (南山太郎, 「秘密結社の解剖(四)」,『朝鮮公論』第10券10號; 通卷 第115號, 1922.10;『일제강점기 보천교의 민족운동 자료집Ⅳ』, 178-179쪽)

210)「太乙敎徒檢擧=關スル件」, 1919.12.26.;『일제강점기 보천교의 민족운동 자료집Ⅰ』, 256-261쪽. 김형렬은 뒤에 '미륵불교'라는 이름으로 같은 지역에서 포교 활동을 하였다.

......

이상 검거 송치한 자

3. 범죄의 동기

태을교 교주 김형렬은 大正7年(1918) 8월 16일, 미리 알고 있던 전라북도 전주군 위봉사 주지 곽법경을 그 임시 거처인 경성부 黃金町 4丁目으로 방문해, 태을교는 관헌의 단속이 엄중하여 공공연하게 포교하는 일이 가능하지 못하나, 귀하는 다행히 현재 절 신도의 권유에 힘쓰고 있기 때문에 우리 교도를 표면적으로 절의 신도로서 취급을 받도록 한다면, 위봉사의 경비는 물론 승려의 수당 등도 부담을 할 것이라고 부탁하여 곽법경이 승낙하였다. 이로써 태을교도는 표면적으로 위봉사의 절의 신도가 되고, 그 가명 아래 숨어서 공공연히 위봉사, 위봉사 말사 금산사 및 위봉사 전주포교당에서 회합해 태을교를 포교하기에 이르렀다.

4. 범죄의 사실

김형렬은 위봉사 전주 포교당에서 스스로 절의 신도 총대표가 되어 곽법경을 포교사에, 기타 절의 신도 副總代 2명, 庶務員, 財務員 및 書記 각 1명을 기관에 두었다. …… 그래서 본 건 검거 당시 위봉사에 비치된 태을교에 속한 절의 신도 명부에 의하면, 약 400~500명이 등재되어 있고, 미등재된 사람도 적지 않았다.
......

(4) 곽법경은 금산사 승려 金益鉉에게 "태을교도로서 불교에 귀의한 자 현재 7,000여 명에 달하고 이후 더욱 증가할 경향이 있다. 따라서 장래 조선의 일을 이야기하고 또 이를 단행함에 모두가 단체의 세력에 기대하면 그 목적이 도달될 수 있을 것이다. …… 자신은 김형렬과 모의하여 이러한 의미에서 태을교도를 위봉사 절의 신도로 만들고, 당신도 함께 권한다면 암암리에 단체의 세력을 키워 장래 조선이 독립될 것이다"라는 계획을 풍자하였다.
......211)

위는 1919년 12월 26일 일제의 기록으로, 1918년 8월 태을교에 대한 일제의 단속이 심해짐에 따라 김형렬은 전라북도 완주 위봉사威鳳寺 주지 곽법경郭法鏡을 만나, 표면적으로 위봉사 교인이 되어 태을교 포교를 지속하기로 약속하였다는 내용이다. 심지어, 일제가 위봉사 주지 곽법경을 보천교 교인으로 분류하기도 하였다.[212] 일제의 또 다른 기록에도 김형렬이 "태을교라 칭하고 금산사에 들어가 완주 위봉사 계열의 승려들과 함께 새 정부 수립을 계획하다가 검거되었다."라는 내용이 나온다.[213] 당시 위봉사는 한국불교 31본산 가운데 하나이며 김제 금산사金山寺를 말사로 두고 있었다. 이처럼 대규모 사찰에 숨어서 태을교를 포교하였다는 사실은 법정사 항일운동을 이해하는 데 중요한 시사점이 될 수 있다.

둘째, 1930년대에 활동한 보천교계 신종교인 황극교黃極敎의 사례이다. 1930년대 일제는 전라북도 서남부에서 황극교를 탄압하였다. 황극교의 핵심 인물 은세룡殷世龍이 정해도鄭海桃가 계룡산에 출세하여 천제天祭를 지내고 한국의 왕王으로 등극하면 그때는 일제로부터 한국이 독립된다고 설파하였기 때문이다. 엄혹했던 시기에 이러한 생각이나 발설 또는 행위는 어떠한 상황을 맞게 되는지 은세룡은 익히 잘 알고 있었다. 따라서 이러한 내용이 외부로 유출될 것을 우려한 은세룡은 교인들에게 "불교佛敎 마크Mark의 패용"을 지시하였다.[214] 은세룡은 '불교인'으로 가장해 일제의 탄압을 피하고자 한 것이다.

앞의 두 사례로 보아, 법정사 항일운동 당시 법정사를 거점으로 한 이들은 일제의 탄압에서 비교적 자유로운 '불교'나 '불교인'으로 위장했을 가능성이 있다. 그렇다고 김연일과 법정사를 '불교'와 떼어 놓고 생각할 수 없다. 다만, 이들의 성향이 오늘날 제주도에서 말한 '불교계의 항일운동'과는 분명 다르다는 것이다. 이들은 '옥황상제 성덕주인'의 가호로써 먼저 제주의 왕王이 되고, 이어 계룡산을 도읍으로 삼아 신정부를 수립하겠다는

211) 「太乙敎徒檢擧ニ關スル件」, 1919. 12. 26. ; 『일제강점기 보천교의 민족운동 자료집 I 』, 256-261쪽.
212) 「太乙敎徒檢擧ニ關スル件」, 1919. 12. 26. ; 『일제강점기 보천교의 민족운동 자료집 I 』, 256-261쪽.
213) 『洋村外人事情一覽』(『일제강점기 보천교의 민족운동 자료집 II 』), 118쪽.
214) 전북 김제의 金靈植 외 9인의 판결문, 1940. 10. 30., 전주지방법원형사부; 전북 김제의 金靈植 외 9인의 판결문, 1941. 9. 29., 대구복심법원; 은희반의 구술, 2002. 10. 19.

일념으로 가득 차 있었기 때문이다.

근래 일부 연구자들이 법정사 항일운동이 '불교인'이 주도한 운동이라는 근거로 제시한 게 '정구용 판결문(1923.6.29., 대구복심법원)'이다. '정구용 판결문'은 정구용(1880-1941)이 체포된 1923년 2월 이후에 작성되었다. 게다가 판결문의 내용을 자세히 살펴보면 법정사를 거점으로 한 이들이 한국불교와 관련이 없음을 확인할 수 있다.

예컨대, '정구용 판결문'의 "법정사에 불교 신도가 많이 모였을 때 정구용은 참석자 일동에 대해 방동화와 김연일 등은 조선 전도에 불교를 널리 알리고 일본인 모두를 도외島外로 추방하여 김연일이 황제皇帝가 될 사람인데, 그는 상제上帝의 가호가 있어 탄환을 맞는 일 같은 것은 없으며, 조금도 위험하지 않으므로 가세하라."든가, "김연일이 황제皇帝가 되어 일본인을 추방하여 선정을 베풀 것인데, 김연일은 상제上帝의 가호가 있으므로 반드시 목적을 용이하게 수행할 수 있다."라든가, "제주도로부터 일본인을 추방하여 일단 제주의 왕王이 되고 그로부터 도읍을 충청남도 계룡산鷄龍山에 세울 계획"이라든가, "불무황제가 이 세상에 나타나 조선불교를 널리 포교하고 또한 조선을 잘 통치"한다든가, "옥황상제 성덕주인이 나와 조선 인민을 구제하라는 명을 받았다."라든가[215] 하는 것 등은 한국불교에서 흔히 볼 수 있는 내용들이 아니다. 오히려 이러한 내용들은 강증산 계통의 신종교에서 찾아볼 수 있다.

"김연일이 상제上帝의 가피로 일본인들을 몰아내고 제주의 황제가 되고, 이어 그는 계룡산에 도읍을 정하고 새로운 나라를 만들 것이다."라는 주장은 당시 제주도에서 확산하는 후천선경 신정부 건설운동이다.[216] 당시의 종교적 분위기에서 상제 또는 옥황상제는 '한울님'이고 한울님은 곧 강증산을 일컫는다. 천자등극설이나 황제등극설, 그리고 계룡산 도읍설 등도 당시 보천교의 신정부 건설운동에서 흔히 볼 수 있는 예언이거나 구호들이기 때문이다. 그렇다고 김연일을 보천교 교인으로 보는 것은 아니다. 다만 김연일의 이와

---

215) 제주 좌면의 鄭九鎔 판결문, 1923.6.29., 대구복심법원.
216) 1910년대 후천선경 신정부 건설론은 죽은 姜甑山의 생환이나 姜甑山의 황제등극설로 나타난다. ('皇帝位 에 登極하면, 각 대신 관찰사 군수 같은 것은 전부 태을교 신도를 등용', 《매일신보》 1921.7.22)

같은 주장들은 당시 제주도의 혼합종교(Syncretism)에서 비롯된 것일 수 있다는 점이다.

그런데 '정구용 판결문' 뿐만 아니라 법정사 항일운동의 핵심 인물 강창규姜昌奎도 '옥황상제 성덕주인'을 내세워 제주도민을 조직하였다는 기록이 있다.[217] 김연일 외 강창규도 내세운 '옥황상제'는 도교나 불교에서 볼 수 있는 신앙 대상이자 용어이다. 그렇지만 당시 민중의 종교적 정서는 강증산을 옥황상제 또는 상제와 동일시한다.[218] 물론, 사회 일반이나 동학에서도 '상제'라는 용어를 쓰지 않은 것은 아니지만, 당시 종교적 분위기에서는 상제와 강증산을 연결하는 게 더 자연스럽다고 할 수 있다. 참고로, 1950년대 김봉남의 제자 부경순夫景順이 제주도에서 '천지대안교天地大安教'를 창립할 당시 자칭 옥황상제라 하였다. 당시 옥황상제는 신종교를 창시하는 과정에서 자주 표방되는 신앙 대상이자 용어였다. 문제는 '성덕주인聖德主人'이다. 성덕주인의 실체를 추론할 수 있는 몇 가지 사례를 소개하면 다음과 같다.

첫째, 성덕주인의 '성덕聖德'이 동학 계통의 신종교인 수운교水雲教의 '성인지덕화聖人之德化'의 줄임말일 가능성이 있다. 성덕聖德이란 "성인은 자기 본래의 성품을 잃지 않고 세상 사람을 오로지 덕으로써 가르쳐 주는 유형有形한 한울님"이다.[219] '성덕이 곧 한울님'이라고 주장한 수운교를 김연일이 규합하였다는 기록이 있기에, 더욱 그러하다.[220]

---

217) "…이번 옥황상제 성덕주인이 출세하여 조선 백성을 구할 터인즉 同月 3일 오전 4시에 리·구민을 인솔하여 좌면 河源里에 집합하여, 그러한 후 우리들은 먼저 관영으로 가서 관리를 체포한 후 독립을 계획할 터인데, 만일 이 명령에 좇지 아니하는 때에는 군법에 처하겠다는 격문을 보낸 후, 그들이 일단 총과 몽둥이를 휴대하고…."('自稱 皇帝 姜昌奎, 濟州島에 潛伏 中 遂 逮捕,《매일신보》1923. 2. 18)

218) '開眼法과 貫通法으로 人民을 勸導하는 훔치敎徒의 檢擧. 오는 7월에는 옥황상제가 강림하여 괴질로써 조선에 있는 일본인들을 모두 물리치고 교도로서 신정부를 조직한다고',《조선일보》1921. 6. 6. ; '玉皇上帝께 祈禱次로, 돈을 바쳐서…',《매일신보》1921. 10. 1.

219) '聖人之德化'의 줄임말인 '聖德'은 동학 2대 교주 최시형의 언행록으로, 동학교인에게는 고금을 막론하고 중요시하는 語句이다. '聖德'이란 "성인은 자기 본래의 성품을 잃지 않고 세상 사람을 오로지 덕으로써 가르쳐 주는 유형한 한울님"이라는 뜻이 있다. (이우원의 구술. 72세, 천도교 선도사, 2021. 8. 27. 이우원의 자택에서 안후상 채록) 참고로, "자신의 능력에 맞게 하느님 사랑의 도구가 되어 하느님 나라와 그 신비체를 건설하는 데 봉사하게 하는 덕행"이란 뜻의 '聖德'은 천주교에서 쓰는 용어이다. (한국가톨릭대사전 편찬위원회,『한국가톨릭대사전』, 재단법인 한국교회사연구소, 2004) 천주교에서 쓰던 용어 '聖德'이 한국의 신종교에 전이됐을 가능성도 없지는 않다. 1900년대에 강증산은 제자들에게『신약전서』를 구해오라고 하여 이를 소각했다는 사실이 있기 때문이다. (『甑山天師公事記』, 14-15쪽)

…… 원래 濟州島는 迷信 邪敎가 많은 곳으로, 大正2年(1913)경부터 姜甑山을 교조로 하는 普天敎, 彌勒敎, 東華敎, 大世敎와 崔濟愚를 교조로 하는 동학계의 水雲敎 등이 들어와서, 大正8年(1919) 김연일이란 자가 그들 사교도를 규합해서 자칭 불무○○라 하는 제주도 대정면 산방산에서 ○○식을 거행한 후, 약 300명의 민중을 선동하여 중문경찰관 주재소를 습격하고 불을 질러 태워버린 사건이 발생하는 등 그들 사교도는 여전히 불온한 행위를 반복하고 있음으로, 명랑성이 없고 음험한 공기가 떠도는 것은 반드시 민중의 배우에 어떠한 사교가 또 잠재하여 있다는 결론에 도달하게 되어, 극비밀리 내사한 결과 한라산을 근거지로 하고 도민의 순진성과 신앙심을 교묘히 이용하여 혹세무민하는 강승태를 교조로 한 사교가 발호하고 있는 사실이 판명되어……²²¹⁾

위에서 주목해야 할 것은 보천교·미륵교·동화교·대세교와 수운교 등을 김연일이 규합해 불무황제라 칭하고 등극식을 거행하였다는 대목이다. 1913년경부터 수운교가 제주도에서 활동했으며, 외형상 불교의 사찰과 같아서 제주도민은 수운교를 '절'이라고 불렀다는 관련 보고서도 있다.²²²⁾ 위의 기록으로 보면, 보천교·수운교와 김연일은 육지에서 제주도로 들어온 한국의 신종교 세력이다.

둘째, 제주도 출신 김봉남金奉南의 제자들이 여러 교단을 설립하였는데 그중 한 사람이 제주 출신 부경순이고, 다른 한 사람은 경상남도 김해 출신의 김옥제金沃載다. 김옥제는 뒤에 '성덕도聖德道'라는 교단을 만들었다. 고향인 제주도에서 동학, 보천교, 불교 등을 두루 경험한 김봉남(1898-1950)은 주로 경상남도에서 '통령通靈'이라는 행위를 통해서 민중

---

220) '陰鬱한 空氣 背後를 內査, 邪敎 摘發에 警察苦心', 《매일신보》 1938.8.13.
221) '陰鬱한 空氣 背後를 內査, 邪敎 摘發에 警察苦心', 《매일신보》 1938.8.13. 위의 '불무○○'는 '불무황제'이며, '산방산에서 ○○식'은 '산방산에서 등극식'을 뜻한다.
222) 탁명환, 「제주도의 新興宗敎에 對한 小考」, 『한국문화인류학』 6, 한국문화인류학회, 1973, 134쪽; 이강오, 「濟州道의 新興宗敎」, 1231쪽. 이강오는 「濟州道의 新興宗敎」 '序頭'에서 1971년부터 1973년까지 약 1개월 이상 제주도 현지에서 기초조사 및 보충 조사를 하였다고 하였다. 金沃載(1913-1960)는 보천교를 신앙하면서 한때 전라북도 정읍의 보천교 중앙본소에서 거주한 적이 있으며, 김봉남을 만나면서 주로 경상도 지역에서 신행 활동을 하였다. (김홍철·유병덕·양은용, 『한국신종교실태조사보고서』, 원광대종교문제연구소, 1997, 295-299쪽)

을 끌어모았고, 모인 이들을 물법교, 찬물교, 타불교 등이라고 불렀다. '나무아미타불'이라는 주문을 외고 '찬물'로 사람의 병을 치료하는 이적을 발휘하던 김봉남이 사망하자, 그의 제자 김옥재가 1952년 경상북도 대구에서 유교의 대성大聖·불교의 대덕大德·선도의 대도大道를 합일한 '성덕도'를 창립하였다.[223] 따라서 1918년경 김봉남이 법정사를 거점으로 한 일단의 종교인들로부터 어떤 영향을 받았을 가능성을 상정해 볼 수 있다. '정구용 판결문'에서 법정사를 찾은 박주석에게 김연일이 제주도의 일본인을 모두 몰아내고 육지에 나가 '불교'를 널리 알리고 싶은바 도와달라고 했다는 내용이 나온다.[224] 어쩌면, 김연일이 언급한 '불교'가 김봉남의 '타불교'와 연결지을 수도 있다.

셋째, 앞의 첫째와 둘째의 사례에서 주목할 내용은 성덕주인과 옥황상제이다. '성덕주인'과 '옥황상제'라는 용어가 일제의 각종 기록에는 개별로 표기된 적이 없다는 데서 옥황상제가 성덕주인이고 성덕주인이 옥황상제라 할 수 있다. 한라산 법정사를 거점으로 한 이들의 신앙 대상은 옥황상제 성덕주인이다. 김연일이 강증산 계통의 보천교, 대세교, 그리고 동학 계통의 수운교 등을 규합해 법정사 항일운동을 일으켰다는 당시 기록[225]과 결부시켜서 바라본다면, 옥황상제 성덕주인은 당시 제주도의 종교적 특징인 혼합종교 (Syncretism)의 모습일 가능성도 있다.[226]

---

223) 『韓國의 宗教』, 문화공보부, 1989, 413쪽; 이강오, 「濟州道의 新興宗教」, 1131쪽·1239-1250쪽; 김홍철·유병덕·양은용, 『한국신종교실태조사보고서』, 원광대종교문제연구소, 1997, 295-299쪽; 노강기, 「聖德道의 經典」, 『신종교연구』 17, 2007, 42-45쪽. '성덕도유지재단'은 현재 대구시 중구 인교동 44번지에 자리하고 있으며, 경북 영천의 성운대학교를 운영하고 있다.
224) 제주 좌면의 鄭九鎔 판결문, 1923. 6. 29. 대구복심법원.
225) '陰鬱한 空氣 背後를 內査, 邪教 摘發에 警察苦心', 《매일신보》 1938. 8. 13.
226) 탁명환, 「제주도의 新興宗教에 對한 小考」 『한국문화인류학』 6, 한국문화인류학회, 1973, 134쪽; 이강오, 「濟州道의 新興宗教」, 1231-1232쪽. "제주도 종교의 일반적 특성은 혼합종교(Syncretism)의 특징이 짙다는 것이다. …… 제주도에서는 불교사찰은 말할 것도 없지만 찬물교계의 교당이나 수운교의 교당을 '절'이란 명칭으로 불린다. 그러나 이들 교단의 神壇을 보면, 대부분의 경우 자기의 신앙 대상 외에 여러 무속신을 섬기고 있는 것이 특징이다. 특히 이 지역의 토속신인 한라산 신령들을 많이 섬긴다. 둘째, 증산교의 영향을 많이 받고 있다는 점이다. …… 증산교의 영향을 많이 받아 후천개벽운도설을 대부분 믿고 있다. 셋째, 제주도에 海運이 열리게 된다고 믿는다. …… 말세의 구세주가 바로 이곳 제주도에 나온다고 믿는 소위 選民擇地設을 주장한다."(이강오의 앞의 글, 1231-1232쪽)

(2) 법정사 항일운동의 주도 세력

앞에서는 법정사 항일운동을 이끈 인물들의 종교적 성향을 검토하였다. 이번에는 항일운동의 주도 세력을 검토해 보겠다. 과연 누가 어떤 목적으로 항일운동을 준비하고 실행하였는가를 밝히는 문제는 항일운동의 성격 규정과 관련이 있기 때문이다. 물론, 항일운동의 기본적인 성격 규정은 이미 앞에서 언급하였다. 예컨대, 일제의 식민지 수탈에 따른 제주도민의 반일 감정이 팽배해 있는 상태에서 보천교가 후천선경 신정부 건설 운동을 확산시켰으며, 일제가 이러한 보천교를 탄압하는 가운데 법정사를 거점으로 하는 강증산 계통의 종교인들이 보천교를 끌어들였다. 그렇지만, 아직도 항일운동의 주도 세력의 문제는 연구자들 간에 분분하다.

그동안에 법정사 항일운동을 바라보는 주체에 따라서 항일운동의 성격은 달랐다. 대표적인 게 제주 불교계의 시각이다. 제주 불교계는 일부 기록과 구술을 근거로 항일운동의 주도 세력을 불교계로 단정하였다.[227] 제주도濟州道는 이러한 주장을 기반으로 법정사 항일운동을 불교계가 주도한 운동이라고 규정하였다. 이와 같은 연구는 항일운동의 핵심 인물 다수가 불교계 인사들이며, 항일운동을 준비한 곳도 불교계 사찰이라는 이유를 들었다. 과연 그럴까?

법정사 항일운동의 주체가 종교계였다면 해당 종교계의 관련 기록이 남아 있어야 할 것이다. 더욱이 '사찰령'과 '포교 규칙' 등에 따라 법정사나 김연일과 관련한 정보가 조금이라도 남아 있어야 했다. 그런데 항일운동과 관련한 보천교 측 기록은 있지만 한국 불교계의 기록은 찾아볼 수 없다.[228] "불무황제가 출현해 국권을 회복할 것이다."라는 항일운동의 취지와 목적은 강증산 계통 미륵불교의 "강증산이 재림하게 되면 조선은 독립하게 되고 자신(필자 주 : 김형렬)은 재상이 될 것이다."[229]와 같은 맥락이다. 따라서 김연일은

---

227) 김광식, 「법정사 항일운동의 재인식」, 『한국독립운동사연구』 25, 2005; 한금순, 「1918년 제주법정사 항일운동의 성격」, 『대각사상』 9, 대각사상연구원, 2006; 한금순, 「1918년 제주 법정사 항일운동에 대한 새로운 인식」, 『정토학연구』 10, 한국정토학회, 2007.

228) 1915년 8월 16일 조선총독부령으로 공포된 '포교 규칙'은 종교의 포교 방법, 포교 관리자, 포교 관리사무소 등에 관한 모든 사항을 조선 총독의 인가를 받도록 했다.(《朝鮮總督府官報》 1915. 8. 16)

229) 「太乙敎徒檢擧ニ關スル件」, 1919. 12. 26.; 『일제강점기 보천교의 민족운동 자료집Ⅰ』, 260-261쪽.

'불교'를 표방하였지만 보천교의 후천선경 신정부 건설운동과 흡사한 방식으로 민중을 조직하였다. 이것으로 보아, 김연일은 강증산 계통의 종교인으로 보아야 할 것이다.

일부 연구자들이 불교계가 주도한 항일운동으로 바라보는 근거는 『思想月報』(1932)와 『暴徒史編輯資料高等警察要史』(1934)이다.[230] 하지만, 앞의 기록들은 "…… 이 사건의 원인은 선도교에 대한 경찰 취체가 엄중하였기 때문에 김연일은 전부터 친교가 있는 그곳 선도교 수령 박명수와 서로 모의한 데 있었다."[231] 라며, 김연일과 보천교가 연대하였음을 언급하였다. 조선총독부 '고등검사국사상부'에서 발간한 『思想月報』(1932)의 다음 내용도 이것과 다르지 않다.

> …… 합병 후에도 1918년 가을 불교도 金蓮日이라는 자가 佛務皇帝라 칭하여 島內에 있는 倭奴官吏를 박멸하고 국권을 회복하고자 仙道教徒를 선동하였다. 都大將 이하의 隊伍軍職을 임명하고 左右 中面의 각 里洞長에게 격문을 보내어 수백 명의 폭도를 모집, 火繩銃·竹槍·棍棒 등으로 무장하고 電柱 수 개를 쓰러뜨리고 전선을 절단하고, 이어 中文 駐在所를 습격하여 공문서와 집기 그리고 가재도구 등을 파괴, 방화한 사례가 있다. 이러한 종류의 반항 내지 배타적 폭동 행위는 도민의 성격으로, 지금도 유전, 배양되고 있다. ……[232]

즉 불무황제라 칭한 김연일이 국권 회복과 일제 관리를 박멸하기 위해 보천교 교인을 선동했다는 내용이다. 위의 기록은 '불교인'이 법정사 항일운동을 주도했다는 근거로 가장 많이 제시되지만, 그 맥락은 '불교인'과 보천교가 연대하였음을 의미한다. 그런데 최근에 법정사 항일운동 관련 일본 육군성陸軍省 기록이 발굴되었다. 『思想月報』와 『暴徒史編輯資料高等警察要史』가 1932년과 1934년의 기록이라면, 아래 육군성 기록은 1920년에 생성되었다.

---

230) '濟州島の治安狀況', 『思想月報』 第2券第5號, 高等檢事局事想部, 1932.8.15., 6-14쪽; 『暴徒史編輯資料高等警察要史』, 265-266쪽.
231) 『暴徒史編輯資料高等警察要史』, 265-266쪽.
232) 「濟州島の治安狀況」, 『思想月報』 第2券第5號, 高等檢事局事想部, 1932.8.15, 6-14쪽.

차경석은 김형렬에 대항하여 仙道敎라는 일 분파를 창설하고 각지에 전전하여 신도를 모집했다. 大正7年(1918) 國權回復이라는 미명 하에 차경석 및 경상북도 영일군 출신 김연일이 서로 모의하여, 同年 9월 19일 盂蘭盆會에 전라북도 제주도 법정사에 교도 약 30명을 소집하여 倭奴는 우리 조선을 병합했을 뿐 아니라 병합 후는 관리는 물론 상민에 이르기까지 우리 동포를 학대하고 가혹하게 대우하였다. 실로 倭奴는 우리 조선 민족의 원수이다. 조만간 佛務皇帝가 출현하여 국권을 회복할 것이니 교도는 우선 첫 번째로 島內에 거주하는 내지인 관리를 살육하고 그 후에 商民을 島外로 구축하지 않으면 안 된다고 설파하였다. …… 그리하여 그때 폭도 38명은 검거하였지만 차경석과 김연일 등 간부는 신도에게 거둔 수만 원을 갖고 소재를 감추어, 지금 역시 행방불명이다. 이상.[233]

위의 기록에서 주어 격인 차경석과 김연일이 "왜노倭奴는 우리 조선 민족의 원수"라고 인식하였다는 점이다. 즉 차경석의 보천교가 국권 회복이라는 명분으로 경상북도 영일군 출신 김연일과 모의하였다고 돼 있으며, 차경석과 김연일을 보천교 교인으로 파악한 것이다. 그렇지만 위의 기록에는 '불교'나 '불교도'는 보이지 않는다. 이는 광복 직후 제주도 향토지의 인식과 크게 다르지 않다. 제주도 향토지는 법정사 항일운동을 민족운동으로 규정했지만 주도 세력인 보천교를 부정적으로 인식하였다. 보천교를 부정적으로 인식하게 된 계기를 간략히 소개하면 다음과 같다.

법정사 항일운동 이후에도 보천교계 신종교들이 제주도에서 득세하였다. 앞에서 언급하였지만, 대표적인 게 김봉남金奉南 계통의 무극대도無極大道이다.[234] 성덕도聖德道라는

---

233) 「太乙敎布敎に關する件」, 1920.6.10. "高警第17263號" 및 "密第102號基975"라 표기된 앞의 문서는 日本陸軍省의 『朝鮮事件(1919-1920)』에 수록돼 있다. 당시 조선총독부 경무국 고등경찰과에서 작성하여 일본 내각 총리대신 이하 각성 대신, 경시총감, 검사총장, 조선군사령관, 헌병사령관 등에게 발송한 문서이다. (『일제강점기 보천교의 민족운동 자료집 I 』, 262쪽; 윤소영, 「훔치교, 선도교와 제주 법정사 항일운동」, 『보천교와 보천교인의 민족운동』, 도서출판선인, 2018, 47-48쪽)

234) 金奉南은 보천교의 조직운동에 가담했다가 독자적인 활동을 하였고, 姜昇泰는 보천교 및 김봉남의 '찬물교'를 신앙하다가 無極大道를 창립하였다. 따라서 제주의 무극대도를 '김봉남 계통' 또는 '보천교 계통'의 신종교라 표기하겠다.

신종교의 교조敎祖이기도 한 김봉남은 북제주군 구좌면 연평리 속칭 소섬〔牛島〕에서 출생하였다. 김봉남은 1920년에 보천교 활동을 하였으며, 1937년에는 소위 '찬물교' 또는 '타불교'라는 이름의 교단을 설립하였다. 찬물교에서 수많은 교파가 갈라졌는데, 그 가운데 하나인 '용화사龍華寺'를 속칭 '타불교'라 하였다. '아미타불'을 주송했기 때문에 '타불교'라 한 것이다. '용화사'를 세운 이는 김봉남과 동향인 윤유선尹有善이다. 윤유선의 부친 윤명수尹明洙와 김봉남의 부친은 보천교에서 함께 활동하였다. 윤유선이 사망하자 그녀의 아들 권명환權明煥은 교인들을 이끌고 대한불교 태고종에 가입하였다.[235] 이처럼 제주도의 종교인들은 근래까지도 이교단 저교단을 넘나들었다.

한때, 보천교에서 활동한 강승태姜昇泰(1895-1960)는 김봉남의 영향을 받아 무극대도無極大道라는 교단을 창설하였다.[236] 무극대도에서 파생된 제주도의 신종교는 단군성주교檀君聖主教를 비롯하여 수산교水山教, 태극도太極道, 동도법종금강도東道法宗金剛道 등이다.[237] 1930년대 말 무극대도를 해체하는 과정에서 일제는 무극대도를 '괴뢰 집단화'와 '일탈화'를 꾀하였다. 일제가 무극대도에 적용한 죄명은 치안유지법과 보안법, 그리고 총포화약취체령 시행규칙 등이다. 이 외에도 '사기 및 강간치상죄' 등을 적용하였는데, 대외적으로 알려진 죄명이 '사기 및 강간치상죄'였다.[238] 이처럼 제주도민의 보천교에 대한 부정적 기억은 1930년대 말 '무극대도교 탄압 사건'과 중첩됐을 가능성이 있다.[239]

어쨌든, 일제의 다양한 기록들은 ⅰ)법정사 항일운동의 주도 세력을 차경석의 보천교로, ⅱ)일제의 보천교 탄압을 항일운동의 원인으로, ⅲ)차경석의 선도교가 김연일과 모의해 일으킨 항일운동으로 일관되게 언급하였다.[240] 이 밖의 당시 신문이나 잡지도 이것과

---

235) 이강오, 「濟州道의 新興宗教」, 1238-1239쪽; 이강오, 「제주도 檀君聖主教 현장조사 연구」, 『한국종교』 39, 원광대학교 종교문제연구소, 2016, 6-11쪽. 보천교인 姜昇泰에서 시작된 신종교는 檀君聖主教를 비롯하여 水山教, 太極道, 東道法宗金剛道 등이다.

236) '漢拏山을 根據地로 銃後에 暗約한 邪教 不敬罪, 陸海軍刑法, 保安法 違反 等으로 逸局된 無極大道教事件 全貌', 《매일신보》 1938. 8. 13.; '無極大道教 關係者 20명 起訴決定', 《매일신보》 1938. 8. 25.

237) 「제주도 檀君聖主教 현장조사 연구」, 『한국종교』 39, 원광대종교문제연구소, 2016, 6-11쪽.

238) 제주 중문의 姜昇泰 외 19인 판결문, 1940. 12. 4., 광주지방법원형사부.

239) 조성윤, 「법정사 항일운동에 대한 지역 주민의 인식」, 『제주도연구』 25, 2004, 4쪽·16쪽.

240) 南山太郎, 「秘密結社의 解剖(四)」, 『朝鮮公論』 第10券10號; 通卷第115號, 1922. 10.; 『일제강점기 보천교의

다르지 않다. 그 일부를 발췌하면 다음과 같다.

…… 원래 선도교는 지금으로부터 4년 전(필자 주 : 1918년)에 제주도 義兵 事件의 수령인 全羅北道 井邑面 大興里 車京錫을 교주로 삼아 은밀히 국권 회복을 도모하되, 교도가 5만 5천여 명에 달하면 일제히 독립운동을 일으키고자 하는 일종의 배일 단체로서, 주모자는 조선 전국에 돌아다니며 교도 모집에 분주하되, …… 금년(필자 주 : 1921년) 음력 7월경에는 조선 전국에 일제히 독립운동을 일으키어 지금으로부터 3년 후(필자 주 : 1924년)인 3월 15일에 교주 차경석은 조선의 임금이 될 터인데, 그때 교도는 모두 고관대작이 되어 행복스러운 생활을 할 수 있다는 것을 미신 하는 중이라. 교주 차경석의 가족은 현재 제주도에서 상당한 생활을 하는데, 동 인은 제주도 폭동 사건이 있은 뒤에 어디로 갔는지도 모른, 종적을 알 수 없는데, 동 지방 교도의 말을 듣건대 교주는 神仙이 되어 어디로 갔다가 선도교 祈禱日에는 집에 돌아오나 사람의 눈에는 보이지 아니하며, 기타 동 단체의 수령도 모두 어디로 갔는지 알 수 없다고 한다더라.[241]

…… 大正5, 6年(1916, 1917)경에 선도교는 제주도에서, 태을교·흠치교는 珍島, 智島 등의 각 섬 방면에 현저히 증가한바, 이보다 위○도 당국은 그 박멸의 방침을 한 결과 종식되었는데, 大正7年(1918) 가을에 濟州島의 仙道敎徒는 국권 회복을 방하고 어리석은 사람들을 선동하여 난을 일으키고 그○을 중문리 주재소를 습격하여 불을 놓고, 전신을 절단한 사건이 있었는데, 당시 준열한 처분을 ○아, 도내의 취체를 려○한 결과 노내 일반에 병식한

민족운동 자료집Ⅳ』, 178쪽; 『洋村外人事情一覽』(『일제강점기 보천교의 민족운동 자료집Ⅱ』), 118쪽.
241) '仙道를 標榜하는 秘密團體大檢擧. 선도교도 100여 명 元山署에 검거되어 방금 취조하는 중', 《동아일보》 1921. 4. 26. 앞의 신문은 1921년 4월 26일에 발간되었다. 따라서 "지금으로부터 4년 전"은 "1917년"이지만 이는 "1918년"으로 보아야 한다. 그리고 뒤의 "지금으로부터 3년 후" 역시 "1924년"으로 보아야 한다. 1924년은 갑자년으로, 당시 보천교의 甲子登極說에 해당되는 연도이기 때문이다. 앞의 내용과 비슷한 신문 기사는 또 있다. '太乙敎 頭目 蔡善黙 및 平南正理長 金奎堂 두 명 檢擧, 「오는 乙丑年에는 朝鮮이 獨立된다」는 등 虛荒한 말을 한 자 2명', 《동아일보》 1921. 04. 30.; '獨立堂의 단체로 官憲의 嚴重, 종적 잃은 차경석', 《동아일보》 1922. 2. 24.

모양인데, 大正9年(1920) 가을부터 다시 머리를 드는 모양이 있어서 목하 엄중히 취체 중인데, 경찰부에서 발표한 大正10年(1921) 일원에 현재 邪敎 결사의 판명한 신도 수와 또 신청 신도 수와 처벌 인원은 이래와 같더라. (광주)

◇判明된 信徒數◇

仙道敎 1,291인 중 여자 146인, 太乙敎 295인 중 여자 11인, 吽哆敎 73인 중 여자 8인 계 1,659인 바, 처벌 인원은 163인 중 여자가 13인이라. 그런데 예방이 있는 신도 수효는 선도교에 3,578인이오, 태을교에 506인이오, 훔치교에 170인 합계 4,256인에 달하였더라. [242]

위의 기사들은 하나같이 법정사 항일운동을 보천교가 일으킨 항일운동으로 설명하였다. 이는 당시 잡지 『개벽開闢』(38)의 「암영暗影 중中에 묻혀있는 보천교普天敎의 진상眞相」(1923.8.1)의 내용과도 다르지 않다. 당시 천도교에서도 법정사 항일운동을 보천교가 일으킨 사건으로 인식하였다는 것인데, 당시 잡지 『조광朝光』도 앞의 신문이나 잡지와 같은 내용을 게재하였다. 그 일부를 소개하면 다음과 같다.

제주도는 원래가 미신 사교가 많은 곳으로 大正2年(1913)경부터 姜甑山을 敎祖로 한 普天敎·彌勒敎·東華敎, 大世敎와 최제우를 교조로 한 東學系의 水雲敎 등이 들어와서, 大正8年(1919)에 金蓮日이란 자가 그들 사교도를 규합하여가지고 자칭 佛武皇帝라 하는 濟州道 大靜面 山房山에서 登極式을 거행한 후, 약 3백 명의 민중을 선동하여 중문경찰관 주재소를 습격하고, 불을 질러 태워버린 사건이 발생하는 등 그들 사교도는 여전히 불온한 행위를 반복하고 있으므로 ......[243]

---

242) '全南道內 邪敎數와 信徒, 처벌 인원이 142인이라는 그 숫자', 《매일신보》 1921.5.6.
243) 「檢擧의 直接 動機」, 『朝光』 1938.10, 185쪽.

즉 김연일이 황제등극식皇帝登極式을 치르고, 제주도에 들어 온 보천교 등 "사교도邪教徒를 규합"해 경찰 주재소를 습격하고 불을 질렀다는 내용이다. 당시 김연일의 황제등극설은 보천교의 갑자등극설甲子登極說이나 기사등극설己巳登極說과도 같으며, 1940년 보천교계 신종교인 제주 무극대도의 경진등극설庚辰登極說과도 같다. 1940년 경진등극설 관련한 내용 일부를 발췌하면 다음과 같다.

> 오는 1940년 庚辰年 庚辰月 庚辰日 庚辰時에 제주도 남방 紫霞島로부터 정도령 眞人이 나타나 부하 군대 1천 수백 명을 인솔하여 붉은 배 붉은 기를 단 太乙船을 타고 제주도 중문면 대포리에 상륙하여 교주 姜承泰와 협의하고, 충청남도 鷄龍山으로 가서 朝鮮을 獨立시켜 天子로서 登極하면 세계를 72개국으로 나누어 전 세계를 지배하는데, 그때면 각국의 王들은 물론 日本의 昭和皇帝도 1940년을 끝으로 廢帝되고 1개 王侯로 鄭天子에 朝貢하게 되고, 우리 無極大道教는 國教가 되어, 교도는 그 열의에 의하여 성인과 양반으로 후천 5만 년 永樂을 받을 것이고, ……[244]

위의 내용은 사경진등극설四庚辰登極說이며, 이러한 등극설은 보천교계 신종교들에서 자주 볼 수 있다. 즉 1918년의 김연일이나 1920년대 보천교, 그리고 1930, 40년대의 무극대도 등은 각종 등극설登極說로써 민중을 조직하였다. "金蓮日이란 자가 그들 사교도를 규합"[245] 했다는 것, 그리고 김연일이 등극설을 주장했다는 것 등은 김연일과 보천교의 성향이 가깝다는 것을 의미한다. 물론, 이 둘이 한통속이라고는 생각하지 않는다. 어쨌든, 1920년대 제주도의 식민 통치 기관이 작성한 『未開の寶庫 濟州島』(1924)와 『齊州ノ槪勢』(1928)에서도 법정사 항일운동의 주도 세력이 '보천교'로 돼 있다.[246] 이것과 관련한 『未開の寶庫 濟州島』의 일부 내용을 소개하면 다음과 같다.

---

244) 제주 제주읍의 金景軾 판결문, 1940. 10. 31., 광주지방법원형사부.
245) 「檢擧의 直接 動機」, 『朝光』 1938. 10, 185쪽.
246) 『未開の寶庫 濟州島』, 30쪽, 45쪽 ; 『제주도 개세』, 63쪽.

官廳 章

大正7年(1918) 仙道敎 교도 金蓮日이 주모자가 되어 마을 주민 수백 명을 이끌고 左面 中文
里 駐在所를 습격하고 불을 질러 태워버렸다. 주재했던 경찰관은 일시 피난했지만, 도와주
러 온 경찰관의 협조로 暴民을 진압했다.[247]

宗敎 章

大正2年(1913) 경상북도 사람 金蓮日이라는 자가 본섬(필자 주 : 제주도)에 와서 교도를 모으
는 것에 애를 썼다. 그가 선언하는 것이 國權回復인데, 그 정당성으로 봤을 때 한 소동을
일으켜야 했었다. 즉 大正7年(1918) 10월 左面 中文里 警察官 駐在所를 마을 주민 수백
명을 이끌어서 습격하고 불을 질렀지만, 응원 경찰관이 급하게 와서 暴民을 해산하였다.
그러함에도 불구하고 그 후에도 獨立의 목적을 달성하면 高位高官을 수여하겠다고 말하며
관직 임명장을 내리거나, 仙道敎를 믿으면 자손이 번영하고 온 가족 모두가 행복을 누릴
수 있다는 달콤한 말로 장난을 치고, 어리석은 백성을 속여 金銀 財産을 착취하는 것을
일로 했다. 본도(필자 주 : 제주도) 경찰서에서도 10여 번에 걸쳐 敎徒를 검거했지만 그들은
비밀리에 법을 교묘하게 빠져나가므로 모든 교도의 전멸을 꾀하기까지에는 이르지 못하기
때문에, 어리석은 사람 중 모든 재산을 빼앗기고 무일푼이 된 사람이 많이 있다.[248]

위에서 주어 격인 김연일이 중문주재소의 습격을 주도하였다고 돼 있다. 김연일이
감형돼 석방된 해가 1923년경이며, 1924년에 발간된『未開の寶庫 濟州島』에는 김연일이
분명 보천교 교인으로 나와 있다. 『暴徒史編輯資料高等警察要史』에도 "수괴 김연일은
경상북도 영일군 출신으로, 4년 전 승려로 제주도濟州島 좌면 법정사에 거주하며, 항상
교도들에게 반일 사상을 고취하고 있었다."라고 돼 있다.[249] 법정사에 들어오기 4년 전에

---

247)『未開の寶庫 濟州島』, 30쪽.
248)『未開の寶庫 濟州島』, 44-45쪽.
249)『暴徒史編輯資料高等警察要史』, 265-266쪽.

는 승려였지만 법정사에 들어와서는 승려가 아닐 수 있다는 의미이기도 하다. 그리고 한국이 독립하게 되면 고위 관직을 얻게 될 것이라는 포교 방법은 보천교의 후천선경 신정부 건설운동이다. 즉 감옥에 있는 김연일이 포교했다는 것이 아니라, 김연일이 속한 보천교가 한국의 독립을 추구했다는 뜻이다.

1921년의 《매일신보》[250]와 1938년의 《매일신보》[251], 그리고 1938년의 잡지『조광』[252]도 대체로 1913년경 또는 1914년경에 보천교, 미륵교, 동화교, 대세교, 수운교, 그리고 김연일 등이 제주도에 들어왔는데, 이들 신종교를 김연일이 규합하였다고 돼 있다. 이외, 1919년 일제의 기록인「太乙敎徒檢擧ニ關スル件」[253]과 1924년 일제의 기록인『洋村外人事情一覽 - 平安南道』[254]에서도 법정사 항일운동을 "보천교의 차경석이 김연일과 통모"했다고 돼 있다. '정구용 판결문'에 나오는 "박주석의 진술"에서 김연일·정구용이 박주석을 '선생'이라 한 점으로 보아 박주석과 같은 통속은 아니지만, 김형렬이나 차경석의 아류일 가능성은 있다.

후천개벽 시대와 미륵의 강생 시대를 예언한 강증산의 양대 제자는 차경석과 김형렬이다. 1910년대 김형렬과 차경석은 후천선경 신정부 건설운동을 전개하다가 김형렬은 체포되었고 차경석은 도피하였다. 김형렬과 차경석 모두는 일종의 정부 수립 및 예비내각을 준비하다가 1919년 전후해서 탄압을 받았다.[255] 김연일과 차경석, 그리고 김형렬 모두는 일제를 내쫓고 새로운 나라 또는 새로운 정부를 건설하려다가 일제의 탄압을 받았다. 즉 후천선경 신정부 건설을 도모하다가 탄압받은 것이다. 따라서 법정사 항일운동의 주도 세력을 한국 불교계로 특정한 일각의 주장은 재고되어야 한다.

정리하자면, 김형렬이 후천선경 신정부 건설을 위해 전라북도 완주 위봉사 계열의

---

250) '全南道內 邪敎數와 信徒, 처벌 인원이 142인이라는 그 숫자', 《매일신보》 1921.5.6.
251) '陰鬱한 空氣 背後를 內査, 邪敎 摘發에 警察苦心', 《매일신보》 1938.8.13.
252) 「檢擧의 直接 동기」, 『朝光』, 1938.10, 185쪽.
253) 「太乙敎徒檢擧ニ關スル件」, 1919.12.26.;『일제강점기 보천교의 민족운동 자료집 I 』, 256-261쪽.
254) 『洋村外人事情一覽』(『일제강점기 보천교의 민족운동 자료집 II 』), 118쪽.
255) 김형렬과 차경석이 지향하는 新政府는 다분히 복고적이고 종교적이다. 따라서 신정부 건설운동을 주도한 이는 자타칭 天子 또는 皇帝로 불렸다.

승려들과 협력한 것은 1918년이다. 같은 해에 차경석의 보천교와 김연일은 안봉려관이 세운 제주 법정사에서 만나 협력하였다.[256] 일제는 김연일을 '선도교인' 또는 '승려'라고 기록하였지만, 김연일을 오늘날 한국불교와는 연결할 수 없다. 여러 기록에 의하면, 김연일은 『정감록』이나 강증산, 동학, 불교 등을 오가는 혼합종교의 모습을 한 강증산 계통의 종교인이다. 김연일이 내세운 신앙 대상도 당시 제주도 혼합종교의 형태를 띤 옥황상제 성덕주인이다.

1918년 법정사를 거점으로 한 일단의 종교인들은 보천교와 매우 가까웠으며, 제주도의 토속 신앙과도 밀접하였다. 그런 그들이 일제의 탄압을 받던 보천교와 함께 일제 식민 통치 기관을 무력을 이용해 타격하였다. 일제 경찰주재소를 불태우고 주재소장을 구타한 항일운동은 경술국치에서 3·1운동 직전까지의 기간에 국내에서의 이루어진 가장 강력한 항일운동이었다. 이들은 예언이나 비결, 척양척왜의 구호에만 의지하였을 뿐 변화하는 시대는 읽지 못하였고, 미흡한 조직력에다 구체적인 실행 방법이나 자금력, 그리고 구체적인 대안이나 목표 등이 없는 한계를 드러냈다. 그러나 이 같은 평가는 오늘날의 생각일 뿐, 당시 그들은 그들이 할 수 있는 항일운동을 그들 방식대로 전개하였다.

---

256) 『洋村及外人事情一覽』(『일제강점기 보천교의 민족운동 자료집Ⅱ』), 118쪽.

1920년대
보천교의 신정부新政府 건설운동

———

1920년대 보천교의 신정부新政府 건설운동

1918년 일제 식민 수탈이 심화하는 가운데 남제주 도민들의 반일反日 감정은 그 어느 지역보다 팽배하였다. 이때 보천교는 후천선경 신정부 건설운동을 전개하였다. 옥황상제 성덕주인玉皇上帝聖德主人을 내세워 제주의 왕王을 옹립하고, 나아가 충청남도 계룡산에서 새로운 황제 등극을 꾀하겠다는 것은 보천교의 후천선경 신정부 건설운동이다. 1918년은 '후천선경 신정부'라는 용어가 널리 알려진 시기가 아니다. 어쩌면, 언론 활동이 활발한 1920년경부터 이러한 용어나 개념들이 세상에 알려졌다고 보아야 할 것이다. 기록상 "후천선경 신정부"는 1920년대 초에 나타난다. [1]

법정사 항일운동으로 실형을 살았던 조계성趙桂成, 김무석金武錫, 강봉환姜奉煥 등은 1920년대에 전라북도 정읍군 입암면의 보천교 중앙본소가 있는 대흥리에서 한때 거주하였다. [2] 1920년대 강봉환(1867-1961)은 전라남도 영광에서 열린 시국대동단의 강연회 연사

---

1) '風說이 傳하는 太乙敎(三). 『去病解冤』의 信條, 신축년에 도통을 한 강일순. 자칭 옥황상제의 선언한 말', 《동아일보》 1922. 2. 23. '후천선경'은 보천교 기관지 『普光』(1923 · 1924)에서, '후천선경 신정부'는 강증산의 언행록 『甑山天師公事記』(1926)에서 자주 볼 수 있다.

2) 제주보훈지청의 이대수는 법정사 항일운동에 가담한 이들의 후손 상당수는 보천교 중앙본소가 있던 전라

로도 활동한 바 있다.[3] 항일운동으로 구속돼 보안법 위반 및 사기죄로 송치되었다가 기소 중지돼 풀려난 강상백姜祥伯(1898-1941)[4] 역시 법정사 항일운동 직후 전라북도 정읍에 거주하면서 보천교 활동에 몰두하였다.[5] 강봉환, 강상백 외 항일운동 관련자 다수는 전라북도 보천교 중앙본소 부근에서 거주한 것으로 보이지만, 당시의 관련 기록은 찾아볼 수 없다.

1918년 제주에서의 무력을 동원한 항일운동은 당시 보천교로서는 치명적이었다. 비밀스러운 24방주 조직이 발각되고, 차경석의 아우 차윤칠車輪七 등 일부 핵심 간부들은 일제 경찰의 고문으로 사망하였다. 교금教金의 출처가 드러나면서는 전국의 교인이 일제 경찰에게 구타당하기 일쑤였다.[6] 이때 보천교는 직접적인 항일운동보다는 비밀리에 민족주의자들과 협력하는 민족운동 방식을 택하였다. 그리고 고천제告天祭를 통해서 국호를 선포하고 천자등극설을 확산하였다.

보천교가 1921년에 경상남도 함양의 황석산에서 대규모 천제天祭를 지냈다. 1919년에 함양의 대황산록에서 첫 번째 천제를 지낸 데 이어, 황석산 천제에서는 국호와 교명教名을 동시에 선포하였다. 일제강점기에 국호를 선포하고 천자天子가 등극한다는 것은 어떤 의미일까? 그리고 고천제에서 선포한 교명 '보화普化'와는 달리 경성에서는 '보천교경성진정원普天教京城眞正院'이라는 간판이 내걸린 이유는 무엇일까?

북도 井邑에 그 본적을 두었던 것을 확인할 수 있었다고 하였다.(이대수의 구술. 1995. 12. 20. 제주도 제주시 제주보훈지청에서 안후상 채록)

3) '四面楚歌中의 時局大同團. 훔치聲討로 一風波…',《조선일보》1925. 1. 16. 법정사 항일운동의 강봉환이 보천교 교인이었다는 것은 '한국역대인물종합정보시스템(한국학중앙연구원)'에도 나와 있지만, 전라남도 영광에서 강연을 벌인 그 강봉환과 동일 인물인지는 좀 더 고찰이 필요하다.

4) 제주 서귀의 姜祥伯 형사사건부, 1919. 2. 3.

5) 강상백에 대해서는 "1916년에는 普天教에 입단하여 교리를 익히면서 외세에 대한 저항 의식을 키웠다. 1918년 서귀포시 法井寺에서 보천교 신자들이 항일운동을 일으켰을 때 강상백 역시 동참하였다. 이때 같이 항일운동을 하던 동지들이 붙잡혀가자 그는 전라북도 정읍으로 건너가서 민족종교와 한학 공부에 몰두하였다. 그는 1929년에 제주도로 돌아와 北濟州 翰林邑에서 水山教를 창설하였다."라는 기록이 있다.(한국역대인물종합정보시스템, 한국학중앙연구원)

6) 「高判禮刑執行原簿」, 光州地方法院木浦支廳, 1919. 2. 3.;「車輪七刑執行原簿」, 光州地方法院木浦支廳, 1919. 2. 3.;『普天教沿革史(上)』, 12쪽;『甑山教史』, 60-61쪽.

1920년대 전반의 보천교는 국내외 민족운동가들에게 자금을 지원하였고, 한국 민족운동과 관련한 회의에 대표를 파견하였다. 조선물산장려회의 기관지『산업계』를 발행하였으며 전국 각지에 보광사普光社를 조직하여 물산장려운동을 지원하였다. 보천교의 실력양성운동에의 참여는 앞의『산업계』(조선물산장려회, 1923)와 당시 각종 신문이나 잡지를 통해서 살펴볼 수 있다.

보천교는 1925년경 만주의 민족운동 단체 정의부正義府와 함께 '군자금 모집'을 시도하다가 일제의 탄압을 받았다. 일명 '군자금 모집계획 사건'인데, 이 사건은 보천교가 국외 민족운동 단체에 자금을 지원했다는 당시의 풍문을 일제가 입증한 사례이다. '군자금 모집계획 사건'의 배경과 전모, 그리고 관련 인물들에 관해서는 당시 신문과 잡지, 그리고『洋村及外人事情一覽』(1924),『普天教一般』(1926), 관련 판결문[7] 등을 통해서 살펴볼 수 있다. 사건의 핵심 인물의 수사보고서나 신문조서, 그리고 재판 조서 등이 담긴「正義府ト普天教トノ軍資金募集計劃ニ關スル件」[8](이하 '신문조서'라 함)은 '군자금 모집계획 사건'을 정리하는 데 활용될 것이다.

일제강점기 언론은 보천교의 활동을 민족운동으로도 인식하였다.[9] 보천교의 활동을

7) 전북 정읍의 韓圭淑 외 4명 판결문, 1926.7.19, 경성지방법원; 전북 정읍의 韓圭淑 외 6명 판결문, 1926. 11.18., 경성지방법원.

8) 국사편찬위원회 편,『韓民族獨立運動史資料集39, 獨立軍資金募集 Ⅷ』, 국사편찬위원회, 1999. 앞의 책에는 '군자금 모집계획 사건'과 관련한 警察과 檢察의 '捜査報告書', '訊問調書' 그리고 법원의 '公判調書' 등의 원문과 번역문이 함께 게재돼 있다.

9) 보천교의 활동을 민족운동으로 인식한 신문 기사는 다음과 같다. '獨立運動하는 太乙教信者, 오는 21일에 2심 判決',《조선일보》1921.2.19.; '仙道를 標榜하는 秘密團體 大檢擧',《동아일보》1921.4.26.; '國權回復을 目的으로 하는 太乙教徒 大檢擧',《동아일보》1921.5.13.; '兼二浦警察署에 檢擧된, 太乙教徒의 自白. 교도가 55만7천명만 되면 조선은 독립, 교주는 王!',《조선일보》1921.5.19.; '國權回復을 翹望하는 太乙教徒의 檢擧',《조선일보》1921.5.13.; '太乙教人의 獨立運動',《동아일보》1921.8.6.; '太乙教人의 獨立運動',《동아일보》1921.8.6.; '10萬圓의 獨立資金',《동아일보》1921.10.29.; '普天教에 軍資募集 하려왔다는 嫌疑로 정읍경찰에 잡히었다',《동아일보》1924.4.1.; '內亂罪로 普天教徒 取調. 오십여 명을 구인하고, 井邑法院支廳에서',《중외일보》1929.7.3.; '內亂罪로 取調에 着手. 魔術劇의 終幕도 不遠. … 斷末魔의 普天教主 車京石',《동아일보》1929.7.15.; '內亂罪 構成 되면 高等法院서 處理. 아직은 결과를 주목중이란. 車京石 事件 續報',《동아일보》1929.7.25.; '普天教革命團, 赤旗를 先頭에 押し寄す, 本部는 各門을 閉鎖して警戒, 萬一을 慮り警察も出動',《朝鮮新聞》1930.7.9.; '普天教革命團 赤旗를 先頭에 押し寄す, 本部는 各門을 閉鎖して警戒 萬一을 慮り警察も出動',《朝鮮新聞》1930.7.9.; '井邑署長 指揮로, 普天教幹部 等 檢

민족운동이나 '불온한 사상'으로 바라본 신문 가운데는 보천교가 고천제를 통해 천자 등극운동이나 신정부 건설운동을 전개하였다고 보도하였다.[10] 그러나 대부분의 신문은 보천교의 활동을 '미신사교'나 '무지몽매'로 보도하였다.[11] 이러한 표현에 대한 보천교의 대응은 교단의 기관지 『보광』을 통해서 어느 정도 이루어졌다. 고천제와 후천선경 신정부 건설운동은 보천교 측 기록인 『普天敎報』, 『普光』, 『普天敎沿革史(上)』, 『甑山敎史』 등과 당시 민족운동가들이 남긴 기록이나 구술, 그리고 일제의 다양한 기록[12] 등을 통해서 살펴볼 수 있다.

1. 보천교의 국호國號 선포와 '천자 등극'

고천제告天祭란 가장 거룩하고 신성한 하늘에 사람의 일을 고백하고 맹세하는 행사다.

擧.…內容은 絕對秘密에 부처', 《중외일보》 1930.7.19.; '朝鮮의 邪敎 普天敎, 不敬嫌疑로 警戒中. 天子라 自稱코 惑世誣民하여, 全北警察調査着手', 《조선중앙일보》 1935.12.19.

10) '國權回復을 目的으로 하는 太乙敎徒 大檢擧', 《동아일보》 1921.5.13.; '國權回復을 翹望하는 太乙敎徒의 檢擧', 《조선일보》 1921.5.13.; '兼二浦警察署에 檢擧된, 太乙敎徒의 自白. 교도가 55만 7천 명만 되면 조선은 독립, 교주는 王!', 《조선일보》 1921.5.19.

11) 보천교를 미신사교로 인식하는 신문 기사는 다음과 같다. '흠치교의 一部인 虛無孟浪한 仙道敎', 《조선일보》 1921.4.26.; '開眼法과 貫通法으로 ○○ 太乙敎徒 檢擧. 오는 7월에는 玉皇上帝가 降臨하여 怪疾로써 朝鮮에 있는 日本人들을 모두 물리치고 敎徒로써 新政府를 組織한다고', 《조선일보》 1921.6.6.; '唐無稽한 妄說로 詐欺한 普天敎徒…', 《매일신보》 1924.7.13.; '普天敎 때문에 發狂, 논을 팔고 집을 팔다가 나중에는 또 미처 나가', 《시대일보》 1924.12.21.; '平壤의 상투쟁이 井邑으로 가', 《동아일보》 1925.1.23.

12) '大正7年度 刑事事件簿', 光州地方法院木浦支廳檢事分局, 1918; 南山太郎, 「秘密結社の解剖(四)」, 『朝鮮公論』 第10券10號; 通卷第115號, 1922.10; 『洋村及外人事情一覽』, 1924; 『普天敎一般』, 全羅北道, 1926; 村山智順, 『朝鮮の類似宗敎』, 朝鮮總督府中樞院, 1935; '朝鮮重大思想事件經過表', 『思想彙報』(續刊), 朝鮮總督府高等法院檢事局思想部, 1943.1.1 등이 있다. 일제의 관련 기록과 그 번역문이 게재된 자료집은 다음과 같다. 『일제강점기 보천교의 민족운동 자료집(Ⅰ·Ⅱ)』, 전라북도·정읍시·충남대충청문화연구소, 2017; 『일제강점기 보천교의 민족운동 자료집(Ⅲ·Ⅳ)』, 전라북도·정읍시·충남대학교충청문화연구소, 2018; 박광수 외, 『원광대종교문제연구소 자료집총서 『사상휘보』 민족종교 관련기사 - 조선총독부 고등법원(1934~43년) - 』, 집문당, 2016. 이 외, 민족운동가들의 유고나 구술 등을 정리한 자료집은 다음과 같다. 김철수(이균영 편), 「김철수 친필유고」, 『역사비평』 5호9권7호, 역사문제연구소, 1989; 崔公燁, 「林圭, 3·1運動 民族代表 48인중의 한 분」, 『全北人物誌』, 사단법인 전북애향운동본부, 1984.

보천교는 1919년에 경상남도 함양 대황산록에서 첫 번째 고천제를 지낸 데 이어 1921년 에는 함양 황석산에서 국호를 선포하였다. 이를 계기로 대시국大時國의 황제로 차경석이 등극한다는 천자등극설이 확산하였다. 일부 지식인들은 보천교를 향해 "진화進化의 원칙 을 무시하고 소위 요술과 비결로써 민중을 미혹하며 대시국 등극을 망상해 허관虛官 허직虛職을 예매豫賣한다."[13]라며, 『정감록』 예언에 근거한 후천선경 신정부 건설운동을 사기 행각이라며 성토하였다.[14]

1) 후천선경 신정부 건설운동의 전개

(1) 『정감록』과 후천선경 건설론

1910년대에 일제가 보천교를 비밀결사 단체로 파악한 이유는 보천교가 비밀집회를 통해 '독립자금'을 갹출하고 일제의 패망을 예언하고 기원하였기 때문이다. 1920년대 보천 교는 일제의 패망을 드러내놓고 예언한다거나 기원하지는 않았으나 1910년대와 마찬가 지로 비밀리에 새로운 정부 수립을 기원하는 의식을 갖곤 하였다.

> 조선 각 도에 걸쳐 吽哆敎(필자 주 : 훔치교)라는 것이 있어, 피고 등이 스스로 한 말에 의하면 車京錫을 교주로 부르는 것 같다. …… 또한 告幣(독립자금의 은어)라고 하는, 경제력 있는 교도에게 多額의 금액을 갹출하도록 의무를 담당하도록 함으로써, 거액의 독립자금과 통일 된 위대한 교도의 집단을 세워서 유사시에 이를 이용하여 그 목적을 달성하려고 하였다. 과학적 지식의 결핍과 이해력이 부족한 조선인에게 훔치교를 믿으면 병이 금방 낫고 유행 병이 침범하지 않으며, 어떠한 목적이라 할지라도 이루지 못하는 게 없다는 뜻으로 입교를 권유하였다. 그리고 이에 응했을 때는 위의 組를 조직하고 그 상위의 사람의 主宰로 각

---

13) '妖怪輩 『훔치』 聲討. 馬山에서 大盛況,…', 《조선일보》 1925. 3. 6.
14) '太乙敎聲討講演, 500聽衆이 共鳴興奮', 《조선일보》 1926. 8. 4.; 「新解 鄭鑑錄, 車天子」, 『別乾坤』 11, 1928. 2. 1, 70-73쪽; '車天子 찾아갔던 七家族, 家産만 蕩盡하고 落膽歸郷. … 鄭鑑錄 못 믿겠다고 長歎後悔', 《동아일보》 1929. 11. 23.

『정감록』(19세기)
(출처는 서울대학교 규장각한국학연구원)

조마다 날을 잡아 야간의 고요하고 쓸쓸한 산속이나 해변 또는 민가에 모이게 해 비밀리에 致誠이라 하는 제사를 지내고 닭 또는 돼지의 생피 혹은 산의 물을 마시게 한다. 그리고 비단 또는 종이에 조원 연명의 서약서를 작성하고 일심동체의 서약을 하게 한 후에 비로소 상위 사람으로부터 흠치교는 조선 독립을 표방하는 비밀결사 단체로서 大正13年(1924) 甲子年에 독립의 운명에 다다르며, 교주 차경석은 계룡산에 도읍을 정하고 제위에 오른다. 교도는 각 자격에 따라서 상당한 대우를 받을 것이라는 취지의 선언을 하고, 그 음모에 가맹케 하고 각 부하의 조직, 독립자금의 출자 또는 모집을 서약하게 하는 방법으로 근래에 현저히 교도의 증가를 꾀한다. …… 즉 피고 등은 공동으로 정치 변혁을 목적으로 불온한 행동을 감행하고 안녕질서를 방해하려고 한 자이다.[15]

---

15) 경북 청송의 趙鏞元 외 25일 판결문, 1921.7.11., 대구지방법원 안동지청;『일제강점기 보천교의 독립운

위에서 일제는 고폐告幣라는 교금은 새로운 정부 수립을 위한 "독립자금"이라고 명시하였다. 새로운 정부 수립을 위한 조직을 확장하는 과정에서 민중은 비밀이 유지되는 한적한 곳에서 닭 또는 돼지의 생피, 그리고 산속의 물을 마시면서 서약하였다.[16] 보천교는 이렇듯 조직을 하고 교금을 모집해 새로운 정부를 상징하는 십일전十一殿의 건설에 착수하였다. 일제는 이러한 보천교를 "국체 변혁을 꾀하는 불온한 단체"라며 탄압하였다.[17] 당시 언론도 일제와 마찬가지로 보천교를 비밀결사 단체로 보도하였다.

仙道를 標榜하는 秘密 團體 大檢擧

仙道敎徒 100餘名 元山署에 檢擧되어 方今 取調하는 中

…… 이 敎徒들은 獨立 積立金으로 많은 돈을 납부하였다. 그 信徒가 믿는 信條를 믿으면 病에 걸리지 않고 죽은 先祖의 神靈을 볼 수 있다고 한다. 敎主인 車京石은 神仙의 術法에 能通해 ……[18]

…… 이번 회에는 비밀결사 단체의 하나인 太乙敎의 진상을 해부하고자 한다. 필자가 왜 천도교 기술을 일시적으로 중단하는지에 대해서는 뒷장을 보면 독자가 납득하는 바 있을 것이다.

朝鮮에 온갖 종류의 종교 유사 단체가 존재한다는 것은 이미 기록한 바인데, 그중에서도 道敎에 속하면서 가끔가다가 분별없이 행동〔盲動〕을 감행하며, 세상의 도리와 사람의 마음 〔世道人心〕을 해치는 것이 많다. 특히 太乙敎와 같은 것이 특별히 그 행동이 불온했던 과거에 비추어 보면 분명하다 하겠다 …….[19]

동 자료집 I 』, 153쪽.

16) 일제강점기 민중의 특이한 행위들을 판결문을 통해서 살펴볼 수 있으며, 민중의 이러한 모습이나 행위들을 분석하고 해석할 수 있는 미시사적 연구도 필요하다.

17) 경북 안동의 孫在鳳 외 49인 판결문, 1921. 11. 26., 대구복심법원.

18) '仙道를 標榜하는 秘密 團體 大檢擧', 《동아일보》1921. 4. 26.

19) 南山太郎, 「奇奇怪怪한 秘密決死의 解剖」, 『朝鮮公論』1922. 10. 『朝鮮公論』은 재조일본인 牧山耕藏이 창간하여 32년간 발간했던 장수 잡지이다. 南山太郎은 정확히 알 수 없으나 한국의 정치·사회적 상황을

보천교는 본래 불온한 비밀결사 단체이며, 비밀리에 "독립 적립금"을 모집하다가 검거되었다는 내용이다. 보천교가 비밀리에 조직을 확장하고 집회를 가진 이유는 후천선경 신정부 건설을 위해서이다. 그렇다면 보천교의 후천선경後天仙境은 무엇이고 신정부新政府는 무엇인가? 선천先天의 모순되고 낡은 세상은 강증산의 천지공사天地公事로써 평화로운 세상인 후천後天으로 바뀐다는 예언이 후천선경이다. 1920년대 보천교 기관지『보광』은 '후천선경'을 다음과 같이 소개하였다.

後天仙境이라 함은 자유의 꽃이 爛漫하고 평화의 바람이 蕩樣한 후천세계를 가리킨 말이외다. 이 세계는 극락 천국과 같이 세상을 벗어난 것이 아니오, 大同世太上境과 같이 太古시대에 있었다는 것도 아니오, 華胥國과 같이 西方 遼遠의 땅에 있는 것도 아니오, 헬쓰카의 자유국 여행기 같은 擬作의 기행문도 아니오, …… 후천선경은 우리 인류의 밟고 다니는 지구 위에 건설될 것이외다. 우리의 손으로 개척할 地上天國이외다. 仙境의 일은 …… 양반상놈이 없을 것은 물론이지마는 황금만능시대는 아니겠지요. 배불러 滯症 만난 사람이나 굶어 죽은 원귀는 없겠지요. 사람마다 노동은 할지라도 상품 노동자는 없겠지요. 사람마다 교육은 받을지라도 돈벌이할 목적은 아니겠지요. 아마도 봄바람 평화 속에 꽃같이 사랑스럽고 새같이 서로 노래하고 나비같이 서로 춤추는 낙원일 것이외다.[20]

잘 알고 있는 조선총독부 관료 출신일 가능성이 있다.

20) 「答客難」,『普光』 1, 29-32쪽. "後天仙境이라 함은 자유의 꽃이 난만하고 평화의 바람이 솔솔 부는 후천세계를 가리키는 말이외다. …… 대동세계같이 태고삼황적이 있는 것도 아니오, 華胥國같이 꿈에서 본 것도 아니외다. …… 선천 시대와 같이 같은 사람끼리 나는 양반이다, 너는 상놈이다 하는 더러운 소리가 들리지 않을 것은 물론이고, 살리는 일, 다시 말하면 땅속에 있는 광물이 인간에 나와서 소위 만물의 영장이라는 사람을 종으로 부리는 우순 일이 없겠지요. 그리고 배불러 욕보는 사람이나 굶어서 죽은 원귀가 없을까 합니다. 사람마다 노동하겠지만은 상품처럼 매매되는 노동자는 아니겠지요. 사람마다 교육은 받을지라도 돈 벌 목적으로 하지는 않겠지요. 아마도 봄바람 태평 속에 춤추고 노래하는 즐거운 동산일 것입니다."(「손의 질문에 대답함(續)」,『普光』 4, 41-42쪽) 보천교는 일관되게 후천선경을 이와 같이 정의하였다.

즉 후천선경을 반상班常의 구별이 없는 자유와 평화가 가득한 사회, 노동을 사고팔지도 않는 사람 중심의 세상이라 하였다. 그리고 후천선경은 사회 구성원들이 현실에서 직접 구현할 수 있으며, "후천선경 건설이야말로 보천교의 유일한 사명"[21]이라고까지 하였다. 일제도 후천선경을 다음과 같이 언급하였다.

> 後天仙境은 普天敎의 최고의 理想이다. 佛敎에서 말하는 極樂, 基督敎에서 말하는 天國과 같은 것이지만, 양자와 같이 死後의 世界에 존재하는 것은 아니다. 우리가 거주하는 大地는 곧 미래의 仙境이지만 세상의 모든 병과 怨恨(罪惡과 不平)이 있는 곳이다. 사람들이 만일 神化의 경지에 이르면 그곳이 바로 神이 있는 곳, 즉 天國이자 極樂이라는 뜻이다. 天師(필자 주 : 강증산) 誕降 이전을 先天이라 하고 그 이후를 後天이라 稱한다. ……[22]

후천선경은 보천교 최고의 이상이며, 극락이나 천국과 같은 것이지만 사후의 세계는 아니라는 내용이다. 그리고 모든 병과 원한이 사라지는 신화神化의 경지가 후천선경이라는 것이다. 신화의 경지란 곧 도통道通의 경지를 말한다. 그렇다면 신정부新政府란 무엇인가? 1907년 강증산이 차경석에게 한 얘기를 통해서 '신정부'를 유추할 수 있다.

> 나(필자 주 : 강증산)는 三界大權을 主宰하여 先天의 度數를 뜯어고치고 後天의 無窮한 運命을 열려 仙境을 세우려 함이라. 先天에는 相克이 人間事物을 司配함으로 世世의 冤이 쌓이고 맺혀 三界에 充溢하여 天地가 常度를 잃고 人世에 모든 慘災가 생기나니, 그러므로 내가 天地度數를 正理하고 神明을 調和하여 萬古의 冤을 거르고 相生의 道를 열고 造化政府를 세워 世界 民生을 건지려 하노라."[23]

---

21) 「答客難」, 『普光』 1, 29-32쪽.
22) 『普天敎一般』, 30쪽.
23) 『甑山天師公事記』, 9쪽.

이제 너(필자 주 : 차경석)를 만남에 通情神이 나온다. 나는 西洋大法國天啓塔天下大巡이라. 내가 三界大權으로 天地를 改造하여 仙境을 열고 造化政府를 세워서 死滅에 濱한 世界 蒼生을 건지려 할 새, 너의 東方에 巡廻하다가 이때 그친 곳은 慘禍 中에 빠진 無名 小弱의 民族을 먼저 도와서 萬古에 쌓인 冤을 풀어주랴 함이라.[24]

스스로를 옥황상제라고 한 강증산은 차경석에게 후천선경을 열고 조화정부造化政府를 세워서 작고 약한 한국 민족을 돕겠다고 말하였다. 더불어, 한국 민족에게 쌓인 원冤을 풀겠다고 하였다. 여기에서 조화정부造化政府란 신神들의 나라 또는 신神들의 회의체이다.[25] 그런데 차경석은 강증산이 언급한 '후천선경 조화정부'를 '후천선경 신정부'로 바꿔 불렀다.[26] 차경석이 종교성이 짙은 '후천선경 조화정부'를 현실 사회에 구현하기 위해 '후천선경 신정부'로 변용한 것으로 판단된다. 보천교는 도통을 통해서 신선이 되는 종교 활동도 함께 추구하였지만 '후천선경 신정부'를 현실에 구현하기 위해 민중을 조직하고 중앙본소를 건설하는 등의 현실적인 활동을 전개하였다.

1920년대 후천선경 신정부 건설운동은 '차경석의 제위설' 또는 '천자등극설'로 나타났다. 갑자년甲子年 갑자월甲子月 갑자일甲子日에 차경석이 충청남도 계룡산에서 또는 전라북도 정읍의 입암산 아래에 도읍을 정하고, 천자天子로 등극을

보천교 십일전
1937년에 이축돼, 서울 조계사 대웅전이 되었다.

---

24)『甑山天師公事記』, 72-73쪽.
25)造化政府란 "姜甑山의 지휘를 받아 先天의 잘못을 바로잡고 後天仙境의 실현을 결의하고, 그 결의사항을 神들의 기능에 따라 처결하는 공정과 기관의 구성체를 가리키는 용어"(『한국민족대백과』)이다.
26)'普天敎徒의 檢擧, 오는 7월에는 옥황상제가 강림하여 괴질로써 조선에 있는 일본인들을 모두 물리치고 교도로서 신정부를 조직한다고', 《조선일보》 1921.6.6.

하며 차경석이 천자가 되면 한국은 독립이 된다는 풍문이다.[27] 1910년대에는 강증산이 황제가 된다는 '강증산 등극설'이 유행했었다.[28] 차경석이 황제가 된다는 풍문은 현실 사회에서 구현되는 듯 보였다. 1925년부터 전라북도 정읍에서 대규모의 중앙본소 건설과 성전聖殿 십일전十一殿의 건축이 시작되었기 때문이다.[29]

현세 도피적이고 현실 부정적 특징을 갖는『정감록』은 한때 미신과 유언비어의 원천으로 여겨지기도 하였다. 그러나 조선 후기에는 사회 모순을 자각하고 이를 타파하려는 변혁의 사상으로도 작용하였다. 당시 지배층은『정감록』의 은유, 파자, 암시, 상징 등을 이용한 자의적인 표현을 혹세무민惑世誣民 또는 사설邪說이라며 금기시하였다.[30] 일제강점기의 불확실한 미래에 불안감을 느낀 민중은 다시금『정감록』을 찾았다.『정감록』의 예언과 후천선경 신정부 건설론이 결부되면서 식민지 민중은 일제에 대항할 수 있는 정신적인 원동력을 찾게 된 것이다.[31]

일제강점기에 무력적인 항쟁이나 외교적인 방법으로써 민족운동을 전개할 수 없었던 한국 민중은『정감록』의 예언에 의지하고 진인眞人의 출현을 고대하였다. 그리고 민중이 중심이 되는 새로운 사회를 꿈꾸었다. 국권을 회복할 정치적 책략이나 경제적 수단이 없던 당시의 민중은 보천교의 후천선경 신정부 건설운동이야 말로 자신들의 삶과 사회를 새롭게 만들어줄 진인이라 믿었던 것이다. 이러한 민중의 심성에 부응한 보천교는 "조선

---

27) 전북 임실의 沈相勳 외 1인 판결문, 1923. 5. 21. 전주지방법원금산지청.

28) '皇帝位에 登極하면, 각 대신 관찰사 군수 같은 것은 전부 태을교 신노틀 등용', 《매일신보》1921. 7. 22.

29) 경북 안동의 孫在鳳 외 25인 판결문, 1921. 4. 22., 대구지방법원안동지청.

30) 조선 시대 이래 널리 유포된『鄭鑑錄』은 한 권의 책이 아닌, 「鑑訣」을 비롯하여 다양한 祕訣과 祕記가 담겨 있다. 그리고 오랫동안 민중이 필사를 하면서 덧붙이고 또는 삭제되는 등 그 내용이 일정치가 않다. 그러다가 1923년 3월 19일에 185면의 국판 활자본으로『정감록』이 간행되었다. 이 책에는 46종의 비결서가 수록되어 있다.(김탁,『정감록과 격암유록』, 민속원, 2021, 16-17쪽) 그렇다고 그간 민간에 전해지는『정감록』異本이 없는 것은 아니다. 일제강점기에 전해지는 이본은 50여 종이나 되며, 그 내용은 같지만 이름만 다른 것까지 합치면 무려 73종이나 된다.(김수산 외,『정감록』, 명문당, 1981, 27-65쪽; 김탁,『정감복과 격암유록』, 민속원, 2021, 18쪽) 그렇다면『정감록』은 고정된 형태의 저작이라기보다는 민중에 의해 새롭게 제시되고 해석될 수 있는 민중의 사상이다.

31) 일제강점기『정감록』은 민중에게는 하나의 변혁사상이자 민족운동 이념이었으며, 나라와 민족의 흥망에 대한 예언을 집대성한 '민족의 예언서'이자 '민중의 사상'이다.(김수산 외,『정감록』, 명문당, 1981, 27-65쪽; 김탁,『정감록과 격암유록』, 민속원, 2021, 31쪽)

민족으로서는 보천교를 신앙해야만 조선 민족일 수 있다."[32]고 선전하였다. 일제도 보천교의 활동과 보천교를 '민족주의'로 바라보았으며, 한국의 민족운동을 보천교의 후천선경 신정부 건설운동과 동일시하였다.

보천교의 활동을 민족운동으로 바라본 일제는 후천선경 신정부 건설운동을 "국체 변혁을 꾀하는 불온한 행위"라며 경계하고 탄압했지만, 한편으로는 혹세무민, 사설邪說, 사기 행각 등으로 규정하였다. 당시 한국 지식인 일부도 일제와 같은 인식을 하였다.[33] 인간의 꿈의 종합적 표현이 종교 현상인데 이를 부정하는 분위기가 근대사회에 존재했었다. 종교의 비합리성에 저항하는 운동의 역사가 근대近代라는 것인데, 이러한 것은 일제의 한국 신종교 탄압 논리와 당시 언론의 계몽주의적 논리가 유사한 데서 확인할 수 있다.[34]

(2) 김홍규의 '독립자금 사건'

후천선경 신정부 건설운동이 확산하던 1921년 3월 강원도 금화金化에서 '국권 회복을 위한 자금' 또는 '독립운동 자금'을 모집했다는 이유로 보천교 교인 8명이 구속되었다. 당시 신문에서는 보천교의 비밀스러운 교금을 "국권 회복을 위한 자금", "독립자금", "독립운동자금" 등으로 표기하였다.[35] 같은 해 5월에도 강원도 이천伊川에서 '독립자금'이 발각되었다.[36] 당시 구속, 기소된 보천교 교인에 대한 일제의 인식을 엿볼 수 있는 판결문 일부를 발췌하면 다음과 같다.

32) 『조선의 유사종교』, 258쪽; '斷末魔의 最後邪術, 車京錫의 所謂 登極說. … 警察에 檢擧取調되기까지', 《조선일보》 1929.7.9.; '所謂 車天子를 高等서 直接 取調? …', 《조선일보》 1929.7.24.
33) '太乙教 聲討講演, 500聽衆이 共鳴興奮', 《조선일보》 1926.8.4.; 「新解 鄭鑑錄, 車天子」, 『別乾坤』 11, 1928.2.1., 70-73쪽; '車天子 찾아갔던 7家族, 家產만 蕩盡하고 落膽歸鄉. … 鄭鑑錄 못 믿겠다고 長歎後悔', 《동아일보》 1929.11.23.
34) 윤이흠, 『일제의 한국민족종교 말살책』, 58-69쪽.
35) '太乙教를 標榜하고, 독립운동을 하려고 지방 사람을 입교케 해', 《매일신보》 1921.8.25.; '國權回復을 目的한 太乙教主 檢擧. 수령 차석정은 본년 중에 조선국 황제가 되리라고', 《매일신보》 1921.5.13.
36) '국권 회복을 요망하는 태을교도 검거. 강원도 이천에서 40명 검거', 《동아일보》 1921.5.13.

흠치교는 아직 종교라고 말할 수 없고, …… 비결이라고 하는 책에 甲子年에는 세상이 일변한다고 하는 취지의 예언이 쓰여 있다. 또 국외의 조선 독립운동에 열중하고, 또 日本은 中國 혹은 米國과 大正13年(1924)까지는 반드시 전쟁을 하는 기운으로 가게 된다는 소문도 있기에, 오늘날 흠치교를 확장하고 신도의 대집단을 만들고, 즉 수십만이 단결할 수 있고 수백만 냥의 자금이 모아진 기회를 틈타 국외 독립기관과 호응하여 일제히 일어나 독립을 달성할 계획으로, 흠치교의 조직을 새로 고치고 신자를 모집하며, 또 자금을 모집하게 되는 것이다. …… 그로부터 날을 정하여 상위의 사람이 산속 중 또는 냇가, 사람과 떨어진 민가 등으로 불러서 치성제라는 것을 하고, 닭과 돼지의 생피 또는 물을 마시고 비단에 서약문을 써 일심동체를 서약하고 일정한 각 조에 들어가는 것이다. 그때 상위 사람이 흠치교의 목적은 조선 독립운동이라는 내용을 밝힌다. 大正13年(1924) 甲子年에는 조선이 독립하고 교주 차선생이 계룡산에 도읍을 정하고 제위에 오른다. 교도는 자격에 따라 상당한 대우를 받을 것이라는 내용의 선전을 하고, 자금의 모집, 부하의 조직 등을 맹세하게 되는 것이다. 때문에 만약 생피를 마시고 또는 기타 방법으로 흠치교 신자가 되어 일심동체를 맹세하고 각 조에 가입한 자는 모두 독립의 목적 달성의 수단이 됨을 선언하였다. 그렇기 때문에 서약하고 조에 가입한 사람은 모두 그 취지는 이해하고 공감하는 것이라고 생각한다.[37]

이처럼 일제는 보천교의 교금을 '한국 독립운동 자금'이라고 규정하였다. 따라서 일제는 중앙본소가 있는 전라북도 정읍은 물론이고 강원도의 이천伊川과 양양襄陽, 경상북도 전 지역, 경상남도 일대, 심지어 함경남도의 원산元山과 영흥永興, 정평定平, 안변安邊, 황해도 황주黃州 등지에서 보천교 교인 수천 명을 검거하였다.[38]

---

37) 경북 청송의 박주한 외 26인 판결문, 1921.6.22., 대구지방법원안동지청;『일제강점기 보천교의 독립운동 자료집 I 』, 107-108쪽.

38) '독립운동하는 태을교 신자, 오는 21일에 2심 판결', 《조선일보》1921.2.19.; '선도교 대검거. 경상남도 중심으로 한 비밀결사, 닥치는 대로 체포', 《조선일보》1921.4.12.; '흠치교의 일부인 허무맹랑한 선도교. 흠치교에서 분리한 선도교, 大正13年 3월 5일에 교주가 왕이 된다고 유혹. 교도 100여 명 일망타진', 《조선일보》1921.4.26.; '선도를 표방하는 비밀단체 대검거', 《동아일보》1921.4.26.; '兼二浦 경찰서에 검거된 태을교도의 자백. 교도가 55만 7천 명만 되면 조선은 독립. 교주는 왕, 13일 평양지방법원 검사국

김제 만경의 복원된 김홍규 생가
김홍규는 보천교 핵심 간부였다.

탄허의 어린 시절 모습
고승 탄허는 김홍규의 아들이다.

    1916년부터 일제는 보천교의 교금을 예의 주시하였다. 일제의 주시를 의식한 보천교는 교금의 출처와 용처를 숨기기 위해서 교금에 숫자로 된 암호를 부기하였다.[39] 교금을 '고폐告幣'라는 은어로 대신하였고, 거기에다 암호까지 부여한 것은 일제가 교금을 예의 주시하고 수사를 해왔기 때문이다.[40] 1921년경부터 일제는 노골적으로 보천교의 교금

으로', 《조선일보》 1921. 5. 19. ; '회복단원 又 체포, 종로서의 태을교도 검거, 재작일에도 3명을 체포', 《동아일보》 1921. 5. 24. ; '기도만 하면 상제까지 顯影, 태을교도 2명 안악에서 잡혀', 《동아일보》 1921. 5. 29. ; '태을교의 독립운동, 징역 2년 불복, 박희백은 공소', 《동아일보》 1921. 8. 6. ; '태을교를 표방하고 독립운동을 맹세한 단체 공소', 《동아일보》 1921. 8. 25. ; '甲子年을 기약하고 독립운동, 태을교도 공소', 《동아일보》 1921. 10. 7. ; '10만 원의 독립자금', 《동아일보》 1921. 10. 29. ; '태을교도 검거, 여주서의 손에', 《동아일보》 1921. 12. 19.

39) 南山太郎, 「秘密結社の解剖(四)」, 『朝鮮公論』 第10券 10號, 通卷 第115號, 1922. 10., 81쪽. 앞의 기록에 의하면, 차경석이 치성금 출납의 비밀을 위해서 '1, 2, 3, 4, 5, 6, 7, 8, 9, 10, 100, 1000, 10000' 등과 같은 숫자로 된 암호를 부여하였고, 숫자 8 이상 된 자만이 교금을 활용토록 하였다.

40) 당시 관련 판결문에도 '고폐'에 숫자를 부기했다는 내용이 나온다. "자금은 물어본 것과 같이 告幣라는 은어이고, 무슨 조직을 불문하고 경제력이 있는 자는 출금할 의무가 있는 것이다. 이 교의 큰 비밀로 보통 50냥 이상 1,000냥까지로 되어 있는데, 희망을 하면 1,000원 이상도 받았다. 또 요사이는 50냥 이하도 받게 되어 있다. 고폐에는 1, 2, 3, 4, 5, 6, 7, 8, 9, 10, 100, 1,000, 10,000이라는 숫자 암호가 있다. 즉 '協和萬邦 黎民於變時雍(온 세상이 화평하게 되어 온 백성이 아 아, 바뀌었구나, 이 화목함이여) 天地

《동아일보》(1921.4.30)
'을축년에 조선이 독립된다'고 선전하는 '태을교 두목'을 검거
했다는 내용이다.

을 '독립운동'과 결부시키더니, 전국의 다수 교인들을 구속, 기소하였다. 1921년 한 해 동안 기소된 교인이 200여 명일 정도로 일제는 보천교의 교금에 대한 대대적인 수사 및 검거에 나섰다.[41]

일제의 대대적인 검거와 관련하여 1921년 신문은 "보천교가 독립사상을 고취하고 독립운동을 하였으며, 독립 적립금을 모았고, 독립이 된 후에 교주가 황제가 되고, 그렇게 되면 보천교 교인은 모두가 고관대작이 된다."[42]라고 보도하였다. 이와 같은 내용은 일제가 제시한 보천교에 대한 '혐의 내용'이기도 하다. 1921년 이전의 일제가 제시한 혐의 내용과 차이라면 바로 자금의 '출처'와 '용처'가 추가되었다는 점이다.

보천교 핵심 간부를 지낸 이정립의 『증산교사』[43]에는 "1920년 겨울, 일제는 제령 제7호 위반 혐의로 경상북도의 안동安東, 의성義城, 청송靑松, 영양英陽, 영덕盈德, 봉화奉化, 영주榮洲, 예천醴泉, 군위軍威 등의 보천교도 3천여 명을 검거하였다. 이때 경찰에 의해 고문치사 당한 자가 수십 명에 달했고, 7백여 명을 기소함에 미未체포로 망명하여 다니는 자가 3만여 명에 이른다."라고 기록돼 있다. 더불어, "129명이 고등법원에까지 상고하였으나 결국은 최고 2년 6개월, 최하 9개월의 징역형을 언도받았다."라고 하였다. 일

人'이라고 되어 있다. 위의 증거 제11호는 즉 고폐의 영수증이다."(경북 청송의 朴柱翰 외 26인 판결문, 1921.6.22., 대구지방법원안동지청; 『일제강점기 보천교의 독립운동 자료집 I 』, 107-110쪽)
41) 이 책 「부록1」의 〈표1〉 보천교 민족운동 관련 통계 - 지역별 참가자와 독립유공자'를 참고함.
42) '開眼法과 貫通法으로 - 普天敎徒의 檢擧, 오는 7월에는 옥황상제가 강림하여 괴질로써 조선에 있는 일본인들을 모두 물리치고 교도로서 신정부를 조직한다고 - ', 《조선일보》 1921.6.6.
43) 『甑山敎史』, 88-90쪽.

명 '청송 사건'이다.

실제로, 1921년 한 해 동안 구속, 기소된 보천교 교인은 수백 명에 달한다.[44] 일제는 이들을 "1924년(甲子年)에 한국이 독립되면 차경석이 천자로 등극하는데 이를 준비하기 위해 자금을 모집하였다."라고 단정하였다.[45] 그런데 당시 '청송 사건'은 1921년 김홍규의 '독립자금 사건'과 유사한 측면이 있다.

1922년 전라북도 김제군 만경면 대동리 김홍규의 집을 수색한 일제 경찰은 김홍규의 집 마루 밑에 묻어둔 항아리에서 거금 11만여 원을 찾아냈다. 일제 경찰의 수사가 진행되면서 핵심 간부들이 구속되었고, 당시 신문들은 일제히 11만여 원은 독립자금이라고 보도하였다.[46] 이 사건은 당시 해외 민족운동 단체에서도 크게 주목하였다.[47] 그 가운데 《신한민보》의 관련 보도 내용을 발췌하면 다음과 같다.

전라북도 김제군 만경면 대동리에 김홍규 외 4명은 모두 소위 제령 위반으로 공주지방법원에서 무죄 외 판결을 받았는데, 검사가 공소하여 경성복심법원에서 심리 중이더니, 前 판결을 취소하고 아래와 같이 판결 언도를 하였는데, 사실인즉 김홍규가 원래 태을교 교인으로 지금부터 5년 전에 태을교주 차경석의 수하로 60임원 중 한 사람이 되었는데, 그 이듬해 음력 9월 중에 전라북도 정읍군 입암면 류대리에 사는 문정삼 외 집에서 채권회와 협의한 후에 치성금이라는 명목으로 김영두라는 사람에게 7만 원, 백남구란 사람에게 1만 원을, 이용하에게 …… 도합 10만 원의 치성금을 거두어 김제군 만경면 대동리 김공

---

44) '太乙敎徒 大檢擧. 안동에서 300명 이상을', 《동아일보》 1921. 4. 7.; '훔치교도의 大公判. 작일 오전 대구복심법원에서, 첫날은 피고 일부의 사실 심문', 《동아일보》 1921. 10. 7. 앞의 《동아일보》(1921. 10. 7)의 "홈치교도 李君明 외 150명에 대한 공소 공판…"이라는 내용으로 보아, 대구복심법원에서 공판을 받는 보천교 교인은 앞의 안동에서 구속, 기소된 자들로 보인다. 앞에서도 언급되었지만, 국가기록원 「독립운동관련판결문」(기록데이터베이스)에서 검색한 보천교 관련 인물은 2021년 4월 26일 현재 424명이다. 이 가운데 150여 명이 이정립이 말한 '청송 사건' 관련자들이다.

45) 甲子登極說이란은 甲子年(1924) 甲子月 甲子日에 차경석이 '天子'로 등극한다는 풍문이다.

46) '致誠金으로 10萬圓, 무죄된 태을교도를 공소하여, 필경은 모두 유죄로 판결 언도', 《동아일보》 1921. 8. 25.

47) '被逮事件', 《독립신문》 1921. 5. 4.; '被捉事件一束', 《독립신문》 1921. 11. 11.

칠의 집 땅속에 감추어두고, 이후 독립 정부가 설립될 때에 쓰고자 하는 것이 발각된 것이다. ……[48]

위의 김공칠은 김홍규의 사촌 동생이며, 따라서 11만여 원은 전라북도 김제군 만경면 대동리 김홍규의 집에 감춰둔 교금이다. 당시 국내 신문이 보도한 김홍규의 '독립자금 사건'은 다음과 같다.

全羅北道 井邑郡에 당당한 큰 교당을 세우고 100만의 신도가 있다는 太乙敎는 …… 태을교의 주장되는 사람들은 상해 임시정부와 연락을 취하여 가지고 조선의 독립을 도모하며, 모집한 돈은 독립 군자금에 보태어 쓰기로 결의하고 김홍규가 보관하게 되어, ……교도 등의 재산은 소위 共産主義를 꿈을 꾸어서 사람의 생활은 공동으로 각기 주고받으며 살아가야 한다하며, 돈 있는 사람의 것을 어려운 사람에게도 나누어주어 서로서로 구조하여서 피차에 살아가는데 욕심이 없게 하며, 사람 사는 세상을 ……[49]

보천교가 대한민국 임시정부와 연락을 취하면서, 모집한 교금을 "독립 군자금"으로 제공했다는 내용이다. 보천교가 공산주의를 추구하며, 가진 사람은 어려운 사람을 돕는 등 "사람 사는 세상"을 추구한다는 내용도 들어있다. 김홍규가 보관한 돈은 "국권 회복을 목적으로 하는 자금"이라고 보도하였지만, 이 부분은 무죄로 판결났다는 기사도 있다.[50] 다음은 '독립자금 사건'과 관련한 당시 일제 판결문의 내용 일부이다.

---

48) '태을교와 독립 준비', 《신한민보》 1923. 5. 3.
49) '太乙敎의 陰謀. 이번에 발각되며 중요 간부가 모두 잡혀 엄중 취조를 받는다. 藏匿金 10萬圓 發見 押收', 《매일신보》 1921. 10. 29. 이외, 다음의 관련 신문 기사가 있다. '太乙敎 頭目 檢擧. 『오늘 을축년에는 조선이 독립』된다는 등 허황한 말을 한 자 두 명', 《동아일보》 1921. 4. 30. ; '10萬圓의 獨立資金. 태을교 간부의 비밀회의 발각, 간부 5명 체포 후 계속 검거 중', 《동아일보》 1921. 10. 29. ; '怪敎 太乙 - 甲子年 4월을 기하여 鷄龍山에 車皇帝 -', 《동아일보》 1922. 2. 21. ; '獨立黨의 단체로 관헌의 엄중, 종적 잃은 차경석', 《동아일보》 1922. 2. 24.
50) '敎徒 60萬 募集의 口實로, 돈을 거둔 사건은 무죄로 검사 공소', 《매일신보》 1922. 7. 2.

피고 등(필자 주 : 김홍규, 이용하, 김혁중, 최두홍, 강태규, 목원익)은 모두 조선의 국권 회복을 희망하고, 피고 斗洪은 大正3年(1914) 음력 정월경, 동 赫中은 大正6年(1917) 음력 2월경, 동 洪奎는 동년 음력 4월경, …… 태을교라고 칭하는 종교 유사 단체에 가입하여, 동교 다수의 교도와 결속하여 독립 달성을 목적으로 하는 음모단을 조직하고 교도들로부터 그 자금을 모집할 것을 기도하여, 당초 그 포교 선전할 때 …… 입교 후 신앙이 점차 견고해짐을 엿보아 독립 음모 및 그 자금으로써 치성금을 모집하려는 취지를 알리고, 훗날 조선이 독립되면 동교 교도들은 정부의 중요한 지위로 일어서고 顯爵 高官을 받을 것에 대해 극력 치성금을 갹출하여 독립 준비를 도모하고, 그 목적의 관철에 노력……[51]

동교의 교주 차경석의 아래 60방위를 두고 다시 그 밑에 차례로 6인조, 12인조, 8인조 및 15인조라는 교도의 계급을 두어, 다수의 도당과 많은 돈의 자금을 모집하여 大正13年(1924) 상해 임시정부와 기타 해외의 조선 독립 음모단이 서로 호응하여 일제히 일어나 조선 독립 대운동을 일으키려고 획책하자, 피고 김영두는 60방위의 일원으로, 피고 김공칠은 6인조의 일원이 되어 각자 간부의 지위를 가지고 목적 수행하려고 치성금 명목으로 독립자금의 모집에 종사하였다.[52]

즉 일제는 김홍규의 집에서 나온 교금은 국외 민족운동 단체와 일제히 독립운동을 일으키기 위한 "독립자금", "상해가정부로 보내려는 군자금" 등이라고 규정하였다. 당시 국내 언론도 김홍규의 집에서 나온 거금을 독립운동 자금 또는 대한민국 임시정부와 연계된 자금이라고 하였다.[53]

위의 판결문에는 보천교가 상하이 대한민국 임시정부와 함께 한국의 독립운동을 전개하고자 하였다고 나와 있다. 1920년대 보천교는 한국의 독립을 위해 대한민국 임시정부

---

51) 전북 김제의 金洪奎 외 9인의 판결문, 1922. 3. 28. 공주지방법원.
52) 경남 함양의 金英斗 외 2인의 판결문, 1922. 10. 16. 전부지방법원합의부.
53) '태을교 두목 검거', 《동아일보》 1921. 4. 30.

와 연대하고자 하였으며, 실제로 대한민국 임시정부에 자금을 지원했었다. 그렇다고 김홍규의 집에서 발각된 11만여 원이 대한민국 임시정부에 지원될 자금이었는지 확인할 수 없다. 당시 보천교가 한국을 독립시킨 이후에 만들고자 한 것은 후천선경 신정부이며, 따라서 후천선경 신정부 건설의 상징적 사업인 '십일전 건설'의 자금일 가능성을 배제할 수 없다. 이처럼 보천교의 활동에 일제 경찰은 대대적인 탄압으로 대응하였다.

보천교 김홍규는 당시 교금을 관리하는 핵심 간부였다. 교금 관리자 김홍규가 구속, 기소되었으니 당시 언론에서는 이를 '김홍규 독립자금 사건'이라고 표기하였다. 그런데 이 사건은 방주 김영두金英斗의 배교背敎에서 시작되었다.[54] 1921년 3월 19일 방주 김홍규와 채선묵蔡善黙은 임직 부임 차 평양平壤에 갔다가 일제 경찰에 전격 체포되었다.[55] 체포된 배경에는 수상한 자금과 관련이 있었다. 김홍규의 체포를 교권 장악의 기회라 여긴 또 다른 핵심 간부 김영두는 김홍규가 숨겨놓은 교금 11만 3천 7백 30원을 문서를 위조해 탈취하였다. 당시 언론의 10만여 원과는 달리 『보천교연혁사(상)』는 11만 3천 7백 30원이라고 정확히 표기하였다. 어쨌든, 김영두는 그의 부친의 거주지인 전라북도 정읍군 월성리에 4만 3천 7백 30원을 숨겼고, 나머지는 자신과 거사를 함께 할 방주들의 매수 자금으로 썼다.[56]

김영두가 교금 11만여 원을 탈취할 당시 차경석은 경상남도 함양에 은신해 있으면서 두 번째 고천제告天祭를 준비하고 있었다. 두 번째 고천제는 보천교로서는 중요한 행사였다. 차경석이 국호를 선포하고 천자에 등극하려는 행사가 고천제라는 일명 '천자등극설'의 확산에 긴장한 일제 경찰은 차경석의 체포를 위해 대대적인 수색을 벌였다. 이러한 가운데 김영두의 교금 탈취 사건이 경상남도 함양이 아닌 전라북도에서 일어났다.[57]

교금 탈취 사실을 차경석이 알게 되었고, 이에 김영두 일파는 교조직에서 이탈함과 동시에 차경석의 은신처를 경찰에 밀고하였다. 일제 경찰은 차경석을 수색하는 과정에서

---

54) 『普天敎沿革史(上)』, 15-30쪽.
55) '태을교 두목 검거', 《동아일보》 1921.4.30. 앞의 기사에는 김홍규를 '김규당'으로 표기돼 있다.
56) 『普天敎沿革史(上)』, 15-30쪽.
57) 『普天敎沿革史(上)』, 15-30쪽.

김영두의 교금 탈취 사실까지 포착하였다. 또는, 김홍규를 구속해 놓고 김영두에게 교금을 탈취하도록 일제 경찰이 획책했을 가능성도 있다. 어쨌든, 1921년 8월 김홍규의 11만여 원을 포착한 직후의 경기도 경찰부는 촉탁 박경환朴敬煥을 정읍으로 급파하여 김영두 부친 집에 숨겨놓은 교금 4만여 원을 찾아냈다.[58]

1921년 8월 중순에 김영두는 포섭한 간부 신현철申鉉喆, 장궁만張弓挽 등과 함께 "고천제는 천자 등극식"이라고 경찰에 재차 밀고하였고, 밀고 직후에 경성의 포교 책임자이자 임시정리장臨時正理長 이상호가 전격 체포되었다. 이어서 김영두 일파는 경성에다가 '태을교본부太乙敎本部'라는 간판을 내걸었다.[59] 김영두의 '태을교본부'는 형식상 경성에서 유일하게 공인받은 보천교계 교단인 셈이다. 이처럼 차경석과는 별도의 교단을 차리는 게 김영두의 야심이었고, 그 야심이 보천교의 후천선경 신정부 건설운동을 세상에 드러나게 하였다.

어쩌면, 일제 경찰은 김영두에게 보천교의 주도권을 장악하도록 묵인하였을 것이다. 그리고 그 대가로 김영두로부터 교단의 기밀 사항 및 교금 4만여 원을 넘겨받았을 것이다. 나머지 7만여 원은 김영두에게 활용토록 묵인하면서 교단의 분열을 획책하였을 것이다. 그렇다고 하더라도 여전히 김홍규가 숨겨놓은 교금 11만여 원의 용처가 궁금하다. 앞에서 언급하였듯이, 11만여 원은 보천교의 후천선경 신정부 건설을 위한 교금일 가능성이 있다. 그렇지만 당시 일제 경찰은 계속해서 11만여 원의 용처를 추궁하였다.

그런데 그즈음 보천교가 대한민국 임시정부에 5만 원을 전달하였다. 보천교의 5만 원이 임규林圭를 통해 라용균羅容均에게, 라용균이 다시 대한민국 임시정부에 전달하였다는 구술이 있다.[60] 이 점을 상기한다면, 김홍규의 돈은 국내외 민족운동가들에게 전달하

58) 『普天敎沿革史(上)』, 15-30쪽.
59) 『普天敎沿革史(上)』, 15-30쪽.
60) 崔公燁,「林圭, 3·1運動 民族代表 48인 중의 한 분」,『全北人物誌』, 사단법인 전북애향운동본부, 1984, 294쪽. 앞의 글에서 崔公燁은 "임규가 보천교로부터 5만 원을 받아서 라용균에게 주었다."고 언급하였다. 5만 원을 받을 당시 임규는 보천교 간부였다. (「癸亥一年 敎史의 槪要」,『普光』 4, 1924. 3, 89쪽) 2005년 국가보훈처는 '김홍규의 독립자금 사건'이 해외 민족운동과 연관돼 있다며 김홍규에게 '건국 포장'을 추서하였다.

려는 '독립자금'일 가능성도 있다. 일제 경찰은 이 점을 예의 주시하면서 수사를 확대했으나 그 어떤 증거도 확보하지 못하였다.

　김영두의 교금 탈취 사건을 계기로 일제는 다음 두 가지를 염려하였다. 하나는 거금을 모집할 수 있는 보천교가 비밀결사체라는 점, 또 하나는 보천교의 교금이 국내외 민족운동 단체에 흘러 들어갔을 가능성 등이다. 따라서 일제는 비밀결사적인 보천교를 세상에 드러내기 위한 공작을 시도하였다. 일제의 압박으로 교단의 일부 지식인들이 '교단 공개'를 모색한 것도 이때부터다. '교단 공개'란 비밀결사적인 조직운동을 포기하고 경성과 각지에 보천교진정원을 개설하는 것이었다.[61] 그런데 보천교 공개에는 고천제가 자리하고 있다는 의구심을 지울 수가 없다.

2) 국호國號 선포와 천자등극설

(1) 고천제와 국호 선포

　일반의 평범한 제사가 아닌 공동체나 국가의 간절한 희원希願을 담거나 공동체의 과업을 약속하고 결심할 때 고천제가 활용된다. 따라서 고천제 이후의 공동체의 모습은 적잖게 달라지는 경우가 있다. 보천교는 일제강점기에 두 차례의 고천제를 거행하였다. 한번은 1919년 10월 24일(음력 9월 1일)에 경상남도 함양의 대황산록大篁山麓에서, 또 한 번은 1921년 10월 24일(음력 9월 24일)에 함양의 황석산黃石山에서 거행되었다.[62] 이 가운데 황석산에서의 고천제를 '대천제大天祭' 또는 '황석산 고천제'라고 부른다.[63]

　두 번의 고천제가 경상남도 함양에서 거행된 이유는 차경석이 함양에서 오랜 은피 생활을 했기 때문이다.[64] 수배받던 차경석이 함양에서 수년간 은피 생활을 하면서 포교에

---

61) '普天教에서 教勢擴張策으로 각지에 진정원을 설치한다고', 《매일신보》 1923. 12. 11.
62) 『普天教沿革史(上)』, 19-30쪽; 『甑山教史』, 82-90쪽.
63) '黃石山大天祭'라고도 하는 두 번째 고천제와 관련해서 이정립은 "서하면 우전리에서 천제를 행할 새 국호는 時, 교명을 普化로 할 것을 하늘에 고하였다."라고 하였다.(『甑山教史』, 84-85쪽)
64) 경상남도 咸陽은 마을마다 老居樹가 없는 곳이 없으며, 노거수를 중심으로 洞祭가 성행하였다. 또한, 기이하고 험준한 산에 皇帝를 상징하는 皇이나 黃, 王이 들어간 산 이름이 많다. 함양의 인문·자연적인

진력하였다. 따라서 핵심 간부들 가운데는 함양 출신이 적지 않았으며, 차경석은 이들과 함께 함양에서 후천선경 신정부 건설을 구상하였다. 험준하고 기이한 산세에다가 후천선경을 상징하는 산 이름과 곳곳의 제례祭禮 문화가 많이 남아 있는 함양에서 차경석은 후천선경 신정부 건설운동의 정점으로 보이는 두 번의 고천제를 거행한 것이다.

증산도문을 장악한 차경석은 1916년 12월 동지冬至에 24방주제를 만들었다. 1917년 6월 13일(음력 4월 24일)에는 "요시찰 조선인 갑호甲號"에 편입돼 일제의 감시를 받기 시작하였다.[65] 1917년 8월에는 황제 등극을 꾀한다며 고발을 당하기도 하였다.[66] 그런 그가 1917년 11월에 일제 헌병대의 감시를 피해 전라북도 정읍군 입암면 대흥리를 떠났다. 이때 그는 집리執里 2명을 선발해 교단의 재산을 맡겼다. 그리고 강원도와 경상북도 일대에서 은피 생활을 하니, 이를 교단에서는 '외처유람外處遊覽'이라고 부른다.[67]

은피 중이던 차경석은 1919년 10월 경상북도 울진군 서면西面(필자 주 : 지금의 금강송면) 전곡리 전천동前川洞에서 핵심 간부 채규일과 김홍규를 불러놓고 24방을 60방으로 개편할 것과 교인 가운데 60방에 적합한 이를 신중하게 천거할 것을 당부하였다. 1919년 11월에는 경상북도 봉화군 춘양면 학산리鶴山里에서 채규일, 김홍규를 다시 불러서 고천제 장소를 물색하였다. 이때 김홍규는 "경남 함양군 대황산大篁山 아래 한 촌락이 있는데, 촌명 덕암리德庵里의 촌인村人 중 두령자는 서만식徐萬植·서만영徐萬永 두 사람이 온대, 두 사람 모두 우리 교에 열심 종사하온즉 소관사所觀事에 필무구애必無拘碍라. 관사지지觀事之地가 막과어차莫過於此일 듯합니다."라고 말하였다. 즉 서만식과 서만영 형제는 맡은 일을 함에 최선을 다하며, 고천제를 지낼 만한 땅으로는 서씨 형제가 사는 덕암리만큼 좋은 땅이 없다는 의견을 제시한 것이다.[68]

차경석은 "그런즉 덕암리에 장소를 정하고, 일자는 10월 초로 예정하노니 모두들 선발

환경도 두 번의 고천제가 거행된 배경이라 할 수 있다.
65) 『普天教一般』, 189쪽.
66) 『普天教沿革史(上)』, 1-5쪽.
67) 『普天教沿革史(上)』, 8-10쪽; 『甑山教史』, 74-77쪽.
68) 『普天教沿革史(上)』, 19-30쪽.

하여 각 처 교인 중 가위可爲 강령자綱領者 60명을 선택하여 우기일내右期日內로 덕암리에 도착케 하라. 나 역시 그날 앞서서 당연히 도착할 터이니 공심公心으로 관인觀人하여 무유 후원無有後怨케 하라."고 지시하였다. 이에 채규일과 김홍규는 각 처를 다니면서 적합한 인물 60명을 선정하였다.[69] 앞의 60명은 고천제에서 추대될 방주 후보였다. 『보천교연혁 사(상)』는 대황산록 고천제를 다음과 같이 기록하였다.

> 1919년 음력 9월 1일에 차경석은 경상남도 함양군 甁谷面 德庵里[70] 뒤 大筥山麓에 단소를 정하고 축단 공사를 할 새, 肥料에 침체된 부토는 버리고 쟁토로 삼층을 매축하여 백목으로 連幅하여 爲帳하고 제수를 정결히 하여 幣帛을 풍비이 하고, 정성을 다하여 告天하실 새 60인을 3회로 나누어 고천하시니라. 제1회는 10월 초5일(壬午) 참배인은 敎中 綱領者 12인 을 선택하니, 水는 문정삼 火는 채규일 金은 채선묵 木은 김홍규이요, 東은 유종상 西는 이상호 南은 박종하 北은 김영두라, 春은 채규철 夏는 안동일 秋는 김정곤 冬은 이치현이 요. 제2회는 10월 초7일(甲申) 참배인은 24地方을 응하여 24인을 택하니, …… 제3회는 10 월 초9일(丙戌) 참배인은 24節候를 응하여 24인을 선정하시다. …… 水火金木은 敎正이요 東西南北 春夏秋冬은 敎領이요 24방은 胞主 24절은 運主라 칭하니 이를 60방주 간부라 칭함이라. ……[71]

　1919년 10월 24일(음력 9월 1일) 경상남도 함양군 지곡면 덕암리 대황산록에서 거행된 고천제에서 60방주가 선정되었다는 내용이다. 11월 27일(음력 10월 5일)에는 4인의 교정 敎正과 8인의 교령敎領이,[72] 11월 29일(음력 10월 7일)에는 24포주胞主가, 12월 1일(음력 10월 9일)에는 24운주運主가 선정되었다. 이때 60방주에 속하는 동지운주冬至運主 이정립

---

69)　『普天敎沿革史(上)』, 19-30쪽.

70)　2019년 10월 26일 답사에서 대황산록 고천제의 장소가 현 甁谷面 덕암리가 아닌, 池谷面 덕암리임을 확인하였다. 지곡면 덕암리에서 서만식·서만영 형제가 살았던 집을 찾았기 때문이다.

71)　『普天敎沿革史(上)』, 8-10쪽.

72)　교정에는 水에 문정삼, 火에 채규일, 金에 채선묵, 木에 김홍규 등이다. 교령에는 東에 유종상, 西에 이상 호, 南에 박종하, 北에 김영두, 春에 채규철, 夏에 안동일, 秋에 김정곤, 冬에 이치현 등이다.

은 뒤에 『증산교사』에서 고천제를 자세히 기록하였다.

4인의 교정과 8인의 교령, 그리고 24포주와 24운주 등 60명의 방주들에게는 각 방면이 새긴 상아방인象牙方印과 방철方鐵을 나눠주었다.[73] 이처럼 대황산록 고천제는 보천교의 24방주를 60방주로 확대하는 교단의 중요 행사였다. 1919년 3·1운동에서 좌절을 경험한 민중은 보천교의 후천선경 신정부 건설에 관심을 가졌고, 그런 민중의 조직을 확장한 게 대황산록 고천제이다. 대황산록 고천제는 후천선경 신정부 건설이라는 운동의 목적을 한국 민중에게 명확하게 제시한 사건이었다. 고천제에서 선정된 60방주는 신정부의 조각組閣이라는 풍문으로 퍼져나갔으며,[74] 당시 민중은 고천제를 새로운 정부의 관료 임명식이라고 인식하였다.

정리하자면, 1910년대 보천교는 방주 조직을 중심으로 비밀리에 집회를 열고 일제의 패망을 기원하거나 예언하였다. 아울러, 비밀리에 연 집회에서 메이지 천왕의 초상을 그려놓고 복숭아나뭇가지로 만든 화살을 초상을 향해 쏘는 의식도 가졌다.[75] 이와는 달리, 중앙본소의 건설을 위해 비밀리에 교금을 갹출하였다. 갹출한 교금은 숫자로 된 암호가 부여되는 등 비밀리에 관리되었다.[76] 이러한 교금을 민족운동 자금으로 규정한 일제는 차경석을 지명 수배하기에 이르렀다.[77] 그러던 차에 3·1운동이 일어났고, 이때 차경석은 "제군, 조금도 경거망동하지 말라."는 경고문을 방주 조직을 통해 내려보냈다.[78]

일부 교인은 3·1운동에 직접 뛰어들기도 하였다.[79] 3·1운동에 뛰어든 보천교 교인이나 보천교 관련자는 경북 안동의 이극모李極模와 이남호李南鎬, 이중창李中昶, 그리고

---

73) 『甑山敎史』, 76쪽.
74) '自稱 大時國皇帝, 太乙敎主 車京石이 國號와 官制를 發表하였다는 風說', 《동아일보》 1922.10.26.; '甲子 4月에 朝鮮獨立. 甲子年 4月 8日에는 반드시 朝鮮獨立이 되리라는 그의 豫言', 《조선일보》 1923.5.31.; '荒誕無稽한 普天敎 流言. 교주 차경석이 불원간 등극한다고', 《동아일보》 1924.8.30.
75) 최종섭의 구술, 1991.7.15.; 차용남의 구술, 1998.7.22.
76) 경북 청송의 朴佳翰 외 26인 판결문, 1921.6.22., 대구지방법원안동지청.
77) 『普天敎一般』, 42-43쪽; 『甑山敎史』, 60쪽.
78) 『普天敎沿革史(上)』, 7-8쪽.
79) '武科出身으로 독립운동', 《동아일보》 1921.10.30.; '풍설이 전하는 태을교 - 교주의 死와 대분열 -', 《동아일보》 1922.2.24.; 강원도 양양의 金鴻植 외 13인, 1921.11.24., 경성복심법원.

경상남도 함양의 황석산

경남 진주의 구여순具汝淳 등이다.[80] 하지만, 3·1운동에 대한 교단 차원의 참여나 지원은 없었다. 3·1운동에 놀란 조선총독부는 고천제와 천자등극설을 통해서 민중의 결집을 시도하고 거금을 모집하는 보천교를 탄압하였다. 특히, 방주 조직을 통해서 모집한 교금을 '독립자금'으로 규정하면서 경상북도의 안동과 청송 등지의 교인 수백 명을 구속, 기소하였다.[81] 이처럼 유례가 없는 탄압에도 보천교는 경상남도 함양에서 두 번째 고천제를 계획하였다.

원래는 경상남도 함양군 서하면 운곡리雲谷里에서 두 번째 고천제를 거행하기로 하였다. 그런데 방주 김영두金英斗의 배교로 인해 고천제 장소가 급변하였다. 김영두는 "고천제가 천자 등극식"이라고 일제 경찰에 밀고하였고, 동시에 아랫사람을 보내 차경석 일행의 뒤를 따라 밟았다.[82] 이에, 차경석은 고천제 장소를 운곡리에서 그리 멀지 않은 황석산黃石山으로 변경하였다. 방주들은 "심곡深谷으로 한 길만이 뚫려 있어 김영두 일당이 감시하여 종적을 밟으면 빠져나갈 곳이 없다."라며 고천제 장소로서 황석산은 위험하다고 진언했지만, "나는 하늘을 믿으니 너무 염려하지 말라."며 황석산에 제단을 건설할 것을 지시하였다.[83]

---

80) 3·1운동에 참가한 보천교 관련 인물은 경북 안동의 李極模와 李南鎬(경북 청송의 朴柱翰 외 26인 판결문, 1921.6.26., 대구지방법원안동지청), 李中昶(경북 청송의 趙鏞元 외 25인 판결문, 1921.7.11., 대구지방법원안동지청), 그리고 경남 진주의 具汝淳(경남 진주의 具汝淳 외 5명 판결문, 1919.7.15., 대구복심법원) 등이다.

81) 1920년경 경상북노의 청송과 안동 등지에서는 보천교의 비밀결사적인 조직(방주제)이 빠르게 확장되었다. 일제는 보천교의 비밀결사적 조직을 "종교로 위장한 독립운동 단체"라고 규정하면서 대대적인 검거에 들어갔다. 당시에 보천교의 방주이자 교단 내 지식인 李正立(李成英)은 이를 일컬어 '靑松事件'이라 하였다.(『甑山敎史』, 89쪽)

82) 경남 함양의 金英斗 외 2인 판결문, 1922.10.16., 전주지방법원합의부.

차경석의 지시로 황석산 중간부 수백 평에 있는 나무를 베어낸 곳을 평지로 만드는 작업이 시작되었다.[84] 그곳에다 높이 7척 2촌의 오좌자향午坐子向의 9층 제단을 쌓았다. 제단의 넓이는 최상층의 사방이 9척이고 최하층의 사방은 15척이다. 매 층마다 넓이 3촌식 寸式 축소되어 6층은 9촌이 되었다. 하얀 천으로 4면의 단을 두르고 동서남북 4곳에다 출입문을 두었다.[85] 여기까지는 대황산록 고천제와 크게 다르지 않다.

제단의 공중에는 마승麻繩(필자 주 : 삼으로 꼰 노끈)을 교차시켜 정자井字를 만들었고, 백납白蠟(필자 주 : 흰색의 밀랍)으로 정제精製한 등촉 28수宿를 마승에다 걸었다. 그리고 60방주와 360군 포장 각 1인 앞에다 등 하나씩을 달게 하고 크게 세운 홰에 불을 붙이니, 그 불길이 하늘을 닿았다고 한다. 이처럼 고천제의 규모가 크고 웅장해, 일각에서는 이를 대천제라 불렀다.[86] 이때가 1921년 10월 24일(음력 9월 24일)이다.

60방주의 한 사람으로서 황석산 고천제에 참여한 이정립은 『증산교사』에서 고천제를 인지한 경기도 경찰부에서 차경석을 체포하려고 하였으나 이를 따돌리고, 고천제에서 국호國號를 선포하였다고 하였다.[87] 선포한 국호는 '시국時國', 즉 후천선경 신정부의 이름 시국時國이다.[88] 당시 삼엄한 경찰을 따돌렸다는 소문이 돌면서 차경석이 신통력을 가진 신비스러운 인물로 묘사되기도 하였다. 『보천교연혁사(상)』에는 국호의 선포나 축문을 읽었다는 내용은 없지만 고천제에 직접 참여한 이정립은 분명 '국호'가 선포되었다고

83) 『普天教沿革史(上)』, 18-19쪽.
84) 고천제를 황석산의 일부 城谷山에서 거행하였다고 돼 있다.(『普天教一般』, 1926, 151쪽)
85) 『普天教沿革史(上)』, 23-24쪽.
86) 『甑山教史』, 85쪽. 보천교는 차경석 사후에 天祭를 거행하지 않았다. 현재의 보천교는 春分·夏至·秋分·冬至 이렇게 네 번의 致誠祭을 거행한다. 차경석의 2남 龍南이 '講師'(교단의 최고 지도자)로 불리며 치성제를 주관하였지만, 용남의 사후에는 교단 대표가 치성제를 주관한다. 치성제는 일반 제사와 크게 다르지 않다. 중앙본부 聖殿에서 子時가 되면 치성제를 지내는데, 치성의 대상은 聖師主(필자 주 : 차경석)와 聖師母(필자 주 : 차경석의 부인)이며, 성사주와 성사모의 위패 앞에서 교인 모두 四拜를 한다. 상차림은 일반 제사와 다르지 않으며, 교인들은 엷은 하늘색 두루마기에 검정색 관을 쓰고 무릎까지 올라오는 하얀색 行纏을 찬다.(치성제와 관련해서는 현 보천교 관계자의 구술을 참고하였다.) 참고로, 『한국민족문화대백과사전』에는 '行縢'이라고도 하는 行纏을 바짓가랑이를 좁혀 보행과 행동을 간편하게 하기 위해 정강이에 감아 무릎 아래에 매는 물건이라고 돼 있다.
87) 『甑山教史』, 85쪽.
88) '時國'은 '時局'과 같이 썼는데, 이때 '時'는 선천에서 후천으로 옮겨가는 전환점이라는 의미가 있다고 한다.

하였다.[89) 당시 『보천교연혁사(상)』는 일제를 의식해서 '국호 선포'를 언급하지 않았을 것이다.

당시 언론도 "자칭 대시국 황제, 태을교주 차경석이 국호와 관제를 발표하였다는 풍문"이라는 제하에 "태을교주 차경석이 황제가 되어 국호를 '대시국大時國'이라 천명하고 관제까지 발표"하였다고 보도하였다. 그리고 그 명칭은 '방주'이지만 방주는 곧 관직이며, 판서·도지사·군수 등의 관제는 대한제국의 그것을 따랐다고도 하였다.[90) 일제의 『普天敎一般』에서도 황석산 고천제를 다음과 같이 기록하였다.

大正10年(1921) 음력 9월 24일 함양군 서하면 鳳田里 후방 黃石山의 일부 城谷山에서 보천교 교주 차경석은 교도 약 4백 명을 모아 놓고 천제를 거행하였다. 그런데 당시 교주는 옛날 황제의 衣冠束帶를 하고 금일 天子가 됨으로써 오늘부터 본인을 天子라 칭하고, 국명을 時로 교를 普化로 개칭한다고 말하고, 그 후부터 은근히 車天子로 칭해왔다고 한다. 그런데 이달호, 박래필 등은 당시 이 천제에 출석하여 본 건에 대해 직접 보고 들었다고 했지만, 문정삼 등은 천제를 거행한 것은 사실이지만 '天子'와 같은 불온한 언동은 없었다고 부인하였다.[91)

즉 배교한 또 다른 방주 이달호李達濠가 "차경석이 의관속대하고 천자를 칭했다."라고 일제 경찰에 밀고하였지만, 당시 구속된 방주 문정삼文正三은 이를 부인하였다. 문정삼은 뒤에 이달호와 함께 보천교 혁신운동을 일으킨 인물이나, 경찰에 구속될 당시에는 호교護敎의 입장이었다.

『普天敎一般』에는 고천제의 장소를 "황석산의 일부 성곡산城谷山"이라고 적시하였다. 이는 다른 자료에서는 찾아볼 수 없는 것이나 성곡산의 위치를 비정할 수 없다. 어쨌든

---

89) 『普天敎沿革史(上)』19-26쪽;『甑山敎史』, 85쪽.
90) '自稱 大時國皇帝, 太乙敎主 車京石이 國號와 官制를 發表하였다는 風說', 《동아일보》 1922. 10. 26.; '甲子 4月에 朝鮮獨立, 甲子年 4月 8日에는 반드시 朝鮮獨立이 되리라는 그의 豫言', 《조선일보》 1923. 5. 31.
91) 『普天敎一般』, 151쪽.

국호를 선포한 것은 후천선경 신정부 건설운동의 정점 가운데 하나이다. 그런데 황석산 고천제에서 국호를 선포한 것 외에 '교명教名'을 선포했다는 기록도 있다.[92] 교명 선포와 관련해서 『보천교연혁사(상)』는 다음과 같이 언급하였다.

祭需는 賣品에 高가 1척 9촌이요 제기를 新造할 때에 각종 물품 담을 기구 개수를 계산하여 4방 9척 祭床에 맞도록 신조하였고, 단상에 日月屛風을 세우고 位目은 '九天下鑑之位 玉皇上帝下鑑之位 三台七星應鑑之位'라고 대서하여, 3위를 설하고 제3층 일면으로 禮拜席을 베풀고 辛酉(1921) 9월 24일(庚申) 申時에 교주께서 3층 단상에 오르사 祭禮를 봉행하실세 焚香洗酌하시니, 이때에 黑雲이 천지에 가득 찼더니 홀연히 三台七星이 나타나는지라, 방주 정리 포장을 차례로 列立하시니 사람의 수는 1,000명에 달한지라. 초헌 후 讀祝하사 교명을 고천하시니 왈 '普化'라 하시다.[93]

황석산 천제단에는 일월병풍日月屛風을 세우고 그 앞에다 '구천하감지위九天下鑑之位 옥황상제하감지위玉皇上帝下鑑之位 삼태칠성응감지위三台七星應鑑之位'라는 위목位目을 안치하였다. 위목의 세 번째 '삼태칠성응감지위'가 교조 강증산을 의미한다는 해설도 있다.[94] 1921년 10월 24일(음력 9월 24일) 신시申時에 제단 3층 한쪽 면에 설치된 예배석에 차경석이 올라 분향세작焚香洗酌을 하던 그때 먹구름이 천지에 가득하더니 홀연 삼태칠성이 나타나니, 1,000명에 달하는 방주, 정리, 포장 등이 차례로 열을 지어 무릎을 꿇고 절을 하였다고 한다. 그리고 초헌 후 독축讀祝하며 교명을 고천하니 그 이름이 '보화普化'다.[95]

---

92) 『普天敎一般』이나 교단 즉 기록인『甑山敎史』에는 국호를 '時國'이라 선포하고 축문을 읽었다고 돼 있다. 『조선의 유사종교』는 보천교라는 교명의 유래를 다음과 같이 언급하였다. "보천교는 훔치교조 강일순의 제자로서 1909년 1월 3일 교주로부터 그 교통을 승계했다는 차경석이 강일순 사후 仙道敎를 창립하고, 1921년 普化敎라 고쳤다가 이듬해인 1922년 다시 普天敎라 개칭하여 오늘에 이른 것이다."(『조선의 유사종교』, 247-248쪽)

93) 閔泳國 編,『道訓』, 普天敎總正院典文司, 1987. 앞의 책에는 '祝文未詳'으로 돼 있다. 즉 고천제의 축문은 전해지지 않는다는 뜻이다.

94) 『普天敎一般』, 31-32쪽. 일반적으로 교조 강증산을 玉皇上帝라고 한다. 따라서 앞의 자료에 강증산을 '三台七星'이라고 기록한 것은 잘못된 기록일 수 있다.

『조선사상통신』에 게재된 차경석

'보화'라는 정식 교명이 선포된 것이다.

고천제에서 국호가 선포되었다는 소문이 돌았고, 후천선경 신정부가 눈앞에 다가왔다고 생각한 일부 민중은 중앙본소가 있는 전라북도 정읍으로 이주하기 시작하였다. 중앙본소 주변은 이주자인 탄갈자[96]들로 가득했고, 가옥과 다양한 생산 시설도 들어섰다. 탄갈자들은 중앙본소와 저잣거리를 구별하는 거대한 돌담 내부를 "차천자車天子의 왕성王城"이라고 불렀다.[97] 그들은 '왕성' 주변에 몰려 살면서 '왕성'이 있는 그곳을 '대흥리大興里'라고 불렀다.[98] 크게 흥할 마을이라는 뜻이다.

고천제 직후인 1922년 2월 27일(음력 2월 1일)에는 정자井字의 교기教旗가 제작돼 각종 기념 및 치성일에 게양할 수 있게 하였다. 1922년 2월에는 중앙본소 내 신성전新聖殿이라 부르는 '삼광영三光影' 건축이 시작되어 같은 해 5월 15일에 완공되었다.[99] 삼광영의 낙성식 겸 치성제를 거행할 당시 신앙의 대상 또는 상징으로 알려진 천지일월성수天地日月星宿 3단을 삼광영 내에다 봉안하였다. 그리고 1922년 8월경에는 각 방주 공실公室 50여 동이 신축되었다.[100] 이처럼 두 번의 고천제를 계기로 보천교는 후천선경 신정부 건설이

---

95) 『普天教沿革史(上)』19-26쪽;『甑山教史』, 85쪽.
96) 彌竭者란 家産을 가지고서 전라북도 정읍군 입암면 大興里의 경제 공동체로 합류한 교인들을 말한다. 모든 것을 갖다 바친다는 의미의 '탄갈자'는 교단의 공식 용어는 아니다.
97) '唐津에도 흠치跋扈. 天祭를 지내어 村民을 誘惑, 靑年은 撲滅計劃',《동아일보》1925. 4. 30. ; '普天教徒의 詐欺. 조선 독립의 王城을 건설한다고, 村家婦女를 欺하여 거금을 騙取, 結局 發覺되어 검사국으로',《매일신보》1925. 2. 20.
98) 대흥리의 행정 구역상 지명은 接芝里였으나 최근에 '大興里'가 행정 구역상 정식 지명으로 채택되었다.
99) 현재 '보천교 본소'라 부르는 곳이 1922년에 완공된 일명 '新聖殿'이다.
100) 閔泳國 編,『道訓』, 普天教總正院典文司, 1987, 28쪽.

라는 목표를 분명히 했고, 또한 종교로서의 체계도 잡아나갔다.

(2) 기사등극설과 '보천교 내란사건'

황석산 고천제(1921) 이후에 보천교는 경성과 각 지방에 진정원을 설립하는 등 공개된 활동을 이어갔다. 특히 경성의 교단 내 지식인들은 보천교를 근대적 종교로 만들고자 하였다. 그 과정에서 교단의 분열이 있었고, 급기야 교단 내 보수파들이 교권을 장악하였다. 1920년대 중반에 일부 지식인들이 보천교 박멸운동을 전개하였고, 일제의 탄압도 교묘해지기 시작하였다. 급기야 보천교는 비밀주의와 신비주의적 종교운동으로 회귀하였다.[101]

1920년대 후반 보천교는 믿었던 방주들의 연이은 배교에 이은 혁신운동으로 위기에 처하였다. 특히 1926년 10월에 있은 3차 혁신운동으로 후천선경 신정부 건설운동의 기세가 꺾이는 듯하였다.[102] 하지만, 기사등극설(1929)은 암암리에 확산되었고 민중은 중앙본소가 있는 정읍군 입암면 대흥리로의 이주를 멈추지 않았다. 이주자 가구, 즉 탄갈자들은 3천여 호에 달하였으며, 따라서 대흥리는 탄갈자들이 정착할만한 공간으로서 그 기능을 잃고 있었다. 넘치는 탄갈자들은 인근의 마을로 들어가 살기도 하였다.[103] 이처럼 지리멸렬해가는 보천교이지만, 민중의 보천교에 대한 기대는 수그러들지 않았다. 그 예로, '사이토 총독의 조회설'을 들 수 있다. 1926년 4월 조선 총독 사이토 마코토齋藤實 가 보천교 중앙본소를 찾아 차경석과 면담하였다. 민중은 이를 두고서 "사이토 총독이 차천자를 조회하였다."라고 해석하였다.[104] 이는 당시 민중이 신정부의 차천자車天子를

---

101) 보천교의 복고주의는 불안한 위기의 시대에 찾는 비상구나 위안일 수도 있으나, 일본 天皇制에 대한 한국 민족의 주체 의식에서 비롯된 것일 수도 있다. 따라서 보수적이고 향수로 포장되는 복고주의와는 차이가 있다.
102) 『普天教一般』, 113-114쪽; '보천교 신구파 100여 명 격투', 《동아일보》 1927. 2. 13. ; 『普天教沿革史(下)』, 10쪽.
103) 안영승의 구술, 1991. 1. 22.
104) 『普天教沿革史(上)』, 69-70쪽. 1926년 4월 26일 사이토 조선총독이 전라북도를 방문한 당시 신문 기사가 있다. '高敞高普落成式'이라는 제목의 기사에 전라북도 고창군 고창고보 신축 교사 낙성식에 사이토 총독 이 告辭를 하였다는 내용이다. (《시대일보》 1926. 4. 26.)

《동아일보》(1929.7.24)
1929년 '보천교 내란사건'을 보도하였는데, 좌측 상단 사진이 차경석이다.

조선 총독보다 우위에 놓고 있었다는 근거이기도 하다.

그러던 1929년에 배교한 핵심 간부 채규일蔡奎一이 차경석이 천자 등극식을 준비한다고 경찰에 밀고하였다. 신정부의 상징적 건축물 십일전十一殿이 완공된 그해에 발생하였다.

최근 全州地方法院 井邑支廳 검사국에서는 普天敎 方主 되는 金洪奎, 金○鏞 등 50여 명을 내란죄로 방금 取調 중이라는데, 그 내용은 비밀임으로 알 수 없으나 취문한 바에 의하면, 보천교 이전 간부 蔡奎一 씨에 관련된 8만 5천 원 고소 사건으로부터 어떠한 단서를 얻은 듯하다는데, 일반은 결과를 매우 주목한다더라. (전주)[105]

1925년부터 시작된 보천교의 성전 십일전의 완공의 해가 1929년이다. 이때부터 전라북도 경찰부가 보천교의 치성제致誠祭 자체를 금지하기 시작하였다.[106] 그러나 보천교는 십일전 완공을 보던 1929년에 삼광영三光影 봉안식을 계획하였다.[107] 해와 달, 그리고 별을 상징하는 삼광영은 보천교의 신앙 대상이다. 그런데 삼광영 봉안식이 천자 등극식이라는 풍문이 민중 사이에 암암리에 확산하면서, 일제 경찰은 아예 보천교 중앙본소에 상주하면서 봉안식 행사를 차단하였다. 그러던 중에 핵심 간부 채규일이 확실한 물증까지 내보이며 삼광영 봉안식이 천자 등극식이라고 재차 밀고하였다. 이로 인해서 발생한 사건을 '보천교 내란사건'이라고 당시 신문은 보도하였다.[108]

10여 년을 두고 곧 된다, 하는 소위 登極說도 필경 지금까지 실현되지 아니하고 일반 교도들도 점차로 분리되어 대세를 막을 수 없을뿐더러, 내용이 근일 사이 없이 편안한 날이 하루도 없을뿐더러 차경석을 배반하고 나아가 무리로부터 가지가지의 비밀이 폭로케 되매, 차경석은 그 마술의 생명이 위대함을 깨달음인지 최후의 斷末魔的 수단으로 건축물의 준공을 좋은 기회로 하여, 표면으로는 三光影 奉安式이라는 것을 표방하고 내면으로는 어리석은 교도들에게 대하여는 登極의 의식을 거행한다고 선전하고, 부하로 하여금 미리부터 己巳年 己巳月 己巳日 己巳時 = 陰 今年 4월 16일에 그 의식을 거행한다고 널리 사방에 선포케 하였었다고 한다. 그리하여 마지막으로 마술을 연출하여 많은 돈을 긁어모으리라는 획책을 세우고 수만 원어치의 제수를 장만한다, 수십만 명의 교도를 소집한다 하여 일대 마술의 연극을 꾸미고 있었더라는 바, 천만뜻밖에 경찰로부터 집회 금지를 당하게 되어 사방에

105) '內亂罪로 普天敎徒取調, 50여 명을 구인하고, 井邑法院支廳에서', 《중외일보》 1929. 7. 3.
106) '普天敎의 致誠禁止 전북도에서', 《매일신보》 1929. 4. 23.
107) 『普天敎沿革史(下)』, 3쪽.
108) '內亂罪로 取調에 着手, 魔術劇의 終幕도 不遠. 부하로 있든 채모가 고등법원에 고발을 하게 되어, 가지각색의 숨은 그 죄악이 장차 세상에 들어날 터. 斷末魔의 普天敎主車京石. /『登極』에 參賀코저 8만 敎徒會集. 헛된 돈 수만 원만 축이 낫다, 集會禁止로 一場夢. / 內亂罪 告發, 吥哆群 恐慌. / 全北警察活動, 秘密裡에 內査. 경찰에서 極秘密裡에 활동, 『登極』『奉安』이 問題, 《동아일보》 1929. 7. 15.; '所謂 車天子를 高等서 直接取調? 전주검사국 회답 여하로 결정. 魁魁의 正體는 漸次暴露', 《조선일보》 1929. 7. 24.

서 구름같이 모여드는 7, 8만여 명의 군중은 헛되이 많은 비용을 들이고 돌아가게 되고, 수십만 원을 예상하였든 수입도 운수가 좋지 못함이었었던지 겨우 4, 5만 원에 불과하게 되었었다한다.[109]

'보천교 내란사건'의 배경에는 삼광영 봉안식을 빙자한 기사등극운동己巳登極運動이 있었다는 내용이다. 즉 기사년己巳年 기사월己巳月 기사일己巳日 기사시己巳時에 차경석이 천자로 등극한다는 풍문은 이미 수만 명의 민중을 전라북도 정읍 대흥리로 집결시켰으며, 수만 명의 민중은 경찰의 집회 금지로 되돌아갈 수밖에 없었다는 내용이다. 기사등극운동이 아니더라도 전국의 민중 가운데는 『정감록』의 예언 사상에 기대 정읍군 입암면 대흥리로 모여들었다.

【鄭鑑錄『南遷生方』의 實行】
지난 6일 하오 2시경에 順川驛 넓은 뜰에는 초초히 차린 남녀 14명이 너즐한 보따리를 지고 이고 분주히 덤비어 관중의 눈을 끌은 바 있었다. 이제 그 사실을 들건대, 전기 남녀 14명은 원래 한 동리에 살던 다섯 집식구로서, 맹산군 지덕면에 살다가 몇 해 전부터 普天敎를 믿으며 井邑 본원 근처로 이사를 해야 난세에도 살아갈 수 있다는 어리석은 말을 곧이듣고, 소위 秘訣이라는 鄭鑑錄에 南遷生方이라는 것을 믿고 남방으로 옮겨가 살라고 ······[110]

1929년 평안남도 동부에 위치한 맹산군의 남녀 14명은 난세에 남쪽으로 이주하면 살 수 있다는 『정감록』의 예언에 따라 전라북도 정읍군 입암면 대흥리로 이주했다는 내용이다. 기사년 기사월 기사일 기사시에 천자 등극식이 있다는 설은 대규모의 민중을 대흥리로 집결시켰으며, 일제 경찰은 밀려드는 민중을 가로막으며 보천교 해체를 위한

---

109) 『登極』에 參賀코저 8만 敎徒 會集. 헛된 돈 수만 원만 축이 낫다, 集會禁止로 一場夢···', 《동아일보》 1929. 7. 15.
110) '男負女戴하고서 井邑으로 가는 普天敎徒. 본원 근처로 가야 산다고', 《조선일보》 1929. 3. 10.

공작을 시도하였다. 이때 채규일의 밀고가 결정적이었다.

천자 등극식을 밀고한 채규일은 등극식 때 차경석이 차는 '천자검天子劍'이 숨겨져 있는 장소까지 경찰에게 알렸다. 경찰은 그 즉시 압수수색에 들어갔고, "일대료일一大了一"이 새겨진 은장식의 검을 중앙본소에서 찾아냈다. "은제품으로 길이가 약 4촌 5분쯤" 되는 검에는 "일대료일一大了一"이 새겨져 있었다. "일대료일一大了一"을 집자集子하니 "천자天子"가 된다. 천자검 외 '옥새玉璽'도 나왔다는 기사가 있다.[111] 이처럼 기사등극설은 풍문이라기보다 당시 민중의 바람을 담은 보천교의 후천선경 신정부 건설운동이다.

1929년 '보천교 내란사건' 이후 교단 내외에서는 보천교를 상대로 소송을 걸기 시작하였다.[112] 일종의 소송전이다. 기사등극운동 기간에 "대시국大時國 천자의 옥새玉璽, 대신명부大臣名簿, 정강政綱 등 비밀서류가 발견되어 신자 측에서 열렬한 배척 운동이 시작"되는 가운데 교단의 핵심 간부 채규일이 기사등극운동은 사기 사건이라며 고소한 것이다.[113] 실제로 김병우金秉佑, 박인원朴仁元 등이 보천교를 상대로 밀린 대금 청구 소송을 진행하기도 하였다.[114] 1929년 지주 손재순孫載淳은 자신 소유의 땅에다 성전 건축물을 지었다는 이유로 소송을 걸었다. 중앙본소의 일부 건축물의 반환 청구 소송을 진행하였으나 차경석이 재산상 권리가 없다는 이유로 각하되었다. 그러자 재산상 소유권자인 핵심 간부 김정곤金正坤을 상대로 다시 소송을 거는 일이 발생하였다.[115]

이처럼 교단 내외로부터 끊임없는 소송에 시달린 보천교는 급속도로 쇠락해갔다. 급기야 조선총독부는 1930년 2월 성전 십일전의 사용 금지 명령을 내렸다. 성전 사용

---

111) '呸! 夢想의 化身인 所謂 天子劍은 何物. 『一大了一』란 문자 새겨', 《조선일보》 1929. 7. 22.
112) 『車天子』의 財産을 差押…', 《조선일보》 1929. 7. 2.; '怪行主 외 車天子 敗訴', 《조선일보》 1931. 9. 15.
113) 「天子劍」을 筆頭로 「王璽」等 證品發見. 여러 중요간부와 검사장에 출두해 고발자 채규일과 대질 취조를 받다. 車京石 第3次 取調, 觀衆殺到로 檢事局 大混雜 차경석의 얼굴을 보려고 警官도 出動嚴戒. 寫眞班包圍 떠哆群 騷動[寫 : 新聞紙上에 나타난 最初의 車京石 面影', 《동아일보》 1929. 7. 24.
114) '登極은 春夢化하고 當하는 것은 排斥과 訴訟. 信者 側에서는 열렬한 排斥 運動, 각지 債權者들의 債券 訴訟 遝至, 所謂 大時國 車天子 近況', 《중외일보》 1929. 7. 2.
115) 『車天子宮殿』撤去訴訟提起. 남의 땅에다 궁전지었다고, 四面楚歌의 普天敎主', 《동아일보》 1929. 10. 20.; '普天敎又復被訴. 本部家屋撤去要求를, 地主로부터 묘訴', 《매일신보》 1929. 10. 24. 교단 내외에서 일시에 소송이 진행된 배경에는 일제 경찰의 '보천교 분열 획책'이 자리하고 있음을 추정할 수 있다.

금지 명령이 내려진 뒤 차경석의 소환 명령은 조선총독부가 아닌 정읍경찰서가 주도하였다.[116] 이와 같은 탄압에도 보천교는 천자등극설을 포기하지 않았다. 보천교가 천자등극설을 퍼트리는 활동을 멈추지 않은 이유는 식민지 한국 민중의 절실한 바람 때문이었다.[117]

2. 보천교의 한국 민족운동 참여와 사회운동

1923년 경성에서 시작된 물산장려운동은 일제강점에서 벗어나려면 실력을 키워야 한다는 논리가 저변에 깔린 민족운동이다. 하지만, 그 배경에는 일제의 거대 자본의 유입이나 일본 상품의 무관세 방침 등의 경제 환경이 자리하고 있다. 이러한 경제적 민족운동에 '보발保髮'을 하고 갓과 도포를 입는 등 한국의 전통을 중시한 보천교가 참여하였다. 비밀주의와 신비주의를 고집하던 보천교가 경제적 민족운동에 참여한 것 못지않은 의외성은 국내외 한국 민족운동가들에게 인적 · 물적으로 지원하였다는 것이다.

일제강점기의 지식인들은 보천교를 '무지몽매'와 계몽의 대상으로만 바라보았다. 그러나 지식인들 모두가 그러했던 것은 아니다. 일부 지식인들은 '민족의 구원'에 초점을 맞춰 보천교를 민족운동으로 인식하였다. 일제강점기의 기록은 아니지만, 광복 직후의 '피의자 신문조서 반민족행위 특별조사위원회'에서 피의자 정인익鄭寅翼은 다음과 같이 답변하였다.

문 : 전술, 조선, 중외 兩 일보사 근무 시에 양심적 가책을 받은 사실이 없는가?
답 : 그 당시 본인은 민족적 입장에서 최선을 다하였으며, 光州學生 事件, 普天敎 事件,

---

116) 『普天敎沿革史(下)』, 14-16쪽.
117) 일제강점기 민중은 眞人의 신통력에 의지하였으며, 新都의 출현에 따른 험난한 국면의 타개를 희망하였다. 그들의 최종 목적은 官吏로 진출하여 兩班이 되는 것이었다. 따라서 맹목적으로 현세적이며 신비적인 종교를 동경한 측면도 있었다.(『조선의 유사종교』, 21쪽)

6·10 萬歲 事件, 제1차 共産黨 事件, 高麗革命黨 事件 같은 것은 본인이 주로 취급하여 倭 관헌에게 암암리에 위협을 주었다고 생각합니다.[118]

일제강점기 일간지 기자였던 정인익은 민족적 양심에 반하는 일을 하지 않았느냐는 재판관의 질문에 자신은 결코 그런 일을 하지 않았다고 항변하였다. 그 근거로써 광주학생운동, 보천교 사건, 6·10 만세운동, 제1차 공산당 사건, 고려혁명당 사건 등을 보도하여 일제에 위협을 주었다고 강변한 것이다. 일제에 위협을 준 기사에 대해서는 확인되지 않지만, 정인익은 당시 보천교의 활동을 한국 민족운동으로 인식한 것만은 분명하다.

1956년 《국민보》에 실린 "씨 기자"로 작성된 기사도 마찬가지다. 예컨대, "이 시대일보를 간행하고 있을 때 선생(필자 주 : 최남선)이 보천교와 관계를 맺고 있다는 것으로써 당시에 사회주의자들은 선생을 말하여 민족주의자의 거두라고 비난하기 시작하였기 때문에 그들과의 대립이 이때부터 생겼던 것이다."[119]라는 내용이다. 즉 보천교와 관계를 맺었다는 이유로 사회주의자들이 최남선을 "민족주의자의 거두"라고 비난하였다는 것이다. 위의 두 기록에서 일제강점기 일부 지식인들의 보천교에 대한 인식의 단면을 엿볼 수가 있다.

1) 보천교의 국내외 민족운동 지원

1919년에 수립된 대한민국 임시정부는 민족운동에 필요한 자금이 절실하였다. 국내에 연통제와 교통국을 두었으나 인적·물적 자원의 조달은 원활하지 못하였다. 그런 와중에 대한민국 임시정부는 보천교로부터 자금을 지원받았다. 1920년대 전반 보천교는 대한민국 임시정부에 입금할 5만 원을 당시 보천교 형평사장衡平司長이라는 교직에

---

118) 「반민족행위 특별조사위원회의 피의자 鄭寅翼 訊問」, 1949. 8. 11.
119) '만방을 경악케 한 우리의 독립선언서가 거대한 문장 바로 청년 최남선의 손으로 쓰여졌다!', 《국민보》(제 3379호) 1956. 5. 2.

있던 임규林圭(1867-1948)를 통해 라용균羅容均(1895-1984)에게 전달하였다. 이와 같은 내용은 임규로부터 직접 들었다는 최공엽崔公燁의 글에 나온다.[120] 최공엽의 이와 같은 내용을 뒷받침하는 몇 가지 정황은 다음과 같다.

첫째, 5만 원을 라용균에게 전달한 임규는 1923년 1월까지 보천교 진정원眞正院 형평사장衡平司長이라는 간부였다. 형평사장이란 교인의 상벌, 기강, 그리고 각 부서를 감사하는 기관의 장長이다.[121]

둘째, 1921년에서 1923년 사이의 관련 판결문을 분석하면, "장차 보천교가 대한민국 임시정부와 함께 독립운동을 전개할 것"[122]이라는 말을 당시 구속된 보천교 교인들이 진술하였다. 심지어, 1921년 일제는 재정 담당 김홍규를 구속하고 그의 집에 은닉한 11만여 원을 압수하였다.[123] 앞의 11만여 원은 상하이 대한민국 임시정부로 보낼 군자금이라고 당시 언론, 특히 《독립신문》이나 《신한민보》 등이 보도하였다.[124] 1920년대 전반의

---

120) 崔公燁, 「林圭, 3·1運動 民族代表 48인중의 한 분」, 『全北人物誌』, 사단법인 전북애향운동본부, 1984, 294쪽. 글을 쓸 당시 최공엽은 전북일보 편집국장이었다. 임규가 보천교의 5만 원을 라용균에게 전달했다는 얘기는 임규 사후 지역 사회에 공공연하게 떠돌던 얘기이다. 이강오도 보천교로부터 5만 원을 임규가 받아서 라용균에게 전달했다는 얘기를 임규로부터 직접 들었다며, 최공엽의 관련 내용을 뒷받침하였다. (이강오의 구술, 1991.10.19)

121) 「癸亥 一年 敎史의 槪要」, 『普光』 4, 普光社, 1924.3, 89쪽. 앞의 기록에는 1923년 1월 6일 임규가 보천교 진정원 형평사장직에서 물러났다고 돼 있다. 眞正院長은 敎主를 輔弼하며 各司를 統轄하는 교단 최고위 간부이다. (「眞正院規程」, 『普光』 3, 1923.12, 61쪽) 진정원장 아래의 衡平司長은 敎人의 賞罰에 관한 사항, 各司의 成績을 감사하고 敎人의 紀綱을 관장하는 책임자이다. (『普天敎敎憲』, 『普天敎敎報』, 普天敎眞正院, 1922.7.12., 41쪽)

122) "사법경찰관의 피고인 남재정 신문조서 중 권영구가 비밀리에 조선의 독립이 속히 되고 또 上海假政府가 조선으로 옮겨 3년간 보호하고, 그 후는 전라도 훔치교의 원조 車天子가 계룡산에 도성을 짓고 독립 음모 계획을 위해 필요한 군자금으로써 15任이 5원, 8任이 10원, 12任이 15원을 낸다고 말했다는 내용의 진술 기재"(경북 영덕의 權寧䥐 외 17인 판결문, 1921.5.16., 대구지방법원안동지청); "피고는 전라북도 정읍군 태인면 태흥리(필자 주 : 입암면 대흥리를 오기함)에 본부를 둔 보천교 교도로서 조선의 정치 변혁을 목적으로 大正11년(1922) 음력 7월 15일경에 충청북도 제천군 덕산면 도전리 자택에서 같은 마을에 사는 權重泰, 延錫哲, 李鍾寬 능에게 大正13년(1924)에 상해 임시정부 군대가 조선 내로 침입하여 전쟁을 개시해 각 관청을 습격하여 관공리를 처단하고, 조선이 독립되면 교주 車京錫은 皇帝의 자리에 오른다. 교도 중 유력자가 도지사, 군수, 면장 등의 관직에 취임하면 교도는 행복을 누린다고 선전하는 등 조선의 안녕질서를 방해하였다."(충북 제천의 李用運 판결문, 1923.6.24., 경성복심법원)

123) 전북 김제의 金洪奎 외 9인의 판결문, 1922.3.28., 공주지방법원; '太乙敎의 陰謀, 藏匿金 10萬圓 發見 押收', 《매일신보》 1921.10.29.

일제는 보천교의 교금이 국외 민족운동 단체에 들어가는 것을 우려하면서 보천교를 집요하게 감시하고 탄압하였다.

셋째, 임규와 라용균이 보천교와 밀접한 관계에 있었다는 구술이 있으며,[125] 1923년 초 라용균이 상하이 국민대표회의에 2만 원을 전달했다는 1923년 5월 23일자 신문 기사도 있다.[126] 이러한 정황으로 보아, 보천교가 대한민국 임시정부에 5만 원을 지원하였다는 최공엽의 글은 사실에 가깝다.

1921년 11월에 열린 워싱턴회의(1921)를 앞두고 한국의 독립을 위한 외교 활동을 후원하는 '대태평양회의한국외교후원회對太平洋會議韓國外交後援會'(1921.11)가 조직되었다. 보

임규

보천교 형평사장이던 임규가 교금 5만원을 라용균을 통해 대한민국 임시정부에 전달하였다.

천교는 앞의 후원회에 이영로李榮魯, 채봉묵蔡奉黙 등 2명을 파견하였다.[127] 1922년 1월

---

124) "太乙教의 大金被奪. 全羅南道 井邑郡을 中心으로 하고 車京錫을 敎主로 하야 敎徒 100萬이란 可驚의 多數 信者를 有한 太乙敎에서는 지난 10月 18日을 期하야 무슨 祕密會議를 開하려 하였다가 敵의 密偵의 探知한 바 되어, 崔圖洪 外 韓部諸人이 被捉하는 同時에 致誠金으로 하야 各 敎人으로부터 收合하야 將次 適宜한 處에 使用하려고 金洪圭의 집 階下 土缸에 藏置하였던 돈 10萬 7千 7百餘元의 巨金을 敵에게 빼앗겼더라. 全敎主 車京錫은 將次 皇帝가 되면 그 部下는 大臣과 守令方伯이 된다하고 萬頃에는 宏大한 敎堂까지 建築하였으며, 敎友 間에는 有無를 相通하야 共濟의 精神이 富하고 敵의 報道에 依컨대 그들은 우리 臨時政府와도 連絡이 있다 하는바, 이번에 逮捕된 이는 左와 如하더라. 金堤 萬頃面 崔圖洪, 金洪圭, 高論相 公州郡木洞 高泰圭, 論山郡 盧成睦源 等."('被捉事件一束', 《독립신문》 1921.11.11.) 이 외, 김홍규가 숨겨놓은 11만여 원은 후천선경 신정부 즉 독립 정부가 수립될 때 쓰려고 마련해둔 자금이었다는 기사도 있다. ('태을교와 독립 준비', 《신한민보》 1923.5.3)

125) "아버님이 국회의원 했던 라용균 씨와도 잘 지냈다. 언제가 라용균 씨를 만난 적이 있는데, 아버님의 도움을 크게 받았다는 말을 직접 들었다."(차봉남의 구술, 2001.12.28)

126) 오래전부터 정읍에 보천교 돈을 받은 라용균이 일부는 대한민국 임시정부에 건넸고 일부는 영국 유학비로 전용했다는 설이 전해지고 있다. 이와 같은 설을 뒷받침하는 기사는 아니지만, 1923년 국민대표회의 준비위원이던 라용균이 英國으로 유학 가기 전에 국민대표회의의 경비로 2만 원을 기부했다는 기사가 있다. ('羅容均氏留學. 영국으로 향하였는데 무사히 도착하였다고', 《조선일보》 1923.5.23)

127) '韓國人民致太平洋會議書', 《獨立新聞》 1921.11.19.; '韓國人民致太平洋會議書', 1921.9(2021.9.30. 국사편찬위원회 한국사데이터베이스) 앞의 「韓國人民致太平洋會議書」에는 수십 개 단체 수백 명의 이름에 날인이 돼 있는데, 그 중 "太乙敎" 대표인 "李榮魯, 蔡奉黙"이 포함돼 있다. 李榮魯는 경상북도 고령군 다산면 출신으로, 1927년 김창숙 등이 만주의 황무지를 개간하기 위한 자금을 모집하려 권총을 반입한 사건과 관련돼 있다. (경북 영덕의 宋永祜 외 28인 판결문, 1927.1.21. 대구지방법원)

제1회 극동피압박민족회의, 일명 코민테른 국제회의에 참가한 이들 중에는 김철수金綴洙, 장덕수張德秀, 최팔용崔八鏞, 라용균羅容均 등이 포함돼 있다. 김철수는 보천교로부터 받은 1만 엔으로 코민테른 국제회의(극동피압박민족회의) 여비로 충당하였으며, 그 회계를 자신이 담당하였다고 하였다.[128] 1923년에는 의열단義烈團[129]이나 천진불변단天津不變團,[130] 그리고 김좌진 계열에게 보천교가 자금을 지원했거나 지원을 시도한 사실이 있다.[131] 그리고 보천교의 자금을 지원받은 이들 가운데 일부는 보천교에서 교직을 맡았었다.

1920년대 전반기 경성 종로경찰서에서 작성한 「講演會報告に關する件」에 "또 임규와 최팔용 등이 보천교에 입교한 후에는 어떤 대학 출신자 등도 모두 차경석의 아래에 굴복하여 겸손하게 되었고, ……"[132]라는 내용이 나온다. 임규와 최팔용이 보천교에 입교하였다는 뜻인데, 사실 임규는 보천교 형평사장을 지냈었다.[133]

보천교에 입교한 민족운동가들과 보천교 교인을 구분했다는 일제의 기록도 있다. "……종래 보천교경성진정원에는 양관陽官과 음관陰官이 따로 있어서, 속까지 상호 음모를 즐기는 자를 음관이라 하고 사회적으로 연락하는 자는 양관이라 칭하였다. 그 양관의

---

128) 김철수(이균영 편), 「김철수 친필유고」, 『역사비평』 5 통권7호, 역사문제연구소, 1989, 354쪽.

129) "의열단원이 … 또 그 다음 해(1923) 여름에 보천교 李文溮와 협력하여 大田 普天教眞正院長 羅相彦에게 대하여 보천교 본부에 돈 50만 원을 제공하라고 청구하다가 목적을 달하지 못하였는데, 금년(1924) 3월 28일경에는 자기 혼자 나상언을 옥구군 임피면 어떤 산중으로 데리고 가서 말하기를 「지금 중국 蘇州로부터 의열단장 김원봉이 하수명의 단원이 일본으로 갈 작정으로 비밀리 木浦에 上陸하여 일본을 향하고 출발하였으니, 이에 대한 여비와 기타의 준비금을 내이라」고 요구하였으나 나상언은 가진 돈이 없음으로 내이지 못하고 다시 수일 후로 상약하였었다 하며…"('義烈團員被捉, 東大門署員이 群山에 出張하야…', 《조선일보》 1924.4.16)

130) 天津不變團은 1919년 조선홍, 명제세, 김철, 박세충 등이 중국 天津에서 조직한 민족운동 단체이며, 앞의 趙宣弘이 보천교와 관련 있는 趙晚植이라는 연구도 있다.(조규태, 「天津 不變團의 조직과 활동」, 『한국독립운동사연구』 23, 독립기념관 한국독립운동사연구소, 2004)

131) 김좌진에게 보천교가 2만여 원을 지원했다는 내용이 담긴 일제 정보보고서(「關機高援第三二七四三號大正十二年臨時保第四四十號」, 關東聽警務局, 1924.11.26, 1쪽)가 발굴되었다.

132) 「講演會報告に關する件」, 京城鐘路警察署, 1924.9.28; 『일제강점기 보천교의 민족운동 자료집Ⅲ』, 217-218쪽. 표지에 "京鍾警高秘第11927號-3"이라 쓰여 있는 「講演會報告に關する件」은 1924년 9월 27일 중앙기독교 청년회관에서 서울청년회 대표 辛哲鎬가 "보천교를 하루라도 빨리 사회로부터 매장시켜버려야 한다."며 주최한 「보천교 내막 조사 보고회」를 일제 경찰이 취재해 기록한 것이다.

133) 최팔용과 임규가 보천교 교인이었다는 차경석의 2남 용남의 구술이 있다.(차용남의 구술, 1990.7.30.; 최종섭의 구술, 1991.1.23.)

인물로 임규, 최팔용, 고용환 등이 매수당하여 사회적 관계를 맺고 마침내 '시대일보 사건'까지 생기게 되었다.……"[134]라는 기록이다. 그리고 최팔용(1891-1922) 사망 당시 그의 추도회가 보천교경성진정원에서 있었다는 당시 신문 기사도 있다.[135] 이러한 일련의 기록으로 보아, 임규와 최팔용 등 민족주의자들이 보천교와 직접 관련을 맺고 있었음은 사실이다.

1923년 조선물산장려회 초기 기관지 『산업계』의 발간에 참여했을 정도로 보천교는 물산장려운동을 인적 · 물적으로 지원하였다.[136] 같은 해 보천교는 대한민국 임시정부의 진로를 모색하는 국민대표회의(1923)에 강일姜逸(姜弘烈)과 배치문裵致文을 대표로 파견하였다.[137] 국민대표회의에 보천교 대표가 참가한 배경은 다음과 같다.

그리서 국민대표회의를 하는디, 각처에서 대표를 서로 많이 보내왔어. 근디 우리 상해파 공산당 측에서는 그때까장도 내지 각 운동을 모다 쥐고 있응게. 내지에서 각 지방별로 道 대표, 노동자 대표, 농민 대표, 청년 대표, 여성 대표, 사상단체 대표, 각 단체 대표가 모다 우리 전부여. 우리 측에서 뽑은……. 그렇게. 심지어 천도교 대표도 우리 측에서. 보천교 대표도 우리 측. 아! 보천교 다 우리 파거든. 그때, 천도교랑. 그렇게 우리가 만일 조선 안에서 혁명을 일으키면, 천도교, 보천교는 다 우리 따로 없어. 그렇게.[138]

---

134) 「講演會報告に關する件」, 京城鐘路警察署, 1924.9.28. ; 『일제강점기 보천교의 민족운동 자료집Ⅲ』, 217-218쪽. 1924년 당시 일간지 《시대일보》를 보천교가 인수하는 과정에서 일부 지식인들의 비난이 있었고, 이것이 계기가 되어 보천교는 분란에 휩싸였다.

135) '眞正院에서 追悼', 《조선일보》 1922.12.4.

136) 차경석의 2남 龍南은 물산장려운동에 필요한 비용을 보천교에서 전적으로 부담하였다고 하였다. (차용남의 구술, 1991.1.21.) 당시 신문에도 고용환, 임경호, 이순탁 등이 『산업계』의 사무 담당자였다고 나와 있다. ('物産獎勵會務 擴張, 자본금 5만 원으로 소비조합 설립, 기관잡지를 발행하여 주의를 선전', 《조선일보》 1923.5.10. ; 홍성찬, 「한국 근현대 이순탁의 정치경제사상 연구」, 『역사문제연구』 창간호, 1996, 73쪽)

137) 「大正十二年高警第二六九三號 上海情報」, 發送. 朝鮮總督府警務局, 1923.8, 1-3쪽. 강일과 배치문은 뒤에 의열단에 입단하였다. ('義烈團檢擧ノ件', 『檢察行政事務ニ關スル記錄(1)』, 京鍾警高秘第16789號ノ4, 發送者. 鐘路警察署長(1924.1.7), 受信者. 京城地方法院檢事正(1924.1.7) ; '大正十二年 義烈團員吳福泳等ノ行動ニ關スル件', 發送. 京城○○○察署長(1923.9.18), 1쪽)

138) 「구술자료 - 김소중 소장본」, 『현대사연구소 자료총서 제4집, 運耘 金鐵洙』, 한국정신문화연구원 현대사연구소, 1999, 66쪽.

사회주의자 김철수
김철수는 보천교로부터 1만 엔을
받아 코민테른 국제회의 여비로
충당하였다고, 그의 친필 노트에
적었다.

위는 상해파 공산당의 핵심 인물 김철수金綴洙(1893-1986)의 구술이다. 당시 천도교나 보천교를 자신들의 일파라고 생각한 김철수의 국내에서 혁명이 일어나면 보천교가 합세할 것이라는 낙관적인 전망이다. 국민대표회의 당시 서기였던 김철수의 이러한 인식을 통해서 국민대표회의에 보천교 대표 두 명이 참가한 배경을 추정할 수 있다. 그리고 1922년 코민테른 국제회의(극동피압박민족회의)의 참가 여비 지원과 관련해서도 생각할 수 있다. 즉 최팔용, 장덕수, 김철수 등이 보천교 차경석으로부터 1만 엔을 받아 코민테른 국제회의 참가 여비로 지출했다는 내용이 담긴, 당시 회계 담당 김철수의 친필 노트가 있기 때문이다.[139]

이 외에도 1923년에 김좌진 계열의 유정근兪政根이 '군자금' 마련을 위해 차경석을 만주로 데려가려고 시도하였다. 이 사건과 관련한 일제 판결문 일부를 발췌하면 다음과 같다.

피고인(필자 주 : 유정근)에 대한 사법경찰관 사무 취급의 제4회 신문조서 중 동인의 공술로써 김좌진이 張作霖과 이해 아래에 북만주 지역에서 김좌진의 부하로 보위단을 조직하고, 군비를 충실히 한 다음 먼저 적로군을 격퇴한 후에 조선 내에 침입하여 독립에 착수하기로 결정하였으나, 그 보위단이 필요한 무기를 구입하는데 자금이 없기 때문에 약 300만의 신도를 보유하고 자금이 풍부한 보천교주 차경석을 북만주로 데리고 가서 협력하면서 신도 중 이주한 자를 군적에 넣을 수 있을 것이고, 무기 구입 자금도 얻을 수 있는 좋은 기회이므로, 차경석을 데리고 가고 조선 내 유력자에게 군자금을 모집할 목적으로 경성으로 왔다는 내용의 기재. ……[140]

---

139) 김철수(이균영 편),「김철수 친필 유고」,『역사비평』5, 통권7호, 역사문제연구소, 1989, 354쪽. 앞의 글에는「김철수 친필 유고」가 함께 게재돼 있다.

위의 유정근은 한국 독립군의 무장에 필요한 자금을 얻기 위해서 차경석을 만주로 데리고 가려다가 검거되었다. 당시 신문에도 이와 관련한 기사가 실렸는데, 그 내용을 간추리면 다음과 같다.

…… 兪政根은 중국 吉林省 寧安縣에 있는 金佐鎭의 사명을 받아가지고 얼마 전에 경성으로 들어와서 시내 모처에 체재하며 …… 독립 군자금을 모집하려던 사실이 동대문경찰서에 탐지된바 …… 또는 보천교도 申鉉大가 鷄林電氣公司를 표방하여가지고 …… 즉시 김좌진에게 돌아가서 말하기를 자기가 普天敎에서는 牛耳를 잡았다고 스스로 자랑하고, 다시 김좌진에게 지금 조선에는 경비가 엄밀한즉 도저히 武力으로는 침입하기 불능한즉 차라리 교묘한 수단을 가지고 가만히 경성에 들어가서 한편으로는 그대의 證明과 文書를 가지고 성내에 있는 귀족과 또는 부호를 달래고, 또 한편으로는 3만의 보천교도를 거느리고 거액의 부호로 지목하는 車京錫을 옹호하여가지고 …… 여러 가지로 곤경으로 지내는 김좌진이가 …… 스스로 경성 안에 있는 귀족과 부호에게 보낼 公函을 작성하고 …… 김좌진의 사면을 맡아가지고 조선으로 건너온 실상을 이야기한 후 즉시 시내에 사는 朴泳孝, 韓圭卨, 李鍾健, 閔丙承, 張吉相, 車京錫 등 제씨에게 공함을 보내기로 하고, …… 전기 계획하고 있던 것을 시내 東大門 경찰서에 탐지한 바 되어 전부 체포된 것이라는데 ……[141]

김좌진의 부하 유정근과 보천교 교인 신현대申鉉大가 김좌진을 설득해 당시 박영효, 한규설, 차경석 등으로부터 군자금을 받아내기 위해 김좌진의 공함公函(필자 주 : 공적인 문서나 편지)을 가지고 있다가 일제 경찰에 체포된 사건을 보도한 것이다. 미수에 그친 사건인데, 1924년 김좌진이 보천교로부터 2만여 원을 받아 무장 활동에 썼다는 내용이 담긴 일제 기밀문서가 최근에 발굴되었다. 이 문서의 전문을 소개하면 다음과 같다.

---

140) 만주 길림의 兪政根 판결문, 1923.8.27., 경성지방법원; 『일제강점기 보천교의 민족운동 자료집Ⅲ』, 197쪽.
141) '軍資募集의 計劃, 着手도 前에 發覺되어 被逮. 김좌진의 사명을 받아가지고 온 유정근이 사건에 중심이 된 모양…', 《조선일보》 1923.8.2.

김좌진 군자금을 얻다

근년에 김좌진은 자금 부족으로 부하를 해산하고 오로지 활동 불능의 상태가 되었으나, 금년 봄 조선 내 보천교 교주 차경석과 연락하여 만주 별동대로서 행동하게 되어 지난 10월 초순 교주 대표 某가 영고탑에 와서 금 2만여 원의 군자금을 줌으로써, 이 돈으로써 舊부하를 소집하고 三盆口에 근거를 두고 포교와 무장대의 편성을 계획하고 동지를 거느리고 동녕현에 들어가려고 했으나, 최진동의 동현 지나 관리 때문에 체포되었기에 두려움을 품고 영고탑에 들어와 연락자를 구하여 동현 지사의 매수 운동을 하고 있다고 함.

김은 종래 독립단의 두목으로서 상당한 인망이 있으므로 그들이 상당의 군자금을 준비하고 부하를 소집하고 있어 다수의 참가자가 있겠으므로 보천교의 배경으로서 행동하려고 하는 그들의 장래는 상당히 주의를 요하는 것으로 인정된다.[142]

김좌진

김좌진이 보천교로부터 받은 2만여 원으로 무장을 하였다는 일제 기밀 문서가 발굴되었다.

일제 경찰이 유정근을 붙잡아 심문한 결과 유정근이 보천교로부터 2만여 원을 받아냈으며, 그 돈은 독립군의 무장 활동으로 썼다는 내용이다. 앞의 '유정근 관련 판결문'[143]과 김좌진 관련 정보보고서[144]는 동일 사건을 기록한 것이다. 이 외에도 만주의 민족운동 단체와 보천교가 연계돼 있다는 최근의 연구도 있다.[145] 이처럼 1920년대 전반의 보천교는 민족운동가들에게 적지 않은 자금을 지원하였으며, 국내외 민족운동 단체와도 협력 관계에 있었

---

142) 「金佐鎭軍資金ヲ得」, 機密第1148號, 1924. 『不逞團關係雜件 - 朝鮮人ノ部-在滿洲ノ部40』에 편철돼 있는 앞의 문서에는 關東廳警務局長發信 亞細亞局長受信, 1924년 11월 26일 발신, 1924년 12월 3일 수신 능이라고 돼 있다. (2021.9.30. 국사편찬위원회 한국사데이터베이스)

143) 만주 길림의 兪政根 판결문, 1923.8.27., 경성지방법원; 『일제강점기 보천교의 민족운동 자료집Ⅲ』, 197쪽.

144) 「金佐鎭軍資金ヲ得」, 機密第1148號, 1924.

145) 박환, 「1920년대 만주지역 독립운동단체 군자금 모금과 보천교; 김좌진과 보천교」, 『보천교와 보천교인의 민족운동』, 도서출판선인, 1918.

다. 보천교의 이러한 움직임을 파악한 일제는 수시로 보천교의 주요 기관을 급습하거나 압수수색을 단행하였고, 관련 인물들을 연행하였다.[146]

1922년에는 전라남도 고흥에서 일명 '고흥 태을교도 총살사건'(이하 '고흥 사건'이라 함)이 있었다. 일제 경찰이 보천교의 집회를 감시하고 탄압하는 과정에서 경찰이 쏜 총에 교인 한 명이 사망한 사건을 계기로 당시 지식인들 사이에서 인권옹호 운동이 일었다. 아울러, '고흥 사건'은 당시 일간지에 특필될 정도로 큰 이슈로 등장하였다.[147] '고흥 사건'과 관련해서 인권옹호 운동을 벌인 김철수金喆壽와 장덕수는 차경석으로부터 자금 지원을 받는 등 보천교와 밀접하였다.[148] 당시 대한민국 임시정부 기관지《독립신문》도 '고흥 사건'을 다음과 같이 보도하였다.

太乙教徒 銃殺事件에 倭側의 虛僞的 發表에 憤慨한 韓人 各 社會는 冒險的으로 蹶起하여 宣言을 發表하며 倭當局에 對하야 抗議하다. …… 지난 2日 漢城에서는 市內 各 團體 代表 가 光化門通 民友會에 모여 熱熱한 討論이 있은 後 마침내 大演說會를 發起하여 5日 午後 8時 鐘路青年會館에서 人權擁護大演說會를 開하였는데, 極度의 興奮을 感한 羣衆은 自然 館內館外에 充滿하여 霹靂같은 高喊과 拍掌 속에서 李載甲, 朴炳采, 朴勝彬, 李鍾麟, 金喆 壽, 崔元淳 諸氏의 自由 意思를 發表치 못하고 隱語的의 悲痛한 演說이 有한 後 下記한 決議文을 滿場一致로 議決하고 事勢에 더 어찌할 道理가 無함으로 不得已 倭當局에 交涉할

---

146) 1923년 9월 동대문경찰서는 보천교경성진정원 간부 두 사람을 체포하면서 가택을 수색하였고, 진정원 내 보광사에서 인쇄한 '교헌'과 '선포문' 등을 압수하였다. ('被捉事件一束',《독립신문》1921. 5. 7.; '家宅을 搜索. 書類도 많이 押收',《조선일보》1923. 9. 25.; '普天教幹部 檢擧 原因은 內訌의 中傷인 듯. 不日不時에 압수 등, 자세한 것은 경찰 당국의 비밀',《동아일보》1923. 9. 26)

147) '咩哆教徒와 大衝突, 경관이 총을 놓아 1명 즉사, 전라남도 고흥군 지방에서',《동아일보》1922. 8. 19.; '太乙教徒 暴行顚末. 교도들이 먼저 경관에게 폭행, 생명이 위급하여 권총을 발사',《매일신보》1922. 8. 22. 이 사건을 두고서《동아일보》는 일제 경찰의 인권 무시가 원인이라 한 반면에《매일신보》는 교인들 이 폭력을 먼저 휘둘러 권총을 발사할 수밖에 없었다고 하였다.

148) 1922년 1월 제1회 극동피압박민족회의에 참가한 사회주의자들은 金綴洙, 金奎植, 張德洙, 崔八鎌, 呂運 亨, 金澈, 金尚德, 羅容均, 鄭光鎬, 張德震 등인데, 장덕수와 최팔용이 보천교 차경석으로부터 1만 엔을 받았고 이를 집행한 이는 김철수였다. (김철수(이균영 편),「김철수 친필 유고」,『역사비평』5 통권7호, 역사문제연구소, 1989, 354쪽)

委員으로 張德秀, 薛泰熙, 朴勝彬 三氏를 選擧하였더라

決議文

人權의 是認은 文明의 根本이오 社會의 土臺라 政治的으로 此를 失하면 그 國家는 存在의 理由가 絶하고 社會的으로 此를 亡하면 그 民族은 存在의 形勢가 滅하도다. 人權은 人民 各個의 人格을 認定하고 그 生活을 保障하는 惟一한 道理라 此를 扶植치 안 하고 어찌 文明이 存하며 此를 肯定치 안 하고 어찌 國家社會가 立하리오. 吾人은 이제 高興銃殺事件에 對하야 此 大原則에 據依하야 左와 如히 決議하여서 朝鮮 民族의 生存權 擁護를 期하노라. (決議條文은 此에 略함)[149]

'고흥 사건'을 계기로 국내 언론뿐만 아니라 대한민국 임시정부도 일제 경찰에 의한 인권 침해 상황을 부각시켰다. 더 나아가, 이 사건을 민족 감정이나 한민족의 생존권의 문제로까지 비화시켰다. 이러한 움직임을 주도한 단체는 조선민우회朝鮮民友會다. 조선민우회는 '고흥 사건'과 관련하여 경성에서 인권옹호 대大연설회를 개최하기로 하고 교섭위원으로 장덕수, 설태희, 박승빈 등 3인을 선출하였다. 이때 김철수金喆壽는 연사였다.[150] 자칫 사교邪敎로 인식될 수 있는 보천교를 옹호한다는 오해를 받을 수 있는 상황에서 인권 문제를 제기한 인사들 대부분은 보천교와 밀접한 이들이었다. 이렇듯 일부 지식인들은 보천교와의 관계를 회피하지 않았다.

1920년대 전반 실력양성운동의 분화 과정에서 나타난 물산장려운동과 이 운동을 부분적으로 비판했던 사회주의운동 모두는 대중운동으로의 전환이 필요하였다. 이 과정에서 일부 사회주의자들까지 보천교의 자금과 조직이라는 두 가지 가능성에 기대하였다. 소위 상해파 사회주의 계열로 분류되는 김철수金綴洙나 최팔용은 보천교로부터 자금 지

---

149) '人權蹂躪의 慘劇中에서 悲號하는 人權擁護의 聲', 《독립신문》 제140호, 1922. 9. 1.
150) '人權擁護大演說, 고흥 사건에 대한 사회의 여론, 명5일 청년회에서 민중대회', 《동아일보》 1922. 9. 4. 이때 金喆壽는 제3차 조선공산당의 金綴洙와는 다른 인물이다. 하지만, 앞의 金喆壽도 보천교와 깊은 관련이 있다는 구술이 있다.(차용남의 구술, 1991. 1. 1)

원을 받는 등 보천교와 우호적인 관계를 유지하였다. 그런데 물산장려운동이 사실상 막을 내린 1924년경의 '보천교 박멸운동'은 서울청년회가 주도하였다.[151] 이들은 아예 사무실까지 차려 놓고 보천교를 성토하였다.[152] 이들이 보천교를 성토한 배경에는 미산 타파 등 반反종교운동의 영향 때문이라고 판단된다.[153] 1920, 30년대 반反종교운동은 사회주의 진영이 주도하였으며, 그들은 근대의 합리성이 종교가 아닌 다른 영역의 것이라고 믿었었다.[154]

2) 보천교의 실력양성운동 참여

(1) 물산장려운동의 전개와 보천교

1920년대 초반부터 1930년대 말까지 전개된 물산장려운동은 일제의 경제 침략으로 한국인의 생활권이 위협받는 가운데 민족적 자각을 촉구하고, 단합된 민족의 힘으로 근대 기업을 일으켜 자주·자립의 경제를 추구하자는 경제적 민족운동이다.[155] 1920년 조만식曺晚植을 중심으로 평양에서 시작된 물산장려운동은 1923년 1월 20일 경성 협성학교에서 조선물산장려회 발기대회로 이어졌다.[156] 이때부터 선전, 계몽을 통한 물산장려

---

151) '普天敎撲滅을 決議. 성황이었던 죄악 보고 연설회, 속속 드러난 보천교 죄악', 《조선일보》 1924. 9. 29. 서울청년회가 보천교가 시대일보사를 돈으로 도둑질을 하였다며, '세상을 미혹하게 한 미신집단인 보천교'의 내막을 조사하여 세상에 알리겠다며 조사 내용 12가지를 제시하였다.('서울靑年會의 決議. 普天敎의 12條項을 調査, 결의의 내용은 세상을 미혹케 하는 보천교의 내막을 폭로코자 하는 것', 《조선일보》 1924. 8. 4) 그리고 화요계 사회주의자 辛鐵, 曺奉岩, 辛日鎔 등도 보천교 성토 연설회를 주도하였다.('普天敎罪惡聲討. 25일 천도교당에 연설회', 《조선일보》 1924. 9. 23) 따라서 1920년대 중반에 보천교 성토를 주도한 이들은 서울청년회와 화요계 사회주의자들이다.
152) '普天敎內幕 調査報告演說, 죄상 성토회는 못 열어', 《시대일보》 1924. 9. 26. ; 『講演으로 演劇으로』··· 濟州흠치 撲滅運動後記', 《동아일보》 1924. 3. 31.
153) 反宗敎運動이란 마르크스주의 입장에서 종교에 반대하는 운동이다.
154) 장석만, 『한국 근대종교란 무엇인가?』, 도서출판모시는사람들, 2017, 286쪽.
155) 방기중, 「1920·30년대 조선물산장려회 연구」, 『국사관 논총』 67, 1996, 96쪽; 이만열, 「고당 조만식 선생과 조선물산장려운동의 민족사적 의의」, 『조선물산장려운동 발기 73주년기념 고당 조만식 선생과 조선물산장려운동에 관한 학술대회』, 고당기념사업회·조선일보사, 1993. 8. 23., 1-2쪽.
156) '朝鮮物産獎勵會趣旨書', 《동아일보》 1920. 8. 23. ; '朝鮮物産獎勵會 細部 綱領 및 論理', 《동아일보》 1920.

운동은 경성을 비롯한 지방의 각 도시로 확산되었다.[157] 1923년 11월에는 우여곡절 끝에 기관지『산업계』가 발간되었다.[158]

1923년 3월 전국적인 선전 행렬을 고비로 답보 상태에 접어든 물산장려운동은 1924년 2월 5일경에 열린 대규모의 계몽 선전 강연을 기점으로 소강 국면에 접어들었다. 1925년 경에는 일상적인 사업은 고사하고 사무실을 유지하기조차 어려울 정도로 물산장려운동 은 유명무실하였다.[159] 1929년에는『조선물산장려회보』가 창간되고 물산장려회관이 마련되는 등의 관련 운동은 다시 시작되었다. 그러나 만주사변(1931)을 계기로 일제의 군국 주의화 및 독점자본화가 심화되면서 물산장려운동은 이념적으로 또는 현실적으로 그 토대나 활로를 마련할 수 없었다. 1940년 8월에 형태만 남은 조선물산장려회는 일제에 의해서 강제 해체되었다.[160]

물산장려운동의 배경에는 1922년 5월 유산자들이 중심이 되어 만든 조선민우회가 있다. 조선민우회는 조선청년연합회 내 민족주의 우파와 동아일보 계열이 주도하였다. 이때 좌파인 서울청년회 회원 다수도 우파 견제를 목적으로 조선민우회에 가입하였다.[161] 민족주의 우파로 분류되는 임규林圭와 주익朱翼도 조선민우회에서 활동하였으며, 이들은

<hr>

9.2., 9.4., 9.5., 9.6.

157) 조영건,「일제하 경제적 민족주의와 물산장려운동」,『경남대논집』18, 경남대학교, 1991, 160-161쪽.
158)『産業界』는 제5호까지 발행되었으며, 그 뒤『自治』로 개칭해 12호까지 발행되었다.
159) 조영건,「일제하 경제적 민족주의와 물산장려운동」,『경남대논집』18, 경남대학교, 1991, 160-161쪽. 물산 장려운동의 침체 원인을 일제의 간섭과 사회운동 진영의 분파적 갈등, 민족 독립을 위한 물적 기반을 다지겠다는 의식의 결여, 막연하게 한국인 기업가의 이익을 민족 전체의 이익과 동일시 한 점 등을 들었다. 이 상태에서 조선 물산을 무조건 사용할 것을 주장하는 운동의 취지는 대중적 합의와 지지를 이끌지 못하였고, 일제에 예속된 자본가의 이해관계 속으로 빠져들 수밖에 없었다.(조영건의 앞의 글, 160-161쪽)
160) 위와 같은 글, 161쪽. 방기중은 1923과 1924년의 물산장려운동을 창립기의 운동으로, 1925년의 운동을 재건운동으로 바라다보았다. 또한, 1929년 후반에서 1932년에 이르는 대공황기에도 물산장려운동은 활발하게 전개되었다고 밝혔다. 물론 대공황기에는 조선물산장려회를 주도하는 이사진이 크게 바뀐 상태 였으며, 초기의 지식인 중심의 계몽운동 단체에서 지식인과 상공인이 결합된 경제운동 단체로의 전환이 있었다고 하였다. 그리고 조선물산장려회는 1937년 2월에 스스로 해체를 결정하였다고 밝혔다.(방기중, 「1920, 30년대 조선물산장려회 연구」,『국사관논총』67, 1996)
161) 윤해동,「일제하 물산장려운동의 배경과 그 이념」,『한국사론』27, 1992, 310-311쪽. 李得年과 張德秀는 1921년 1월 27일 경성에서 조직된 서울청년회의 창립 인사였다.

당시 보천교에서 교직을 맡고 있었다.[162]

물산장려운동의 핵심 이념인 토산 장려土産奬勵는 제국주의 상품 시장의 논리를 거부하고 외화 배척外貨排斥을 주장한 설태희·안재홍安在鴻의 논리와 유사하다. 설태희와 안재홍은 물산장려운동을 유산자들이 주도하는 것을 우려한 나머지 토산 장려와 가내 공업 또는 소공업적 생산에 기반을 둔 자급자작自給自作을 주장하였다.[163] 이는 보천교의 자작자급自作自給이나 왜산倭産 물산 배척이라는 논리와 같은 것이다.[164] 설태희와 안재홍의 주장이 보천교와 어떤 관련이 있는지는 알 수 없지만 보천교는 1930년대에도 자작자급의 논리에 따른 토산 장려운동을 전개해 나갔다.[165]

1920년대 보천교는 정전제적井田制的 경제 공동체를 만들고자 하였다. 후천선경 신정부 건설운동의 결실인 '대시국大時國'은 정전제적 경제 공동체이기 때문이다.[166] 재산을 교단에 희사하고 전라북도 정읍의 중앙본소 주변으로 이주한 탄갈자들은 정전제적 경제 공동체와 관련이 있었다. 이때 보천교의 경제적 구호는 '토산 장려'다. '토산 장려'는 탄갈자들을 중심으로 한 평균과 평등을 기반으로 한 생산 공동체의 건설 과정에서 나온 구호들이기 때문이다.[167] 보천교의 '토산 장려'와 조선물산장려회의 '토산 장려'가 어떻게 다른지는 알 수 없다. 단지 1923년 각 지역의 보천교진정원이 중심이 되어 토산 장려운동

---

162) 《시대일보》사우회와 보천교 측이 재교섭을 하는 중의 보천교 측 인사는 고용환, 주익, 李鍾翊 등 세 사람이라는 내용의 신문 기사가 있다. ('時代日報社友와 普天敎側의 交涉. 재작일의 것은 파열되었으나 다시 교섭이었을 모양이라고', 《조선일보》1924.7.14.)

163) 윤해동, 「일제하 물산장려운동의 배경과 그 이념」, 352-353쪽. 《동아일보》와 이광수는 생산증식 논리를 강조하였다. 생산증식의 논리가 타협적이라며 비판해 온 사회주의자들을 공박하는 과정에서 이들의 생산증식의 논리는 더욱 강화되었다. 따라서 물산장려운동은 日貨排斥運動이 아닌 한국인의 공업 자본의 이해를 대변한다는 주장으로까지 변모하게 되었다. (윤해동의 앞의 글, 352-353쪽)

164) 차용남의 구술, 1990.7.30.

165) '斷末魔의 普天敎 自給運動에 轉向, 日用品工場도 設置', 《매일신보》1934.9.27.; 최종섭의 구술, 1991. 1.23.

166) 『普天敎一般』, 40-41쪽; 趙景達, 「植民地朝鮮における新興宗敎の展開と民衆(上) - 普天敎の抗日と親日」, 82쪽. 보천교 자체가 '井田制的 경제 공동체'라는 설은 구전만이 아닌 敎旗에도 나타나 있다. 교기를 '井字旗'라고도 하는데 정자기의 '井'이 정전제를 의미한다는 설이다. (최종섭의 구술, 1991.1.23)

167) 역사문제연구소 동학농민전쟁 백주년기념사업 추진위원회 편, 『다시 피는 녹두꽃』, 역사비평사, 1994, 106쪽; 최종섭의 구술, 1991.1.23.

을 지원했다는 기록[168] 이 있으며, 보천교 중앙본소에서 각 지방에 '토산 장려'를 지시했다는 신문 기사도 있다. 그 내용 일부를 발췌하면 다음과 같다.

普天敎의 自作會
普天敎에서는 癸亥年(1923) 陰 正月一日부터 自作自給을 하기로 決議하여 滿場一致로 可決된 바, 純 朝鮮産으로 衣服制度를 改良하며 日常生活에 對한 日用品도 可及的 朝鮮産만 使用하기로 各 地方에 通知하고, 模範하기 爲하여 井邑 中央本所에서 第一步로 實施에 就하였다더라(井邑)[169]

1923년 당시 보천교 중앙본소는 교인들에게 "순 조선산"을 사용하라고 지시하였다. 각 지역에서도 "순 조선산"을 사용하기 위한 '토산 장려'라는 이름의 운동을 전개하였다. 그 가운데 충청남도 홍성洪城의 보천교가 기록상 가장 먼저 토산 장려운동을 전개하였다.

近來 洪城 普天敎會에서는 그 敎徒一般에 對하여 土産을 獎勵하기 爲하여 衣服 飮食을 舊正月 一日부터 朝鮮産으로 實行하기로 하였다더라. (洪城)[170]

홍성의 뒤를 이어, 평양平壤과 제주濟州에서는 토산 장려운동을 지원하기 위한 보광사普光社가 조직되었다.[171] 보광사는 기관지 『보광』의 유통 외 자작자급의 원칙에 따른 생산과 소비를 연결하는 일종의 조합이다. 제주도 보광사의 경우 사원이 200여 명에 달하였다고 한다.[172] 앞의 사원은 조합원일 가능성이 있다. 이처럼 보천교가 교단 차원에서 '토산 장려'를 강조한다거나 토산 장려운동을 지원하였다는 사실이 당시 언론에 자주 언급되었

---

168) '普天敎도 參加, 物産獎勵運動에', 《동아일보》 1923. 2. 13.
169) '普天敎의 自作會', 《조선일보》 1923. 2. 6.
170) '普天敎土産獎勵', 《동아일보》 1923. 2. 16.
171) '普光社 發起總會', 《조선일보》 1923. 5. 11.
172) '普光社를 組織', 《동아일보》 1923. 12. 29.

다. 그러나 보천교 측 기록에는 이러한 내용이 없다. 다만 차경석의 2남 용남龍南과 교단 간부들의 구술이 있을 뿐이다. 즉 1920년대 초반에 비밀리에 보천교 중앙본소를 다녀간 이는 조만식曺晩植, 또 다른 조만식趙晩植, 한규설, 장덕수, 최팔용, 송진우, 백관수, 조병욱, 신석우, 김철수金綴洙, 또 다른 김철수金喆壽, 안재홍, 백남훈, 설태희, 임규, 그리고 허씨, 강씨, 김해배씨 등이라고 용남은 구술하였다.[173]

앞의 구술에 나오는 설태희와 안재홍安在鴻은 조선물산장려회에 참여해 외화배척·토산장려·자작자급을 주장하였으며, 임규는 조선물산장려회 회원이었다. 1922년 3월 좌파 세력이 탈퇴한 조선청년연합회가 재조직되었는데 이때 집행위원회 상임위원이 김철수金喆壽와 고용환高龍煥이었다. 이들은 이후 조선물산장려회 이사로 선출되었으며 조선민립대학기성회의 중앙집행위원이 되었다. 당시 고용환은 보천교 간부였으며, 김철수金喆壽 역시 보천교와 밀접한 인물이었다.[174]

1923년 1월 20일에 열린 조선물산장려회 창립총회에서 선출된 이사는 20인, 그리고 같은 해 4월 30일 제2회 정기총회에서 선출된 이사는 10인이다.[175] 총 30인 이사 중 보천교 간부가 4인, 보천교와 관련 있는 인물이 3인이다. 고용환, 이득년李得年, 임경호林敬鎬, 주익朱翼 등은 당시 보천교에서 교직을 맡았으며, 이순탁, 김철수金喆壽, 설태희薛泰熙 등은 보천교와 밀접하였다.[176] 그리고 이들은 조선청년연합회 내 우파 성향의 인물들이기

173) 차용남의 구술, 1990.7.30.; 차용남의 구술, 1991.1.21.; 최종섭의 구술, 1991.1.23.
174) 차용남의 구술, 1990.7.30.; 차용남의 구술, 1991.1.1.; 최종섭의 구술, 1991.1.23.
175) 「朝鮮物産獎勵會會錄」, 『産業界』創刊號, 朝鮮物産獎勵會, 1923.12.1., 66-67쪽. 1923년 4월 30일 제2회 조선물산장려회 정기총회 당시 재선출된 임원은 鄭魯湜, 金喆壽, 韓仁鳳, 薛泰熙, 李順鐸, 李鍾麟, 沈宜性, 白寬洙, 金潤秀, 高龍煥, 羅景錫, 李得年, 崔元淳, 金秉瀘, 林敬鎬, 朴鵬緒, 李璜珪, 金德昌, 辛泰嶽, 吳尙俊, 宋鍾愚, 李東植, 玄僖運, 兪星濬, 朱翼, 李甲成, 朴東完, 高裕相, 張斗鉉, 李時琬 등이다.(『産業界』創刊號, 66쪽) 이 가운데 임경호와 주익, 이득년, 고용환이 보천교 간부이고, 이순탁과 설태희는 보천교와 밀접하다.
176) 참고로, 조기준은 보천교의 핵심 간부 임경호를 '천도교인'으로, 고용환을 '민족주의 인사'로, 그리고 이득년을 '韓末의 주요 인사'로 표기하였다. 조기준은 물산장려운동에 가담했던 柳光烈과의 담화를 통해서 앞의 인물들에 대한 프로필을 작성했다고 밝혔다.(조기준, 「조선물산장려운동의 전개과정과 그 역사적 성격」, 『역사학보』41, 1969, 88쪽) 주익을 보천교 교인으로 처음 언급한 이는 방기중이다. 방기중은 "보천교 소속의 주익은 3·1운동, 상해 임정에 참여한 바가 있다."라고 하였다.(방기중, 「1920·30년대 조선물산장려회 연구-재건 과정과 주도층 분석을 중심으로-」, 『국사관논총』67, 1996, 103쪽)

도 하였다. 그 밖의 보천교에서 간부로 있던 이종익李鍾翊, 임규, 김유경金有經 등이 조선물산장려회 회원으로 참여하였다.[177] 이종익은 1923년에 보천교경성진정원장을 지냈으며,[178] 임규는 1923년 12월까지 보천교 형평사장을 지냈었다.

<표4> 조선물산장려회 창립총회와 제2회 정기총회에서 선출된 보천교 관련 인물

성명	구분	이력
이득년(李得年)	창립총회 이사	보천교 간부. 《시대일보》 창간 당시 이사. 보천교 측이 《시대일보》 인수 과정에서 사장인 최남선의 이중적 태도와 사원들의 보천교에 대한 부정적 인식으로 임시 폐간되는 사태를 당시 부사장이던 이득년이 해결하려고 함
임경호(林敬鎬)	창립총회 이사	보천교충남진정원장. 『산업계』 사무 담당자. 보천교의 핵심 인물로 시국대동단을 주도함. 뒤에 출교하여 혁신운동을 일으킴
주익(朱翼)	2회 정기총회 이사	보천교경성진정원 부장. 민우회 임원. 대한민국 임시정부에 참여함
고용환(高龍煥)	창립총회 이사	보천교 총령원 사서. 보천교진정원 수호사장. 『산업계』 사무담당자. 사회주의자가 탈퇴한 청년연합회 상무위원, 민립대학기성회 중앙집행위원 등을 역임

　보천교가 조선물산장려회 기관지 『산업계』의 창간과 운영에 직접 관여했다는 정황도 있다.[179] 『산업계』를 1923년 11월 30일 보천교의 보광사 인쇄부에서 만들었는데,[180] 당시 보광사는 보천교 기관지 『보광』을 발간하고 있었다. "1923년 8월 1일에 보광사를 보광사 인쇄소에서 개업하다."[181]라는 『보광』의 기록에서 보듯이, '보광사 인쇄소'가 먼저 설립되고 조합 형태의 '보광사'가 조직되었다. 이후 전국 각지에 조직된 보광사는 교단 내의

---

177) 「朝鮮物産獎勵會會員名簿錄」, 『産業界』 創刊號, 68-70쪽. 윤해동의 앞의 글(308-309쪽)에서는 임규와 주익을 민우회 임원이자 민족주의 인사로 분류하였다. 홍성찬의 앞의 글도 마찬가지이다. 보천교 기관지 『普光』에는 "1923년 1월 林圭가 京城普天敎眞正院 衡平司長으로 있다가 사직했다."라고 돼 있다.(「癸亥1年 敎史의 槪要」, 『普光』 4, 1924.3, 89-90쪽)
178) 「中央彙報」, 『普光』 3, 1924.1., 61쪽; 「癸亥一年 敎史의 槪要」, 『普光』 4, 1924.3., 89쪽.
179) '産業界創刊號, 지난 1일에 발간됨', 《동아일보》 1923.12.4.
180) 『産業界』 創刊號, 71쪽.
181) 「癸亥一年 敎史의 槪要」, 『普光』 4, 1924.3., 90쪽.

토산 장려운동을 지원하였다.[182] 보광사는 1923년 9월 15일에 『보광』을 창간하였는데,[183] 『산업계』에 앞서 『보광』이 먼저 창간된 것이다.

『산업계』(1923. 12, 창간호)에 보천교경성진정원과 보광사의 축하 광고가 여럿 게재되었고,[184] 고용환, 임경호, 이순탁 등은 『산업계』의 사무를 담당하였다.[185] 1923년 1월 9일 조선물산장려회 발기 준비회가 경성청년연합회 사무실에서 열렸을 당시 유진태兪鎭泰, 백관수白寬洙 등 10명의 준비위원에 고용환이 포함되었다.[186] 1923년 1월 20일에 개최된 조선물산장려회 창립총회에서는 보천교충남진정원장 임경호와 함께 보천교 경성진정원의 수호사장 고용환이 이사로 선출되기도 하였다.[187] 보천교 교인 이득년도 이사로 선출되었다. 고용환은 1923년 5월 물산장려회가 소비조합을 설립할 당시 5인의 설립 준비위원으로 활약하기도 하였다.

1923년 4월 30일에 개최된 제1회 정기총회에서는 임경호, 고용환에 이어 보천교경성진정원의 부장 주익朱翼이 이사로 선출되었다.[188] 보천교경성진정원 간부 임규와 보천교

보천교의 『보광』
1923년에 창간한 보천교 기관지이다.

조선물산장려회 기관지 『산업계』
사실상 보천교 보광사에서 발간하였다.

182) '普光社 發起總會', 《조선일보》 1923. 5. 11.
183) 「癸亥一年 敎史의 槪要」, 『普光』 4, 1924. 3., 90쪽. 경성의 보광사는 보천교의 각종 사업을 담당하는 기관이다. 이후에 전국의 주요 도시에 보광사가 설립되었다. 보광사는 보천교의 출판 사업 외에도 다양한 사업과 유통을 담당하는 조합 형태로 운영되었다.(『普光』 4, 92-96쪽)
184) 『産業界』 創刊號, 71쪽, 77-78쪽.
185) '物産獎勵會務 擴張. 자본금 5만 원으로 소비조합 설립, 기관잡지를 발행하여 주의를 선전', 《조선일보》 1923. 5. 10.; 홍성찬, 「한국 근현대 이순탁의 정치경제사상 연구」, 『역사문제연구』 창간호, 1996, 73쪽.
186) '朝鮮物産장려회 발기 준비회가 열려', 《매일신보》 1923. 1. 11.
187) 「朝鮮物産獎勵理事會會錄」, 『産業界』 創刊號, 1923. 12, 66쪽.
188) 「朝鮮物産獎勵理事會會錄」·「朝鮮物産獎勵會會員名簿錄(一)」, 『産業界』 創刊號, 1923. 12, 66-70쪽.

교인 김유경金裕經(또는 金有經)도 조선물산장려회의 회원으로 참여하였다. 이외, 조선물산장려회의 이사로 참여한 설태희, 이순탁도 보천교와 관련이 있다. 이들 중 상당수는 경성의 핵심 간부 이상호가 영입하였으며, 이들은 대체로 비타협적인 정치 노선을 견지한 민족주의 우파 성향이었다.[189]

　이러한 정황들로 보아, 물산장려운동을 보천교가 교단 차원에서 지원한 것은 분명하다.[190] 1923년 3월 전국적인 선전 행렬을 고비로 답보 상태에 접어든 물산장려운동은 1924년 2월 5일경부터 소강 국면에 접어들었다. 그리고 그 이후로 물산장려운동은 유명무실해졌지만, 보천교는 1930년대에도 '왜산 물산 안 쓰기'나 '순 조선산 쓰기' 등의 토산장려운동을 전개하였다.[191]

　물산장려운동은 일제의 경제 침탈에 대응하여 민족 자본을 중심으로 자립적 경제권을 이뤄내자는 부르주아적 민족운동이라는 평가다. 그러나 식민지 정세의 악화와 운동 노선의 한계를 극복하지 못하면서 1925년경부터 사실상 쇠퇴의 길을 걸었다. 보천교가 1930년대까지 토산 장려운동을 전개하였다는 기록[192]이 있는 것으로 보면, 보천교의 토산 장려운동은 물산장려운동에 종속돼 전개된 것이라고는 볼 수 없다. 그렇다면 보천교의 토산 장려운동은 어떤 의미일까? 보천교의 토산 장려는 정전제井田制와 관련이 있다. 보천교의 후천선경 신정부 건설운동의 경제적 토대가 정전제이기 때문이다.[193]

(2) 보천교의 교육 계몽운동

　1920년대 전반에 한국의 민족교육이 확산할 수 있다는 일제의 우려에 따라 관립 및

---

189) 김정인, 「1920년대 전반기 普天敎의 浮沈과 民族運動」, 168쪽.
190) 차경석의 2남인 龍南은 물산장려운동에 필요한 비용을 보천교에서 전적으로 부담하였다고 하였다.(차용남의 구술, 1991.1.21.)
191) '斷末魔의 普天敎 自給運動에 轉向, 日用品工場도 設置', 《매일신보》 1934.9.27. 최종섭의 17세 때인 1930년대 중반의 보천교 중앙본소는 일본산 물품을 안 쓰기 위해 직조 공장을 세우고 염색도 하였다고 한다.(최종섭의 구술, 1991.1.23.)
192) '斷末魔의 普天敎 自給運動에 轉向, 日用品工場도 設置', 《매일신보》 1934.9.27.
193) 『普天敎一般』, 40-41쪽.

공립학교의 설립은 저조하였다. 그러나 교육 지원자는 급증하였고, 1920년대 지식인들은 사립학교나 강습소, 야학 등의 운영을 통해서 급증하는 교육 수요를 충당하고자 하였다. 이를 교육 계몽운동이라고 한다.[194] 1922년 11월에 이상재李商在, 조만식曺晚植, 한규설韓圭卨, 윤치호尹致昊, 김성수金性洙, 고용환 등 47인이 민족교육의 실현을 목표로 조선민립대학기성회朝鮮民立大學期成會를 조직하였다.[195] 1923년 3월에 추가로 선정된 발기인은 경성의 주익과 김철수金喆壽 등이다.[196] 주익은 이후 민립대학기성회 함경북도 선전위원으로도 활약하였다.[197]

1923년 3월 29일에 민립대학기성회 총회가 경성 종로청년회관에서 열렸고,[198] 1923년 3월 31일에는 민립대학기성회 중앙집행위원 30인이 선정되었다. 이때 중앙집행위원 30인에 보천교에서 교직을 맡은 고용환과 주익이 포함되었다.[199] 고용환은 민립대학기성회 제1회 중앙집행위원회에서 유성준, 한용운, 이승훈 등과 함께 상무위원에 선임되기도 하였다.[200] 보천교 교인 이득년도 민립대학기성회 경성부 발기인총회에서 감사원으로 선정되었다.[201] 민립대학설립운동이 전국으로 확산이 되자 일제는 민립대학 설립을 위한 모금 운동을 저지하는 한편 '경성제국대학령'을 발표하였다. 1923년 조선물산장려회 이사 20명 가운데 14명이 민립대학기성회 이사로 참여하였다. 앞의 14명 가운데 보천교와

---

194) 啓蒙主義는 理性의 힘과 인류의 무한한 進步를 믿으며 현존 질서를 타파하고 사회를 개혁하려는 데 목적을 둔 시대의 思潮이다. 즉 近代主義와 民族主義를 기저로, 社會進化論에 기반을 한 思想이다.(조동걸, 『韓國民族主義의 成立과 獨立運動史硏究』, 지식산업사, 1989, 168쪽) 韓末 啓蒙主義는 구습을 타파하고 서양의 선진 문명을 받아들이려는 움직임으로, 그리고 자유와 평등, 인권의 중요성을 강조하는 시민운동으로 나타났다. 일제강점기 계몽주의는 전통적 지식인과 다른 새로운 지식인을 배출시켰고, 新學問과 新敎育을 출현시켰다. 보천교도 한때 계몽주의 사조의 영향으로 미신 타파를 주장했고, 남녀평등의 세상이야말로 보천교에서 말하는 仙境이라 강조하였다.(「손의 질문에 대답함(續)」, 『普光』 4, 1924. 3, 39쪽)
195) '朝鮮民立大學, 期成準備會', 《매일신보》 1922. 12. 2.
196) '民大發起人. 또 새로 다섯 곳에서', 《조선일보》 1923. 3. 14.
197) '民大期成會에서, 또 한 사람이 함북으로', 《조선일보》 1923. 5. 17.
198) '民大期成, 창립총회 첫날, 참회자가 5백여 명', 《매일신보》 1923. 3. 30.
199) '33人의 銓衡委員은 선거하기 위하여, 지방마다 나눠 앉아서 의론', 《조선일보》 1923. 4. 1.
200) 당시 상무위원에 피선된 이는 고용환, 유성준, 이승훈, 한용운, 유진태, 홍성계, 강인택, 한인봉 등이다. ('人事消息', 《매일신보》 1923. 7. 20.)
201) '年內에 千萬圓 計劃, 民立大學期成會 成立', 《동아일보》 1923. 5. 19.

밀접한 인물이 5명이며,[202] 그 명단은 아래와 같다.

- 이득년 : 조선교육회 발기인. 민립대학기성회 지방부집행위원(경성)
- 고용환 : 민립대학기성회 발기인
- 주 익 : 조선교육회 이사. 민립대학기성회 중앙집행위원
- 이순탁 : 민립대학기성회 발기인
- 임경호 : 보천교의 민족대학 설립 추진인

적어도 이득년, 고용환, 주익, 이순탁, 임경호 등은 보천교에 소속돼 있거나 보천교와 밀접한 인물들이다.[203] 참고로, 민립대학기성회 발기인 수에 있어서 전라북도가 전국에서 네 번째로 많은 이유는 어쩌면 이들 때문인 것으로 추정한다.[204]

1920년대 보천교는 '민족대학 설립운동'을 전개하였다.[205] 토산 장려운동을 전개하던 시기에 보천교의 구호는 '자작자급'과 '토산 장려'였다. 이는 보천교가 물산장려운동을 지원했다는 근거로 제시되기도 하였다. 하지만, 1930년대까지 보천교는 자작자급과 토산 장려를 강조하였다.[206] 따라서 민족대학 설립운동 역시 보천교의 독자적 구호일 가능성이 있다.

1920년대 경성의 교단 내 지식인들은 청년 지식인들을 영입하고 교단의 기관지 『보광』

---

202) '物産獎勵會總會, 재작일 오후 천도교당에서 열려, 각부 보고와 이사 20명을 선정', 《동아일보》 1923. 5. 2. ; '民大期成, 창립총회 첫날 참가자가 500여 명', 《매일신보》 1923. 3. 30. 민립대학기성회 창립총회는 1923년 3월 29일 종로청년회관에서 열렸다. (《매일신보》 1923. 3. 30) 1923년 4월 30일에 천도교당에서 열린 물산 장려회 총회에서 선출된 이사 가운데 보천교와 관련된 인물은 이득년, 이순탁, 설태희, 김철수, 주익, 백관수, 고용환 등이다. (《동아일보》 1923. 5. 2)

203) 교육 계몽운동에 뛰어든 曹晩植, 薛泰熙, 金喆壽 등도 보천교와 관련이 있다는 구술이 있다. (차용남·차봉남의 구술, 1998. 7. 22.)

204) 민립대학기성회 발기인 수는 경성 94명, 함남 44명, 황해 39명, 전북이 36명 등이다. 발기인 수가 전북이 전국에서 네 번째로 많다. ('民立大學期成會創立總會開催の件(京高秘第5494號)', 『일제하사회운동사자료총서』 12권, 고려서림, 1922, 190-195쪽)

205) 차용남·차봉남의 구술, 1998. 7. 22.

206) '斷末魔의 普天教, 自給運動에 轉向. 日用品工場도 設置', 《매일신보》 1934. 9. 27.

을 발간하였다. 『보광』 발간 이전에는 『보천교보』가 있었으며,[207] 『보광』이 발간되면서 『보천교보』 발간은 중단되었다. 교단 내 지식인들이 발간한 『보광』은 보천교가 근대적 종교로 거듭나기 위한 행보 중 하나였다. 『보광』에 게재된 계몽주의적 교육 활동을 소개하면 다음과 같다.

女子夜學會 設置에 관하여. 지난 5월 20일 경남진정원 내에 普曉女子夜學를 설치하여, 目下 50명의 學生을 三部에 나누어 가정에 필요한 보통 교육을 실시하는 중인데, 성적이 자못 양호하더라.[208]

幼稚園 設置. …… 만 3세 이상 6세 미만의 유년을 모집 …… 圖書館 설립 계획. 소년회 조직, 진주 보천교 소년회 조직, 회원은 86명. …… 少年軍 조직, 지난 6월 17일 보천교 소년 중 신체가 건강하고 의지가 견고하며 學績良好한 자 15명을 선발하여 소년군을 조직하고 目下 사회 奉公의 필요 과목을 연습 중이더라. …… 자선 음악회 연주회, 진주 보천교 청년회와 진주음악연구회의 공동 주최, …… 수익금은 부산일보를 통하여 遭難者 유족에게 교부하여 ……[209]

1920년대 전반 보천교는 효성여자야학을 설치하고 유아원과 도서관을 설치하였다. 그리고 소년군을 조직하고 자선 음악회를 개최하였다. 이렇듯, 보천교경성진정원을 중심으로 하는 교단 내 지식인들은 보천교를 천도교와 같은 근대적 종교로 탈바꿈하기 위해 노력하였다. 그 과정에서 교육 계몽운동이 전개되었다.

보천교라는 이름이 세간에 공개된 것은 1922년이다. 이때부터 비밀스럽고 신비주의적 성향에서 벗어나려는 교단 내 지식인들은 기관지를 발간하고 《시대일보》를 인수하였다.

---

207) 『普天敎報』 1, 普天敎眞正院, 1922. 7. 12. 『普光』이 발간되기 이전에 『普天敎報』는 제2호까지 발행되었다. (「編輯餘墨」, 『普光』 창간호, 1923. 10, 62쪽)
208) 「地方消息」, 『普光』 1, 1923. 10, 60쪽.
209) 「地方消息」, 『普光』 1, 1923. 10, 60-61쪽.

전국의 각 보천교진정원에는 소년단이나 여성 단체, 청년회 등이 조직되었다.[210] 그리고 야학을 통해서 근대 교육을 시도하였다. 이것으로 보면, 보천교는 1922년부터 비밀결사적인 조직운동에서 벗어나 계몽주의적 사회운동으로 전환을 시도하였다고 할 수 있다.

(3) 실력양성운동에 참여한 보천교 측 지식인들

1920년대 실력양성운동 과정에서 보천교와 관련있는 인물은 단연 이순탁李順鐸이다. 실력양성운동 논리를 강변했던 이순탁은 보천교경성진정원을 이끌던 핵심 간부 이상호 · 이정립의 동생이기 때문이다. 전라남도 해남海南 출신인 이순탁은 경성방직주식회사를 운영하는 김연수金季洙의 도움으로 일본 교토대학 경제학부를 졸업하였고, 1923년 4월에 연희전문 상과 교수가 되었다.[211]

이순탁
이순탁의 두 형은 보천교 핵심
간부였던 이상호 · 이정립이다.

연희전문 상과 교수로 재직하는 동안의 이순탁은 물산장려운동 관련 글을 신문에 기고하였고, 이와 관련한 강연회 연사로도 활약하였다.[212] 1937년에 일명 '흥사단 사건'이라 불리는 '수양동우회사건修養同友會事件'으로 구속, 치안유지법 위반으로 기소된 그는 1940년 12월 19일에 징역 2년에 4년의 형 집행유예를 선고받았다.[213] 구속되던 다음 해인 1938년에 이순탁은 연희전문에서 해직되었으며, 출옥 후에는 한때 세브란스 의학전문학교 교수대우로서 서무과장직을 수행하였다.[214]

---

210) '普天敎靑年會創立(江西)', 《동아일보》 1923. 7. 20. ; '晉州普天敎靑年會總會', 《동아일보》 1923. 6. 26.
211) 경성 신촌의 李順鐸 외 2인 판결문, 1940. 12. 19., 경성지방법원; 홍성찬, 「한국 근현대 이순탁 정치 · 경제 사상 연구」, 『역사문제연구』 창간호, 1996, 70쪽.
212) '物產獎勵講演, 오는 30일에', 《시대일보》 1925. 11. 29.
213) 경성 신촌의 李順鐸 외 2인 판결문, 1940. 12. 19., 경성지방법원.
214) 이순탁은 1990년에 애족장이 추서된 독립운동가이다. 「독립유공자공적조서」에 의하면, "1927년 1월 19일에 '신간회' 발기인으로, 그리고 같은 해 2월 15일에 경성 종로의 중앙기독청년회관 창립총회에서 간사로 선임되어 활동하였다. 歐美 여행 후인 1934년 9월에 『최근세계일주기』를 발간하여 세계 정세를 국내에 알렸다. 연희전문 상과 교수로 있던 1938년 2월에 反日思想을 퍼트렸다는 이유로 구속되어 징역 2년(미결

근래 이순탁의 출생지나 성장 배경, 그리고 그의 가족 사항을 자세히 언급한 홍성찬은 "두 형이 보천교 핵심 간부로 활약하면서 이순탁에게 많은 영향을 주고 또 받았으며, 특히 이정립의 영향을 많이 받았다."라고 언급하였다.[215] 그렇다면 이순탁이 그의 형들에게서 받은 영향은 무엇일까? 홍성찬은 "1923년 1월에 조직된 조선물산장려회에 이순탁이 창립 발기인으로, 이사로 활약하였을 때 보천교가 이 운동을 거교적擧敎的으로 지원한 데는 이런 배경이 있었다."[216]고 하였다. 즉 이순탁의 두 형이 보천교의 핵심 간부였기 때문에 보천교가 물산장려운동을 거교적으로 지원할 수 있었다는 것이다. 이순탁이 보천교 교인이라는 근거는 없지만『보천교연혁사』에는 교주 차경석과 만났다는 내용이 들어 있다. 1924년 이순탁의 두 형이 주도한 보천교 혁신운동으로 교단이 심각한 갈등으로 치달았을 당시 이순탁이 두 형을 대신해 차경석과의 관계 개선을 도모하였다는 내용이다.[217]

이상호

이정립

실제로 이순탁의 노력으로 그의 두 형과 차경석과의 관계는 한때나마 개선되기도 하였다. 또한《시대일보》를 인수하는 과정에서 일부 지식인들이 보천교를 성토할 당시 이순탁이 보천교 편에 서서 중재하기도 하였다.[218] 따라서 이순탁은 보천교의 운영과 관련해서 그의 친형들에게 어떤 조언을

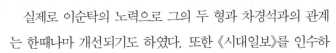

통산 400일), 4년간의 집행유예를 선고받은 사실이 확인되었다."라고 적시돼 있다. 광복 이후에 연희전문 상과에 복직하여 정경상학원장까지 맡았던 이순탁은 당시 한국국민당과 민중동맹 등에 참여하는 등의 중간노선을 견지하였다. 이승만 정권의 수립과 동시에 초대 기획처장을 지낸 그의 생사는 한국전쟁을 끝으로 확인할 수 없다. 이순탁을 언급한 글은 다음과 같다. 김명선, 「이순탁선생」,『월간 세브란스』, 1979. 12, 7쪽; 윤기중, 「이순탁」,『계간 연세진리자유』, 1993, 봄, 14-20쪽; 홍성찬, 「한국 근현대 이순탁 정치·경제 사상 연구」,『역사문제연구』창간호, 1996, 67-111쪽; 방기중, 「백남운 연구 I 」『역사비평』 1989 여름.

215) 홍성찬, 「한국 근현대 이순탁 정치·경제사상 연구」, 73쪽.
216) 위와 같은 글.
217) 『普天敎沿革史(上)』, 56-58쪽.

했을 것으로 판단된다.

보천교 총령원總領院 사서司書 고용환高龍煥은 1923년 1월 23일 자로 보천교진정원 수호사장으로 발탁되었다.[219] 당시 그는 조선청년연합회에서 선정한 조선물산장려회 발기인이었다.[220] 이후 그는 임경호, 이득년, 이순탁 등과 함께 물산장려운동 전형위원에 선출되기도 하였다.[221] 또한 사회주의자들이 탈퇴한 조선청년연합회의 상무위원을 지냈으며,[222] 조선민립대학기성회 중앙집행위원으로도 활동하였다.[223] 그러면서 고용환은 교단 간부의 자격으로 보평회普評會[224]의 창립총회와 각종 집회에서 교리 강연을 도맡았다.[225]

고용환의 다른 이름은 운호雲昊 또는 김가돌金哥乭이다. 1887년 11월 19일에 함경남도 북청군北靑郡 평산면坪山面 용전리龍田里에서 태어난 그는 경성부 권농동勸農洞 147번지 보천교 교인 김유경의 집에서 자랐다.[226] 어려서 한학을 하였으며, 21세에는 북경중앙정

---

218) '時代日報 問題, 第三者의 알선도 무효되고, 아직 해결이 무망', 《조선일보》 1924. 7. 13.

219) 「中央彙報」, 『普光』 3, 1924. 1, 61쪽; 「癸亥一年 敎史의 槪要」, 『普光』 4, 1924. 3, 89쪽. 총령원은 총정원과 함께 보천교의 중요 교무기관이다. 총령원 司書는 '총령'을 협찬하여 문서의 수발, 일기의 편성, 통신, 도서 및 인장의 보관, 교적 조사 등을 수행하는 직책이다. (「普天敎敎憲」, 『普光』 2, 51-52쪽) 진정원 수호사장은 관청 및 사회와의 교섭, 내빈 응접 등을 맡는 책임자이다. (「敎憲」, 『普天敎敎報』, 普天敎眞正院, 40쪽; 「普天敎敎憲」, 『普光』 2, 59-60쪽)

220) '物産獎勵會 發起. 재작일 청연합회에서 준비위원 10명까지 선정', 《조선일보》 1923. 1. 11. 이때 고용환과 함께 발기인으로 선정된 이는 이득년이다. (앞의 신문)

221) '朝鮮物産獎勵會 決議…', 《조선일보》 1923. 1. 25.

222) 이균영, 「김철수 연구」, 『역사비평』 3 통권5호, 역사문제연구소, 1988, 259-263쪽.

223) '民立大學準備會 布告文', 《조선일보》 1922. 12. 7.; '中央執行委員 民立大學期成會…', 《조선일보》 1923. 4. 4.

224) 보천교의 議會는 綱宣會와 普評會가 있으며, 강선회는 方主, 正理, 正領, 宣化師 등으로 조직된다. 보평회는 四正方位에서 각기 公選한 평사원 4인과 6任으로부터 공선한 평사원 60인과 24임으로부터 공선한 평사원 60인, 각 진정원으로부터 公選한 평사원 20인으로 조직된다. (「普天敎敎憲」, 『普光』 2, 1923. 12, 41쪽)

225) 「地方通信」, 『普光』 3, 1924. 1, 63쪽; 「中央彙報」, 『普光』 4, 1924. 3, 86쪽.

226) '독립유공자 공적조서(고용환)', 국가보훈처 공훈전자사료관, 2022. 1. 2.; '한국근현대인물자료(고용환)', 국사편찬위원회 한국사데이터베이스, 2018. 9. 9. 앞의 자료들에서는 고용환이 普天敎人 金有經의 집에서 지낸 것으로 돼 있다. 최근 같은 자료에는 "보천교 교인 김유경"이 삭제돼 있다. (국사편찬위원회 한국사데이터베이스, 2022. 1. 2.) 그러나 金有經은 보천교경성진정원에서 교직을 맡았으며, 김유경이 보천교 교인이라는 기사도 있다. ('三氏普敎脫退. 구파의 연맹참가설로', 《조선일보》 1924. 11. 6)

법전문학교北京中央政法專門學校에 입학하여 31세 때까지 법률을 공부하였다. 일제는 고용
환을 "보통 체격에다 치열한 배일사상을 가지고 공산주의에 공명하여 항상 불온한 언동을
계속하고 있다."라고 기록하였다.[227]

1920년 한때 조선청년연합회의 발기인이었던 고용환은 창립총회에서 대의기관인 의
사회議事會 의사장議事長에 선출되기도 하였다. 서울청년회를 비롯한 좌파의 탈퇴를 불러
일으킨 1923년 3월 조선청년연합회 제3회 대회에서 그는 상무위원에 선출되었지만, 제4
회 대회에서는 상무위원을 사임하였다.[228] 물산장려운동 이전부터 조선청년연합회에서
활동한 고용환이 언제부터 보천교에서 활동했는지는 알 수 없다. 분명한 것은 조선물산장
려회가 조직되던 1923년에 그는 교직을 맡았으며, 교리 강연 활동에도 활발하였다는 점이
다. 그리고 보천교 지도부와 함께 조선물산장려회의 설립과 운영에도 지원하였다.[229]

대한민국 임시정부에 참여했던 주익朱翼은 보성법률학교 출신으로, 3·1운동 당시 김
원벽金元璧과 함께 학생 시위를 주도하였다.[230] 그때 소각되긴 했지만, 학생 쪽에서 마련
하고자 한 '독립선언서'를 직접 작성한 인물이 주익이다.[231] 그 뒤, 그는 "아我 생존권을
보장하기 위한" 실력 양성을 표방하면서 1922년 6월에 창립한 조선민우회에 가입하였
다.[232] 뒤에 신간회新幹會 중앙집행위원 후보로도 활약한 바 있다.[233]

《시대일보》를 인수한 보천교가 '주식회사 시대일보사 발기대회'를 개최하였는데, 이때

227) 고용환은 1995년에 국가보훈처로부터 애국장을 추서 받았다. ('국가보훈처독립유공자 공적조서(고용환)',
국가보훈처 공훈전자사료관, 2022.1.2)
228) 「聯合會彙報」, 『我聲』 創刊號, 1921.10(김정인, 「1920년대 전반기 普天敎의 浮沈과 民族運動」, 『일제강점
기의 민족운동과 종교』, 국학자료원, 2002, 169쪽에서 재인용).
229) 김정인, 「1920년대 전반기 普天敎의 浮沈과 民族運動」, 168-169쪽.
230) 경성 원동의 孫秉熙 외 47인의 판결문, 1920.10.30., 경성복심법원; 이균영, 『신간회 연구』, 역사비평사,
1993, 86쪽; 이정립, 『甑山敎史』, 105-106쪽.
231) 경성 원동의 孫秉熙 외 47인 판결문, 1920.10.30., 경성복신법원; 國史編纂委員會 編, 『韓民族獨立運動史
資料集 11 - 3·1운동 I -』, 1990, 32-36쪽. (김정인, 「1920년대 전반기 普天敎의 浮沈과 民族運動」, 169
쪽에서 재인용)
232) 「新團體創立件」, 『齋藤實文書』 9, 667쪽. (김정인, 「1920년대 전반기 普天敎의 浮沈과 民族運動」, 169쪽에
서 재인용).
233) 이균영, 『신간회 연구』, 역사비평사, 1993, 86쪽, 180쪽.

주익은 임규, 고용환, 임경호, 이성영(이정립), 이순탁 등 30여 명의 발기인에 포함되었다.[234] 보천교 혁신운동 당시 주익은 김유경, 서상달徐相達 등과 함께 보천교 구파 세력이 각파유지연맹에 가입하였다는 설을 접하면서 보천교 탈퇴를 결심하기도 하였다.[235] 이때가 1924년 11월이다.[236] 그 뒤 주익은 고용환과 함께 신간회 북청지회北靑支會 설립을 주도하였다.[237]

보천교 강선회綱宣會 사서司書 겸 보천교충남진정원장을 지낸 핵심 간부 임경호林敬鎬[238]는 의병장 임한주林翰周의 손자로, 1919년 영호남 유림 137인이 서명한 파리장서巴里藏書를 작성하는 과정에 참여한 것으로 알려져 있다.[239] 보천교에 참여한 임경호는 1924년 보천교 혁신운동을 주도한 이상호·이정립을 출교시킨 보수파 핵심 수장이었다.[240] 1940년대 임경호는 '조선 독립을 음모'했다는 혐의로 일제 경찰에 체포되어 문초를 받다가 옥사하였다.[241] 조선물산장려회 창립총회 이사로 선출된 임경호는 교단 내 지식인은 아니지만, 한때 교주 차경석의 최측근이었다. 1924년 교단 내 지식인 일부가 혁신운동을 벌일 당시 혁신운동에 반대하기도 하였다. 그런 그가 실력양성운동에 뛰어들었다는 것은 물산장려운동에 교단 차원의 지원이 있었다는 하나의 방증이다.

그 외, 시대일보사 부사장을 지낸 이득년李得年은 《시대일보》 인수 당시 보천교 측 서명인이었다.[242] 이종익李鍾翊은 지주나 자본가들이 주축이 되어 1919년 12월 6일에

234) '問題많은 時代日報, 株式會社를 새로 發起. 재작일에 시내 대세계 안에 모여 임원까지 선거하고 헤어졌다고', 《조선일보》 1924. 8. 11.
235) '白日下에 드러난 普天教의 正體. 무여디한 혁신회의 성토 선언…', 《조선일보》 1924. 9. 18. ; '三氏普教脱退. 구파의 연맹참가설로', 《조선일보》 1924. 11. 6.
236) '三氏普教脱退. 구파의 연맹참가설로', 《조선일보》 1924. 11. 6.
237) '新幹會支會 北青에서 設立', 《조선일보》 1927. 7. 7.
238) 「中央彙報」, 『普光』 3, 1924. 1. 20., 61쪽.
239) 國家報勳處, 『獨立有功者功勳錄』 7, 617-618쪽.
240) 이상호·이정립에 이어 임경호도 보천교 혁신운동을 주도하다가 탈교하였다.
241) 『甑山教史』, 314-315쪽; 공훈전사사료관의 '독립유공자 공적조서(임경호)'.
242) 「問題의 時代日報 紛糾의 顚末과 사회 여론」, 『開闢』 50, 1924. 8, 33-34쪽. 이득년은 1924년 6월에 최남선과 《時代日報》 인수 계약을 체결할 당시 보천교 측 대표자였다. ('問題있는 時代日報社,…', 《조선일보》 1924. 6. 26).

발회한 조선경제회朝鮮經濟會에 참여하였으며, 조선민우회에도 참여하였다.[243] 임규林圭는 전라북도 익산 출신으로 동학운동에 참여했으며, 이후 일본 게이오기주쿠慶應義塾에서 공부한 지식인이었다. 3·1운동 당시 도쿄로 건너간 임규는 일본 귀족원 및 중의원에 조선 독립 통고문 및 독립선언서를 보낸 혐의로 옥고를 치렀다.[244] 그 역시 조선민우회에 참여하였으며, 1923년까지는 보천교 형평사장이라는 교직을 맡았었다.[245]

이 외, 물산장려운동을 평양에서 주도한 조만식曺晩植도 보천교와 관련 있다는 구술이 있으나 확인할 수 없다.[246] 구술한 이들이 알고 있는 조만식은 어쩌면 정의부 출신으로 보천교 수호사장을 지낸 조만식趙晩植일 가능성이 있다.[247] '토산 장려'를 강조한 설태희薛泰熙 역시 보천교와 관련이 있다는 구술이 있다.[248] 1929년부터 보천교의 교리가 유교적 대동주의大同主義로 바뀌게 되는데, 이때 설태희의 유교적 대동주의의 영향을 받았을 가능성도 있다. 설태희는 유교적 대동주의를 "자본주의를 몰아내는 사회주의나 공산주의는 별 게 아닌 차별 없이 잘살아보자는 것"[249]이라고 언급한 적이 있다. 설태희의 이러한

---

243) 윤해동, 「日帝下 物産獎勵運動의 背景과 그 理念」, 『韓國史論』 27, 308쪽. 1923년 9월에 '보천교의 불온 문서 사건'으로 동대문경찰서는 李鍾翊을 검거하였다. ('普天敎事件의 眞相…', 《조선일보》 1923.10.9.; '普天敎徒는 放免. 진정한 범인은 체포, 취조 중', 《조선일보》 1923.9.29.)

244) 경성 원동의 孫秉熙 외 47인 판결문, 1920.10.30., 경성복심법원; 국사편찬위원회 편, 『韓民族獨立運動史資料集 11 - 3·1운동 Ⅰ -』, 1990, 381-382쪽. (김정인, 「1920년대 전반기 普天敎의 浮沈과 民族運動」, 169쪽에서 재인용)

245) 경성 원동의 孫秉熙 외 47인 판결문, 1920.10.30., 경성복심법원; 「癸亥一年敎史의 槪要」, 『普光』 4, 1924.3, 89쪽. 형평사장이란 교인의 상벌과 기강을 담당하고, 각 사를 감찰하는 업무를 주관하는 교단의 핵심 간부다. (「普天敎 敎憲」, 『普光』 2, 1923.12, 61쪽)

246) 차용남·차봉남의 구술, 1998.7.22. 차용남이 기억하는 조만식은 호가 고당인 조만식이며, 조만식은 부친(차경석)과 매우 절친한 관계에 있었다고 말하였다.

247) '신상기록카드', 『한민족독립운동사자료집(별집8)』, 국사편찬위원회, 1993; 《조선일보》 1926.11.19., 1931.8.23.; 《동아일보》 1926.11.19.; 《매일신보》 1925.11.19, 11.21, 11.22, 11.25. 앞의 자료나 신문 기사들에 의하면, 정의부 출신 趙晩植은 두 차례나 구속돼 서대문형무소에서 수감 생활을 했고, 출옥한 뒤 신의주 도립병원에서 1931년에 사망하였다고 돼 있다. 그런데 1929년경에 보천교 중앙본소에서 교직을 맡았다는 기록이 있다.

248) 윤해동, 「日帝下 物産獎勵運動의 背景과 그 理念」, 315-318쪽. 보천교가 개신 유교로의 신앙 노선을 변경한 뒤 교의 목적을 大同으로, 주의는 相生으로, 강령은 敬天·明德·正倫·愛人, 교리를 仁義로 하였다. (차용남·차봉남의 구술, 1998.7.22)

249) 위와 같은 글, 315-318쪽.

언급은 보천교의 정전제井田制 논리와 유사하다.

3) 보천교의 사회운동과 정전제井田制

(1) 보천교 혁신운동과 '신교新教'[250]

경성진정원을 중심으로 하는 교단 내 지식인들이 보천교를 근대적 교단으로 탈바꿈시키고자 잡지를 발간하였고[251] 일간지를 인수하였다.[252] 1924년 6월 보천교가《시대일보》를 인수하는 과정에서 시대일보사 안팎에서 보천교를 비난하였다.[253] 심지어, 미신사교에게 문명의 상징인 신문을 맡길 수 없다며[254] '보천교 성토'에 열변을 쏟기도 하였다.[255] 《시대일보》인수 문제가 사회 문제로 비화하자 교단 내 보수파 핵심 간부 이달호·문정삼·임경호 등이 이상호·이정립에게 그 책임을 물었고, 이상호·이정립은 같은 해인 1924년 8월에 경성 계동의 보천교경성진정원에서 보천교 혁신회를 출범시켰다.[256]

　　…… 얼마 전에 時代日報 편집 겸 발행권을 보천교도 李成英(필자 주 : 이정립) 씨의 명의로
　　넘겨왔던 것을 李祥昊·李成英·李鍾翊 씨 등의 주장으로 다시 시대일보 社友會 측과 계약

---

250) 경성의 교단 내 지식인들은 보천교 혁신운동 당시 강증산의 가르침으로 돌아가기 위한 革新을 강조하였다. 이때 혁신된 교단을 '新教'라고 하였다.
251) 『甑山教史』, 106-107쪽. 이때 발간한 잡지는 『普天教報』(1922)와 『普光』(1923)이다.
252) 「問題의 時代日報 紛糾의 顚末과 社會與論」, 『開闢』 50, 1924.8, 33-34쪽.
253) '普天教聲討文', 《조선일보》 1924.8.26.; '제1회 普天教聲討 演說會開催', 《동아일보》 1924.8.11.
254) '普天教撲滅 絶叫, 내막 조사 연설회', 《동아일보》 1924.9.29. 보천교가 미신사교라는 이유에서 성토하겠다고 했지만, 당시 사회주의자들 사이에서 反宗教運動이 일었다.
255) '普天教聲討, 大演說會를 연다', 《동아일보》 1923.5.30.; '普天教 聲討講演, 31일 天道教堂에서', 《매일신보》 1923.5.30.; '普天教 聲討文', 《조선일보》 1924.8.26.
256) 보천교 혁신운동 관련 교단 내 기록은『普天教沿革史(上)』와 이정립의『甑山教史』가 있다. 『普天教沿革史(上)』에는 이상호·이정립의 혁신운동을 '亂動'이라고 규정하고 '李祥昊討罪文'을 작성, 전국 교인들에게 발부하였다고 돼 있다. (앞의 책, 38-39쪽) 반면에 1924년 혁신운동 당사자인 이정립의『甑山教史』는 혁신운동을 '普天教 改革運動'이라고 치켜세웠다. (앞의 책, 112-113쪽) 이처럼 교단 내 기록은 각기 상반돼 있다. 따라서 이 글은 당시 신문·잡지의 기사와 일제의 기록을 중심으로 1924년 보천교 혁신운동을 살펴보겠다.

을 하여, 드디어 신문이 사우회 측의 손에서 속간이 되었던 바 보천교 井邑本所 교주 이하 각 간부들은 전기 이성영·이종익·이상호 씨 등의 시대일보에 대한 처사가 전혀 越權의 소위라 하여, 지난 5일에 이상호 외 3인을 교규 위반자라 하여 退教 除名 처분을 한 후, 정읍본소 간부 李達濠·金基容 씨 등을 상경시켜서 전기 이상호 씨 등의 행동을 조사시키는 등 여러 가지로 반목질시하였든 차, 정읍본소 간부와 및 자기의 세력을 확대시키려고 항상 기회를 엿보던 大田眞正院長 林敬鎬 씨 등은 이것을 좋은 기회로 알고, 비밀리 교주에게 말하여 이상호 일파를 방출시키고자 연구하여 오는 것을 짐작한 이상호 일파에서는 그 과혹한 처분에 분개하여 오든 중에, 돌연히 그 교의 개혁을 부르짖으며 정읍본부에 대하여 反旗를 들어 혁신운동을 일으키게 된 후, 임의 그 교회의 神 앞에 그 혁신할 것을 맹세까지 하였다. 六任, 六十方位에는 각각 警告文을 보내었고, 만일 교주가 자기들의 혁신에 대한 요구를 응하지 않으면 교주로 인정하지 않는다는 조항까지 있는 결의문을 만들어서 각도 경찰관서와 경무국 재판소 등에 발송하였다는데, ……257]

《시대일보》인수 문제로 불거진 핵심 간부들 간 대립과 갈등이 1924년 9월 보천교 혁신운동으로 나타났다는 내용이다.《시대일보》인수 문제로 퇴교 처분을 받은 이상호가 교단 내 지식인들과 함께 교주 차경석에게 반발한 사건이 보천교 혁신운동이다. 보천교 혁신운동에 참가한 교단 내 지식인들의 당시 근황을 살펴보면 다음과 같다.

井邑에 본영을 둔 普天教 본부에서 시대일보 문제가 도화선이 되어 車教主가 總領院長兼 方主인 李祥旻 씨와 방주 李成英 씨를 파면하여, 보천교 내홍의 조짐이 보였다함은 본보에 이미 보도한 바이어니와 필경 보천교는 新舊 양파로 갈리어서 昨日 오전 12시부터 계동에 있는 普天教眞正院에서 普天教 革新會 발기회를 열고, 金志健 씨 사회로 개회하여 朱翼 씨가 개회사로 보천교가 지금으로부터 16년 전에 교조 姜甑山이 교를 창설한 이래로 여러

257] '反旗를 들게 된 動機. 雙方의 醜陋한 權利爭奪. 혁신파에서는 각처에 경고문, 분규는 상당히 오랫동안 끌 듯', 《조선일보》1924.9.18.

가지 파란을 겪고, 그 후 차교주가 뒤를 이어 비밀리에 교를 전파하다가 세상에 나타나기는 지금으로부터 3년 전이라. 그러나 근일에는 미신과 사설로 인민을 속이어 …… 시대와 배치하는 일을 하기 때문에 사회의 공격이 자심하여, 그대로 두면 보천교는 금년으로써 운명이 다하겠음으로 우리는 혁신회를 발기한 것이라고 취지를 설명한 후 …… 현재 경성진정원장 李鍾翊 씨를 위시하여 高龍煥, 金志健, 李命燮, 朴英浩, 朱翼, 金有經 등이 1924년 9월 14일 오후 5시에 동대문 밖 內正院에 모여, 그 교의 의식대로 피로써 맹서하고 집행위원을 선거하여 사무를 분장한 후 우선 경성진정원 보광사 인쇄소를 점령하여 활동의 본영으로 삼으리라 더라. [258]

위의 기록에서 확인할 수 있는 교단 내 지식인이자 보천교 혁신회 발기인은 다름 아닌 이종익, 고용환, 주익, 김유경 등이다. 하나같이 실력양성운동에 참여한 경력의 이들은 이상호의 퇴교 처분에 반발하여 보천교 혁신회를 조직하였고, 이어 경성진정원 내 보광사 인쇄소를 점거하였다.

보천교 혁신회를 조직한 직후에 보광사 인쇄소를 점거한 배경에는 교단 내 지식인들의 우려가 있었다. 보천교를 근대적 종교로 탈바꿈시키기 위해 잡지와 신문의 발간을 시도했던 곳이 바로 보광사 인쇄소였다. 그리고 잡지와 신문은 기능상 인쇄소가 중요 거점이었기 때문에 교단 내 지식인들은 보광사 인쇄소를 점거한 것이다. 당시 교단 내 지식인들은 보천교 혁신운동을 어떻게 바라보았을까? 다음은 주익의 주장이 실린 신문의 기사 내용이다.

이에 대하여 혁신회 발기인인 주익 씨는 말하되, 방주 같은 계급을 폐하고 쓸데없는 미신을 없애고 교의 재정책에 대하여는 종래 교에 들면 집과 땅을 봉땅 팔아 디밀든 것을 되도록 생활 정도에 맞게 춘추 2기로 내게 하고, 시대를 따라 교인들은 머리도 깎고 또 현재

258) '普天敎革新會, 新舊兩派로 分한 內訌. 계급타파와 미신 배척 문제로 혁신의 봉화를 들게 된 보천교', 《동아일보》 1924. 9. 17.

가산을 팔아 바치고 유리하는 교인의 생활은 안정하게 할 일과 新敎 보급 등을 도모하겠다고 하더라. [259]

주익은 기자와의 대담에서 교단 내의 쓸데없는 미신과 방주와 같은 계급 제도를 없애려고 혁신회를 발기하였다고 주장하였다. 그리고 삭발을 허용하고, 집과 땅을 팔아 교단에 바치면서 유리걸식하는 교인들의 생활을 안정시키겠다고도 하였다. 전 재산을 바친다는 것은 탄갈자를 의미하며, 탄갈자는 정전제井田制와 관련이 있다. 주익은 또한 "신교 보급 등을 도모"하겠다고도 하였다. [260] 여기에서 '신교新敎'는 새로운 종교라기보다는 '강증산의 가르침'을 일컫는다. 즉 강증산의 가르침으로 다시 돌아가겠다는 의미이다.

昨日 發會한 보천교 혁신회
세간에서 많은 비난과 의혹을 받아오던 普天敎에서는 일부 敎徒가 『종래의 보천교의 포교 방침이라든지 교정의 시행이라든지 그 표방하는 진리라는 것은 전혀 경로를 잃고 …… 甑山天師의 법광을 업폐하여 세상에 많은 공격과 오해를 받아온 것은 甑山天師의 진리를 신봉하는 우리 교도들로 하여금 …… 절실히 느끼게 한다』고 표방하는 교도들이 비밀리에 문제를 삼아오던 바, 지난 14일 동대문 외 內正院에서 20여 명이 회집하여 예비회를 열고 革新會의 조직을 결의한 뒤에 작 16일 오후 1시에 革新會發會式을 市內 嘉會洞 京城眞正院에서 개최하였는데 …… 증산 천사의 엄연한 진리를 신봉하는 사람이며 정의와 인도와 공존공영의 대자연의 법칙 아래에 사는 우리로서는 거저 방관의 태도를 취할 수 없으며, …… 앞으로 사업을 부담하여 활동할 사람은 李鍾翊, 高龍煥, 金志健, 李命燮, 朴英浩, 朱翼, 金有經 7명이라며 출석한 회원은 30여 명이었다더라. [261]

---

259) '時代에 順應하여 개혁한다고, 朱翼 씨 談', 《동아일보》 1924. 9. 17.
260) 보천교 혁신회의 주장은 i)방주제와 이것에 수반하는 계급과 차별을 철폐하는 것, ii)邪說이나 미신에 빠지는 것을 타파해 天師(필자 주 : 강증산)의 眞諦를 개명하는 것, iii)교단의 재정을 근본적으로 개선하는 것, iv)시대의 사조에 순응하는 것, v)신도들의 생활 기반을 튼튼하게 만드는 것 등이다.(『普天敎一般』, 96쪽)
261) '普天敎罪惡聲討는 內部에서 先着乎', 《조선일보》 1924. 9. 17.

즉 경서의 교단 내 지식인들은 보천교가 강증산의 가르침을 벗어나는 일탈을 했다며 "증산 천사의 엄연한 진리를 신봉"할 것을 강조하였다. 강증산이 강조한 진리를 추종하는 것이야말로 '신교'이자 '혁신'인 셈이다. 그런데 보천교의 세속적 모습으로 비추어지는 후천선경 신정부 건설과는 다른, 종교적인 모습으로의 회귀를 원하는 쪽이 교단 내 지식인들이었다. 민족주의자들이기도 한 교단 내 지식인들이 보천교를 성聖의 관점에서 바라보았다는 데에서 의외성이 있다. 왜냐하면 고용환이나 주익 등은 보천교를 한국 민족운동의 수단으로 삼으려 했기 때문이다.[262] 고용환과 주익이 강조한 '신교'와 '혁신'에는 교조 강증산의 가르침을 중시한다는 취지이고, 이는 성聖에 더 가깝다. 당시 일제는 보천교 혁신운동을 어떻게 바라보았을까?

> 보천교 간부들 간의 사이는 전부터 新舊 사상이 충돌에 의해 자주 내홍을 일으켰지만, 특히 최고 간부인 文正三의 일파와 보천교의 新人(필자 주: 新知識人)이라 스스로 자부심을 가지고 나가는 李祥昊의 일파가 항상 반목하며 질투심을 가지고 서로를 바라보았다. 특히 時代日報 매수 문제가 일어난 후 한층 서로의 사이가 어려워져, 결국 이상호는 그의 남동생이자 普光의 사장인 李成英 및 경성진정원장 …… 동교의 革新을 외치며 중앙본소에 대해 반역했다. ……[263]

일제는 핵심 간부들 간의 알력 다툼이 《시대일보》 인수 문제를 계기로 불거졌으며, 보천교 혁신운동은 그중 하나라고 보았다.[264] 즉 서로 간의 반목과 질투가 시대일보사의 인수를 계기로 폭발하여 일어난 교단 내 분란이 혁신운동이라는 것이었다.

---

262) 1920년대 林圭는 보천교의 자금이 한국 민족운동 단체에 지원되는 일에 관여하였고, 고용환과 주익은 보천교가 실력양성운동을 지원한 일에 관여하였다. 따라서 주익이 언급한 '新敎'와 '革新'은 이상호·이정립과 같은 정파적 입장에서 나온 것이라고 볼 수 있다.

263) 『普天教一般』, 95쪽.

264) 또 다른 일제의 기록에는 "본소에서 이상호 등의 불법을 이유로 중죄에 처하자, 이상호 등은 보천교 혁신운동을 일으켜 이에 대항하다. 이상호는 그 후 중국에 망명하다."라고 돼 있다.(『조선의 유사종교』, 250쪽)

보천교 혁신운동은 교인들의 광범위한 지지를 받지 못하는 가운데 중앙본소의 보수세력은 경성의 보천교 혁신회 사무실을 빼앗았고,[265] 이상호는 중국으로 망명하였다.[266] 혁신운동 세력의 제압을 계기로 보수파 수장 격인 이달호와 임경호의 교단 내에서의 발언권은 강화되었다. 이들은 조선총독부와 협잡을 통해서 1924년 말 시국대동단時局大同團을 조직하기도 하였다. 시대일보사 인수를 계기로 보천교에 대한 사회 여론이 악화한 데다가 시국대동단의 활동(1925년 1월)은 보천교 박멸운동을 불러일으켰다. 한참 뒤의 일이지만, 차경석은 이러한 사태의 책임을 이달호와 임경호에게 물었다.

1925년 3월에 귀국한 이상호가 차경석을 만나 혁신운동을 일으킨 데 대해 사죄하였다. 그리고 다시 보천교에 입교하였다.[267] 반면, 교단에서 발언권을 강화하던 핵심 간부들은 잇달아 탈교하였다. 시국대동단 활동으로 인해 사회적 비난이 비등한 가운데 시국대동단 조직에 앞장섰던 이달호가 1925년 중순경에 탈교하였다. 시국대동단에 가담했던 문정삼文正三 역시 탈교하여 차경석에게 반기를 들었다.[268] 이들은 하나같이 차경석에 대한 불만을 토로하며 정읍의 중앙본소를 습격하였다.

> 1925년 11월 5일 …… 보천교 敎祖 姜甑山의 生日祭임으로 보천교의 본영인 井邑에서는 이날을 당하여 항상 濫費濫用과 허무한 짓을 함에 대하여 불평과 불안을 품고 있던 革新派 일동은 교주 車京錫과 林敬鎬 외 수명을 암살하고 井邑本部 교당을 전부 燒却하여 철저히 개혁하려고 음모한 것이 발각되어, 지난 음력 21에 新舊 양파가 정읍본부에서 충돌되어 대격투를 하다가 井邑警察署에 검거되어 방금 엄중한 취조를 받는 중이라더라.[269]

---

265) '普天敎看板奪取に關ける件'(京鍾警高秘第13587號ノ2), 『日帝檢察編綴文書』; '畢竟은 談判一幕, 紛糾가 심해가는 普天敎싸움', 《조선일보》 1924. 9. 24.

266) 『조선의 유사종교』, 250쪽.

267) 『普天敎一般』, 98-99쪽.

268) 『조선의 유사종교』, 250쪽.

269) '『車天子』暗殺陰謀로 普天敎 新舊派 大亂鬪. 혁신파가 차경석 일파를 암살하려던 일로 구파와 충돌되어 정읍본부에서 일대 격투, 井邑警察에 兩派 關係者 數十名 檢擧', 《조선일보》 1925. 11. 13.

1925년 이달호가 차경석을 암살하고 중앙본소의 소각을 통하여 교단을 개혁하겠다는 목표를 세우고 중앙본소를 습격했으나 성공하지 못하였다는 내용이다. 당시는 임경호가 탈교하기 직전이다. 1927년 2월 14일에는 핵심 간부 임치삼林治三이 '증산교甑山敎'라는 교단을 표방하고 그간 차경석과 불화를 겪던 채기두蔡基斗, 임경호林敬鎬, 이달호李達濠 등을 끌어모아 보천교 중앙본소를 습격하였다.

> 全北 井邑에 총본부를 둔 普天敎 본부에서는 10일 낮 동교 革新會와 구파 간에 일대 격투
> 가 일어난 것을 소관 정읍서원이 달려가서 겨우 …… 자세히 알 수 없으나 작년 가을부터
> 보천교의 유력한 간부 林致三 일파가 보천교와 갈려가지고 다시 姜甑山 씨를 수교로 甑山
> 敎라는 新敎를 창설한 이래로 보천교 내부에서는 동요가 심하여, 양교에서는 敎徒의 쟁탈
> 전이 심하여 …… 최근에 보천교 주요 간부 文正三이가 증산교로 돌아간 후 보천교에 대
> 하여 비록 교주는 차경석 씨라도 교리는 같으니 교도에게서 받은 재산을 증산교와 분배하
> 자고 요구하자 양교의 사이는 점점 알력이 생겨 쌍방은 결국 피를 흘리니 …… 이로 인하
> 여 증산교 측의 蔡基斗, 林敬鎬, 李達濠, 林致三 등 四씨는 중상을 당하고 그 외 4명은
> 경상을 ……[270]

위에서처럼 '혁신'을 기치로 내건 보천교의 내분은 1931년까지 이어졌다.[271] 《시대일보》 인수 문제가 불거지자 이상호에게 그 책임을 물었던 이달호·문정삼·임경호 등이 보천교를 나와, 중앙본소를 공격한 것이다. 그런데 1924년 보천교 혁신운동과는 달리, 시국대동단을 주도했던 이들이 일으킨 혁신운동은 교단 내의 주도권 및 재산권 문제가 발단이 돼 일어났다는 게 당시 사회 일반의 시각이다.[272]

---

270) '甑山敎幹部毆打코, 普天敎徒 多數 引致, 보천교와 갈려 난 증산교와. 교도싸움 재산싸움이 원인이 되었다. 半島宗敎界의 醜聞', 《매일신보》 1927. 2. 14.

271) '餓死敎徒 追悼, 井邑 普天敎革新派', 《동아일보》 1931. 3. 2.

272) '甑山敎幹部毆打코, 普天敎徒 多數 引致, 보천교와 갈려난 증산교와. 교도싸움 재산싸움이 원인이 되었다. 半島宗敎界의 醜聞', 《매일신보》 1927. 2. 14.

《시대일보》인수를 계기로 보천교에 대한 사회의 비난이 비등해지자 차경석은 1924년 말《시대일보》의 발행권 및 경영권을 포기하였다.[273] 보천교의 《시대일보》운영 포기 및 보천교 혁신운동의 실패는 경성을 중심으로 한 교단 내 지식인들이 추진한 근대적 교단으로의 탈바꿈이 실패했다는 것을 의미한다. 그리고 이상호를 중심으로 한 강증산을 직접 신앙하는 '증산교'의 태동을 의미한다. 그간 이상호·이정립이 만든 '교헌教憲'을 중심으로 한 교단 체계는 무너지고 주익과 고용환 등 민족주의자들도 보천교를 떠났다.

(2) 보천교의 경제운동과 정전제

1924년 보천교 혁신운동을 계기로 "집과 땅을 몽땅 팔아 디밀던" 정전제의 문제점이 드러났다. 민족주의자 주익은 "교의 재정책에 대하여는 종래 교에 들면 집과 땅을 몽땅 팔아 디밀든 것을 되도록 생활 정도에 맞게 춘추 2기로 내게"[274]하겠다고 하였다. 즉 전全 재산을 갖다 바치는 정전제의 문제점을 개선하겠다는 것으로 해석된다. 이것으로 보면 보천교의 정전제井田制는 1920년대 전반에 이미 추진되었던 것으로 판단된다. 물론, 여타 기록에서는 정전제가 본격 실시되는 해를 1926년으로 지목했지만,[275] 탄갈자들이 대거 정읍의 중앙본소 인근으로 이주하면서 이들의 생계 대책을 책임져야 하는 보천교로서는 정전제적 경제 공동체를 추구했던 것으로 보인다. 물론 보천교의 정전제가 중국 고대의 정전제인지는 알 수 없다. 단지, 정전제를 두고서 당시 언론은 '공산주의'나 '평등'이라는 용어로써 정전제를 비유했다는 점이다.

보천교의 후천선경 신정부 건설의 정치적 토대는 '새 정부 건립'이지만 경제적 토대는 '정전제'이다. 새 정부가 수립되고 차경석이 천자로 등극하면 교인들은 정전제 위에서 평등한 삶을 영위할 수 있다는 게 후천선경 신정부 건설이다. 당시 기관지『보광』은 후천

---

273)『甑山教史』, 110-111쪽.
274) '時代에 順應하여 개혁한다고, 朱翼 씨 談', 《동아일보》1924. 9. 17.
275) '普天教徒의 詐欺,『明年에는 井田法實行』, 군수 도지사가 된다고, 돈을 긁어먹다가 발각', 《조선일보》1925. 1. 21.

선경을 "자유의 꽃이 난만하고 평화의 바람이 솔솔 부는 세계"로 표현하였다. 그리고 반상의 차별이 없고 상품처럼 매매되는 노동자가 없는 세상, 재산을 증식하기 위해서 교육받는 세상이 아닌 그저 평화로움 속에서 춤추고 노래하는 일상을 후천선경이라 하였다.[276] 이는 후천선경의 근대적 표현이기도 하다.

보천교의 후천선경이나 그 이전인 최제우의 후천개벽이 실제로 현실 세계에 실현된다고는 믿기 어렵다. 그러나 일제강점기의 민중은 후천선경을 초월적이고 종교적 영역의 세계라기보다는 사실 세계의 영역으로 받아들였다. 그리고 후천선경에 이은 신정부와 그 기반인 정전제는 민중을 사실 세계의 영역 속으로 이끌었다. 보천교의 정전제가 사실 세계로 받아들여진 배경을 보천교의 경제운동에서 찾을 수 있다.

보천교의 경제운동은 1923년 물산장려운동의 지원과 함께 시작되었다. 이름하여 보천교의 토산 장려운동이다. 1923년 2월에 정읍의 중앙본소는 각 지역의 교인들에게 '토산 장려'를 강조하였고, 그리고 "순 조선산을 사용하라."[277]고 지시하였으며, 그러면서 중앙본소는 '토산 장려'의 모범을 보이기까지 하였다.[278] 1923년 8월 1일에는 경성에 보광사普光社가 설립되었고, 이어 전국의 각 주요 도시에 보광사 지부가 들어섰다.[279]

평남 보천교도의 발기로 조직된 보광사는 물산 장려와 소비 절약의 목적으로 지난 30일에 同敎 진정원에서 발기인 총회를 개최하고 정관의 통과와 위원을 선거하였는데, 위원장은 朴燮씨가 피선되었다더라. (평양)[280]

1923년 4월 30일 평양에서 조직된 보광사는 토산 장려와 소비 절약이 그 목적이었다.

---

276) 「손의 질문에 대답함(續)」, 『普光』 4, 1924. 3, 41-42쪽.
277) '普天敎의 自作會', 《조선일보》 1923. 2. 6.
278) '普天敎의 自作會', 《조선일보》 1923. 2. 6.
279) 경성의 보광사는 보천교의 각종 사업을 담당하는 기관이다. 당시 전국 각지에 보광사가 설립된 것으로 보아 보광사는 출판 사업 외에도 생산과 소비의 조합 형태로 운영됐을 것으로 판단된다. (『普光』 4, 92-96쪽)
280) '普光社 發起總會', 《조선일보》 1923. 5. 11.

제주도에서도 '물산 장려'를 목적으로 하는 보광사가 조직되었다.

濟州島 右面 西歸浦 有志 鄭元柄, 姜大○, 洪○○, 李日白 外 諸氏의 發起로 西歸 普光社를 組織하였다는데, 그 目的은 『조선 물산을 장려하며 吾人의 生活上 直接 必要한 朝鮮 物貨로 부터 漸次 共同 購買 又는 生産 製造를 開始함』이라 하며, 社員은 約 二百餘 名에 達하였 다더라. (濟州)[281]

즉 제주도에서 '서귀 보광사'가 조직되었는데, 그 목적이 "조선 물산을 장려하며 오인吾 人의 생활상生活上 직접直接 필요必要한 조선朝鮮 물화物貨로부터 점차 공동共同 구매購買 또는 생산生産 제조製造를 개시開始함"이었다. 제주도의 보광사 사원이 200여 명에 달하였 다는 것은 조합원 수를 일컫는 것으로 보인다. 그렇더라도 당시 200여 명의 조직은 결코 작은 규모가 아니다. 토산 장려와 소비 절약을 목적으로 조직된 경향 각지의 보광사는 자작자급을 위한 일종의 조합이자 경제 공동체였다.[282] 이처럼 보천교는 주체적이고 계획 적인 경제운동을 추구하였으며, 당시 민중은 신정부의 경제적 기반이 되는 정전제에 많은 관심을 가졌다. 당시 전라북도 정읍의 보천교 중앙본소의 모습을 차경석의 2남 용남 은 다음과 같이 구술하였다.

…… 나 어렸을 때까지만 하여도 이곳에 유리 공장과 염색 공장이 있었어. 갓, 등(필자 주 : 여름에 입는 옷)과 직조 공장, 농기구 공장도 있었어. 공업이 발전해야 국민이 기근에서 벗어 날 수 있다고 하여, 소공장을 많이 설립하였지. …… 가장 큰 이유는 왜산 물품을 쓰지 않기 위해서였어. …… 상점과 공장은 교단이 운영했고, 교인과 그 자녀들은 기술을 익혀 생산을 담당하였어. …… 영등포에 약업 회사를 설립하기 위해 부지를 매입하고 관에 등재

---

281) '普光社를 組織', 《동아일보》 1923. 12. 29.
282) 전라북도 정읍군 입암면 일명 대흥리 보천교 중앙본소 주변의 방직공장 설립은 1920년경부터 시작된 '왜산 물산 안 쓰기 운동'의 일환이었다고 한다. (차용남의 구술, 1990. 7. 30, 1991. 1. 21.; 최종섭의 구술, 1991. 1. 23., 1991. 7. 15.)

하는 과정에서 허가가 여러 번 취소되었지. 이를 추진한 인물들은 신철휘, 신홍우, 신석우씨 등이며, 후에 이곳에 유한양행이 들어섰어. ……283)

차용남의 구술 당시는 1990년, 그의 나이 67세이다. 1923년생인 차용남이 어렸을때라면 1930년대이다. 자작자급을 위한 다양한 소공장들이 보천교 중앙본소 주변에 있었다는 얘기인데, 이를 뒷받침하는 1930년대 신문 기사를 소개하면 다음과 같다.

> …… 그들(필자 주 : 보천교 교인들)은 自給運動을 進行하는데, 購買組合과 類似한 方式으로 中間 商人의 中間 利潤을 防止하여 消費者를 保護할 方針으로 生活必需品商과 其他 必需品 製造工場을 設置코자 現在 工場 30餘間을 建築하여, 今後 大規模의 成績을 發揮코자 하는데 現在는 成績이 良好한 모양이다. 284)

위에서 "자급을 진행하는데, 구매 조합"과 유사한 방식의 경제 공동체가 있었다고 하였다. 그리고 중간 이윤을 방지하고 소비자를 보호할 목적의 '생활필수품상'(필자 주 : 상가)과 공장이 건설되었다는 것이다. 위의 구술과 신문 기사로서 짐작하건대, 1930년대 보천교 중앙본소와 그 주변은 자작자급의 경제 공동체였다. 물산장려운동이 실질적으로 막을 내린 1930년대에도 보천교의 자작자급과 토산 장려를 위한 경제운동을 멈추지 않았다는 점이다. 그 이후의 상황은 알 수 없지만, 전라북도 정읍군 입암면 대흥리에는 면방직 공장, 염색 공장, 갓 공장, 농기구 공장 등의 흔적이 근래까지도 남아 있었다. 285)

---

283) 차용남의 구술, 1991.1.21.

284) '斷末魔의 普天教, 自給運動에 轉向. 日用品工場도 設置', 《매일신보》 1934.9.27. 보천교 경제운동의 목적은 후천선경 신정부 건설이다. 보천교는 후천선경을 "양반 상놈이 없을 것은 물론이지마는 황금만능시대는 아니겠지요. 배불러 滯症 만난 사람이나 굶어죽은 원귀는 없겠지요. 사람마다 노동은 할지라도 상품 노동자는 없겠지요. 사람마다 교육은 받을지라도 돈벌이할 목적은 아니겠지요. 아마도 봄바람 평화 속에 꽃같이 사랑스럽고 새같이 서로 노래하고 나비같이 서로 춤추는 낙원"이라고 정의하였다. (「答客難」, 『普光』 1, 1923.10, 29-32쪽)

285) 1970년대 필자가 다니던 초등학교가 보천교 중앙본소가 있던 대흥리에 있었고, 필자는 당시 면방직 공장, 염색 공장, 갓 공장, 농기구 공장 등을 볼 수 있었다. 필자가 확인한 바로는 2019년 8월 19일 현재

전라북도 정읍시 입암면 대흥리의 정자(井字) 거리
보천교 중앙본소가 자리하고 있다.

그런데 보천교의 경제운동에는 근대적인 모습과 전前근대적인 모습이 혼재해 있었다. 보천교의 물산장려운동 지원, 각종 조합 설립, 생활필수품 상가와 생필품 공장의 설립 등이 근대적 모습이라면, 전근대적인 모습은 바로 정전제이다. 원래 9가구에 불과한 정읍군 입암면 대흥리는 중앙본소가 들어서면서 정자井字로 구획된 신도시로 바뀌었다.[286] 그리고 도로변 상가들은 탈갈자들이 운영하는 생산 수단이었고, 이곳에서 얻어지는 이익은 교인들이 공유하는 방식이었다.[287] 일제도 보천교의 이러한 경제운동을 정전법井田法으로 설명하였다.

> …… 3. 현재 모습을 숨기고 있는 차경석은 모년 모월에 출현하고 새롭게 大時國을 건설해, 현재의 모든 제도를 없애고 井田法을 설치해서 개인 소유의 토지를 모두 몰수한 다음 평등하게 분배할 것이므로, 토지 소유자는 이 기회에 토지를 빨리 매각하여 그 대가를 보천교에 봉납해야 한다.[288]

위에서 언급한 대시국大時國은 1921년 경상남도 함양군 황석산 고천제에서 선포한 국호이다. 대시국을 건설하고 정전법에 기반한 평등사회 구현이 보천교 경제운동의 목표이다.[289] 실제로 일제강점기에 가산家産을 보천교에 희사하고 대흥리의 경제 공동체에

11개의 면방직 공장이 가동되고 있었다.

286) 김용곤, 「新興宗教聚落에 關한 研究 - 普天教 發祥地 大興마을을 中心으로」, 전북대교육대학원, 1989, 16-41쪽.

287) 차용남의 구술, 2000. 2. 5.

288) 『普天教一般』, 40-41쪽.

289) 1922년 이후 근대적인 생산 공동체로 바뀐 대흥리를 두고서 주변에서는 '共産社會'라고 하였다. 차경석을 고도의 술수를 쓰는 사기꾼으로, 그리고 부자들을 끌어들여 재산을 빼앗는 공산주의자로 인식한 것이

들어와 생활하는 탄갈자들이 적지 않았다. 1925년 신문들이 보도한 탄갈자 관련 내용을 소개하면 다음과 같다.

『明年(필자 주 : 1926년)부터는 井田法을 실시하는데 이것이 실행되면 우리의 소유 토지는 소용이 없으니, 이때에 우리는 성의를 다하여 보천교무에 종사하여야 한다』고 하면서 이 성의를 표함에는 『전답을 팔아서 금전 다수히 보천교에 바치는 것이 참된 성의를 표하는 것이다. 어서어서 땅을 팔아내라』하야 촌락으로 돌아다니면서 어리석은 백성을 요리조리 속이어 피를 긁어먹으며, 또 『돈을 많이 내면 郡守를 시키며 정 많이 내이면 道知事가 된다고』하여 갖은 방법을 다하여 속이며 돌아다닌다.[290]

1924년 갑자등극설은 많은 탄갈자들을 양산하였다. 차경석이 천자로 등극하면 전라북도 정읍군 입암면 대흥리는 도읍都邑이 되고, 그 도읍은 정전법에 따른 평등사회가 될 것이라는 인식들이 수많은 탄갈자를 낳았다. 위에서 "명년부터는 정전법을 실시"한다고 돼 있는데, 이때 명년은 1926년이다. 이때부터 정전제가 본격 실시된다는 것인데, 과연 정전제가 현실에서 실시되었는지는 알 수 없다. 다음은 정전법을 이용해 사기 행각을 벌였다는 이유로 교인이 처벌되었다는 또 다른 신문 기사이다.

본적을 全北 井邑郡 井邑面 辰山里에 둔 朴淳明(47)과 全南 羅州郡 鳳凰面 五村里 사는 權相五(36) 두 사람은 보천교 교인으로서 연래로 내려오며 甲子年에는 車天子가 등극할 터인바, 차천자가 등극만 하면 드디어 井田法을 사용하여 개인의 소유가 없을 것이오, 지금 미리 돈을 내면 장래의 군수와 관찰사는 염려 없다는 명목 아래에서 수천 원의 금전을 사기한 것이 발각되어, 광주지방법원 정읍지청에서 언도한 판결을 불복하고 대구복심법원

다. (최종섭의 구술, 1991.1.23)

290) '普天敎徒의 詐欺, 『明年에는 井田法實行』, 군수 도지사가 된다고, 돈을 긁어먹다가 발각', 《조선일보》 1925.1.21.

에서 21일에 박순명은 징역 1년 권상오는 징역 1년 2개월에 처하였더라. (대구)[291]

갑자년(1924) 차경석이 천자로 등극하게 될 때 실시되는 정전제는 개인 소유를 인정하지 않는다는 내용이다. 보천교의 정전제가 중국 고대의 정전제를 차용을 했는지 아니면 응용했는지는 알 수 없다. 그리고 그런 정전제가 실시되었는지도 알 수 없다. 분명한 것은 보천교의 정전제가 1930년대까지 언급되고 있다는 점이다. 다음은 1935년 보천교의 정전제 관련 신문 기사이다.

> 통천군 馬養里에 사는 全某 외 한 사람은 普天敎의 중독자로서 몸에는 푸른 옷을 입고 머리에는 보기도 괴상한 솥뚜껑 같은 큰 갓(笠)을 쓰고 돌아다니면서 순량한 농민을 기만하였다는데, 그들의 선전 방법은 교주가 天子 되는 날이면 5만 년 동안 大同世界를 건설하고 빈부와 귀천이 없이 행복된 새 생활을 하면서, 토지는 전부 옛날 井田法으로 작농하게 될 터이니 하루라도 속히 보천교에 입교하라고 허무맹랑한 소리를 하고 돌아다니다가 통천 서원에게 발각되어, 지금은 유치장 신세를 지면서 엄중한 취조를 받고 있다한다. (통천)[292]

즉 "(차경석이 천자가 되는 날이면 : 필자 주) 5만 년 동안 대동세계大同世界를 건설하고 빈부와 귀천이 없이 행복된 새 생활을 하면서 토지는 전부 옛날 정전법井田法으로 작농作農하게 될 터"[293]이라는 말로써 포고하였다는 것이다. 여기에서 대동세계, 즉 대동 사회는 유교적 이상세계를 말한다. 유교의 대동지치大同之治를 실현하려는 복고주의적 사상이 보천교의 정전제이다.[294] 1924년 혁신운동의 실패를 계기로 보천교는 강증산을 교조로 한 성聖 쪽으로 기운 부류와 차경석을 중심으로 유교적 대동 사회를 추구하는 부류로 나누어졌다. 이러한 분리는 1929년 「무진훈사戊辰訓辭」를 계기로 더욱 심화되었다.

---

291) '車天子登極도 꿈속에 사라지고 징역만 하게 되어', 《조선일보》 1925. 4. 23.
292) "大同世界"는 留置場? 靑衣大笠에 大鐵槌. 大同世界建設코 井田法實施한다고…', 《조선일보》 1935. 2. 15.
293) "大同世界"는 留置場? 靑衣大笠에 大鐵槌. 大同世界建設코 井田法 實施한다고…', 《조선일보》 1935. 2. 15.
294) 황선명, 「잃어버린 코뮨」, 『신종교연구』 2, 한국신종교학회, 2000. 5, 28쪽.

『조선사상통신』에 게재된 보천교 중앙본소의 십일전(十一殿)

『조선사상통신』에 게재된 십일전 내
삼광영(三光影)

　　1929년 차경석이 교인들을 불러 모아 설했다는 「무진훈사」는 역학易學의 하도낙서河圖洛書로써 태극과 무극無極의 원리를 설명하였다고 한다. 이러한 원리는 중국 요순堯舜의 이상세계에 맞춰져 있다고도 한다.[295] 보천교는 한때 강증산의 예언을 중시하기도 하였지만 1920년대 말부터는 유교의 대동세계에 치중하였다. 강증산의 사상에도 유교의 대동지치가 들어있지만, 1920년대 말부터 보천교는 개신 유교를 확고하게 지향하였던 것 같다.

　　보천교의 정전제는 전답을 팔아 중앙본소가 있는 정읍 대흥리로 들어오라는 일종의 사기 행각에 불과하다는 것이 일제와 당시 언론들의 판단이었다. 하지만, 보천교는 정자기井字旗라는 교기를 내걸었고 정읍군 입암면 대흥리를 정井자로 구획[296]하였다. 그리고 구획된 곳에다 상가와 공장을 지었다.[297] 정자로 구획된 곳은 탄갈자들의 삶터가 되었다.[298] 물론, 뒤에 이러한 토대가 무너지면서 경제적 공황을 겪게 되었고, 탄갈자들 가운

---

[295] 「戊辰訓辭」, 『研眞』 1, 普天教研眞編纂委員會, 1958, 10-14쪽; 「戊辰訓辭」, 『研眞』 2, 普天教總正院 內 研眞所, 1959, 19-23쪽.
[296] 지금도 정읍시 입암면 대흥리는 井字로 구획된 흔적들이 뚜렷하게 남아 있다.
[297] '斷末魔의 普天教, 自給運動에 轉向. 日用品工場도 設置', 《매일신보》 1934. 9. 27.

데는 아사자가 나타나기도 하였다.[299] 이처럼 보천 교의 경제적 토대가 무너지게 된 배경은 1929년 기 사등극운동으로 인한 일제의 탄압이었다.[300] 1929 년 7월 보천교 중앙본소의 다수 건축물을 지을 때 미지불未支拂한 자재비 문제로 채권자들로부터 동산 대부분을 강제 집행당할 당시 교인들이 집단으로 저 항하였다. 이때 일제 무장 경찰들은 채권자들의 강 제 집행을 도왔으며,[301] 동시에 핵심 간부들을 내란 죄로 긴급 체포하였다.[302]

『조선사상통신』에 게재된
보천교의 정자기(井字旗)

　보천교의 정전제가 중국 고대의 정전제의 취지와 같은 것인지는 알 수 없다. 하지만 1925년경부터 1935년경까지 보천교 중앙본소를 중심으로 공동생산 차별분배 방식의 경제적 공동체가 유지되었다. 이를 황선명은 '코뮌'으로 해석하였다. 즉 "민중의 유토피 아적인 대망이 전면적인 신질서를 추구하는 대안으로서 초기에 하나의 코뮌 운동으로 정착하는 듯했다. 보천교에서의 평등사상이나 유무상자有無相資를 주장하는 공동생활은 사실 우리나라에서 유사 이래 처음 보는 유교적인 코뮌이라는 규정이 가능할지도 모르 겠다."[303]고 언급한 것이다.

---

298) 차용남의 구술, 1991.1.1. 당시 대흥리는 공동생산 차별분배 방식의 경제 공동체였다. 상가는 3년 무료 임대이며, 3년 후에는 이자 없이 본전만을 갚도록 하였다. 그러나 상가나 공장은 교단 소유였다. (차용남 의 앞의 구술)

299) '所謂 大時國, 餓死者續出. ◇벽곡을 하다가 또 한 명 餓死…', 《조선일보》 1929.8.3.

300) '◇迷信의 窟─井邑. 斷末魔의 最後詐術. 車京錫의 所謂 登極說…警察에 檢擧取調되기까지', 《조선일보》 1929.7.9.

301) '普天敎動産大部分, 25日 强制競賣. 집행할 때 다수 교도가 결사 대항, 武裝警官이 出動執行', 《동아일보》 1929.7.15.

302) '內亂罪로 取調에 着手 魔術劇의 終幕도 不遠. 부하로 있던 채 모가 고등법원에 고발을 하게 되어, 가지각 색의 숨은 그 죄악이 장차 세상에 들어날 터. 斷末魔의 普天敎主 車京石', 《동아일보》 1929.7.15.; '內亂罪 告發. 吓哆群 恐慌', 《동아일보》 1929.7.15.

303) 황선명, 「잃어버린 코뮌 - 보천교의 성립과 역사적 성격」, 『신종교연구』 12, 한국신종교학회, 2000.5, 39 쪽.

정전제는 보천교의 후천선경 신정부 건설의 결정체였다. 그런데 보천교의 이러한 모습을 주시한 것은 일제와 당시 한국 민중들이었다. 이와는 달리, 경성의 교단 내 지식인들은 기관지『보광』창간에 이어 당시 유력 일간지《시대일보》를 인수하였다. 1923년 1월경에는 최초의 여성 조직인 부인방위婦人方位가 조직돼, 여성의 지위를 일반 방주와 같게 하였다.[304] 1924년에는 노동조합인 기산조합己産組合이 중앙본소가 있는 정읍군 입암면 대흥리에 설립되었다.[305] 밀려드는 탄갈자들의 생계 대책을 마련하기 위해서 기산조합이 설립된 것이다. 예컨대, 공장과 상가는 매매로 점유되는 것을 허락하지 않으며, 계약과 조건에 따라 탄갈자들에게 임대하였다.[306] 따라서 계약 조건에 따라 공동생산을 하되 분배는 차별적이었으며,[307] 이러한 원칙을 지키기 위해서 기산조합이 만들어졌다.[308]

보천교의 후천선경 신정부 건설운동은 복고적인 모습과 근대적인 모습이 혼재해 있었다. 이는 당시 지식인들에게는 성과 속 사이에서 갈팡질팡하는 모습으로, 그리고 혼란과 무지로 비추어졌을 것이다. 갈팡질팡한 모습이야말로 당시 민중의 모습이었다. 실제로 오늘날의 교단은 강증산을 신앙하는 쪽과 차경석을 중심으로 유교적 대동 사회를 지향하는 쪽으로 나누어져 있으며, 이는 오늘날 보천교를 신新과 구舊로 나누는 기준이 되었다.

3. 보천교의 '군자금 모집계획 사건'

1920년대 민족운동을 전개하던 보천교의 태생적 한계는 바로 제위설帝位說이다. 천자 등극설이라고도 하는 제위설은 당시 민중을 크게 조직할 수 있게 하였지만 일제의 탄압과

---

304) 「癸亥一年敎史의 槪要」, 『普光』 4, 1924. 3, 91쪽.
305) 『甑山敎史』, 108쪽.
306) 차용남의 구술, 1991. 1. 1.
307) 차용남의 구술, 1991. 1. 1.
308) 최종섭의 구술, 1991. 1. 23.

일부 지식인들의 비난을 불러왔다. 그런데 당시 보천교는 만주의 민족운동 단체인 정의부正義府를 비밀리에 만났다. 대한정의부大韓正義府(이하 '정의부'라 함)는 1920년대 중후반에 남만주 지역에서 활동하던 한민족의 군정부軍政府이다.[309] 체계적이고도 장기적인 안목으로 설립된 재만 독립군 가운데 하나인 정의부가 당시 유사종교 또는 사이비종교로 지탄받던 보천교와 관계를 맺은 것이다.

1920년대의 주요 신문들은 보천교에서 내기로 한 만주 개척비 30만 원을 받아 가기 위해서 만주의 정의부 요원이 권총과 실탄을 소지한 채 국내에 잠입했다가 1925년 11월경에 검거된 사건이라고 보도하였다.[310] 검거된 이들이 재판을 받던 1926년 당시의 신문은 30만 원을 받아 가려던 권총단이 '정의부

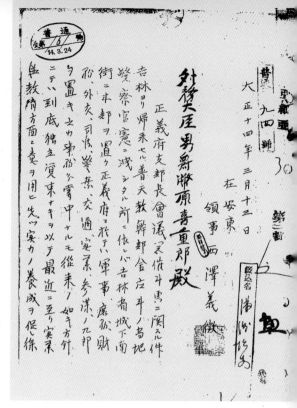

「정의부 지부장 회의 개최 두○에 관한 건」(1925)
일제가 작성한 정의부와 보천교 관련 사찰 문건이다.

별동대원'이라고 적시하였다.[311] 일제는 이 사건을 「正義府ト普天敎トノ軍資金募集計劃ニ關スル件」[312](이하 '군자금 모집계획 사건'이라 함)이라고 하였다.

---

309) 채영국, 『韓民族의 만주독립운동과 正義府』, 국학자료원, 2000, 367쪽.

310) '道刑事課에 檢擧된 拳銃團 2名, 事件內容은 絶對秘密', 《매일신보》 1925. 11. 19.; '義勇軍 潛入說, 同時에 軍資도 募集코저', 《동아일보》 1925. 12. 2.

311) '民族運動 資金으로 30萬圓 辨出計劃', 《동아일보》 1926. 11. 24.; '軍資募集計劃事件 最高 1年半 判決', 《조선일보》 1926. 11. 19.

312) 국사편찬위원회 편, 『韓民族獨立運動史資料集39, 獨立軍資金募集 Ⅷ』, 국사편찬위원회, 1999. 앞의 책에는 '군자금 모집계획 사건'과 관련한 警察과 檢察의 '搜査報告書', '訊問調書' 그리고 법원의 '公判調書' 등의 원문과 번역문이 게재돼 있다. 원문의 제목은 「正義府ト普天敎トノ軍資金募集計劃ニ關スル件」 즉 '정의부와 보천교의 군자금 모집계획 사건'이다. 이 책에서 「正義府ト普天敎トノ軍資金募集計劃ニ關スル件」의 내용을 '신문조서'라 약칭하겠다. 그리고 각주에서는 '국사편찬위원회의 앞의 자료집'이라고 하겠다.

1920년대 중반 보천교는 고천제와 천자등극설로써 많은 민중을 조직하였고 그 조직을 바탕으로 중앙본소 건설을 시작하였다. 그렇지만 일부 사회주의자들의 성토에 이은 보천교 박멸운동은 보천교를 위기에 빠트렸다.[313] 더군다나 교단 내부에서 혁신운동이 더해지면서 보천교는 생존의 위기에 내몰렸다. 1920년대 전반 남만주의 여러 민족운동 단체들은 '정의부'를 성립시켰다. 성립 당시의 정의부는 기아 상태에 처한 한인韓人의 생계와 자활을 뒷받침할 수 있는 '산업'을 중시하였다. 개간과 간척을 통한 경작지의 확보는 정의부의 우선 사업이었으나, 자금 마련이 여의치가 않았다. 이처럼 보천교와 정의부는 1920년대 중반 서로 다른 위기의 상황에 놓여 있었다.

1920년대 중반에 적지 않은 파문을 일으킨 '군자금 모집계획 사건'은 정작 보천교사普天教史로 알려진 『보천교연혁사(상·하)』에는 언급이 안 돼 있다.[314] 단지, 교주 차경석의 2남 용남龍南의 "아버님께서 형평사장 조만식 씨에게 지시해 신채호 씨의 소개로 만주의 독립단을 끌어들여 큰일을 하려 하셨다."[315]라는 구술만 있을 뿐이다. 앞의 '조만식'은 누구이고 '큰일'은 또 무엇일까?

1) 위기의 보천교와 정의부

(1) 시국대동단의 결성과 보천교 박멸운동

1918년 제주 법정사 항일운동은 보천교의 후천선경 신정부 건설운동을 일제가 탄압하는 과정에서 발생하였다.[316] 강증산의 예언인 '후천선경'은 차별과 원한, 갈등과 전쟁의 선천 시대를 끝내고 상생相生과 대동大同, 평화平和가 지배하는 후천의 이상사회를 뜻한다. '신정부 건설'은 강증산의 예언을 현실 사회에 구현시키려는 정치·사회적인 운동이

---

313) '흠치敎 撲滅宣傳, 전남영광 포천시장에서', 《조선일보》 1925. 1. 30. ; '江華青年 흠치撲滅, 각 단체와 연합하여 철저히 박멸할 터', 《조선일보》 1925. 2. 14.
314) 『普天敎沿革史(上)』, 1948.
315) 차용남의 구술, 1990. 7. 30.
316) 『洋村及外人事情一覽』, 563쪽; 『普天敎一般』, 42-43쪽; 南山太郎, 「秘密結社의 解剖(四)」, 『朝鮮公論』第10券10號(通卷第115號), 1922. 10, 78-79쪽.

라 할 수 있다. 1920년대 기관지『보광』도 "후천선경 건설이야말로 보천교의 유일한 사명"317)이라고 하였다.

두 번의 고천제에 이은 갑자등극설甲子登極說, 즉 갑자년(1924)에 교주 차경석이 제위에 오른다는 풍문은 한때 민중의 결집을 낳았다. 보천교를 중심으로 결집한 민중은 여러 가지 가능성을 만들었다. 그중 하나가 일간 신문을 발행할 수 있는 교단의 역량이었다. 1924년 6월 교단 내 지식인이자 핵심 간부 이상호·이정립이《시대일보》를 인수하였다.318) 그런데 신문을 발행하는 보천교를 일부 지식인들은 용납하지 않았다. 보천교가 막강한 재력으로《시대일보》를 인수한다는 사실이 알려지면서 시대일보사 안팎에서는 보천교를 성토하였다.319) 심지어, 일부 언론에서는 보천교 박멸운동을 제안하였다. 미신사교에 문명의 상징《시대일보》를 맡길 수 없다는 게 그 이유였다.320) 사실은《시대일보》를 인수하기 이전인 1923년부터 일부 사회주의자들이 '보천교 성토회'를 조직하였다. 보천교가《시대일보》를 인수하면서부터 성토 분위기는 험악해져갔다.321)

《시대일보》인수 문제가 사회 문제로 비화하자 교단 내 보수파 핵심 간부 이달호李達濠·문정삼文正三·임경호林敬鎬 등은 이상호에게 그 책임을 물었다. 이상호·이정립은 1924년 8월에 경성 계동의 보천교경성진정원에서 보천교 혁신회를 출범시키면서 보수파 핵심

---

317) 「答客難」, 『普光』 1, 1923.10, 29-32쪽. 후천선경을 앞의 「答客難」에서는 "후천선경이라 함은 자유의 꽃이 爛漫하고 평화의 바람이 蕩漾한 후천세계를 가리킨 말이외다. 이 세계는 극락천국과 같이 세상을 벗어난 것이 아니오 大同世太上境과 같이 太古 시대에 있었다는 것도 아니오, 華胥國과 같이 西方遼遠의 땅에 있는 것도 아니오 헬쓰카의 자유국 여행기 같은 擬作의 기행문도 아니오 …… 후천선경은 우리 인류의 밟고 다니는 지구 위에 건설될 것이외다. 우리의 손으로 개척할 지상천국이외다. 선경의 일은 …… 양반 상놈이 없을 것은 물론이지마는 황금만능 시대는 아니겠지요. 배불러 滯症 만난 사람이나 굶어죽은 원귀는 없겠지요. 사람마다 노동은 할지라도 상품노동자는 없겠지요. 사람마다 교육은 받을지라도 돈벌이할 목적은 아니겠지요. 아마도 봄바람 평화 속에 꽃같이 사랑스럽고 새같이 서로 노래하고 나비같이 서로 춤추는 낙원일 것"이라고 정의하였다.
318) 「問題의 時代日報 紛糾의 顚末과 社會輿論」, 『開闢』 50, 1924.8, 33-34쪽.
319) '普天教聲討文', 《조선일보》 1924.8.26.; '제1회 普天教聲討 演說會開催', 《동아일보》 1924.8.11.
320) '普天教撲滅 絶叫, 내막 조사 연설회', 《동아일보》 1924.9.29. 보천교가 미신사교라는 이유에서 성토하겠다고 했지만, 당시 사회주의자들 사이에서 反宗教運動이 일었다.
321) '普天教 聲討, 大演說會를 연다', 《동아일보》 1923.5.30.; '普天教 聲討講演, 31일 天道教堂에서', 《매일신보》 1923.5.30.; '普天教 聲討文', 《조선일보》 1924.8.26.

간부들의 압박에 대응하였다. 급기야 보수파가 경성의 보천교 혁신회 사무실을 점거하는 등 내분은 최악의 국면으로 치달았다.[322] 보천교는 결국에 1924년 12월에 《시대일보》 발행권과 경영권 모두를 포기하기에 이르렀다.

보천교 혁신회 출범 당시의 차경석은 수배당하는 처지였다.[323] 그런 상황에서 일부 사회단체의 성토, 그리고 내분으로 위기를 맞게 된 보천교는 "교의 취지를 밝혀서 관민官民의 오해를 걷어 내겠다."라며 1924년 9월 보수파 수장 격인 문정삼과 임경호를 일본에 파견하였다. 문정삼과 임경호는 일본의 내각총리대신 가토 다카아키加藤高明을 면회하는 자리에서 "보천교의 교강敎綱이 인의仁義의 도덕을 숭상하며 상생相生을 주의로 한 대동단결大同團結을 목적으로 하고 있다. 더불어 대동大同이야말로 전 인류가 대동단화大同團和하는 것을 의미한다."라는 교敎의 취지를 밝혔다.[324]

보천교의 보수파가 일본의 권력자들과 모종의 타협을 시도하는 과정에서 '대동大同'이라는 개념이 강조되었다. 보천교에서 교조로 받드는 강증산의 핵심 사상 가운데 하나가 대동단화大同團和이고, 보천교의 목적 또한 대동大同이다.[325] 보천교의 이 같은 취지를 설파한 문정삼과 임경호는 귀국길에 조선총독부 정무총감 시모오카 주지下岡忠治를 만났다. 이 자리에서 시모오카 주지下岡忠治는 "보천교가 일본인과 대동단화할 수 있는 실질적인 성의를 보여 달라."며 일명 '광구단匡救團'을 조직할 것을 요구하였다.

이와 같은 사항을 모처에서 보고받은 차경석은 보천교의 취지를 알리는 대중 연설이 되어야 한다는 것과 연사는 반드시 보천교 교인이거나 보천교 입교를 전제로 하는 인사여야 한다는 것 등을 전제로 시모오카 주지下岡忠治의 앞의 요구를 받아들였다.[326] 더불어

---

322) '普天敎看板奪取に關ける件'(京鍾警高秘第13587號ノ2), 『日帝檢察編綴文書』; '畢竟은 談判一幕, 紛糾가 심해가는 普天敎싸움', 《조선일보》 1924. 9. 24.
323) 『普天敎一般』, 42-43쪽. 앞의 보고서에는 차경석이 1919년 1월부터 지명 수배되었다고 하였다.
324) 『普天敎沿革史(上)』, 40-46쪽.
325) "보천교가 대동주의로서 동양 민족의 행복을 목적으로 한다."는 내용이 1925년 신문조서가 있다.(「조만식 신문조서」, 국사편찬위원회의 앞의 자료집, 35쪽). 당시 보천교의 목적 또한 大同이었다.(「普天敎는 무엇을 가르치나?」, 『硏眞』 2, 普天敎總正院內硏眞所, 1959. 2, 7쪽)
326) 『普天敎一般』, 85-86쪽. 앞의 보고서에도 보천교의 시국대동단 결성 목적을 "…… 하나는 보천교 교무학장을 위해, 하나는 보천교를 이용해 자기의 야심을 이루고자, 서로 의견의 일치를 보고 시국대동단이라

시모오카 주지下岡忠治가 제시한 '광구단'이라는 이름 대신에 보천교의 취지나 목적에 부합한 이름 '시국대동단時局大同團'을 채택하였다.

1924년 말경 차경석은 활동비 3만 원을 내놓으면서 시국대동단의 조직 및 그 활동을 문정삼 · 임경호에게 일임하였다.[327] 이렇게 하여 조직된 것이 시국대동단이다. '대동大同' 은 보천교의 계명誡命인 대동친목大同親睦에서 따 왔으며 '시국時局'은 황석산 고천제 당시 선포한 국호 '시국時國'에서 따 왔다고 한다.[328] 따라서 시국대동단이라는 이름만큼은 후천선경 신정부 건설운동과 일맥상통한다.

시국대동단은 당시 부일 단체로 알려진 '십일연맹十一聯盟'과 연합체의 형태를 띠었다.[329] 따라서 연사들은 대체로 '십일연맹十一聯盟' 측 인사들이었다.[330] 1925년 1월부터 강연 활동이 시작되었으나 차경석의 뜻과는 달리 시국대동단은 보천교와 어떠한 협의도 없이 연사와 연설 내용을 선정하는 등[331] 어용단체로 전락하였다. 그리고 시국대동단 내의 문정삼과 임경호는 조선총독부에 순응하는 정상배로 변해갔다.[332]

시국대동단의 활동 때문인지는 모르겠지만, 당시 일부 지식인과 언론은 시국대동단의 강연을 강도 높게 비난하였다.[333] 급기야는 각 지역의 청년 단체가 물리적인 방법으로써

는 것을 조직하여 大正14年(1925) 1월 10일 광주에서 이들이 강연회를 개최하는 것을 비롯해, 이에 따라 조선 각지에서 그들의 강연회를 개최했다. 강연의 원래 목적은 모두 內鮮融和를 표방하면서도, 사실은 은근히 보천교 교무 확장의 선전에게만 미치는 것이 있기 때문에 ……"라고 피력하였다.

[327] 『普天敎沿革史(上)』, 40-46쪽.

[328] 이강오, 『普天敎』, 31쪽. '時局'이란 1921년 황석산 고천제 당시 선포했던 국호 '時國'과 같다는 주장이 있다. 그리고 '時'는 先天에서 後天으로 옮겨가는 중요한 전환점을 의미한다고 한다. (최종섭의 구술, 1991. 7. 15)

[329] '十一聯盟'을 '各派有志聯盟'이라고도 한다. 각파유지연맹은 國民協會, 同光會, 大正親睦會, 同民會, 朝鮮 經濟會 등 11개 단체가 소속돼 있어 이를 十一聯盟이라 불렀다. ('所謂 各派有志聯盟에 對하야', 《동아일보》 1924. 3. 30)

[330] 물론, 보천교 측 연사가 없었던 것은 아니다. 제주도 출신 보천교 간부 강봉환(1867-1961)이 전라남도 영광에서 열린 시국대동단의 강연회의 연사로 활동한 적 있다. ('四面楚歌中의 時局大同團. 홈치聲討로 一風波…', 《조선일보》 1925. 1. 16)

[331] 『普天敎沿革史(上)』, 60-65쪽.

[332] 1940년대 임경호, 문정삼 등은 '조선 독립'을 음모했다는 혐의로 일제 경찰에 체포되어 문초를 받다 옥사 하였다. (『甑山敎史』, 314-315쪽; 공훈전사사료관 '독립유공자 공적조서') 이렇듯 일제강점기 보천교의 모 습은 들쑥날쑥하였다.

시국대동단의 강연을 저지하였다. 시국대동단의 연설회가 있는 곳마다 각 지역 청년들이 나타나 교인들을 구타하였다. 일부 지역에서는 연단을 부수거나 교단 간판을 떼 소각하였으며, 신문들은 연일 '보천교 박멸운동'이라는 제하의 기사를 내보냈다.[334] 시국대동단 결성을 허락한 보천교는 '신정부 건설'이라는 목표에서 크게 흔들리면서 큰 위기에 봉착하였다.[335]

차경석은 시국대동단의 결성을 계기로 수배자에서 복권復權과도 같은 상황을 맞이하였다. 1925년 5월 조선총독부 경무국장 미쓰야 미야마쓰三矢宮松와 정무총감 시모오카 주지下岡忠治가 잇따라 전라북도 정읍의 보천교 중앙본소를 찾았기 때문이다.[336] 이때 조선총독부는 보천교의 만주 이주를 집요하게 요구하였으나 차경석은 이를 거절하였다. 만주 이주를 거절한 차경석을 시모오카 주지下岡忠治가 문정삼에게 권총을 주어 살해하도록 지시하였다는 설도 이때 떠돌았다.[337] 이러한 설이 사실인지는 알 수 없지만, 뒤에 문정삼과 이달호 등은 한때 보천교 중앙본소를 습격하기도 하였다.[338]

시모오카 주지下岡忠治와의 만남 직후의 차경석은 시국대동단을 떠올리면서 일제로부터 이용당했다고 생각한 것 같다. 발족 6개여 월 만인 1925년 7월에 시국대동단을 전격 해체하였다.[339] 그리고 시국대동단의 조직과 그 활동으로 빚어진 위기의 책임을 이달호 ·

---

333) '普天敎聲討演說, 오는 三日 鐘路靑年會 會館에서', 《동아일보》 1924. 9. 1. ; '釜山靑年會主催 '훔치' 聲討 大盛況', 《조선일보》 1925. 2. 18.

334) '普天敎聲討會, 濟州에서 組織', 《동아일보》 1925. 2. 14. ; '陝川佳會面에서 普天敎撲滅運動, 開部式當日에 民衆이 示威運動', 《동아일보》 1925. 2. 14. ; '被告는 懲役도不懼, 普天敎撲滅과 聲討事件公判', 《시대일보》 1925. 10. 2.

335) 1920년대 일제는 직업적 친일파를 침투시켜 각종 종교단체의 분열을 획책하고 종교 조직의 약체화를 꾀하였다.(신순철, 「일본의 식민지 종교정책과 불법연구회의 대응」, 『문산 김삼룡박사 고희기념특집 원불교사상』 17 · 18집, 1994, 747-748쪽) 時局大同團의 결성은 일제 분열책의 산물이라고 볼 수 있다.

336) '大時國 太子'인가 車熙南이 又 上京, 마포 처가에 본부를 정하고 경무국과 또 교섭을 시작해', 《시대일보》 1925. 6. 3. ; 이강오, 「普天敎」, 33쪽.

337) 「車天子」 암살 음모로 보천교 신구파 대난동', 《조선일보》 1925. 11. 13. ; 이강오, 「普天敎」, 33쪽; 최종섭의 구술, 1991. 1. 23. ; 안영승의 구술, 1991. 2. 2.

338) 『普天敎一般』, 1926, 109-136쪽; '普天敎 新舊派 百餘名 激鬪', 《동아일보》 1927. 2. 13. ; 『조선의 유사종교』, 256쪽.

339) 차경석은 1925년 6월 15일에 "시국대동단이 유지되어 존속하는 것에는 아무 이의가 없는데, 종래의 소요

문정삼·임경호 등 보수파 핵심 간부들에게 돌렸다. 임경호는 그해 8월경에 탈교하였다.[340] 같은 해 10월에는 이달호가 교단 밖에서 '육임회六任會'라는 단체를 만들어 보천교 중앙본소를 습격하는 등 두 번째 혁신운동(1925)을 일으켰다. 이달호는 이상호가 주축이 돼 일으킨 첫 번째 혁신운동(1924)을 잠재우고 경성진정원장이 된 인물이다.[341]

시국대동단 이후의 보천교는 이반된 민심을 추스르는 일이 그 무엇보다 시급하였다. 민심을 추스를 수 있는 대책으로 제시된 것 중 하나가 교단의 민족주의 색채를 더욱 강화하는 것이다.[342] 그런데 교단 내부에서도 만주 이주 및 만주 개척의 문제를 제기했었다. 첫 번째 혁신운동을 주도하다가 만주로 망명한 이상호가 차경석과 화해를 모색하는 과정에서 만주 개척을 제안하였다. 만주를 개척하게 되면 조선총독부로부터 10만 원의 지원금을 받을 수 있다고도 했지만 차경석은 이를 거절하였다.[343] 시모오카 주지下岡忠治와 이상호의 이 같은 제안을 차경석은 단호하게 거절한 셈이다.

이상호의 만주 이주 제안이 당시 조선총독부의 정책, 즉 만주 이주 정책의 영향을 받았는지는 알 수 없다. 단지 보천교 중앙본소를 중심으로 탄갈자들이 몰리는 상황에서 한정된 경작지나 생산 시설 등은 턱없이 모자랐을 것이다. 이러한 한계 상황의 타개를 위한 구상이 만주 이주의 구상이었다. 그리고 일제의 탄압에서 자유로운 종교 공동체를 만들기 위한 구상이 만주 이주 및 만주 개척이었다.

경비에 관해서는 그 출납이 믿기 힘든 것이 있으므로, 바로 이것에 동의하기가 어렵다. 특히, 현재 재정이 곤궁한 시기이기 때문에 당분간 경비를 지출할 가능성이 없다. 한편, 자신은 아직 공공연하게 세상에 나가 활동하지 못하는 신분이기 때문에 시국대동단의 총재가 될 수 없다."라며 시국대동단 측의 요구를 거절하였다. 그리고 시국대동단 집행위원들은 1925년 6월 27일에 집행위원회를 열어 보천교 측에 대표자 출석을 요구하였으나 이에 응하지 않자 1925년 6월 30일에 시국대동단 집행위원회의에서 시국대동단을 해산하기로 결정하고 이를 문정삼, 이달호에게 통보하였다.(『普天敎一般』, 90-94쪽)

340) 『普天敎沿革史(上)』, 62쪽.
341) 『普天敎沿革史(上)』, 62-64쪽. 임경호, 문정삼 등은 1926년 음력 10월에 보천교경성진정원에다 '甑山敎' 라는 간판을 달고서 차경석에게 대항하였다.(『普天敎沿革史(上)』, 66-67쪽)
342) 「조만식 신문조서」(국사편찬위원회의 앞의 자료집), 35-36쪽.
343) 『普天敎沿革史(上)』, 56-60쪽.

(2) 정의부의 산업 활동과 자금 부족

'군자금 모집계획 사건'을 보도한 1925년 당시 신문은 이 사건의 핵심 인물 정찬규鄭燦奎의 소속을 '정의부正義府', '통의부統義府' 또는 '통의부 의용군'이라고 하였다.[344] 「正義府卜普天敎卜ノ軍資金募集計劃ニ關スル件」(이하 '신문조서'라 함)에서도 정찬규가 1923년 8월에 봉천奉天에서 만난 이는 "통의부 참의 김정관金正觀"이며, 1924년 4월에 김정관의 소개로 흥경현興京縣 왕청문汪淸門의 "통의부 민사부장 김이대金履大"의 비서가 되었다고 하였다.[345] 즉 1924년경까지도 '정의부'라는 이름 대신 '통의부'라는 이름으로 불려졌다는 것이다. 왜 그랬을까?

1922년 초에 남만주 지역의 민족운동 단체[346] 대표들이 환인현桓仁縣에 모여 이른바 '남만 통일회'를 조직하였다.[347] 1922년 8월 30일에는 이른바 8단 9회의 대표 71명이 환인현桓仁縣 마단자馬圈子에서 '남만 한족통일회의'를 개최하였다. 이 회의에서 '대한통의부大韓統義府(이하 '통의부'라고 함)'를 정식 선포함과 함께 산하의 무장 단체인 '통의부 의용군'을 조직하였다.

통의부가 설립된 지 불과 1년도 안 된 1923년 2월에 통의부 내 복벽파 계열이 이탈하여 '의군부'라는 새로운 조직을 만들었다.[348] 뒤이어, 또 다른 세력이 '참의부'라는 조직을 만들었다.[349] 통의부가 분열에 직면하던 1923년 9월경부터 남만주의 독립군 지도자들이 조직의 통합을 논의하였고, 1924년 3월 하순에는 전만통일회의全滿統一會議 주비회籌備會를 조직하기에 이르렀다.[350] 같은 해 11월 24일에는 남만주의 8개 민족운동 단체가 통합을 결의하니 '대한정의부' 즉 '정의부'이다.[351] 그러나 '정의부'라는 이름은 1924년 11월에

344) '正義府義勇軍 別動隊員 潛入說, 情報가 전하는 그들의 目的은 井邑 普天敎에서 돈 얻을 것과 白白敎의 8萬圓도', 《동아일보》 1925. 12. 11. ; '義勇軍潛入說, 同時에 軍資金도 모집코저', 《동아일보》 1925. 12. 2.
345) 「정찬규 신문조서」(국사편찬위원회의 앞의 자료집), 30쪽; 전북 정읍의 韓圭淑 외 4인 판결문, 1926. 7. 19., 경성지방법원.
346) 서로군정서(한족회), 대한독립단, 광한단 등을 말한다.
347) '南滿統一會와 밋 그 後援隊에 對하야', 《독립신문》 1922. 6. 24. ; '南滿統一會主唱', 《독립신문》 1922. 8. 22.
348) '統義府와 分立 西墾島의 義軍府 全德元一派의 大活躍', 《독립신문》 1923. 5. 2.
349) 김병기, 「대한통의부 의용군의 조직과 활동」, 『史學志』 37, 단국사학회, 2005, 371-382쪽.
350) 채영국, 『韓民族의 만주독립운동과 正義府』, 국학자료원, 2000, 76-77쪽.

서야 불리게 되었다.

신문조서에 의하면, 정찬규는 1924년 10월에 길림성에서 통의부 외 6개 단체가 정의부라는 이름으로 통합했으며, 당시에는 봉천성奉天省 유하현柳下縣 삼원포三原浦에 통합 단체의 중앙 조직이 있었다고 진술하였다. 더불어 정의부의 주요 인물은 이탁李鐸, 김이대金履大, 오재진吳在振 등이라고 언급하였다.[352] 이처럼 1923, 24년경 정찬규의 소속이 계속해서 통의부로 나오는 이유는 통의부를 중심으로 통합해 가는 과정에서 정의부가 성립되었기 때문이다.

그런데 통합이 선언된 1925년경에도 '통의부'라는 조직과 이름이 존속하였다. 조직과 이름이 존속했던 이유는 정의부를 구성한 가장 큰 단체인 통의부의 조직이 방대했고, 통합에 따른 실무적인 작업이 많았던 탓에 각 조직의 해소가 늦어졌기 때문이다.[353] 신문조서에서 정찬규가 현정경玄正卿, 김이대 등의 소속을 통의부라고 언급한 것도 바로 이러한 사정 때문이다.

1925년 3월 초에 화전현樺甸縣의 정의부 임시집행위원회가 폐지되고 중앙행정위원회를 비롯한 정의부의 중앙 조직이 새롭게 구성되었다. 이때 정의부의 중앙 조직은 유하현柳河縣 삼원포三源浦에 위치해 있었다. 1925년 중반 정의부는 일제와 중국 측의 탄압, 그리고 내부의 문제 등으로 삼원포에서 화전현樺甸縣 밀십합密什哈으로 이전하는 등 중앙 조직의 이동이 계속되었기 때문이다.[354]

정의부 초기 집행부는 중앙행정위원장인 이탁李鐸과 중앙행정위원인 김동삼金東三, 김이대金履大, 이진산李震山, 현정경玄正卿 등이다. 민사위원회 위원장에 현정경, 법무위원회 위원장은 이진산, 재무위원회 위원장은 김이대이다. 김이대는 재무위원장 겸 생계위원장

---

351) 위와 같은 책, 91쪽. 정의부에 가담한 단체로는 大韓統義府, 西路軍政署, 光正團, 義成團 등 20여 개 단체이다.
352) 「정찬규 신문조서(제2회)」(국사편찬위원회의 앞의 자료집), 86·138쪽.
353) 채영국, 『韓民族의 만주독립운동과 正義府』, 90-91쪽. 앞의 책에 의하면, 통의부는 정의부 중앙행정위원회를 설립하여 각 부의 조직이 완료된 뒤에 중앙행정위원회 포고 제1호가 공포되는 1925년 3월 7일까지도 '통의부'라는 이름이 사용되었다.
354) 위와 같은 책.

대리를 겸하고 있었다.[355] 신문조서에 의하면, 재무위원장 겸 생계위원장 김이대는 '군자금 모집계획 사건'의 핵심 인물 정찬규의 직속상관이었다. 따라서 '군자금 모집계획 사건'은 김이대의 모종의 역할이 있었을 것으로 판단된다.

남만주는 정의부가 주권을 주장할 수 있는 곳은 아니지만 관할 지역 내의 한인韓人들을 위한 입법·사법·행정 등의 기관을 갖춘 민정 정부의 역할을 하였다. 당시 정의부가 내세웠던 것은 ⅰ)산업 부흥 활동, ⅱ)교육 활동, ⅲ)언론 활동, ⅳ)무장 활동 등이다. 이 가운데 가장 주안점을 둔 것이 산업 부흥 활동이다. 성립 초기부터 정의부 핵심 간부들은 관할 지역 한인들의 경제적 기반을 마련하는 것이야말로 항일 무장투쟁에 버금가는 일이라고 생각하였기 때문이다.[356]

당시 만주 한인들은 끼니를 이을 수 없을 정도로 궁핍하였다. 국내 부호들의 도움도 거의 받을 수 없었던 1924년 12월에 '이상적 농촌 건설'을 추진하기 위해서는 화은華銀 25만 원이 필요하다고 판단한 양기탁梁起鐸의 주도로 주식회사 형태의 만주농업사滿洲農業社가 설립되었다. 만주뿐 아니라, 미주나 국내의 한인이면 누구든 만주농업사의 주주로 참여할 수 있었지만 큰 성과는 없었다.[357] 완전한 통합을 이룬 1925년 3월경의 정의부는 포고 제1호를 선포하였다. 포고 제1호에 들어있는 중요 사업은 관할지역의 '개간'이었다.[358] 개간이나 간척은 관할지역 이주 한인들의 경제적 삶을 위한 기반 조성에 필수적이었다.[359]

---

355) 「정찬규 신문조서」(국사편찬위원회의 앞의 자료집), 30쪽; 채영국, 『韓民族의 만주독립운동과 正義府』, 96-97쪽.

356) 채영국, 『韓民族의 만주독립운동과 正義府』, 176-224쪽.

357) 위와 같은 책, 177-179쪽.

358) 이 글에서 '개간'은 산림이나 황무지를 논밭으로 일군다는 뜻이고 '간척'은 둑으로 막은 호수나 강의 일부의 물을 빼내 논밭으로 만든다는 뜻이다. '개척'은 '개발'과 같은 의미이며 '개간'과 '간척'은 '개척'의 의미가 있다.

359) 채영국, 『韓民族의 만주독립운동과 正義府』, 180-186쪽. 참고로, 1926년 5월에 정의부는 또다시 有限農業公司를 설립하였는데, 이는 오동진, 현정경, 김이대 등이 주도하였다. 앞의 농업공사는 1년에 6만 원씩 5년간 30만 원의 자본금을 조성하여 '대단위 농업'을 추진한다는 것, 그리고 30만 원이 조성되면 중국에 귀화한 韓人의 명의로 대토지를 구입한다는 계획이었다. 실제로 정의부는 1926년 7월에 대규모의 황무지를 개간하기도 하였다.

정의부 성립 초기부터 정의부 인사들은 만주의 개간과 간척에 필요한 자본금을 절실하게 필요로 하였다. 더욱이 '군자금 모집계획 사건'의 핵심 인물 정찬규가 정의부 성립 초기의 재무위원장이자 생계위원장 김이대의 비서로 출발하였다는 점, 정의부가 만주에서의 자립 한인 사회를 절실하게 바랐다는 점 등으로 미루어 볼 때 김이대를 비롯한 정의부 핵심 간부들은 보천교의 자금 지원에 큰 관심을 보였을 것으로 판단된다.

2) '군자금 모집계획 사건'의 전말

(1) 보천교와 정의부의 약조約條

1925년 신문은 '군자금 모집계획 사건'을 "시국을 표방한 강도가 보천교로부터 30만 원을 빼앗기 위하여 꾸린 권총단"으로 보도하였다.[360] 또는, "보천교가 만주 개척비로 30만 원을 주겠다고 정의부에 약속하고 정의부원을 끌어들이게 한 후에 권총 2자루만 빼앗았다."고도 하였다.[361] 당시 신문의 '군자금 모집계획 사건'의 보도에는 사건의 배경이나 발단, 또는 핵심 인물들이 잘 드러나 있지 않았다.

신문조서에 의하면, '군자금 모집계획 사건'의 관련 인물은 정찬규, 정상엽, 조만식, 최상룡, 한규숙韓圭淑 등이다. 조만식趙晚植은 보천교와 만주의 정의부를 연결하는 가교역할을 하였다. 가교역할을 한 이는 또 있었다. 조만식이 보천교를 찾게 된 연유를 "······ 내가 경성에서 알게 된 산파 박자혜가 한규숙의 집에서 사회를 위한 일을 하는 데는

---

[360] '道刑事課에 檢擧된 拳銃團의 내용, 活動中心地는 井邑',《매일신보》1925.11.21.; '井邑銃團事件, 連累 三名 又 逮捕',《매일신보》1925.11.22.; '井邑拳銃團 內容, 車京石을 威脅하고 三十萬圓 뺏으려다 發覺',《매일신보》1925.11.25. 참고로, '군자금 모집계획 사건'을 맨 처음 보도한 것은 '道刑事課에 檢擧된 拳銃團 二名, 事件內容은 絶對秘密'이라는 제하의《매일신보》(1925.11.19) 기사이다.

[361] '普天教最後의 蠢動! 金錢으로 正義府를 弄絡',《조선일보》1925.11.21.; '正義府員=檢擧事件內容, 正義府를 이용하려는 普天教徒 一派의 陰謀',《조선일보》1925.10.14. 1926년 신문은 "만주의 조선 민족운동 단체가 보천교와 연락하여 30만 원을 변통하려 하였다.", "보천교가 금전으로 정의부를 농락하였다." 등의 수사 결과를 적시하기도 하였다. ('軍資金募集計劃事件 最高 一年半 判決',《조선일보》1926.11.19.; '民族運動資金으로 三十萬圓辨出計劃',《동아일보》1926.11.14.; '制令違反 强盜準備',《동아일보》1926.11.19)

박자혜
신채호의 부인이자 독립운동
가 박자혜는 보천교 부인선포
사였다.

보천교가 흥미 있으니 오라는 편지가 와서 찾아갔지만 박자혜
는 없었다."라고 언급한 것이다. 1925년 4월경에 우연히 보천
교 부인선포사 박자혜朴慈惠의 소개로 보천교의 북방방주北方
方主 한규숙을 알게 되었고, 그해 5월경에는 보천교 교인이
되었다는 것도 덧붙였다.[362] 즉 박자혜의 소개로 한규숙을 알
게 되면서 보천교에 적을 두었다는 것이다.

신문조서에 의하면, 조만식을 만난 한규숙은 "보천교는 해
외 독립단으로부터 친일로 보이는 것이 매우 억울하다. 따라
서 오늘 이후 독립단과 손을 잡으려고 하는 데 독립단과 연락
할 방법이 없겠는가?"라고 부탁하였다.[363] 1925년 당시는 시
국대동단을 결성한 보천교에 대한 일부 지식인들의 비난이

절정을 이룰 때였다. 이처럼 친일이니 미신 사기단이니 하는 공격을 받는 상황에서 한규
숙은 친일이니 사기이니 하는 것은 오해이며, 오해를 풀기 위해서는 국외 민족운동 단체
와 소통이 필요하다고 조만식에게 강변한 것이다.[364] 한규숙의 이 같은 부탁을 받은
조만식은 만주로 향했다.

1925년 5월경 만주에서 방랑하던 자 또는 민족운동가로 보이는 이춘배李春培를 데리고
경성으로 돌아온 조만식은 김정호金正昊가 머무는 광흥여관光興旅館에서 한규숙과 만났
다. 1924년 12월경 한규숙의 소개로 보천교에 입교한 김정호는 1925년 8월경에 한규숙과
의 불화로 탈교한 상태였다. 그때 김정호가 머무는 광흥여관에는 보천교 서방주西方主이
자 교단의 교금 담당자 김정곤金正坤이 와 있었다.[365] 김정호의 거처 광흥여관에서 조만식

---

362) 「조만식 신문조서」(국사편찬위원회의 앞의 자료집), 35·65쪽.
363) 「조만식 신문조서(제2회)」(국사편찬위원회의 앞의 자료집), 91쪽. 이 외에도 한규숙은 조만식에게 "대동
    단이라는 것이 실립되어 있어 단원의 친목을 도모하는 것이 목적인데도 불구하고 세간에서는 친일적인
    경향이 있다고 하기에 나는 만주에 가서 보천교의 취지를 포교하려고 하는데, 그러기 위해서는 만주 방면
    의 사정에 정통한 자가 필요하므로 그런 자를 소개해 달라."고 부탁하였다.(「공판조서」, 국사편찬위원회
    의 앞의 자료집, 143쪽)
364) 「조만식 신문조서(제2회)」(국사편찬위원회의 앞의 자료집), 91-93쪽.

과 이춘배, 한규숙과 김정곤은 다음과 같이 약조하였다.

1. 보천교는 재외 독립단의 사업을 원조할 방법으로 만주 개척 사업비 약 30만 원을 제공하여 그것으로 생산 기관을 조직하고 매년 남는 이익금으로 독립운동 자금에 충당할 것
2. 李春培, 趙晩塤은 재외 독립단과 연락책임을 맡을 것. 보천교 측은 함부로 30만 원을 중간에서 횡령당할 우려가 있으므로 유력한 독립단과 연락이 있다는 확증을 얻은 후가 아니면 그 돈을 제공하지 말 것
3. 전기 확증을 제시하는 방법으로서 유력한 독립단으로부터 무장군인 수 명을 鮮內에 특파하여 사기적인 독립단이 아님을 보일 것
4. 무장군인을 특파함과 동시에 독립단 측은 미리 鮮內에서 이들로 하여금 군자금을 모집할 것. 보천교 측은 여기에 소요되는 경비를 부담하고 군자금을 낼 수 있는 자산가의 조사 및 안내를 하여 조력하고, 실제로 연락의 진실을 보낼 것. 모집하여 얻은 군자금은 독립단 측과 보천교 측이 반으로 나눌 것[366]

위의 약조에서는 당시 신문(언론)에서 말한 '요인 암살'이나 이를 추정할만한 내용은 찾아보기가 힘들다. 위 약조에서 주목해야 할 것은 첫 번째, 보천교 측이 부담하는 30만 원으로 만주에 생산 기관을 설립한다는 내용이다. 보천교와 만주의 독립단이 함께 생산 기관을 설립하고, 생산 기관에서 얻어지는 이익금은 "독립운동 자금"으로 활용한다는 것이 중요 내용이다. 생산 기관의 설립은 당시 정의부가 중시하는 만주 개척 사업의 경제적 토대를 의미한다.

주목해야 할 두 번째는 "재외 독립단"임을 확인시키기 위해 만주의 민족운동 단체가 먼저 무장단을 특파해야 한다는 내용이다. 엄혹했던 시절이기에 무장단 특파를 통해서

365) 「김정호 신문조서」(국사편찬위원회의 앞의 자료집), 65-66쪽.
366) 「의견서」(국사편찬위원회의 앞의 자료집), 76-81쪽; 「정찬규 신문조서」(국사편찬위원회의 앞의 자료집), 31쪽. 본문 약조 두 번째 조항 '趙晩塤'은 '趙晩植'의 誤記로 보인다.

신뢰성을 확인하겠다는 의도이다. 세 번째, 특파된 무장단과 보천교 측이 함께 군자금을 모집하고, 모집한 군자금은 독립단과 보천교가 둘로 나눈다는 내용이다. 천자 등극이 무산되었다는 설은 확산되고, 여기에다 보천교 박멸운동까지 더해지면서 후천선경 신정부 건설운동의 상징적 사업인 중앙본소 건설과 십일전十一殿 건축에 차질을 빚게 된 보천교의 당시 처지와 연결 지을 수 있는 내용이다.

　　만주로부터 권총과 실탄을 가지고 국내에 들어와 만주 개척비를 마련하려는 시도는 1927년에도 있었다. 「한국인민치태평양회의서韓國人民致太平洋會議書」의 보천교 대표는 이영로李榮魯와 채봉묵蔡奉黙이었다. 앞의 이영로는 경상북도 고령군 다산면 출신으로, 1927년 김창숙金昌淑(1879-1962)이 만주 황무지 개척비를 모집하기 위한 '권총 반입 사건'에 연루되었다.[367] 권총으로 군자금 모집을 시도하는 사례는 이 건 외에도 많이 있다. 어쨌든 위와 같은 약조를 한 직후의 한규숙은 "재외 독립단"과의 연락을 위한 경비 300원을 이춘배에게 건넸다.[368]

　　한규숙으로부터 300원을 받은 이춘배는 1925년 5월 만주 봉천 서탑西塔의 경성여관京城旅館에서 정의부 민사부 비서 정찬규鄭燦奎를 만났다. 이춘배는 정찬규에게 보천교 측과 약조한 내용을 전했고 정찬규는 곧바로 개원현開原縣 위원보문威遠堡門에 머물던 정의부 참의 김정관金正觀을 찾아가 보천교와 맺은 약조를 전했다.[369]

　　보천교와의 약조 내용을 확인한 김정관은 국내에 특파할 특파원으로 정의부 제4중대원 김기도金基道, 임성배林成培 등 5명을 선발하였다. '특파원 사령서'와 '군자금 모집 영수증', 그리고 권총과 실탄 등을 휴대한 김정관은 선발된 5명과 함께 봉천에 있는 이춘배를 만났다. 이춘배를 만난 김정관은 특파원을 국내로 파견하기 위해서는 약 3,000원의 경비가 필요하며, 여비로 600원을 먼저 지급하라고 요구하였다. 이춘배는 김정관의 이러한 요구를 국내의 조만식에게 전달하였다.[370]

---

367) 경북 영덕의 宋永祜 외 28인 판결문, 1927.1.21. 대구지방법원.
368) 관련 신문조서에는 당시 한규숙이 100원, 김정곤이 200원을 지출하였다고 돼 있다.
369) 「정찬규 신문조서」(국사편찬위원회의 앞의 자료집), 112쪽. 앞의 신문조서에는 김정관이 대한통의부 특파원으로 나와 있다.

경상남도 진주晋州에 머물러 있던 한규숙과 조만식은 600원을 마련하여 그 일부인 250원을 이춘배에게 송금하였다. 이춘배는 250원 가운데 100원을 정찬규에게 건넸고, 100원을 받은 정찬규는 김정관에게 250원이 당도했음을 알렸다. 김정관은 직속 부하 정찬규 및 특파원 5명에게 서류와 권총, 실탄 등을 휴대케 하고 봉천奉天 북릉北陵에서 대기토록 하였다. 그리고 나머지 특파 여비를 이춘배에게 계속 요구하였다.[371]

250원을 송금한 조만식은 신의주新義州로 가서 이춘배와 본격적인 조율에 들어갔다. 조만식과의 조율을 마친 이춘배는 다시 봉천으로 들어가 "보천교 측에서는 독립단인지 아닌지를 의심하여 신용하려고 하지 않으니 한 사람이 권총을 휴대하고 먼저 출발하여 와서 이들과 만나면 의심이 풀리고, 그렇게 되면 즉시 여비를 송부하여 준다고 한다더라." 고 김정관에게 전하였다. 김정관은 보천교 측의 이런 제의를 받아들여 5명의 특파에 앞서 측근인 정찬규를 특파하기로 하였다.[372]

(2) 정의부 요원 특파와 군자금 모집 준비

정의부 제4중대 임시 특파원이라는 이름으로 권총 2정과 실탄 47발을 휴대한 정찬규는 1925년 9월 9일에 만주의 개원開原을 거쳐 안동安東으로 향했다. 만주 안동의 안동여관安東旅館에 권총과 실탄을 보관한 정찬규는 압록강을 건너 신의주로 들어왔다. 신의주 삼산여관三山旅館에 머물던 이춘배와 조만식을 만난 정찬규는 삼산여관 주인 김인하金寅河(필자 주 : 조만식의 장인)에게 안동여관에 보관돼 있는 권총과 실탄을 가져오게 하였다. 조만식과 정찬규는 여비가 부족하다는 핑계를 대 '낌새가 이상한 이춘배'를 남겨놓은 채 김인하의 처妻이자 조만식의 장모 장소사張召史를 데리고 경성으로 돌아왔다. 이때 장소사의 허리에는 권총과 실탄이 들어 있는 보따리가 감겨 있었다.[373]

---

370) 「한규숙 신문조서」(국사편찬위원회의 앞의 자료집), 45-46쪽.
371) 「자수조서」(국사편찬위원회의 앞의 자료집), 27-28쪽; 「정찬규 신문조서」(국사편찬위원회의 앞의 자료집), 30-31쪽.
372) 「정찬규 신문조서」(국사편찬위원회의 앞의 자료집), 31-32쪽.
373) 관련 신문조서에 의하면, 조만식의 처는 아들을 남겨두고 병사하였는데, 장모 장소사는 외손주를 보기 위해 조만식을 따라나섰다.

조만식과 정찬규는 권총과 실탄을 휴대하고 경성 김정호의 거처 광흥여관에 잠시 머물다가 한규숙이 있는 경상남도 진주晉州로 내려갔다.[374] 진주에 도착한 일행은 보천교경남진정원장 김수권金秀權의 안내로 한규숙을 만났다. 한규숙과 조만식, 정찬규 등은 시급한 여비 마련을 위해 보천교 북방육임北方六任 민태호閔泰鎬를 찾았으나 그로부터 충분한 여비는 나오지 않았다.[375]

조만식 일행은 인근 자산가를 협박해 군자금을 모집할 생각을 하였다. 군자금 모집 건은 보천교와 정의부의 '약조'에 포함돼 있었지만 특파된 정찬규의 임무는 아니었다. 정찬규는 정의부가 국외 민족운동 단체임을 보천교에 확인시켜주는 역할만을 부여받았을 뿐이다. 따라서 군자금 모집을 위해 회중전등 3개, 각반 2조, 운동화 2켤레, 흑색 학생복 2벌 등을 구입한 일행은 만주 봉천에서 대기 중인 5인의 특파원이 오기만을 기다렸다. 5인의 특파원을 기다리는 동안에 일행은 인근의 보천교 교인을 상대로 모금 활동을 전개했지만 소액을 얻는 데 그쳤다.[376] 이렇듯 자금 모집이 뜻대로 되지 않은 가운데 교주 차경석은 한규숙과 조만식, 정찬규, 그리고 진주의 김수근, 민태호 등을 전라북도 정읍으로 불러들였다.

한규숙, 조만식, 정찬규 등은 1925년 11월 6일 전라북도 정읍의 보천교 중앙본소 근처 한규숙의 집에 은신하면서 차경석을 비밀리에 만났다. 이들은 차경석과 주로 만주의 민족운동 단체와의 접선 상황, 군자금 모집 등에 관한 얘기를 나눴다.[377] 여기에서 눈여겨 봐야 할 대목은 차경석과 조만식이 나눴다는 대화 내용이다.

'군자금 모집계획 사건'의 핵심 인물들이 체포되기 직전인 1925년 11월 11일 밤 차경석은 조만식을 만나 시국대동단을 조직했다가 실패한 것을 언급하면서 "(앞으로) 시국

---

[374] 「조만식 신문조서」(국사편찬위원회의 앞의 자료집), 36-37쪽.
[375] 「정찬규 신문조서」(국사편찬위원회의 앞의 자료집), 32-33쪽.
[376] 「정찬규 신문조서」(국사편찬위원회의 앞의 자료집), 33쪽; 전북 정읍의 韓圭淑 외 4명 판결문, 1926.7.19, 경성지방법원; 전북 정읍의 韓圭淑 외 6명 판결문, 1926.11.18., 경성지방법원. 앞의 판결문에는 경상남도 진주군 서면 삼가리 부호 집에 침입하여 자금을 강탈하려고 시도했지만 뜻을 이룰 수 없었다고 나와 있다.
[377] 「정상엽 신문조서」(국사편찬위원회의 앞의 자료집), 42쪽.

에 대하여 어떤 단체를 조직하는 것이 옳은 것이냐?"라고 물었다. 차경석이 시국대동단을 해체한 시기는 1925년 7월이다. 이에 조만식은 "지금은 유산, 무산 두 계급이 서로 원만한 교제를 한다는 것은 지극히 어렵게 되었고, 유력자와 무력자가 서로 원만한 교제를 할 수 없는 현 상황에서 국내의 유지를 모아 단체를 조직한다고 하더라도 돈이 있는 동안은 복종하지만, 돈이 없어지면 이탈하게 되므로 국내에서 사업은 해도 될 수 없고, 보천교가 만주에서 생산 기관을 조직하여 교도들을 이주시켜 만주 사업을 영위하는 것이 좋겠다."라고 대답하였다.[378] 시국대동단의 문제로 곤경에 빠진 차경석이 조만식에게 민족적인 어떤 사업을 추진해 볼 생각으로 던진 질문이었으나 조만식은 여일하게 만주 개척을 권장하였다.

차경석과 면담하던 일행은 한규숙의 집에서 차경석으로부터 여비가 나오기를 기다리다가 누군가의 밀고로 체포되었다.[379]

경상남도 진주에서 전라북도 정읍으로 온 지 10일 만인 1925년 11월 16일에 한규숙韓圭淑(37세), 조만식趙晩植(39세), 정찬규鄭燦奎(39세), 정상엽鄭常燁(32세), 최상룡崔尙龍(26세) 등이 체포되었다. 그리고 1년여 뒤인 1926년 11월 18일 경성지방법원은 '강도예비 및 총포화약류 취체령 위반'과 관련해 조만식은 징역 1년 6개월, 한규숙과 정찬규는 각각 징역 1년을 선고받았다.[380]

수감 당시 조만식
조만식은 중국 텐진에서 독립운동 단체 '불변단'을 조직하였으며, 국내에서 한때 보천교 수호사장을 지냈다.

---

378) 「조만식 신문조서(제3회)」(국사편찬위원회의 앞의 자료집), 61-62쪽; 「정찬규 신문조서(제3회)」(국사편찬위원회의 앞의 자료집), 59-60쪽.
379) 「정찬규 신문조서」(국사편찬위원회의 앞의 자료집), 34쪽.
380) 전북 정읍의 韓圭淑 외 4명 판결문, 1926. 7. 19., 경성지방법원; 전북 정읍의 韓圭淑 외 6명 판결문, 1926. 11. 18, 경성지방법원; 「공판조서(제2회)」(국사편찬위원회의 앞의 자료집), 150-151쪽; '軍資募集計劃事件, 最高 1年 半 判決', 《조선일보》 1926. 11. 19. 앞의 「공판조서(제2회)」에는 관련 판결일이 1926년 2월

'군자금 모집계획 사건'과 관련해서 체포된 이들은 '북방北方'과 관련 있는 간부들이다. 한규숙은 북방주北方主, 즉 한반도 북단과 만주 지역 포교 책임자였으며, 정상엽은 북방 6임, 최상룡은 북방 12임 등 모두 만주 포교와 관련이 있다.[381] 북방 관련 간부들이 '군자금 모집계획 사건'에 연루된 까닭은 만주 지역 포교에 보천교가 적극적이었기 때문이다. 그리고 앞의 '약조'를 비춰보면, 조선총독부의 '만주 이주' 요구를 거절했던 보천교가 내부적으로는 만주 개척에 미련을 두고 있었던 것으로 판단된다.

그렇다면 이들을 밀고한 이는 누구일까? 신문조서나 당시 신문에는 신의주 삼산여관에 머물던 이춘배가 밀고한 것으로 돼 있다.[382] 봉천에서 밀고자 이춘배가 요원 파견을 정의부에 요구할 당시 정찬규는 "독립단원을 끌어들여 체포하려는 관헌의 밀정이 아니냐."라며 이춘배를 의심하였다.[383] 사실 이춘배는 경기도 경찰부에 소속된 밀정이었다.[384]《조선일보》도 "이춘배의 밀고로 주동자인 조만식과 한규숙 등이 붙잡히게 되었다."라고 보도하였다.[385]

정찬규와 조만식이 이춘배를 신의주에 남겨놓고 경성으로 돌아온 것 역시 이춘배를 의심하였기 때문이다. 그런데 조만식 일행이 체포되기 직전에 자수자가 있었으니, 바로 경성의 광홍여관에 있던 김정호이다. 본명이 김한길金漢吉인 김정호는 한때 한규숙의 직계 교인이었다.[386] 한규숙, 조만식 일행이 광홍여관에 있던 김정호를 만났을 당시는

18일이나 앞의 관련 판결문에는 1926년 11월 18일이다. 따라서 관련 판결문의 판결일이 정확하다고 판단된다.

381) 신문조서에 의하면, '군자금 모집계획 사건' 관련자들의 교단 내 직위는 北方方主 韓圭淑, 大寒方主 金秀權, 壬方(西方)方主 金正坤, 北方十二位任 崔相龍, 北方方主 代理 金正昊, 北方六任 閔泰鎬, 北方六任 鄭常燁 등이다. (「정상엽 신문조서」, 국사편찬위원회의 앞의 자료집, 40쪽)

382) 「자수조서」(국사편찬위원회의 앞의 자료집), 27-28쪽; '보천교 최후의 준동! 금전으로 정의부를 농락', 《조선일보》 1925. 11. 21.

383) 「정찬규 신문조서(제2회)」(국사편찬위원회의 앞의 자료집), 87쪽.

384) 『洋村及外人事情一覽』, 600-604쪽. 앞의 정보보고서에 "이 사람 이춘배는 정의부 모 대장과 특별히 친밀한 관계에 있어서 표면적으로는 불령단 속에 있는 듯 지내지만, 뒤에서는 교묘하게 불령단을 이용한다. 어떤 조건으로 경기도 경찰부의 밀정을 맡았다고 한다."라며, 이춘배를 밀정으로 기록하였다.

385) '正義府員=檢擧事件內容, 正義府를 이용하려는 普天敎徒 一派의 陰謀', 《조선일보》 1925. 10. 14.

386) 「의견서」(국사편찬위원회의 앞의 자료집), 81쪽. 김정호의 고향은 경상북도 대구다.

김정호와 한규숙이 불화 상태였다.[387] 이상으로, '군자금 모집계획 사건'의 핵심은 차경석의 대리인 격인 한규숙과 정의부의 정찬규, 그리고 두 단체의 가교역할을 한 조만식이다. 이들의 체포로, 보천교 자금을 끌어들여 만주에서 개간 및 간척 사업을 추진하려던 정의부의 구상은 물거품이 되고 말았다.

3) '군자금 모집계획 사건'의 핵심 인물들

(1) 보천교와 민족운동가들

'군자금 모집계획 사건'의 주요 인물은 정의부의 정찬규와 보천교와 정의부 간의 가교역할을 한 조만식, 그리고 보천교의 한규숙이다. 최근에 보천교 측에서 보천교 수호사장을 지낸 조만식趙晩植이 은거했다는 중앙본소 내 사랑채의 보존을 정읍시에 요구한 적이 있다.[388] 이렇듯 조만식은 보천교의 역사에서 중요한 인물이다. 그렇다면 조만식은 누구이며 보천교와는 어떤 관계였을까?

신문조서에 의하면, 조만식은 1908년 경성보성법률 전문학교를 졸업하고, 대구와 평양의 재판소에서 서기로 근무하다가 1915년에 퇴직하였으며, 1921년 11월 5일 경성지방법원에서 출판법 위반 및 제령 제7호 위반으로 징역 3년에 처했었다.[389] 일제의 기록인 『普天教一般』에도 조만식은 "조국 부흥"을 위해 민족운동을 전개하였다고 나와 있다. 그 내용 일부를 발췌하면 다음과 같다.

---

387) 「김정호 신문조서」(국사편찬위원회의 앞의 자료집), 66쪽.
388) 2017년 6월 29일 문화재청과 전라북도, 그리고 정읍시에서 보천교 관련 유적지 실태 조사를 위한 사전 답사를 했는데, 이때 보천교 측에서 조만식이 체포되기 직전에 머물렀다는 井華祠 옆 사랑채의 보존을 강조한 적이 있다.
389) 「조만식 신문조서」(국사편찬위원회의 앞의 자료집), 35쪽, 108쪽; 「공판조서」(국사편찬위원회의 앞의 자료집), 143쪽; 전북 정읍의 韓圭淑 외 4명 판결문, 1926.7.19., 경성지방법원; 전북 정읍의 韓圭淑 외 6명 판결문, 1926.11.18., 경성지방법원. 앞의 「조만식 신문조서」에도 조만식은 1919년에 제령 제7호 정치에 관한 법령 위반으로 징역 3년에 처해졌으며, 1921년 2월 15일 경성지방법원에서 출판법 위반으로 형을 살았다고 돼 있다.

普天教 幹部와 在外 不逞團의 관계

大正9年(1920)에 金相玉 등의 일파와 결합하고 공채 모집단 愛國夫人團 등의 불령 행동에 가맹하고 同年 10월 제령 제7호 및 출판법 위반으로서 징역 3년에 처한 평안남도 平壤府 上需里 趙晚植이라는 사람이 있었다. 그는 翌年 大正10年(1921) 9월에 假出獄의 혜택을 받았는데도 아직 改悛의 마음이 없고, 여전히 祖國 復興의 희망을 버리지 않았다.[390]

상해일본영사관上海日本領事館에서 펴낸 『朝鮮民族運動年鑑』(1932)[391]에도 1919년 4월 18일에 조직된 천진天津의 불변단 단장이 조선홍趙宣弘이며, 당시 34세인 그의 출생 연도는 1886년, 주소는 평안남도 평양부 상수리 97번지, 1908년 보성법률 전문학교를 졸업하고 대구와 평양의 재판소 서기로 있다가 1915년 이후에 광산업을 한 자라 돼 있다. 근래 조규태는 대한민국 임시정부의 비밀 외곽 단체로 편제된 천진天津의 '불변단不變團'을 조직한 이가 조만식趙晚植이라고 하였다.[392] 즉 『朝鮮民族運動年鑑』에 나오는 조선홍이 곧 조만식이라는 것이다.[393]

조규태에 의하면, 조만식은 천진天津에 있으면서 신한청년당, 대한민국 임시정부, 그리고 안창호 등과 긴밀한 관계를 유지하며 '불변단'을 조직하였다. 그리고 만주의 안동과 국내에 주로 특파되는 불변단 요원이 조만식이었다는 것이다.[394] 조규태는 또한 명제세

---

390) 『普天教一般』, 174-178쪽; 『일제강점기 보천교의 민족운동 자료집Ⅱ』, 267-268쪽.
391) 上海日本領事館 編, 『朝鮮民族運動年鑑』, 上海日本領事館, 1932, 41쪽; 국사편찬위원회, 『韓國民族獨立運動史資料集』11, 국사편찬위원회, 1990, 111쪽; 국사편찬위원회, 『韓國民族獨立運動史資料集』39, 국사편찬위원회, 1999, 35쪽.
392) 조규태, 「天津 不變團의 조직과 활동」, 『한국독립운동사연구』23, 독립기념관 한국독립운동사연구소, 2004. 앞의 글에 의하면, 천진불변단의 부단장이 明濟世(1885년 2월 4일생, 평북 영변, 노령의 블라디보스토크 외국어학교 중국어과 졸업)이고, 총무는 金哲(출신지는 전라남도 함평)이다. 불변단이란 1919년 4월 18일에 천진 지역에 거주하는 50여 명의 한인들이 조직한 민족운동 단체로, 1921년 초까지 대한민국 임시정부와 관계하면서 단원을 국내에 파견하여 제2차 독립만세운동을 추진하였고, 조선총독부 고관 처단 및 민족운동 자금 모집 활동을 벌였다.
393) 위와 같은 글, 196-199쪽. 앞의 글은 1915년 이후에 만주로 간 조만식이 1918년에 상하이 등지에서 활동하면서 장로교(石橋禮拜堂 교인)와 북감리교 교인으로 있었다고 하였다. '직원록 자료'(국사편찬위원회 한국사데이터베이스)에는 1910년부터 1916년까지 대구지방법원과 평양지방법원의 서기 또는 통역생으로 근무한 적이 있다고 돼 있다.

明濟世와 함께 김상옥金相玉이 미국 의원단이 입국하는 1920년 8월에 조선총독부의 고위 관리를 처단하려다가 실패한 사건에 연루된 조만식이 1920년 9월에 체포되었다고 하였다.[395]

《조선일보》(1931.8.23) '조만식씨趙晚植氏 별세別世'라는 제하에서도 조만식은 안창호와 연락을 취하면서 1920년 3·1운동 1주기가 되는 날을 기념하기 위하여 만세운동을 계획하였고, 일제 고위 관리를 암살하기 위해 경성에 잠입했다가 체포되었다고 돼 있다. 이후 3년간 서대문형무소에서 복역한 조만식은 1923년에 석방된 이후에 다시 상하이로 망명하였고, 1925년에는 권총을 가지고 국내에 잠입했다가 체포되었다고 돼 있다.[396] 이와 같은 조만식의 신상은 앞의 조규태가 알고 있는 조만식과 같으며, 신문조서의 조만식과도 일치한다.[397] 그리고 앞의 "1925년 권총을 소지하고 국내에 잠입했다." 함은 '군자금 모집 계획 사건'을 의미한다.

그런데 조만식이 언제부터 보천교와 관계를 맺었느냐는 것이다. 이것과 관련해서 차경석의 2남 용남은 "조만식은 서대문형무소에서 풀려난 이후에는 교본소에서 1여 년 동안 있다가 상해로 갔으며, 다시 귀국하여 본소에 있은 지 한 달여 만에 체포되었다. …… 그 이후로도 조 씨는 아버님 곁에 있었다."라고 구술하였다.[398] 앞의 서대문형무소에서

---

394) 국사편찬위원회, 『韓國民族獨立運動史資料集』 39, 국사편찬위원회, 1999, 35쪽; 국사편찬위원회, 『韓國民族獨立運動史資料集』 6, 국사편찬위원회, 1988, 72쪽; 조규태, 「天津 不變團의 조직과 활동」, 『한국독립운동사연구』 23, 독립기념관 한국독립운동사연구소, 2004, 196-202쪽.

395) 《동아일보》 1920.9.12., 9.18. (조규태, 「天津 不變團의 조직과 활동」, 『한국독립운동사연구』 제23집, 독립기념관 한국독립운동사연구소, 2004, 196-202쪽에서 재인용) 1920년에 구속된 조만식에게 붙여진 죄명은 '보안법 위반'이다. ('조만식 신상기록카드', 『한민족독립운동사자료집, 별집8』, 국사편찬위원회, 1993)

396) '趙晚植 氏 別世', 《조선일보》 1931.8.23. 앞의 기사에 의하면, 조만식은 1925년 당시 39세, 주소는 평안남도 평양부 상수리이다. '군자금 모집계획 사건'으로 서대문형무소에 있다가 1929년에 출옥한 조만식은 안동현 방면으로 나가 있다가, 1931년 8월 15일 46세의 일기로 신의주 도립병원에서 사망하였다. 유해는 1931년 8월 17일 안동현의 동지들과 경성에서 올라온 사위 李晟煥, 아들 平吉 등에 의해 신의주 공동묘지에 안장되었다. 그런데 1929년경 조만식은 전라북도 정읍의 보천교 중앙본소에 있었다는 기록이 최근에 발견되었다. (뒤에서 자세히 언급함)

397) 「조만식 신문조서」(국사편찬위원회의 앞의 자료집), 35쪽; 108쪽; 「공판조서」(국사편찬위원회의 앞의 자료집), 143쪽.

398) 차용남의 구술, 1990.7.30., 1991.1.21.; 안후상, 「普天敎와 物產獎勵運動」, 『한국민족운동연구』 19, 한국

풀려났다 함은 1920년의 조선총독부 고위 관리 처단을 시도한 건과 연루돼 형을 살다 풀려남을 의미한다. 이것이 사실이라면, 조만식은 1925년 이전에 이미 보천교와 관계를 맺었다고 볼 수 있다.

신문조서에서 증인 김인배金仁培는 "조만식 스스로 말하기를 보천교에 귀의한 지는 상당히 오래되었다라고 하더라."고 진술하였다.[399] 차경석의 2남 용남도 "조만식씨는 당시에 대외사업을 총괄하는 보천교 수호사장이었다."[400]고 하였다. 진정원의 육사六司 가운데 하나인 수호사장은 관청과 일반 사회를 대상으로 활동하며, 내빈을 응접하는 간부이다.[401] 하지만 신문조서에서 알 수 있는 당시의 조만식은 보천교에게는 이방인에 불과하였다.

'군자금 모집계획 사건' 이후인 1929년경에 조만식이 보천교에서 직책을 맡고 있었다는 기록이 있다. 『별건곤別乾坤』(제21호, 1929)의 「금년今年 기사월己巳月 기사일己巳日 등극登極한다던 차경석車景錫 회견기會見記」(이하 「차경석 회견기」라 함)라는 제하의 '해금강海金剛'이라는 필명의 서예가가 쓴 글이다.[402] 이 글에 의하면, 조만식은 보천교 중앙본소가 완공되던 1929년 5월에 십일전十一殿과 정화당井華堂의 편액 글씨를 받기 위해 평소 알고 지내던 경성의 김규진金奎鎭을 만났다. 김규진은 보천교 중앙본부에 머물며 '십일전十一殿'과 '정화당井華堂'이라는 편액을 썼지만 응당한 보상을 받지 못했다며 투고한 글이 「차경석 회견기」이다.[403] 따라서 조만식은 1927년경 출감 이후로 줄곧 보천교 중앙본소에 머물면서 교직을 수행하였다고 봐야 할 것이다.

1925년 11월 체포되기 직전의 조만식은 차경석을 만나 두 가지를 의논하였다. 그

민족운동사연구회, 366-367쪽. 이하 안후상의 「普天教와 物産奬勵運動」이라 함.
399) 「증인 김인배 신문조서」(국사편찬위원회의 앞의 자료집), 125쪽. 조만식은 수사 과정에서는 "1925년 4월에 보천교에 입교했다."(「조만식 신문조서」, 국사편찬위원회의 앞의 자료집, 35쪽)고 말했다가 법정에서는 "나는 보천교인이 아니다."(「공판조서」, 국사편찬위원회의 앞의 자료집, 143쪽)고 번복하였다.
400) 차용남의 구술, 1990.7.30.
401) 「普天教 敎憲」, 『普光』 2, 1923.12.1., 60쪽.
402) 해금강은 서예가 金圭鎭(1868-1933)으로 추정된다.
403) 海金剛, 「今年 己巳月 己巳日 登極한다던 車景錫 會見記」, 『別乾坤』 21, 1929.6.23.

첫째는 만주에 생산 기관을 조직하고 보천교 교인들을 이주시켜 민족 사업을 영위하는 문제였다.[404] 같은 해에 조선총독부 간부들이 보천교의 만주 이주와 만주 개척을 권유하였으나 차경석은 단호하게 거절하였다. 둘째는 권총을 이용하여 군자금을 모집하려는 계획에 대한 문제였다. 군자금 모집계획은 차경석의 아이디어가 아니다. 차경석은 조만식 앞에서 "재산가로 하여금 자진해서 납부하게 해야지 강제적으로 모금하는 것은 생각해 보아야 한다."라며, 군자금 모집계획에 강한 회의감을 표출하였다.[405] 이에, 조만식은 차경석에게 "지금의 시국은 불법적으로 강취하여 이로운 기회에 순응하는 것, 즉 강제적으로 모금해도 이것을 이치에 따라서 사용한다면 무방할 것이다."라고 주장하였다.

1925년은 보천교로서는 희비가 엇갈리는 해였다. 1924년 갑자등극설로 교세가 크게 확장되는 양상이었으나 《시대일보》인수 문제와 시국대동단의 조직으로 사회 일반의 비난이 극심하였다. 더군다나 교단의 갈등과 분열은 심각하였다. 이러한 어렵고도 복잡한 상황에서 보천교는 생존을 모색하였을 것이고, 그리고 후천선경 신정부 건설운동의 지속을 위해서는 조만식의 군자금 모집계획을 스스럼없이 받아들였을 것으로 판단된다.

국민대표회의 이후인 1924년에 강일姜逸과 배치문裵致文은 김원봉金元鳳의 권유로 의열단義烈團에 가입하였고, 군자금 모집을 목적으로 국내에 잠입하려던 이들은 체포당하였다.[406] 시기적으로 박자혜朴慈惠가 조만식을

수감 당시 배치문
배치문은 1923년 국민대표회의 보천교 대표였다가, 뒤에 전라남도 목포에서 보천교 박멸운동을 벌였다.

404) 「조만식 신문조서」(국사편찬위원회의 앞의 자료집), 38-39쪽; 「조만식 신문조서(제3회)」(국사편찬위원회의 앞의 자료집), 61-62쪽.
405) 「정찬규 신문조서」(국사편찬위원회의 앞의 자료집), 59-61쪽.
406) 「大正十二年高警第二六九三號上海情報」, 發送. 朝鮮總督府警務局, 1923. 8, 1-3쪽; 「義烈團員檢擧ノ件續報」, 京鍾警高秘第16789號ノ3, 1923. 12. 26. (2021. 1. 2. 「국내 항일운동 자료, 경성지방법원 검사국 문서」, 국사편찬위원회)

끌어들인 시기와 맞물리면서 주목하지 않을 수 없다. 예컨대, 의열단과 관련 있는 신채호 申采浩(1880-1936)와 그의 부인 박자혜를 눈여겨볼 필요가 있다. 신문조서에 따르면, 조만식은 박자혜를 통해서 보천교의 핵심 간부 한규숙을 만났다.[407] 그렇다면 조만식보다는 박자혜가 먼저 보천교와 관계를 맺었을 가능성이 있다. 그렇다면 박자혜는 누구인가?

신문조서 여러 곳에서 박자혜의 직업이 '산파' 또는 '보천교 부인선포사婦人宣布師'로 돼 있다.[408] 박자혜의 직업은 '산파'이면서 '보천교 부인선포사'이다. '선포사'란 보천교 정교부正教府의 포교 전담 직책을 말한다.[409] 일제의 기록『普天教一般』에서도 박자혜를 다음과 같이 기록하였다.

전부터 보천교가 고액의 교금을 축적하고 있는 사정을 듣고, 그(필자 주 : 趙晩植)는 보천교로 부터 운동자금을 얻으려 大正14年(1925) 4월 중에 보천교 여성교도 朴慈惠와 경성에서 접근하였다. 박자혜의 소개로 보천교 본소에 가서 북방주 韓圭淑을 방문하였다.[410]

보천교의 여성 교인 박자혜의 소개로 조만식이 한규숙을 만났다는 내용이다. 그런데 그 시기가 1925년이다. 앞서 1925년 이전에 이미 조만식은 보천교와 관계를 맺고 있었다고 하였다. 그렇다면 보천교와의 관계를 맺고 있던 조만식이 박자혜와 함께 한규숙을 만난 것으로 볼 수 있다. 이는 '군자금 모집계획 사건'에 박자혜가 깊숙이 개입했다고 추정할 만한 대목이다. 차경석의 2남 용남도 '군자금 모집계획 사건'이 신채호와 관련이

---

407) 「조만식 신문조서」(국사편찬위원회의 앞의 자료집), 35쪽. 당시 보천교의 조직은 비밀결사적인 형태를 유지하였기 때문에 당시 한규숙과 조만식은 초면일 수 있었다.

408) 「조만식 신문조서」(국사편찬위원회의 앞의 자료집), 35쪽; 「의견서」(국사편찬위원회의 앞의 자료집), 78쪽.

409) 「普天教教憲」에 의하면, 보천교의 교무기관으로는 中央本所, 四正方位, 眞正院 및 參正院, 正教部 등 4개 기관이 있다. 이 중 正教部는 각 郡에 설치되며, 眞正院의 지휘를 받아 해당 관내 교무를 집행하도록 돼 있다.(『普天教教憲』,『普光』2, 1923. 12. 1, 42-44쪽) 正教部의 직원은 部長, 部員, 宣布士, 議正 등 약간 명을 두게 돼 있으며, 宣布士는 布教에 종사하도록 하였다.(『普天教教憲』,『普光』2, 1923. 12. 1., 62-63쪽) 朴慈惠는 정교부 소속의 宣布師라는 직책에 있었다.

410) 『普天教一般』, 175쪽;『일제강점기 보천교의 민족운동 자료집Ⅱ』, 267쪽.

있다는 취지로 구술하였다.[411] 직업이 '산파'라면 신채호의 부인이자 민족운동가 박자혜朴慈惠(1915-1944)가 분명하다.[412]

어려서 궁중 나인이었던 박자혜는 근대 교육을 받은 신여성이자 간호사였다. 3·1운동 당시 민족의식을 갖게 된 박자혜는 중국으로 건너가, 1920년 4월에 신채호를 만나 결혼하였다. 생활고로 신채호와 1923년에 헤어져 귀국한 박자혜는 생계를 위해서 경성 인사동에 '산파 박자혜'라는 간판을 내걸었다. 산파일과 더불어 박자혜는 밀입국하여 활동하는 민족운동가들의 길 안내 역을 하였는가 하면 신채호가 의열단과 관계하던 시기의 박자혜는 의열단의 거사를 돕기도 하였다.[413]

1936년 2월 여순감옥旅順監獄에서 사망한 신채호의 유해遺骸를 박자혜가 열차를 이용해 국내로 옮길 당시에 경성역에 마중 나간 인사 가운데 한 사람이 보천교 간부를 지낸 주익朱翼이다.[414] 이상으로 보아, 조만식을 한규숙과 만나게 해 준 이는 한규숙과 익히 잘 아는 신채호의 부인 박자혜이다. 차경석의 2남 용남이 신채호 운운했던 것은 바로 이를 두고서 한 얘기일 것이다.

'군자금 모집계획 사건'의 핵심 정찬규를 박기선朴基善 또는 박정홍朴貞洪이라고도 한다. 신문조서에 따르면, 정찬규는 평양 출신으로 경성광무일어학교京城光武日語學校를 졸업하고 일본의 동경정측학교東京正則學校와 명치대학明治大學을 수료한 지식인이다. 귀국해서는 한때 광산업에 손을 댔다가 만주로 건너갔다.[415] 조만식과 같은 평양 출신에다 광산업

---

411) 차용남의 구술, 1990.7.30., 1991.1.21.

412) 당시에 감옥에 있는 남편 신채호를 두고 어린아이를 키우는 박자혜는 '産婆'라는 간판을 내걸고 생계를 꾸렸다는 기사가 있다. ('申采浩夫人訪問記', 《동아일보》 1928.12.12) 그러나 보천교 부인선포사였다는 내용은 없는 것으로 보아, 박자혜가 비밀리에 보천교의 교직을 맡았던 것으로 판단된다.

413) 윤정란, 「일제강점기 박자혜의 독립운동과 독립운동가 아내로서의 삶」, 『梨花史學研究』 38, 이화여자대학교 사학연구소, 2009, 80-83쪽. 앞의 글에 의하면, 박자혜는 국내에서 독립운동가들 간의 연락과 정보, 편의 제공 등을 하다가 49세의 일기로 생을 마감하였다.

414) 안후상, 「普天敎와 物産獎勵運動」, 391-392쪽; 방기중, 「1920, 30년대 조선물산장려회 연구 - 재건 과정과 주도층 분석을 중심으로」, 『국사관논총』 67, 국사편찬위원회, 1996, 103쪽. 신채호의 운구가 도착한 驛頭에 출영한 이는 朱翼 외에도 권동진, 홍명희, 여운형, 신석우, 안재홍, 정인보, 원세훈, 김약수 등이다. (「三千里機密室」, 『三千里』 제8권 제4호, 1936.4.1) 참고로, 朱翼은 1919년 한성정부 각료 안에 포함된 인물이다. (「獨立運動に關ける不穩文書發見の件」, 騷擾第78號, 發送日, 1919.4.24.)

을 하였다면, 정찬규와 조만식은 어쩌면 '군자금 모집계획 사건' 당시보다 더 일찍이 아는 사이였을 것으로 판단된다.

신문조서에 따르면, 1923년 8월에 만주 봉천에서 통의부 참의 김정관을 만난 정찬규는 1924년 4월에 김정관의 소개로 흥경현興京縣 왕청문汪淸門 소재 통의부 민사부장 김이대의 비서가 되었다.[416] 1919년 당시 통의부 김정관의 부하가 되어 군자금 모집에 종사하였다는 기록도 있다.[417] 통의부원이 된 이후의 행동에 대해서는 "내가 가입할 때는 마침 오동진, 김이대, 현정경 일파와 백광운白狂雲 일파와 싸움으로, 아무런 행동도 없었다. 나는 3개월 만에 봉천에 와 있었다."라고 진술하였다.[418] 백광운 일파와 싸움이란 1924년 10월에 통의부 제6중대장 문학빈 일파가 참의부 참의장 백광운을 살해한 사건을 일컫는다.[419]

신문조서에 따르면, 정찬규는 또한 "대한통의부 수뇌부는 오동진·현정경·김이대 등이며, 통의부 이외의 6개 단체가 모여 정의부를 구성하려 했다."고 말하였다.[420] 당시 일제는 정의부와 통의부의 관계를 명확하게 파악하지 못했던 것 같다. 일제 경찰이 정의부와 통의부가 어떤 관계냐고 물었을 때 정찬규는 "작년(필자 주 : 1924년) 10월 중에 신민부, 통의부, 기타의 각 단체가 합병하여 정의부를 조직하였는데, 그 뒤에 신민부는 반대하고 탈퇴하였다."라고 진술한 바 있다.[421] 당시 정의부로의 통합을 결정하고서도 신민부의 이탈 문제를 언급한 것이다. 이처럼 정의부의 통합 규모나 시기 등을 비교적 정확하게 진술한 것으로 보아, 정찬규는 정의부의 핵심 요원이 분명하다.

(2) '군자금 모집계획 사건'과 차경석車京石

갑자등극설(1924)은 허상으로 드러났고, 시대일보사 인수 문제로 내분이 일면서 보천교

---

415) 「정찬규 신문조서」(국사편찬위원회의 앞의 자료집), 29-30쪽.
416) 「정찬규 신문조서」(국사편찬위원회의 앞의 자료집), 30쪽.
417) 『洋村及外人事情一覽』, 597쪽.
418) 「정찬규 신문조서」(국사편찬위원회의 앞의 자료집), 30쪽.
419) 김병기, 「대한통의부 의용군의 조직과 활동」, 『史學志』 37, 단국사학회, 2005, 382쪽.
420) 「정찬규 신문조서(제2회)」(국사편찬위원회의 앞의 자료집), 138쪽.
421) 「정찬규 신문조서(제2회)」(국사편찬위원회의 앞의 자료집), 48쪽.

의 위기감은 수그러들지 않았다, 그러한 가운데 1924년 말 시국대동단이 조직되었다. 1925년 초에는 성전 십일전十─殿의 건축 및 중앙본소 건설이 추진되었다. 그러는 가운데 보천교 박멸운동이 확산되는 1925년 3월에 보천교는 만주의 정의부와 접촉하였다. 같은 해 4월에는 조선총독부 간부들이 차경석을 찾아왔다.[422] 이처럼 1925년은 보천교로서는 매우 복잡하고도 긴박한 해였다. 달리 생각해 보면, 보천교가 생존을 위해 몸부림을 한 해가 1925년이다. '군자금 모집계획 사건'은 보천교의 이러한 위기 상황과 무관치 않다. 생멸의 갈림길에 선 보천교가 택한 노림수는 차경석이 조선총독부 관리들을 상대하는 동안에 교단의 실세 한규숙은 만주의 민족운동 단체와 관계를 맺었다는 점이다.

경상남도 함양 출신인 한규숙은 '보발保髮'을 고집한 전형적인 탄갈자이다. 보천교의 60방주에는 토土에 해당하는 차경석과 그 아래에 수화금목水火金木에 해당하는 4명의 교정教正과 동서남북 춘하추동에 해당하는 8명의 교령教領이 있다. 이들을 흔히 수위 간부라 하는데, 한규숙은 북방방주라는 교령에다 교정이라는 직책까지 부여된 교단의 실세였다.[423] 일제는 이러한 한규숙을 배일사상이 의심되어 주의 중에 있다고 하였다.[424]

한규숙과 조만식, 정찬규 등을 상대로 '군자금 모집계획 사건'을 추궁하던 일제는 "피의자 차경석은 표면으로 관계가 없는 것처럼 가장하고 있으나 속으로 관여하여, 한규숙을 표면에 내세워 이 계획을 진행한 것은 피의자 조만식, 정찬규, 한규숙, 김정호 등의 증언에 의하면 명확하므로 증거가 충분하다."라고 결론을 내렸다.[425] 또한 "군자금 모집계획은 차교주車教主의 명령인가?"라고 일제 검찰이 거듭 물었을 때 또 다른 간부 민태호는 "나는 교주로부터 명령을 받은 일은 없으나 최초 한규숙으로부터 말이 나와서 이에 가담

---

422) '大時國 太子인가 車熙南이 又 上京, 마포 처가에 본부를 정하고 경무국과 또 교섭을 시작해', 《시대일보》 1925.6.3. 앞의 기사는 경무국장이 보천교 중앙본소를 방문한 직후에 차경석의 장남 희남이 경무국장을 찾아갔다는 내용이다.
423) 「정상엽 신문조서」(국사편찬위원회의 앞의 자료집), 40쪽.
424) 일제 기록에도 "(한규숙은) 본래 상당한 자산을 소유했는지 大正6年(1917) 3월경에 보천교를 맹신하고 간부로 임용되자마자 결국 재산을 팔아 大正10年(1921) 보천교 본소 소재지로 이주함. 그 이후 교도 사이에 상당한 세력을 가지는 사람이었지만, 평소 排日思想을 지지하는 의심이 있었기 때문에 주의 중의 사람이었다."라고 돼 있다.(『洋村及外人事情一覽』, 598-599쪽)
425) 「의견서」(국사편찬위원회의 앞의 자료집), 80-81쪽.

하였으며, 차교주도 이에 찬성하고 있었다."라고 진술하였다.[426] 민태호는 한규숙의 부하 격인 북방육임이라는 직책에 있었지만, 경상남도 함양에서 은피 생활할 당시 차경석을 장기간 숨겨준 교주의 최측근이었다. 어쨌든 '군자금 모집계획 사건' 당시의 한규숙은 차경석의 대리인이었다.[427]

한규숙은 조만식과 정찬규에게 "권총으로 군자금을 모금하는 계획이 교주의 귀에 들어 가면 질책이 있을 것이니 함구하자."라고 제의한 적이 있다.[428] 그런데 교인이자 같은 반열의 핵심 간부 김정곤에게는 "(정찬규에게 지급되는 돈에 대해 : 필자 주) 중앙에서 내용은 알고 있겠지만 표면으로는 중앙이 모르게 하는 것이 좋을 것이다."라고 환기하였 다.[429] 여기에서 중앙은 차경석을 의미하며, 따라서 한규숙이 함구하고자 한 군자금 모집 계획은 이미 차경석이 인지했다고도 볼 수 있다. 다만, 처음부터 군자금 모집계획을 인지했다기보다는 추후에 알게 된 차경석이 교단 보호를 위해 군자금 모집계획을 묵인했 을 가능성이 있다.

'군자금 모집계획 사건'이 차경석의 의중 속에서 진행되었다는 정황은 또 있다. 1925 년 11월 6일에 보천교 혁신파라 불리는 일명 '신파新派'가 보천교 중앙본소를 습격하였 다.[430] 두 번째 혁신운동(1925)으로 불리는 중앙본소 습격 사건의 주도 인물은 다름 아닌 시국대동단을 조직했던 이달호李達濠이다. 이달호는 250명으로 '육임회六任會'라는 단체 를 만들어, 이들과 함께 보천교 중앙본소를 습격한 것이다.[431] 당시에 이달호의 육임회 를 '신파新派'라고 불렀다. 민족주의 성향의 인사들로 구성된 1924년 9월의 일명 첫 번째

---

426) 「민태호 신문조서(제2회)」(국사편찬위원회의 앞의 자료집), 75쪽.
427) 보천교 박멸운동이 확산될 당시 주요 간부들은 차경석과의 불화를 일으키면서 탈교하는 사례가 많아졌 다. 그러나 한규숙은 1924년과 1925년의 잦은 혁신운동에도 차경석 곁을 지킨 몇 안 되는 간부였다.
428) 「한규숙 신문조서(제2회)」(국사편찬위원회의 앞의 자료집), 96쪽.
429) 「한규숙 신문조서(제2회)」(국사편찬위원회의 앞의 자료집), 69쪽.
430) '"車天子" 暗殺陰謀로 普天敎 新舊派 大亂動, 혁신파가 차경석 일파를 암살하려던 일로 구파와 충돌하여 정읍 본부에서 일대 격투', 《조선일보》 1925. 11. 13.
431) 『普天敎一般』, 1926, 109-136쪽; '普天敎 新舊派 百餘名 激鬪', 《동아일보》 1927. 2. 13. 앞의 『普天敎一般』 에 의하면, 이달호는 1925년에 핵심 간부들과의 갈등 및 비행으로 '사직 처분'을 받자 억울한 감정을 억제하지 못하고 2차 혁신운동을 노모하였다. (앞의 책, 111쪽)

혁신운동(1924) 세력과는 달리 육임회는 보수적이고 친일적 성향이 강했다. 당시 '신파'와 격하게 대립하던 '구파舊派' 수십 명은 한규숙의 집에 은신한 조만식과 정찬규 등을 끌어냈다. 조만식과 정찬규를 '신파'로 오인하였기 때문에 일어난 일이었다. 이때 차경석은 "이들의 손가락 하나라도 다치게 한 자는 엄벌을 처한다."라는 긴급 명령을 내려 이들을 구하였다.[432]

경찰에 체포되기 직전인 1925년 11월 11일 밤에도 차경석은 한규숙, 조만식, 민태호 등을 비밀리에 만났다. 이 자리에서 차경석은 정의부나 만주 개척의 문제가 아닌, 한규숙과 조만식이 주도한 군자금 모집계획을 우려하였다. 그런데 차경석의 '우려'는 일반의 상식과는 다소 동떨어진 측면이 있었다. 예컨대, 대한민국 임시정부가 수백만 원의 군자금을 모집하려다가 4만 원밖에 모집하지 못한 이유는 중간의 횡령 때문이며, 따라서 정의부의 군자금 모집 역시 중간에 횡령의 염려가 있다는, 그런 우려였다.[433] 보천교의 교금 5만원이 대한민국 임시정부에 온전히 전달되었는지에 대한 불신에서 나온 우려일 수도 있다.[434] 이때 한규숙은 앞의 '우려'와는 거리가 있는, "조만식과 정찬규 등이 도중에 발각되어도 보천교와 관계가 있다는 것을 누설시킬 인물이 절대로 아니다."라는 말로써 차경석을 안심시켰다.[435]

한규숙과 조만식은 차경석을 보호하려는 진술로 일관하였다. 신문조서에 의하면, 일제 경찰과 검찰이 조만식과 차경석이 서로 만나지 않았느냐는 질문에 한규숙은 만나지 않았다고 강하게 부인하였다.[436] 조만식 역시 차경석을 만나지 않았다고 부인하였다가 뒤에 "전회에 거짓으로 말한 것은 미안하다. 11월 11일 밤에 한규숙의 소개로 차(교주)의 서재에서 만났다."라고 번복하였다.[437] 한규숙과 조만식이 차경석을 보호하려는 노력과는

432) 「정찬규 신문조서(제3회)」(국사편찬위원회의 앞의 자료집), 60-61쪽.
433) 「한규숙 신문조서(제2회)」(국사편찬위원회의 앞의 자료집), 69쪽.
434) 3·1운동에 관여했던 林圭가 보천교로부터 받은 5만 원은 羅容均을 통해서 대한민국 임시정부에 전달하였다는 기록이 있다. 그런데 라용균이 일부만 전달했다는, 지역사회에 떠도는 설도 있다.
435) 「한규숙 신문조서(제2회)」(국사편찬위원회의 앞의 자료집), 69쪽.
436) 「한규숙 신문조서」(국사편찬위원회의 앞의 자료집), 46쪽.
437) 「조만식 신문조서(제2회)」(국사편찬위원회의 앞의 자료집), 58쪽, 94-95쪽.

달리 일제 경찰과 검찰은 사건의 공범이자 제령 제7호 제1조 및 형법 제237조에 해당하는 피의자로서 차경석을 다시 수배하였다.[438] 1925년 2월 시국대동단의 조직을 허락한 이후에, 그리고 조선총독부 간부들과의 만남 직후에 수배에서 해제된 듯 보였던 차경석은 다시 수배자로 전환되었다.[439]

'군자금 모집계획 사건'의 관련 인물들이 체포되기 직전인 1925년 11월 11일 밤에 차경석은 최측근 민태호를 만나 "주의를 하지 않아서 발각되면 큰일이다. 일을 하는 데 있어서 상세하게 계획하여, 어느 재산가에 침입한다면 어느 곳에 숙박하고 또는 어느 곳에 은닉한다는 등의 충분한 계획이 있지 않으면 안 된다."라는 주의를 하였다. 또한, "모금한 후에 분배를 정확히 해야지 잘못하다가는 뜯기는 수도 있다."라는 말로써 우려를 대신하였다.[440] 차경석은 조만식과의 만남에서는 권총으로 재물을 강제로 내게 하는 모집 방식에 대해서는 회의적이고 소극적인 태도로 일관하면서도 "문밖에 순사가 있으니 만사는 한규숙과 상의하라."라고 하였다.[441]

차경석이 조만식을 만난 직후에 보천교경남진정원장 김수권은 "한규숙의 집에 와 있는 사회인을 어떻게 할 것인가?"라고 차경석에게 물었다. 이는 조만식과 정찬규를 두고서 한 얘기였다. 이때 차경석은 "사회인이 와서 일하기로 했으면, 일을 하지 않으면 안 될 것"이라고 답변하였다.[442] 조만식 앞에서는 매우 조심스러운 태도를 보인 차경석은 측근에게는 조만식의 계획이 마치 자신의 지시로 추진되는 것처럼 언급한 것이다. 이는 '군자금 모집계획 사건'을 대하는 차경석의 이중적 태도라 할 것이다. 사안의 민감성 때문인지, 대하는 이에 따라 차경석의 입장이 달랐기 때문이다.

'군자금 모집계획 사건'은 차경석의 묵인 또는 지시로 발생하였다. 그런데 정찬규의 권총 2자루 외에도 차경석의 동생이 소지한 권총 1자루가 또 있었다. 정찬규는 "내가

---

438) 「보고서」(국사편찬위원회의 앞의 자료집), 81쪽.
439) 시국대동단의 조직으로 차경석은 긴 수배에서 벗어났었다. (이정립, 『증산교사』, 115쪽)
440) 「민태호 신문조서(제2회)」(국사편찬위원회의 앞의 자료집), 75쪽.
441) 「정찬규 신문조서(제3회)」(국사편찬위원회의 앞의 자료집), 60쪽.
442) 「조만식 신문조서(제3회)」(국사편찬위원회의 앞의 자료집), 62쪽.

가지고 온 2자루의 권총과 차교주 동생이 1자루를 가지고 있었으므로, 이것을 빌려서 3정이 되었다. 차교주로부터 여비가 나오는 대로 청도의 부호 내관內官 집에 침입하려고 상의하였다."라고 진술하였다.[443] 차경석의 동생이 소지한 권총의 출처는 알 수 없지만 보천교가 정의부를 끌어들여서 교단의 민족주의 색채를 강화하는 것 뿐만 아니라, 권총으로 군자금을 모집하려는 계획에도 적극적이었다는 것을 알 수 있다.[444]

보천교는 분명 3자루의 권총으로 군자금을 모집하려고 하였다.[445] 더욱이 모집 이후의 분배 문제까지도 심각하게 고민하였던 것을 보면, 당시 차경석은 교단의 민족주의 색채의 강화 이외에도 만주 개척이나 교금 확보에도 관심이 있었던 것으로 보인다. 그런데 교재 教財가 풍부하다고 소문 난 보천교에 어떤 문제라도 생긴 것일까? 보천교는 1925년 3월에 성전聖殿 십일전十一殿의 건축 공사를 시작하였다.[446] 십일전 외에도 45채의 전통 와가와 10여 채의 부속 건물들로 이루어지는 중앙본소, 즉 보천교 중앙본부의 건설을 추진하고 있었다. 이와 같은 대규모의 토목 및 건축 공사에는 일반인의 상상을 초월하는 150만 원이라는 사업비가 소요되었다.[447] 십일전 건축과 중앙본소의 건설은 후천선경 신정부 건설운동의 정점이기도 하였다.[448] 하지만 보천교 박멸운동은 확산이 되었고 민심은 이반 되었다. 민심의 이반은 사업비 대부분을 충당하는 교금의 격감으로 나타났고, 보천교는 자금 압박을 심하게 받았으리라 어렵잖게 추정할 수 있다.

1920년대 중반에 찾아온 위기를 극복하기 위한 보천교와 정의부의 동상이몽은 현실의 벽에 부딪혔다. 결국 정의부의 속성대로 권총을 이용한 군자금 모집계획으로 옮겨갔다.

---

443) 「정찬규 신문조서(제2회)」(국사편찬위원회의 앞의 자료집), 49쪽.
444) 전북 정읍의 韓圭淑 외 4명 판결문, 1926.7.19., 경성지방법원; 전북 정읍의 韓圭淑 외 6명 판결문, 1926. 11.18., 경성지방법원.
445) 「정찬규 신문조서(제2회)」(국사편찬위원회의 앞의 자료집), 49쪽; 전북 정읍의 韓圭淑 외 4명 판결문, 1926.7.19., 경성지방법원; 전북 정읍의 韓圭淑 외 6명 판결문, 1926.11.18., 경성지방법원.
446) 十一殿을 '十一聖殿' 또는 '太極殿'이라고도 부른다.
447) 안후상, 「普天教 十一殿과 曹溪寺 大雄殿」, 『新宗教研究』 4, 한국신종교학회, 2001, 205-207쪽.
448) '普天教本部, 三光靈奉安致誠祭, 即ち同教の登極を意味する舊3月15日前後5日の祭祀は絶對に禁示され', 《釜山日報》 1929.4.23.; 안영승의 구술, 1991.2.2. 1920년대에 중앙본소의 건축일을 한 안영승은 1929년 예정된 십일전 내 삼광영 봉안식을 교내외에서는 '천자 등극식'이라고 인식하였다고 구술하였다. (안영승의 앞의 구술) 이것이 '기사등극설'이다.

군자금 모집계획은 매우 위험한 발상이었지만 당시 분란과 재정난 등으로 파국을 눈앞에 둔 보천교로서는 어렵잖게 선택할 수 있었다. 조만식도 "보천교에는 돈이 없는 게 사실이고 따라서 보천교의 성전 건축을 위하여 군자금을 모금하려고 하였다."라고 진술한 바 있다.[449] 이렇듯 당시 보천교의 위험한 선택의 배경에는 중앙본소 건설 과정에서 닥친 자금난이었다.

한편, '군자금 모집계획 사건'이 시작되던 1925년 5월에 조선총독부 경무국장 미쓰야 미야마쓰三矢宮松와 정무총감 시모오카 주지下岡忠治가 잇따라 전라북도 정읍의 보천교 중앙본소를 찾았다. 차경석을 만난 시모오카 주지下岡忠治는 시국대동단의 문제와 함께 보천교 교인의 만주 이주 문제를 꺼냈다. 시국대동단의 확장이라는 명목으로 보천교 교인의 만주 이주를 요구하였지만 차경석은 불응하였다.[450] 그런데 같은 해 4월에 한규숙과 조만식은 만주의 정의부를 끌어들이기 위한 계획을 숙의하였다. 이것이 바로 차경석의 또 다른 이중성이다. 이와 같은 차경석의 이중성을 어떻게 설명해야 할까?

시모오카 주지下岡忠治가 보천교의 만주 이주와 만주 개척을 요구한 것이나 정의부가 보천교의 30만 원을 끌어들여서 만주 개척을 시도하겠다는 것은 거의 동시적이다. 보천교가 조선총독부나 정의부와의 접촉 과정에서 나타나는 공통분모는 바로 '만주 개척'이다. 차경석은 앞의 공통분모를 십분 활용해서 당시 교단이 처한 최악의 국면에서 벗어나고자 하였다. 즉 후천선경 신정부 건설운동을 지속하려는 고육지책은 차경석의 이중성에서 찾아볼 수 있다.

만주 개척비로 30만 원을 지원받기 위한 정의부의 계획은 관련 인물들이 체포됨으로써 실패하였다. 당시 신문들은 연일 '군자금 모집계획 사건'을 교주 차경석이 주도하였다고 보도하였다. '군자금 모집계획 사건'은 그동안 반反사회적이니 친일이니 하는 일부 부정적인 이미지를 어느 정도 걷히도록 하였다. 그리고 기사등극설, 즉 기사년(1929)에 차경석이

449) 「한규숙 신문조서(제2회)」(국사편찬위원회 앞의 자료집), 96쪽; 전북 정읍의 韓圭淑 외 4명 판결문, 1926. 7.19, 경성지방법원; 전북 정읍의 韓圭淑 외 6명 판결문, 1926.11.18., 경성지방법원.
450) 이상오, 「普天敎」, 33쪽.

천자天子로 등극한다는 풍문에 힘입어 교세를 어느 정도 회복할 수 있었다.[451] 결과적으로 차경석의 이중성은 보천교를 위기에서 벗어나게 함과 동시에 후천선경 신정부 건설운동의 상징적 사업인 십일전十一殿의 건축 및 중앙본소의 건설을 무난하게 마칠 수 있게 하였다.[452]

정리하건대, '군자금 모집계획 사건'은 본래 민족적 동기에서 입교한 몇몇 간부가 보천교의 친일화로 인해 위기감이 심화하는 가운데 차경석에게서 등을 돌려 조만식과 제휴한 사건[453]이 아니다. 당시 보천교 박멸운동과 민심 이반에 따른 보천교의 위기의식과 정의부의 생계 문제 해결을 위한 만주 개척비 마련 등이 서로 맞물려 나타난 것이 '군자금 모집계획 사건'이다. 결과적이긴 하지만, 자금이 필요한 정의부를 파트너로 삼으면서 보천교는 당시 민중의 보천교에 대한 민족적 의구심을 일정부분 해소할 수 있었다. 그동안 보천교의 교금이 한국 민족운동에 지원될 가능성에 주시했던 일제는 이 사건을 계기로 보천교를 더욱 집요하게 감시하고 탄압하였고, 그간 지속돼 온 보천교와 한국 민족운동 세력과의 밀착 모습은 이때부터 볼 수 없었다.

4. 지식인들의 공격과 보천교 쇠퇴

3·1운동 직후에 보천교의 중앙과 지방의 간부는 물론이고 일반 교인 다수가 검거되는 '청송 사건'이 발생하였다. 그간 비밀결사적 조직운동과 각종 풍문에서 비롯된 의혹들은

---

451) '義城北村에 普天敎 또 蠢動, 재산 전부를 팔아 없애고 舊 8月 15日만 苦待', 《중외일보》 1928.6.14.; '車天子를 찾아갔던 7家族, 家産만 蕩盡하고 落膽歸鄕', 《동아일보》 1929.11.23.

452) 전북 정읍의 韓圭淑 외 4명 판결문, 1926.7.19., 경성지방법원; 전북 정읍의 韓圭淑 외 6명 판결문, 1926.11.18., 경성지방법원. 앞의 판결문에는 "피고 한규숙, 조만식은 모두 보천교도로서 동교 殿堂 건립비에 궁한 결과 부호를 습격, 금품을 강탈해 이로써 전당 건립비에 충당하려고 계획하였다."라고 돼 있다.

453) 조경달은 "이 사건(필자 주 : 군자금 모집계획 사건)은 본래 민족적 동기에서 보천교에 입교해 있던 몇몇 간부가 보천교의 친일화로 위기감이 심화되는 가운데 車京石에게서 등을 돌려 조만식과 제휴한 사건"이라고 하였다. (趙景達, 「植民地朝鮮における新興宗敎の展開と民衆 - 普天敎の抗日と親日」(下), 『思想』(2001.3), 岩波書店, 東京, 2001, 143쪽; 조경달, 『민중과 유토피아 - 한국근대민중운동사』, 역사비평사, 2009, 350쪽)

보천교에 대한 일제의 산발적 탄압을 불러왔다. 그러나 교금教金의 출처 및 용처의 문제가 더해지며 보천교의 중앙과 지방에서의 활동은 거의 불가능할 정도였다. 이때 보천교는 비밀결사적인 조직운동을 계속 고수할 것인가 아니면 일제와 적절한 타협을 통해서 살아남을 것인가 하는, 양자택일의 앞에 서 있었다.

급기야 보천교는 천도교와 마찬가지로 공개적 활동을 선택하였다. 이때 일부 지식인들은 보천교를 공격하기 시작하였다. 공격은 '언론'을 통해서였고 그 용어는 무지몽매, 야만, 미신사교 등이었다. 자신들의 모습을 '문명'과 '계몽'으로 포장한 이들은 급기야 보천교 박멸운동을 전개하였다. 이와 같은 일부 지식인들의 공격은 일제의 보천교 탄압 명분을 만들어 준 측면이 있다.

1929년 보천교는 기사등극설을 퍼트려서 다시금 민중을 조직하고자 하였다. 이때 일제는 '내란 선동'을 내세워 보천교를 억압하였다. 언론도 일제와 마찬가지로 내란을 선동한 보천교가 '미몽 망동'을 한다고 비난하였다. 그러면서 보천교는 쇠퇴의 나락으로 빠져들었다.

1) 교단의 공개와 신구新舊 분열

일제는 물리적인 탄압만으로는 보천교의 후천선경 신정부 건설운동을 무력화시킬 수 없다고 생각하였다. 더욱이, 탄압을 언급하는 신문이나 잡지의 기사는 터무니없어 보였고, 자칫 경찰의 수사가 희화화될 수 있었다. 이러한 때 종교선도주의宗敎善導主義가 등장하였다.[454] 종교선도주의란 한국의 비밀스러운 신종교를 표면에 드러나게 하여 통제를 가한다는 일종의 회유책이다.[455]

1921년 '청송 사건'의 여파가 채 가시기도 전에 황석산 고천제가 경상남도 함양군

---

454) 조경달(허영란 옮김), 『민중과 유토피아』, 역사비평사, 2009, 261-262쪽.
455) 윤이흠 외, 『日帝의 韓國 民族宗敎 抹殺策 - 그 정책의 실상과 자료』, 고려한림원, 1997, 88쪽; 윤선자, 『韓國近代史와 宗敎』, 국학자료원, 2002, 75-85쪽. 앞의 책에서 윤이흠은 일제의 보천교 회유 복적이 '교조직의 분열 및 사교화'에 있다고 언급하였다.

보천교 교인

보천교 교인의 서당교육

운곡리雲谷里에서 준비되고 있었다. 방주 김영두의 밀고[456]를 계기로 일제는 물리력을 동원하여 고천제를 무산시키려고 하였다. 동시에 보천교를 세상에 드러나게 하려는 공작도 펼쳤다.[457] 1921년 8월 8일 이후 경기도 경찰부 경시警視 김태식金泰湜은 차경석의 체포를 주도하였다.[458]

김태식은 자신이 조직한 부일 단체 동광회東光會의 김교훈金敎燻·노병희盧柄熙를 통해서 차경석과의 대화를 시도하였다. 김교훈·노병희 일행은 차경석을 직접 만나 비밀스러운 교단을 세상에 드러나게 할 것을 권유하였다. 차경석은 교단의 공개 문제는 방주 회의에서 의론할 문제라고만 대답하였고, 그로부터 한 달 만인 1921년 9월 15일에 이상호, 김홍규 등 교단의 핵심 간부 20여 명이 구속되었다. 교단 공개에 미온적이던 차경석에

---

456) 김홍규가 평양에서 검거되자 김홍규가 보관하고 있던 11만여 원을 김영두가 문서를 위조해 빼낸 사건이다. (경남 함양의 金英斗 외 2인 판결문, 1922. 10. 16., 전주지방법원합의부) 이 사건을 계기로 일제는 김홍규를 구속, 기소하였다. (전북 김제의 金洪奎 외 9인 판결문, 1922. 3. 28., 공주지방법원) 11여 만원을 사기한 건에 대해서 일제 경찰이 수사를 강화하자 김영두는 차경석이 함양에서 新政府의 수립을 의미하는 告天祭를 계획한다고 고발하였다. (『普天敎沿革史(上)』, 16-17쪽)

457) '자칭 大時國皇帝 - 태을교주 차경석이 국호와 관제를 발표 - ', 《동아일보》 1922. 10. 26. ; 『普天敎沿革史(上)』, 19-26쪽.

458) 金泰湜이라는 이름은 조선총독부 인명록에는 나오지 않는다. 『普天敎沿革史(上)』가 정확하지 않거나 김태식의 본명이 달리 존재했을 가능성이 있다.

대한 일제의 압박은 핵심 간부의 구속으로 이어졌다.[459]

경기도 경찰부 고등과장 후지모토 겐이치藤本源市는 구류 상태인 이상호를 정중히 예우하면서 "종교를 숨어서 하는 까닭"을 물었다. 이에 "도처에서 교도들을 조사하여 주야로 수색과 압박이 심하니 부득이하게 숨어서 한다."라고 대답하였다. 그러자 그는 "종교는 동서를 막론하고 누가 감히 사랑하지 아니하리오."라며 보천교의 공개를 거듭 요구하였다. 이에, 이상호는 차경석이 그러했듯이 교단의 공개는 차경석 이하 방주 회의에서 결정할 사안이라고 피력하였다.[460]

교주와 방주들을 설득해보겠다는 조건으로 풀려난 이상호는 경상남도 함양에서 은피 중인 차경석을 만났다. 그리고 경기도 경찰부 고등과에서 요구한 교단의 공개 문제를 개진하였다. 교단의 공개 문제로 방주 회의는 4일이나 열렸으며, 이 회의에서 차경석 이하 방주들은 교단 공개에 관한 전권을 이상호에게 일임하였다.[461] 한편, 1921년 10월 초 정읍경찰서 및 광주 지역의 경찰과 밀정들이 고천제를 무산시키기 위해서 경상남도 함양의 산간 마을을 수색하였다. 이에, 함양군 서하면 운곡리에서 개최키로 한 두 번째 고천제 장소가 산악 지대인 황석산黃石山으로 변경되었다.[462] 이때 경기도 경찰부 고등과장 후지모토 겐이치藤本源市는 경기도 경찰부 소속 형사 박경환과 정기홍을 함양으로 내려보냈다. 박경환은 김영두의 교금 탈취 사건 당시 정읍과 함양 등지에서 활동한 적이 있었다.[463]

『보천교연혁사(상)』에 의하면, 박경환과 정기홍이 내려온 시기에 맞춰 경기도 경찰부의 김태식도 동광회 소속의 김교훈, 노병희, 이기만李基晩 등을 함양으로 내려보냈다. 고천제를 하루 앞둔 1921년 10월 23일에는 경기도 경찰부 박경환과 동광회의 김교훈이 각각 차경석을 만나 교단 공개를 재차 요구하였다. 특히, 박경환은 교단을 공개하면 김영두의

---

459) 『普天敎沿革史(上)』, 15-30쪽.
460) 『普天敎沿革史(上)』, 27-28쪽.
461) 『甑山敎史』, 89-90쪽.
462) 『普天敎沿革史(上)』, 15-30쪽. '皇石山'을 '篁石山'으로도 표기한다.
463) 박경환은 김홍규가 보관한 교금을 김영두가 문서를 위조해 탈취한 '교금 탈취사건'을 담당하였다.

부친 집에서 압수한 교금 4만여 원을 돌려주겠노라고까지 제안하였다. [464]

이처럼 일제 경찰은 경쟁하듯이 보천교 공개를 압박하였다. 일제의 끈질긴 탄압과 회유는 차경석을 진퇴양난에 빠뜨렸다. 교단의 공개를 더 이상 미룬다면 탄압은 물론이고 후천선경 신정부 건설운동의 상징적 행사라 할 수 있는 고천제의 개최를 장담할 수 없기 때문이다. 교단 공개와 비밀스러운 교단 조직의 유지를 두고서 적잖이 고심하던 차경석의 선택은 무엇이었을까?

일제의 강경한 탄압과 끈질긴 회유, 그리고 경성을 기반으로 2인자 자리를 구축하던 이상호의 건의를 마냥 무시할 수만은 없었다. 그렇다고 후천선경 신정부 건설운동의 정점이라 할 수 있는 고천제를 포기할 수 없었다. 보천교가 짧은 기간에 급성장한 이유도 알고 보면 대황산록 고천제(1919)를 계기로 드러난 각종 풍문이기에, 차경석의 갈등은 커져만 갔다.

이때 차경석은 교단 공개와 고천제 모두를 선택하였다. 그런데 자세히 들여다보면, 교단 공개라는 선택에는 고천제의 개최가 담보돼 있다. 왜냐하면 경찰의 삼엄한 포위망에도 불구하고 수백 명에 달하는 간부들을 대동하고서 고천제를 성공리에 마쳤기 때문이다. [465] 당시 보천교의 공개와 관련한 일제 기록을 살펴보면 다음과 같다.

> …… 당국의 단속이 몇 배나 엄중해짐에 따라, 거듭 더 비밀주의를 계속하면 조만간 멸하는 비운을 만날 것을 자각한 이들은 교주 이하 60방주 등의 동의를 얻어 종래의 비밀주의를 배척하고 개혁을 결정하여, 1922년 1월 경성 창신동에 본부를 세우고 普天教라 명명하였다. [466]

---

464) 김홍규가 보관해 놓은 교금 11만여 원을 훔친 김영두는 자신의 부친에게 4만여 원을 보관해 놓았지만, 1923년 2월에 일제 경찰이 4만여 원을 압수하였다.(『普天教沿革史(上)』, 15-30쪽)
465) 『普天教沿革史(上)』, 15-30쪽.
466) 南山太郎, 「奇奇怪怪 秘密結社の解剖(四)」, 『朝鮮公論』, 1922. 10;『일제강점기 보천교의 민족운동 자료집 IV』, 185쪽; '普天教에서 教勢擴張策으로 각지에 진정원을 설치한다고', 《매일신보》 1923. 12. 11.

이렇듯 일제의 압박에 따른 위기감이 보천교 공개로 나타났다. 그런데 '보화교普化敎'라는 교명이 황석산 고천제에서 천명되었으면서 5개월 뒤인 1922년 2월 경성에서 공개된 교명은 보천교普天敎였다.[467] 교단의 이름이 두 개가 된 셈인데 왜 이런 현상이 벌어졌을까? 홍범초는 그의 저서 『범증산교사』에서 "차경석이 경성의 포교 책임자 이상호에게 교명을 보화교로 할 것을 명하였지만 이상호는 보화교로는 경찰의 의심을 피하기 어렵다며 보화교의 '보普'와 당시 공인된 천도교나 천주교의 '천天'을 따 보천교로 하였다."[468]라고 기록하였다.

어쨌든, 거의 같은 시기에 두 개의 교명이 나왔다는 것은 일제의 기만책에 대한 보천교의 대응으로도 해석될 수 있다.[469] 그리고 일제의 집요한 탄압과 회유로부터 교단을 보호하고 무산될 위기에 처한 고천제를 지키기 위한 고육지책이 보천교 공개였던 셈이다.

차경석은 강증산의 예언인 후천선경 건설론을 내세워 실천적이고 현실적인 종교운동을 전개하였다. 교단 내외에서는 후천선경 신정부 건설운동을 상징하는 고천제를 '천자 등극식'으로 인식하였다. 두 번째 고천제에서 국호를 '대시국大時國'이라고 선포한 것을 계기로 보천교가 관제를 반포하고 차경석이 천자天子로 등극했다는 풍문이 널리 퍼졌다.[470] 천자등극설은 어디까지나 민중 사이에 떠도는 풍문이지만, 일제도 "교주는 구한국 황제의 의관속대衣冠束帶를 하고 당일 천자天子가 된다는데 금일부터 나를 천자라고 부르고 국명國名을 시時로 교명敎命을 보화普化라고 고침이라."[471]며 당시의 고천제를 천자 등극식으로 파악하였다.

일제는 천자등극설과 같은 복벽주의적 발상보다는 보천교의 고천제라는 행사를 계기로 민중이 크게 결집할 가능성에 긴장하였다. 어쨌든, '고천제는 천자 등극식'이라는 풍문은

---

467) "보천교는 흠치교조 강일순의 제자로서 1909년 1월 3일 교주로부터 그 교통을 승계했다는 차경석이 강일순의 사후 仙道敎를 창립하고, 1921년 普化敎라 고쳤다가 1922년 다시 普天敎라 개칭하여 오늘에 이른 것이다."(『조선의 유사종교』, 247-248쪽)

468) 홍범초, 『汎甑山敎史』, 90쪽. 앞의 홍범초는 이상호·이정립의 뒤를 잇는 증산교계 지도자였다.

469) 1936년 보천교 해체 이후에 일부 잔여 세력들은 井邑에서 '普化敎'를 창시해, 지금까지 이어오고 있다.

470) '자칭 大時國皇帝-태을교주 차경석이 국호와 관제를 발표', 《동아일보》 1922.10.26.

471) 『普天敎一般』, 151쪽.

보천교 간부들
보천교의 푸른 복식을 '아관청의(峨冠靑衣)'라 불렀다.

보천교 중앙본소의 종각
종각을 '동정각', 종 이름을 '각세종'이라 하였다.

『정감록』과 강증산의 예언이 바탕이 되어 만들어진 종교적 교의에 가깝지만, 일부 민중이나 일제는 이를 "한국의 독립과 새로운 정부 수립"으로 바라보았다. 3·1운동을 기점으로 민족운동에서 복벽주의는 사라졌다고 하지만, 정치적인 이념과 신비적인 종교 관념이 미분화된 상태의 농민층은 보수 지향적 전통주의나 복고적 규범의식에서 크게 벗어나지 못하였다.[472] 이러한 복고적 사고가 잔존했던 것이 보천교의 성행 이유라 할 수 있다.[473]

교단 공개에 관해 전권을 일임받은 이상호는 경성의 동대문 밖 창신동의 수십간 자리 집을 매입하였다. 1922년 2월 27일(음력 2월 1일)에 매입한 집을 교단의 경성사무소로 삼으면서 명칭을 '보천교경성진정원普天敎京城眞正院'이라 하였다. 이후 전국의 주요 도시에서도 진정원眞正院이 설치되었다.[474] 또한 인쇄소를 설치해 『보천교보』와 『보광』을 발간하였고 교헌敎憲을 제정하였다.[475] 그런데 경성과 달리 정읍의 중앙본소에서는 삼광영三

---

472) 황선명, 「잃어버린 코뮌」, 『신종교연구』 2, 한국신종교학회, 2000. 5, 40-48쪽.
473) 『정감록』과 상수 역학이나 운세론 등의 예언 사상에 뿌리를 둔 보천교의 천자등극설은 '복고적' 또는 '복벽주의적'이다. 참고로, 강증산이 上帝(하느님)이면 그의 제자 차경석은 天子가 되어야 한다. 당시 보천교는 종교단체로서 정치적이고 세속적인 지향과 종교적인 지향 사이에서 그 경계가 모호하였다.
474) 보천교에는 中央本所와 眞正院 및 絫正院, 그리고 正敎部 등의 포교 기관이 있다. 중앙본소는 각 道의 진정원을 총괄하고, 진정원은 관할 지역 정교부를 총괄한다.(「中央彙報」, 『普光』 1, 53쪽)

光影을 안치할 성전을 건축하였다.[476] 1922년 10월경에는 교인 1인 1숟가락을 모집해 '각세종覺世鐘'을 만들었다.[477]

이처럼 고천제의 개최와 교단 공개를 계기로 보천교는 이중적인 운영 체계를 갖게 되었다. 경성의 이상호를 정점으로 하는 교단 내 지식인들은 보천교를 천도교와 같은 근대적 종교로의 개편을 시도하면서 사회 문제에 깊이 개입하였다.[478] 반면에 전라북도 정읍을 중심으로 하는 교단 내 보수 세력은 성전을 건축하는 등 기존의 비밀결사적 조직 운동을 고수하였다. 보천교의 보수와 혁신 세력 간 갈등의 조짐은 이때부터 시작되었다.

고천제와 보천교 공개를 계기로 나타난 보천교에 대한 대외의 인식은 첫째, 보천교의 활동에 대한 사회 일반의 뚜렷한 인식이 형성되었다는 점이다. 즉 일제와 교단 밖 지식인들에게 보천교는 유사종교나 사교였으며, 언론 역시 일관되게 보천교를 '무지몽매'라며 비하하였다.[479] 교단 밖의 일부 민족주의자들도 미신사교迷信邪敎가 문명의 상징 신문을 경영하는 것에 대해서 비난하였다.[480] 지식인들과 달리 민중은 공개 이전과 마찬가지로 보천교를 새 정부를 수립할 정도령鄭道令으로 인식하였다.[481] 둘째, 회유 당시의 약속과는 달리 분열을 획책한 일제는 보천교에 대한 강경 일변도의 탄압을 늦추지 않았다.[482]

---

475) 보천교의 敎憲은 補則, 總正院規定, 總領院規定, 綱宣會規程, 普評會規定, 眞正院規定, 參正院規程, 正敎部規程, 敎典 등으로 구성돼 있다.(『普天敎 敎憲』, 『普光』 2, 40-67쪽) 敎憲은 교간부 회의에서 제정되었으며 1923년 8월 15일에 발표되었다.(『敎憲 發布에 對하여』, 『普光』 3, 2쪽) 기록이나 敎典을 거부하던 종전과는 다르게 교헌을 반포한 것은 보천교가 근대적 종교로의 진입을 꾀했기 때문이다.

476) 『普天敎沿革史(上)』, 31쪽. 보천교의 신앙 대상인 三光影은 天地壇·日月壇·星宿壇 등을 말한다. 당시 사진으로 보았을 때 우측의 天地壇은 원형으로 된 12층 탑이며, 중앙의 日月壇은 4각형의 9층 탑, 좌측의 星宿壇은 12각형의 7층탑이다.

477) 『道訓』, 28-29쪽.

478) 보천교는 1923년에 물산장려운동과 민립대학설립운동에 뛰어들었다.

479) '보천교 공개' 이후의 언론은 대체로 보천교를 '상투쟁이'라는 단어로써 상징화했고, 보천교 교인 활동을 '미신의 감투를 쓰기 위해서'라고 표현하였다. 보천교를 '미신의 상징'으로 그린 만평도 이때 등장하였다.

480) '普天敎聲討講演, 31일 천도교당에서', 《시대일보》 1923.5.30.; '發行權이 普天敎로 讓渡된 時代日報', 《동아일보》 1924.7.14.; '普天敎聲討文(申伯雨 書)', 《조선일보》 1924.8.26. 보천교 성토 강연의 연사 가운데는 金燦이 포함돼 있으며(《시대일보》 1923.5.30), 시대일보사 문제로 결성된 보천교 성토회에 申伯雨(《동아일보》 1924.7.14)와 曹奉岩('서울靑年會, 普天敎內幕報告…', 《매일신보》 1924.9.26)이 포함돼 있다.

481) '甲子을 파는 무리 各人自稱 鄭道令 噴飯할 草敬의 迷信', 《조선일보》 1934.1.8.

482) 교단 공개 직후인 1922년 3월에 함양경찰서는 차경석을 추적했고, 같은 해 음력 11월에는 朝鮮總督府

급기야 보수와 혁신으로 갈라서게 되었고, 이러한 분란은 또 다른 분란을 일으키면서 보천교는 무력해져 갔다. 보수와 혁신 세력 간의 다툼이 본격화된 것은 《시대일보》인수로 인한 분란이지만 그 분란의 배경에는 '보천교 공개'가 있었다. 또 다른 분란의 배경은 보천교의 《시대일보》인수를 계기로 사회주의자들과 기독교계 사회단체들의 연이은 비난이었다. 이처럼 외부의 비난은 보천교를 내홍內訌에 빠트렸다.[483] 1924년 9월 《시대일보》문제로 고립된 이상호·이정립 형제가 보천교 혁신운동(1924)을 전개하면서 보천교 경성진정원을 점거하였고, 혁신운동 자금으로 쓰기 위해 보광 인쇄소를 매각하였다. 이때 언론은 혁신운동 세력을 신파新派로 정읍의 중앙본소를 구파舊派로 분류하였다.[484] 이후에 나타난 혁신운동 세력은 모두 '신파'로 불렸다.

2) 언론의 비난과 보천교 대응

1920년대는 천도교와 대종교大倧敎, 그리고 보천교와 같이 한국의 역사성과 전통성을 고수하거나 지향하는 신종교 또는 민족종교의 활동이 활발하였다. 일제는 이와 같은 신종교의 활동을 준準민족운동 단체로 규정하고 탄압하였다.[485] 1920년대는 한국인의 언론 활동이 제한적으로 허용되던 시기로, 잡지의 발간이 신문과 함께 활발하였다. 이때 보천교가 천도교에 이어 급부상하였고 언론은 지나칠 정도로 보천교를 견제하거나 비난하였다.

通譯官 西村眞太郎이 전라북도 경찰부 고등과장 幾世橋와 함께 경찰 100여 명을 동원해 정읍의 중앙본소를 수색하였다. (『普天敎沿革史(上)』, 31-35쪽; 『甑山敎史』, 104-105쪽)

483) "시대일보 문제로 보천교 간부 간 내홍이 起하여 同敎 總領院長 李祥昊, 李成英 양 씨가 파면되었다.", 『開闢(52)』, 1924.10; "京城 중앙기독교청년회에는 보천교 내막 조사 보고 연설회가 有하여 보천교 撲滅을 절규하고……", 『開闢(53)』, 1924.11.

484) '普天敎 新派, 橫領罪로 被訴, 진정원과 인쇄소를 팔았다고', 《시대일보》 1924.9.23. "첫 번째 혁신운동은 교조 강증산의 가르침으로 다시 돌아가자는 주장이며, 강증산의 뜻을 받들어 새로운 종교 건설이 革新이다. 決議案은 다음과 같다. 一. 方主制와 此에 伴한 階級과 差別을 撤廢할 일, 一. 邪說, 迷信을 打破하고 天師의 眞諦를 闡明할 일, 一. 敎財政策을 根本的으로 改善할 일, 一. 時代思潮에 順應할 일, 一. 敎人의 生活基礎를 鞏固히 할 일 등이다."('白日下에 드러난 普天敎의 正體', 《조선일보》 1924.9.18)

485) 윤선자, 『한국 근대사와 종교』, 76-77쪽.

〈표5〉 일제강점기 신문의 보천교 관련 기사 건수(2022년 5월 20일 조사)

신문 연도	한글 신문									일본어 신문						계	%
	동아일보	매일신보	조선일보	중앙일보	중외일보	조선중앙일보	선봉	시대일보	신한민보	京城日報	群山日報	大阪朝日新聞(朝鮮版)	釜山日報	朝鮮民報	朝鮮新聞		
1920	1															1	0.1
1921	3															3	0.2
1922	5	2	1													8	0.6
1923	26	17	32					1	1							77	6.0
1924	33	18	98				1	34								184	14.4
1925	53	25	178					38					10			304	23.8
1926	16	2	34		2			10							2	66	5.2
1927	14	6	25		9			5							3	62	4.9
1928	4	3	12		8					1					2	30	2.3
1929	30	20	37		10						3		4		6	110	8.6
1930	3	7	14		8										2	34	2.7
1931	8	2	6													16	1.3
1932	4	1	4	2												11	0.9
1933	4	2	9	7		10						1				33	2.6
1934	7	6	14			6				2			1			36	2.8
1935	6	1	13			3							1			24	1.9
1936	29	35	57			49				11			6	5	2	194	15.2
1937	13	7	20							1						41	3.2
1938	3	5	14									1	1		2	26	2.0
1939	3	3	7													13	1.0
1940	1	2	1													4	0.3
1941		1														1	0.1
계	266	165	576	9	37	68	1	88	1	15	3	2	23	5	19	1,278	100
%	20.8	12.9	45.1	0.7	2.9	5.3	0.1	6.9	0.1	1.2	0.2	0.2	1.8	0.4	1.5	100	%

* 2022년 5월 20일, '한국역사정보통합시스템(연속간행물)'과 '조선일보 라이브러리'에서 단어 '보천교'로 검색해서 얻은 일제강점기의 보천교 관련 기사는 총 1,278건임.

위 <표5>에서 1924년과 1925년의 관련 기사는 488건으로, 전체 건수의 38%를 차지한다. 그 이유는 1924년과 1925년에《시대일보》인수, 시국대동단의 조직 등으로 일부 지식인들이 보천교를 성토했기 때문이다. 그리고 보천교가 만주의 정의부를 끌어들인 '독립자금 모집계획 사건'이 발생했기 때문이다.[486] 1920년대 후반 신문들은 보천교를 "무지몽매한 종교 집단"[487], "불온한 결사 단체"[488] 등으로 연일 보도하였다. 이는 보천교를 "요언과 사술로 무지몽매한 사람들을 잡아, 또 한 편에서는 조선이 독립하고 대시국 大時國 건립 시에는 자신(필자 주 : 차경석)이 왕위로 올라갈 것이다."[489]라는 일제 기록과도 다르지 않다.

일제강점기의 신문들은 보천교의 활동을 '독립운동'과 '미신사교'로 평가하였다. 보천교의 교금이 '독립운동 자금'으로 흘러 들어갔을 것[490]이라는 기사가 있는가 하면 전 재산을 가지고 미신사교 집단인 보천교에 의탁하였다,[491]라는 기사도 있다. 앞의 두 가지 의미가 모두 포함된 기사도 있었다. 예컨대, "미신사교 보천교가 새로운 나라의 국호를 선포하고 천자로 등극한다는 언설을 믿는 무지한 민중"[492]이라는 기사이다. 이러한 내용의 기사는 1924년(14.4%)과 1925년(23.8%), 그리고 1929년(8.6%)에 집중되었다.

보천교의 활동을 가장 많이 보도한 신문은《조선일보》다.《조선일보》기사가 전체 기사 건수의 45.1%에 해당하는 배경은 알 수 없지만,《조선일보》의 기사 역시 당시 여느 신문들과 마찬가지로 보천교의 활동을 '독립운동'과 '미신사교', 그리고 이 두 가지가 뒤섞인 내용으로 보도하였다.[493] 보천교가 나라와 민족을 보존하기 위한 대안으로서 후천

---

486) '所謂 車天子 入京, 자칭 옥황상제라는 車京錫, 부하를 데리고 서울에 와? 窮兎의 凶計如何',《동아일보》1925. 5. 26.

487) '迷信에 被捉되어 全家産을 放賣, 連日井邑으로 內하는 사람들',《시대일보》1929. 5. 6.

488) '內亂罪로 取調에 着手, 魔術劇의 終幕도 不遠.…斷末魔의 普天敎主 車京石',《동아일보》1929. 7. 15.; '無智한 普天敎徒, 迷信으로…',《매일신보》1924. 8. 3.; '普天敎再建運動正體遂에 曝露す, 無知蒙昧な信者 操り婦女子の貞操を弄ぶ',《朝鮮民報》1938. 6. 17.

489) 『普天敎一般』, 11쪽.

490) '民族運動資金으로 三十萬圓辨出計劃, 普天敎利用事件 昨日公判',《동아일보》1926. 11. 14.

491) '惑世誣民의 普天敎徒 맹랑한 말로 세상을 속여',《매일신보》1925. 11. 10.

492) '春風에 또 出動하는 靑衣長髮의 普天敎徒, 依然車天子登極을力說 - 人心을 蠱惑',《중앙일보》1933. 3. 26.

493)《조선일보》는 보천교 관련 기사 대부분을 항일기사로 파악하였다.『조선일보 항일기사 색인 - 1920-1940

선경 신정부 건설을 내세웠는데 당시 신문들은 이것을 혹세무민이라 하였다. 그리고 이것을 따르는 민중을 '무지몽매'한 집단이라고 매도하였다. 민중의 이러한 모습들이 민족을 보존하고 더 나아가 민족의 영광을 바라는 염원이 깃들어 있다는 것을 언급한 신문은 없었다.

보천교의 천자등극설에는 1924년의 갑자등극설과 1929년의 기사등극설이 있다. 1924년의 신문 기사가 184건(14.1%), 1929년 110건(8.6%)인 배경에는 천자등극설이 있다.[494] 1925년 신문 기사가 304건(23.8%)인 배경에는 '보천교 박멸운동'[495]과 함께 만주의 민족운동 단체 정의부正義府와 보천교의 '군자금 모집사건'이 있다.[496] 그리고 1936년 신문 기사가 194건(15.2%)인 배경에는 차경석 사망 직후에 보천교가 강제로 해체되던 상황이 있었다.[497]

당시 국외 민족운동 단체에서 발간한《신한민보》와《선봉》도 보천교의 활동을 보도하였다. 《선봉》의 경우, 《동아일보》의 "보천교를 박멸하자는 결의문을 발표하다."[498]라는 기사를 그대로 옮긴 기사가 있다. 《신한민보》는 평안도 지역의 극심한 수재水災에 대처하기 위한 '구제회'에 가입된 18개 단체를 소개하였다. 이때 조선민우회 · 조선청년연합회 · 조선물산장려회 · 중앙기독교청년회 등과 함께 보천교를 소개하였으며, 각 단체 대표와 함께 보천교 핵심 간부 임경호를 소개하기도 하였다.[499]

- 』(조선일보사, 1986, 552-555쪽)에 나타난 '항일기사' 건수를 살펴보면 아래와 같다.

년도	1921	1923	1924	1925	1926	1929	1935	1936	1937
건수	9	6	13	95	6	13	1	1	3

494) '陜川흠치 魂飛魄散, 修羅場化한 所謂開部式, 警官態度를 一般이 非難, 從此積極的 撲滅//虛誕한 義城흠치, 麥秋前에 車天子가 登極, 어리석은 者가 자꾸 속아', 《동아일보》1925.4.10.; '車天子京石의 夢, 己巳年 己巳月 己巳日 己巳時에 登極. 소위 옥새라는 도장을 새기려던, 首部下 李某 被捉', 《중외일보》1929.5.2.

495) '흠치教撲滅에 徹底를 期하라(地方論壇)', 《동아일보》1925.4.6.

496) '普天教에 軍資募集하러왔다는 嫌疑로 정읍경찰에 잡히었다', 《동아일보》1924.4.1.; '軍資募集事件 首犯도 逮捕…', 《조선일보》1925.11.22.

497) '慶山의 普天教徒, 强制削髮斷行', 《조선일보》1936.7.10.

498) '보천교를 박멸하자는 결의문을 발표하다', 《先鋒》1924.10.28. 《先鋒》은 1923년부터 1937년까지 연해주 공산당위원회에서 발간한 韓人신문이다.

499) '18개 단체가 수해 구제회 발기…', 《신한민보》1923.9.6.

《동아일보》(1929.7.24)
'천자검'을 발견했다는 기사제목이 보이며, 좌측 하단 사진이 차경석이다.

일본어 신문들도 한국어 신문과 마찬가지로 사건 위주의 보도를 많이 했지만 보도 건수(67건, 5.2%)는 그리 많지 않다. 그러나 보천교 내부 분열을 보도하는 기사가 다수를

차지하고 있다. 1930년 핵심 간부 문정삼文正三이 일으킨
혁신운동(1930)을 보도한《朝鮮新聞》은 차경석을 비난하
며 보천교 중앙본소를 습격한 혁신회 일파를 '보천교 혁명
단'이라고 칭하였다.[500] 문정삼 일파의 혁신운동을 '혁명'
으로 치환한 것이다. 이처럼 일본어 신문들의 보천교와
차경석에 대한 인식은 한국어 신문들과 비교해 더 부정적
이었다.[501]

천도교의 『개벽』

신문과 마찬가지로 당시 잡지의 글들도 신문들의 보천
교 인식과 크게 다르지 않았다. 1920년대 일부 지식인들
은 문명과 야만이라는 이분법 속에서 자신들이 처한 사
회의 나약성을 질박叱薄하는 가운데 '보천교 비난'에 집중
하였다. 특히 "미신사교 보천교가 문명의 상징 일간지를 경영하는 것은 있을 수 없는
일"이라는 인식이 당시 지식인들 사이에 넓게 퍼졌었는데, 이러한 인식은 1920년대 잡지
에서도 찾아볼 수 있다. 다음 〈표6〉은 1920년대 『개벽』·『별건곤』의 보천교 관련 기사
이다.

〈표6〉 1920년대 『개벽』·『별건곤』의 보천교 관련 기사

순	잡지(호수)	발행 시기	필자/기사(내용) 제목	형태	내용의 특징
1	개벽(7)	1921.1	*一記者/미신의 감투를 벗으라	논설	보천교 비판
2	개벽(7)	1921.1	滄海居士/權花三千里를 踏破하고서 南北鮮의 現在文化程度를 비교함	논설	사실 적시
3	개벽(15)	1921.9	夜雷/續兎糞錄	비평	보천교 비판

---

500) '普天敎革命團, 赤旗を先頭に押し寄す, 本部は各門を閉鎖して警戒, 萬一を慮り警察も出動',《朝鮮新聞》
1930.7.9.
501) '普天, 甑山兩敎の爭鬪, 今後を憂慮さる',《朝鮮新聞》1927.2.15.; '財産整理中の普天敎本部, 意見對立醜
狀を曝露',《朝鮮新聞》1936.7.29.

4	개벽(29)	1922.11	一記者/九, 十兩月中의 세계와 조선	소식	사실 적시
5	개벽(29)	1922.11	妙香山人/南北朝鮮을 순회한 者의 酬酌	논설	보천교 비판
6	개벽(27)	1922.9	一記者/社會日誌	소식	고흥 사건
7	개벽(27)	1922.9	餘墨	편집후기	고흥 사건
8	개벽(31)	1923.1	一記者/壬戌 一年事의 總觀	소식	고흥 사건
9	개벽(37)	1923.7	激變 又 激變하는 최근의 조선 인심	논설	보천교 비판
10	개벽(35)	1923.5	六號通信	소식	사실 적시
11	개벽(37)	1923.7	隨見隨聞	비평	보천교 비판
12	개벽(38)	1923.8	*晉州 飛鳳山人/정읍의 車天子를 방문하고	탐문	사실 적시
13	개벽(38)	1923.8	*猪巖/暗影 중에 묻혀있는 보천교의 진상	논설	법정사 항일운동 비판
14	개벽(54)	1924.12	咸南列邑大觀, 함남의 木炭庫인 文川郡	소식	사실 적시
15	개벽(54)	1924.12	時局維觀, 大戰以前을 聯想케 하는 英米의 政情	논설	시대일보 인수 문제
16	개벽(43)	1924.1	梁明/우리의 사상혁명과 과학적 태도	논설	보천교 비판
17	개벽(43)	1924.1	皆自新乎-최근 1년 중의 사회상	소식	사실 적시
18	개벽(48)	1924.6	一記者/團○方面으로 본 경성	소식	사실 적시
19	개벽(48)	1924.6	起○/在京城 各教會의 本部를 歷訪하고	소식	사실 적시
20	개벽(48)	1924.6	상투生/京城의 30년간 변천	회고	보천교 비판
21	개벽(50)	1924.8	*一記者/문제의 時代日報, 紛糾의 전말과 사회여론	소식	시대일보 인수 문제
22	개벽(50)	1924.8	7월의 世相, 6월 21일부터 7월 10일까지	소식	시대일보 인수 문제
23	개벽(51)	1924.9	이돈화/현대 청년의 新修養	논설	보천교 비판
24	개벽(51)	1924.9	金起田・車相瓚/朝鮮文化基本調査(基八)-평안남도	기행	사실 적시
25	개벽(51)	1924.9	네눈이/三國勞動者 尾行記 -이것을 長尾宅兄에게 보내노라	문예	부분 적시
26	개벽(51)	1924.9	七八月의 世相	소식	시대일보 인수 문제
27	개벽(52)	1924.10	京城雜話	비평	보천교 비판
28	개벽(52)	1924.10	千態萬象	소식	시대일보 인수 문제
29	개벽(53)	1924.11	甲子추수와 세계상	소식	사실 적시
30	개벽(53)	1924.11	네눈이의 동서남북담	잡설	보천교 비판

31	개벽(54)	1924.12	*車賤者/昌皮莫甚한 보천교의 말로	소식	보천교 비판
32	개벽(55)	1925.1	甲子一年 總觀(續)	소식	시대일보 인수 문제
33	개벽(56)	1925.1	*車賤者/長髮賊의 最後蠢動	논설	시국대동단 비판
34	개벽(56)	1925.2	南信北通	문예	보천교 비판
35	개벽(58)	1925.4	社會相	소식	시국대동단 비판
36	개벽(61)	1925.7	社會日誌	소식	사실 적시
37	개벽(64)	1925.12	一記者/隨見隨聞	논설	보천교 비판
38	개벽(68)	1926.4	一記者/갑오동학란의 자초지종	논설	사실 적시
39	개벽(71)	1926.7	尖口生/京城雜話	소식	사실 적시
42	별건곤(3)	1927.1	*鄭寅翼/車天子 잡으러 다니든 苦心	수기	사실 적시

'*'은 보천교를 주제로 한 기사

　　당시 청년 지식인들을 필진으로 끌어들인『개벽』은 뿌리가 같은 보천교를 미몽과 미신
으로 몰아세웠다. 이러한 논지는 1930년대에도 마찬가지였다.『개벽』외의 잡지들도
보천교를 계몽주의는 정正이요 그 외의 것들은 사似라는 식의 논리를 내세웠다.「김찬시
대金燦時代의 화요회火曜會」[502]에서 필자인 김경재金璟載[503]는 "공산주의자 김찬은 김재봉
과 함께 화요회 중진이었는데 김찬은《시대일보》인수 건으로 보천교 배격 운동을 열렬하
게 벌였다."라며 1920년대를 회고하였다. 그러면서 "그(필자 주 : 김찬)가 한창 열이 나서
양복洋服『우와기』를 벗어서 연단 위에 내던지면서 비지땀을 흘려가며 보천교와 최남선
공격에 한바탕 열변을" 쏟았다고 하였다. 이처럼 1920년대의 보천교 성토는 화요회가
주도하였으며, 이러한 성토 분위기는 1935년에 더 극심하였다.
　　1930년대 일부 지식인들은 보천교를 미신이자 악惡의 상징이라고까지 하였다. "노인
떼들은 온갖 과학 문명에 대하여 이를 이해할 용기도 없고 이를 배워 볼 정열情熱도 없다."

502)『三千里(7권 5호)』, 1935.6.1.
503) 김경재는 언론인이자 사회주의자였다.

면서 "신新과 구舊 정正과 부정不正 과학科學과 미신迷信, 이 양자가 대립이 될 때 언제든지 후자가 패퇴敗退하는 것이 당연한 일"이라고 하였다. 아울러 "근세의 역사적 불안과 함께 근대 과학에 불안과 공포를 느낀 당시의 조선인"은 "정감록과 같은 비결과 참서讖書를 추구한 것"이라고 언급하였다.[504] 그러면서 전통적 관습과 관행은 타파되어야 할 대상이 며 민중은 계몽되고 개조되어야 할 대상이라고 끊임없이 강조하였다. 즉 계몽주의는 정正이요 그 외의 것은 이른바 사似라는 식의 주장은 조선 시대 성리학의 폐쇄적 극단주의 를 떠올리게 한다. 심지어, 구舊요 부정不正이요 미신迷信의 상징인 보천교는 식민사회에 서 없어져야 할 존재라고까지 강변하였다.

일제강점기 일부 지식인들은 '문명'이나 '계몽'을 최선으로 여겼다. 이는 '무지몽매'와 '야만'이라는 표현을 씀으로써 자신들의 모습을 부정하는 것과 다르지 않았다. 심지어 이들은 문명과 계몽을 앞세워서 '민족'을 파괴한 측면이 있으며, 결과적으로는 문명과 계몽에서 '민족'이 분리되는 측면도 있었다. 적어도, '민족'이 역사성과 전통성을 함유한 개념일 경우이다.[505] 당시 일부 지식인들의 문명과 계몽이 일제 통치자들의 문명개화와 는 어떤 차이가 있는지는 알 수 없으나, 한 가지 분명한 것은 지식인들과 일제 통치자들 의 주장에는 '민족 말살'이라는 공통분모가 있었다.

3·1운동을 기점으로 공화주의가 민족주의운동의 주류였다고는 하지만,[506] 민중은 『정 감록』이나 각종 비결, 강증산의 예언 등에 기반한 '구세주救世主 원망願望'에 기대하였다. 국민 주권 관념으로서의 민족의 독립이 아닌, '정도령'과 같은 '민족의 구세주'를 더 염원하 였다는 뜻이다. 근대성이 부족한 것은 한계로 지적되지만, 당시 보천교와 민중은 토속적 이며 전통적인 정서에 바탕을 두고 '항일'을 했고 신정부 건설운동을 전개하였다. 그렇다 고 변화하는 시대를 마냥 외면하지는 않았다. 앞서 언급했듯이, 보천교는 국내외의 각종

---

504) 柳光烈, 「死滅中의 普天敎」, 『開闢(新1)』, 1934. 11.
505) '民族'은 단군의 지위가 격상되는 과정에서 만들어진 신조어에 가깝다. 이는 民族에 한국의 역사성과 전통 성을 끌어들인 것이며, 오늘날의 民族 개념과도 같다. 그런데 당시 지식인들은 '야만 상태에서의 민족적 표상', 즉 한국의 역사성과 전통성을 자신들의 모습으로 인정하려고 하지 않았다.(앙드레 슈미트·정여울 옮김, 『제국 그사이의 한국 1895~1919』, 휴머니스트, 2007, 404-434쪽)
506) 강만길, 『한국현대사』, 창작과비평사, 1984, 46-47쪽.

민족운동을 지원하거나 참여하였다.

1922년 보천교경성진정원을 개설한 이상호는 동생 이정립과 함께 민족운동 진영에 가담해 활동 중인 이종익李種翊, 주익朱翼, 고용환高龍煥, 임규林圭 등을 영입하였다.[507] 그리고 사회적 영향력을 제고提高하기 위한 다양한 사업들을 구상하였으니 그중 하나가 1923년 10월에 발간한 기관지『보광』이다.『보광』이전에『보천교보普天教報』가 있었다.[508] 일부 지식인과 천도교 측의 대對보천교 비난은 비밀결사적 조직운동에서 벗어나 근대적인 종교로 전환하려는 보천교를 크게 자극하였다. 따라서 보천교는『보광』을 통해서 보천교를 비난하는『개벽』과 천도교天道教 측에 응대하였다.『보광』의「종교宗教와 미신迷信」[509]이나「답객란答客難」[510]은『개벽』을 염두에 둔 글이다. 이정립은「답객란」의 '객客'과의 대화에서 천도교를 다음과 같이 언급하였다.[511]

> 客 : 近日 某에 雜誌에「黑幕에 싸인 보천교 眞相」이라고 特筆大書한 제하에 여러 가지 惡評을 늘어놓고, 이어「井邑 車天子 訪問記」란 제하에 역시 嘲笑的 문구를 많이 채웠으니, 그것을 어떻게 생각하신지요?

---

507) '紳士를 買收, 일반의 입을 막고자 사회 인물을 사들여',《조선일보》1923.6.2. 앞의 기사에는 이상호와 임규가 절친했다는 내용이 나온다. 1차 보천교 혁신운동 당시 민족주의자들이 이상호를 지지했다는 신문 기사도 있다. "울지 못함을 깨닫고 일찍이 그 개혁을 계획하였으나, 감히 피차에 먼저 발성을 못하고 오직 時機 오기만을 기다리던 차 이번에 그 기회라 하여 장차 新派와 舊派로 분열될 터이며, 신파라는 사람 중 李鍾翊, 朱翼, 高龍煥, 金志健 외 諸氏가 지난 14일 오후 5시경에 동대문 밖에 있는 그 敎의 內正院에 모여 여러 가지를 토의한 결과 결국에 叛旗를 들고 일어나기로 하여, 내일 16일 오정에 다시 시내 가회동에 있는 그 敎 眞正院에서 普天敎 革新會發起會를 열었다는 데, 회는 순서를 따라 주익 씨가 취지를 설명하되…."('撲滅을 自唱하는 普天敎의 內訌. 혁신하지 않으면 없애자고 신구파가 나뉘어 야단 법석',《시대일보》1924.9.17) 이것으로 보아, 보천교 내 민족주의자들을 이상호가 영입하였다는 일설은 사실에 가깝다.
508) 『甑山教史』, 107쪽.『普天敎報』와『普光』모두는 이상호가 발행하였다.『普天敎報』의 발행처는 漢城圖書 株式會社이지만『普光』발행처는 普光社이다.
509) 「宗敎와 迷信」,『普光』창간호, 1923.10, 18-20쪽.
510) 「答客難」,『普光』1, 1923.10, 21-47쪽.
511) 홍범초는 客과의 대담에서 答을 한 편집자가 이정립(이성영)이라고 밝혔다. (홍범초의 구술, 1990.1.21. 서울 구로구 甑山會館에서 안후상 채록)

答 : 나는 비록 門外漢이지마는 義憤이 나요. 그 잡지가 某 敎 기관지인 까닭으로, 더구나
　　 그 嘲笑 材料가 도로 그네들의 經歷談임을 생각할 때 …… 가령, 보천교에 그 기사와
　　 같은 사실이 있다 치더라도 그네들의 敎가 異敎를 흥볼 만큼 깨끗하다 치더라도 宗敎
　　 끼리 그런 侮辱的 文字를 妄記할 수 없거든 하물며 …… 머슴노릇 하든 놈이 돈푼이나
　　 모이면 더구나 머슴을 虐使한다더니, 머슴을 免한 지 겨우 5년이 되어가지고 무슨
　　 驕傲가 그리 많어 ……[512]

　　위에서 언급한 「흑막黑幕에 싸인 보천교 진상眞想」[513]과 「정읍井邑 차천자車天子 방문기
訪問記」[514]는 『개벽』에 실린 글들이다. 이정립은 "『개벽』이 천도교 기관지인 까닭에 이러한
글들을 게재했다."며 "근대 종교의 체계가 잡힌 지 겨우 5년이 되가지고서는 갖은 교활을
떤다."고 천도교 측을 질박하였다. 이처럼 교단 내 지식인들은 『보광』을 통해서 천도교나
외부의 대對보천교 비난에 능동적으로 대처하였다. 그런데 일부 지식인들의 공격에 응수
하는 보천교 측 논리 역시 계몽주의에서 벗어나 있지 않다. "여자 야학회를 설치하여
보통 교육을 실시"한다든가[515] "유아원을 운영하고 도서관 설립을 계획"하고, "소년회를
조직하여 소년군을 조직"하는 활동 등을 소개하고 있기 때문이다.[516]
　　『보광』은 보천교가 추구하는 세계는 반상班常의 구별이 없는 후천선경이라 하였다.
후천선경은 자유와 평화가 가득한 세계요 봄바람 속에 춤추고 노래하는 태평의 세계라고
하였다.[517] 이는 신분 차별이 없는 태평스러운 후천선경을 계몽주의적 사조인 '자유'와

---

512) 「答客難」, 『普光』 1, 1923. 10, 44-46쪽.
513) 「黑幕에 싸인 普天敎 眞相」은 「暗影 中에 묻혀 있는 普天敎의 眞相」(『개벽』 38, 1923. 8. 1)의 誤記로 보인다.
514) 「井邑의 車天子를 訪問하고」는 『개벽』(38, 1923. 8. 1)에 게재된 글이다.
515) "女子夜學會 設置에 관하여. 지난 5월 20일 경남진정원 내 普曉女子夜學를 설치하여, 目下 50명의 學生을
　　三部에 나누어 가정에 필요한 보통 교육을 실시하는 중인데, 성적이 자못 양호하더라."(『普光』 1, 1923,
　　60쪽)
516) "幼稚園 設置 …… 만 3세 이상 6세 미만의 유년을 모집 …… 圖書館 설립 계획. 소년회 조직, 진주
　　보천교 소년회 조직, 회원은 86명. …… 少年軍 조직, 지난 6월 17일 보천교 소년 중 신체가 건강하고
　　의지가 견고하며 학적이 양호한 자 15명을 선발하여 소년군을 조직하고 目下 사회 奉公의 필요 과목을
　　연습 중이더라. …… 자선음악회 연주회, 진주 보천교 청년회와 진주 음악연구회의 공동 주최, ……
　　수익금은 부산일보를 통하여 遭難者 유족에게 교부하여 ……."(『普光』 1, 60-61쪽)

보천교 중앙본소의 삼광문 　　　　　보천교 중앙본소의 보화문
내장산 내장사 대웅전으로 이축되었으나 2012년에 화재로 소실되었다.

'평화'로써 등치하였다. 『보광』은 또한 산업화에 따른 빈자이자 약자인 노동자의 현실을
직시하면서, 노동자를 상품으로 보지 않는 인권이 존중되는 상생相生의 세계를 강조하였
다.[518] 민족주의자이자 교단 내 지식인인 고용환은 보천교의 행사에 자주 나타나 다음과
같은 연설을 하곤 하였다.

　　총령원 사서 高龍煥 씨가 단상에 나와서 相生이란 문제로 우리는 서로 사랑하고 서로 돕고
　　평화가 넘치는 속에 평등의 생활을 누리는 의미의 열렬한 웅변을 했다.[519]

　　한때 고려공산당에 소속된[520] 고용환이 강증산의 상생 논리를 평화와 평등의 논리로
치환을 한 내용이다.[521] 즉 보천교의 목적이자 취지인 상생相生을 평화나 평등과 연결을

517) 「손의 질문에 대답함(續)」, 『普光』 4, 1924. 3, 41-42쪽.
518) 「손의 질문에 대답함(續)」, 『普光』 4, 1923. 3, 41-42쪽.
519) 「貊國古都에 新設된 江原道眞正院을 訪問」, 『普光』 4, 1923. 3, 70쪽.
520) 「倭政人物」(6권, 1919. 2. 1). (2018. 2. 24. 국사편찬위원회 한국사데이타베이스 '한국현대인물자료'에서 재
　　인용)
521) 1920년대 전반의 고용환은 각 지역의 보천교 행사에 빠짐없이 연사로 참석하였다. 보평회 창립총회 뿐
　　아니라,(「中央彙報」, 『普光』 4, 86쪽) 전북진정원·충남진정원·강원진정원 등의 개원식에도 빠짐없이
　　찾아가 강연을 하였다. (「地方通信」, 『普光』 3, 1923. 12, 63쪽)

보천교 중앙본소의 정화당

시킨 것이다.[522] 이처럼 교단 내 지식인들은 근대적 교단으로의 전환을 꾀하는 과정에서 상생을 '평화'나 '평등'을 끌어들여서 설명하였다. 기관지 『보광』이 톨스토이의 무저항주의나 타고르의 인생론을 예로 든 것도 이러한 기조라고 할 수 있다.[523] 교단 내 지식인들은 계몽주의화를 추진하면서도 천자 등극운동과 같은 후천선경 신정부 건설운

동을 포기하지 않았다. 그 이유는 보천교가 민중을 기반으로 만들어지고 확장되었기 때문이다.

1930년대에도 천도교는 "…… 동학당東學堂이 기미己未 이후 비교적 신문명의 길로 추향趨向하는 것을 본 감상적 노인들은 다시 새로운 귀의처歸依處를 찾게 되었다. 이때 차경석은 복고적 노인배의 심리를 교묘히 갖추어"[524]서 민중을 끌어들였다며 보천교를 비난하였다. 즉 동학이 천도교로 개명한 이후에 신문명을 추구하는 것을 못마땅하게 생각한 "감상적이고 복고적인 농민들"이 차경석이 주도하는 후천선경 신정부 건설운동에

---

522) '相生'은 一心, 去病, 解冤 등과 함께 보천교 최고의 목적이자 취지다. (「答客難」, 『普光』 창간호, 1923. 10), 30쪽)

523) 鷄山山人, 「甲子年을 맞이하면서」, 『普光』 4, 1924. 3, 46쪽. "古來 宗教家 道德家들이 혹은 解脫의 妙諦로써 혹은 永生의 福音으로써 惑은 三剛五當 其他 一切 道德으로써 苦海人生을 濟度코자 함이 어찌 先哲의 婆心이 아니랴. 나는 그를 敬慕하고 그의 教訓에 依하여 慰安을 얻고자 하였다. 그러나 이도 또한 矛盾壓撞의 教說이 많아서 도로 우리에게 불안을 준다. 저 톨스토이의 無抵抗主義는 敗戰將軍이 ○門에 誡首를 當하면서 悲壯한 亡國歌를 부름이 아니고 무엇이며, 타고르의 人生을 사랑하라는 부르짖음은 重圍에 빠진 孤城太守가 束手無策하여 焚香通經하는 哀怨聲이 아니고 무엇이랴.……우리는 現在의 모든 것을 否認하고 地上天國을 憧憬하여 왔다. 이에 우리 甑山天師께옵서 이 世上에 오시어 後天仙境의 神運을……後天仙境을 바라보고 甲子年의……"(鷄山山人의 앞의 글, 45-46쪽)은 세상의 종교나 철학보다는 강증산의 후천선경을 오로지 동경해 왔다는 어느 보천교 교인의 회고이다. 그런데 이러한 회고에 톨스토이와 타고르가 인용되었다는 점이다.

524) 柳光烈, 「死滅中의 普天教」, 『開闢(新1)』, 1934. 11. 1.

관심을 보였다는 것이다. 일제강점기 역사적인 불안 및 근대 과학을 불안의 실체로 인식한 일부 민중은 계몽화 또는 근대 종교화한 천도교보다 비교적 복고의 형태를 간직한 보천교를 더 신뢰하였다는 것이다.[525] 이는 토속적이고 전통적인 방식의 후천선경 신정부 건설운동이 당시 민중의 정서와 부합된 측면을 언급한 것과 다르지 않다.

3) 기사등극운동과 보천교 쇠퇴

경성의 교단 내 지식인들이 추구한 근대적 종교로의 진입은 결국 실패하였다. 그 원인은 일제의 탄압과 이로 인한 내분, 그리고 교단 내 보수파의 교권 장악 등이다. 급기야 1920년대 후반 보천교는 비밀주의와 신비주의적 종교운동으로 회귀하였다.[526] 앞서 분열된 교단은 일부 지식인들의 보천교 박멸운동으로 지리멸렬해졌고, 이때 일제 경찰은 '미몽망동迷夢妄動'을 한다는 이유로 보천교를 제압하였다.[527] 그런 와중에 충청남도 강경에서는 '차천자'를 내세워 금전을 요구하는 사기 사건도 발생하였다.[528] 그러더니 1929년 7월에는 보천교 핵심 간부들이 '내란 선동'을 하였다는 혐의를 내세운 일제 경찰에 체포되었다.[529] 그즈음, 보천교는 우여곡절 끝에 중앙본소와 성전 십일전十一殿을 완공하였고, 곧이어 십일전 내의 삼광영三光影 봉안식을 거행키로 하였다. 그런데 삼광영 봉안식이 천자 등극식이라는 풍문이 떠돌기 시작하였다.

---

525) 柳光烈, 「死滅中의 普天教」, 『開闢(新1)』, 1934. 11.
526) 보천교의 복고주의는 불안한 위기의 시대에 찾는 비상구나 위안보다는 일제 天皇制에 대한 한국 민족의 주체 의식에서 비롯된 것이다. 따라서 보수적이고 향수로 포장되는 복고주의와는 차이가 있다.
527) '車天子登極說로 普天教의 迷夢妄動…', 《조선일보》 1928. 4. 17.
528) '『車天子』를 판 短刀强盜逮捕. 논산에 나타났다가 잡히어…', 《조선일보》 1929. 3. 11.
529) '內亂罪로 取調에 着手 魔術劇의 終幕도 不遠 부하로 있던 채 모가 고등법원에 고발을 하게 되어, 가지각색의 숨은 그 죄악이 장차 세상에 들어날 터. 斷末魔의 普天教主 車京石', 《동아일보》 1929. 7. 15.; '內亂罪 告發. 吽哆群 恐慌', 《동아일보》 1929. 7. 15.

…… 건축물의 준공을 좋은 기회로 하여 표면으로는 三光影 奉安式이라는 것을 표방하고 내면으로는 어리석은 교도들에게 대하여는 登極의 의식을 거행한다고 선전하고, 부하로 하여금 미리부터 己巳年 己巳月 己巳日 己巳時(陰 今年 4月 16日)에 그 의식을 거행한다고 널리 사방에 선포케 하였다한다.……[530]

당시《동아일보》는 한 면을 할애할 정도로 기사등극운동을 관심 있게 보도하였다.[531] 일제도 "…… 또 소화4년(1929) 4월 15일 성전聖殿 외 기타 건축 낙성식을 겸하는 삼광영 봉안식을 거행하는데 있어서 교주 차경석이 등극한다는 풍문을 퍼트려 치안을 방해"[532] 하였다고 판단하였다. 결국, 정읍의 중앙본소에서 개최되는 삼광영 봉안식을 전라북도 경찰부가 치안을 이유로 금지하였다.[533]

幹部 等 極力 解禁運動

자칭 대시국 천자 普天教 車京錫은 그동안 수만의 愚民을 속여가며 많은 금전을 약탈하여 登極을 표방하고, 오는 5월 4일에 소위 三光靈 奉安式을 거행한다 함은 본지에 이미 보도한 바와 같거니와 …… 봉안식 일자를 며칠 앞에 두고 벌써부터 물밀듯 모여들어 이미 무려 수만 명에 달하여 매일 정읍 大興里 일대는 사람바다를 이룬다는데, 전북도 경찰부에서는 저간 비상 경비 전화를 가설하고 철옹성 같은 경계로써 철야 엄중한 감시를 거듭하고 있으나, 원체 다수한 군중이 모여 있음과 동시에 근일은 시기가 시기인 만큼 무슨 사건이나 돌발치 아니할까 하여 제3차로 오는 6월 말일까지는 일체 집회를 금지하였다는데, …… 5월 4일 봉안식만 기다리던 보천교도들은 크게 낙담하여 각각 헤어지게 되었다. 그래도

---

530) 『登極』에 參賀코자 8萬 教徒 會集. 헛된 돈 수만 원만 축이 났다. 集會禁止로 一場夢', 《동아일보》1929. 7. 15.

531) 『決定 前에는 發表不能』. 취조한 뒤에 말하겠다는 井邑檢事分局 側 談', 《동아일보》1929. 7. 15.; '大槻檢事가 擔任取調 中', 《동아일보》1929. 7. 15.; '全北 警察活動 秘密裡에 內査. 경찰에서 極秘密裡에 활동, 『登極』『奉安』이 問題', 《동아일보》1929. 7. 15.

532) 「朝鮮在來의 類似宗教에 關한 調査」, 『思想彙報』第10號, 1937. 3. 1.

533) '普天教의 致誠禁止 전북도에서', 《매일신보》1929. 4. 23.

고위 간부들은 운동을 맹렬히 하는 중이라더라(전주)[534]

기사등극운동을 계기로 일제는 전국의 보천교의 활동을 원천적으로 금지하였다. 이를 계기로 보천교는 확연히 쇠퇴의 길을 걸었다. 심지어 정전제井田制라는 경제적 공동체마저 흐트러지면서 굶어 죽는 이도 있었다.[535] 이때부터 교인들은 하나둘씩 보천교를 이탈하거나 비밀리에 별도의 교단을 차렸다. 이 책에서는 이들을 '보천교계 신종교'라고 한다. 1930년경부터 보천교는 일제의 집요한 탄압과 그로 인한 내분, 그리고 각종 소송 사건으로 지리멸렬해갔다. 그리고 1936년 차경석이 사망하면서 쇠락한 보천교는 일제로부터 강제 해체되었다. 일제 경찰은 보천교 교인의 두발頭髮을 강제로 삭발하는가 하면 교금 모집 행위도 금지하였다.[536] 즉 종교적 신념까지도 일제 경찰은 제한한 것이다.

정감록을 빙자하여 허다한 우민들을 기만하여 物心 양 방면으로 조선 사회에 막대한 악영향을 끼쳐 전 조선적으로 여론이 분분하던 보천교도 이제야 그 정체가 탄로되었다. 경북 경산경찰서에서는 해교 주요 인물 수십 명을 소환하고 금후로는 집회 포교 일체를 금지한다는 엄명이 있은 후 단발까지 강행하였다는데, 남은 200여 명의 교도들도 자진 단발을 하는 중이라 한다. (경산)[537]

급기야 일제는 '미신타파'라는 명분을 내세워 한국의 신종교 47개를 '박멸'하였다. 당시 일제는 "사교 정벌"이라는 표현을 쓸 정도로 "사회 불안을 키우는" 한국 신종교들을 군사 작전하듯이 제압하였다.[538] 식민 통치에 한국 신종교들이 방해가 되었기 때문이다.

1936년 4월 30일 차경석의 사망을 계기로 보천교는 강제 해체되었고 수백여 명의

---

534) '普天教의 所謂奉安式, 突然禁止를 命令…', 《조선일보》 1929.5.3.
535) '謂大時國 餓死者 續出. ◇벽곡을 하다가 또 한 명 아사, 窮餘에 내린 僻穀命令으로', 《조선일보》 1929. 8.3.
536) '谷山署에서도 募金行爲禁止', 《조선일보》 1936.6.20.
537) '慶山의 普天教徒, 强制削髮斷行', 《조선일보》 1936.7.10.
538) '邪教征伐의 鐵槌! 47個 集團撲滅, 迷信打破에 效果顯著…', 《조선일보》 1938.1.14.

교인들은 일제 경찰에 체포되었다. 이때 보천교는 교단의 해체를 유예해 달라는 탄원을 하기 위해 조선총독부를 방문하려 하였지만 이 역시도 실패로 끝났다.[539] 일제 경찰에 의해 급조된 '보천교재산처리위원회'는 중앙본소 건축물들과 전국 각지의 사무소들을 급매하기 시작하였다.[540] 그리고 성전 십일전十一殿은 전라북도 군산群山의 쵸오지로오江戶長次郞에게 500원에 팔렸다.[541] 1920년대 일제는 기성 종교단체 재산의 법인화를 유도하였다. 종교 단체 재산의 법인화는 재산상 소유권이 보장되는 측면도 있지만 조선총독부의 관리 감독을 받게 된다는 의미이며, 법인이 해산될 시에 관련 재산은 조선총독부의 소유가 된다는 것을 의미한다.[542]

보천교는 유사종교 단체이기에 재산의 법인화는 원칙적으로 불가능하다. 그렇다고 차경석 개인 소유도 아닌 것 같다. 왜냐하면, 1929년 차경석을 상대로 낸 중앙본소 일부 건축물 양도 소송에서 차경석이 재산상 소유권자가 아니라는 이유로 각하된 사례가 있기 때문이다.[543] 일제가 '보천교 재산처리위원회'를 앞세워 중앙본소를 강제로 급매한 것을 보면 중앙본소의 소유권이 차경석과 그 후손들에게 있지 않다는 것을 의미한다. 어쩌면, 교단의 핵심 간부들이

보천교 십일전 해체 공사(1937)

539) '普天敎代表 3名이 入京. 4月에 總督府 訪問. ◇最後的 歎願을 할터', 《조선중앙일보》 1936.7.4.
540) '警官40餘 名出動. 普天敎本部를 襲擊…', 《조선중앙일보》 1936.6.11.; 『建物을 放賣하여 債務를 淸算하라』. 普天敎本部로부터 各處 正理所에 通達', 《조선중앙일보》 1936.8.2.; '秋風落莫を告ぐあはれ邪宗の末路. 廢敎の伏魔殿普天敎井邑本部競賣に附す', 《朝鮮民報》 1936.10.27.
541) 「總本山에 關한 報告」, 『佛敎』 新12輯, 1938.5.
542) 윤선자, 『일제의 종교정책과 천주교회』, 경인문화사, 2001, 213-221쪽.
543) '普天敎又復被訴. 本部家屋撤去要求를, 地主로부터呈訴', 《매일신보》 1929.10.24.

《조선일보》호외(1936.6.10)
'사교, 보천교에 철퇴'라는 제목이 보인다.

중앙본소 소유권자였을 것으로 추정된다. 왜냐하면 1925년 '군자금 모집계획 사건' 관련 정의부와의 '약조' 당시 보천교 자금 담당 김정곤金正坤이 참여하였다는 기록이 있다.[544] 그리고 1929년 중앙본소 건축물 양도 소송에서 소유권자는 차경석이 아닌 핵심 간부 김정곤이라는 판결이 있었기 때문이다.

　1936년 8월에 일제는 보천교 중앙본소를 해체하려고 할 때 정읍의 유지 50여 명은 '정읍도립병원설립 기성회'를 조직하였다. 보천교 측에서도 중앙본소를 '정읍도립병원설립 기성회' 측에 기부하겠다고 나섰지만, 그러나 일제는 중앙본소를 남김없이 훼철하였다.[545] 일제가 중앙본소를 훼철하고 교인들을 체포하자 일부 교인들은 다시금 지하로 숨어들었다.[546] 일부는 교단을 이탈하여 독자적인 활동을 벌이는가 하면 아예 새로운

---

544) 「김정호 신문조서」(국사편찬위원회의 앞의 자료집), 65-66쪽.
545) '普天教의 本部에 道立病院을 設置計畫, 期成會를 組織코자 任員도 選定', 《조선일보》 1936.8.20.

교단을 세우기도 하였다. 보천교가 해체된 1930년대 말에는 그 잔여 세력들이 산발적으로 모여 비밀결사적인 조직운동을 전개하는 횟수가 늘었다. 일제는 이를 "보천교 재건운동"으로 규정하였다.[547]

546) '普天教本部의 檢擧로 恐怖中의 各地教徒, 京城에만도 400餘名인데, 檢擧風에 戰戰兢兢', 《조선중앙일보》 1936. 6. 13.
547) '普天教再建運動正體遂に曝露す 無知蒙昧な信者操り婦女子の貞操を弄ぶ', 《朝鮮民報》 1938. 6. 17.

1930, 40년대
보천교계 신종교들의
신국가新國家 건설운동

———

1930, 40년대 보천교계 신종교들의
신국가新國家 건설운동

경제 대공황과 만주사변을 거치면서 한국은 전시 파시즘 체제로 전환되었다. 이때 한국
내 민족운동 조직은 '비非합법화'로 나타났고 민족운동은 침체기로 빠져들었다. 중일전쟁
직후인 1938년에 국가총동원법이 발동되면서 민족운동 진영은 '소규모 비밀결사' 형태를
띨 수밖에 없었다.[1] 한국의 신종교들도 이와 다르지 않았다. 1920년대 보천교는 대규모의
조직운동을 통해 국호를 선포하였다. 그러나 1930년대에는 강제 해체되었고 그 잔여 세력들
은 소규모의 비밀결사 형태를 띠기 시작하였다. 소규모의 비밀결사 형태를 띤 보천교계
신종교들의 민족의식은 1920년대에 비해 더 강화되었다.[2] 강화된 민족의식을 바탕으로
한 이들은 신정부新政府 건설이라는 표현 대신 신국가新國家 건설을 강조하였다. 이들에
대한 일제의 감시와 탄압은 1930년대 후반으로 갈수록 잦고, 그리고 더 정교해졌다.
1937년 중일전쟁 이후에 보천교계 신종교들을 비롯한 한국 신종교들 다수가 재건되었

---

1)   변은진, 『일제말 항일비밀결사운동 연구』, 도서출판선인, 2018, 45-47쪽.
2)   「支那事變以後に於る保安法違反事件に關する調査」, 《思想彙報》第19號, 1939年 12月, 61-83項;『원광대
      종교문제연구소 자료집총서, 『사상휘보』 민족종교 관련기사 - 조선총독부 고등법원(1934~43년) - 』, 집문
      당, 2015, 7쪽.

다. 일제는 이들의 재건 원인을 만주사변 이후 강화된 황국신민화 정책과 중일전쟁의 발발에서 찾았다. 일제는 '내부의 적에 대한 단속' 또는 '후방 치안 확보'라는 명분을 내세워 이들을 감시하고 탄압하였다. 한국에서의 '후방 치안 확보'라는 이유에서 비롯된 일제의 탄압은 주로 '흠치 계통'이라 불리는 보천교계 신종교에 집중되었다. 일제는 사회 운동이나 정치운동으로 전환될 가능성이 많은 민중 친화적 교리를 갖춘 보천교계 신종교를 위험한 존재로 바라본 것이다.

1937년부터 조선총독부가 작성한 「朝鮮重大思想事件經過表」에는 선도교仙道教 사건, 황극교黃極教 사건 등이 포함돼 있다.[3] 1943년에 작성된 「朝鮮重大思想事件經過表(9月末日現在 31件計上)」[4]에는 1940년 전후 일제의 사상 탄압 31건 가운데 보천교계 신종교와 관련된 6건이 포함돼 있다.[5] 이것과 관련한 〈표〉는 아래와 같다.

〈표7〉 1943년 「朝鮮重大思想事件經過表」에 나타난 보천교계 신종교

사건	활동의 목적/ 활동 지역	검사국	기소일	기소인
黃極教 事件	조선 독립/ 정읍	全州	1937.3.23.	金靈植 등 10명
神人同盟 事件	조선 독립/ 정읍	全州	1942.4.11.	鄭寅杓 등 28명
類似宗教 無極大道 事件	국체 부정/ 경성	京城	1942.8.17.	金瓚鎬 등 30명
類似宗教 三山教 事件	조선 독립/ 정읍	全州	1943.6.10.	平康靑松 등 17명
類似宗教 天子教 事件	조선 독립/ 부안	全州	1943.6.16.	山本淳玉 등 17명
類似宗教 仙教 事件	조선 독립/ 대구	全州	1943.6.28.	金煥玉 등 9명

3) 「朝鮮重大思想事件經過表(11月末日現在 21件計上)」, 《思想彙報》 第13號, 1937.12.1.;「朝鮮重大思想事件經過表(11月末日現在 15件計上)」, 《思想彙報》 第17號, 1938.12.1.;「朝鮮重大思想事件經過表(2月末日現在 17件計上)」, 《思想彙報》 第22號, 1940.3.1.;「朝鮮重大思想事件經過表(8月末日現在 17件計上)」, 《思想彙報》 第24號, 1940.9.1.
4) 「朝鮮重大思想事件經過表」, 《思想彙報(續刊)》, 高等法院檢事局事相部, 1943.1.1. 《思想彙報》란 1931년부터 조선총독부 고등법원검사국 사상부에서 발간하던 《思想月報》의 제호를 바꾼 것으로, 1934년 12월부터 1940년 12월까지 계간으로 제25호를 발간하였다. 위의 《思想彙報(續刊)》는 1941년부터 조선총독부 고등법원검사국 사상부에서 발간하였다.
5) 6건 가운데 "類似宗教 無極大道 事件"은 동학·강증산 계통의 종교인들이 일으킨 신국가 건설운동이다. 나머지 5건은 보천교계 신종교인들이 일으킨 신국가 건설운동이다.

위 〈표7〉에서 알 수 있듯이 보천교계 신종교들의 활동 목적은 "조선 독립"이다. 즉 한국 독립을 목적으로 활동하다가 구속, 기소된 사건들이다. 이보다 앞선 시기에 강원도 평강의 선도교仙道敎 관계자 12명도 비밀결사체를 만들어 "조선 독립운동"을 했다는 이유로 일제 경찰의 탄압을 받았다.[6] 1937년 전후해서 보천교를 비롯하여 전국의 한국 신종교 47개 교단 2만여 명이 일제 경찰에 구속, 기소된 것이다.[7]

1940년 전후 전라북도 서남부에서 활동한 보천교계 신종교는 신인동맹神人同盟, 삼산교三山敎, 선교仙敎, 천자교天子敎, 선도교仙道敎, 조선건국단朝鮮建國團, 황극교黃極敎 등이다.[8] 그 밖의 '선도교仙道敎의 조선●●정부 사건'(1929),[9] '인도교人道敎 사건'(1940),[10] '조선건국단朝鮮建國團 사건'(1940),[11] '원군교元君敎 사건'(1943)[12] 등도 보천교계 신종교와 관련이 있다. 1940년 전후의 '조선건국단 사건'의 김언수와 황의붕黃義鵬, '천자교 사건'의 홍순옥洪淳玉과 홍순문洪淳文, 선도교의 교주 김홍원金洪圓(또는 金鴻圓)과 간부 김중섭金重燮, 인도교 교주 채기두蔡基斗, '동아흥산사東亞興産社 사건'[13]의 임경호와 문정삼 등은 모두 보천교 간부를 지냈던 이들이다. 따라서 이들에게서 나타나는 활동 목표는 '조선 독립'과 '신국가 건설'로, 보천교의 활동 목표와 다르지 않다.[14] 국내에서 민족운동을 할 수 없던

---

6) 「朝鮮重大思想事件經過表(11月末日現在 21件計上)」,《思想彙報》第13號, 1937. 12. 1.; '今日仙道敎事件送局, 7名京城에 護送, 2次로 6名을 31日檢事局에',《동아일보》1937. 8. 20.; '平康仙道敎事件殘黨9名送局',《조선일보》1937. 8. 22.; '仙道敎事件12名 30日豫審에 逢廻附',《조선일보》1937. 8. 31.

7) '昨年兩年間에 2萬餘邪敎徒檢擧, 物心兩面으로 今後를 善導, 警務局의 斷乎方針',《매일신보》1938. 11. 10.; '普天敎의後裔! 甑山敎幹部廿名檢擧. 全南警察部, 嚴調中',《동아일보》1938. 12. 8.

8) 위의 仙道敎는 앞의 보천교 전신이던 仙道敎와는 또 다른 신종교 단체이다. 그리고 仙敎는 경상북도 大丘에서 활동한 교단이나, 관련 인물들 대부분은 전라북도 서남부 사람들이다.

9) '檢擧者 150名 中 嫌疑 稀薄者도 多數,『朝鮮●●政府』事件',《동아일보》1929. 5. 21. 앞의 "조선●●정부 사건"의 '●●'은 '독립'이다. 앞의 신문은 '독립'이라는 단어를 감추기 위해서 '●●'으로 표기하였다.

10) 「人道敎幹部ノ新國家建設僞裝ニ依ル保安法違反竝ニ詐欺事件檢擧ニ關スル件」,『昭和12年61人道敎事件檢擧ニ關スル書類』, 水警高秘第1050號6, 1937. 11. 20.

11) 경북 영덕의 申永和 외 6명 판결문, 1942. 9. 22., 경성지방법원.

12) 전북 부안의 洪淳玉 외 15명 판결문, 1944. 1. 10., 전주지방법원형사부.

13) 임경호와 문정삼 등이 1943년에 설립한 '東亞興産社'라는 기업에서 '조선 독립'을 음모했다는 혐의로 일제 경찰에 체포되었다. 일제는 '종교 통일에 의한 조선 독립 음모단체 사건'이라 규정하고 임경호와 문정삼을 문초하였고, 그 과정에서 임경호와 문정삼 외 4명이 옥사하였다.(『甑山敎史』, 314-315쪽; 공훈전사사료관 '독립유공자 공적조서')

1940년 전후의 시기에 보천교계 신종교들은 '조선 독립'과 '신국가 건설'을 주장하면서 민족운동을 전개하였다.

이 글에서는 1930년대 후반 강원도 평강의 선도교, 전라북도 정읍의 황극교, 그리고 미륵불교의 '신인동맹' 등에서 볼 수 있는 민족성과 민족운동의 방식을 살펴보겠다.[15] 선도교와 황극교, 미륵불교의 '신인동맹'은 '조선 독립'과 '신국가 건설'이라는 목표를 내세웠지만, 구체적인 실행 방법은 약간씩 달리하고 있다. 강원도 평강에서 보천교 간부 김홍원金洪圓과 김중섭金重燮이 결성한 선도교仙道敎는 "불식장생의 신선神仙이 되면 교도들의 국가"를 세울 수 있다고 하였다. 일제는 "한국인만의 독립된 국가 건설"을 주장하는 선도교를 "국체 변혁을 도모하는 불온한 단체"라고 하였으며, 선도교의 이러한 활동을 "조선 독립운동"이라고 규정하고 1935년과 1937년 두 차례에 걸쳐 탄압하였다.

전라북도 서남부의 김영식金靈植과 은세룡殷世龍이 주도하는 황극교는 고천제와 수령제 受靈祭를 통해서 교인들에게 민족의식을 심어주었다. 가공의 인물 정해도鄭海桃가 경진년 경진월 경진일 경진시에 충청남도 계룡산에서 한국의 국왕으로 등극하며, 이때 새로운 국가가 건설된다고 하였다. 그리고 고려말 충신들의 영靈을 불러내는 수령제를 통해서 교인들에게 한국의 민족의식을 심었다. 일제는 1937년에 "국체國體를 변화할 목적으로 한 결사체"라며 이를 탄압하였다. 일제는 "황극교 사건은 수뇌부의 민족주의가 농후하며,

---

14) 「治安維持法違反及被疑事件檢擧に關する件」, 平高秘第1000號, 平康警察署, 1935.6.17., 201-204쪽; 황해도 웅진의 崔道成 판결문, 1945.3.12., 고등법원형사부. "…… 이 敎는 敎名을 不食長生神仙, 仙道敎 등이라 稱하며 …… 그 목적은 어느 시기에 교주가 平康郡 縣內面 梨木里 平原로 교도 18,000명을 모아 이주시켜 소所에서 교도에게 不食長生의 術을 전수시켜 이에 의해 교도는 神仙이 되고 神仙 교도가 된 道者는 萬王의 王이 됨으로써 현재의 정치를 벗어나 교도만의 국가를 조직하여 조선인 전부가 본교를 믿게 되었을 때 조선은 완전히 조선인의 손에 의해 통치하게 되는데, ……."(「治安維持法違反及被疑事件 檢擧に關する件」) "…… 새로이 후천 5만 년의 仙人世界라고 말하는 仙境이 실현되면 조선에 新國家가 탄생 되어 자기가 그 왕으로 등극하여 계룡산에 도읍을 정하여 全세계를 통치할 것이고, ……."(황해도 웅진의 崔道成 판결문, 1945.3.12., 고등법원형사부)

15) 선도교, 황극교, 미륵불교 '신인동맹'의 활동 시기는 정확하지 않다. 일제 검경의 조사 과정에서 만들어진 자료에는 보천교계 신종교인들의 1920년대 보천교에서의 활동까지 언급되면서, 그 활동 시기가 1921년까지 올라가기도 한다. 따라서 이 글에서는 일제의 탄압받은 시기를 기준으로 사건의 순서를 정하였다.

오랜 세월에 걸쳐 비밀을 잘 유지하면서 조선 독립의 최종 목적을 달성시키려는 다수 교도를 단련시켜 교세를 확장해 온 것은 참으로 놀랄만한 사실"이라고 기록하였다.

전라북도 정읍군 태인면의 정인표鄭寅杓가 결성한 신인동맹神人同盟은 비밀리에 일제의 패망과 국권 회복을 예언하고 기도하였으며, 메이지明治 일왕日王의 혼魂을 불러내 꾸짖었다. 일제는 이를 "보천교 재건운동"으로 파악하였다. 신인동맹의 활동은 분명 민족운동이지만 우리가 익히 알고 있는 민족운동과는 그 모습이 달랐다. 보천교가 그랬듯이, 신인동맹 역시 강증산이 예언한 후천선경 건설을 위해 민중을 조직하였고, 그리고 일제의 패망을 예언하거나 기도하다가 1940년에 탄압받았다. 이처럼 보천교계 신종교들은 토속적이면서 전통적인 방법으로써 항일 민족운동을 전개하였다.[16]

이 글에서 선도교와 황극교, 미륵불교의 '신인동맹'의 사례를 주시한 이유는 이들의 '신국가 건설운동'이 1920년대 보천교의 후천선경 신정부 건설운동과 닮았기 때문이다. 그리고 글을 전개할 수 있을 정도의 관련 사료가 많이 발굴되었기 때문이다.

1930년대 후반 보천교계 신종교들의 신국가 건설운동을 기록한 일제 자료는 「治安維持法違反及詐欺被疑事件檢擧に關する件」(平高秘第1461號, 平康警察署, 1935)과 「仙道敎の不穩計劃に關する件」(平高秘第839號, 平康警察署, 1935), 「朝鮮重大思想事件經過表」(高等法院檢事局事相部, 1936), 「仙道敎徒の朝鮮獨立運動事件」(《思想彙報》第21號, 1939.12.1), 「支那事變以後に於る保安法違反事件に關する調査」(《思想彙報》第19號, 1939年12月), 「思想犯罪から觀た最近の朝鮮在來類似宗敎」(《思想彙報》第22號 1940年3月),[17] 「假出獄執行濟ノ件報告(梁仁文)」(全州刑務所, 1944) 등이다. 이 외, 당시 관련 판결문과 언론의 관련 기사와 교단 측 기록인 『애국 거불』[18], 『범증산교사』[19] 등이 있다.

---

16) 계몽주의를 앞세운 일제의 식민지 수탈은 근대화에 노출이 덜된 민중들에게는 큰 상실감으로 이어졌다. 계몽주의도 일제 식민정책도 받아들일 수 없었던 시대에 민중은 예로부터 이어져 내려온 토속적 관습이나 풍습, 신앙들을 통해서 한국의 독립을 꾀하고 새로운 국가 건립을 추구하였다.

17) 「支那事變以後に於る保安法違反事件に關する調査」(《思想彙報》第19號, 1939年 12月)와 「思想犯罪から觀の朝鮮在來類似宗敎」(《思想彙報》第22號, 1940年 3月)의 원문과 번역문은 『원광대종교문제연구소 자료집총서, 『사상휘보』 민족종교 관련기사 - 조선총독부 고등법원(1934~43년) - 』(집문당, 2015)에 수록돼 있다.

1. 선도교仙道敎의 '조선 독립운동'

1930년대 보천교는 일제의 탄압과 내분으로 지리멸렬하였다. 이때 다수의 교인은 보천교를 이탈하여 비밀리에 후천선경 신국가 건설운동을 전개하였다. 그 가운데 강원도 평강의 김홍원金鴻圓은 선도교仙道敎를 표방하며 신국가 건설운동을 전개하였다. 일제는 당시 선도교의 활동은 "조선 독립운동"이며 "신국가 건설"은 이들의 최종 목표라고 하였다.[20] 일제의 대륙 침략이 본격화되면서 보천교계 신종교들은 '신정부 건설'보다 민족의식이 한층 강화된 표현 '신국가 건설'을 내세웠다. 이유는 일본 제국과 분명히 구분되는 '국가'를 고집하였기 때문이다.[21]

이 글에서는 1935년과 1937년에 발생한 '조선 독립운동 사건'을 정리하고 그 성격을 살펴보겠다. 1935년에 발생한 관련 사건을 당시 신문은 "선도교 사건"으로 보도하였다. 그리고 1937년의 관련 사건을 일제는 "조선 독립운동 사건"이라 표기하였다. 이 글에서는 '선도교 사건'과 '조선 독립운동 사건'은 하나의 사건이지만 1935년 사건을 '선도교 사건', 1937년의 사건을 '조선 독립운동 사건'으로 표기하겠다.

---

18) 雪人心 편, 『愛國 巨佛』, 미륵불교총본부, 1975. 『愛國 巨佛』은 '신인동맹 사건'으로 복역한 이들의 구술을 토대로 雪人心이 작성하였고, 작성된 것을 1975년에 미륵불교 교단에서 펴냈다. 이하 『愛國 巨佛』이라 함.

19) 홍범초, 『凡甑山敎史』, 도서출판 한누리, 1988. 이하 홍범초의 『凡甑山敎史』라 함.

20) 「仙道敎徒의 朝鮮獨立運動事件」, 《思想彙報》 第21號, 1939. 12. 1., 242쪽.

21) 차경석은 강증산의 예언인 '造化政府'를 '新政府'로 해석하였다. 그런데 1920년 전후해서 조선총독부를 간간이 '朝鮮政府'라고 불렀다. ('朝鮮政府委員', 《釜山日報》 1918. 12. 29) 그리고 상하이 대한민국 임시정부가 수립되면서 '政府'라는 용어와 개념을 한국인들도 사용하였다. ('상해 假政府의 獨立金 募集員, 불에 사르면 나타나는 영수증 글씨', 《매일신보》 1920. 3. 28) 여기에다 보천교가 상하이 대한민국 임시정부와 함께 한국을 독립시킬 것이라는 풍문(경남 함양의 金英斗 외 2인의 판결문, 1922. 10. 16., 전부지방법원합의부)이 돌았다. 따라서 종교적 용어인 '조화정부'를 정치적인 용어 '신정부'로 불렀을 것이다. 1931년 일제의 대륙 침략전쟁 이후 '新國家 建設'이라는 용어와 개념이 자주 등장하였다. ('數十萬白系露人 國籍獲得運動 新國家建設에 參加코자', 《중앙일보》 1932. 1. 20. ; '滿蒙新國家建設 最高政務會今日成立式擧行 五巨頭의連名으로 今明間宣言發表', 《매일신보》 1932. 2. 18) 이때 민족의식이 강화된 보천교계 신종교들은 일본 제국과 분명히 구분될 수 있는 용어 '新國家'를 강조했을 것으로 판단된다.

1) '조선 독립운동 사건'의 전말

(1) 1935년 '선도교 사건'

1920년대 보천교계 신종교인 선도교仙道敎는 강원도 평강군 현내면 이목리 평원平原이라는 곳에 교인 18,000명을 이주시킨다는 계획을 세웠다. 같은 기간에 전라북도 보천교 중앙본소 주변으로 이주한 탄갈자 현상과 유사하다. 선도교는 이주한 교인들에게 신선神仙이 되는 공부를 하게 했고, 신선이 되면 "만왕萬王의 왕王"이 될 수 있다고 강조하였다. '만왕의 왕'이 되면 일제의 굴레에서 벗어나 교인들만의 국가를 수립할 수 있으며, 한국은 한국인에 의해 통치되는 '독립 국가'가 된다고 하였다. 이러한 목적 달성을 위해서는 적지 않은 사상자가 나올 수도 있겠지만, 그렇다고 중단할 수 없는 것이라고 하였다.[22] 1931년부터 평강의 선도교를 '불온 단체'로 지목해온 평강경찰서는 활동을 재기한 선도교인 50명을 1935년 3월 15일 평강군 현내면 이목리 원야原野에서 검거하였다.[23] 일명 "선도교 사건" 또는 "조선 독립운동 사건"이다. 당시 신문은 '선도교 사건'과 관련하여 다음과 같은 기사를 내보냈다.

---

22) 「治安維持法違反及詐欺被疑事件檢擧に關する件」, 平高秘第1461號, 平康警察署, 1935.6.14, 201-204쪽.

23) 「治安維持法違反及詐欺被疑事件檢擧に關する件」, 平高秘第1461號, 平康警察署, 1935.6.14., 201-204쪽. 강원도 평강군 선도교인의 '조선 독립운동 사건'은 조선총독부에서 정리한 「仙道敎徒の朝鮮獨立運動事件」(《思想彙報》第21號, 1939.12.1.)에 나와 있다. 이 자료는 강원도 평강경찰서에서 조선총독부로 보고한 ⅰ) 「治安維持法違反及邪詐欺疑事件檢擧に關する件」(平高秘第1461號, 平康警察署, 1935.6.14)과 ⅱ) 「仙道敎の不穩計劃に關する件」(平高秘第839號, 平康警察署, 1935.7.26) 등에 기반하고 있다. 앞의 「治安維持法違反及詐欺被疑事件檢擧に關する件」(平高秘第1461號, 平康警察署, 1935.6.14)은 강원도 평강경찰서장이 조선총독부 법무국장, 고등법원검사장, 경성복심법원검사장 등에게 발송한 보고서로, '地檢 秘', '平高 秘' 등으로 돼 있다. 5쪽 분량의 이 보고서는 1931년부터 수사해 온 '不穩團體 仙道敎'를 1935년에 검거, 취조한 내용이다. ⅱ) 「仙道敎の不穩計劃に關する件」(平高秘第839號, 平康警察署, 1935.7.26)은 1935년 7월 26일에 평강경찰서에서 역시 경성지방법원 검사 앞으로 보낸 보고서이다. 53쪽 분량의 보고서 역시 '地檢 秘', '平高 秘' 등으로 돼 있다. 앞의 보고서에는 '선도교의 기원 및 조직', '선도교의 목적 및 불온계획', '포교의 수단과 방법', '포교 및 신자의 분포 상황', '선도교의 사취 행위', '평강군 내의 선도교 활동 상황', 그리고 구속자의 활동 상황표나 선도교의 祭文이나 呪文 등이 자세히 정리돼 있다. 이 외, 경성 북아현의 金重燮 외 17명 판결문(1938.9.30., 경성지방법원)과 경성 북아현의 金重燮 외 9명 판결문(1938.9.30., 경성복심법원) 등이 있다.

강원도 平康署에서 일찍이 검거 중이던 仙道敎 사건은 不老長壽를 팔고 愚民을 속여 입회를 권유한 후에 입회금으로 다액의 금전을 사취하는 사실이 판명되어, 지난 31일에 同郡 南面 學田里 357번지 金東禹(37) 외 75명을 전부 保安法違反 詐欺贓物收受의 죄명으로 기소, 수속을 취하였는데, 그들이 사기하여 편취한 금액은 약 4만 원이라 한다.[24]

강원도 평강경찰서는 불로장생을 빙자하여 거금을 갹출한 선도교 교인 76명을 보안법 위반 및 사기 장물수수죄 등으로 기소하였다는 내용이다. 그런데 선도교 교인에 대한 일제 경찰의 수사는 평강군에만 국한하지 않았다.

지난 7월 31일 미명에 강원도 襄陽警察署 고등계 주임 元경부보에서 검거한 仙道敎徒 朴世東, 朴演東(42), 張永德(40) 등을 朴施東과 함께 검거, 押來하였다 함은 이미 보도한 바거니와, 그 후 李寬弼 외 1명을 더 검거하였다가 취조한 결과 전기 박연동은 범죄 사실이 미약함으로 석방하고 그 나머지 5명은 지난 8월 27일 오전 8시 자동차로 平康警察署에 송치하였다 한다. 이 사건을 평강서로 송치한 것은 금년에 평강서에서 검거한 80여 명의 仙道敎徒와 일맥상통하고 있으므로, 강원도 경찰부 지휘에 의한 것이라고 한다.[25]

강원도 양양경찰서에서 선도교인 5명을 체포해 인근의 평강경찰서로 넘긴 이유는 "지난 80여 명을 검거한 선도교인들과 일맥상통"했기 때문이라는 내용이다. "금년에 평강경찰서에서 검거한 80여 명의 선도교도"는 위의 《동아일보》(1935.5.18)에서 언급된 내용과 다르지 않다. 1935년 강원도 일대 선도교를 수사한 일제 경찰은 선도교를 황해도 금천군 金川郡 출신이자 보천교 간부 김홍원金鴻圓·金洪圓(39세)이 1930년경에 강원도 평강군에서 결성한 비밀결사체라고 하였다.[26] 일제는 김홍원이 보천교 입교 당시 같은 교인인 황해도

---

24) '仙道敎徒 76名, 『不老長生』 팔고 邪氣. 平康署에서 取調後 全部送局, 騙取金額 4萬餘圓', 《조선중앙일보》 1935.11.3. 검거자만 100여 명이라는 기사도 있다. ('平康署 突然活動, "神仙敎主" 總檢擧, 某種 重大結社 도 潛在한 모양, 現在 檢擧者만 100여名', 《동아일보》 1935.5.18)
25) '仙道敎徒 5名 平康署로 押來(襄陽)', 《동아일보》 1935.8.31.

금천의 김용규金龍奎, 이용규李龍奎, 서인환徐仁煥, 배수겸裵洙謙 등과 함께 황해도 덕업산德業山에서 비밀리에 활동을 시작하였고, 이어 3년 만인 1931년 봄에 1,080명의 교인을 확보할 정도로 교세가 확장되었다고 하였다.[27] 당시 선도교의 교세와 관련한 일제 기록은 다음과 같다.

…… 교도의 수를 먼저 1,080명으로 정하고 입교자 1인당 敎 경비로서 입교금 名義의 일금 10원을 징수하기로 하였다. 이 제1기 계획이라고 할 수 있는 1,080명의 모집은 昭和6年(1931) 봄경에 거의 달성하기에 이르렀는데, 교도 모집 중 "어느 시기에 교주로부터 주문의 敎授解釋을 듣고 그 결과 교도는 不食長生 神仙이 된다"라는 취지를 말하고, 責任上 장차 敎의 中央部가 되어야 하는 土地, 家屋을 選定 설치해야 한다는 필요성에 의해 李龍奎가 주동이 되어 朝鮮 古來의 鄭鑑論에 기초하여 平康郡 縣內面 梨木里의 平原을 그 땅으로 선정하고, 이 梨木里를 신비적으로 보이기 위해 當地의 地勢를 孔子의 本貫 曲阜와 동일하다고 稱하고 美流淨 또는 非山非野 등이라 부르며, 昭和6년(1931) 봄 이래 當該 장소에 鮮式 家屋 9채를 築造하여 교도 數名의 이주를 준비 중인 바이다.[28]

1930년경 김홍원 일행은 강원도 평강군 현내면縣內面 이목리梨木里에다 선도교 중앙본부를 선정하고, 교인의 이주를 준비 중이었다는 내용이다. 당시 선도교의 교세에 대해서

---

26) 『조선의 유사종교』, 284쪽. 원래 보천교 간부 金鴻圓은 보천교에서 이탈한 이들을 끌어모아 교단을 만들었다. 세간에서는 이들을 千八敎, 神仙敎, 仙道敎 등이라 불렀다.(「仙道敎の不穩計劃に關する件」 平高秘 第839號, 平康警察署, 1935. 7. 26, 0518-0525쪽) 1923년경 강원도 보천교진정원장은 金鴻植이다.(「地方通信」,『보광』3, 63쪽) 앞의 김홍식과 김홍원이 같은 인물인지는 좀 더 확인이 필요하다. 그런데 1937년 '金重燮 판결문'에는 김중섭이 1928년 경기도 고양에서 金弘基를 만나면서부터 선도교에 심취하였고, 그 뒤 김중섭 스스로 副敎主가 되어 교세 확장에 힘썼다고 돼 있다.(경성 북아현의 金重燮 외 17명 판결문, 1938. 9. 30., 경성지방법원) 金鴻圓, 金鴻植, 金弘基 등이 동일 인물일 가능성이 있으나, 검경 문서나 판결문을 통해서는 알 수 없다.

27) 「仙道敎の不穩計劃に關する件」 平高秘第839號, 平康警察署, 1935. 7. 26. 앞의 보고서에 의하면, 전라남북도, 충청남북도, 경상남도를 제외한 전국에 선도교인이 분포돼 있는데, 그중 황해도와 강원도에 다수 분포해 있다.

28) 「仙道敎の不穩計劃に關する件」 平高秘第839號, 平康警察署, 1935. 7. 26, 0518-0525쪽.

일제는 "구속 교도 등의 진술에 의하면, 선도교의 신자는 소화9년(1934) 12월 말에 약 7,000명이었으며, 본 년 3월 15일에는 18,000명에 이를 예정이며, 전라남북도, 충청남북도, 경상남도를 제외한 전조선全朝鮮 각도에 미쳤는데, 그중 황해도, 강원도가 가장 많은 수를 점하고 있었다."[29]고 기록하였다. 아래 〈표8〉은 1935년 당시 평강경찰서가 작성한 '선도교 사건'의 구속자 수이다.[30]

〈표8〉 1935년 '선도교 사건'의 도별 구속자(金化署 予托 14명을 포함)

거주지별 표		본적지별 표	
도명	인원	도명	인원
강원도	29명	강원도	22명
황해도	5명	황해도	9명
평안남도	5명	평안남도	14명
평안북도	1명	평안북도	1명
함경남도	14명	함경남도	8명
계	54명	계	54명

위 〈표8〉에서 볼 수 있듯이 구속자 수는 주로 강원도와 함경남도에 몰려 있다. 본적지별 구속자 수는 강원도가 22명으로 가장 많다. 그 이유는 선도교가 강원도 평강을 거점으로 한 비밀결사체였기 때문이다. 1935년 평강경찰서가 통계한 '선도교 사건'의 주요 인물은 다음과 같다.[31]

---

29) 「仙道教の不穏計劃に關する件」 平高秘第839號, 平康警察署, 1935.7.26, 0532-0533쪽.
30) 「仙道教の不穏計劃に關する件」 平高秘第839號, 平康警察署, 1935.7.26, 0553-0556쪽. 불구속 석방은 총 153명이다.(「仙道教の不穏計劃に關する件」, 平高秘第839號, 平康警察署, 1935.7.26., 0557쪽)
31) 「仙道教の不穏計劃に關する件」 平高秘第839號, 平康警察署, 1935.7.26, 0553-0556쪽.

〈표9〉 1935년 '선도교 사건' 관련 주요 인물의 활동 상황표

소속	활동 상황	취조에 대한 공술	본적/ 주소	성명/ 나이
황해도 襄洙謙계	현재 중견 간부 차봉남, 장명호를 입교시킨 것	昭和12年(1937) 10월 김흥원과 모여 불식장생약을 처방받고 장차 독립을 인정함	황해도 道安郡 大坪面/ 安邊郡 衛益面 三防里	金文鎬/ 60세
평안도 張太恒계	5명을 입교시키고 스스로 일금 7백 50엔 제출	불식장생 주장	평강군 남면 학전리/ 동 주소	韓贊瑞/ 39세
평안도 張太恒계	평남 안변에서 4명을 입교시키고 40엔 받음	본교의 목적이 조선 독립임을 인정함	평남 安州郡 ○湖面 用興里/ 평강군 남면 학전리	朴永詳/ 31세
강원도 金明七계	10명을 입교시키고 1명을 평강군 내로 이주시키고 50엔을 모금	불식장생으로 세상의 불평이 사라진다고 함	金化郡 近安面 水泰里/ 평강군 고삽면 遠南里	金錫衡/ 52세
강원도 金昌杰계	김창걸의 동생으로서 50여 명을 입교시킨 혐의가 있음	본교의 목적이 조선 독립임을 인정함	평강군 서면 화암리/ 평강읍 西邊里	金昌錫/ 25세
평안도 張太恒계	평남에서 30여 명 입교시킴	선도와 조선 독립은 같은 뜻이라고 함	평강군 고삽면 원남리/ 평강군 남면 학전리	金東禹/ 37세
평안도 金東禹계	김동우와 함께 20여 명을 입교시킴	조선 독립을 인정함	평남 寧遠郡 漫和面 松石里/ 상동 남면 학전리	李士吉/ 65세
황해도 車鳳南계	8명을 입교시키고 舊3월 15일 계획 참가를 위해 교도에게 이름을 연락함	일본은 머지않아 세계 상대국과 전쟁을 하는데, 그때 이 교도들은 어려움을 면한다고 함	황해도 道安郡 栗界面 松石里/ 동 주소	方在奎/ 50세
황해도 車鳳南계	2명을 입교시키고 舊3월 15일 계획 참가를 위하여 78엔을 소지하여 來管함	교의 목적이 조선의 독립임을 인정함	황해도 新溪郡 麻西面/ 新溪郡 동면 回東里	李根五/ 68세
황해도 車鳳南계	4명을 입교시키고 舊3월 15일의 계획 참가를 위하여 來管함	교의 목적이 조선의 독립임을 인정함	상동 銀杏里/ 부정	金弘寬/ 63세
평안도 張太恒계	본년 舊2월 24일 일금 1천엔을 제출	불식장생을 주장함	평강군 남면 학전리/ 동 주소	李善金/ 18세

위 〈표9〉에서 주요 인물의 출신지는 강원도, 평안도, 황해도 등이며 이들의 목적은 하나같이 "조선 독립"이다. 심지어 "선도와 조선의 독립은 같은 의미"라고까지 강조하였다. 그런데 2년 뒤인 1937년에 강원도 평강을 비롯해서 황해도와 함경도 등지에서 또다시 선도교인에 대한 검거 선풍이 일었다.

(2) 1937년 '조선 독립운동 사건'

1935년에 이어 1937년에도 강원도 평강을 비롯해 황해도와 함경도 등지에서 '조선 독립운동 사건'이 발생하였다. 즉 "선도교가 교금을 모아서 국외의 모 단체를 지원"하였다는 이유로 일제 경찰이 선도교인 김중섭金重燮 외 17명을 구속, 기소한 사건이다.[32] 일제는 이를 "조선 독립운동 사건"이라고 하였다. 1937년의 신문들은 연일 이 사건을 다음과 같이 보도하였다.

《조선일보》(1937.8.20)
'선도교 사건' 관련자들이 경찰의 조사를 받은 후 경성지방법원 검사국으로 이동하는 모습이다.

일찍부터 강원도 平康署에서 檢擧 取調 중인 仙道敎 사건은 이제야 겨우 일단락을 지어, 20일에는 제3차로 徐仁煥 등 9명을 同署 고등계 차석 이하 다수 경관의 압송 하에 이날 오전 6시 평강역 발차로 경성지방법원 검사국에 압송되어왔는데, 끝으로 나머지 7명은 또다시 불일간 제4차로 送局되어 올 터이라고 한다. 사건의 내용은 제1차 때에 송국되어 온 金重燮이 昭和3年(1928) 2월에 동지 수 명을 자기 집인 부내 蓮池町 318번지에 모아 놓고 정식으로 비밀결사를 조직하게 되었는데, 이 결사가 즉 선도교로 되어 표면에는 불식장생이라는 迷信으로 표방하면서 그 이면에 있어서는 해외에 있는 모종의 비밀단체에 자금까지 보낸 일이 있었다는 바, 한때에는 교도가 1만 3천 명까지 되었을 때가 있었다고 한다. 送局된 그들의 성명은 다음과 같다. ……[33]

---

32) '仙道敎事件, 12名廻豫. 평강서에서 검거된 사건. 2名 起訴釋放', 《매일신보》 1937.8.31. 이외 관련 기사와 판결문은 다음과 같다. '今日仙道敎事件送局, 7名京城에 護送, 2次로 6名을 31日檢事局에', 《동아일보》 1937.8. 20.; '平康仙道敎事件殘薰 9名 送局', 《조선일보》 1937.8.22.; '仙道敎事件12名 30日豫審에 逢廻附', 《조선일보》 1937.8.31.; 경성 북아현의 金重燮 외 17명 판결문, 1938.9.30. 경성지방법원.

33) '不食長生의 仙道敎, 3次로 9名送局. 平康에서 京城으로 護送', 《동아일보》 1937.12.21.

1937년 평강경찰서는 비밀결사체를 조직한 김중섭 등 10여 명을 검거하여 경성지방법원 검사국으로 압송하였다는 내용이다. 선도교가 국외 모종의 비밀단체에 자금을 보냈다는 내용도 함께 포함돼 있다. 아래 〈표10〉은 관련 판결문에 나타난 1937년 '조선 독립운동 사건'의 참가자들이다.

〈표10〉 1937년 '조선 독립운동 사건' 참가자

참가자/ 나이/ 직업	본적/ 거주지	형 량
金重燮/ 43/ 미곡상	경성부 염리정/ 경성부 북아현정	징역5년
朴京龍/ 45/ 농업	황해도 금천군 현내면/ 강원도 이천군 안래면	징역2년 6월
安敎憲/ 47/ 농업	황해도 신계군 마서면/ 동 주소	징역2년 6월
金仁權/ 41/ 농업	경기도 장단군 소남면/ 동 주소	
李蓮玕/ 52/ 농업	황해도 신계군 마서면/ 동 주소	
金天權/ 42/ 농업	황해도 금천군 현내면/ 동 주소	
徐仁煥/ 46/ 농업	황해도 신계군 마서면/ 주거 부정	징역3년
金寅甲/ 59/ 농업	황해도 곡산군 고산면/ 황해도 곡산군 청계면	징역1년 6월에 3년 간 형집행유예
申泰淳/ 62/ 농업	황해도 신계군 촌면/ 청진부 포항동	징역2년
徐璧煥/ 33/ 농업	황해도 신계군 마서면/ 동 주소	징역2년 6월

* 경성 북아현의 김중섭 외 9명 판결문(1939.10.19., 경성복심법원)을 참고함

1937년 '조선 독립운동 사건'의 핵심 인물은 김중섭이다. 핵심 인물 대부분의 거주지는 황해도이지만 김중섭만은 경성이다. 그리고 당시 관련자 대부분은 경성으로 압송돼 조사를 받았고, 재판도 경성에서 받았다. 그런데 이 사건을 수사한 곳은 강원도 평강경찰서이다. 평강경찰서는 1935년 '선도교 사건' 당시에도 수사를 지휘하였다. 다음은 1937년 '조선 독립운동 사건'의 김중섭에 대한 혐의 내용 일부이다.

우연히 昭和3年(1928) 봄 경기도 고양군 용강면 염리 金弘基와 알게 되어, 동인으로부터 不食長生의 道를 듣고 이를 이용하여 표면으로는 수업으로 불식장생의 神仙이 될 수 있다

고 설교하면서, 교도를 획득하여 장래 제국이 위기에 몰릴 때 혁명을 수행하기로 결의하고, 昭和4年(1929) 3월 7일경에 피고인 김인권, 동 박경룡 …… 소집하여 위의 협의에 기초하여 조선을 독립시킬 목적으로 道(후세 사람들은 이를 仙道敎라 함)라는 유사종교의 결사를 조직하여 스스로 그 副敎主가 된 이후 교세의 확장에 힘쓰고, ……[34]

즉 1928년 봄 김홍기를 알게 된 김중섭은 일본 제국이 위기에 몰릴 때 혁명을 수행해 한국을 독립시킬 목적으로 활동했다는 혐의에 관한 내용이다. 앞의 김홍기金洪基는 김홍원金鴻圜으로 보이며, 김중섭은 스스로 '부교주'라고 했지만 김중섭과 김홍원은 동일 인물일 가능성을 배제할 수 없다. 이 문제는 뒤에서 자세히 언급하겠다. 아울러 김홍원은 1935년 '선도교 사건'의 핵심 인물이다.

1935년과 1937년 '조선 독립운동 사건'의 중심지는 강원도 평강이다. 1937년 관련 판결문에는 "원산부 외중청포의 김중섭으로부터 선도교가 조선을 일본 제국의 굴레로부터 이탈시킬 것을 목적으로 조직된 결사 단체라는 것을 알면서도 가입하였고, 신태순申泰淳은 다시 김인갑金寅甲(또는 金仁甲)에게 권유하여 가입토록 하였다."[35]라는 내용이 포함돼 있다. 이때 김인갑은 "소화6년(1931) 6월 중 강원도 평강군 현내면縣內面 이목리梨木里에서 피고인 신태순으로부터 권유받아 앞의 도道가 조선을 제국의 굴레로부터 이탈시킬 목적[36]"으로 선도교에 참여하였다. 즉 신태순의 거주지는 앞의 〈표10〉에서는 황해도 신계군으로 나오지만, 활동지는 강원도 평강이다. 이처럼 강원도 평강은 1937년에도 선도교의 핵심 지역이었다. 1935년과 1937년 선도교의 '조선 독립운동 사건'은 시기적으로 다를 뿐 같은 장소에서 발생한 선도교의 '조선 독립운동 사건'이다.

그렇다면 당시 선도교의 목적은 무엇일까? 앞에서 언급했듯이, 1937년 '조선 독립운동 사건'에서 드러난 선도교의 목적은 "조선 독립"과 "신국가 건설"이다. 이러한 내용은 당시

---

34) 경성 북아현의 金重燮 외 9명 판결문, 1939. 10. 19., 경성복심법원.
35) 경성 북아현의 金重燮 외 9명 판결문, 1939. 10. 19., 경성복심법원.
36) 경성 북아현의 金重燮 외 17명 판결문, 1938. 9. 30., 경성지방법원. 이들에 대한 기소와 재판은 1939년에 이루어졌다. ('不老長生의 仙道敎 最高 5年 體刑, 敎主 金重燮 等 10名에 言渡', 《동아일보》 1939. 8. 9.)

《조선일보》'속보'에도 잘 나타나 있다. 다음은 1937년 8월 19일 오전 김중섭이 '경성지방법원 검사국'으로 호송되는 도중에 조선일보사 평강 지국원이 호송차에 올라타 선도교 '총참모'로 알려진 김중섭과의 '일문일답' 내용이다.

《조선일보》(1937.8.20)
조선일보사 평강지국원이 호송차에 올라타 김중섭과 일문일답한 내용이 실려있다.

기　자 : 仙道敎의 주지는 무엇인가?

김중섭 : 終局의 목적은 조선●●운동(필자 주 : 조선 독립운동)으로, 우선 선도교 기치 아래로 많은 교도를 획득하기에 노력하여 소화10년(1935)부터 본격적 활동을 시작하려고 하였었으나 그만 실패하고 말았다.

기　자 : 당신이 敎主라는 말이 있는데, 大先生이 따로 있고 당신은 小先生이 되었으니 무슨 연고인가?

김중섭 : 자기가 교주로 자처하면 일하기에 곤란한 점이 많았으며, 일의 대부분은 내가 계획하고 실행한 것이다.

기　자 : 普天敎를 나온 이유는?

김중섭 : 보천교에는 대정12년(1923)부터 六任의 직함을 맡아가지고 5년간 있었으나, 교의 내부가 부패하고 나의 사상과 배치되는 점이 많아서 탈퇴하고 말았다.

기　자 : 이목 평원을 근거지로 선택한 것은 어떤 연고인가?

김중섭 : 孔子 탄생설에 의하여, 그곳을 본부로 정하면 敎運이 뻗쳐 목적을 달성하리라는 까닭이다.

기　자 : 서울서 부청과 정거장, 훈련원 3곳을 밀회 장소로 정하였다는데 그 방법 여하?

김중섭 : 매월 15일과 말일이기에 난 호아 巡察部長, 徐仁煥 財務部長, 李龍奎 세 사람이

만났는데, 만나서 한 것은 주로 금전수수와 경과보고를 간단히 하였을 뿐이다.

기 자 : 모집한 돈은 전부 얼마나 되며 건축 사업을 한 것은 무슨 이유인가?

김중섭 : 건강이 좋지 못하여 잘 모르겠으니 경찰에 물어봐 주기 바란다.[37]

　　즉 보천교에서 이탈한 김중섭은 평강군 이목리를 중심으로 '조선 독립운동'을 본격 전개하려 하였다는 내용이다. 교주는 따로 있으며, 자신은 '소선생' 또는 '부교주'에 불과하다고 하였다. 이와 같은 내용은 1935년 '선도교 사건'에서도 드러난다.

1) 仙道教는 본 년(필자 주 : 1935년) 음력 3월 15일에 教主를 平原郡 縣內面 梨木里로 모셔서 不食長生의 術을 받아 神仙이 되어 教師의 지시에 따라 현재의 세상을 我等 仙道教 徒에 의해 통치한다는 것으로서, 그때에는 상당한 死傷者가 나오는 것을 막을 수 있다는 것이다.

2) 教師가 나와서는 8명의 제자에게 먼저 秘術을 전수해 주고 各國으로 파견시켜 외국에서 설교하게 하고, 그 다음에 72명의 教徒들에게 秘術을 전수시키고, 그 다음에는 600명의 교도를 이주시켜 秘術을 전수해 주면서 市日 등을 이용하여 梨木里에서 성인이 나왔다는 風評이 나게 하여, 군중을 모아 그 자리에서 "비로소 우리들은 지금까지 종교라고 말하여 왔으나 진짜의 목적은 조선을 독립시키기 위한 것이다."라고 선언한다. 이에 대해서 조선인이라면 어느누구도 이 일에 반대하는 자가 없으니 반드시 성공한다.

3) 教主의 거병을 듣고서 현재 세계에서 가장 문명국인 美國은 조선의 독립을 원조한다.

4) 머지않아 러일전쟁이 일어날 때 우리 교주는 러시아의 승리로 일본과의 분리를 꾀하여 조선을 독립하게 한다.

5) 仙道教는 不食長生하며, 그 결과 神仙이 되는 자 등에 대하여 공중에 교도들이 살 수 있는 國家를 만든다.[38]

---

37) '表面은 宗教的 裡面은 政治的, 仙道教事件 護送車 中에서, 金重燮과 一問一答', 《조선일보》 1937. 8. 20.

38) 「仙道教の不穩計劃に關する件」 平高秘第839號, 平康警察署, 1935. 7. 26., 0525-0531쪽.

위의 기록은 1935년 평강경찰서가 조선총독부 이하 해당 기관에 보고한 '선도교 사건'에 관한 보고서이다. 1935년에 선도교는 자신들의 조직을 '종교'라고 말해왔으나 사실은 한국을 독립시키기 위한 결사체라고 하였다. 한국의 독립은 "조선인이라면 어느 누구도 이 일에 반대할 자가 없으니 반드시 성공한다."고 하였다. 일제 경찰은 이러한 선도교를 "불온한 계획을 가진 단체"라고 규정하고 수사에 착수하여 50여 명을 구속하였다.[39] 그리고 1937년에 이와 동일한 사건이 동일 지역을 중심으로 다시 일어난 것이다.

2) '조선 독립운동 사건'의 성격

　　선도교는, 강원도 평강군 현내면 이목리는 『정감록』에서 말하는 성지聖地이며 향후 이목리는 세계의 중심지가 될 것이라고 선전하였다. 1931년 봄부터 평강군 이목리에다 한옥 9채를 건립한 선도교는 이곳을 선도교의 중앙본부로 삼았다. 그리고 교인들의 이주를 장려하였다.[40] 하지만 일제 식민 지배자들의 선도교에 대한 시각은 매우 부정적이었다. 평강경찰서의 관련 보고서 별지 "총독 각하께 드리는 보고서"를 살펴보면 당시 일제나 식민지 수탈자들이 선도교를 어떻게 바라보았는지를 짐작할 수 있다.

　　소생은 10여 일 전에 아래와 같이 상서를 올렸는데 현재 아무런 소식이 없어서 다시 보고합니다. 강원도 平康郡에서 북으로 약 1.2km(3리) 정도 가면 梨木市場이 있습니다. 거기에서 서남쪽으로 200m(반리)를 가면 황해도 농민이라 부르는 10여 명의 사람이 있습니다. 그들은 내년부터 농업에 종사한다면서 돈을 빌려 가옥을 건축 중에 있습니다. 아홉 곳은 완성되었고 한 곳은 기둥만 세워져 있는 것을 보았는데, 농가로 보이지 않았습니다. 열 곳의 장소가 전부 완성된 다음에는 通圓·弘圓 선생이 나타나 1,080명에게 才術을 교수하여 역적 음모를 할 계획입니다. 이는 머지않아 국가에 큰 범죄를 저지르는 것으로 걱정되어 10여

---

39) 「仙道敎の不穩計劃に關する件」平高秘第839號, 平康警察署, 1935.7.26., 0553-0554쪽.
40) 「仙道敎の不穩計劃に關する件」平高秘第839號, 平康警察署, 1935.7.26., 0525-0531쪽.

일 전에 총독 각하에게 상서하였는데 현재 아무런 소식이 없는 상황입니다. 아무쪼록 국가에 큰 피해가 없기를 바랍니다. 일본인이 이와 같은 사실을 탐지하여 보고하면 각하로부터 기만 원의 상금이 내려집니다. 그러나 소생은 조선인이므로 이와 같은 사실을 보고한 후 소식이 없어도 유감스럽게 생각하지 않으며, 국가의 편안함만을 기원합니다.[41]

윗글은 일제 경찰이나 관官이 아닌, 이재원李載元이라는 한국인이 조선 총독에게 보낸 투서 내용이다. 김홍원 일행이 중앙본부를 건설하면서 "역적 음모"를 꾀하고 있으며, 김홍원 일행을 그대로 두면 "국가에 대과를 범할지도 모른다."는 우려를 조선 총독에게 재차 강조하였다. 투서는 한번이 아니며, 이러한 투서는 조선총독부에 보내는 보고서에 첨부돼 있었다.

1935년 후천선경 신국가 건설운동을 주도한 김홍원이나 황해도의 차봉남車鳳南·배수겸裵洙謙, 강원도의 김명칠金明七, 평안도의 장태환張太恒 등은 일제 검속檢束에서 빠져나갔다. 구속된 자는 황해도 도안군道安郡의 김문호金文鎬, 평강군平康郡의 한찬서韓贊瑞·김동우金東禹, 김화군金化郡의 김석환金錫衡 등이다. 이들은 문초받는 과정에서 "교의 목적이 조선의 독립"이며 "선도와 조선의 독립은 같은 의미"라고 진술하였다.[42] 그런데 이러한 진술과 함께 등장하는 게 바로 선도교의 예언이다.

머지않아 러일전쟁이 일어날 때 우리 교주는 러시아의 승리를 틈타 일본과 분리를 꾀하여 조선을 독립하도록 한다. …… 교의 목적은 교도에게 不食長生의 비술을 전수시켜 神仙이 되도록 하는 것인데, 교도가 신선이 되면 신선은 萬王의 王이므로 朝鮮은 仙道敎가 지배하게 된다. …… 머지않아 美日戰爭이 일어나는데 이 敎를 믿어 亂을 면함과 동시에 美國이 승리했을 때 일제와 絶緣하여 본래의 조선국이 된다.[43]

---

41) 「仙道敎の不穩計劃に關する件」平高秘第839號, 平康警察署, 1935.7.26., 0537-0538쪽.
42) "<표9> 1935년 '선도교 사건' 관련 주요 인물의 활동 상황표" 참고.
43) 「仙道敎の不穩計劃に關する件」平高秘第839號, 平康警察署, 1935.7.26., 0537-0538쪽.

1935년 선도교는 미국美國이 한국의 독립을 원조할 것이며, 러일전쟁에서 러시아의 승리는 한국의 독립에 도움이 되고, 미일전쟁에서 미국이 승리할 때 한국은 완전 독립국이 된다고 예언하였다. 그런데 이러한 예언은 당시 보천교계 신종교들에게 일관되게 볼 수 있다. 예컨대, 「朝鮮重大思想事件經過表」에 나와 있는 '유사종교 천자교天子敎 사건'도 이러한 예언을 통해서 민중을 조직하였다. 일제는 '천자교 사건'을 한 마디로,

> 昭和16年(1941) 5월 26일 전북 부안군 아래에 조선의 독립을 목적으로 하는 無名結社(뒤에 天子敎라고 칭함)를 조직하고, 공히 목적 달성을 기원하는 제사를 집행하는 등 종종 목적 달성을 위해 활약함. (受理人員 36명)[44]

이라 하였다. 천자교는 보천교계 신종교인 원군교元君敎의 다른 이름이다. 원군교의 핵심 인물 홍순옥洪淳玉은 1928년경에 전라북도 부안군 산내면에 정착하여 친형인 홍순문洪淳文을 교주로 강증산姜甑山을 교조로 삼아 비밀결사 단체를 만들었다. 이들은 일제를 부정하고 강증산의 후천선경을 기원하기 위해 전국 각지의 깊은 산속에서 천제天祭를 지냈다. 그러면서 "현재 세계의 정세는 강증산의 교리인 '신도조리공사'에 의해 세계대전이 발발하였는데, 가까운 장래에 이 대전은 끝나게 되나 그때 교조 강증산이 현세에 재림하여 선경仙境 5만 년의 세계를 열고, 강증산은 천지인天地人 3계를 통리統理하는 삼황 폐하가 됨에 따라 조선은 독립하여 세계의 선도국이 된다."[45]라고 예언하였다.

1930년대 강원도 평강의 선도교 역시 이러한 예언을 통해서 "교도들의 국가"를 제시하였다. "교도들의 국가"란 후천선경 신국가를 말한다. '신정부'에서 '신국가'로 대체되었을 뿐 보천교의 후천선경 신정부와 같다.[46] 1920년대보다 더 암울했던 1930년대에 강증산의

---

44) 「朝鮮重大思想事件經過表(9月末日現在 31件計 上)」, 《思想彙報(續刊)》, 高等法院檢事局事相部, 1943.1.1.
45) 전북 부안의 洪淳玉 외 15명 판결문, 1944.1.10., 전주지방법원형사부. 홍순옥은 세계대전이 일어나지만, 교조 강증산이 재림하면 한국이 독립된다는 예언으로 민중을 조직하였다는 이유로 치안유지법 위반으로 징역 4년을 선고받았다. (앞의 판결문)
46) 『普天敎一般』(『일제강점기 보천교의 민족운동 자료집Ⅱ』, 188쪽). "後天仙境은 보천교 최고의 理想이다. 불교에서 말하는 極樂, 기독교에서 말하는 天國과 같은 것이지만 양자와 같이 사후의 세계에 존재하는

후천선경 건설론은 민중 속으로 빠르게 확산하였다. 일제의 대륙 침략 전장의 후방 격인 한반도에서 일제의 패망이 예언되고 '조선 독립'과 '신국가 건설'이 주장되고 있다는 것은 일제 통치자들로서는 용인될 수 없다.[47] 한반도와 한국인을 지배해야 하는 일제로서는 "한국인만의 독립된 국가 건설"을 주장하는 보천교계 신종교들을 "국체 변혁을 도모하는 불온한 단체"로 규정하고 탄압한 것이다.

1935년과 1937년에 강원도 평강과 황해도 등지에서 발생한 '조선 독립운동 사건'의 핵심 인물은 누구인가? 1935년 평강경찰서는 "이 교教는 교명을 불식장생신선不食長生神仙, 선도교仙道教 등이라 칭하며 소화昭和3, 4년(1928, 1929)경 보천교도 간부 주거 부정 김홍원金鴻圓 당 39세 및 황해도黃海道 금천군金川郡 이하 미상未詳 이용규李龍奎 등에 의해 정감론鄭鑑論을 근거로 하여 조직한 종교 유사 단체"[48]라고 하였다. 여기에서 '정감론'은 『정감록』이다.

일제의 기록은 1929년경 보천교 교인 김홍원이 선도교를 조직했다고 했지만 1937년 관련 판결문이나 검경 기록에는 선도교를 조직한 이는 보천교 교인 김중섭金重燮이라 하였다.[49] 김홍원은 구속자 명단에는 없지만 김중섭은 당시 구속, 기소된 실존 인물이다.[50] 그렇다면 김홍원은 누구인가? 김홍원金鴻圓 또는 김홍기金弘基[51]는 가공의 인물이거나 김중섭의 이칭일 가능성이 있다.[52] 당시 보천교계 신종교들은 일제의 탄압에 대비해

것은 아니다. 우리가 거주하는 大地는 곧 미래의 仙境이지만 세상의 모든 병과 원한(죄악과 불평)이 있는 곳이다. 사람들이 만일 神化의 경지에 이르면 그곳이 바로 신이 있는 곳, 즉 천국이자 극락이라는 뜻이다. 天師 탄강 이전을 先天이라 하고 그 이후를 後天이라 칭한다.……"라고 기록할 정도로 일제도 후천선경에 큰 관심을 보였다. (앞의 책)

47) 「思想犯罪から觀の朝鮮在來類似宗教」, 《思想彙報(第22號)》 1940年 3月, 17-49項; 『원광대종교문제연구소 자료집총서, 『사상휘보』 민족종교 관련기사 - 조선총독부 고등법원(1934~43년) - 』, 집문당, 2015, 22쪽.

48) 「仙道教の不穩計劃に關する件」, 平高秘第839號, 平康警察署, 1935.7.26, 0517쪽.

49) 교주 金洪圓은 가명인 듯하며, 주로 금강산에 있다가 1929년 경성 삼각산으로 이주했다고 하였다.(「仙道教の不穩計劃に關する件」 平高秘第839號, 平康警察署, 1935.7.26., 0541쪽)

50) 경성 북아현의 金重燮 외 9명 판결문, 1939.8.8., 경성지방법원.

51) 경성 북아현의 金重燮 외 9명 판결문, 1939.8.8., 경성지방법원.

52) 김홍원과 김중섭이 동일인이라는 근거는 찾아볼 수 없다. 단지 김홍원과 김중섭의 거주지는 일정치 않으며, 심지어 이 둘의 거주지가 경성이나 경기도로 나온 경우가 있다.

교주나 교단의 설립자를 가공의 인물로 내세웠다.[53] 또는, 김홍원이 1924년 강원도보천교진정원 원장 김홍식金鴻植일 가능성도 점쳐진다.[54]

다음은 1937년 김중섭에 관한 내용이다. 일제의 기록에 의하면, 김중섭은 어렸을 때 수년간 서당에서 한문漢文을 수학하였고 20세 때 부친의 권유로 보천교에 입교하였다. 입교 후의 김중섭은 "장래 조선을 독립시키고 교주 차경석이 통치하는 세상을 만들기 위해 보천교 포교에 진력"하였다.[55] 관련 판결문에도 이를 뒷받침하는 내용이 나온다.

> 피고인 金重燮은 어릴 때 서당에서 한문을 습득하고 포목 행상을 해오면서 예전부터 조선을 독립시키려는 희망을 품어 오던 중, 20세 때 아버지의 권유를 받고 普天敎에 입교한 후 同敎가 장래 朝鮮을 獨立시켜 교주 車京石이 그것을 통치할 목적인 것을 알고 교도 획득을 위해 전념했지만, 그 후 同敎가 오로지 실천적인 운동을 하지 않을 뿐만 아니라 공연히 교도로부터 금품을 착취하는 것에 지나지 않음을 분개하여 26세 때 탈교한 이후 기회를 엿보고 있던 그때, 昭和3年(1928) 봄에 경기도 고양군 용강면 염리 거주의 金弘基와 알고 지내면서 동인으로부터 不食長生의 道를 듣자, 이를 이용하여 겉으로는 수행하면 불식장생 神仙이 될 수 있다는 뜻을 설교함으로써 교도를 획득하고, 장래 일본 제국의 위기가 닥칠 때에 일제히 革命을 수행할 것을 결의하고 ……[56]

보천교에 입교해 "조선을 독립시키"기 위해 전념하다가 실망한 김중섭이 일제가 위기에 처할 때 "혁명을 수행할 것"을 주변 사람들과 함께 결의하였다는 내용이다. 김중섭의 영향을 받은 신태순과 김인갑은 1931년 강원도 평강군 현내면 이목리에서 "일제의 굴레로부터 이탈할 목적을 한 선도교에 가입"하여 "조선 독립운동"에 참여하였다.[57]

---

53) 뒤에서 언급하겠지만, 황극교의 경우에도 가공의 인물 鄭海桃를 교주로 내세웠다. (전북 김제의 金靈植 외 9인의 판결문, 1940.10.30., 전주지방법원형사부)
54) 「地方通信」, 『普光』 3, 63쪽; 「地方通信」, 『普光』 4, 87쪽.
55) 「仙道敎徒の朝鮮獨立運動事件」, 《思想彙報》 第21號, 1939.12.1., 243쪽.
56) 경성 북아현의 金重燮 외 17명 판결문, 1938.9.30., 경성지방법원; 경성 북아현의 金重燮 외 9명 판결문, 1938.9.30., 경성복심법원.

앞에서도 언급하였지만, 1935년과 1937년 '조선 독립운동 사건'의 중심지는 강원도 평강이다.

'조선 독립'과 '신국가 건설'을 목표로 설정한 보천교계 신종교는 앞에서 언급한 선도교나 원군교뿐만이 아니다. 보천교 핵심 간부였던 채경대蔡慶大는 1930년대에 인도교人道教를 만들어 경기도의 경성과 수원에서 "신국가 건설"을 도모하였다.[58] 채경대는 교인들을 상대로 "개 같은 왜적倭賊들아, 너희의 과거를 생각하라. 너희들이 조선에 온 이후 어떤 은덕의 정치를 시행하였는가? 개 같은 왜적을 한울님의 은덕을 받아 하룻밤에 영구히 멸망시킬 것을 대보단大報壇에 맹세하고 열심히 원수를 쳐 없애자."[59]라는 말로써 민중들에게 항일 의식을 심었다. 채경대의 이러한 활동을 일제는 "불온한 교육"이라며 보안법 위반 혐의로 징역 10개월을 선고하였다.[60] '인도교 사건'을 보도한 당시 신문의 관련 기사를 발췌하면 다음과 같다.

…… 平康에서 仙道教 사건의 적발과 동시에 水原에서 人道教를 적발하여 수원경찰서에서 取調 중이라 함은 당시 보도한 바이거니와, 지난 3월 검거에 착수한 이래 7개월 만에 대체로 取調는 일단락 보게 되었다. 검거 총인원 80여 명으로서 그중 수모 蔡慶大(48), 金珩式 (51) 등 33명을 치안유지법 위반으로 불일 송국할 모양이다. 사건 내용은 표명 人道教라는 宗教類似團體를 표방하고, 이면으로는 共産主義를 선전하여 소위 '新國家 建設'을 음모한 터로서, 사건의 特異性은 儒佛仙 3교의 주지를 내용으로 해 가지고 우매한 儒林層에 浸透한

---

57) 경성 북아현의 金重燮 외 17명 판결문, 1938. 9. 30., 경성지방법원; 경성 북아현의 金重燮 외 9명 판결문, 1938. 9. 30., 경성복심법원; 「仙道教徒の朝鮮獨立運動事件」, 《思想彙報》 第21號, 1939. 12. 1., 243-244쪽.
58) 「人道教幹部ノ新國家建設僞裝ニ依ル保安法違反竝ニ詐欺事件檢擧ニ關スル件」, 『昭和12年61人道教事件 檢擧ニ關スル書類』 水警高秘第1050號6, 1937. 11. 20. 총 855쪽의 앞 문서의 발신자는 水原警察署長, 수신자는 京畿道警察部長, 京城地方法院 檢事正, 水原支廳 檢事, 府內各警察署長 등이다.
59) 전남 무안의 蔡慶大 외 3인의 판결문, 1940. 2. 20. 경성지방법원. "개 같은 왜적들아, ……"는 東學의 창시자 崔濟愚가 쓴 『용담유사』에 나온다. 동학에 뿌리를 둔 강증산 계통의 신종교들이 외우는 주문 중 '侍天主'는 동학의 핵심 주문이다. 이렇듯 보천교와 보천교계 신종교는 동학과 강증산의 예언을 넘나들었다.
60) 전남 무안의 榮慶大 외 3인 판결문, 1940. 2. 20., 경성지방법원; 「仙道教徒の朝鮮獨立運動事件」, 《思想彙報》 第21號, 1939. 12. 1., 242쪽.

점이 종전에 볼 수 없었던 기괴한 비밀결사라 할만하다.[61]

한때 만주 봉천에서 활동한 채경대는 전라남도 무안 출신으로, 20대에 보천교의 후천선경 신정부 건설운동에 동참하였다.[62] 그런 그가 보천교에서 나와 인도교를 세우고 '신국가 건설'을 주장하면서 농민층과 유림층을 끌어들였다. 일제는 인도교를 공산주의를 추종하는 유사종교 단체라고 규정하고 탄압하였다.[63] 대륙을 침략하던 일제가 전장의 후방 격인 한국의 민중을 경계하고 탄압하였다. 이러한 가운데 선도교를 비롯한 보천교계 신종교들은 1920년대 신정부 건설보다 더 적극적 표현인 '신국가 건설'을 내세우며 민중을 조직하였다. 그리고 『정감록』의 예언이나 선도仙道 등의 토속적이고 전통적인 방식으로 민족운동을 전개하였다.

2. 황극교黃極敎의 '천류天禘'와 '수령제受靈祭'

1930년대 말 전라북도 서남부를 중심으로 은세룡殷世龍(1871-1974)[64]과 김영식金靈植

---

61) '人道敎中心 怪秘社全貌. 共產主義의 秘社摘發, 幹部33名 不日送局, 所謂 新國家建設을 標榜코 愚昧한 儒林層網羅', 《동아일보》 1937.9.5.; '自稱 玉皇上帝, 普天敎가 沒落된 後에 일어난 法師 蔡慶大의 爲人', 《동아일보》 1937.9.5.

62) 만주국 봉천의 蔡慶大 외 8인의 판결문, 1939.5.23. 경성지방법원; 전남 무안의 蔡慶大 외 3인의 판결문, 1940.2.20. 경성지방법원. 전라남도 무안군 비금면 지당리 출신의 채경대는 뒤인 채규일과 함께 1914년에 보천교에 입교하였다. 1920년대부터 강증산 탄생지인 전라북도 정읍군 덕천면 객망리에다 성전을 짓기 시작하여, 1930년에는 객망리의 성전에다 姜甑山, 震黙大師, 그리고 朱熹를 모시고 '三聖敎'라 하였다. 삼성교가 곧 '人道敎'이다.(『思想犯罪から觀た最近の朝鮮在來類似宗敎』, 『思想彙報』第22號, 1940年 3月, 17-49項; 「사상범죄로 본 최근에 조선에서 유래한 유사종교」, 『원광대종교문제연구소 자료집총서3 『사상휘보』 민족종교 관련 기사 - 조선총독부 고등법원(1934-43) - 』, 집문당, 2016, 29-30쪽)

63) 「人道敎幹部ノ新國家建設僞裝ニ依ル保安法違反竝ニ詐欺事件檢擧ニ關スル件」, 『昭和12年61人道敎事件檢擧ニ關スル書類』 水警高秘第1050號6, 1937.11.20.; 만주 봉천의 蔡慶大 외 8인의 판결문, 1939.5.23. 경성지방법원; 전남 무안의 蔡慶大 외 3인의 판결문, 1940.2.20. 경성지방법원.

64) 鳳杓가 이름이고 초명이 世鳳이며 자가 世龍이다. 이밖에 石㷧, 松山堂 등으로 호칭되었다. 전북 정읍시 영원면 후지리에서 출생한 은세룡은 관이 幸州요 부친은 殷祐說이다. 일찍이 漢文을 수학하였으며, 족보에

(1875-1947)이 한국 독립을 기원하는 수령제受靈祭를 지내고 등극登極을 준비했다는 이유
로 구속, 기소된 사건이 있었다.[65] 일제는 이를 "황극교 사건"이라 하였다.[66] 황극교는
중국 고대의 기서奇書라 할 수 있는『黃石公素書』에 기반한 한국의 신종교이다. 1926년
11월에 은세룡, 김영식, 홍명선洪明善 등은『黃石公素書』[67]의 기본 이념인 신信 · 애愛 · 경
敬을 내세우며 '황석공교黃石公敎'라는 교단을 만들었고,[68] 뒤에 '황극교黃極敎'로 고쳐 불렀
다.[69] 아울러, 보천교 잔여 세력이 참여한 황극교는 보천교와 마찬가지로 고천제를 통해
서 '신국가 건설'을 추구하였다. 따라서 당시 언론이나 일제는 황극교를 "보천교 재건운
동"으로 바라보았다.

1930년대 일제는 "황극교 사건은 수뇌부의 민족주의가 농후하며, 오랜 세월에 걸쳐
비밀을 잘 유지하면서 조선 독립의 최종 목적을 달성시키려고 많은 교도를 단련시켜
교세를 확장해 온 것은 참으로 놀랄만한 사실"[70]이라고 기록하였다. 그러면서 '불경죄'나

는 그가 承訓郎(正六品)을 지냈다고 돼 있다. 일제의 기록에도 그가 通政大夫(정3품)를 지낸 것으로 나와
있다. 위의 생몰연대는 은세룡의 막내딸 은희반의 구술에 의한 것이다. (은희반의 구술, 2002. 10. 19)

65) '普天敎의再建事件 黃極敎公判廻附 15日全州法院에서 開廷',《동아일보》1940. 6. 5. ; '暴露된 皇極敎의 正
   體',《매일신보》1940. 6. 5.

66) 「朝鮮思想事件判決皇極敎事件」,『思想彙報(1934-1943)』第25號, 朝鮮總督府高等法院檢事局事相部, 1940. 12.
   앞의『思想彙報(1934-1943)』는『思想月報(1931-1934)』의 後續誌이다. 일제가 황극교의 활동을 '新國家 建
   設'로 기록하였는데, '신국가 건설'은 검찰 訊問에 따라 은세룡이 답변한 것이다. 황극교가 신국가 건설을
   受靈祭를 통해 도모하였다는 일제의 기록을 참작해 이 글의 제목을 '황극교의 수령제'라 하였다. '황극교
   사건' 관련 기록은 일제의 공문서와 관련 판결문 등이 있다. 특히, '전북 김제의 金靈植 외 9인의 판결문
   (1940. 10. 30. 전주지방법원형사부)'을 통해서 '황극교 사건'의 전말을 파악할 수 있다.

67) 黃石公은 중국 秦나라 말기의 隱士이자 군사 이론가로 알려져 있다. 황석공이 張良에게 '太公兵法'을
   전해주었다는 얘기가 전한다. 더불어, 장량에게 주었던 素書가 1,336자인『黃石公素書』이다.『黃石公素
   書』는『黃帝陰符經』,『諸葛亮心書』등과 함께 '三種秘記'로 알려져 있다. 참고로, 소강절의『皇極經世書』는
   강증산의 후천개벽설과 관련이 있다.

68) 전북 김제의 金靈植 외 9인의 판결문, 1940. 10. 30. 전주지방법원형사부.

69) 일제 기록에 '黃極敎' 외 '皇極敎'도 보인다. 이 책에서는 일제 검경의 기록, 판결문 등에 나와 있는 '黃極敎'
   로 표기하였다.

70) 「思想犯罪から觀た最近の朝鮮在來類似宗敎」,『思想彙報』第22號, 1940年 3月, 17-49項;「사상범죄로 본
   최근에 조선에서 유래한 유사종교」,『원광대종교문제연구소 자료집총서3『사상휘보』민족종교 관련기사
   - 조선총독부 고등법원(1934-43) - 』, 집문당, 2016, 39쪽. 1930년대 일제가 보천교계 신종교의 활동을
   민족운동으로, 민족주의로 규정한 기록들은 많이 있다.

'보안법', '치안유지법' 등으로 이들을 감시하고 탄압하였다.[71] 황극교 역시 보천교와 마찬가지로 식민 통치에 큰 걸림돌이 되었기 때문이다.

1) 황극교의 '보천교 재건운동'

1926년 11월에 김영식의 자택인 전라북도 김제군 부량면 신두리 341번지에서 같은 마을의 홍명선洪明善과 전라북도 정읍군 영원면의 은세룡이 합세하여 비밀결사체 '황석공교黃石公敎'를 조직하였다.[72] 황석공교를 일제는 "겉으로는 종교단체를 가장하고 이면에는 조선을 일본 제국의 굴레로부터 이탈, 독립시킬 것을 목적으로 조직한 결사체"라고 규정하였다.[73] 관련 판결문에서도 김영식을

> …… 조선의 독립을 동경하고 있는 가운데 천도교의 교주 孫秉熙가 大正8年(1919) 그 교도를 이끌고 소위 만세운동을 야기한 것에 자극받고, 자기도 역시 위와 같은 종교를 창시하여 교도를 자기의 신변에 모으고, 이를 지도 교양하고 그 결속력을 이용해서 조선을 우리 대일본 제국의 굴레로부터 이탈 독립시키려고 그 목적 달성의 기회를 엿보아 온 자[74]

라 적시하였다. 즉 김영식은 한국을 독립시키기 위해서 천도교天道敎와 같은 대중적인 종교 조직의 결성을 추구하였다는 내용이다. 일제는 또한 "(조선총독부 : 필자 주) 경찰관 재직 중에 조선인에 대한 차별 대우를 통감하고 그로 인해 민족주의 사상을 품게 되었다."며,[75] 황극교와 김영식을 민족주의와 연결지었다. 일제는 은세룡을

---

71) '不敬스러움'에서 '不敬'은 존경하는 마음이나 예의가 없다는 의미이다. 즉 일본 日王에 대한 예의나 존경이 없다는 뜻의 일본어이다.

72) 홍명신은 일제가 관련자들을 검거할 당시에 이미 사망한 인물이지만, 황석공교의 대표였다고 관련 판결문에 나와 있다.

73) 전북 김제의 金靈植 외 9인의 판결문, 1940.10.30. 전주지방법원형사부.

74) 전북 김제의 金靈植 외 9인의 판결문, 1940.10.30. 전주지방법원형사부.

75) 「思想犯罪から觀た最近の朝鮮在來類似宗教」, 『思想彙報』第22號, 1940年 3月, 17-49項; 「사상범죄로 본

원래 儒生이었고 韓國 時代에 정3품 통정대부에 임명되었지만 明治38年(1905) 日韓協約에 의해 고문 제도가 시작되자 이를 탐탁치 않게 생각하여 退官을 하고, 日韓併合 이후에는 각지로 떠돌며 儒林들과 시대를 한탄하며 나날을 보내던 이로, 원래부터 反日 思想이 농후한 자[76]

라고 기록하였다. 일제의 기록대로라면, 대한제국 관료였던 은세룡과 일제 경찰이었던 김영식은 항일 사상과 민족주의로 무장하였으며, 그들이 만든 황극교는 항일 사상과 민족주의를 퍼트리는 결사체인 셈이다.

1920년대 황석공교는 정해도鄭海桃가 하늘의 명에 따라서 경진년(1940) 경진월 경진일 경진시에 충청남도 계룡산에서 한국의 왕王에 오른다는 예언을 하였다. 그러면서 "서서瑞西(필자 주 : 스위스)에 망명 중인 정해도가 은세룡 · 김영식 · 홍명선 등 3인에게 천서天書인 16자 주문을 외우게 하여 천재天災 · 지재地災 · 수재水災 등 삼재팔난을 면하게 하였다고 선전을 하면서 교인을 늘리고, 한국의 독립 의식을 심어 주었다."는 것이다.[77] 다시 말하면, 황극교는 종교를 내세웠으나 뒤에서는 한국의 독립을 목적으로 비밀결사 운동을 전개하였다는 것이다.

황석공교는 중국의 『黃石公素書』에 기반한 신종교이지만 교인들에게는 "한국韓國 독립"의 가능성과 민족성을 주입하기 위해 『정감록』과 같은 예언 사상을 활용하는가 하면,[78] 가공의 인물 정해도를 교주로 내세웠다.[79] 당시 한국의 신종교들은 일제 탄압에 대비해

　　　최근에 조선에서 유래한 유사종교」, 『원광대종교문제연구소 자료집총서3 『사상휘보』 민족종교 관련 기사 - 조선총독부 고등법원(1934-43) - 』, 집문당, 2016, 38쪽.

76) 思想犯罪から觀た最近の朝鮮在來類似宗敎」, 『思想彙報』 第22號, 1940年 3月, 17-49項; 「사상범죄로 본 최근에 조선에서 유래한 유사종교」, 『원광대종교문제연구소 자료집총서3 『사상휘보』 민족종교 관련 기사 - 조선총독부 고등법원(1934-43) - 』, 집문당, 2016, 38쪽. 은세룡이 韓末 관직에 있었는지는 확인할 수가 없다.

77) 전북 김제의 金靈植 외 9인의 판결문, 1940.10.30. 전주지방법원형사부.

78) 전북 김제의 金靈植 외 9인의 판결문, 1940.10.30. 전주지방법원형사부.

79) 전북 김제의 金靈植 외 9인의 판결문, 1940.10.30. 전주지방법원형사부. 자가 石海인 鄭海桃는 『정감록』에 나오는 정도령과 유사하다.

가공의 인물을 교주로 내세우는 경우가 종종 있었다.

황석공교가 조직되던 1926년은 전라북도 정읍井邑을 중심으로 한 보천교가 후천선경 신정부 건설운동을 전개하다가 일제의 탄압, 그리고 내분 등으로 지리멸렬해가고 있었다. 그런 분위기에서 황석공교가 같은 공간에서 비슷한 취지의 활동을 하였다. 그런데 1940년 《동아일보》는 황극교를 "보천교 재건"이라고 논평하였다.

> 보천교 이후 보천교 일부 간부급은 의연 미몽을 깨우지 않고 계속하여 지하 운동으로 보천교 재건을 하고자 비밀리에 皇極敎라는 종교 결사를 해가고, 전 조선 각도에 세포 조직을 확대하여 역시 대규모의 교체를 신장하던 중 전국 경찰에 탐지한 바 되어, 昭和12年(1937) 8월에 前 조선 각지로부터 간부급 160명을 집중적으로 검거하여 정읍경찰서를 중심으로 16개월 동안 엄중 取調를 마치고, 昭和13年(1938) 12월 13일 166명 중 89명을 일건 서류와 함께 送局하여 61명은 기소유예, 10명은 예심에 회부되었는데, 작년(필자 주 : 1939년) 11월 11일 10명 전부가 유죄로 예심종결 공판에 회부되어, 오는 15일경 검거한 지 만 2년 10개월 만에 제1회 공판이 전주지방법원에서 열리게 되었다. 공판에 회부된 10명의 간부는 아래와 같다. ······ 80)

일부 보천교 간부들이 "보천교 재건"을 목표로 비밀결사체 황극교를 만들어 조직을 확대하다가 일제 경찰에 검거되었다는 내용이다. 《동아일보》는 '황극교 사건'을 왜 "보천교 재건"으로 바라보았을까? 이것과 관련하여 일제의 《思想彙報》의 다음과 같은 내용을 주시할 필요가 있다.

> ······ 더욱 주목할 만한 것은 원래 普天敎徒로서 宣正士의 직책에 있던 金判奉이라는 자에게 보천교를 재건할 의도가 있다는 것을 눈치채고, 昭和11年(1936) 음력 11월에 은세룡으로 하여금 김판봉을 교단에 입교시켜 그를 통해 舊 普天敎 신도 다수를 산하에 모으려고 획책

---

80) '普天敎의 再建事件, 黃極敎 公判廻附 15日 全州法院에서 開廷', 《동아일보》 1940. 6. 5.

하고, 이것이 성공하여 상당수의 입교자를 얻었다.[81]

1936년 차경석이 사망하자 일제는 보천교 중앙본소를 강제로 훼철하였고 그 활동도 전면 폐쇄하였다. 이때 은세룡은 교세 확장을 목적으로 보천교의 재건운동을 벌이던 보천교 간부 김판봉金判奉 외 다수를 끌어들였다.[82] 즉 1930년대 은세룡의 황극교는 보천교 잔여 세력을 끌어들여서 교세를 확장하였다. 따라서 사회 일반에서는 황극교를 '보천교 재건운동'으로 바라보았다.

김판봉 초상
김판봉은 보천교 간부였다가 황극교에 합류해 '보천교 재건'을 도모하였다.

2) 황극교의 고천제와 수령제

홍명선이 사망한 이후 황석공교는 은세룡과 김영식이 주도하였다. 그러나 교의 중요 행사인 '천류天襖'라고 부르는 고천제는 은세룡이 주도하였다. 황석공교에서 고천제는 '천류'라는 이름으로 행해졌다.[83] 은세룡은 교인들과 함께 1931년 11월 24일(음력 10월 15일) 전라남도 장흥군의 천관산天冠山에서 황석공黃石公과 천지인신天地人神에게 교敎의 목적인 한국의 독립을 기원하는 천제를 거행하였다. 즉 은세룡은 천관산 천제에서 교의 목적이 '한국의 독립'임을 분명히 밝힌 것이다.[84] 천관산 천제 이후인 1932년 3월 26일(음력 2월 20일)에 은세룡과

---

81) 「思想犯罪から觀た最近の朝鮮在來類似宗教」, 『思想彙報』 第22號, 1940年 3月, 17-49項; 「사상범죄로 본 최근에 조선에서 유래한 유사종교」, 『원광대종교문제연구소 자료집총서3 『사상휘보』 민족종교 관련 기사 - 조선총독부 고등법원(1934-43) -』, 집문당, 2016, 39쪽.

82) 김판봉은 징역 2년을 선고받았다. (전북 김제의 金靈植 외 9인의 판결문, 1940.10.30. 전주지방법원형사부) 김판봉은 전라북도 완주군 소양면 대성리 출신이며, 2019년 대성리에 '독립유공자 김판봉 선생 공적비'가 설립되었다.

83) 하늘에 제사를 지내는 '告天祭'를 황극교에서는 '天襖'라고 한다. '天襖'라는 용어는 당시 황극교에서만 사용한 듯하다.

84) 전북 김제의 金靈植 외 9인의 판결문, 1940.10.30. 전주지방법원형사부; 「皇極教事件」, 『思想彙報』 第25

김영식은 김영식의 거주지에서 '황석공교黃石公敎'라는 교명을 '황극교黃極敎'로 변경하기로 합의하였다. 그리고 1932년 4월 20일(음력 3월 15일) 은세룡은 수십 명의 교인과 함께 전라북도 무주군 덕유산德裕山에서 교명을 '황극교'로 변경하는 고친제를 거행하였다.

은세룡이 황극교를 주도하던 1933년경부터는 '천류天襛'라 부르는 황극교의 고천제는 빈번하였다. 1933년부터 1936년까지 전라북도 부안군의 변산邊山 외 수 개의 장소에서 여러 차례의 천제가 거행되기도 하였다. 핵심 활동이 '천류天襛'일 정도로 황극교는 고천제를 통해서 조직을 확장하였고, 교인들을 상대로 한국의 독립 의식을 고양시켰다. 1935년 1월 중에 은세룡은 교인들에게 다음과 같이 주장하였다.

'鄭海桃를 교주로 하는 皇極敎徒에 의한 조선 독립은 이미 수백 년 전 舊 韓國 관리 李書九가 예언한 점이다'라고 說示하면서 교도의 의식 앙양에 이바지하였다.[85]

즉 은세룡은 황극교인이 한국을 독립시킨다는 것은 이미 수백 년 전 전라감사를 지낸 이서구李書九(1754-1825)가 한 예언이라고 설파하였다.[86] 이러한 예언을 이서구가 한 것인지는 확실치 않지만 '이서구의 예언'으로써 한국 독립의 당위성을 설파한 것으로 볼 수 있다.

1932년 8월 8일(음력 7월 7일) 은세룡은 교인들과 함께 경기도 개성부開城府의 두문동杜門洞[87]에서 고려말 충신 정몽주鄭夢周 외 수십 명[88]의 '수령제受靈祭'를 지냈다. 수령제란 죽은 자의 영령英靈을 불러내 위무하는 제사 의식이다. 은세룡은 고려 말 충신들의 영령英靈을

號, 1940年 12月, 224-231項; 「皇極敎事件」, 『원광대종교문제연구소 자료집총서3 『사상휘보』 민족종교 관련 기사 - 조선총독부 고등법원(1934-43) - 』, 집문당, 2016, 79쪽.

85) 전북 김제의 金靈植 외 9인의 관결문, 1940.10.30., 전주지방법원형사부; 은희반의 구술, 2002.10.19.
86) 李書九는 조선 후기의 문신이자 문인이다.
87) 개성의 '杜門洞'은 고려 충신들의 절개가 배어있는 상징적인 지명이다. '杜門洞七十二賢'은 李太祖(이성계)를 따라가지 않은 72명의 고려 儒臣들을 말한다.
88) 조선의 개창에 반대해 두문동에서 끝까지 고려에 충성을 바치며 지조를 지킨 72명의 고려 遺臣를 가리킨다. 경기도 개풍군 광덕면 광덕산 서쪽 기슭에 있던 옛 지명 '杜門洞'에는 조선 건국에 합류하지 않고 절개를 지킨 72賢을 추모하는 사당이 있다고 한다.

불러내는 의식을 통해 교인들에게 항일 의식을 고양하고 민족의식을 주입하였다.[89] 이러한 수령제는 1935년 8월 5일(음력 7월 7일)에도 있었다. 즉 경기도 개성부 두문동에서 고려의 충신들과 유신儒臣들의 절개와 우국충정을 이어받겠다는 황극교의 상징적이고 주체적인 행위가 수령제였다.[90] 은세룡은 또한 수령제를 통해서 정해도가 계룡산에 출세하여 천제를 지내고 한국의 왕으로 등극하면 한국은 독립이 된다고 교인들에게 설파하였다.

1932년 10월 19일(음력 9월 20일)에 김영식과 은세룡은 김영식의 자택에서 "역학易學의 원리인 33천天 28수宿에 근거해 교인 28명으로 소횡小黌을 조직"하였다. 그리고 소횡 33개로써 대횡大黌을 조직하는 등 전국을 동서남북 4횡으로 크게 나누었다. 그리고 은세룡은 총제사總制師, 김영식은 총리사總理師가 되었다. 교단의 중앙본부에 총제사總制師 · 총리사總理師 · 총훈사總訓師 · 총법사總法師 · 총례사總禮師 등 오총사五總師를 두었는데, 이들에게는 교무, 재무, 포교, 징벌, 의례 등의 일이 맡겨졌다. 4횡, 대횡, 소횡 등에는 각각의 역원을 두어 사무를 맡겼으며, 교인 28인 단위를 소횡小黌이라 하고 33개의 소횡으로 대횡大黌이라 하였다.[91]

1920년대는 한국 신종교들의 '중앙본부 건설운동'이 유행처럼 번졌다. 전라북도 정읍만 해도 강증산 계통의 보천교나 무극대도無極大道의 중앙본부가 건설되었다. 1930년대 황극교는 김영식과 은세룡의 거처를 중심으로 비밀결사적인 조직운동을 전개하였다. 이들이 중앙본부 건설운동을 할 수 없었던 이유는 대륙 침략전쟁에 따른 한국 신종교에 대한 일제의 감시와 탄압이 강화되었기 때문이다. 만주사변과 중일전쟁 등으로 후방의 치안 확보가 시급했던 일제가 선제적으로 한국의 민족성을 말살하려던 때가 1930년대다.[92] 따라서 드러내놓고 하는 중앙본부 건설운동보다는 거처를 중심으로 하는 비밀결사

89) 전북 김제의 金靈植 외 9인의 판결문, 1940. 10. 30., 전주지방법원형사부; 「皇極敎事件」, 『思想彙報』 第25號, 1940年 12月, 224-231項; 「황극교 사건」, 『원광대종교문제연구소 자료집총서3 『사상휘보』 민족종교 관련 기사 - 조선총독부 고등법원(1934-43) - 』, 집문당, 2016, 79쪽.
90) 전북 김제의 金靈植 외 9인의 판결문(1940. 10. 30., 전주지방법원형사부).
91) 전북 김제의 金靈植 외 9인의 판결문(1940. 10. 30. 전주지방법원형사부).
92) 「支那事變以後に於ゐ保安法違反事件に關すゐ調査」, 『思想彙報』 第19號, 1939年 12月, 61-83項; 「중일전

적인 조직운동을 황극교로서는 택할 수밖에 없었다.

　교단의 조직이 완비된 뒤인 1932년 11월 12일(음력 10월 15일)에 총제사 은세룡과 총리사 김영식은 전라북도 김제군 모악산母岳山에서 또 한 번의 천제를 거행하였다. 이때의 천제는 황극교의 교리를 담은 '헌범憲範'을 하늘에 고하는 의식이었다.[93] 1933년부터는 은세룡이 평남대횡, 김제소횡 등을 조직하는 등 황극교를 실질적으로 이끌었다. 어떤 이유에서인지는 모르겠지만 이때부터 김영식은 황극교 활동을 중단하였다.[94]

　1935년부터는 은세룡의 자택인 전라북도 정읍군 영원면 후지리 506번지가 충청남도와 충청북도의 대횡 조직을 총괄하는 황극교 중앙본부가 되었다. 33개의 소횡小횡으로 이루어지는 대횡大횡이 일부 도道에 실제로 구성되기도 하였다. 1937년에 구속된 은세룡은 검찰 조사에서 황극교의 교인 수는 적어도 1,100명이며, 그 후에도 감소하지 않았다고 진술하였다.[95]

　1930년대 황극교는 경기도 개성의 두문동에서 '수령제'를 지냈다. 전라북도의 덕유산과 모악산, 변산, 그리고 전라남도 장흥 천관산에서도 천제를 거행하였다. 1937년에는 한국의 독립을 준비하기 위해 충청남도 계룡산에 삼황묘三皇廟의 건립을 시도하였다. 이를 지켜보던 일제 경찰은 1937년 7월경에 "국체 변혁을 목적으로 비밀결사체를 조직"했다는 혐의를 내세워 은세룡과 김영식 외 수백 명의 교인을 체포하였다. 일제는 이들을

쟁 이후의 보안법 위반사건에 관한 조사」, 『원광대종교문제연구소 자료집총서3 『사상휘보』 민족종교 관련 기사 - 조선총독부 고등법원(1934-43) - 』 집문당, 2016, 4-5쪽. 앞의 기록에 의하면, 당시 보안법 위반사건이 는 이유를 중일전쟁 때문에 단속이 엄중해져 종래에 방임되던 불온한 언동이 후방 치안 확보라는 차원에서 단속이 강화되었기 때문이라는 분석이다. 이외, 중일전쟁의 영향으로 민심의 동요가 격렬해졌고, 한국 신종교가 이것을 이용한 게 주된 원인이라 분석하였다. 특이한 것은 보안법 위반 사례가 가장 많은 부문이 '신종교'이며, 신종교 중에서도 '보천교계 신종교'가 가장 많았다고 분석하였다. 더불어, 이러한 신종교가 중일전쟁의 영향으로 흉흉해진 민심을 이용했다고 분석하였다.

93)　전북 김제의 金靈植 외 9인의 판결문, 1940.10.30., 전주지방법원형사부.
94)　전북 김제의 金靈植 외 9인의 판결문, 1940.10.30., 전주지방법원형사부. 앞의 관련 판결문은 "昭和9年(1934)에서 昭和10年(1935)에 걸쳐서 위의 여러 곳에서 교도 등과 함께 平南 대횡, 金堤 소횡 등을 조직할 것을 협의하는 등 결사의 간부 된 임무에 종사했으나, 이후 피고인 은세룡과 의견을 달리해 활동을 중지한 한편,……"이라고 돼 있다. 즉 1930년대 중반에 김영식은 은세룡과 의견을 달리해 활동을 중지하였다는 내용이다.
95)　전북 김제의 金靈植 외 9인의 판결문, 1940.10.30., 전주지방법원형사부.

구속하면서 증거품으로 "황극교 헌범皇極敎憲範"을 확보하였다.

일제 경찰에 체포되기 직전인 1937년 2월에 은세룡은 교인들과 "황극교에 의한 한국 독립의 목적을 달성한 후에 정청政廳에 필요한 삼황묘三皇廟라는 것을 건축할 것을 협의, 그 부지를 충청남도 부여군 계룡산으로 정하고 교인이 부담할 건축비용에 대해 협의"하였다.[96] 또한 삼황묘는 가상의 황극교 교주 정해도가 제위에 오른 뒤에 천제를 거행할 곳이라고 설파하였다.[97] 『정감록』의 예언과 관련된 인물 정해도를 설정한 일종의 황제등극설이다.

계룡산에다 삼황묘 건립을 시도할 무렵인 1937년에 은세룡은 교인들에게 다음과 같은 비전을 제시하였다. "교주 정해도의 등극은 확실하고, 그때 교도는 복을 받음으로써 목적 수행에 매진해야 할 것"이라며, "장래 정해도가 등극할 때 교도들은 복을 받게 될 것이므로 교를 열심히 신앙해야 한다."고 설파하였다.[98] 일제 경찰은 황극교의 이러한 활동을 포착, 감시하고 있었다. 1937년 7월에 은세룡, 김영식 등 수십 명을 체포한 일제는 은세룡과 김영식에게 다음과 같은 혐의를 적용해 기소하였다.

> …… 피고인 김영식, 동 은세룡 등이 판시 일시 장소에서 겉으로 종교를 가장하여 이면으로 판시 목적을 갖는 판시 황석공교라는 결사를 조직한 사실은 피고인의 제의에 근거해 황석공소서(증 제52호)를 기초로 하고, 신·애·경을 중심으로 하는 종교를 創唱하는 것, 그 교주에게는 가공의 인물 鄭海桃(글자는 石海를 본뜨는 것), 교도에게는 天書 16자 주문을 외우도록 했다는 내용의 공술, ……[99]

96) 「皇極敎事件」, 『思想彙報』第25號, 1940年 12月, 224-231項; 「황극교사건」, 『원광대종교문제연구소 자료 집총서3 『사상휘보』 민족종교 관련기사 - 조선총독부 고등법원(1934-43) - 』, 집문당, 2016, 79쪽. 앞의 三皇廟에 어떤 인물이 배향되었는지는 알 수 없다.
97) 전북 김제의 金靈植 외 9인의 판결문, 1940. 10. 30., 전주지방법원형사부; 은희반의 구술, 2002. 10. 19.
98) 전북 김제의 金靈植 외 9인의 판결문, 1940. 10. 30., 전주지방법원형사부; 은희반의 구술, 2002. 10. 19.
99) 전북 김제의 金靈植 외 9인의 판결문, 1940. 10. 30., 전주지방법원형사부; 은희반의 구술, 2002. 10. 19.

가공의 교주 정해도鄭海桃의 호는 석해石海이다.[100] 해도海桃와 석해石海 모두는 『정감록』과 관련이 있다. 은세룡은 "정해도는 경진년 경진월 경진일 경진시에 계룡산에서 출세하므로 천지인天地人 신神에게 기도하기 위해서 천류를 거행한다."고 강조하였다. 흔히, 경진년(1940) 경진월 경진일 경진시를 사경진四庚辰이라고 한다. 사경진에 정해도가 출세한다는 것 역시 '정감록류'의 출세설이다.[101] 전라북도 정읍을 중심으로 활동하던 보천교나 무극대도 역시 '정감록류'의 출세설이나 '계룡산 등극설'을 유포시켰다.[102]

3) '천류'와 '수령제'의 성격

은세룡은 경기도 개성 두문동에서 고려말 유신儒臣들의 절개와 우국충정을 이어받겠다며 수령제受靈祭를 지냈다. 또한, 정해도가 계룡산에 출세하여 한국의 국왕으로 등극하면 한국은 독립할 수 있다고 설파하였다. 엄혹했던 식민지 한국에서 이러한 생각이나 발설, 또는 행위들은 어떠한 상황을 맞게 되는지 은세룡은 잘 알고 있었다. 따라서 이러한 내용이 외부로 유출될 것을 대비해 교인들에게 "겉으로 불교 단체와 같이 가장하고 당국을 속이기 위해" '불교佛教 마크Mark'를 패용佩用하도록 지시하였다.[103]

암울한 식민지 사회에서 새로운 세상을 꿈꾸던 한국 민중은 황극교가 제시한 '신국가건설新國家建設'이라는 목표에 한껏 기대하였다. 당시 은세룡을 신문訊問하는 과정에서 일제는 다음과 같은 기록을 남겼다.

---

100) 전북 김제의 金靈植 외 9인의 판결문, 1940.10.30., 전주지방법원형사부; 은희반의 구술, 2002.10.19.
101) 황극교의 四庚辰 登極說은 보천교의 四甲子 登極說과 같은 경우이다. 일제강점기에 이와 같은 등극설은 보천교계 신종교를 중심으로 확산되었다.
102) '鷄龍山 登極을 꿈꾸는 普天教와 萬人教猛競爭, 教徒를 서로 빼고자 야단치는 바람에 까닭 없이 쪼들리는 어리석은 상투패, 愚民을 籠絡하는 可憎한 所爲', 《동아일보》1929.6.3.; '홍성에도 人心 흉흉, 車天子가 鷄龍山 都邑한다고', 《시대일보》1925.1.13.
103) 전북 김제의 金靈植 외 9인의 판결문, 1940.10.30., 전주지방법원형사부; 은희반의 구술, 2002.10.19. 참고로, 전북 김제의 金靈植 외 9인의 판결문(1941.9.29., 대구복심법원형사제1부)은 전북 김제의 김영식 외 9인의 판결문(1940.10.30. 전주지방법원형사부)과 중첩돼 있다. 당시에 편철하는 과정에서 1심 판결문과 2심 판결문 일부가 뒤섞인 것으로 보인다.

…… 동 피고인에 대한 위와 같은 조서 중 자신은 판시 일시 장소에서 판시 김영필 외
여러 명과 만나, 황석교도에 불교 마크 패용이라는 것을 결의한 후 상피고인 은세룡으로부
터 황석교는 新國家 建設을 목적으로 조선 독립을 계획하는 중이므로, 이 발각을 방지하는
수단으로 겉으로 불교 단체와 같이 가장하고 당국을 속이기 위해 위와 같이 정했다고 들었
다는 내용의 공술 기재, ……[104]

위의 신국가 건설은 1935년 강원도 평강군 선도교의 '신국가 건설'[105]이나 1943년경
황해도 옹진군 최도성崔道成이 조직한 보천교계 신종교인 "보천교普天敎"의 신국가 건설과
도 일맥상통한다. 1945년 3월 12일 고등법원형사부가 기록한 보천교계 신종교 "보천교"
의 신국가 건설 관련 내용을 발췌하면 다음과 같다.

…… 자기는 훔치교의 교주였던 죽은 강증산의 화신으로, 현재의 인류 사회는 그 명맥이
다하여 장래 천지개벽하여 일본을 포함한 세계 각국은 전부 멸망하고 새로이 후천 5만
년의 仙人世界라고 말하는 仙境이 실현되면 조선에 新國家가 탄생 되어, 자기가 그 왕으로
등극하여 계룡산에 도읍을 정하여 全 세계를 통치할 것이고, …… 1943년 10월 普天敎라는
교단을 결성하여 자신이 교주가 되어 신도를 모집하고 ……[106]

스스로 강증산의 화신이라 주장한 최도성은 계룡산 도읍설을 강조하면서 5만 년 선경
仙境 세계를 민중에게 제시하였다. 그리고 "보천교"라는 교명을 내세워 1920년대 보천교
가 그러했듯이 후천선경 신국가 건설운동을 전개하였다.
이 외, 전라북도 정읍군에서 보천교의 활동에 가담했던 김언수金彦洙와 황하룡黃河龍은
1943년에 "증산교 분권에서 결사 조직의 맹서식盟誓式을 수행하며 서로 조선 독립 건국

---

104) 전북 김제의 金靈植 외 9인의 판결문, 1940.10.30. 전주지방법원형사부; 은희반의 구술, 2002.10.19.
105) 「仙道敎徒の朝鮮獨立運動事件」, 《思想彙報》 第21號, 1939.12.1., 242쪽.
106) 황해도 옹진의 崔道成 판결문, 1945.3.12., 고등법원형사부.

사업을 위해 헌신적으로 노력하자는 맹서盟誓를 함으로써 국체 변혁을 목적으로 한"[107]
결사 운동을 전개하였다. 이들 역시 새로운 국가 건설을 위한 건국 사업을 강조한 것이다.
1920년대 국호 선포를 계기로 보천교는 신정부 건설을 목표로 내세웠으나, 1930년대
보천교계 신종교들은 신국가 건설이라는 목표를 내세워 민중을 조직하였다. 일제의 보천
교 해체와 대륙 침략전쟁은 보천교계 신종교들의 민족의식을 한층 더 강화시켰다. 이들의
강화된 민족의식의 한 표현이 '신국가 건설'이다.

　　1930년대 황극교도 신국가 건설을 강조하였다. 신정부가 신국가로 바뀌었을 뿐 추구
하는 목표는 1920년대 보천교의 신정부와 다를 바가 없었다. 단지 강증산의 후천선경
건설이라는 예언을 기반으로 한 보천교의 신정부 건설과는 달리 『정감록』의 예언과 고려
말 충신들의 수령제를 통해서 한국 민족의식을 다졌다는 것이다.[108] 1937년 7월에 일제
는 황극교를 "국체를 변화할 목적으로 한 결사체"로 규정하면서 은세룡과 김영식 등
수백 명을 체포하였다. 당시 신문들은 황극교의 이러한 활동을 다음과 같이 보도하였다.

> 　　그 敎徒가 100만 명이나 되었다는 전라북도 井邑의 普天敎는 아직도 세상 사람들의 이야깃
> 거리가 되고 있는 중이거니와, 또 다시 이 井邑을 중심으로 忠南, 全北 등 8도에 뻗쳐 교도
> 300만 명 획득을 목표로 교묘한 布敎 활동을 하는 類似宗敎 標榜의 皇極敎라는 비밀결사가
> 昭和12年(1937) 7월 이래의 전북도 경찰부의 검거 取調로 그 죄상이 백일하에 드러나게
> 되었고, 드디어 그 공판이 6월 중순경에 전주지방법원에서 열리게 되었음으로 당국에서는
> 그 내용을 解禁하는 동시에 다음과 같은 사건의 개요를 발표하였다.[109]

　　비밀결사체 황극교는 1937년 7월 이후 일제 경찰의 검거로 백일하에 드러났다는 내용
이다. 은세룡과 김영식 등은 체포되어 일제 검경으로부터 약 2년간 조사를 받았다. 조사

---

107) 전북 정읍의 黃河龍 판결문, 1943.10.30., 전주지방법원형사부.
108) 전북 김제의 金靈植 외 9인의 판결문, 1940.10.30., 전주지방법원형사부.
109) '暴露된 皇極敎의 正體', 《매일신보》 1940.6.5.

를 끝낸 일제는 1939년 12월에 형법 제71조, 형법 제68조 제3호를 적용하여 은세룡과 김영식을 기소하였다. 김판봉金判奉, 오철식吳喆植, 조판순趙判順, 김성규金聖奎, 노중옥魯仲玉, 김공록金供祿, 이하익李夏翼, 김정철金丁喆 등도 치안유지법 제1조 제1항을 적용하여 기소하였다.[110] "고령자임을 감안하여 그 형을 각각 감경하였다."는 주문이 있을 정도로 당시 은세룡은 70세, 김영식은 66세였다. 일제는 은세룡에게 징역 4년을, 김영식에게는 징역 3년 6월을, 그 외 김판봉 등 8명의 간부들에게는 징역 2년 또는 1년 6월을 선고하였다.[111]

일제는 "…… 소화13년(1938) 1월 이후에 당국에 수리된 유사종교 관련 사상사건 그 대부분이 보안법 위반죄인데, 그중에서 '선도교 사건'과 '황극교 사건', 그리고 '천도교 구파 사건' 등 3가지는 치안유지법 위반사건으로 처리"하였다고 하였다.[112] 일제가 황극교를 단순한 유사종교가 아닌 "국체 변혁을 목적으로 한 결사체"나 "독립운동 단체"로 파악하였기 때문이다. 그 뒤 은세룡은 전라북도 정읍과 전주에서 수감 생활을 하다가 1943년에 출옥하였다. 은세룡의 막내딸 은희반殷熙盤은 은세룡의 말년을 다음과 같이 회고하였다.

내가 9세 때 왜놈들이 아버지를 잡아 가뒀어. 처음에는 정읍서에 계셨지. 오래토록 정읍에 계셨어. 그러다가 전주로 이감하셨지. 내가 16세 때 출감하셨어. 16세 때인 음력 8월 16일

---

110) 「思想犯罪から觀た最近の朝鮮在來類似宗教」, 『思想彙報』第22號, 1940年 3月, 17-49項; 「사상범죄로 본 최근에 조선에서 유래한 유사종교」, 『원광대종교문제연구소 자료집총서3 『사상휘보』 민족종교 관련 기사 - 조선총독부 고등법원(1934-43) - 』, 집문당, 2016, 37-38쪽; 「皇極敎事件」, 『思想彙報』第25號, 1940年 12月, 224-231項; 「황극교사건」, 『원광대종교문제연구소 자료집총서3 『사상휘보』 민족종교 관련기사 - 조선총독부 고등법원(1934-43) - 』, 집문당, 2016, 82쪽; 전북 김제의 金靈植 외 9인의 판결문, 1940.10.30., 전주지방법원형사부.

111) 전북 김제의 金靈植 외 9인의 판결문, 1940.10.30., 전주지방법원형사부. 앞의 판결문에 의하면, 殷世龍(石慕) 징역 4년, 金靈植(石齊) 징역 3년 6개월, 吳喆桓(再奉) 징역 2년, 趙判順(華石) 징역 2년, 魯仲玉(石豪) 징역 2년, 金供祿(石敬) 징역 2년, 李夏翼 징역 1년 8개월, 金判奉 징역 1년 8개월 등이다.

112) 「思想犯罪から觀た最近の朝鮮在來類似宗教」, 『思想彙報』第22號, 1940年 3月, 17-49項; 「사상범죄로 본 최근에 조선에서 유래한 유사종교」, 『원광대종교문제연구소 자료집총서3 『사상휘보』 민족종교 관련 기사 - 조선총독부 고등법원(1934-43) - 』, 집문당, 2016, 43쪽. "보안법은 치안유지법에 저촉되지 않은 범위 내에서 여러 민족주의운동을 단속할 수 있다."(『思想彙報』第19號, 1939년 12月)와 같이 치안유지법은 보안법보다 구체적이고도 강경한 법령이었다.

에 출감하셨지. 건장하신 분이 백발이 다 되어 나오신 거야. 감옥에서 팔 한쪽을 못 쓰게 되신 거야. 고문이 어찌 심하던가, 고문 얘기를 하시면서 울음을 터트리기도 하였지. 고문은 주로 거꾸로 매달아 놓고 고춧가루 물을 퍼부었다는 거야. (사진을 보여주며) 아버지는 1974년 92세 일기로 돌아가셨어. 여기 있는 사진은 사망하기 2년 전의 사진이야.[113]

일제의 고문으로 한쪽 팔을 쓰지 못하는 극심한 옥고를 치르다가 1943년에 출감한 은세룡은 그 뒤로 조용히 꽃과 나무를 가꾸다가 광복을 맞이하였다. 광복 이후 은세룡은 한때 황극교의 복원을 시도하다가 1974년에 사망하였다.[114] 일제는 "황극교 사건은 수뇌부의 민족주의가 농후하며, 오랜 세월에 걸쳐 비밀을 잘 유지하면서 조선 독립의 최종 목적을 달성시키려고 많은 교도를 단련시켜 교세를 확장해 온 것은 참으로 놀랄만한 사실"이라고 언급하였다.[115] 이것으로 보면, 당시 보천교와 보천교계 신종교는 단순히 개인의 사적 종교가 아닌 철저하게 민족성에 바탕을 둔 민족종교였다. 따라서 이들은 사상적으로나 사회적으로 한국 민족의 독립을 쟁취하기 위한 활동과 깊은 관련이 있다.

3. 미륵불교彌勒佛敎의 '신인동맹神人同盟 사건'

신인동맹神人同盟이란 신神과 인간人間이 일제를 내쫓기 위해 맺은 동맹이다.[116] 1940년

---

113) 은희반의 구술, 2002.10.19.
114) 국가보훈처 「공훈전자사료관」(e-gonghun.mpva.go.kr). 국가보훈처 「공훈전자사료관」에 따르면, 국가보훈처는 2010년에 은세룡과 김영식에게 애족장을, 오철식, 조판순, 김판봉 등에게 건국포장을 수여하였다.
115) 「思想犯罪から觀た最近の朝鮮在來類似宗敎」, 『思想彙報』 第22號, 1940年 3月, 17-49頁; 「사상범죄로 본 최근에 조선에서 유래한 유사종교」, 『원광대종교문제연구소 자료집총서3 『사상휘보』 민족종교 관련기사 - 조선총독부 고등법원(1934-43) -』, 집문당, 2016, 39쪽.
116) 彌勒佛인 姜甑山을 신앙 대상으로 한 '신인동맹'의 또 다른 이름은 '彌勒佛敎'이다. 신인동맹을 주도한 정인표는 광복 직후 출옥해 '彌勒佛敎'를 정식 교명으로 삼았다. 이 글에서 정인표가 주도한 비밀결사 '신인동맹'을 '미륵불교'라고 칭하겠다. 일제의 수사 및 재판을 받는 과정에서 정인표는 제자들에게 "…… 天人이 同盟한 일을 平時에는 한한다고, 危急한 때는 기피한다면 한울의 미움을 받으리라……"라고 말하였다. (『愛國 巨佛』, 35-36쪽) 일제가 정인표가 언급한 '天人同盟'을 '神人同盟'으로 표기했을 가능성이 있

12월 전라북도 정읍군 태인泰仁에서 정인표鄭寅杓와 그의 제자들이 비밀리에 항일 집회를 열었다는 이유로 구속, 기소된 사건이 '신인동맹 사건'이다.[117] 1939년에 신인동맹을 결성한 정인표는 전라북도 정읍군 태인면 이진호李鎭浩의 집에서 죽은 일본 왕王 메이지明治의 혼神明을 불러놓고 크게 꾸짖었다. 그리고 일망무지日亡無地를 주장하며 신인동맹의 비밀 집회를 이어가다가 일제 밀정의 고발로 정인표 외 40여 명이 체포되었다.[118]

광복을 맞아 출옥한 정인표는 전라북도 정읍군 태인면에서 '미륵불교彌勒佛敎'라는 교단을 설립하였다.[119] 따라서 '신인동맹 사건'을 '미륵불교의 신인동맹 사건'이라고도 부른다.[120] 최근에 '신인동맹 사건' 관련 수형자 '양인문梁仁文의 판결문'과 그의 「假出獄執行濟 ノ件報告」가 발굴되었다.[121] 이 글은 관련 판결문, 가출옥 관련 문서, 그리고 《思想彙報》의 관련 내용 등을 분석해 '신인동맹 사건'의 배경과 성격을 정리하겠다.

1) '신인동맹 사건'의 배경

보천교가 강제 해체된 1936년 이후의 그 잔여 세력들은 비밀리에 재기를 도모하거나 방계 교단으로 적을 옮겼다. 그리고 보천교와 마찬가지로 멸왜기도滅倭祈禱(필자 주 : 일본의 멸망을 바라는 기도)를 하고 세계대전에서 일제의 패망을 기원하는 비밀집회를 이어

다. 하지만 그 의미는 같다고 생각되어, 이 글에서는 일제의 표기인 '神人同盟'을 그대로 표기하겠다.
117) 전북 진안의 梁仁文 판결문, 1943. 10. 15., 전주지방법원.
118) 『愛國 巨佛』, 4-5쪽.
119) 양은용, 「미륵불교의 성립과 『敎理正典』」, 『한국종교』 31, 원광대종교문제연구소, 2007, 154-167쪽.
120) '신인동맹 사건' 관련 연구는 다음과 같다. 양은용, 「미륵불교의 성립과 『敎理正典』」, 『한국종교』 31, 원광대종교문제연구소, 2007; 이희태, 「증산미륵불교의 주체적 신앙운동」, 『한국종교사연구』 6, 한국종교사학회, 1998; 안후상, 「미륵불교의 '신인동맹 사건'」, 『정읍학』 창간호, 정읍학연구회, 2014.
121) 全州刑務所長의 이름으로 발급된 「假出獄執行濟 ノ件報告(梁仁文)」 표제에는 '全州刑務所長', '第279號', '昭和19年(1944)7月15日', '朝鮮總督 殿', '懲役2年梁仁文'이라 기재돼 있다. 「假出獄執行濟 ノ件報告(梁仁文)」는 '신인동맹 사건'의 기소자 양인문이 전주형무소에서 치안유지법 위반으로 징역 2년 형을 선고받고 수형 생활을 하는 과정에서 얻은 직장염이 악화되자 만기 2개월을 남기고 가출옥을 허가했는데, 그것과 관련된 기록이다. 미륵불교의 '신인동맹 사건' 관련 일제의 자료는 ①身分帳指紋原紙(警察廳) ②判決文(1943. 10. 15., 全州地方法院) ③『思想彙報(續)』(1943) ④假出獄文書(1944, 梁仁文) 등이 있다. 이 가운데 '身分帳指紋原紙(警察廳)'은 입수하지 못하였다.

나갔다. 조선총독부 고등법원검사국사상부《思想彙報(續刊)》(1943.1.1)의「朝鮮重大思想事件經過表(9月末日現在 31件計上)」에 나타난 '신인동맹 사건'은 다음과 같다.

神人同盟 事件
조선의 독립을 목적으로 元 普天教徒 등이 昭和12年(1937) 4월 이후 전라북도 정읍군을 중심으로 神人同盟이라는 비밀결사를 조직하고, 전라북도에 걸쳐서 時局에 관한 荒唐無稽한 언설로써 同志를 모으고, 하부 조직을 결성하고 자금 조성에 노력하는 등의 목적 수행을 위해 활약을 함. (수리 인원 42명, 기소 인원 정인표 등 28명)

전라북도 정읍의 원래 보천교 교인들이 한국 독립을 목적으로 신인동맹이라는 비밀결사체를 만들었다는 내용이다.[122]「朝鮮重大思想事件經過表(9月末日現在 31件計上)」[123]에 나타난 '황극교 사건', '유사종교 무극대도 사건', '유사종교 삼산교 사건', '유사종교 천자교 사건', '유사종교 선교 사건' 등은 보천교계 신종교들이다. 이들은 한국의 독립을 목적으로 비밀리에 활동하다가 일제 탄압을 받았다.
최근에 1930년대 말 보천교계 신종교들에 대한 일제의 기록이 다수 발굴되었다. 대표적인 것이《思想彙報》(1940)의「思想犯罪から觀の朝鮮在來類似宗教」이다.「思想犯罪から觀の朝鮮在來類似宗教」의 "보천교 재건 활동"과 관련한 내용 일부를 발췌하였다.

…… 昭和11年(1936) 4월 30일에 교주 車京石이 사망한 데 이어, 같은 해 7월에 전라북도 경찰부의 단호한 조치로 전라북도 정읍군 입암면 접지리에 위치한 교단 본부가 폐쇄 명령을 받아 교단은 해산하고, 교도는 당국의 宣撫指導에 의해 탈교하기에 이르러, 표면적으로는 완전히 붕괴되어 없어진 것처럼 보인다. 그렇지만 긴 역사와 많은 교도를 보유하고 있던

---

122) '신인동맹 사건'으로 수형 생활한 이들 가운데 국가보훈처로부터 서훈 추서가 이루어진 이들은 14명이다. (이 책「부록2」보천교의 민족운동 관련 인물' 참고) 14명 가운데 李鎭浩, 鄭東源, 徐輔仁, 梁仁文, 余性白, 吳貴龍 등은 원래 보천교 교인이었으며, 張得遠은 강증산 계통 無極大道의 핵심 간부였다.
123)《思想彙報(續刊)》, 高等法院檢事局事相部, 1943.1.1.

이 교단이 당국의 탄압만으로 하루아침에 소멸이 돼 사라졌다고 보는 것은 경솔한 생각으로, 지하에서는 여전히 재건운동이 계속되고 있다고 보아야 할 것이다.[124]

차경석이 사망한 1936년을 기점으로 보천교가 괴멸된 것처럼 보이지만 지하에서는 여전히 보천교 재건 활동이 전개되고 있었다는 내용이다. 1930년대 보천교 교인 다수가 비밀리에 재건운동을 전개하였는데 그 대표적인 게 '신인동맹 사건'과 '천자교 사건'이다.[125] 사실, 보천교가 일제의 노골적인 탄압으로 해체되기 시작한 해는 1929년경이다. 이때부터 많은 교인들이 분파를 짓거나 보천교를 이탈하여 방계 교단을 형성하였으며, 방계 교단 역시 보천교와 마찬가지로 신정부 건설운동을 전개하였다. 일제는 이들의 활동을 "불온한 사상"으로 규정하였다. 특히 "흠치 계통"의 활동을 가장 위험한 사상운동으로 평가하였는데, 그 내용 일부를 발췌하면 다음과 같다.

가장 활발하게 활동한 것은 가장 강렬하게 탄압을 받아서 표면상 괴멸된 것으로 보이는 흠치 계통에 속하는 것이고,(계통 불명으로 편입된 것 중에도 대부분은 흠치 계통의 색채가 농후하다) 동학 계통이 그 뒤를 잇고, 유교 계통 또는 숭배 계통에 속하는 것은 불온 사건은 보이지 않았다. 흠치교는 儒佛仙이 혼연일체를 이룬 것이라고 하지만 원래부터 대단히 仙道의 경향이 강하고 그 교설에는 신비적이고 황당무계의 언설이 많아, 교조 강증산의 부활을 『鄭鑑錄』의 예언과 연결시켜 朝鮮 獨立의 날이 가까워졌다고 선전하는 등 가장 악질적이다. 이 계통의 교단에 대한 사찰을 강화할 필요가 있다고 생각한다.[126]

---

124) 「思想犯罪から觀の朝鮮在來類似宗敎」,《思想彙報》第22號, 1940年 3月, 17-49項;『원광대종교문제연구소 자료집총서,『사상휘보』민족종교 관련기사 - 조선총독부 고등법원(1934~43년) - 』, 집문당, 2015, 29쪽. 「思想犯罪から觀の朝鮮在來類似宗敎」상단에는 "본 원고는 昭和13년(1938) 1월부터 2월 사이에 당국에 제출된 각 지방법원 檢事正의 보고 및 각종 정보를 중심으로 작성한 것인데, 자료가 부족하여 완벽을 기할 수가 없었다."라고 기재돼 있다.

125) 전북 부안의 洪淳玉 외 15명 판결문, 1944. 1. 10., 전주지방법원형사부. '원군교 사건'이라고도 하는 '천자교 사건'의 핵심 인물은 홍순옥이다. 홍순옥은 세계대전이 일어나지만 교조 강증산이 재림하면 한국이 독립된다는 예언으로 민중을 조직하였다. 이러한 이유로 치안유지법 위반으로 징역 4년 형이 선고되었다.(앞의 판결문)

위의 "흠치 계통"은 보천교계 신종교이다. 조선총독부 경무국은 동학 계통이나 유교 계통보다 보천교계 신종교들의 불온 사건이 가장 많았다고 분석하였다. 그러면서 이들은 "조선 독립의 날"이 가까워졌다고 선전하는 등 "가장 악질적"이었다고 분석하였다. 따라서 보천교계 신종교에 대한 사찰 강화가 필요하다는 견해를 밝힌 것이다.

일제는 '1935년 말 조사'에서 당시 포교 기관 및 상당수의 교인을 확보하고 실제 활동 중인 한국 신종교는 천도교天道敎 이하 총 54개로 파악하였다. 이 가운데는 교세가 위축되어 자연적으로 없어진 것도 있지만 검거와 탄압으로 "괴멸壞滅된 것도 많다."고 하였다. 특히 '흠치 계통'에 속하는 교단은 검거를 통해 거의 전멸하여 표면상으로는 그 모습을 감춘 것으로 돼 있다고 판단하였다. 동학 계통의 천도교나 시천교侍天敎, 그리고 불교 계통이나 유교 계통은 일제로부터 공인을 받아 포교하는 교단이지만, 이 외의 교단들은 '밀교密敎'로서 지하에서 포교하는 상황이며, 지하에서 포교하는 교단의 존재나 그 활동 여부는 전혀 알 수가 없다고도 하였다. 그리고 보천교계 신종교들이 해산됨과 동시에 교인도 소멸이 되었다는 것은 속단이며, 따라서 집요한 재건운동은 지금도 일어나고 있다고 분석하였다.[127]

1940년 전후 일제는 일제의 패망을 예언하거나 패망을 기도하는 보천교계 신종교에 대한 탄압을 강화한 배경을 "중일전쟁의 영향"이라고 분석하였다.[128] 《思想彙報》의 「支那事變以後に於る保安法違反事件に關する調査」[129]는 1936년 한국의 신종교와 관련하여 보안법 위반 건의 수리 건수가 11건 38명에 달하였는데, 중일전쟁 당시인 1937년에는 19건 54명, 1938년에는 41건 226명으로 급증하고 있다는 분석을 내놓았다.

---

126) 「思想犯罪から觀の朝鮮在來類似宗敎」, 《思想彙報》 第22號 1940年 3月, 17-49項; 『원광대종교문제연구소 자료집총서, 『사상휘보』 민족종교 관련기사 - 조선총독부 고등법원(1934~43년) - 』, 집문당, 2015, 44쪽.
127) 「思想犯罪から觀の朝鮮在來類似宗敎」, 《思想彙報》 第22號 1940年 3月, 17-49項; 『원광대종교문제연구소 자료집총서, 『사상휘보』 민족종교 관련기사 - 조선총독부 고등법원(1934~43년) - 』, 집문당, 2015, 20쪽.
128) 「支那事變以後に於る保安法違反事件に關する調査」, 《思想彙報》 第19號, 1939年 12月, 61-83項. 앞의 기록 상단에 "본 조사는 昭和12年(1937) 4월 말까지 각 지방법원 檢事正이 당국에 제출한 보고에 기초한 것이다."라고 돼 있다.
129) 「支那事變以後に於る保安法違反事件に關する調査」, 《思想彙報》 第19號, 1939年 12月, 61-83項.

支那事變 발발 전 몇 년간의 보안법 위반사건 수리 건수는 다음과 같다.

소화8년(1933)	18건	59명
소화9년(1934)	9건	12명
소화10년(1935)	5건	55명
소화11년(1936)	11건	38명

그러나 지나사변이 발발한 해인 昭和12年(1937)에는 별도의 표에서처럼, 7월 이후에 이미 19건 54명에 달했고, 昭和13年(1938)에는 41건 226명이라는 경이적인 숫자를 보이고 있다. 즉 昭和13年의 수리 건수가 昭和 8年, 9年, 10年, 11年 4년간의 총 건수인 43건보다 불과 2건이 적을 뿐이고, 총인원 수는 62명이나 증가하였다. ……

위의 분석은 '보안법 위반사건 수리' 건수이며, '치안유지법 위반사건 수리' 건수는 아예 포함돼 있지 않다. 치안유지법 위반사건으로 처리된 '황극교 사건', '선교 사건', '원군교 사건', '무극대도교 사건', '선도교 사건' 등 보천교계 신종교들은 위의 분석에서는 빠져 있다는 뜻이다. 어쨌든, '보안법 위반사건 수리' 건수가 급증한 원인을 일제는 다음과 같이 분석하였다.

…… 참으로 놀랄만한 증가 추세라고 하지 않을 수 없다. 그 원인은 물론 다양하겠지만, 대체로 사변의 영향에 기인했을 것이라고 추측하는 것은 어렵지 않다. 사변 때문에 단속이 엄중해지고 종래에는 방임되던 불온한 언동이 후방 치안 확보라는 의미에서 檢擧, 送局되게 된 것, 사변의 영향으로 민심의 동요가 격렬해진 것, 이것을 이용한 유사종교 단체의 활약[暗躍] 등을 주된 원인으로 생각할 수 있다.[130]

---

130) 「支那事變以後に於る保安法違反事件に關する調査」,《思想彙報》第19號, 1939年 12月, 61-83項;『원광대 종교문제연구소 자료집총서,『사상휘보』민족종교 관련기사 - 조선총독부 고등법원(1934~43년) - 』, 집문 당, 2015, 5쪽.

즉 중일전쟁으로 한국인에 대한 사상 단속이 더욱 엄중해졌고, 그동안 방임돼온 불온한 언동이 후방 치안 확보 차원에서 검거, 기소된 게 건수의 증가로 나타났다고 하였다. 또한 중일전쟁의 영향으로 격렬해진 민심을 이용한 '유사종교 단체'의 활약이 두드러졌기 때문이라는 분석도 내놓았다. 그러면서 일제는

> …… 특히 경기 이남 지역에서 증가가 현저하다는 것, 사안의 대부분이 유사종교 단체 관계자에 의해 감행되고 있다는 것, 범인은 대부분이 40세 이상의 중노년자로 무지한 농민이 차지하고 있다는 것, 사상 배경은 民族主義에 의한 것이 가장 많다는 것, 범죄 동기는 유사종교 단체가 교도 확보의 방법 수단으로서 포교 시에 불온한 언동이 행해지는 경우가 가장 많다는 것, 유언비어를 수반한 경우가 상당수 이른다는 것 등이 특기할만한 점[131]

이라고 분석하였다. 중일전쟁 이후 보안법 위반사건 사례는 그 배경이 민족주의이며, 한국 신종교 단체가 가장 많이 위반했다고 분석한 것이다. 일제는 또한

> 종교 관계는 기독교 21명, 무종교 69명을 제외하고 남은 221명 모두가 유사종교를 신봉하는 자들이다. 이것은 유사종교 단체의 횡행이 얼마나 치안을 어지럽히고 있는지를 알려주는 것으로, 그들에 대한 단속의 필요성을 소홀히 할 수 없다. 유사종교 가운데는 無極大道敎가 66명으로 가장 많고, 人道敎가 34명, 甑山敎가 25명 등으로 그 뒤를 잇는다. 기독교 21명도 주목해야 할 숫자이다.[132]

---

131) 「支那事變以後に於る保安法違反事件に關する調査」, 《思想彙報》 第19號, 1939年 12月, 61-83項;『원광대 종교문제연구소 자료집총서,『사상휘보』민족종교 관련기사 - 조선총독부 고등법원(1934~43년) - 』, 집문당, 2015, 7쪽.
132) 「支那事變以後に於る保安法違反事件に關する調査」, 《思想彙報》 第19號, 1939年 12月, 61-83項;『원광대 종교문제연구소 자료집총서,『사상휘보』민족종교 관련기사 - 조선총독부 고등법원(1934~43년) - 』, 집문당, 2015, 5쪽.

라고 분석하였다. 즉 보안법 위반사건 사례로는 무극대도교[133], 인도교, 증산교 등 보천교계 신종교가 가장 많다는 것이다. 이와 같은 내용을 보완해줄 일제의 기록은 또 있다.

昭和13年(1938) 1월 이후에 당국에 受理된 類似宗教 관련 사상사건은 그 대부분이 보안법 위반죄인데, 그중에서 仙道教 事件, 皇極教 事件, 天道教舊派 事件 등 세 가지가 치안유지법 위반사건으로 처리되어있는 것은 주목할 만하다. 과거 수년간에 걸쳐 사망한 보안법 위반사건 건수와 인원은 …… 으로 되어 있는데, 昭和12年(1937) 이후에는 비약적인 증가를 보이고 있다. 보안법 위반사건은 물론 유사종교 관계자에 의해서만이 일어난 것은 아니지만, 총 인원 중에 약 7할 이상은 유사종교 관계자이다. 이로써 사변 이후에 유사종교 단체의 활약이 얼마나 활발한지를 충분히 알 수 있다. ……[134]

즉 중일전쟁 이후 보안법 위반사건 관련자의 70% 이상이 한국 신종교와 관련돼 있는데, 그중 선도교, 황극교, 천도교 구파 등이 일제 식민 통치에 절대적인 위협이 되고 있다는 것이다. 1940년 전후 일제에 포착된 사상사건 대부분은 '흠치 계통', 즉 보천교계 신종교와 관련이 있다는 얘기이다.

1940년경 일제는 한국의 신종교가 보안법을 위반한 배경과 그 양태까지를 분석하였다. 예컨대, "범죄 동기로는 유사종교 단체 관계자가 교도 확보 수단으로 불온한 언동을 일삼는 자가 220명으로 가장 많은 수를 차지하고 있다. 그 양태는 '머지않아 조선이 독립하고 교주가 국왕에 즉위하면 교도가 고위 고관에 오를 수 있다'고 하며, 이를 포교의 수단으로 삼는 것이 보통이다."[135]라고 하였다. 이는 보천교의 후천선경 신정부 건설운동이 1930년

---

133) 일제강점기 '無極大道'라는 이름의 한국 신종교는 대략 네 개가 있다. 정읍 태인의 無極大道를 비롯하여 제주도의 無極大道, 그리고 강증산 탄강지에 본부를 둔 無極大道 등이 있다. 그 외 동학 계통과 '흠치 계통'이 혼합된 無極大道가 있는데, 위 지문에 나와 있는 무극대도는 후자일 가능성이 있다. 왜냐하면 관련 자료에 天道나 水雲 등과 함께 仙境이나 甑山 등의 용어가 나오기 때문이다.

134) 「思想犯罪から觀の朝鮮在來類似宗教」, 《思想彙報》 第22號, 1940年 3月, 17-49項;『원광대종교문제연구소 자료집총서,『사상휘보』민족종교 관련기사 - 조선총독부 고등법원(1934~43년) - 』, 집문당, 2015, 43쪽.

135) 「支那事變以後に於る保安法違反事件に關する調査」, 《思想彙報》 第19號, 1939年 12月, 61-83項;『원광대

대 말 보천교계 신종교들에 의해 재현되고 있음을 보여주는 사례이다.

이처럼 1940년 전후의 한국 신종교 특히, 보천교계 신종교들은 "자칫하면 사회운동 또는 정치 운동으로 전환될 소질을 내포"하고 있으며, "민중에게 접근하기 쉬운 교리를 갖추었기에 항상 위험한 존재"였다. 그러면서 보천교계 신종교와 같은 유사종교의 발생 원인 또는 재기의 원인을 "첫째, 만주사변 이후에 강화가 철저해진 반도 민중에 대한 황국신민화운동이며, 둘째, 중일전쟁의 발발 등"이라고 분석하였다.[136] 그러면서 "중일전쟁의 발발은 당시 민중에게 엄청난 충격을 주었으며, 통제 경제의 강화에 따른 사회·경제적 곤란과 혼란, 그리고 『정감록』과 같은 한국의 독립 예언 등이 유사종교의 온상"이라고 분석하였다.[137]

1930년대 말 일제 식민정책의 영향은 한국의 기층 민중의 동요로 나타났다. 특히 보천교계 신종교는 '새왕조 개창론'과 같은 '후천선경 신국가 건설운동'을 비밀리에 전개하면서 일제를 긴장케 하였다. 전라북도 정읍군 태인면의 '신인동맹 사건'도 일본 왕을 인정하지 않고 새로운 국가를 수립하겠다는 취지의 후천선경 신국가 건설운동을 전개하였고, 일제는 이를 "국체 변혁을 꾀한 불온한 단체"라며 탄압한 것이다.

2) 양인문과 신국가 건설운동

이 글에서는 양인문梁仁文의 판결문과 「假出獄執行濟ノ件報告」(全州刑務所, 1944)의 분석을 통해서 '신인동맹 사건'이 보천교의 후천선경 신정부 건설운동과는 어떤 상관관계에 놓여 있는지를 살펴보겠다. 양민문의 판결문에 의하면, 양인문은 체포 당시 전라북도 진안군 진안읍鎭安邑 군하리郡下里 105번지에서 거주하였다. 양인문의 다른 이름은 양군

종교문제연구소 자료집총서, 『사상휘보』 민족종교 관련기사 - 조선총독부 고등법원(1934~43년) - 』, 집문당, 2015, 6쪽.

136] 「思想犯罪から觀の朝鮮在來類似宗敎」, 《思想彙報》 第22號, 1940年 3月, 17-49項; 『원광대종교문제연구소 자료집총서, 『사상휘보』 민족종교 관련기사 - 조선총독부 고등법원(1934~43년) - 』, 집문당, 2015, 22쪽.

137] 「思想犯罪から觀の朝鮮在來類似宗敎」, 《思想彙報》 第22號, 1940年 3月, 17-49項; 『원광대종교문제연구소 자료집총서, 『사상휘보』 민족종교 관련기사 - 조선총독부 고등법원(1934~43년) - 』, 집문당, 2015, 22쪽.

오梁君五, 양군오는 1888년 1월 19일에 전라남도 나주군 공산면公山面 중포리中浦里에서 태어났다. 9세경부터 한문漢文을 익힌 그가 언제부터인지는 알 수 없지만 전라북도 진안 군으로 이사하였다.[138]

양인문이 보천교에 입교한 것은 그의 나이 30세 때인 1918년경이다.[139] 그리고 그가 목공木工 일을 한 것도 1918년경이며, 이즈음에 한의학韓醫學을 익혀 사람들의 병을 치료 하였다. 양인문이 보천교에 입교하여 활동했던 기간은 약 5년, 이것과 관련한 판결문의 내용을 발췌하면 다음과 같다.

> 피고인은 본적지에서 빈농의 집에 태어나 9세경부터 3년간 漢文을 배우고 30세경부터 약
> 5년 동안 車京石을 교주로 하는 普天敎를 신봉하고, 거주지에서 木工 일로 영위한 자이다.
> ……[140]

30세 때인 1918년경에 보천교에 입교한 양인문이 전라북도 진안에서 소작농으로서 목공일까지 하였다는 내용이다. 「假出獄執行濟ノ件報告」에도 "양인문은 차남으로 태어 나 부모에게 양육을 받았던 12세까지 한문漢文을 3년간 수학하였으며, 이후에 소작하면서 틈틈이 목공업木工業에 종사하는 중에 본 죄로 입소하게 되었다."고 돼 있다. 1918년경에 는 비밀결사체와도 같은 보천교를 일제와 당시 언론은 "독립운동을 하는 비밀결사체"라 고 규정하였다.[141] 실제로 보천교는 비밀집회를 통해서 멸왜기도를 하고 일제의 패망을 예언하였다. 새 정부 구성을 위해 교금을 갹출하고 새 정부의 조각을 짜기도 하였다. 그리고 제주도 법정사法井寺에 모인 도민島民 수백 명과 함께 제주 중문주재소를 습격하기 도 하였다. 이러한 때에 양인문이 보천교에 입교한 것이다.

---

138) 전북 진안의 梁仁文 판결문, 1943.10.15., 전주지방법원.
139) 전북 진안의 梁仁文 판결문, 1943.10.15., 전주지방법원.
140) 전북 진안의 梁仁文 판결문, 1943.10.15., 전주지방법원.
141) '仙道를 標榜하는 秘密團體 大檢擧', 《동아일보》 1921.4.26.; 南山太郎, 「奇奇怪怪한 秘密決死의 解剖」,
『朝鮮公論』, 1922.10.

1910년대 보천교의 포교가 가장 많이 된 지역 가운데 하나가 전라남도 도서島嶼 지역이다. 보천교 간부 가운데 채동기, 채경대, 채규철, 채규일 등이 전라남도 신안군 비금면 출신이다. 경성의 핵심 간부 이상호·이정립 형제도 전라남도 해남 출신이며, 강증산 계통의 '순천도順天道' 장기동張基東 역시 전라남도 순천 출신이다. 이것으로 보면, 보천교가 일찍이 확산된 곳 가운데 하나가 전라남도 해안 및 도서 지역이다. 1918년 전라남도 진도珍島에는 '선도교仙道敎 본부'가 있었으며[142] 법정사 항일운동의 핵심 인물 박주석의 출신지가 진도였다.[143] 따라서 전라남도 도서 지역과 가까운 나주羅州에서 서당 공부를 하던 양인문이 1918년경에 보천교를 접한 것은 어쩌면 자연스러운 일이라 할 수 있다.

보천교에 입교한 양인문은 한학漢學을 공부하고 전통 의학에 기반한 '치병 활동'을 병행하였다. 전통 의학으로써 사람의 병을 치료한다는 것은 후천선경으로 가기 위한 '의통醫通'의 일환이다. 강증산은 병든 사회를 고치기 위해서는 병든 사람을 먼저 치료하지 않으면 안 된다고 하였다. 치세治世를 위한 행위가 천지공사天地公事라면 치병治病을 위한 행위는 의통醫通이다. 이렇듯 양인문의 모습이야말로 전형적인 보천교 교인이었다.

그런 양인문이 보천교를 탈퇴한 시기는 그의 나이 35세인 1923년이다. 1923년에 일제의 탄압과 회유로 보천교는 교단을 세상에 공개하였다. 세상에 드러낸 보천교는 한국 민족운동가들에게 비밀리에 자금을 지원하는가 하면 실력양성운동에도 참여하였다. 그리고 《시대일보》를 인수하고 잡지 『보광』을 창간하는 등 각종 사회활동을 전개하였다. 이러한 때에 양인문이 보천교에서 나왔다. 또는, 양인문이 형량을 낮추려는 의도에서 보천교에서의 활동 기간을 비교적 짧게 구술했을 수도 있다.

'신인동맹 사건'으로 복역한 장득원張得遠은 전라북도 정읍군 태인면의 강증산 계통의 무극대도無極大道 간부로 있다가 신인동맹에 가담하였다. 경상북도 영양군 석보면石保面 북계동北溪洞 출신의 여성백余性白 역시 1920년대에 보천교에서 활동하다가 '신인동맹 사건'으로 수형 생활을 하였다. 즉 '신인동맹 사건'에 연루된 이들 대부분은 양인문처럼

---

142) 제주도 우연의 吳成泰 판결문, 1919. 1. 16., 대구복심법원.
143) '大正7年度 刑事事件簿', 光州地方法院木浦支廳檢事分局.

보천교나 무극대도에서 활동했던 이들이다.[144] 여성백의 활동을 1921년의 관련 판결문을 통해서 살펴보면 다음과 같다.

…… 이 교(필자 주 : 보천교)는 종교로 위장하였으나 사실은 朝鮮 獨立運動 團體로서 甲子年에는 교주 차경석이 계룡산에 도읍을 정하고 朝鮮 國王이 될 것이니, 獨立하는 그때에는 교도는 상당한 대우를 받는다는 내용을 만들어 조선인의 심경을 울리는 선전을 받음에 따라 피고인들은 이에 공감하여 國權回復 運動을 결의하고 致誠費를 납부하였다. ……[145]

…… 모두 등 피고들은 大正9年(1920) 음력 4월 이후, 그해 음력 12월까지 사이에 朝鮮의 獨立을 계획하는 훔치교에 가입하고, 스스로 致誠費를 납부하고 또는 위 계획서의 선전을 위해서 교도의 모집 및 독립자금의 징수에 전력하고, 여러 사람이 공동으로 안녕질서를 방해하려고 했다고 함에 있어서 ……[146]

위는 1920년에 여성백이 "종교로 위장한 독립운동 단체"인 보천교에서 활동하였다는 내용이다. 이때 여성백은 '독립운동 자금'으로 보이는 '치성비'를 납부하였으며, 한국이 독립하여 새로운 "조선 왕국"이 건설되면 교인은 상응하는 대우를 받는다는 풍문을 퍼트렸다. 이는 민중의 엽관주의獵官主義[147]와 그 맥락을 같이 하며, '신인동맹 사건'에서도 이와 같은 엽관주의가 짙게 깔려있다. 어쨌든 1920년에 "종교로 위장한 독립운동 단체"인 보천교에서 활동하던 여성백이 1930년대 말 신인동맹에 가입하여 멸왜기도를 하다가

---

144) 張得遠은 40대에 신인동맹에 가담했다가 체포되어 정읍경찰서에 구금되었다. 1943년 10월에 전주지방법원에서 치안유지법 위반으로 징역 2년을 선고받은 장득원은 전주형무소에 수감되었다. 국가보훈처는 1997년에 장득원에게 건국훈장 애족장을 추서하였다. 장득원은 종교적인 이유로 경상남도 청도에서 전라북도 정읍군 태인면으로 이주하였으며, 정읍군 태인면의 강증산 계통의 無極大道 간부를 지냈었다. 일제에 의해 해산된 무극대도는 뒤에 釜山으로 이전하였는데, 당시 장득원은 부산으로 내려가지 않았다.
145) 경북 영양의 李廷浩 외 3인의 판결문, 1921.6.2., 대구지방법원안동지청.
146) 경북 안동의 孫在鳳 외 49인의 판결문, 1921.11.26., 대구복심법원.
147) 獵官主義란 정당이나 정치에 대한 충성도와 기여도에 따라 공직자를 임명하는 인사 제도이다.

체포된 것이다.

3) '신인동맹 사건'의 성격

한국과 한국인을 동원하던 대륙 침략전쟁의 분위기가 사회 전반을 지배하던 때에 보천교계 신종교들은 민족주의적인 모습을 보였다. 이에 일제는 치안유지법 또는 사문화된 보안법으로써 이들을 탄압하였다.[148] 이러한 시기에 양인문이 미륵불교의 정인표鄭寅杓를 만나게 되었다. "소화14년(1939) 8월 21일경 이후 수년에 걸쳐 전라북도 정읍군 태인면 태흥리의 정인표가 조선과 아제국我帝國(필자 주 : 일본 제국) 패반覇伴(으뜸가는 동반관계)으로부터 이탈시킬 목적으로 조직한 비밀결사체 신인동맹의 회합에 참석"[149]한 양인문의 참여 동기는 정확히 알려진 바 없다. 다만 양인문의 「假出獄執行濟ノ件報告」에 의하면,

> 행장 관계. 양인문은 유년 시절에 漢文만을 습득하였고, 정규 교육을 받은 적은 없다. 사회의 趨勢에 극히 어두워 주범인 鄭寅杓가 조직한 神人同盟에 가입하여 본 죄에 이르렀다. 입소한 이후 매번 訓諭에 의해서 자신의 무지와 우매함을 각성하고 죄를 깊이 悔悟하면서 잘 이겨내고 있다. 관의 명령을 잘 준수함과 함께 皇民으로서의 자각이 현저하였기에 금년(필자 주 : 1944년) 6월에 臨時行狀審査로 '行狀 優 第二級 査定'이었기에, 再犯의 우려가 없는 자로 인정한다.[150]

---

148) 일제 통감부 시기인 1907년 7월에 공포된 保安法은 사회 안녕질서의 보호를 위해 임의로 결사나 집회를 해산시킬 수 있었다. 그리고 '정치에 관한 불온한 행동'을 할 우려가 있다고 인정되는 것만으로 퇴거와 해산을 명할 수 있었다. 이러한 규정은 당시 종교 단체를 통제하는 데 유효하였다. 1925년에 일제가 천황제를 유지하고 사회주의운동의 확산을 막기 위해 제정한 治安維持法이 등장하면서 보안법은 한때 사문화되기도 하였다. 그러다가 1930년대에 보안법은 한국 신종교를 탄압하는 데 가장 유효한 법령으로 등장하였다.
149) 전북 진안 梁仁文의 판결문, 1943. 10. 15., 전주지방법원.
150) 양인문의 「假出獄執行濟ノ件報告」, 1944. 7. 15., 전주형무소장.

라고 돼 있다. 즉 사회의 추세에 지극히 어두운 양인문이 신인동맹에 가입하였다가 입소한 후에 전주형무소가 '훈유訓諭'를 통해서 무지와 우매함을 각성케 했다는 내용이다. 앞의 무지와 우매함은 계몽화된 일제의 시각일 뿐이다. 전통 학문이나 전통 의학에 해박한 당시 보천교 교인의 모습을 일제는 무지와 우매함으로 폄훼하였다.

> 昭和14年(1939) 8월 21일경 …… 신인동맹 조직의 목적과 취지로 살아오던 차에 昭和15年(1940) 6월 20일경에 자택에서 전라북도 진안군 富貴面 井谷里 436번지 木戸在春(필자 주 : 박재춘)과 피고인(필자 주 : 양인문)이 조선 독립 후 평안도의 책임자가 되어야 할 신인동맹의 평안도 武官에 지명이 된바, 그렇게 되리라는 신인동맹의 권유를 받아들였다.[151]

즉 전라북도 정읍군 태인면에서 1939년부터 1940년까지 열린 신인동맹의 비밀집회에 수차례에 참석한 양인문이 거주지인 전라북도 진안의 박재춘朴在春을 끌어들였다는 내용이다. 박재춘은 1938년 4월경부터 "조선 독립"을 목적으로 한 신인동맹에 참여해 "동지확득同志獲得과 하부 조직下部組織을 결성"하고 "자금 조성" 등의 활동을 하다가 구속, 기소되어 징역 3년 형을 선고받았다.[152]

위의 판결문을 보면, 한국이 독립되면 양인문은 "평양도 무관武官에 지명"된다는 내용이 포함돼 있다. 또 "평안도 무관이 되고, 같은 달 30일경에 동면同面(필자 주 : 태인면) 백산리栢山里 980번지 정천진호井川鎭浩(필자 주 : 李鎭浩)의 방에서 이진호로부터 신인동맹의 모든 행사나 조선이 독립되었을 때 사용될 평안도 무관武官의 인장印章인 '법령法令' 1개를 수령, 신인동맹 결사의 목적 수행을 위한 행위를 하였다."[153]고 하였다.

즉 양인문이 평안도 무관으로 지명을 받고 이진호로부터 무관 인장을 받았다는 내용이다. 국가보훈처의 「공훈전자사료관」에는 "(이진호는 : 필자 주) 1938년 4월경부터 전북

---

151) 전북 진안의 梁仁文 판결문, 1943.10.15., 전주지방법원.
152) 박재춘(1886-1967)은 당시 징역 3년 형을 선고받고 전주교도소에서 수감 생활을 하였다.(국가보훈처의 「공훈전사사료관」)
153) 전북 진안의 梁仁文 판결문, 1943.10.15., 전주지방법원.

정읍군에서 보천교도들을 중심으로 비밀결사 신인동맹을 조직하여 동지를 모으고 조직을 결성하며, 자금모집 등의 활동을 하다 체포되어 징역 5년을 받은 사실이 확인된다."고 나와 있다. 그런 이진호로부터 "평안도 무관의 인장"을 받았다는 말은 무엇을 뜻하는 것일까? 양인문이 한국이 독립된 후에 건설될 신국가에서 평안도 지역의 무관직을 예약했다는 뜻으로, 일종의 엽관주의와 관련이 있다. 후천선경의 신정부가 건설되면 관직을 얻게 된다는 믿음을 갖게 된 이들이 보천교에 입교하였듯이 '신인동맹 사건' 역시 민중의 엽관주의적 태도와 관련돼 있다.

정인표는 미륵불 강증산의 후신이라 자처하면서도 스스로 인불人佛이라 하였다. 그러면서 세상의 신명神明들을 불러내 지상의 모순된 구질서를 폐기하고 새로운 질서를 만드는 공사公事를 진행하였으니 곧 '천인동맹天人同盟'이다.[154] 강증산의 천지공사를 답습한 정인표의 신도공사神道公事는 일제의 패망을 예언하고 기원하는 비밀스러운 집회였다. 1938년 7월 정인표는 지금의 전라북도 정읍시 신태인읍 백산리 이진호의 집에서 따르던 이들과 신도공사라는 비밀집회를 가졌다.[155] 이때 정인표는 일본 메이지明治 신명을 불러내더니 "만사무석萬死無惜한 놈"이라고 크게 꾸짖었다.[156]

정인표
정인표는 '신인동맹'을 이끌며 일본의 멸망을 바라는 기도를 하였다.

즉 죽은 메이지明治의 혼魂을 불러낸 정인표와 수제자 정공일鄭公一은 메이지明治에게 "만사무석한 놈"이라고 크게 꾸짖고서는 탁주 한 사발을 주어 보냈다는 것

---

154) 『愛國 巨佛』, 35-36쪽.
155) 지금까지 신인동맹 관련 연구에는 정인표가 전라북도 김제군 백산면에서 신도공사를 보았다고 하였지만, 문헌을 근거로 답사한 결과 신도공사를 본 곳은 전라북도 정읍군 태인면 백산리, 現 정읍시 신태인읍 백산리였다.
156) 『愛國 巨佛』, 17-18쪽.

이다.[157] 또한, 정인표는 일본에 '사死'자를 조선에 '생生'자를 소화昭和에 '낙落'자를 각각 써 붙이면서 "일망무지日亡無地"라고 예언하였다. 일망무지란 일본은 죽고 조선은 살고 소화昭和는 떨어지니 곧 밝은 새 세상이 되리라는 예언이다.[158] 이러한 예언이나 기도와 같은 저항 행위를 일부 지식인들은 시대착오적이라고 비난하였다. 그러나 당시 민중은 무력적이고 정치적이며, 또는 외교적인 방법으로써 항일운동을 전개할 수 없었다. 이들은 오로지 전통적이고 토속적인 의식이나 행위로써 항일 의지를 표출할 수밖에 없었다.[159]

1930년대 말은 드러내놓고 시국과 관련한 어떤 활동도 할 수 없었다. 이때 정인표는 신인동맹이라는 비밀결사체를 조직하고 일망무지라는 기치를 내걸며, 멸왜기도 집회를 이어갔다. 1940년 12월 전라북도 김제군 금산면 용화동에 거주하는 밀정 김병환金炳煥이 교인을 가장해 신인동맹 집회에 참석하였다. 집회에서 빠져나온 김병환은 김제경찰서 형사 양재홍楊載弘에게 신도공사 당시에 메이지明治 신명에게 만사무석한 놈이라고 꾸짖었던 일, 일본에 사死자 소화에 낙落자를 붙였던 일 등을 고발하였다.[160]

1940년 12월 15일 일제는 정인표, 정공일, 이진호, 양인문, 여성백, 장득원 등 43명을 체포하여 전라북도 정읍, 김제, 부안, 익산, 군산 등지의 경찰서에 분산 수감하였다. 수감된 이들은 1941년 7월에 전라북도 경찰부로 이감돼 심한 문초를 겪었다.[161] 미륵불교에서

---

157) 『愛國 巨佛』, 17-19쪽. 무속인처럼 죽은 메이지 일왕의 영혼을 불러낸 정인표와 수제자 정공일이 "萬死無惜(필자 주 : 만 번 죽어도 아깝지 않을 만큼 그 죄가 무거움)인 네 놈이 무슨 面目으로 우리 朝鮮에 寓居하기를 원하는고!"라면서 크게 꾸짖었다. 그러자 메이지가 크게 성을 내며 말하기를 "……조선 사람은 이러한 깊고 깊은 裡面을 알지 못하고 憎惡와 戒視가 特甚하여 나는 떠나가는 길이니 술이나 한잔 주시오."라고 하여 탁주를 따라주었더니 쉬어빠진 술은 못 마시겠다고 하자 彌勒世尊이 대노하였다는 내용이다. (앞의 책, 17-19쪽)
158) 『愛國 巨佛』, 19-20쪽; 홍범초, 『汎甑山敎史』, 619쪽.
159) 이희태, 「증산 미륵불교인의 주체적 신앙운동」, 『한국종교사연구』 6(한국종교사학회, 1998), 139-145쪽. 이희태는 앞의 글에서 '신인동맹 사건'을 주체적이고 민족적인 신앙 행위로 바라보았다.
160) 『愛國 巨佛』, 22쪽. 김병환은 일제 경찰의 앞잡이로, 정인표를 따르던 사람인 것처럼 가장해 매번 교단 모임에 참석하여 교단 실정을 정탐하였다고 한다. 김병환의 所爲를 아는 정인표는 모임이 끝난 후에 으레 "병환이는 굿을 잘 보았느냐?"라고 묻는 등 김병환을 남다르게 대하였다고 한다. (홍범초, 『汎甑山敎史』, 619쪽)
161) 『愛國 巨佛』, 22-25쪽; 홍범초, 『汎甑山敎史』, 619쪽. 당시 일제 경찰에게 체포된 이들은 태인 8명, 김제 4명, 고부 1명, 부안 6명, 고창 1명, 장수 1명, 영광 1명, 제주 6명 등이다.

는 정인표를 비롯한 42명이 일제에게 큰 수난을 겪은 사실을 '왜화조난倭禍遭難(필자 주 : 일
본에게 큰 화를 입는 재난을 당함)'이라 하였다. 정인표를 비롯한 42명은 구속된 지 3년째가
되는 1941년 12월에 치안유지법, 황실불경죄, 육해군형법 등의 위반으로 기소되었다.[162]
1943년 9월에 기소유예 처분돼 풀려난 이들도 있지만 대부분은 수감되었다. 기소되기
전 심한 고초로 얻은 병 때문에 풀려난 이도 있었고 그 과정에서 사망한 자도 있었다.[163]

재판에서 판사가 이의 있으면 재심을 청구하라고 말하자 정인표는 "이번 사건은 모두
내가 시켜서 한 일이니 형벌은 내가 받겠다. 나머지 사람들은 모두 석방해 달라."고 간곡히
요구하였다.[164] 요구는 받아들여지지 않았다. 정인표는 1943년 10월 6일 전주지방법원에
서 치안유지법 위반으로 징역 8년 형을 선고받았다.[165] 양인문은 1942년에 기소돼, 1943
년 10월에 치안유지법 위반으로 징역 2년 형을 선고받고 전주형무소에서 수감 생활을
하였다.[166] 수형 생활 중 양인문은 직장염直腸炎이 발병하였고, 직장염이 악화되자 형 만기
2개월을 앞둔 1944년 7월에 가출옥 허가가 났다.[167] 양인문의 「假出獄執行濟ノ件報告」에
는 다음과 같은 내용이 포함돼 있다.

> 양인문의 본적과 주소는 전북 진안군 鎭安面 郡下里 105번지, 나이는 56세이다. 양인문은
> 치안유지법 위반이지만 초범이고, 소행이 선량하다.
> 보호 관계. 전주형무소에 입소한 뒤에 장남은 정신적인 타격을 받아서 정신이상자가 되었
> 다. 대신에 집안일에 종사하는 차남은 궁핍한 가족을 위해서 부친의 출소를 희망하고 있으
> 며, 보호자로서 적당하다.[168]

---

162) 『愛國 巨佛』, 25-30쪽; 최현식, 『정읍항일운동사』, 정읍문화원, 1994, 185-189쪽.
163) 『愛國 巨佛』, 31-32쪽.
164) 『愛國 巨佛』, 35쪽.
165) 『愛國 巨佛』, 31-34쪽.
166) 전북 진안의 梁仁文 판결문, 1943.10.15., 전주지방법원.
167) 「假出獄執行濟ノ件報告(梁仁文)」, 1944.7.15., 全州刑務所長.
168) 「假出獄執行濟ノ件報告(梁仁文)」, 1944.7.15., 全州刑務所長.

양인문의 가출옥 결정은 만기 출소 2개월을 앞둔 상태에서 이루어졌다. 그리고 "출소 후에 생계 문제. 출소한 후에는 앞에서 언급한 처妻의 보좌와 보호사保護司의 관찰 아래 '목공업'에 종사케 하는 생계生計를 세울 전망이다."라며 출소 후를 배려하는 듯한 내용이 포함돼 있다.[169] 그러나 그의 출소는 다분히 중병에 걸려 사경을 헤맸기에 이루어진 출소였다. 혹독한 고문과 열악한 수형 생활로 인해 중병에 걸린 양인문을 가족에게 인계함으로써 옥사자 수를 줄이고자 한 일제의 간계가 '가출옥'이다. 체포와 고문, 그리고 실형 중에 중병을 얻은 이는 양인문뿐만이 아니었다.

一. 공범 중 질병에 의해 형집행 정지로 출소된 자는 11명, 사망한 자는 2명이다. 金光行德 (本名은 金行德), 原本永昇, 徐順輔仁 등 3명은 6월 23일에 가출옥하였다.

一. 양인문은 판결 당시 질병에 의해 出廷치 못하고, 공범자의 선고 후 개별 선고를 받았다.

一. 양인문은 7월 4일 직장염에 걸려 休役加療 중에 처하였다. 7월 6일에 이르러 질병이 악화가 돼 상당 중증에 빠진 자이다.[170]

'신인동맹 사건'으로 구속, 기소된 자 가운데 옥사자는 2명, 중병으로 형 집행 정지돼 출소된 자는 11명, 가출옥된 자는 3명이라는 내용이다. 직장염에 "휴역가료" 하였지만 병은 중증으로 빠져버린 양인문은 전라북도 진안의 거주지로 옮긴 지 2개월 만인 1944년 9월에 사망하였다.[171] 이들의 공적은 "보천교 교인으로 활동했던 이들이 종교적 결합을 바탕으로 일제의 신사참배를 반대하고 민족의식을 고취하였다. 일본의 패망을 기원하고 국권 회복에 앞장서기를 결의한 50여 명의 대원이 경찰서 습격을 계획하였다."[172]라고

---

169) 「假出獄執行濟ノ件報告(梁仁文)」, 1944.7.15., 全州刑務所長.

170) 「假出獄執行濟ノ件報告(梁仁文)」, 1944.7.15., 全州刑務所長.

171) 국가보훈처는 그동안 '신인동맹 사건'을 민족운동으로 인정하지 않다가 1997년에 정인표에게 건국훈장 애족장을 추서하였다. 정인표와 함께 실형을 선고받고 수형 생활을 했던 鄭東源, 梁仁文, 鄭昌默, 鄭公一, 張得遠, 余性白, 徐輔仁, 朴在春, 李鎭浩, 金在永 등에게도 건국훈장 애족장이 추서되었다.

172) 신인동맹의 '경찰서 습격계획'과 관련한 내용은 '국가보훈처 공훈전자사료관'(http://e-gonghun.mpva.go.kr/) 의 공적 내용을 참고하였으며, 경찰서 습격 계획과 같은 내용이 들어있는 판결문은 아직 발굴하지 못하

돼 있다. '신인동맹 사건'으로 옥사한 자는 김영수金永壽와 여성백이다. 가출옥 상태에서 사망한 자는 양인문 외 정동원이 있다. 이것만으로도 당시 어느 항일 사건보다도 그 탄압의 강도는 극심하였다.

1930년대 말 일제의 신종교 탄압은 '훔치 계통'이라 불리는 보천교계 신종교들에게 집중되었다. 이와 같은 극심한 탄압의 배경에는 일제의 대륙 침략전쟁이 있었다. 대륙 침략전쟁으로 예민해진 일제는 "민족주의적 행위로써 심리적 불안감을 표출"한 보천교계 신종교들을 주로 탄압하였다. 보천교계 신종교들이 대륙 침략전쟁에 따른 불안 심리로 전전긍긍하던 민중을 "머지않아 조선이 독립하고 교주가 국왕이 되면 교도가 고위 고관에 오를 수 있다."[173]는 말로써 선동하고 조직하였다는 게 일제의 판단이었다. 일제는 또한 "일견 보잘것없는 수단으로 신도 확보에 성공한 점으로 보면 무지한 농민들 사이에 조선 독립에 대한 기대와 희망이 상당히 뿌리 깊게 퍼져 있음을 알 수 있다."[174]고도 하였다.

1930년대 보천교의 강제 해체와 일제의 본격적인 대륙 침략 등으로 보천교계 신종교들의 민족의식은 더욱 강화되었다. 일제의 '후방 치안 확보'라는 이유로 한국 민중을 탄압하는 가운데 보천교계 신종교들은 민중 속으로 파고들었다. 그리고 1920년대 '신정부 건설'보다도 견고하고 확고한 한국 민족의 새로운 국가 건설을 추구하였으니 '신국가 건설운동'이 그것이다. 그렇지만 선도교와 황극교, 미륵불교의 '신인동맹'은 신국가 건설을 위한 구체적 방법들을 조금씩 달리하였다. 선도교는 '조선 독립'을 예언하고 신국가의 중심인 중앙본부 건설을 시도하였다. 황극교는 천제를 지내고 고려 말 충신들의 영을 위로하는 수령제 등을 통해서 민족의식을 확산시켰다.

미륵불교의 '신인동맹'은 죽은 메이지明治 일왕日王의 혼魂을 불러내 꾸짖거나 일제의

였다.

173) 「支那事變以後に於る保安法違反事件に關する調査」, 《思想彙報》 第19號, 1939年 12月, 61 83項; 『원광대 종교문제연구소 자료집총서, 『사상휘보』 민족종교 관련기사 - 조선총독부 고등법원(1934~43년) - 』, 집문당, 2015, 6-7쪽.

174) 「支那事變以後に於る保安法違反事件に關する調査」, 《思想彙報》 第19號, 1939年 12月, 61-83項; 『원광대 종교문제연구소 자료집총서, 『사상휘보』 민족종교 관련기사 - 조선총독부 고등법원(1934~43년) - 』, 집문당, 2015, 6-7쪽.

패망을 기원하였다. 이처럼 보천교계 신종교들은 토속적이고 전통적인 방법으로써 항일 민족운동을 전개하였지만, 일부 지식인들은 이들을 "무지몽매", "허무맹랑한 미신사교", "곡교아세曲敎阿世의 극極"이라고 비난하였다.[175] 그러면서 일제강점기 민중의 민족성은 설 자리를 잃어버렸다.

1920년대 보천교를 비난하던 일부 지식인들은 주로 민족주의 좌파나 기독교계 및 사회주의자들이다. 이들의 비난 명분은 공교롭게도 일제의 근대 문명론적 입장과 닮았다. 1920년대 일부 지식인들은 '문명' 또는 '계몽'을 최선으로 여기면서 전통적인 것은 '야만'으로 폄훼하였다. 이는 분명 자기 모습의 부정이며 문명과 계몽에서 '민족'을 분리하려는 시도이다. 야만 상태에서 민족적 표상, 즉 한국의 역사성과 전통성을 자기 모습으로 인정하지 않고 문명과 계몽을 앞세워 민족을 지운 경우이다. 적어도 민족이 역사성과 전통성을 함유한 개념이라면 말이다.[176]

---

175) '曲敎阿世의極', 《조선일보》 1937. 4. 14. ; '邪敎征伐의鐵槌! 四十七個集團撲滅 迷信打破에 效果顯著', 《조선일보》 1938. 1. 14.
176) 앤서니 D. 스미스는 '民族'을 "고토를 점유하고, 공통의 신화와 역사가 있으며, 공통의 공공 문화와 하나의 단일한 경제, 그 구성원 모두를 위한 공통의 권리와 의무를 갖는 고유한 이름의 인간 공동체"라고 하였다. (앤서니 D. 스미스, 강철구 옮김, 『민족이란 무엇인가 - 근대주의를 넘어선 새로운 모색』, 도서출판용의숲, 2012, 30쪽)

◆ 新聞紙上에나타난 最初의 車京石面影

天子劒과 軍頭로
玉璽寄贈品發見
車京石第三次取調

阿芙鎔到
栒北局大混雜
◆每日조用器陶成

門家二百三十萬戶
人口千五百餘

小作慶一四章

결론

—

결론

19세기 조선朝鮮은 정치·사회적 문란과 경제적 혼란이 가중되었다. 이로 인해 민중의 삶은 그 어느 때보다 피폐해졌다. 여기에다 서양 제국주의 세력 및 일본日本의 침략적 접근이 거세었다. 그러한 가운데 지배 이념인 성리학性理學과는 다른 주장을 담은 새로운 종교가 등장하였다. 그 대표적인 게 동학東學이다. 당시 사회의 모순과 혼란을 극복하는 나름의 방안을 제시해 민중의 지지를 받던 동학의 이념에는 전통을 계승하면서도 근대 지향성이 내재해 있었다. 그리고 외세로부터의 위협을 배격하는 민족성도 강하게 배어있었다. 무엇보다 동학은 모순과 갈등으로 점철된 '선천先天'과는 다른 '후천後天'의 개벽開闢을 제시하였다. 즉 반상班常의 차별도 없고 외세의 침략에서도 자유로운 사회를 준비하는 후천개벽운동을 전개하였다. 동학의 후천개벽운동은 이후 다양한 종교운동을 예고하였다.

보천교普天敎는 전라도에서 동학운동東學運動을 주도하던 차경석車京石이 1907년에 강증산姜甑山을 만나면서 시작되었다. 보천교는 일제강점기에 24방주方主 또는 60방주方主라는 민중 조직을 통하여 새로운 정부를 수립하려는 '후천선경 신정부 건설운동'을 전개하였다. 일제는 이러한 보천교의 활동을 "국체를 부정하는 불온한 사상"으로, 그리고 "독립운동"으로 규정하였다.

　보천교는 차경석을 정점으로 한 방주 조직이며, 일제는 이러한 조직을 비밀결사 단체로 인식하였다. 따라서 간부는 물론이고 교인들까지 일제의 감시와 탄압은 이어졌다. 탄압과 함께 회유를 벌이던 일제는 비밀리에 숨어서 활동하지 말고 관官에 등록할 것을 보천교 측에 권고하기도 하였다. 관에 등록하게 되면 보호는 물론 종교로서도 행세할 수 있다며 '교단 공개'를 압박한 것이다. 1922년 보천교는 경성에 사무소를 차리고 '보천교경성진정원'이라는 간판을 내걸었다. 이전에는 태을교太乙敎 또는 선도교仙道敎라 하였지만 보천교라는 교명은 이때부터 시작되었다.

　보천교의 조직운동이 활발하게 전개된 지역 가운데 하나인 제주도는 일제의 수탈로 반일 감정이 그 어느 지역보다도 높아진데다, 강증산 계통의 종교인들이 유입되면서 크게 동요하였다. 이러한 때에 보천교의 후천선경 신정부 건설운동은 제주도민의 반일 감정을 크게 자극하였고 일제는 이러한 보천교를 탄압하였다. 이때 한라산 중턱의 법정사法井寺를 거점으로 한 김연일金蓮日, 정구용鄭九鎔 등이 일제 탄압을 받던 보천교 교인 박주석朴周錫을 끌어들였다. 김연일과 정구용 등은 강증산 계통의 종교인들로 판단된다.

　1918년 10월 5일 제주도 서귀포 중문 일대에 낫과 괭이, 엽총 등으로 무장한 4백여 명의 봉기대가 대오를 정비하였다. 10월 7일에는 서귀포로 진입하는 길목을 차단하고 경비를 강화하는 일제 경찰을 피해 수 개의 전신주를 쓰러뜨리고 하원리에 도착한 봉기대가 고이즈미 세이싱小泉清身과 개신교인으로 알려진 한국인 윤식명尹植明, 부용혁夫容赫 등을 구타하였다. 그리고 좌면 중문리의 경찰 주재소를 습격, 소각하였다. 주재소장 요시하라吉原를 비롯하여 일본인 상인들도 구타하였다.

　1918년 10월 7일 수 명의 일제 경찰이 전열을 정비하고 반격을 가함에 봉기대는 흩어졌다. 봉기대가 중문리의 경찰 주재소를 불태우고 주재소장을 납치한 사태를 인지한 일제는 전라남도 목포木浦에 주둔 중인 진압부대를 급파하였다. 진압부대는 제주도민들을 무자비하게 구타하는 등 봉기대원 색출에 혈안이었고, 이때 박주석 이하 12명의 핵심 인물들이 체포되었다. 불무황제佛務皇帝라 칭하던 김연일은 육지로 달아났다가 1920년 3월경에 제주도에서 체포되었다. 법정사 항일운동 가담자 가운데 검찰에 송치된 인원은 66명,

이 가운데 1918년 11월에 기소된 자는 58명이다. 1919년 2월 판결은 징역 31명, 벌금 15명, 불기소는 18명, 그리고 판결 전후해서 사망자는 2명이다.

법정사 항일운동 참가자 중 김연일과 성구용, 강민수 등이 승려로, 박주석은 선도교 수령으로 알려져 있다. 앞의 세 사람 외에는 '승려' 또는 '불교인'으로 볼 수 있는 사람은 없다. 단지 몇몇 후손이 자신의 선대先代가 '승려' 또는 '불교인'이라고 주장할 뿐이다. 그런데도 항일운동을 제주 불교계와 제주도濟州道에서는 '불교계의 항일운동'으로 규정하였다. 그러나 일제의 기록에는 "김연일은 전부터 친교親交가 있는 그곳 선도교 수령 박주석과 서로 모의"하였다고 돼 있다. 이는 김연일이 전부터 보천교와 친교를 맺고 있었다는 것을 의미한다.

일제는 김연일을 '승려'로만 기록했던 것은 아니다. 승려보다는 '선도교인'으로 더 많이 기록하였다. 보천교 측 기록과 제주도민의 기억은 김연일이 '술사'이다. 도술道術을 수단으로 제주도민을 끌어모은 김연일은 한국불교의 승려가 아닌, 후천선경 신정부 건설운동을 전개한 강증산의 제자 김형렬과 차경석의 아류 격이다. 당시 다수 기록에 의하면, 김연일의 종교적 성향은 『정감록』, 강증산, 동학, 불교 등을 오가는 혼합종교의 형태를 띠었다. 그가 내세운 신앙 대상 역시 혼합종교의 형태를 띤 '옥황상제玉皇上帝 성덕주인聖德主人'이다.

옥황상제 성덕주인은 강증산 계통의 예언 사상과 제주의 토착 신앙이 혼합되어 만들어진 신앙체이다. 옥황상제 성덕주인으로부터 제주도민을 구하라는 명을 받은 김연일은 일본인을 추방하고 '제주의 왕王'이 될 것이며, 충청남도 계룡산에 도읍을 정하고 '황제를 옹립'시키겠다는 계획도 세웠다. 따라서 법정사 항일운동은 옥황상제 성덕주인을 내세운 후천선경 신정부 건설운동이다.

1918년 안봉려관이 세운 법정사를 거점으로 한 종교인들과 보천교는 제주의 민중들과 함께 식민 통치 기관을 무력으로 타격하였다. 그러나 이들은 예언이나 비결, 척양척왜의 구호에만 의지할 뿐 변화하는 시대를 읽지 못하였다. 더불어 미흡한 조직력에다 구체적인 실행 방법이나 자금력, 구체적 대안이나 목표 등이 없는 한계를 드러냈다. 하지만 이들은 당시에 이들이 할 수 있는 민족운동을 실행에 옮겼다.

1910년대 보천교는 모순과 갈등으로 점철된 선천先天 시대는 강증산의 천지공사天地公事로써 그 막을 내렸고, 앞으로의 시대는 갈등과 대립, 전쟁, 그리고 반상의 차별 등이 없는 후천선경이 될 것이라는 예언으로써 전국의 민중을 조직하였다. 전국에서 거대한 민중 조직을 갖춘 보천교는 1920년대에 국내외 한국 민족운동을 지원하였다. 보천교의 5만 원이 보천교 수호사장 임규林圭를 통해서 대한민국 임시정부에 지원되었다. 그리고 일명 워싱턴회의를 앞두고 한국의 독립을 위한 외교 활동을 후원하는 '대태평양회의한국외교후원회'에 보천교 대표 2명이 파견되었다. 1922년에는 '극동피압박민족회의'에 참가하는 일부 사회주의 운동가들에게 여비 1만 엔을 지원하였다.

1920년대 전반기에는 의열단이나 천진불변단, 대한민국 임시정부, 김좌진 계열까지도 보천교를 한국 민족운동의 수단으로 삼고자 하였다. 특히 김좌진 계열에 보천교가 2만 엔을 지원하였다는 일제의 기록도 있다. 1923년에는 대한민국 임시정부의 진로를 모색하는 국민대표회의에 보천교 측의 강일姜逸과 배치문裵致文이 파견되었다. 보천교는 실력양성운동에도 참여하였다. 특히 조선물산장려회 기관지『산업계』의 발간을 지원하였으며, 민립대학설립운동에도 참여하였다. 상해파 공산당의 핵심 인물 김철수金綴洙는 보천교를 자신의 일파라며, 국내에서 혁명이 일어나면 보천교가 합세할 것이라는 낙관적 전망까지도 하였다.

1920년대 전반 비밀주의적이고 신비주의적인 성향으로부터 벗고자 했던 보천교 내 지식인들은『보천교보』와『보광』을 창간하였고, 일간지《시대일보》를 인수하였다. 그런데 일부 지식인들, 특히 사회주의자들은 "미신사교에게 문명의 상징인 신문을 맡겨서는 안 된다."며 보천교를 공격하기 시작하였다. 사회주의자들의 보천교 공격의 배경에는 반反종교운동의 분위기가 있었겠지만, 실력양성운동의 분화 과정에서 보천교가 민족주의 우파 쪽에 섰던 게 한 배경이라 생각된다. 보천교를 미신사교로 바라본 이들은 당시 지식인들만이 아니었다. 일제도 보천교를 미신사교 집단으로 몰아세웠다.

1924년경 보천교는 일제의 탄압과 회유, 그리고《시대일보》인수 등을 계기로 내분에 휩싸였다. 시대일보사 직원들까지 "미신 사교에게 문명의 총아를 맡길 수 없다."며 보천교를 성토하였고, 일부 언론은 보천교 박멸운동까지 거론하였다. 이처럼 내우외환의 위기에 몰린 차경석은 1924년 말 시국대동단時局大同團이라는 친일 단체의 조직을 허락하였다. 시국대동단의 활동이 시작되자 청년지식인들은 기다렸다는 듯이 보천교 박멸운동에 나섰다.

이렇듯, 민심이 이반 되는 가운데 보천교는 후천선경 신정부 건설운동의 상징적 사업인 성전聖殿 십일전十一殿이 포함된 중앙본소 건설을 시작하였다. 중앙본소 건설에는 약 150만 원이라는 거금이 소요되었다. 이때 차경석은 교단의 생존 및 중앙본소 건설의 마무리를 위해 일제와 타협을 마다하지 않았다. 동시에 교단의 민족주의적 색채를 강화하고자 만주의 민족운동 단체인 정의부正義府를 끌어들였다.

1920년대 중반 보천교는 민심을 추스르는 일이 그 무엇보다 시급하였고, 그에 대한 대책 중 하나가 교단의 민족주의적 색채를 강화하는 것이었다. 동시에 전라북도 정읍井邑의 중앙본소 주변으로 늘어만 가는 탄갈자彈竭者들의 생계 대책을 고민하였다. 당시 경작지나 생산 시설의 한계를 타개하기 위한 구상, 또는 일제의 탄압에서 자유로운 종교 공동체를 만들기 위한 교단의 만주 이주移住는 그 대책 중 하나이다. 그런데 어떤 이유인지는 모르겠지만, 조선총독부도 보천교의 만주 이주를 요구하였다. 어쨌든, 내외에서 요구되는 만주 이주를 거절한 차경석은 시국대동단을 전격 해체(1925)하였다.

1920년대 중반 정의부의 핵심 활동은 산업 부흥이었다. 끼니를 이을 수 없을 정도로 궁핍한 한인韓人들의 의식주 해결을 위해 정의부는 만주농업사를 설립하였다. 만주농업사는 주로 황무지 개간에 역점을 두었기 때문에, 개간에 필요한 자본금이 절실하였다. 이처럼 1920년대 중반 보천교와 만주의 정의부는 서로 다른 위기 상황에 놓여 있었다. 이러한 상황에서 조만식趙晩植과 신채호의 부인 박자혜朴慈惠는 만주의 정의부와 보천교를 연결하였다.

친일이니 미신 사기단이니 하는 공격 받는 상황에서 국외 민족운동 단체와의 소통이 절실했던 1925년 5월경에 조만식과 보천교 북방방주北方方主 한규숙韓圭淑은 만주에서 방랑하는, 또는 민족운동가로 보이는 이춘배를 경성으로 끌어들여 몇 가지를 약조하였다. 그 약조의 첫 번째는 보천교 측은 30만 원으로 만주에 생산 기관을 설립한다. 두 번째는 국외 독립단원임을 확인하기 위해서 정의부는 무장단원을 보천교 측에 특파한다. 세 번째는 무장단과 보천교 측이 군자금을 함께 모집하며, 모집한 군자금은 양측이 균등하게 나눈다는 것 등이다.

보천교와의 약조대로 정의부는 1925년 10월 26일에 권총 2정과 실탄 47발을 휴대한 요원 정찬규鄭燦奎를 특파하였다. 조만식과 정찬규는 신분이 의심되는 이춘배를 신의주에 남겨놓은 채 한규숙이 머무는 경상남도 진주晉州로 내려갔다. 그리고 각반과 손전등 등을 구입하였다. 각반과 손전등은 군자금을 모집하기 위한 사전 준비 작업이었다. 그 와중에 한규숙, 조만식, 정찬규 등은 전라북도 정읍의 차경석을 비밀리에 만났다가 일제 경찰에 검거되었다. 밀고자는 신의주에 남아 있던 밀정 이춘배였다.

1926년 3월 31일 경성지방법원은 '강도예비 및 총포화약류 취체령 위반'과 관련해서 조만식에게 징역 1년 6개월, 한규숙과 정찬규에게는 각각 징역 1년을 선고하였다. 일제 경찰은 사건의 공범자로서 제령 제7호 제1조 및 형법 제237조에 해당하는 피의자로서 차경석을 수배하였다. 일제는 이 사건을 '정의부 및 보천교의 군자금 모집계획 사건'이라고 기록하였다. 차경석은 쫓기는 처지로 돌아섰지만 보천교에 대한 사회 일반의 인식은 이전과 비교하면 긍정적이었다.

만주 한인들의 생계를 위해 만주 개척에 필요한 자본금이 절실했던 정의부 성립기의 재무위원장이자 생계위원장은 김이대金履大이다. 김이대의 비서가 보천교에 특파된 정찬규였다는 점은 정의부가 만주 한인들의 생계를 위해 보천교의 자금에 큰 관심을 가졌다는 것을 시사하고 있다. 한규숙에게 민족운동가들을 소개한 박자혜는 당시 보천교 부인선포사라는 직책에 있었다. 그 역시 의열단의 활동과 관련해서 보천교를 수단화했다고 볼 수 있다. 조만식은 석방된 뒤인 1920년대 말에도 보천교 중앙본소에서 교직을 맡았다.

1920년대 중반에 보천교 박멸운동 및 민심 이반에 따른 보천교의 위기의식과 정의부의 생계 문제 해결을 위한 만주 개척비 마련 등이 서로 맞물려 나타난 것이 '군자금 모집계획 사건'이다. 결과적이긴 하지만, 자금이 필요한 정의부를 파트너로 삼으면서 보천교는 당시 민중의 보천교에 대한 민족적 의구심을 일정부분 해소할 수 있었다. 그동안 보천교의 교금이 한국 민족운동에 지원될 가능성에 주시했던 일제는 이 사건을 계기로 보천교를 더욱 집요하게 감시하고 탄압하였다. 그간 지속돼 온 보천교와 한국 민족운동과의 밀착 모습은 이때부터 볼 수 없었다.

보천교의 후천선경 신정부 건설운동을 함축적으로 보여준 사건은 인명 대흉산록 고천제(1919)와 황석산 고천제(1921)이다. 고천제告天祭에서 보천교는 국호를 '시국時國'라 선포하고 '보화普化'라는 교명을 표방하였다. 이때부터 차경석이 천자天子로 등극하였다는 풍문이 확산되었고 중앙본소가 자리한 정읍군 입암면 대흥리는 새로운 나라의 도읍都邑이라 여기는 이들이 늘어났다.

보천교의 후천선경 건설의 정치적 토대가 '신정부'라면 경제적 토대는 '정전제井田制'이다. 보천교의 정전제가 식민지 사회에서 실현되었는지는 확인할 수 없지만, 후천선경 신정부 건설운동의 최종 목표가 정전제임은 분명하다. 보천교는 유교적 대동 사회를 목적으로 신정부가 들어설 정읍군 입암면 대흥리를 '정井'자로 구획하였다. 그리고 그곳에다 공장과 상가를 건설하였고 탄갈자들은 상가와 공장에서 경제적 공동체를 이루며 생활하였다.

대체로, 3·1운동을 기점으로 민족운동에서 복벽주의는 사라졌다고 보지만, 정치적인 이념과 신비적인 종교 관념이 미분화된 상태의 농민층은 보수 지향적 전통주의나 복고적인 규범의식에서 크게 벗어나지 못하였다. 일제와 일부 지식인들의 인식과는 달리 당시의 민중은 『정감록』과 상수역학, 운세론, 그리고 강증산의 예언 등에 기반한 천자등극설에 관심을 가졌다. 어쩌면, 민중 사이에 천자등극설과 같은 복벽주의적 사고가 잔존했던 것이 보천교의 성행 이유라고 할 수 있다.

고천제에 이은 천자등극설은 새 왕조 개창 또는 후천선경 신정부 건설이라는 민중의 염원이 더욱 확산하는 계기가 되었다. 일제는 후천선경 신정부 건설운동을 한국의 독립과 새로운 정부 수립 등의 민족주의적 관점에서 바라보았다. 하지만 일부 지식인들은 후천선경 신정부 건설운동을 변화하는 시대에 뒤떨어진 반反계몽이자 무지몽매라며 비난하였다. 어쩌면, 가장 민족주의적 방법으로써 새로운 정부 수립 운동을 주도한 보천교를 민족주의자들이 부정한 특이한 사례이다.

1920년대 후천선경 신정부 건설운동은 갑자년 갑자월 갑자일에 교주 차경석이 충청남도 계룡산에서 또는 전라북도 정읍의 입암산 아래에서 도읍을 정하고 천자天子로 등극하며, 차경석이 천자가 되면 한국은 독립된다는 '정감록류'의 예언에 기반하고 있다. 이러한 천자등극설은 기사년(1929)에도 있었으며, 보천교는 이러한 등극설에 기대어 대규모의 중앙본소와 성전 십일전十一殿을 건설할 수 있었다. 이에 후천선경 신정부에 한 걸음 더 다가섰다고 판단한 탄갈자들이 중앙본소 주변으로 몰려들었다.

보천교의 후천선경이란 갈등과 원한의 선천先天 시대를 벗어나 상생相生이 지배하는 후천後天의 이상사회를 말한다. 선천의 모순되고 낡은 세상은 강증산의 천지공사天地公事로써 평화로운 세상인 후천으로 바뀐다는 예언이 후천선경 건설론이다. 일제도 보천교의 최고 이상인 후천선경은 불교에서 말하는 극락이요 기독교에서 말하는 천국이며, 신화神化의 경지에 이르면 그곳이 바로 신선神仙이 있는 곳이자 후천선경이라고 언급하였다.

1920년대 보천교를 비난하던 일부 지식인들은 주로 민족주의 좌파나 기독교계 및 사회주의자들이다. 보천교를 비난하는 이들의 명분에는 공교롭게도 일제 근대 문명론이 들어 있었다. 예컨대, 1920년대 일부 지식인들은 '문명' 또는 '계몽'을 최선으로 여기면서 전통적인 것은 '야만'으로 폄훼하였다. 이는 분명 자기 모습의 부정이며, 문명과 계몽에서 '민족'을 분리하려는 시도라고 볼 수 있다. 야만 상태에서 민족적 표상, 즉 한국의 역사성과 전통성을 자기 모습으로 인정하지 않고 문명과 계몽을 앞세워 민족을 지운 경우이다. 적어도 민족이 역사성과 전통성을 함유한 개념이라면 말이다.

일제강점기 일부 지식인들과 일제가 주장하는 이념적 교집합 속에는 '민족의 말살'이 들어있다. 반면에, 당시 민중의 심성에 잠복한 복벽주의적 사고는 '조선 왕조'에 대한 연민이라기보다는 '구세주 원망'에 의한 것이다. 예컨대 당시 민중은 국민주권적 관념으로서 민족의 독립을 추구하였다기보다는 『정감록』이나 각종 비기祕記, 그리고 강증산의 예언에 뿌리를 둔 '민족의 구세주'를 염원하였다.

만주사변과 중일전쟁이 일던 1930년대에 일부 지식인들은 보천교를 악惡으로 규정하였다. 이는 1920년대 지식인들의 '무지몽매'나 '사교'라는 표현보다 더 극단적이었다. 하지만 보천교계 신종교들은 여전히 후천선경 신정부 건설운동의 끈을 놓지 않았다. 1936년 4월 차경석이 사망하자 일제는 보천교의 활동을 전면 금지하고 전라북도 정읍군 입암면 대흥리의 중앙본소를 훼철하였다. 보천교 잔여 세력들은 뿔뿔이 흩어져서 일제의 패망을 예언하거나 기원하는 비밀집회를 이어갔다. 일제는 이러한 현상을 "보천교 재건운동"으로 파악하였다. 보천교 잔여 세력은 곧 보천교계 신종교이다.

1930년대 후반과 1940년대에 전라북도 정읍과 경상북도 대구 등지에서 선교仙敎·삼산교三山敎·황극교黃極敎·미륵불교彌勒佛敎 등 보천교계 신종교들이 비밀리에 활동하였다. 전라북도 부안의 원군교元君敎, 제주도의 무극대도無極大道, 강원도 평강의 선도교仙道敎, 경기도 수원의 인도교人道敎 등도 이때 활동하였다. 이들은 일제 패망을 예언하거나 기도하다가, 또는 한국의 독립을 기원하고 신국가 건설을 도모하다가 탄압을 받았다.

강원도 평강에서 보천교 간부 김홍원金洪圓이 결성한 비밀결사체 선도교仙道敎는 "불식 장생의 신선이 되면 교도들의 국가"를 만들 수 있다고 선전하였다. 이는 보천교의 후천선경 신정부 건설운동과 다르지 않다. 일제는 "한국인만의 독립된 국가 건설"을 주장하는 선도교를 "국체 변혁을 도모하는 불온한 단체"라고 규정하였다. 그리고 선도교의 이러한 활동을 "조선 독립운동 사건"이라 하고 1935년과 1937년 두 차례에 걸쳐서 탄압하였다. 당시 핵심 인물 김중섭金重燮은 어려서 보천교에 입교해 활동하다가 선도교를 조직해 '한국인만의 독립된 국가 건설'이라는 취지를 전국으로 확산시켰다. 그리고 '독립자금'이라는 명목의 교금을 갹출하였다.

전라북도 서남부에서도 황극교의 김영식金靈植, 은세룡殷世龍은 보천교 간부 김판봉金判奉과 함께 고천제를 거행하면서 신국가 건설운동을 전개하였다. 당시 언론들은 이를 "보천교 재건운동"으로 판단하였다. 황극교의 교주는 가공의 인물 정해도鄭海桃이다. 은세룡은 "정해도는 경진년(1940) 경진월 경진일 경진시에 계룡산에서 출세하므로 천지인天地人 신神에게 기도하기 위해 천류天纇를 거행한다."고 교인들에게 설파하였다. 황극교의 '천류'란 고천제와 같은 말이며, 사경진四庚辰에 정해도가 출세한다는 것은 '정감록류'의 출세설이다. 같은 시기에 전라북도 정읍을 중심으로 활동하던 보천교나 무극대도 역시 '계룡산 등극설'이나 '계룡산 출세설'을 퍼트렸다.

교단의 주도권을 장악한 은세룡은 1931년 11월에 전라남도 장흥군의 천관산天冠山 천제를 시작으로, 1932년 4월에는 전라북도 무주군 덕유산德裕山에서 교명을 '황석공교黃石公敎'에서 '황극교黃極敎'로 변경하는 천제를 거행하였다. 같은 해 8월에는 교인들과 함께 경기도 개성부開城府의 외두문동外杜門洞에서 고려말 충신 정몽주鄭夢周 외 수십 명의 영靈을 불러내는 수령제受靈祭를 지냈다. 수령제란 죽은 자의 영靈을 불러내 위로하는 제사 의식으로, 그들의 '충忠'을 이어받겠다는 취지의 행사였다. 이처럼 교의 중요 행사인 천제나 수령제는 모두 은세룡이 주도하였다. 1937년 황극교는 한국의 독립에 대비하여 정청政廳으로 불리는 '삼황묘三皇廟'를 충청남도 계룡산에다 건립하기로 결의하였다.

황극교는 정해도가 계룡산에서 출세하여 천제를 지내고 한국의 국왕으로 등극한다는 예언을 퍼트렸다. 그리고 정해도가 등극할 때 한국은 일제강점에서 벗어나 새로운 국가를 건설할 수 있다고도 하였다. 엄혹했던 시기에 이러한 생각이나 발설 등은 어떠한 상황을 맞게 되는지 은세룡은 잘 알고 있었다. 따라서 이러한 내용이 외부로 알려질 것에 대비하여 교인들에게 '불교 마크Mark'를 패용토록 지시하였다. '불교인'으로 가장하게 되면 일제의 탄압에서 벗어날 수 있다는 판단에서다.

'불교인'으로 가장했음에도, 일제는 1937년에 "국체를 변화할 목적으로 한 결사체"라며 황극교 교인들을 대거 검거하였다. 그리고 1939년 12월에 형법 제71조, 제68조 제3호 및 치안유지법 위반 등을 적용하여 은세룡과 김영식, 김판봉 등을 수감하였다. 1940년 전후의 일제는 국가총동원법을 만들어 대륙 침략전쟁에 한국과 한국인을 동원하였다. 그리고 전장戰場의 후방 격인 한국에서 여러 위험 요소들을 제거하기 위해 치안유지법을 적용하여 한국의 신종교를 탄압하였다. 치안유지법이 적용되지 않은 사안에 한해서는 사문화된 보안법을 적용하였다.

1936년 보안법 위반사건을 분석한 「支那事變以後に於る保安法違反事件に關する調査」(《思想彙報》第19號)와 「思想犯罪から觀の朝鮮在來類似宗敎」(《思想彙報》第22號)는 당시 보안법 위반사건과 관련이 있는 이들은 대부분 한국의 신종교인이며, 이들 가운데 '흠치 계통'이 대부분이라고 하였다. 즉 보천교계 신종교가 보천교 재건운동을 펼치는 과정에서 보안법을 위반한 사례가 대부분이라는 분석이다.

일제는 "황극교 사건은 수뇌부의 민족주의가 농후하며, 오랜 세월에 걸쳐 비밀을 잘 유지하면서 조선 독립의 최종 목적을 달성시키려는 다수 교도들을 단련시켜 교세를 확장해 온 것은 참으로 놀랄만한 사실"이라고 기록하였다. 이것으로 보면, 일제강점기 보천교와 보천교계 신종교는 단순히 개인의 사적인 종교가 아닌, 철저하게 민족성에 바탕을 둔 민족종교이다. 따라서 이들의 활동은 사상적으로나 사회적으로 한국 민족의 독립을 쟁취하기 위한 민족운동이다.

근대 문명론을 앞세운 일제 식민지 수탈 정책은 근대화에 노출이 덜된 민중들에게 큰 상실감을 안겼다. 근대 문명론도 식민지 수탈도 받아들일 수 없었던 당시 민중은 예로부터 이어져 내려온 토속적인 관습이나 풍습, 그리고 민간 신앙들을 통해서 한국의 독립을 꾀했고, 새로운 국가 건립을 시도하였다. 그들은 당시 무력적인 항쟁이나 외교적인 방식의 민족운동을 전개할 수 없었다. 그들이 할 수 있는 것이라곤 『정감록』과 강증산의 예언에 의지한 전통적이고 토속적인 방법뿐이었다. 그리고 후천의 신정부나 신국가가 들어설 것이라는 민중의 기대에 부응하는 것뿐이었다.

1930년대 말 전라북도 정읍군 태인면의 미륵불교 정인표鄭寅杓가 일제의 패망을 기원하는 결사체 '신인동맹神人同盟'을 비밀리에 결성하였다. 신인동맹은 다수의 민중을 모아 일제의 패망과 국권 회복을 예언하고 기도하는 비밀결사체이다. 일제는 이 역시 "보천교 재건운동"으로 파악하였다. 신인동맹의 활동은 분명 민족운동이지만 우리가 익히 알고 있는 민족운동과는 그 모습이 달랐다. 보천교가 그랬듯이, 신인동맹 역시 강증산이 예언한 후천선경 건설을 위해 민중을 조직하고 일제의 패망을 예언하거나 기도하였다. 후천선경 신정부가 들어서면 관직을 얻게 된다는 믿음을 갖게 된 일부 민중이 보천교에 입교하였듯이, 신인동맹 역시 민중의 엽관주의적獵官主義的 태도와 밀접하게 얽혀 있다.

신인동맹의 멸왜기도滅倭祈禱라는 의식과 일망무지日亡無地라는 예언은 강증산이 강조한 후천선경 건설을 위한 한 과정이었다. 선심선덕善心善德으로써 엄숙한 기도와 주문 수련을 하게 되면 신인神人이 될 수 있으며, 신인으로 가득한 세상이야말로 후천선경이라는 종교적 신념에 따라 일제 패망을 예언하였다. 이처럼 신인동맹의 활동은 토속적이며 그리고 주제적인 신앙운동이이자 민족운동이었다.

전라남도 나주에서 태어나 자란 양인문梁仁文은 1918년경에 새로운 세상을 제시하는 보천교에 입교하였다. 한학漢學과 전통 의학에 기반한 '치료'로써 포교 활동을 하던 양인문이 신인동맹에 가담해 멸왜기도를 하다가 1940년경에 동료들과 함께 체포되었다. 체포되어 기소되기까지 2여 년 동안 혹독한 고문으로 직장염直腸炎을 앓게 되었고, 직장염이 악화되자 1944년 형 만기 2개월을 앞둔 7월에 가출옥 허가가 떨어졌다. 그리고 출소 2개월 뒤에 사망하였다. '신인동맹 사건'으로 옥사한 자는 김영수와 여성백이며, 병보석으로 가출 옥된 지 얼마 안 돼 사망한 자는 양인문과 정동원이다.

1930년대 일제는 한국에서 신종교의 재건 원인을 만주사변 이후 강화된 황국신민화 및 중일전쟁의 발발에서 찾았다. 따라서 한국에서의 "후방 치안 확보"라는 이유에서 비롯 된 탄압은 주로 "흠치 계통"이라 불리는 보천교계 신종교들에 집중되었다. 일제는 "중일 전쟁 발발은 당시 민중에게 엄청난 충격을 주었으며 통제 경제의 강화에 따른 사회 · 경제 적 혼란, 그리고 『정감록』과 같은 한국의 독립 예언" 등이 신종교의 온상이라고 분석하였 다. 사회운동이나 정치운동으로 전환될 가능성이 많은 민중 친화적 교리를 갖춘 보천교계 신종교들을 일제는 매우 위험한 존재로 생각하였던 것이다.

1930년대 보천교의 강제 해체와 일제의 본격적인 대륙 침략전쟁으로 보천교계 신종교 들의 민족의식은 더욱 강화되었다. 일제의 "후방 치안 확보"라는 이유로 한국 민중을 감시하고 탄압하는 가운데 보천교계 신종교들은 오히려 민중 속으로 파고들었다. 그리고 1920년대 '신정부 건설'보다도 견고하고 확고한 한국 민족의 국가 건설을 전면에 내세웠 다. 이것이 바로 보천교계 신종교들의 '신국가 건설'이다.

그렇지만, 선도교와 황극교, 그리고 미륵불교 등의 신국가 건설의 방법은 조금씩 달랐 다. 선도교는 '조선 독립'을 예언하고 신국가의 중심인 강원도 평강에 중앙본부 건설을 시도하였다. 황극교는 천제와 수령제를 통해서 민족의식을 확산시켰으며, 미륵불교의 '신인동맹'은 메이지明治 일왕日王의 혼魂을 불러내 훈계하거나 또는 일제의 패망을 기도하 였다. 보천교계 신종교들은 이처럼 들쑥날쑥하였지만, 그들의 항일성과 민족성은 선명하 였다.

1918년 제주에서 보천교는 제주의 민중과 함께 식민 통치 기관을 습격하였다. 일제를 몰아내고 제주의 왕王이 되겠다는 이들은 충청남도 계룡산에다 도읍을 정하고 황제를 옹립시키겠다고 하였다. 1920년대 보천교는 국내외 민족운동을 인적 · 물적으로 지원하 였다. 물산장려운동에 참여한 보천교는 1930년대까지 자작자급의 경제운동을 전개하였다. 1920년대 중반에는 만주의 민족운동 단체 정의부와 함께 군자금 모집을 꾀하였다. 그러나 보천교의 민족운동은 고천제를 통해 '시국時國'이라는 국호를 선포하고 새로운 정부를 수립하는 일이었다.

보천교가 새로운 정부를 수립한다는 것은 일본의 왕王을 부정하고 식민지 상태를 인정하지 않겠다는 것이다. 따라서 1930년대 일제는 후천선경 신정부 건설운동을 전개하는 보천교를 강제 해체하였다. 그 잔여 세력들은 뿔뿔이 흩어져서 후천선경 신국가 건설운동을 비밀리에 전개하였고, 일제는 "민족주의가 농후하고 국체를 부정한 불온한 비밀단체"라며 이들을 탄압하였다. 강원도와 황해도를 중심으로 활동한 선도교는 후천선경 신국가 건설을 선언하며 민중을 조직하였다. 전라북도의 황극교는 고천제와 수령제를 통해서 민중에게 민족의식을 심었다. 미륵불교의 '신인동맹'은 일제의 패망을 기원하고 예언하는 비밀집회를 이어갔다.

일제강점기 민중은 나라를 되찾을 마땅한 정치적 책략이나 경제적 수단이 없었다. 단지 『정감록』이나 강증산의 예언에 의지하여 진인의 출현을 고대하였다. 그리고 양반 중심이 아닌 민중 중심의 새로운 사회를 꿈꿨다. 그들이 꾼 사회는 후천선경이며, 후천선경의 상징적 장소는 전라북도 정읍井邑이었다. 그들은 정읍에다 성전과 중앙본소를 건설하였고 은밀하게 대한민국 임시정부와 함께 한국을 독립시킬 것이라고 선전하였다. 이와 같은 활동에는 선명한 민족성이 들어있지만 일부 지식인들은 이러한 모습을 보지 못하였다. 1930년대 지식인들은 보천교계 신종교의 활동을 악惡으로 규정하기까지 하였다. 이러한 규정은 1920년대보다 극단적이며, 대륙 침략전쟁을 수행하던 일제의 인식과 다르지 않다.

1930년대 말 전시체제 아래의 황국신민화 정책은 민중적 민족주의의 원초적 속성이 강화되는 계기가 되었다는 주장도 있다. 일제강점기 민중은 민족 구성원이 갖춰야 할, 즉 '근대적 개인'으로서 가져야 할 의식이나 자세에 소홀했다는 비판이기도 하다. 이러한 견해는 농민들, 즉 민중에게서 근대성을 찾기란 어렵다는 것으로도 읽히지만, 당시 민중의 민족성은 토속적이며 전통적이었다는 뜻으로도 해석할 수 있다.

종교는 당대 사람들의 필요에 따라 만들어지기도 하고 재구성되기도 한다. 일제강점기 한국인들의 바람은 한국 민족의 독립과 새 정부 수립이었다. 보천교와 보천교계 신종교들 역시 이것과 다르지 않았다. 이들은 전前근대적이고, 그 주장이나 논리들은 들쭉날쭉하고 산발적이었다. 그러함에도 이들은 성속聖俗을 넘나들며 민족의 독립과 새로운 정부나 새로운 국가의 수립을 도모하였다.

일제가 보천교와 보천교계 신종교들을 치안유지법이나 보안법 등으로 탄압했던 이유는 ⅰ)보천교와 보천교계 신종교가 민중의 집합체이며, ⅱ)이들이 식민 통치에 있어서 장해가 되었기 때문이며, ⅲ)이들의 민족운동이 체계적이고 이념적으로 발전할 가능성이 있기 때문이다. 일제강점기에 고단한 삶을 살았던 민중은 한국의 신종교, 특히 보천교와 보천교계 신종교의 후천선경 신정부 건설운동에 능동적으로 참여하였다. 보천교와 보천교계 신종교들은 성聖과 속俗을 넘나들며 핍진했던 민중의 삶을 위무하였다. 그리고 민족의 전통과 공동체 의식을 잃지 않도록 하였다.

이 책은 그동안 흔히 아는 '민족운동 연구'와 사뭇 다르다. 사소하고 주변적인 것처럼 여겨지는 방식들로써 민족운동을 전개한 흔치 않은 사례기 때문이다. 보천교와 보천교계 신종교들의 민족운동 과정에서 구속, 기소된 자는 424명, 이 가운데 154명이 독립유공자이다. 당시 그들은 타자他者인 일제의 지배에서 벗어나고자 하였지만 그 방법은 지극히 토속적이고 전통적이다. 당시 일부 지식인들은 보천교의 이러한 민족적 성향을 보지 못하였으며, 심지어 근대성을 선善으로 보천교의 전前근대성을 악惡으로 바라보기까지 하였다. 그러면서 민중의 민족성은 점차 설 자리를 잃어갔다.

참고
문헌

〈자료〉

『管內最近の狀況說明資料(全北) ‐ 普天敎一般』, 1926.

『無極大道敎槪況』, 全羅北道, 1926.

『未開の寶庫 濟州島』, 濟州道廳, 1924.

『思想月報』 第2券 第5號, 高等檢事局事想部, 1932. 8. 15.

『思想彙報』, 朝鮮總督府高等法院檢事局, 1934-1943.

『仙道敎ノ不穩計劃ニ關スル件』, 平康警察署, 1935.

『所屬官署職員錄』, 朝鮮總督府, 1914.

『新舊對照朝鮮全道府君面里洞名稱一覽』, 1917.

『洋村及外人事情一覽 ‐ 平安南道』, 1924.

『全羅南道高敝郡就捉亂黨口招同類姓名居住竝錄成冊』, 1899. 6.

『濟州島ノ槪勢』, 全羅南道廳, 1928.

『濟州邑勢』, 濟州邑, 1936.

『朝鮮の鬼神』, 村山智順, 朝鮮總督府中樞院, 1933.

『朝鮮の巫覡』, 村山智順, 朝鮮總督府, 1935.

『朝鮮の類似宗敎』, 村山智順, 朝鮮總督府中樞院, 1935.

『朝鮮の占卜と豫言』, 村山智順, 朝鮮總督府中樞院, 1933.

『朝鮮の宗敎』, 古川文太郎, 森書店, 1921.

『朝鮮公論』 第10券 10號, 通卷第115號, 1922. 10.

『朝鮮獨立運動』 第1券分冊, 民族主義運動 篇, 金正明, 原書房, 1967.

『朝鮮佛敎通史』(下), 李能和, 新文館, 1918.

『朝鮮思想通信』, 朝鮮思想通信社, 1927.

『朝鮮宗敎史』, 靑柳綱太郎 著, 朝鮮硏究會, 1911.

『天道敎創建史』, 李敦化 編, 天道敎中央宗理院, 1933.

『最近に於ける朝鮮治安狀況 ‐ 昭和八 ‐ 十三年』, 朝鮮總督府警務局, 1933 · 1938.

『耽羅紀行, 漢拏山』, 李殷相, 朝鮮日報社出版部, 1937.

『暴徒史編輯資料高等警察要史』, 慶尚北道警察部, 1934.

「假出獄執行濟ノ件報告(梁仁文)」, 全州刑務所, 1944.

「講演會報告ニ關スル件」, 京鍾警高秘第11927號13, 城鐘路警察署長, 1924. 9. 28.

「高判禮刑事事件簿」, 光州地方法院木浦支廳檢事分局, 1919.

「高判禮刑執行原簿」, 光州地方法院木浦支廳, 1919. 2. 3.

「怪書 '鄭鑑錄' 解剖」, 『三千里』 제9권 제5호, 1937. 10. 1.

「今年 己巳月 己巳日 登極한다는 車京石 會見記」, 해금강, 『別乾坤』 제21호, 1929. 6. 23.

「金綴洙親筆遺稿」, 『역사비평』 여름호, 역사비평사, 1989.

「奇奇怪怪タタ秘密結社の解剖(四)」, 南山太郎, 『朝鮮公論』, 1922. 10.

「金綴洙 親筆遺稿」, 이균영 편, 『역사비평』 5, 1989.

「答客란」, 一敎人, 『普光』 創刊號, 1923. 9. 15.

「頭輪山人觀音寺寺蹟記」, 李殷相, 『耽羅紀行, 漢拏山』, 朝鮮日報社出版部, 1937.

「問題의 時代日報, 紛糾의 顚末과 사회여론」, 一記者, 『開闢』 제50호, 1924. 8. 1.

「반민족행위 特別조사위원회의 피의자 鄭寅翼 訊問」, 1949. 8. 11.

「普天敎に就いて」, 三木治夫, 『朝鮮思想通信』, 1930.

「普天敎聲討文」, 申伯雨書, 《朝鮮日報》 1924. 8. 26.

「佛敎靑年總同盟에 對하여」, 韓龍雲, 『佛敎』 86, 1931. 8.

「秘密結社の解剖(四)」, 南山太郎, 『朝鮮公論』 第10券10號; 通卷第115號, 1922. 10.

「死滅中인 普天敎」, 유광렬, 『開闢』 新刊 제1호, 1934. 11. 1.

「思想犯罪から觀の朝鮮在來類似宗敎」, 《思想彙報》 第22號, 1940. 3.

「仙道敎の不穩計劃に關する件」, 平高秘 第839號, 平康警察署, 1935. 7. 26.

「仙道敎徒の朝鮮獨立運動事件」, 《思想彙報》 第21號, 1939. 12. 1.

「受刑人名簿(朴成培)」, 光州地方法院齊州支廳, 1916. 11. 9.

「受刑人名簿(朴周錫 外)」, 光州地方法院濟州支廳, 1919.

「暗影中에 묻혀 있는 普天敎의 진상」, 저암, 『開闢』 제38호, 1923. 8. 1.

「兪政根 逮捕 및 判決」, 京城地方法院, 1923. 8. 27.

「人道敎幹部ノ新國家建設僞裝ニ依ル保安法違丠ニ詐欺事件檢擧ニ關スル件」, 『昭和12年61人道敎事件檢擧ニ關スル書類』 水警高秘第1050號6, 1937. 11. 20.

「井邑의 車天子를 訪問하고」, 비봉선인, 『開闢』 제38호, 1923. 8. 1.

「第3編 義菴聖師」, 李敦化 編, 『天道敎創建史』, 天道敎中央宗理院, 1933.

「濟州島の治安狀況」, 『思想月報』 第2券第5號, 高等檢事局事想部, 1932. 8. 15.

「濟州島騷擾事件」, 『暴徒史編輯資料高等警察要史』, 慶尚北道警察部, 1934.

「朝鮮重大思想事件經過表」, 《思想彙報 續刊》, 朝鮮總督府高等法院檢事局思想部, 1936.

「朝鮮重大思想事件經過表」, 《思想彙報 續刊》, 朝鮮總督府高等法院檢事局思想部, 1943.

「朝鮮重大思想事件經過表」, 《思想彙報 續刊》, 朝鮮總督府高等法院檢事局思想部, 1941.

「支那事變以後に於る保安法違反事件に關する調査」, 《思想彙報》 第19號, 1939. 12.

「車京石不起訴處分抗告事件簿」, 大邱覆審法院檢事局, 1926-1933.

「車京錫刑事事件簿」, 大邱地方法院安東支廳檢事分局, 1921.

「車輪七刑執行原簿」, 光州地方法院木浦支廳, 1919.2.3.

「車天子를 잡으러 다니던 苦心」, 정인익, 『別乾坤』3, 1927.1.1.

「治安維持法違反及詐欺被疑事件檢擧に關する件」, 平高秘第1461號, 平康警察署, 1935.6.14.

「治安維持法違反及被疑事件檢擧に關する件」, 平高秘第1000號, 平康警察署, 1935.6.17.

「太乙教に就いて」, 朝鮮軍參謀部, 1922.

「太乙教徒檢擧ニ關スル件(高警制36610號)」, 朝鮮總督府警務局, 1919.12.26.

「太乙教布教に關する件(高警第17263號)」, 朝鮮總督府警務局, 1920.6.10.

「刑事事件簿(第29號)」, 光州地方法院木浦支廳檢事局, 1918.

「刑事事件簿」, 光州地方法院濟州支廳, 1940.

「刑事裁判書原本」, 全州地方檢察廳, 1944.

「興德及古阜地方暴徒情況に關ける件(京公館第38號)」, 『駐韓日本公使館記錄(13卷)』, 1899.6.6.

《京城日報》, 《群山日報》, 《獨立新聞》(大韓民國 臨時政府), 《동아일보》, 《매일신보》, 《부산일보》, 《시대일보》, 《신한민보》, 《釜山日報》, 《朝鮮民報》, 《朝鮮新聞》, 《조선일보》, 《조선중앙일보》, 《중앙일보》, 《중외일보》)

『開闢』, 『三千里』, 『別乾坤』, 『東光』, 『佛教』, 『朝光』, 『朝鮮公論』

강원 강릉의 박희백(朴羲伯) 외 1인 판결문, 1921.10.12., 경성복심법원.

강원 강릉의 박희백(朴羲伯) 외 1인 판결문, 1921.11.19., 고등법원형사부.

강원 양양의 김홍식(金鴻植) 외 13인 판결문, 1921.11.16., 경성복심법원.

경기 부천의 용본춘영(龍本春榮) 외 2인 판결문, 1942.8.13., 경성지방법원.

경남 진주의 강영필(姜永弼) 판결문, 1921.7.1., 대구복심법원.

경남 진주의 구여순(具汝淳) 외 5인 판결문, 1924.2.28., 경성지방법원.

경남 함양의 김영두(金英斗) 외 2인 판결문, 1922.10.16., 전주지방법원합의부.

경남 합천의 구여순(具汝淳) 외 5인 판결문, 1924.1.25., 경성지방법원.

경북 경주의 이인석(李寅錫) 판결문, 1924.12.15., 대구지방법원.

경북 경주의 이인석(李寅錫) 판결문, 1925.3.17., 대구복심법원.

경북 군위의 이치균(李致均) 외 2인 판결문, 1921.7.8., 대구지방법원안동지청.

경북 김천의 이군명(李君明) 외 11명 판결문, 1921.7.8., 대구지방법원안동지청.

경북 김천의 이군명(李君明) 외 11명 판결문, 1921.7.8., 대구지방법원안동지청.

경북 문경의 강석희(姜錫熙) 외 13인 판결문, 1921.6.27., 대구복심법원.

경북 상주의 김영생(金泳生) 판결문, 1925.7.4., 대구복심법원.

경북 안동의 권영재(權寧宰) 외 1인 판결문, 1921.7.2., 대구지방법원안동지청.

경북 안동의 손재봉(孫在鳳) 외 25인 판결문, 1921.4.22., 대구지방법원안동지청.

경북 안동의 손재봉(孫在鳳) 외 49인 판결문, 1921.11.26., 대구복심법원.

경북 영덕의 권영기(權寧畿) 외 17인 판결문, 1921.5.16., 대구지방법원안동지청.

경북 영덕의 송영호(宋永祜) 외 28인 판결문, 1927.1.21., 대구지방법원.

경북 영양의 안규석(安圭錫) 외 3인 판결문, 1921.7.4., 대구지방법원안동지청.

경북 영양의 이정호(李廷浩) 외 3인 판결문, 1921.6.2., 대구지방법원안동지청.

경북 청송의 박주한(朴柱翰) 외 26인 판결문, 1921.6.22., 대구지방법원안동지청.

경북 청송의 박주한(朴柱翰) 외 54인 판결문, 1921. 11. 26., 대구지방법원안동지청.

경북 청송의 조성복(趙性復) 외 1인 판결문, 1926. 1. 30., 대구지방법원.

경북 청송의 조용원(趙鏞元) 외 25인 판결문, 1921. 7. 11., 대구지방법원안동지청.

경성 북아현의 김중섭(金重燮) 외 17인 판결문, 1938. 9. 30., 경성지방법원.

경성 북아현의 김중섭(金重燮) 외 9명 판결문, 1938. 9. 30., 경성복심법원.

경성 북아현의 김중섭(金重燮) 외 9명 판결문, 1939. 8. 8., 경성지방법원.

경성 원동의 손병희(孫秉熙) 외 47인 판결문, 1920. 10. 30., 경성복신법원.

만주국 봉천의 채경대(蔡慶大) 외 8인 판결문, 1939. 5. 23., 경성지방법원.

전남 무안의 채경대(菜慶大) 외 3인 판결문, 1940. 2. 20., 경성지방법원.

전북 김제의 김영식(金靈植) 외 9인의 판결문, 1940. 10. 30., 전주지방법원형사부.

전북 김제의 김혁진(金爀珍) 판결문, 1923. 11. 21., 대구지방법원울진지청.

전북 김제의 김홍규(金洪奎) 외 5인 판결문, 1922. 4. 4., 경성복심법원형사부.

전북 김제의 김홍규(金洪奎) 외 9인 예심결정문, 1922. 3. 28., 공주지방법원.

전북 익산의 임재근(林在根) 판결문, 1923. 12. 24., 공주지방법원.

전북 임실의 심상훈(沈相勳) 외 1인 판결문, 1923. 5. 21., 전주지방법원금산지청.

전북 정읍의 한규숙(韓圭淑) 외 3명 판결문, 1926. 11. 18., 경성지방법원.

전북 정읍의 한규숙(韓圭淑) 외 4명 예심결정문, 1926. 7. 19., 경성지방법원.

전북 진안의 김태주(金泰周) 판결문, 1921. 7. 28., 광주지방법원전주지청.

전북 진안의 양인문(梁仁文) 판결문, 1943. 10. 15., 전주지방법원.

제주 애월의 원변호찬(原邊鎬燦) 외 1인 판결문, 1942. 11. 12., 광주지방법원제주지청.

제주 우면의 오성태(吳成泰) 판결문, 1919. 1. 16., 대구복심법원.

제주 좌면의 정구용(鄭九鎔) 판결문, 1923. 6. 29., 대구복심법원.

제주 중문의 강승태(姜昇泰) 외 19인 판결문, 1940. 12. 4., 광주지방법원형사부.

제주 제주읍의 양원붕진(良元鵬進) 외 3인 판결문, 1943. 2. 16., 광주지방법원목포지청.

제주 제주읍의 김경식(金景軾)의 판결문, 1940. 10. 31., 광주지방법원형사부.

충남 청양의 이민동(李敏東) 외 1인 판결문, 1918. 6. 20., 공주지방법원.

충북 단양의 박운업(朴雲業) 판결문, 1923. 5. 25., 경성복심법원.

충북 제천의 이용운(李用運) 판결문, 1923. 6. 4., 경성복심법원.

함남 덕원의 이성린(李成麟) 외 15인 판결문, 1921. 7. 27., 경성복심법원.

황해도 옹진의 최도성(崔道成) 판결문, 1945. 3. 12., 고등법원형사부.

『教祖略史』, 1935.

『大道指南』, 普天教中央協正院・總正院, 1953.

『大巡典經』, 李祥昊 著, 相生社, 1929.

『大巡典經』, 李祥昊 著, 甑山教本部, 1987.

『道訓』, 普天教總政院典文司, 1987.

『普光(四號)』, 普光社, 1924. 3.

『普光(三號)』, 普光社, 1924. 1.

『普光(二號)』, 普光社, 1923. 12.

『普光(創刊號)』, 普光社, 1923.10.

『普天教』, 普天教中央典文司, 1951.

『普天教報』(一號), 普天教眞正院, 1922.7.

『普天教沿革史』(上·下), 普天教中央總正院·協正院·總領院, 1948.

『普天教沿革史(續)』, 普天教中央總正院·協正院·總領院, 1958.

『普天教誌』, 普天教中央總正院, 1964.

『普化』(三號), 東道教普化教會本部, 1965.10.

『普化』(二號), 東道教普化教會本部, 1965.7.

『普化』(創刊號), 東道教普化教會本部, 1965.5.

『時鑑』, 普天教總正院典文司, 1984.

『研眞』(二號), 普天教總正院內研眞所, 1959.3.

『研眞』(一號), 普天教研眞編纂委員會, 1958.11.

『禮記撮要』, 普天教中央總正院, 1953.

『二師傳書』(一卷), 普天教中央總正院刊行所, 1948.

『二師全書』, 普天教中央協正院·總正院, 1946.

『井邑郡誌』, 張奉善 編, 履露齋, 1936.

『甑山天師公事記』, 李祥昊, 相生社, 1926.

『執贄訓辭』(乾·坤), 普天教聖書編纂委員會, 1956.

『天地開闢經』, 李重盛 著, 도서출판한빛, 1992.

일제강점기 보천교의 민족운동 자료집 편찬위원회 편, 『일제강점기 보천교의 민족운동 자료집』(Ⅰ·Ⅱ), 전라북도
        ·정읍시·충남대학교 충청문화연구소, 2017.

일제강점기 보천교의 민족운동 자료집 편찬위원회 편, 『일제강점기 보천교의 민족운동 자료집』(Ⅲ·Ⅳ), 전라북도
        ·정읍시·충남대학교 충청문화연구소, 2018.

〈단행본〉

강돈구, 『韓國近代宗敎와 民族主義』, 集文堂, 1992.

강동진, 『日帝의 韓國侵略政策史』, 한길사, 1980.

강만길, 『한국의 민족운동과 민중』, 두레, 1987.

_____, 『고쳐 쓴 한국현대사』, 창비, 2007.

_____, 『韓國 民族運動史論』, 창비, 2018.

강재언, 『韓國近代史研究』, 한울, 1982.

국가보훈처 편, 『獨立有功者功勳錄(1996-2000; 제14권)』, 국가보훈처, 2000.

국립전주박물관 편, 『옛 사진 속의 全北(1894-1945)』, 통천문화사, 1998.

김대환, 『韓國人의 民族意識』, 이화여대출판부, 1985.

김방룡·김재영·안후상 외, 『일제강점기 보천교의 민족운동』, 도서출판기역, 2017.

_____, 『태인 무극대도의 역사·문화적 회고 및 전망』, 도서출판기역, 2019.

김승태 편역,『일제강점기 종교정책사 자료집 - 기독교 편(1910-1945)』, 한국기독교역사연구소, 1996.

김재영,『샘솟는 땅 井邑의 文化』, 정읍문화원, 1998.

_____,『저항(抵抗)과 변혁(變革)의 땅』, 정읍문화원, 2002.

_____,『보천교와 한국의 신종교』, 신아출판사, 2010.

김재영·안후상 외,『일세강점기 태인지역 민족운동사 연구』, 정읍시·정읍역사문화연구소·도서출판기역, 2019.

김철수,『읽어버린 역사 보천교』, 상생출판, 2020.

김탁,『증산교학』, 미래향문화, 1992.

_____,『한국종교사에서의 東學과 甑山敎의 만남』, 한누리미디어, 2000.

_____,『정감록과 격암유록』, 민속원, 2021.

김홍철,『韓國 新興宗教 思想의 研究』, 집문당, 1989.

_____,『한국 민중사상과 신종교』, 진달래, 1998.

김홍철·류병덕·양은용,『韓國 新宗教實態調査報告書』, 원광대학교종교문제연구소, 1997.

김희곤,『경북유림과 독립운동』, 경인문화사, 2015.

남민편집위원회 편,『南民』6, 도서출판형제, 2001.

노길명,『한국의 신흥종교』, 가톨릭신문사, 1988.

노태구,『東學革命의 研究』, 백산서당, 1982.

류병덕 편저,『東學·天道教』, 시인사, 1976.

류병덕,『脫宗教 時代의 宗教』, 원광대학교출판국, 1982.

_____,『韓國民衆宗教思想論』, 시인사, 1985.

_____,『근·현대 한국 종교사상 연구』, 마당기획, 2000.

문화공보부 편,『韓國의 宗教』, 문화공보부, 1989.

박광수 외,『한국 신종교 지형과 문화』, 집문당, 2015.

박종렬,『車天子의 꿈』, 도서출판 장문산, 2001.

박찬승,『민족·민족주의』, 도서출판소화, 2016.

변은진,『일제말 항일비밀결사운동 연구』, 도서출판선인, 2018.

빠르타 짯떼르지(이광수 옮김),『민족주의 사상과 식민지 세계』, 그린비, 2013.

백원철·안후상 외,『19세기 사상의 거처 - 근대 민중종교운동과 고창』, 도서출판기역, 2013.

브르스커밍스(김주환 옮김),『한국전쟁의 기원(上·下)』, 靑史, 1986.

雪人心 편,『愛國 巨佛』, 미륵불교총본부, 1975.

성신여자대인문과학연구소 편,『韓國近代民族意識의 成長』, 성신여대출판부, 1983.

성주현,『식민지 시기 종교와 민족운동』, 도서출판선인, 2013.

송건호·강만길,『韓國民族主義論 I』, 창비사, 1988.

신귀백,『井州 宗教總覽』, 정읍문화원, 1993.

신영훈,『朝鮮의 宮闕』, 조선일보사, 1998.

신용하 외,『한국 사회사의 이해』, 문학과지성사, 1997.

역사문제연구소동학농민전쟁백주년기념사업추진위원회 엮음,『동학농민군후손 증언록; 다시피는 녹두꽃』, 역사비
　　　평사, 1994.

역사학회 편,『韓國近代民族主義運動史研究』, 일조각, 1987.

유재영, 『全北地名總攬 5』, 민음사, 1993.

윤선자, 『일제의 종교정책과 천주교회』, 경인문화사, 2001.

_____, 『한국근대사(韓國近代史)와 종교(宗教)』, 국학자료원, 2002.

_____, 『김철 - 영원한 대한민국임시정부의 요인』, 역사공간, 2010.

윤이흠, 『韓國宗教研究』(Ⅰ·Ⅱ·Ⅲ), 집문당, 1986-1991.

_____, 『日帝의 韓國 民族宗教 抹殺策 - 그 정책의 실상과 자료 - 』, 고려한림원, 1997.

윤정란, 『한국기독교 여성운동의 역사』, 국학자료원, 2003.

의암손병희선생기념사업회 편, 『義菴 孫秉熙先生 傳記』, 義菴孫秉熙先生記念事業會, 1967.

이강오, 『한국신흥종교총람(韓國 新興宗教總覽)』, 대흥기획, 1992.

이기화 편저, 『高敞의 숨결』, 고창문화원향토문화연구소, 1998.

이만열, 『한국기독교와 민족운동』, 종로서적, 1992.

_____, 『한국기독교와 민족의식』, 지식산업사, 2014.

이선민, 『한국의 성지 - 민족종교 편』, 샘터, 1997.

이영희·강만길, 『韓國의 民族主義運動과 民衆』, 두레, 1987.

이용선, 『巨富實錄』 제8권, 양우당, 1986.

이이화, 『발굴 동학농민전쟁 인물 열전』, 한겨레신문사, 1994.

이정립, 『民族的 宗教運動』, 증산교본부, 1953.

_____, 『甑山教史』, 증산교본부, 1977.

_____, 『甑山思想의 理解 - 대동사회의 건설을 위하여』, 도서출판인동, 1981.

_____, 『大巡哲學 - 韓國人 本位의 世界觀』, 증산교본부교화부, 1984.

임혜봉, 『日帝下 佛教界의 抗日運動』, 민족사, 2001.

원광대종교문제연구소 편, 『원광대종교문제연구소 자료집총서, 『사상휘보』 민족종교 관련기사 - 조선총독부 고등법
    원(1934~43년) - 』, 집문당, 2015.

에르네스트 르낭(신행선 옮김), 『민족이란 무엇인가』, 책세상, 2002.

앤서니 D. 스미스(강철구 옮김), 『민족이란 무엇인가 - 근대주의를 넘어선 새로운 모색』, 도서출판용의숲, 2012.

장병길, 『甑山宗教思想』, 대순종교문화연구소, 1976.

장봉선, 『井邑郡誌』, 履露齊, 1936.

장석만, 『한국 근대종교란 무엇인가?』, 도서출판모시는사람들, 2017.

장옥, 『용화도장 지킴이』, 선학사, 2004.

전북애향운동본부 편, 『全北人物誌(下)』, 동명정판사, 1984.

정읍시사편찬위원회 편, 『井邑市史』, 정읍시, 2003.

정진홍, 『韓國 宗教文化의 전개』, 집문당, 1986.

제주도지편찬위원회 편, 『濟州抗日獨立運動史』, 제주도, 1996.

조경달(허영란 옮김), 『민중과 유토피아』, 역사비평사, 2009.

조계종불학연구소, 『曹溪宗史』, 대한불교조계종 교육원, 2001.

조동걸, 『韓國民族主義의 成立과 獨立運動史研究』, 지식산업사, 1989.

_____, 『韓國民族主義의 發展과 獨立運動史研究』, 지식산업사, 1993.

조승철, 『濟州의 宗教』, 도서출판사월, 1997.

증산교연합회 편, 『日帝下 증산교단의 민족운동』, 순민사, 1997.

천도교중앙총부교사편찬위원회 편, 『天道敎百年史(上)』, 미래문화사, 1981.

村山智順(최길성·장상언 역), 『조선의 유사종교』, 계명대학교출판부, 1991.

최기영, 『한국근대 계몽사상연구』, 일조각, 2003.

_____, 『한국 근내문화와 민족운동』, 경인문화사, 2021.

최현식, 『增補 井邑郡誌』, 삼양출판사, 1974.

_____, 『갑오동학혁명사』, 신아출판사, 1980.

_____, 『井邑 抗日運動史』, 정읍문화원, 1994.

한국근현대사학회 엮음, 『한국근대사강의』, 한울아카데미, 2014.

_____, 『새롭게 쓴 한국독립운동사강의』, 한울아카데미, 2020.

한국독립운동사연구소 편, 『한국독립운동사사전(운동·단체 편)』, 독립기념관, 2004.

한국민족운동사연구회 편, 『韓國 民族運動과 宗敎』, 국학자료원, 1998.

한국민족운동사연구회, 『한국민족운동과 종교』, 국학자료원, 1998.

한국민족운동사학회 편, 『보천교와 보천교인의 민족운동』, 도서출판선인, 2018.

한규무, 『일제하 한국기독교 농촌운동 - 1925~1937』, 한국기독교역사연구소, 1997.

홍범초, 『甑山敎槪論』, 創文閣, 1982.

_____, 『汎甑山敎史』, 도서출판한누리, 1988.

홍성준, 『古堂曺晩植』, 평남민보사, 1966.

홍영기, 『한말 의병에서 독립군으로』, 도서출판선인, 2017.

황선명 외, 『韓國 近代民衆宗敎 思想』, 학민사, 1983.

황선명, 『民衆宗敎運動史』, 종로서적, 1980.

黃玹(김종익 역), 『梧下記聞』, 역사비평사, 1994.

黃玹(이민수 역), 『東學亂』, 乙酉文化社, 1998.

E. J.홉스봄(강명세 옮김), 『1780년 이후의 민족과 민족주의』, 창작과비평사, 1994.

〈논문〉

강돈구, 「한국근대 종교운동과 민족주의의 관계에 대한 연구」, 『한국종교연구회회보』 2, 한국종교문화연구소, 1990. 1.

김렬규, 「신흥종교와 민간신앙」, 『한국학보』 4, 일지사, 1976.

김방룡, 「강증산과 치월곡의 개벽사상」, 『일제강점기 보천교의 민족운동』, 도서출판기역, 2017.

김응곤, 「新興宗敎 聚落에 관한 연구 - 普天敎 發祥地 大興 마을을 중심으로 -」, 전북대교육대학원 석사학위논문, 1989.

김재영, 「風水와 땅이름으로 본 井邑의 宗敎的 象徵性 - 普天敎를 중심으로 -」, 『신종교연구』 2, 한국신종교학회, 2000.

_____, 「普天敎 本所 建築物의 行方」, 『신종교연구』 5, 한국신종교학회, 2001.

_____, 「普天敎의 天子登極說의 實體」, 『한국종교사연구』 9, 한국종교사학회, 2001.

_____, 「井邑農樂과 新宗敎」, 『한국종교사연구』 10, 한국종교사학회, 2002.

_____, 「입암산과 宗敎」, 『신종교연구』 8, 한국신종교학회, 2003.

_____, 「보천교의 교육활동」, 『신종교연구』 14, 한국신종교학회, 2006.

_____, 「1920년대 보천교의 민족운동에 대한 경향성」, 『전북사학』 31, 전북사학회, 2007.

_____, 「동학이후 증산계열의 민족운동」, 『일제강점기 보천교의 민족운동』, 도서출판기역, 2017.

김재영·안후상, 「구술 - 1945년 대한민국임시정부 주석 김구 선생, 정읍 태인의 김부곤 선생 댁에 머물다」, 『일제 강점기 보천교의 민족운동』, 도서출판 기역, 2017.

김재영, 「후천개벽운동과 보천교」, 『보천교와 보천교인의 민족운동』, 도서출판선인, 2018.

김정인, 「1920년대 전반기 普天敎의 浮沈과 民族運動」, 『한국민족운동사연구』 29, 한국민족운동사학회, 2001.

_____, 「법정사 항일투쟁의 민족운동사적 위상」, 『제주도연구』 22, 제주학회, 2002.

_____, 「日帝强占期 天道敎團의 民族運動 硏究」, 서울대대학원 박사학위논문, 2002.

_____, 「1930년대 조선총독부의 탄압과 보천교의 강제 해산」, 『보천교와 보천교인의 민족운동』, 도서출판선인, 2018.

김정임, 「日帝下에서의 한국교회의 민족운동(1910-1945)」, 이화여대대학원 석사학위논문, 1988.

김진수, 「韓國民族宗敎의 後天開闢思想에 관한 비교 연구 - 創敎主들의 變革에 대한 대응태도를 중심으로」, 서울대 대학원 석사학위논문, 1994.

김철수, 「1910-1925년 식민권력의 형성과 민족종교의 성쇠; 『보천교일반』(1926)을 중심으로」, 『종교연구』 74권 2호, 한국종교학회, 2014.

_____, 「일제 식민권력의 기록으로 본 보천교의 민족주의적 성격」, 『신종교연구』 35, 한국신종교학회, 2016; 「일제 식민권력의 기록으로 본 보천교의 민족주의적 성격」, 『일제강점기 보천교의 민족운동』, 도서출판기역, 2017.

_____, 「일제하 식민권력의 종교정책과 보천교의 운명」, 『선도문화』 20, 국제뇌교육종합대학원대학교 국학연구원, 2016.

_____, 「1920년대 보천교의 실력양성운동」, 『보천교와 보천교인의 민족운동』, 도서출판 선인, 2018.

김탁, 「宗敎的 豫言은 실현될 것인가 - 증산교를 중심으로 -」, 『정문연대학원논문집』 13, 1988.

_____, 「甑山敎의 神觀」, 『韓國哲學宗敎思想史』, 원광대종교문제연구소, 1990.

_____, 「보천교의 예언사상」, 『일제강점기 보천교의 민족운동』, 도서출판기역, 2017.

김홍철, 「日帝下 甑山敎의 民族運動에 관한 연구」, 『증산사상연구(甑山思想硏究)』 14, 증산사상연구회, 1988.

남창희, 「일제하 전북지역 민족종교 세력이 한미관계 정체성 형성에 미친 영향에 대한 시론」, 『일제강점기 보천교의 민족운동』, 도서출판기역, 2017.

노길명, 「甑山敎의 發生背景에 대한 社會學的인 硏究」, 『甑山思想硏究』 2, 증산사상연구회, 1976.

_____, 「新興宗敎 創始者와 追從者의 社會的 背景과 그들 간의 관계 - 甑山敎를 중심으로」, 『甑山思想硏究』 3, 증산사상연구회, 1977.

_____, 「甑山의 民族主體思想」, 『甑山思想硏究』 6, 증산사상연구회, 1980.

_____, 「日帝下의 甑山敎運動 - 보천교를 중심으로 한 서설적 연구」, 『한국근대종교사상사』, 원광대학교출판국, 1984.

류병덕 외, 「한국근세종교의 민중사상 연구」, 『한국종교』 14, 원광대종교문제연구소, 1989.

류병덕, 「韓國新興宗敎의 類似宗敎規定에 관한 硏究」, 『원광대논문집』 4, 원광대학교, 1969.

_____, 「民族的 民衆宗敎의 向方」, 『甑山思想硏究』 13, 증산사상연구회, 1987.

박문석, 「한국근대민중종교가 근대화에 미친 영향」, 성균관대대학원 석사학위논문, 1985.

박상권, 「日帝의 宗敎政策과 韓國宗敎」, 『한국근대종교사상사』, 원광대학교출판국, 1984.

박상주, 「보천교와 영호남 농악」, 『일제강점기 보천교의 민족운동』, 도서출판기역, 2017.

박인규, 「일제강점기 증산계 종교운동 연구 - 차월곡의 보천교와 조정산의 무극대도를 중심으로」, 서울대대학원 박사학위논문, 2019.

박항식, 「湖南秘訣考究」, 『원광대논문집』 11, 원광대학교, 1977.

박환, 「1920년대 만주지역 독립운동단체 군자금 모금과 보천교」, 『보천교와 보천교인의 민족운동』, 도서출판선인, 2018.

배영기, 「姜甑山의 生命思想(上)」, 『甑山思想研究』 18, 증산사상연구회, 1992.

성대경, 「1907년의 軍隊解散과 그 蜂起」, 성균관대대학원 석사학위논문, 1965.

_____, 「大院君 初期執政期의 權力構造」, 『大東文化研究』 15, 大東文化研究院, 1982. 5.

성주현, 「1920년대 초 태을교인의 민족운동」, 『일제강점기의 민족운동과 종교』, 국학자료원, 2002.

_____, 「일제강점기 민족종교의 비밀결사와 독립운동자금 모금운동」, 『한국민족운동사연구』 56, 한국민족운동사학회, 2008.

송준호·이강오, 「1907년當時의 大韓帝國官員中 留學學歷所持者의 調査 - 韓末支配層과 海外思潮와의 관계를 考察하기 위한 基礎作業」, 『全北史學』 4, 전북대학교, 1980.

宋炯穆, 「植民地朝鮮における朝鮮總督府の新宗教政策と‘宗教地形’の變化 - 1920年代前半における普天教の 活動を中心に - 」, 立命館大學大學院 文學研究科 日本史學專修, 2012.

안후상, 「日帝下 普天教運動 - 교주 차경석을 중심으로」(상·하), 『남민』 4·5, 서해문집, 1992·1995.

_____, 「普天教運動 研究」, 성균관대교육대학원 석사학위논문, 1992.

_____, 「무오년 제주 법정사 항일항쟁 연구」, 『종교학연구』 15, 서울대학교종교학연구회, 1996.

_____, 「普天教 研究의 現況과 課題」, 『한국종교사연구』 6, 한국종교사학회, 1998.

_____, 「普天教와 物産獎勵運動」, 『한국민족운동연구』 19, 한국민족운동사연구회, 1998.

_____, 「차월곡 출생에 관한 소고」, 『신종교연구』 2, 한국신종교학회, 2000.

_____, 「普天教 十一殿과 曹溪寺 大雄殿」, 『신종교연구』 4, 한국신종교학회, 2001.

_____, 「佛教總本山 曹溪寺 創建考」, 『보조사상』 15, 보조사상연구원, 2001.

_____, 「仙道系列의 豫言을 어떻게 볼 것인가」, 『신종교연구』 6, 한국신종교학회, 2002.

_____, 「강증산의 사상과 보천교운동」, 『식민지 시대 사회상에 비친 동학관련 신종교·민간신앙』, 전라북도동학농민혁명기념관, 2007.

_____, 「한국불교 총본사건설과 李鍾郁」, 『대각사상』 10, 대각사상연구원, 2007.

_____, 「식민지시기 보천교의 ‘공개’와 공개 배경」, 『신종교연구』 26, 한국신종교학회, 2012.

_____, 「미륵불교의 ‘신인동맹 사건’」, 『정읍학』 창간호, 정읍학연구회, 2014.

_____, 「‘보천교의 반일성 연구’를 위한 연구사적 검토」, 『한국종교』 39, 원광대학교종교문제연구소, 2016.

_____, 「일제강점기 보천교의 독립운동 - 온라인 국가기록원의 ‘독립운동관련판결문’을 중심으로 - 」, 『일제강점기 보천교의 민족운동』, 도서출판기역, 2017.

_____, 「일제하 민족종교에서 펴낸 간행물 조사 - 증산교를 중심으로 - 」, 『일제강점기 보천교의 민족운동』, 도서출판기역, 2017.

_____, 「자료로 재구성한 ‘일제강점기 보천교운동’」, 『일제강점기 보천교의 민족운동』, 도서출판기역, 2017.

_____, 「한국 민족종교 지식지도; 보천교」, 『일제강점기 보천교의 민족운동』, 도서출판기역, 2017.

_____, 「1920년대 보천교의 ‘권총단 사건’ 연구」, 『보천교와 보천교인의 민족운동』, 도서출판선인, 2018.

_____, 「1920·30년대 잡지의 ‘보천교 인식’」, 『일제강점기 보천교의 민족운동 자료집Ⅳ』, 전라북도·정읍시·충남대학교 충청문화연구소, 2018.

_____, 「보천교의 고천제와 '교단 공개'」, 『한국종교』 45, 원광대학교종교문제연구소, 2019.

_____, 「보천교 성립에 있어서 동학·강증산」, 『정읍학』 6, 정읍학연구회, 2019.

_____, 「1940년 '신인동맹 사건'의 배경과 일제의 사상 탄압 - 양인문의 '판결문'과 '가출옥집행제의건 보고'를 중심으로 - 」, 『일제강점기 태인지역 민족운동사 연구』, 정읍시·정읍역사문화연구소·도서출판기역, 2019.

_____, 「태인 무극대도의 민족운동 연구」, 『태인 무극대도의 역사·문화적 회고 및 전망』, 도서출판기역, 2019.

_____, 「일제강점기 皇極敎의 신국가 건설운동」, 『한국종교』 47, 원광대학교종교문제연구소, 2020.

_____, 「내장사 유래와 '내장산 내장사' 인식」, 『전북사학』 61, 전북사학회, 2021.

_____, 「일제강점기 보천교의 민족운동 연구」, 전남대대학원 박사학위논문, 2022.

우윤, 「19세기 민중운동과 민중사상 - 후천개벽, 정감록, 미륵신앙을 중심으로」, 『역사비평』 2, 역사비평사, 1988.

윤선자, 「한국 역사학계의 회고와 전망 - 2004~2005 : 광복 60주년과 한국독립운동사 연구」, 『역사학보』 191, 역사학회, 2006.9.

_____, 「1920년대 국제정세와 한국 종교계의 관계」, 『역사학연구』 28, 호남사학회, 2006.11.

_____, 「동학농민전쟁과 종교」, 『한국학논총』 34, 국민대한국학연구소, 2010.8.

윤소영, 「법정사 항일운동 주동세력의 성격에 대한 재검토」, 『한국독립운동사연구』 51, 독립기념관 한국독립운동사연구소, 2015.

_____, 「훔치교, 선도교와 제주 법정사 항일운동」, 『보천교와 보천교인의 민족운동』, 도서출판선인, 2018.

윤승용, 「新宗敎와 新宗敎學」, 『신종교연구』 창간호, 한국신종교학회, 1999.

윤이흠, 「東學運動의 開闢思想 - 信念類型과 社會變化의 動因을 중심으로」, 『한국종교연구 Ⅱ』, 집문당, 1988.

윤해동, 「한국 민족주의의 근대성 비판」, 『역사문제연구』 4, 역사문제연구소, 2000.4.

이강오, 「普天敎」, 『전북대학교논문집』 8, 전북대학교, 1966.

_____, 「甑山敎總論」, 『전북대학교논문집』 7, 전북대학교, 1966.

_____, 「甑山 姜一淳」, 『全北人物誌(下)』, 동명정판사, 1984.

이만열, 「민족주의」, 『한국사 시민강좌』 25, 일조각, 1999.

이영석, 「資本主義와 民衆宗敎」, 『증산사상연구』 16, 증산사상연구회, 1990.

이용찬, 「玄武經의 符와 後天開闢思想에 대한 연구」, 건국대대학원 석사학위논문, 1992.

이원석, 「呑虛의 傳統學術 修學과 求道入山의 軌迹」, 『한국불교학』 66, 한국불교학회, 2013.

이진우, 「정읍 입암·태인의 신종교적 흐름」, 『일제강점기 보천교의 민족운동』, 도서출판기역, 2017.

이태호, 「全琫準과 姜甑山의 社會思想」, 『공동체문화』, 공동체, 1979.

이현택, 「甑山敎」, 『韓國宗敎』 8, 원광대종교문제연구소, 1983.

이희태, 「上帝人物降世와 天地公事 - 後天開闢을 중심으로」, 『甑山思想研究』 17, 증산사상연구회, 1990.

_____, 「'한'의 甑山大道」, 『甑山思想研究』 16, 증산사상연구회, 1990.

임병학, 「보천교의 교리와 『正易』사상 - 八卦圖를 중심으로 - 」, 『신종교연구』 34, 한국신종교학회, 2016.

임종명, 「아시아·태평양 전쟁기, 식민지 조선의 인종 전쟁 담론」, 『사총』 94, 고려대학교 역사연구소, 2018.5.

임향순, 「普天敎와 大興里」, 『井邑文化』 2, 정읍문화원, 1993.

장원아, 「1920년대 보천교의 활동과 조선사회의 대응」, 『한국사론』 59, 서울대학교, 2013.

_____, 「1920년대 普天敎의 활동과 조선사회의 대응」, 서울대대학원 석사학위논문, 2013.

장정태, 「日帝下 新興宗敎 研究 - 姜甑山의 彌勒信仰을 중심으로」, 동국대교육대학원 석사학위논문, 1997.

정년선, 「한국신흥종교의 정치사상적 의의(1860-1945)」, 고려대대학원 박사학위논문, 1982.

趙景達,「植民地朝鮮における新興宗教の展開と民衆(上) - 普天教の抗日と親日」,『思想』, 2001. 2, 岩波書店, 2001.

_____,「植民地朝鮮における新興宗教の展開と民衆(下) - 普天教の抗日と親日」,『思想』, 2001. 3, 岩波書店, 2001.

조규태,「보천교의 성립과 그 민족운동사적 의미」,『보천교와 보천교인의 민족운동』, 도서출판선인, 2018.

조성운,「1920년대 국내 언론을 통해 본 보천교의 종교적 특성」,『보천교와 보천교인의 민족운동』, 도서출판선인, 2018.

조항래,「일진회연구」, 중앙대대학원 박사학위논문, 1984.

진정애,「보천교와 무극대도의 신앙대상에 대한 고찰」,『신종교연구』25, 한국신종교학회, 2011.

한시준,「독립운동의 성과와 계승」,『사학지』60, 단국사학회, 2020. 12.

홍범초,「普天教 初期 教團의 布教에 관한 연구」,『韓國宗教』10, 원광대종교문제연구소, 1985.

홍성찬,「한국 근현대 李順鐸의 政治經濟思想 연구」,『역사문제연구』창간호, 역사문화연구소, 1996.

황선명,「잃어버린 코뮌」,『신종교연구』2, 한국신종교학회, 2000.

〈구술〉

김은수의 구술(63세. 교사. 차경석 생가 소유주 김공배의 손자. 2000. 1. 26. 전라북도 고창군 부안면 연기리 마을 회관에서 김재영·안후상 채록).

김은수의 구술(63세. 교사. 차경석 생가 소유주 김공배의 손자. 2001. 12. 28. 전라북도 고창군 부안면 연기리 마을 회관에서 김재영·안후상 채록).

안영승의 구술(76세. 보천교 십일전 공사 참여자. 1991. 1. 22., 전라북도 정읍시 진산리 안영승의 집에서 안후상 채록).

안영승의 구술(76세. 보천교 십일전 공사 참여자. 1991. 7. 15. 전라북도 정읍시 진산리 안영승의 집에서 안후상 채록).

은희반의 구술(75세. 은세룡의 딸. 2002. 10. 19. 전라북도 부안군 줄포면 줄포리 금동 은희반의 집에서 김재영·곽형주·안후상 채록).

이강오의 구술(71세. 전북대학교 철학과 교수. 1991. 10. 19. 전라북도 전주시 금암동 이강오의 집에서 이희태·안후상 채록).

장옥의 구술(63세. 이정립의 부인. 1990. 1. 23. 전라북도 김제시 금산면 금산리 증산교본부에서 이희태·안후상 채록).

차봉남의 구술(65세. 차경석의 3남. 1991. 5. 10. 전라북도 정읍시 입암면 접지리 차봉남의 집에서 안후상 채록).

차봉남의 구술(74세. 차경석의 3남. 2000. 1. 31. 전라북도 정읍시 입암면 접지리 차봉남의 집에서 김재영 채록).

차봉남의 구술(75세. 차경석의 3남. 2001. 12. 28. 전라북도 정읍시 입암면 접지리 차봉남의 집에서 안후상 채록).

차용남의 구술(67세. 차경석의 2남. 1990. 2. 5., 전라북도 정읍시 입암면 접지리 차용남의 집에서 안후상 채록).

차용남의 구술(67세. 차경석의 2남. 1990. 7. 30. 전라북도 정읍시 입암면 접지리 차용남의 집에서 안후상 채록).

차용남의 구술(68세. 차경석의 2남. 1991. 1. 21. 전라북도 정읍시 입암면 접지리 차용남의 집에서 안후상 채록).

차용남의 구술(75세. 차경석의 2남. 1998. 7. 22. 진라북도 정읍시 입암면 접지리 차용남의 집에서 안후상 채록).

차용남의 구술(77세. 차경석의 2남. 2000. 2. 5. 전라북도 정읍시 입암면 접지리 차용남의 집에서 안후상 채록).

최종섭의 구술(74세. 보천교인. 1991. 1. 23. 전라북도 정읍시 입암면 접지리 최종섭의 집에서 안후상 채록).

최종섭의 구술(74세. 보천교인. 1991. 7. 15. 전라북도 정읍시 입암면 접지리 최종섭의 집에서 안후상 채록).

Abstract

A Study On The Bochongyo's National Movement During The Japanese Colonialism Period

An, Hu Sang

In the 19th century, Joseon's political, social and economic confusion was aggravated. Therefore, the people's life was much devastated. In addition, western imperialism power and Japan's aggressive approach was fierce. In this situation, a new religion that suggested different ideas from Confucianism. A representative idea was titled Donghak.

Bochongyo began when Cha, Gyeong-Seok who led the Donghak Movement met Gang, Jeung-San in 1907 at Jeollado. It developed a movement to establish a new government through people's organization named 24 Bangjoo or 60 Bangjoo during the whole period of Japanese Colonialism. The Japanese colonial government considered Bochongyo's activity as "a rebellious idea that negated national constitution" and "independence movement".

In 1918, Kim, Yeon-Il and Park, Joo-Seok, a Bochongyo devotee, attached colonial governing organizations by leading Jeju people. As they decided to expel the Japanese Empire and become the king of Jeju, they set up the capital at Gyeryongsan, Chungchongnamdo and attracted Jeju people to enthronc an emperor.

In 1920s, Bochongyo supported national and international independence movements in human and material resources. It joined in Product Encouragement Movement and developed a self-sustenance movement in 1930s. In the mid-1920s, it intended to collect military funds with Jeongouibu, an independence movement organization at Manchuria. However, Bochongyo's national movement was to declare a country name of Siguk through Gochonje and establish a new government.

It intended to negate Japanese emperor and not to acknowledge our colonial situation by establishing a new government. Therefore, in 1930s, Japanese colonialism dissolved Bochongyo which was developing a new government establishment movement by compulsion. Bochongyo's remaining power, that is, new religions under Bochongyo party developed a secret movement to establish a new government here and there. The Japanese colonialism considered them "very nationalistic and rebellious secret organizations and suppressed them.

Seondogyo that was actively working in Gangwondo declared to establish a new government of Hwochonsungyeong and attracted the people. Hwanggeukgyo of Jeollabukdo encouraged the people to have national consciousness through Gochonje and Suryongje. Mireukbulgyo's Sinindongmaeng held secret meetings to pray for and predict collapse of Japanese Imperialism.

However, it looked forward to appearance of a true man depending on 『Jeonggamrok』 or Gangjeungsan's prediction, and dreamed a new society focusing on the people rather than the nobility.

During the Japanese Colonialism Period, Bochongyo built a church and a central office at Jeongeup, Jeollabukdo. It propagated in secret that our country would be independent along with the Provisional Government of the Republic of Korea. Bochongyo's activity was engaged in ethnicity based on anti-Japanese colonialism, but intellectuals at that time did not find such tendency. Nationalism movements by the people were recorded in the 「Korean Independence Movement Decisions」 presented by National Archives of Korea. Bochongyo ad Bochongyo members who joined in the nationalism movement and were prosecuted were 430, of which 150 were independence patriots.

At those time, the people intended to escape from control by Japanese people as others, the method was extremely traditional, popular and ethnic. However, part of the intellectuals turned away its nationalism. Modernism was considered good while its pre-modernism was considered evil. Therefore, ethnicity of the people came to lose its place during the Japanese Imperialism Period.

key words new religion, Jeonggamrok, Bochongyo, Cha, Gyeong-Seok, Gang, Jeung-San, Hwochonsungyeong, establishment of new government, establishment of new country, nationalism movement, Beopjeongsa's anti-struggle against Japanese Imperialism, Jeongouibu, Product Encouragement Campaign, Gochonje, Jeongjeonje, king enthronement, Sundogyo, Hwanggeukgyo, Sinindongmaeng, Joseon Independence Movement, Cheonryu, Suryongje

보천교의 민족운동 관련 통계와 인물

—

보천교의 민족운동 관련 통계(1918-1945)

1. 근거 : 국가기록원 「독립운동관련판결문」(데이터베이스)의 판결문 · 수형인명부 · 형
   사사건부, 국가보훈처 공훈전자사료관 「독립유공자 공적조서」(데이터베이스)
   외 「독립운동관련판결문」에는 없는 다수 관련 판결문 · 형사사건부 · 수형인
   명부

2. 기준 : 2021년 4월 26일

3. 차례 : 〈표1〉 보천교 민족운동 관련 통계 - 지역별 참가자와 독립유공자

   〈표2〉 보천교 민족운동 관련 통계 - 죄명(1심 기준)

   〈표3〉 보천교 민족운동 관련 통계 - 판결(1심 기준)

   〈표4〉 보천교 민족운동 관련 통계 - 판결(2심 기준)

   〈표5〉 보천교 민족운동 관련 통계 - 나이

   〈표6〉 보천교 민족운동 관련 통계 - 직업

〈표1〉 보천교 민족운동 관련 통계 - 지역별 참가자와 독립유공자

구분\연도	참가자(명) 주소														참가자(명)	독립유공자(명)
	강원	경기(경성포함)	경남	경북	제주	전남	전북	충남	충북	함남	함북	황해	만주	미상,미기재		
1918					18		2								20	
1919					48		4								52	45
1920				1			1								2	
1921	24		3	142		3	3	7		10		1			193	62
1922						14	6	6							26	2
1923							4	2							6	
1924		1	3	2		1									7	7
1925		1		1											2	2
1926		1	1	2			2						1		6	1
1927		1					2								3	
1938	1	3				1					4	6	2	2	17	1
1939		4				1			1				2		8	
1940					18	2	7	2	1						30	5
1942		3			2										5	
1943	1	1		2		4	16								24	20
1944					3		13								16	8
1945		1	2										1		4	1
계	26	16	9	150	90	25	58	17	4	10	4	8	4	3	424	154

〈표2〉 보천교 민족운동 관련 통계 - 죄명(1심 기준)

구분 / 연도	죄명										인원 (명)
	소요 및 보안법	치안 유지법	불경내란	공무집행 방해	경찰법 처벌규칙, 육군형법	총포 화약류	대정8년 제령 제7호	조선임시 보안령 위반	기타, 장물수장, 공갈미수, 강도예비*	미기재	
1918	20										20
1919	51		1								52
1920	2										2
1921	3						190				193
1922	4			7			14		1		26
1923	3						3				6
1924							6		1		7
1925	1									1	2
1926	2						2		3		7
1927	3										3
1938	1	18									19
1939	5								3		8
1940	16	13			1						30
1942	1	3						1			5
1943	18	6									24
1944		16									16
1945		4									4
계	130	60	1	7	1	0	215	1	8	1	424

＊ : 위의 "기타, 장물수장, 공갈미수, 강도예비"는 '독립운동관련판결문'에 기록된 판결 내용임.

〈표3〉 보천교 민족운동 관련 통계 - 판결(1심 기준)

구분 연도	판결											인원 (명)
	판결 전후 사망	징역 5년 이상	징역 3년 이상	징역 1년 이상	징역 1년 이하	구류, 태, 벌금	면소	무죄	불기소, 기각, 공소권 없음	기타, 이청	미기재	
1918					1	1			18			20
1919	5	4	8	13	3	15		1	2		1	52
1920						2						2
1921			2	126	11	1	4	47	2			193
1922				2	1		15		1	7		26
1923				1	1	1		1	2			6
1924			1	3	2		1					7
1925					1						1	2
1926		1		3			3					7
1927							3					3
1938				1			8			10		19
1939							5			3		8
1940		1	4	24	1							30
1942				3					2			5
1943	2	4	5	10	3							24
1944			3	13								16
1945			2						2			4
계	7	10	25	199	24	20	39	49	29	20	2	424

〈표4〉 보천교 민족운동 관련 통계 - 판결(2심 기준)

구분 연도	판결 (판결 전후 사망)	징역 5년 이상	징역 3년 이상	징역 1년 이상	징역 1년 이하	태, 벌금	면소	무죄	불기소, 기각	기타, 이청	미기재	인원 (명)
1918												0
1919												0
1920												0
1921				27			37	15	29		93	201
1922				2	3		1				20	26
1923											6	6
1924					1				1		5	7
1925											2	2
1926											7	7
1927											3	3
1938											19	19
1939											8	8
1940											30	30
1942											5	5
1943	5										19	24
1944											16	16
1945											3	3
계	5	0	0	29	4	0	38	15	30	0	236	357

〈표5〉 보천교 민족운동 관련 통계 - 나이

구분 연도	나이								인원 (명)
	10대	20대	30대	40대	50대	60대	70대 이상	미기재	
1918	1	6	6	5	3				21
1919		13	14	13	6	3		2	51
1920			1	1					2
1921	3	81	63	36	10				193
1922		6	12	8					26
1923		3	2	1					6
1924		5	2						7
1925			1					1	2
1926		1	2	2	2				7
1927		1	1		1				3
1938			3	12	3	1			19
1939		1	2	3	1		1		8
1940			1	8	14	5	2		30
1942				1	2	2			5
1943		1	2	7	10	4			24
1944			2	6	6	2			16
1945					4				4
계	4	118	114	103	62	17	3	3	424

〈표6〉 보천교 민족운동 관련 통계 - 직업

연도	직업													인원(명)
	농업	상공업	숙박업	어업	관공서	은행	조합	교사	기자	약종상,의생	종교인	기타,무직	미기재	
1918	19										1	1		21
1919	37										1	7	6	51
1920	2													2
1921	162	9	1		5	2	3	1		3		4	3	193
1922	25	1												26
1923	6													6
1924						1			1			5		7
1925	1												1	2
1926	4											3		7
1927	3													3
1938	12	2										5		19
1939	2								1			5		8
1940	25	2										2	1	30
1942	4	1												5
1943	21			1								1	1	24
1944	15										1			16
1945	1											1	2	3
계	339	15	1	1	5	3	3	1	2	4	2	34	14	424

보천교의 민족운동 관련 인물(1918-1945)

1. 근거 : 2021년 4월 26일 기준, 국가기록원 「독립운동관련판결문」(데이터베이스)의 판결문 · 수형인명부 · 형사사건부, 국가보훈처 공훈전자사료관 「독립유공자 공적조서」(데이터베이스) 외 「독립운동관련판결문」에는 없는 다수 관련 판결문 · 형사사건부 · 수형인명부

2. 원칙 : 일제 검경으로부터 기소된 보천교와 보천교계 신종교 관련자들을 선정함. 인물의 순서는 가나다순으로 함

번호	성명(나이/직업)	주소	판결기관	판결일	죄명	판결	출처·근거	기타 및 2심 (판결기관/판결일/죄명/판결/출처/기타)	포상명
1	강기추 (35.姜基秋/농업)	제주 좌면 하원	광주지방법원목포지원	1918.11.9. 석방	소요 및 보안법	불기소	형사사건부, 수형인명부		
2	강대구 (25.姜大球/무직)	경북 안동 북후면 옹천	대구지방법원 안동지청	1921.6.22.	대정8년 제령제7호 위반	징역1년	경북청송의 박주환 외 26인 판결문	대구복심법원형사제2부/1921.11.26./대정8년제령제7호위반/무죄/경북청송의 박주환 외 54인 판결문	
3	강두옥 (62.康斗玉/短靴職)	제주 좌면 월평	광주지방법원목포지원	1919.2.4.	소요 및 보안법	벌금30원	형사사건부, 수형인명부		대통령 표창
4	강민수 (39.姜敏洙/ 법정사 무직)	제주 좌면 도순 (경북 영일군)	광주지방법원목포지원	1919.2.4.	소요 및 보안법	징역 1년6월	형사사건부, 수형인명부		애족장
5	강봉환 (51.姜奉煥/농업)	제주 구우면 금악	광주지방법원목포지원	1919.2.4.	소요 및 보안법	징역2년	형사사건부, 수형인명부		애족장
6	강석구 (58.姜錫龜/농업)	전남 제주도 안덕면 동광	광주지방법원 형사부	1940.12.4.	불경, 보안법 위반	징역4년	전남제주의 강본승하 외 19인 판결문		
7	강석희 (29.姜錫熙/농업)	경북 문경군 가은면 성유	대구지방법원 안동지청	1921.6.27.	대정8년 지령제7호 위반	징역2년	경북문경의 강석희 외 13인 판결문	대구복심법원형사제2부/1921.11.26./대정8년제령제7호위반/징역1년/경북청송의 박주환 외 54인 판결문	
8	강수오 (姜壽五)	제주 중면 사계	광주지방법원목포지원	1919.2.4.	소요 및 보안법	사망	형사사건부, 수형인명부	옥중 사망	애국장
9	강순봉 (35.姜舜奉/농업)	제주 좌면 하원	광주지방법원목포지원	1919.2.4.	소요 및 보안법	벌금30원	형사사건부, 수형인명부		대통령 표창
10	강승태 (46.姜昇泰/무직)	전남 제주 중문면 상예	광주지방법원 형사부	1940.12.4.	불경, 보안법 위반	징역6년	전남제주의 강본승하 외 19인 판결문		

11	강양원 (33.姜陽元/약종상)	전북 부안군 산내면 지서	전주지방 법원 형사부	1944.1.10.	치안유지 법 위반	징역2년	전북부안의 홍순옥 외 15인 판결문		
12	강영준 (20.姜英俊/농업)	제주 좌면 월평	광주지방 법원목포 지원	1918.11.27. 석방	소요 및 보안법	불기소	형사사건부, 수형인명부		
13	강영필 (40.姜永弼/농업)	경남 진주군 수곡면 원외	대구복심 법원	1921.7.1.	대정8년 제령제7 호 위반	공소기각	경남진주의 강영필 판결문		
14	강익 (42.姜翼/농업)	제주 제주면 오등	광주지방 법원목포 지원	1918.11.27. 석방	소요 및 보안법	불기소	형사사건부, 수형인명부		
15	강재숙 (64.姜在淑/농업)	전북 옥구군 회현면 원우	전주지방 법원 형사부	1944.1.10.	치안유지 법 위반	징역 2년6월	전북부안의 홍순옥 외 15인 판결문		애족장
16	강종욱 (47.姜宗旭/농업)	전남 제주도 제주읍 영평	광주지방 법원 형사부	1940.12.4.	보안법 위반, 범인장닉	징역2년	전남제주의 강본승하 외 19인 판결문		
17	강진수 (21.姜晋秀/농업)	경북 문경군 영순면 이목	경성복심 법원	1921.2.21.	보안법 위반	과료10원	경북문경의 강진수 판결문		
18	강창규 (41.姜昌奎/무직)	제주 중면 사계	광주지방 법원목포 지원	1919.2.4.	소요 및 보안법	징역8년	형사사건부, 수형인명부		애국장
19	강춘근 (27.姜春根/농업)	제주 제주면 오라	광주지방 법원목포 지원	1919.2.4.	소요 및 보안법	사망	형사사건부, 수형인명부	옥중 사망	애족장
20	강태규 (27.康泰圭/농업)	충남 공주군 목동면 달산	공주지방 법원	1922.3.28.	대정8년 제령재7 호 위반	면소	전북김제의 김홍규 외 판결문	경성복심법원/1923. 4.4./대정8년제령제7호 위반/징역10월/전북 김 제의 김홍규 외 5인 판 결문	
21	강태하 (22.姜太河/농업)	제주 좌면 하원	광주지방 법원목포 지원	1919.2.4.	소요 및 보안법	벌금30원	형사사건부, 수형인명부		대통령 표창
22	강필구 (56.姜弼求/농업)	함북 경흥군 옹기읍 철계	경성지방 법원	1938.9.30.	치안유지 법 위반	면소	경성북아현동 의 김중섭 외 17인 판결문		

번호	이름	본적/주소	판결법원	날짜	죄명	형량	출전	비고	포상
23	강홍렬 (29.姜弘烈/무직)	경남 합천 대양면 양산	경성지방 법원	1924.2.28.	대정8년 제령제7 호 위반	징역2년	경남진주의 구여순 외 5명 판결문		애족장
24	고기동 (22.高基凍/농업)	제주 좌면 하원	광주지방 법원목포 지원	1918.11.27. 석방	소요 및 보안법	불기소	형사사건부, 수형인명부		
25	고두만 (59.高斗萬/농업)	전남 제주도 안덕면 상창	광주지방 법원 형사부	1940.12.4.	불경, 보안법 위반	징역10월	전남제주의 강본승하 외 19인 판결문		
26	고무생 (51.高戊生/농업)	전남 제주도 중문면 상예	광주지방 법원 형사부	1940.12.4.	보안법 위반	징역 1년6월	전남제주의 강본승하 외 19인 판결문		
27	고용석 (52.高用錫/농업)	제주 좌면 중문	광주지방 법원목포 지원	1919.2.4.	소요 및 보안법	징역3년	형사사건부, 수형인명부		애족장
28	고윤상 (43.高崙相/농업)	전북 김제군 만경면 장산	공주지방 법원	1922.3.28.	대정8년 제령제7 호 위반	면소	전북김제의 김홍규 외 판결문		
29	고판례 (39.高判禮)	전북 정읍군	광주지방 법원 목포지청	1919.2.3.	보안법 위반	불기소	고판례 형집행원부	*광주지방법원목포지청 /1919.11.27/보안법 위 반, 사기/증거불충분, 불 기소/고판례 형사사건부 /전북 김제군 백산면 조 종동 *광주지방법원목포지청 /1945.8.18./보안법 위 반, 사기/공주지법 예심 으로 이송/고판례 형사 사건부	
30	구여순 (32.具汝淳/무직)	경남 진주 진주면 중안	경성지방 법원	1924.2.28.	대정8년 제령제7 호 위반	징역4년	경남진주의 구여순 외 5명 판결문	고등법원형사부/1919. 7.15./출판법 위반, 보안 법 위반/공소기각/경남 의령의 구여순 외 8인 판결문(3·1운동 참가)	애국장
31	국채준 (43.鞠採準/농업)	전북 부안군 산내면 지서	전주지방 법원 형사부	1944.1.10.	치안유지 법 위반	징역4년	전북부안의 홍순옥 외 15인 판결문		애족장

32	권경옥 (40.權景玉/농업)	경북 안동 안동면 안막	대구지방 법원 안동지청	1921.6.22.	대정8년 제령제7 호 위반	징역1년 집행유예 4년	경북청송의 박주환 외 26인 판결문	
33	권규연 (23.權奎淵/곡물상)	경북 안동 안동면 안막	대구지방 법원 안동지청	1921.7.11.	대정8년 제령제7 호 위반	징역1년 집행유예 3년	경북청송의 조용원 외 25인 판결문	
34	권도성 (40.權道星/잡화상)	경북 안동 안동면 율세	대구지방 법원 안동지청	1921.7.11.	대정8년 제령제7 호 위반	징역1년 집행유예 3년	경북청송의 조용원 외 25인 판결문	
35	권도수 (33.權度銖/농업)	경북 청송 진보면 각산	대구지방 법원 안동지청	1921.6.22.	대정8년 제령제7 호 위반	징역1년	경북청송의 박주환 외 26인 판결문	대구복심법원형사제2 부/1921.11.26./대정8 년제령제7호위반/징역 1년/경북청송의 박주환 외 54인 판결문
36	권명수 (29.權明銖/ 축산조합서기)	경북 청송 청송면 월막	대구지방 법원 안동지청	1921.4.22.	대정8년 제령제7 호 위반	징역2년	경북안동의 손재봉 외 25인 판결문	대구복심법원형사제2 부/1921.11.26./대정8 년제령제7호위반/공소 기각/경북안동의 손재봉 외 49인 판결문
37	권무현 (25.權武鉉/농업)	경북 안동 길안면 천지	대구지방 법원 안동지청	1921.7.11.	대정8년 제령제7 호 위반	징역1년	경북청송의 조용원 외 25인 판결문	대구복심법원형사제2 부/1921.11.26./대정8 년제령제7호위반/징역 1년/경북청송의 박주환 외 54인 판결문
38	권병주 (36.權丙周/농업)	충남 부여군 충화면 청남	경성복심 법원 형사부	1921.7.27.	대정8년 제령제7 호 위반	무죄	충남홍성의 이상은 외 6인 판결문	
39	권성구 (31.權成九/농업)	경북 안동 안동면 서부	대구지방 법원 안동지청	1921.7.11.	대정8년 제령제7 호 위반	징역1년 집행유예 3년	경북청송의 조용원 외 25인 판결문	
40	권억문 (26.權億文/곡물상)	경북 안동 안동면 동부	대구지방 법원 안동지청	1921.7.11.	대정8년 제령제7 호 위반	무죄	경북청송의 조용원 외 25인 판결문	대구복심법원형사제2 부/1921.11.26./대정8 년제령제7호위반/무죄/ 경북청송의 박주환 외 54인 판결문

41	권영구 (25.權寧九/농업)	경북 영덕 오보면 태부	대구지방 법원 안동지청	1921.5.16.	대정8년 제령제7 호 위반	징역2년	경북영덕의 권영기 외 17인 판결문	대구복심법원형사제2 부/1921.11.26./대정8 년제령제7호위반/면소/ 경북안동의 손재봉 외 49인 판결문	대통령 표창
42	권영기 (24.權寧畿/농업)	경북 영덕군 오보면 태부	대구지방 법원 안동지청	1921.5.16.	대정8년 제령제7 호 위반	징역2년	경북영덕의 권영기 외 17인 판결문	대구복심법원형사제2 부/1921.11.26./대정8 년제령제7호위반/면소/ 경북안동의 손재봉 외 49인 판결문	
43	권영도 (33.權寧燾/농업)	경북 영덕 오보면 태부	대구지방 법원 안동지청	1921.5.16.	대정8년 제령제7 호 위반	징역1년	경북영덕의 권영기 외 17인 판결문	대구복심법원형사제2 부/1921.11.26./대정8 년제령제7호위반/면소/ 경북안동의 손재봉 외 49인 판결문	대통령 포장
44	권영상 (23.權寧相/농업)	경북 안동군 남선면 이천	대구지방 법원 안동지청	1921.7.11.	대정8년 제령제7 호 위반	징역1년	경북청송의 조용원 외 25인 판결문	대구복심법원형사제2 부/1921.11.26./대정8 년제령제7호위반/원판 결취소/경북청송의 박 주환 외 54인 판결문	
45	권영섭 (29.權寧燮/ 금융조합서기)	경북 안동 안동면 신세	대구지방 법원 안동지청	1921.7.11.	대정8년 제령제7 호 위반	징역1년 집행유예 3년	경북청송의 조용원 외 25인 판결문		
46	권영재 (34.權寧宰/잡화상)	경북 안동군 안동면 서부	대구지방 법원 안동지청	1921.7.2.	대정8년 제령제7 호 위반	징역2년	경북안동의 권영재 외 1인 판결문	대구복심법원형사제2 부/1921.11.26./대정8 년제령제7호위반/징역 2년/경북청송의 박주환 외 54인 판결문	
47	권중수 (38.權重洙/농업)	경북 청송 진보면 진안	대구지방 법원 안동지청	1921.4.22.	대정8년 제령제7 호 위반	징역2년	경북안동의 손재봉 외 25인 판결문	대구복심법원형사제2 부/1921.11.26./대정8 년제령제7호위반/공소 기각/경북안동의 손재봉 외 49인 판결문	애족장
48	권중연 (40.權重演/ 곡물중매상)	경북 안동 안동면 서부	대구지방 법원 안동지청	1921.7.11.	대정8년 제령제7 호 위반	징역2년	경북청송의 조용원 외 25인 판결문	대구복심법원형사제2 부/1921.11.26./대정8 년제령제7호위반/면소/ 경북청송의 박주환 외 54인 판결문	

49	권중열 (28.權重烈/ 은행사무원)	경북 안동 안동면 율세	대구지방 법원 안동지청	1921.7.11.	대정8년 제령제7 호 위반	징역1년 집행유예 3년	경북청송의 조용원 외 25인 판결문	
50	권중호 (35.權重鎬/농업)	경북 청송 진보면 광덕	대구지방 법원 안동지청	1921.4.22.	대정8년 제령제7 호 위반	징역1년	경북안동의 손재봉 외 25인 판결문	대구복심법원형사제2 부/1921.11.26./대정8 년제령제7호위반/면소/ 경북안동의 손재봉 외 49인 판결무	대통령 표창
51	권태노 (27.權泰魯/농업)	경북 안동 임북면 사월	대구지방 법원 안동지청	1921.7.11.	대정8년 제령제7 호 위반	징역1년	경북청송의 조용원 외 25인 판결문	대구복심법원형사제2 부/1921.11.26./대정8 년제령제7호위반/무죄/ 경북청송의 박주환 외 54인 판결문	
52	권태노 (29.權泰魯/농업)	전북 정읍군 감곡면 계룡	대구지방 법원 안동지청	1927.6.21.	보안법 위반, 사기	면소	경성도렴동의 조용모 외 2인 판결문	
53	권태린 (25.權泰麟/ 은행사무원)	경북 안동 안동면 신세	대구지방 법원 안동지청	1921.7.11.	대정8년 제령제7 호 위반	징역1년 집행유예 3년	경북청송의 조용원 외 25인 판결문	
54	권태수 (24.權泰錘/무직)	경북 안동 안동면 안막	대구지방 법원 안동지청	1921.6.22.	대정8년 제령제7 호 위반	징역2년 집행유예 4년	경북청송의 박주환 외 26인 판결문	
55	권태영 (28.權泰榮/농업)	경북 안동 안동면 율세	대구지방 법원 안동지청	1921.7.11.	대정8년 제령제7 호 위반	징역1년 집행유예 3년	경북청송의 조용원 외 25인 판결문	
56	권태철 (30.權泰撤/농업)	경북 안동 임하면 임하	대구지방 법원 안동지청	1921.7.11.	대정8년 제령제7 호 위반	무죄	경북청송의 조용원 외 25인 판결문	대구복심법원형사제2 부/1921.11.26./대정8 년제령제7호위반/무죄/ 경북청송의 박주환 외 54인 판결문	
57	권헌문 (40.權憲文/농업)	경북 영덕 병곡면 송천	대구지방 법원 안동지청	1921.4.22.	대정8년 제령제7 호 위반	징역1년	경북안동의 손재봉 외 25인 판결문	대구복심법원형사제2 부/1921.11.26./대정8 년제령제7호위반/공소 기각/경북안동의 손재봉 외 49인 판결문	대통령 표창
58	권헌중 (31.權憲中/농업)	경북 안동 와룡면 태동	대구지방 법원 안동지청	1921.7.11.	대정8년 제령제7 호 위반	징역1년 집행유예 3년	경북청송의 조용원 외 25인 판결문	

59	김공록 (44.金供綠/ 지대제조판매업)	전북 익산군 이리읍 남중정	전주지방 법원 형사부	1940.10.30.	치안유지 법 위반	징역2년	전북김제의 김영식 외 9명 판결문		
60	김공칠 (41.金珙七/농업)	전남 김제 만경면 대동	전주지방 법원 합의부	1922.10.16.	대정8년 제령제7 호 위반, 사기	징역1년	전남함양의 김영두 외 2인 판결문		
61	김구현 (33.金龜顯/농업)	경북 안동 서후면 교동	대구지방 법원 안동지청	1921.6.22.	대정8년 제령제7 호 위반	징역2년	경북청송의 박주환 외 26인 판결문	대구복심법원형사제2 부/1921.11.26./대정8 년제령제7호위반/징역 2년/경북청송의 박주환 외 54인 판결문	건국 포장
62	김기수 (21.金基水/농업)	제주 좌면 월평	광주지방 법원목포 지원	1919.2.4.	소요 및 보안법	징역1년	형사사건부, 수형인명부		애족장
63	김기태 (32.金基泰/농업)	경북 의성군 의성면 중리	대구지방 법원	1921.12.12.	대정8년 제령제7 호 위반	징역1년	경북의성의 김기태 판결문	대구복심법원/1922. 4.14./대정8년제령제7 호위반/공소기각/경북 의성의 김기태 판결문	애족장
64	김달희 (32.金達熙/농업)	경북 청송 파천면 황목	대구지방 법원 안동지청	1921.4.22.	대정8년 제령제7 호 위반	징역1년	경북안동의 손재봉 외 25인 판결문		
65	김두삼 (25.金斗三/농업)	제주 좌면 영남	광주지방 법원목포 지원	1919.2.4.	소요 및 보안법	징역1년	형사사건부, 수형인명부	옥중 사망	애국장
66	김만암 (43.金萬岩/농업)	전북 부안군 산내면 지서	전주지방 법원 형사부	1944.1.10.	치안유지 법 위반	징역4년	전북부안의 홍순옥 외 15인 판결문		건국 포장
67	김명돈 (42.金明敦/농업)	제주 중면 덕수	광주지방 법원목포 지원	1919.2.4.	소요 및 보안법	징역1년	형사사건부, 수형인명부		애족장
68	김무규 (35.金武圭/농업)	경북 안동 임동면 대곡	대구지방 법원 안동지청	1921.4.22.	대정8년 제령제7 호 위반	징역1년	경북안동의 손재봉 외 25인 판결문	대구복심법원형사제2 부/1921.11.26./대정8 년제령제7호위반/공소 기각/경북안동의 손재봉 외 49인 판결문	건국 포장

69	김무석 (31.金武錫/농업)	제주 좌면 월평	광주지방 법원목포 지원	1919.2.4.	소요 및 보안법	징역2년	형사사건부, 수형인명부		애족장
70	김문일 (53.金文一/농업)	전남 제주도 구좌면 상도	광주지방 법원 형사부	1940.12.4.	불경, 보안법 위반	징역 2년6월	전남제주의 강본승하 외 19인 판결문		
71	김민두 (34.金玟斗/농업)	전북 정읍군 내장면 신월	전주지방 법원 합의부	1922.10.16.	장물 수장	징역8월 집행유예 3년	전남함양의 김영두 외 2인 판결문		
72	김병문 (28.金秉文/농업)	경북 안동 임하면 천전	대구지방 법원 안동지청	1921.6.22.	대정8년 제령제7 호 위반	징역2년	경북청송의 박주환 외 26인 판결문	대구복심법원형사제2 부/1921.11.26./대정8 년제령제7호위반/면소/ 경북청송의 박주환 외 54인 판결문	건국 포장
73	김병일 (23.金丙日/농업)	제주 좌면 하원	광주지방 법원목포 지원	1918.11.27. 석방	소요 및 보안법	불기소	형사사건부, 수형인명부		
74	김병조 (32.金炳祚/농업)	경북 의성 산운면 청락	대구지방 법원 안동지청	1921.6.22.	대정8년 제령제7 호 위반	무죄	경북청송의 박주환 외 26인 판결문	대구복심법원형사제2 부/1921.11.26./대정8 년제령제7호위반/징역 1년/경북청송의 박주환 외 54인 판결문	
75	김병한 (51.金炳漢/농업)	경북 안동 남선면 도노	대구지방 법원 안동지청	1921.6.22.	대정8년 제령제7 호 위반	징역1년 집행유예 4년	경북청송의 박주환 외 26인 판결문		
76	김병희 (42.金秉熙/농업)	강원도 양양군 손양면 상운	경성복심 법원	1921.11.16.	대정8년 제령제7 호 위반, 도주	무죄	강원양양의 김홍식 외 13인 판결문		
77	김봉규 (41.金奉圭/면서기)	경북 안동 안동면 범상	대구지방 법원 안동지청	1921.7.11.	대정8년 제령제7 호 위반	무죄	경북청송의 조용원 외 25인 판결문	대구복심법원형사제2 부/1921.11.26./대정8 년제령제7호위반/무죄/ 경북청송의 박주환 외 54인 판결문	
78	김봉화 (39.金奉和/농업)	제주 좌면 대포	광주지방 법원목포 지원	1919.2.4.	소요 및 보안법	징역2년	형사사건부, 수형인명부	옥중 사망	대통령 표창

79	김사국 (32.金士國/농업)	강원 양양 강현면 장산	경성복심 법원	1921.11.16.	대정8년 제령제7 호 위반, 도주	징역3월 집행유예 2년	강원양양의 김홍식 외 13인 판결문	
80	김삼만 (55.金三萬/법정사, 일용직 · 무직)	제주 좌면 도순	광주지방 법원목포 지원	1919.2.4.	소요 및 보안법	징역4년	형사사건부, 수형인명부	애족장
81	김삼술 (24.金三述/농업)	경북 영덕 지품면 지품	대구지방 법원 안동지청	1921.5.16.	대정8년 제령제7 호 위반	징역1년	경북영덕의 권영기 외 17인 판결문	건국 포장
82	김삼윤 (36.金三潤/농업)	경북 안동 안동면 안막	대구지방 법원 안동지청	1921.7.11.	대정8년 제령제7 호 위반	징역1년 집행유예 3년	경북청송의 조용원 외 25인 판결문	
83	김상국 (42.金相國/무직)	만주국 간도성 화룡현 토산자남곡	경성지방 법원	1938.9.30.	치안유지 법 위반	면소	경성북아현동 의 김중섭 외 17인 판결문	
84	김상대 (30.金相太/농업)	경북 안동 길안면 화례	대구지방 법원 안동지청	1921.7.11.	대정8년 제령제7 호 위반	징역1년	경북청송의 조용원 외 25인 판결문	대구복심법원형사제2 부/1921.11.26./대정8 년제령제7호위반/징역 1년/경북청송의 박주환 외 54인 판결문
85	김상언 (48.金商彦/농업)	제주 좌면 하원	광주지방 법원목포 지원	1919.2.4.	소요 및 보안법	징역6년	형사사건부, 수형인명부	애족장
86	김석주 (34.金錫柱/농업)	경북 문경군 가은면 성유	대구지방 법원 안동지청	1921.6.27.	대정8년 지령제7 호 위반	징역1년 집행유예 4년	경북문경의 강석희 외 13인 판결문	
87	김선수 (29.金善守/농업)	경북 의성 단촌면 관덕	대구지방 법원 안동지청	1921.6.22.	대정8년 제령제7 호 위반	무죄	경북청송의 박주환 외 26인 판결문	대구복심법원형사제2 부/1921.11.26./대정8 년제령제7호위반/공소 기각/경북청송의 박주환 외 54인 판결문
88	김성규 (59.金聖奎/농업)	충남 논산군 노성면 죽림	전주지방 법원 형사부	1940.10.30.	치안유지 법 위반	징역2년	전북김제의 김영식 외 9명 판결문	
89	김성수 (21.金成洙/농업)	제주 좌면 월평	광주지방 법원목포 지원	1919.2.4.	소요 및 보안법	징역1년	형사사건부, 수형인명부	애족장

90	김성술 (25.金聖述/농업)	경북 영덕 오보면 태부	대구지방 법원 안동지청	1921.5.16.	대정8년 제령제7 호 위반	징역1년	경북영덕의 권영기 외 17인 판결문	대구복심법원형사제2 부/1921.11.26./대정8 년제령제7호위반/공소 기각/경북안동의 손재봉 외 49인 판결문	건국 포장
91	김술노 (24.金述魯/농업)	경북 안동 임하면 천전	대구지방 법원 안동지청	1921.6.22.	대정8년 제령제7 호 위반	징역1년	경북청송의 박주환 외 26인 판결문		건국 포장
92	김시찬 (22.金時贊/ 보통학생)	경북 안동 안동면 (보통학교 기숙사)	대구지방 법원 안동지청	1921.6.22.	대정8년 제령제7 호 위반, 안녕질서 위반	징역1년, 집행유예 4년	경북청송의 박주환 외 26인 판결문		대통령 표창
93	김시태 (26.金時兌/농업)	경북 안동 임하면 천전	대구지방 법원 안동지청	1921.4.22.	대정8년 제령제7 호 위반	징역1년	경북안동의 손재봉 외 25인 판결문	대구복심법원형사제2 부/1921.11.26./대정8 년제령제7호위반/면소/ 경북안동의 손재봉 외 49인 판결문	대통령 표창
94	김아동 (26.金阿童/무직)	경기도 고양군 숭인면 정능	경성지방 법원	1939.5.23.	보안법 위반	면소	만주국 봉천의 채경대 외 7인 판결문		
95	김언수 (48.金彦洙/농업)	전북 정읍군 입암면 마석	전주지방 법원 형사부	1943.10.30.	치안유지 법 위반	징역4년	독립유공자 공적조서		애족장
96	김여천 (44.金麗泉/무직)	부정	경성지방 법원	1938.9.30.	치안유지 법 위반	면소	경성북아현동 의 김중섭 외 17인 판결문		
97	김연일 (48.金蓮日/법정사, 주직·무직)	제주 좌면 도순 (경북 영일군 동해면 도구)	광주지방 법원목포 지원	1919.2.4.	소요 및 보안법 위반	징역10년	형사사건부, 수형인명부		
98	김영근 (51.金英根/농업)	강원도 고성군 서면 화우	경성복심 법원	1921.10.3.	대정8년 제령제7 호 위반	무죄	전남함평의 서석주 외 6인 판결문		
99	김영두 (43.金英斗/농업)	전남 함양 서하면 운곡	전주지방 법원 합의부	1922.10.16.	대정8년 제령제7 호 위반, 사기	징역2년	전남함양의 김영두 외 2인 판결문		

100	김영배 (31.金濚培/농업)	강원도 양양군 서면 수리	경성복심 법원	1921.11.16.	대정8년 제령제7 호 위반, 도주	무죄	강원양양의 김홍식 외 13인 판결문		
101	김영생 (39.金泳生/농업)	경북 상주 상주면 인봉	대구복심 법원	1925.7.4.	보안법 위반	징역8월	경북상주의 김영생 판결문		대통령 표창
102	김영수 (29.金永壽/농업)	전북 고창군 대산면 중산	전주지방 법원 형사부	1943.10.15.	보안법 위반	징역 1년6월	전북진안의 양인문 판결문/양인문 가출옥집행결 제의건보고/ 독립유공자 공적조서	옥중 사망	애족장
103	김영식 (27.金永植/농업)	경북 영양군 입암면 신구	대구지방 법원 안동지청	1921.7.4.	대정8년 제령제7 호 위반	면소	경북영양의 안규석 외 3인 판결문	대구복심법원형사제2 부/1921.11.26./대정8 년제령제7호위반/면소/ 경북청송의 박주환 외 54인 판결문	건국 포장
104	김영식 (66.金靈植/농업)	전북 김제군 부량면 신두	전주지방 법원 형사부	1940.10.30.	치안유지 법 위반	징역 3년6월	전북김제의 김영식 외 9명 판결문		간국 포장
105	김영준 (34.金永俊/농업)	강원도 고성군 신북면 장도	경성복심 법원	1921.10.3.	대정8년 제령제7 호 위반	무죄	전남함평의 서석주 외 6인 판결문		
106	김용규 (24.金溶圭/농업)	경북 군위 산성면 백학	대구지방 법원 안동지청	1921.6.22.	대정8년 제령제7 호 위반, 안녕질서 위반	징역1년	경북청송의 박주환 외 26인 판결문	대구복심법원형사제2 부/1921.11.26./대정8 년제령제7호위반/무죄/ 경북청송의 박주환 외 54인 판결문	건국 포장
107	김용충 (30.金用忠/무직)	제주 좌면 도순 (경북 영일군)	광주지방 법원목포 지원	1919.2.4.	소요 및 보안법	징역 1년6월	형사사건부, 수형인명부		애족장
108	김유성 (27.金有成/이발업)	충남 홍성군 광천면 광천	경성복심 법원 형사부	1921.7.27.	대정8년 제령제7 호 위반	무죄	충남홍성의 이상은 외 6인 판결문		
109	김유호 (29.金維鎬/농업)	강원도 고성군 신북면 서아	경성복심 법원	1921.10.3.	대정8년 제령제7 호 위반	무죄	전남함평의 서석주 외 6인 판결문		

110	김윤석 (58.金胤錫/농업)	제주 좌면 대포	광주지방 법원목포 지원	1918.11.27. 석방	소요 및 보안법	불기소	형사사건부, 수형인명부		
111	김은규 (33.金殷圭/농업)	경북 안동 예안면 태곡	대구지방 법원 안동지청	1921.4.22.	대정8년 제령제7 호 위반	징역1년	경북안동의 손재봉 외 25인 판결문		
112	김인갑 (58.金寅甲/농업)	황해도 곡산군 청계면 문앙	경성지방 법원	1938.9.30.	치안유지 법 위반	경성지방 법원의 공판에 부침	경성북아현동 의 김중섭 외 17인 판결문		
113	김인권 (40.金仁權/농업)	경기도 장단군 소남면 오만	경성지방 법원	1938.9.30.	치안유지 법 위반	경성지방 법원의 공판에 부침	경성북아현동 의 김중섭 외 17인 판결문		
114	김인상 (22.金仁相/농업)	경북 영양군 석보면 소계	대구지방 법원 안동지청	1921.6.2.	대정8년 제령제7 호 위반	징역1년	경북영양의 이정호 외 3인 판결문	대구복심법원형사제2 부/1921.11.26./대정8 년제령제7호위반/공소 기각/경북안동의 손재봉 외 49인 판결문	건국 포장
115	김인상 (22.金仁相/농업)	경북 영양 석보면 소계	대구지방 법원 안동지청	1921.7.11.	대정8년 제령제7 호 위반	징역1년	경북청송의 조용원 외 25인 판결문		건국 포장
116	김인송 (41.金仁松/농업)	제주 좌면 하원	광주지방 법원목포 지원	1919.2.4.	소요 및 보안법	벌금30원	형사사건부, 수형인명부		대통령 표창
117	김인수 (20.金仁秀/무직)	제주 좌면 도순 (경북 영일군 동해면 도구)	광주지방 법원목포 지원	1919.2.4.	소요 및 보안법	징역3년	형사사건부, 수형인명부		애족장
118	김인옥 (68.金仁玉/농업)	전남 제주도 서귀면 호근	광주지방 법원 형사부	1940.12.4.	육군형법 위반	징역1년	전남제주의 강본승하 외 19인 판결문		
119	김인호 (38.金仁浩/농업)	제주 좌면 하원	광주지방 법원목포 지원	1918.11.27. 석방	소요 및 보안법	불기소	형사사건부, 수형인명부		
120	김재기 (35.金在璣/농업)	경북 안동 안동면 서부	대구지방 법원 안동지청	1921.7.11.	대정8년 제령제7 호 위반	징역1년 집행유예 3년	경북청송의 조용원 외 25인 판결문		

121	김재영 (44.金在永/농업)	전북 고창군 대산면 지석	전주지방 법원 형사부	1943.10.15.	보안법 위반	징역 1년6월	전북진안의 양인문 판결문/ 양인문기출옥 집행결제의건 보고/독립유공 자 공적조서		애족장
122	김재원 (23.金在源/농업)	경북 안동 임북면 정산	대구지방 법원 안동지청	1921.4.22.	대정8년 제령제7 호 위반	징역2년	경북안동의 손재봉 외 25인 판결문	대구복심법원형사제2 부/1921.11.26./대정8 년제령제7호위반/공소 기각/경북안동의 손재봉 외 49인 판결문	
123	김재천 (54.金在天/농업)	전북 고창군 성내면 부덕	전주지방 법원 형사부	1944.1.10.	치안유지 법 위반	징역1년	전북부안의 홍순옥 외 15인 판결문		
124	김정기 (42.金正㷋/농업)	경북 영양 석보면 소계	대구지방 법원 안동지청	1921.4.22.	대정8년 제령제7 호 위반	징역2년	경북안동의 손재봉 외 25인 판결문	대구복심법원형사제2 부/1921.11.26./대정8 년제령제7호위반/면소/ 경북안동의 손재봉 외 49인 판결문	대통령 표창
125	김정목 (74.金正穆/무직)	경성부 권농정 192-2	경성지방 법원	1939.5.23.	사기	경성지방 법원의 공판에 부침	만주국 봉천의 채경대 외 7인 판결문		
126	김정철 (61.金丁喆/농업)	전북 부안군 행안면 진동	전주지방 법원 형사부	1940.10.30.	치안유지 법 위반	징역 1년8월	전북김제의 김영식 외 9명 판결문		
127	김정현 (22.金禎顯/학생)	경북 안동 풍북면 현애	경성지방 법원	1924.2.28.	대정8년 제령제7 호 위반	징역8월	경남진주의 구여순 외 5명 판결문		애족장
128	김종순 (48.金宗順/농업)	전남 영암군 영암면 학송	전주지방 법원 형사부	1944.1.10.	치안유지 법 위반	징역1년	전북부안의 홍순옥 외 15인 판결문		
129	김종식 (20.金宗植/농업)	전남 고흥군 고읍면 고옥	광주지방 법원 순천지청	1922.12.28.	공무집행 방해, 상해, 소요	면소	전남고흥의 유영선 외 11인 판결문		

130	김종헌 (31.金鍾憲/농업)	충남 홍성군 광천면 광천	경성복심 법원 형사부	1921.7.27.	대정8년 제령제7 호 위반	무죄	충남홍성의 이상은 외 6인 판결문	
131	김종휘 (31.金宗輝/농업)	경북 의성군 산운면 수정	대구지방 법원 안동지청	1921.7.4.	대정8년 제령제7 호 위반	징역1년	경북영양의 안규석 외 3인 판결문	대구복심법원형사제2 부/1921.11.26./대정8 년제령제7호위반/무징 역1년/경북청송의 박주 환 외 54인 판결문	애족장
132	김주권 (44.金周權/농업)	전북 정읍군 감곡면 승방	고등법원 형사부	1922.4.24.	보안법 위반	상고기각	전북정읍의 김주권 판결문	
133	김주노 (28.金宙魯/농업)	경북 안동 임하면 천전	대구지방 법원 안동지청	1921.6.22.	대정8년 제령제7 호 위반, 안녕질서 위반	징역1년	경북청송의 박주환 외 26인 판결문	대구복심법원형사제2 부/1921.11.26./대정8 년제령제7호위반/무죄/ 경북청송의 박주환 외 54인 판결문
134	김중룡 (34.金重龍/무직)	만주국 간도성 용정촌 제4구 9통 15호	경성지방 법원	1939.5.23.	사기	경성지방 법원의 공판에 부침	만주국 봉천의 채경대 외 7인 판결문	
135	김중섭 (42.金重燮/미곡상)	경성부 북아현정	경성지방 법원	1938.9.30.	치안유지 법 위반	경성지방 법원의 공판에 부침	경성북아현동 의 김중섭 외 17인 판결문	애족장
136	김진호 (33.金鎭鎬/농업)	강원도 고성군 신북면 포항	경성복심 법원	1921.10.3.	대정8년 제령제7 호 위반	무죄	전남함평의 서석주 외 6인 판결문	
137	김창규 (57.金昌圭/농업)	전남 제주도 표선면 토산	광주지방 법원 형사부	1940.12.4.	불경, 보안법 위반	징역 2년6월	전남제주의 강본승하 외 19인 판결문	
138	김창호 (40.金昌鎬/농업)	제주 좌면 월평	광주지방 법원목포 지원	1919.2.4.	소요 및 보안법	벌금30원	형사사건부, 수형인명부	
139	김창호 (46.金昌豪/농업)	전남 제주도 남원면 신흥	광주지방 법원 형사부	1940.12.4.	불경, 보안법 위반	징역 1년6월	전남제주의 강본승하 외 19인 판결문	

140	김천권 (41.金天權/농업)	황해도 금천면 한내면 우봉	경성지방 법원	1938.9.30.	치안유지 법 위반	경성지방 법원의 공판에 부침	경성북아현동 의 김중섭 외 17인 판결문	
141	김철진 (35.金撤鎭/농업)	경북 청송군 안덕면 감은	대구지방 법원 안동지청	1921.6.2.	대정8년 제령제7 호 위반	징역1년	경북영양의 이정호 외 3인 판결문	
142	김태주 (56.金泰周/농업)	전북 진안 백운면 동창	광주지방 법원 전주지청	1921.7.28.	보안법 위반	징역6월	전북진안의 김태주 판결문	
143	김태휴 (54.金泰休/농업)	전남 제주도 조천면 신촌	광주지방 법원 형사부	1940.12.4.	불경, 보안법 위반	징역3년	전남제주의 강본승하 외 19인 판결문	
144	김택룡 (26.金澤龍/농업)	경북 영일 청하면 방어	대구지방 법원 안동지청	1921.4.22.	대정8년 제령제7 호 위반	징역1년	경북안동의 손재봉 외 25인 판결문	애족장
145	김판봉 (40.金判奉/농업)	전북 완주군 소양면 신원	전주지방 법원 형사부	1940.10.30.	치안유지 법 위반	징역 1년8월	전북김제의 김영식 외 9명 판결문	건국 포장
146	김항률 (29.金恒律/농업)	제주 좌면 영남	광주지방 법원목포 지원	1919.2.4.	소요 및 보안법	벌금30원	형사사건부, 수형인명부	대통령 표창
147	김혁중 (35.金赫中/농업)	충남 서천군 비인면 구복	공주지방 법원	1922.3.28.	대정8년 제령재7 호 위반	면소	전북김제의 김홍규 외 판결문	경성복심법원/1923.4. 4./대정8년제령제7호위 반/징역10월/전북김제 의 김홍규 외 5인 판결문
148	김혁진 (28.金爀珍/농업)	전북 김제 만경면 대동	대구지방 법원 울진지청	1923.11.21.	보안법 위반	무죄	전북김제의 김혁진 판결문	
149	김형식 (38.金亨植/광업)	만주국 간도성 화룡현 토산자남곡	경성지방 법원	1938.9.30.	치안유지 법 위반	면소	경성북아현동 의 김중섭 외 17인 판결문	
150	김홍규 (35.金洪奎/매매상)	전북 김제군 만경면 대동	공주지방 법원	1922.3.28.	대정8년 제령재7 호 위반	공주지방 법원의 공판에 부침	전북김제의 김홍규 외 판결문	경성복심법원/1923.4. 4./대정8년제령제7호위 반/징역1년6월/전북김 제의 김홍규 외 5인 판 결문	건국 포장

151	김홍식 (47.金弘植/농업)	강원 양양 손양면 상운	경성복심 법원	1921.11.16.	대정8년 제령제7 호 위반, 도주	징역6월	강원양양의 김홍식 외 13인 판결문		애족장
152	남동기 (28.南東基/농업)	경북 영덕 창수면 삼계	대구지방 법원 안동지청	1921.6.22.	대정8년 제령제7 호 위반, 안녕질서 위반	징역1년	경북청송의 박주환 외 26인 판결문	대구복심법원형사제2 부/1921.11.26./대정8 년제령제7호위반/면소/ 경북청송의 박주환 외 54인 판결문	
153	남재정 (43.南在晶/농업)	경북 영덕 지품면 신양	대구지방 법원 안동지청	1921.5.16.	대정8년 제령제7 호 위반	징역1년	경북영덕의 권영기 외 17인 판결문		건국 포장
154	노중옥 (62.盧仲玉/농업)	전북 김제군 김제읍 신리	전주지방 법원 형사부	1940.10.30.	치안유지 법 위반	징역2년	전북김제의 김영식 외 9명 판결문		
155	마세영 (27.馬世永/농업)	강원도 양양군 서면 상평	경성복심 법원	1921.11.16.	대정8년 제령제7 호 위반, 도주	무죄	강원양양의 김홍식 외 13인 판결문		
156	목원익 (44.睦源益/농업)	충남 논산군 노성면 호암	공주지방 법원	1922.3.28.	대정8년 제령재7 호 위반	면소	전북김제의 김흥규 외 판결문	경성복심법원/1923. 4.4./대정8년제령제7호 위반/징역10월/전북김 제의 김흥규 외 5인 판 결문	
157	문남규 (49.文南奎/농업)	제주 좌면 도순	광주지방 법원목포 지원	1919.2.4.	소요 및 보안법	징역3년	형사사건부, 수형인명부		애족장
158	문남은 (44.文南恩/농업)	제주 좌면 도순	광주지방 법원목포 지원	1919.2.4.	소요 및 보안법	징역1년	형사사건부, 수형인명부		애족장
159	문남진 (52.文南振/농업)	제주 좌면 도순	광주지방 법원목포 지원	1918.11.27. 석방	소요 및 보안법	불기소	형사사건부, 수형인명부		
160	문두철 (53.文斗哲/농업)	전남 제주도 제주읍 노형	광주지방 법원 형사부	1940.12.4.	불경, 보안법 위반	징역 1년6월	전남제주의 강본승하 외 19인 판결문		

161	문시환 (26.文時煥/ 前동아일보 기자)	경남 동래 동래면 복천	경성지방 법원	1924.2.28.	대정8년 제령제7 호 위반	징역2년	경남진주의 구여순 외 5명 판결문		애족장
162	민창근 (21.閔昌根/농업)	충남 홍싱군 광천면 소암	경성복심 법원 형사부	1921.7.27.	대정8년 제령제7 호 위반	무죄	충남홍성의 이상은 외 6인 판결문		
163	박경룡 (41.朴京龍/농업)	강원 이천군 안협면 거성	경성지방 법원	1938.9.30.	치안유지 법 위반	경성지방 법원의 공판에 부침	경성북아현동 의 김중섭 외 17인 판결문		
164	박경흡 (44.朴京洽/농업)	제주 좌면 영남	광주지방 법원목포 지원	1918.11.27. 석방	소요 및 보안법	불기소	형사사건부, 수형인명부		
165	박관식 (22.朴寬植/농업)	경남 고원 산곡면 건천	경성복심 법원	1921.7.27.	대정8년 제령제7 호 위반	무죄	함남덕원의 이성린 외 15인 판결문		
166	박두환 (45.朴斗煥/의생)	함남 영흥 억기면 오포	경성복심 법원	1921.7.27.	대정8년 제령제7 호 위반	무죄	함남덕원의 이성린 외 15인 판결문		
167	박봉우 (30.朴鳳虞/농업)	함남 덕원 풍하면 금구	경성복심 법원	1921.7.27.	대정8년 제령제7 호 위반	무죄	함남덕원의 이성린 외 15인 판결문		
168	박봉준 (46.朴鳳濬/농업)	함남 정평 장원면 아동	경성복심 법원	1921.7.27.	대정8년 제령제7 호 위반	무죄	함남덕원의 이성린 외 15인 판결문		
169	박성관 (33.朴成寬/무직)	함북 길주군 양사면 양흥동	경성지방 법원	1938.9.30.	치안유지 법 위반	면소	경성북아현동 의 김중섭 외 17인 판결문		
170	박성옥 (30.朴成玉/농업)	전북 전주군 조촌면 오송	공주지방 법원	1922.3.28.	대정8년 제령재7 호 위반	면소	전북김제의 김홍규 외 판결문		
171	박순룡 (21.朴順龍/농업)	강원 강릉 구정면 덕현	경성복심 법원	1921.10.12.	대정8년 제령제7 호 위반	무죄	강원강릉의 박희백 외 1인 판결문		

번호	이름	본적	법원	날짜	죄명	형량	판결문	포상
172	박승조 (46.朴承祚/농업)	경북 군위군 우보면 나호	대구지방법원 안동지청	1921.6.27.	대정8년 지령제7호 위반	징역2년	경북문경의 강석희 외 13인 판결문	대구복심법원형사제2부/1921.11.26./대정8년제령제7호위반/징역2년/경북청송의 박주환 외 54인 판결문	대통령 표창
173	박승주 (64.朴昇柱/농업)	전남 장성군 장성면 성산	전주지방법원 형사부	1944.1.10.	치안유지법 위반	징역 2년6월	전북부안의 홍순옥 외 15인 판결문		
174	박시훈 (52.朴時薰/농업)	함남 정평 장원면 아동	경성복심법원	1921.7.27.	대정8년 제령제7호 위반	무죄	함남덕원의 이성린 외 15인 판결문		
175	박영수 (23.朴永壽/농업)	경북 안동 임하면 추목	대구지방법원 안동지청	1921.7.11.	대정8년 제령제7호 위반	징역1년	경북청송의 조용원 외 25인 판결문	대구복심법원형사제2부/1921.11.26./대정8년제령제7호위반/원판결취소/경북청송의 박주환 외 54인 판결문	
176	박예환 (25.朴禮煥/농업)	경북 안동 예안면 삼계	대구지방법원 안동지청	1921.4.22.	대정8년 제령제7호 위반	징역1년	경북안동의 손재봉 외 25인 판결문	대구복심법원형사제2부/1921.11.26./대정8년제령제7호위반/면소/경북안동의 손재봉 외 49인 판결문	
177	박왈명 (57.朴曰明/농업)	전북 부안군 산내면 지서	전주지방법원 형사부	1944.1.10.	치안유지법 위반	징역1년	전북부안의 홍순옥 외 15인 판결문		건국 포장
178	박용태 (29.朴涌泰/농업)	강원도 양양군 현남면 입암	경성복심법원	1921.11.16.	대정8년 제령제7호 위반, 도주	무죄	강원양양의 김홍식 외 13인 판결문		
179	박운업 (27.朴雲業/농업)	충북 단양군 단양면 장회	경성복심법원	1923.5.25.	대정8년 제령제7호 위반	공소기각	충북단양의 박운업 판결문		
180	박인길 (42.朴仁吉/농업)	경북 문경군 가은면 상괴	대구지방법원 안동지청	1921.6.27.	대정8년 지령제7호 위반	징역2년	경북문경의 강석희 외 13인 판결문	대구복심법원형사제2부/1921.11.26./대정8년제령제7호위반/징역2년/경북청송의 박주환 외 54인 판결문	

181	박재광 (26.朴載光/농업)	경북 영양 영해면 원구	대구지방 법원 안동지청	1921.4.22.	대정8년 제령제7 호 위반	징역2년	경북안동의 손재봉 외 25인 판결문	대구복심법원형사제2 부/1921.11.26./대정8 년제령제7호위반/면소/ 경북안동이 손재봉 외 49인 판결문	
182	박재춘 (57.朴在春/농업)	전북 진안군 부귀면 정곡	전주지방 법원 형사부	1943.10.15.	보안법 위반	징역3년	전북진안의 양인문 판결문/ 양인문가출옥 집행결제의건 보고/독립유공 자 공적조서		애족장
183	박제영 (52.朴濟英/농업)	경기도 용인군 내사면 식금	경성지방 법원	1942.8.13.	치안유지 법 위반	징역2년	경기부천의 용본춘영 외 2인 판결문		
184	박주석 (55.朴周錫/ 농업 · 무직)	제주 구우면 금악(전남 진도군 상리)	광주지방 법원목포 지원	1919.2.4.	소요 및 보안법	징역7년	형사사건부, 수형인명부	옥중 사망	애국장
185	박주한 (29.朴柱翰/농업)	경북 청송군 현서면 구산	대구지방 법원 안동지청	1921.6.22.	대정8년 제령제7 호 위반	징역1년	경북청송의 박주환 외 26인 판결문	대구복심법원형사제2 부/1921.11.26./대정8 년제령제7호위반/면소/ 경북청송의 박주한 외 54인 판결문	건국 포장
186	박창규 (30.朴昌奎/농업)	경북 안동군 안동면 송현	대구지방 법원 안동지청	1921.7.11.	대정8년 제령제7 호 위반	징역2년	경북청송의 조용원 외 25인 판결문	대구복심법원형사제2 부/1921.11.26./대정8 년제령제7호위반/징역 2년/경북청송의 박주환 외 54인 판결문	건국 포장
187	박필조 (50.朴泌祚/농업)	경북 군위군 우보면 나호	대구지방 법원 안동지청	1921.6.27.	대정8년 지령제7 호 위반	징역1년	경북문경의 강석희 외 13인 판결문	대구복심법원형사제2 부/1921.11.26./대정8 년제령제7호위반/징역 2년/경북청송의 박주환 외 54인 판결문	대통령 표창
188	박희백 (42.朴羲伯/농업)	강원 강릉 신리면 주문	경성복심 법원	1921.10.12.	대정8년 제령제7 호 위반	징역10월	강원강릉의 박희백 외 1인 판결문		
189	방동화 (32.房東華/농업)	제주 좌면 도순	광주지방 법원목포 지원	1919.2.4.	소요 및 보안법	징역6년	형사사건부, 수형인명부		애족장

190	배동환 (23.裵東煥/농업)	경북 안동 임북면 정산	대구지방 법원 안동지청	1921.4.22.	대정8년 제령제7 호 위반	징역1년	경북안동의 손재봉 외 25인 판결문	대구복심법원형사제2 부/1921.11.26./대정8 년제령제7호위반/면소/ 경북안동의 손재봉 외 49인 판결문	애족장
191	배상일 (49.裵相一/농업)	전북 정읍군 입암면 접지	전주지방 법원 형사부	1943.10.30.	치안유지 법 위반	징역2년	독립유공자 공적조서		건국 포장
192	배수겸 (41.裵秀謙/농업)	함북 경흥군 옹기읍 철계	경성지방 법원	1938.9.30.	치안유지 법 위반	면소	경성북아현동 의 김중섭 외 17인 판결문		
193	배치문 (35.裵致文/무직)	목포 호남정 7번지	경성지방 법원	1924.2.28.	대정8년 제령제7 호 위반	면소	경남진주의 구여순 외 5명 판결문		애국장
194	배효원 (31.裵孝源/농업)	경북 군위 산성면 백학	대구지방 법원 안동지청	1921.6.22.	대정8년 제령제7 호 위반, 안녕질서 위반	징역1년	경북청송의 박주환 외 26인 판결문	대구복심법원형사제2 부/1921.11.26./대정8 년제령제7호위반/징역 1년/경북청송의 박주환 외 54인 판결문	건국 포장
195	변호찬 (60.邊鎬燦/농업)	전남 제주도 애월면 금덕	광주지방 법원 제주지청	1942.11.12.	조선임시 보안령 위반	공소기각	전남제주의 원변호찬 외 1인 판결문		
196	서기표 (55.徐錤標/ 농업 겸 목공)	전남 화순군 동면 오동	전주지방 법원 형사부	1944.1.10.	치안유지 법 위반	징역1년	전북부안의 홍순옥 외 15인 판결문		
197	서벽환 (32.徐璧煥/농업)	황해도 신계군 마서면 번지	경성지방 법원	1938.9.30.	치안유지 법 위반	경성지방 법원의 공판에 부침	경성북아현동 의 김중섭 외 17인 판결문		
198	서보인 (62.徐輔仁/농업)	경북 달성군 가창면 삼산	전주지방 법원 형사부	1943.10.15.	보안법 위반	징역2년	전북진안의 양인문 판결문/ 양인문가출옥 집행결제의건 보고/독립유공 자 공적조서		애족장
199	서석주 (31.徐錫柱/농업)	전남 함평군 학교면 금곡	경성복심 법원	1921.10.3.	대정8년 제령제7 호 위반	무죄	전남함평의 서석주 외 6인 판결문		

200	서인환 (45.徐仁煥/농업)	부정	경성지방 법원	1938.9.30.	치안유지 법 위반	경성지방 법원의 공판에 부침	경성북아현동 의 김중섭 외 17인 판결문		
201	설영석 (34.薛永奭/면서기)	경북 안동군 와룡면 태동	대구지방 법원 안동지청	1921.7.2.	대정8년 제령제7 호 위반	징역1년 집행유예 3년	경북안동의 권영재 외 1인 판결문		
202	손봉규 (27.孫鳳圭/농업)	강원도 양양군 손양면 가평	경성복심 법원	1921.11.16.	대정8년 제령제7 호 위반, 도주	무죄	강원양양의 김홍식 외 13인 판결문		
203	손양중 (31.孫亮中/면장)	경북 의성 산운면 산운	대구지방 법원 안동지청	1921.7.8.	대정8년 제령제7 호 위반	징역1년	경북군위의 이치균 외 2인 판결문	대구복심법원형사제2 부/1921.11.26./대정8 년제령제7호위반/징역 1년/경북청송의 박주환 외 54인 판결문	대통령 표창
204	손재봉 (36.孫在鳳/ 여인숙업)	경북 안동군 안동면 안기	대구지방 법원 안동지청	1921.4.22.	대정8년 제령제7 호 위반	징역4년	경북안동의 손재봉 외 25인 판결문	대구복심법원형사제2 부/1921.11.26./대정8 년제령제7호위반/면소/ 경북안동의 손재봉 외 49인 판결문	
205	송남섭 (30.宋南燮/농업)	전남 무안 하의면 옥도	경성복심 법원	1921.7.27.	대정8년 제령제7 호 위반	무죄	함남덕원의 이성린 외 15인 판결문		
206	송달섭 (30.宋達燮/농업)	전남 고흥군 남양면 심교	광주지방 법원 순천지청	1922.12.28.	공무집행 방해, 상해, 소요	광주지법 공판에 부침	전남고흥의 유영선 외 11인 판결문		
207	송담수 (24.宋淡壽/농업)	전남 고흥군 두원면 용반	광주지방 법원 순천지청	1922.12.28.	공무집행 방해, 소요	광주지법 공판에 부침	전남고흥의 유영선 외 11인 판결문		
208	송신관 (22.宋信官/농업)	전북 정읍 입암면 접지	경성복심 법원	1921.7.27.	대정8년 제령제7 호 위반	무죄	함남덕원의 이성린 외 15인 판결문		
209	송완섭 (31.宋完燮/농업)	전남 고흥군 포두면 길두	광주지방 법원 순천지청	1922.12.28.	보안법 위반	면소	전남고흥의 유영선 외 11인 판결문		

210	송원섭 (40.宋轅燮/농업)	전남 고흥군 남양면 신곡	광주지방 법원 순천지청	1922.12.28.	강도, 강도상인, 절도, 공무집행 방해	면소	전남고흥의 유영선 외 11인 판결문	
211	송을생 (44.宋乙生/농업)	제주 좌면 월평	광주지방 법원목포 지원	1919.2.4.	소요 및 보안법	벌금30원	형사사건부, 수형인명부	대통령 표창
212	송태옥 (54.宋泰玉/농업)	전남 제주도 제주읍 도남	광주지방 법원 목포지청	1943.2.16.	보안법 위반	징역10월 집행유예 2년	전남제주의 양원봉진 외 3인 판결문	
213	신낙도 (26.申樂道/농업)	경북 의성군 소문면 하동	대구지방 법원 안동지청	1921.6.27.	대정8년 지령제7 호 위반	징역1년	경북문경의 강석희 외 13인 판결문	대구복심법원형사제2 부/1921.11.26./대정8 년제령제7호위반/면소/ 경북청송의 박주환 외 54인 판결문
214	신동환 (31.申東煥/농업)	경북 청송 파천면 중평	대구지방 법원 안동지청	1921.4.22.	대정8년 제령제7 호 위반	징역1년	경북안동의 손재봉 외 25인 판결문	대구복심법원형사제2 부/1921.11.26./대정8 년제령제7호위반/면소/ 경북안동의 손재봉 외 49인 판결문	대통령 표창
215	신두환 (42.申斗煥/농업)	경북 청송 파천면 중평	대구지방 법원 안동지청	1921.4.22.	대정8년 제령제7 호 위반	징역1년	경북안동의 손재봉 외 25인 판결문	대구복심법원형사제2 부/1921.11.26./대정8 년제령제7호위반/면소/ 경북안동의 손재봉 외 49인 판결문	대통령 표창
216	신만순 (38.申萬淳/농업)	함남 덕원 풍하면 어유지	경성복심 법원	1921.7.27.	대정8년 제령제7 호 위반	무죄	함남덕원의 이성린 외 15인 판결문	
217	신명주 (29.申命柱/농업)	경북 영덕 창수면 미곡	대구지방 법원 안동지청	1921.5.16.	대정8년 제령제7 호 위반	징역1년	경북영덕의 권영기 외 17인 판결문	대구복심법원형사제2 부/1921.11.26./대정8 년제령제7호위반/면소/ 경북안동의 손재봉 외 49인 판결문	대통령 표창
218	신범희 (30.申範熙/농업)	경북 청송 파천면 중평	대구지방 법원 안동지청	1921.7.11.	대정8년 제령제7 호 위반	징역1년	경북청송의 조용원 외 25인 판결문	대구복심법원형사제2 부/1921.11.26./대정8 년제령제7호위반/면소/ 경북청송의 박주환 외 54인 판결문	대통령 표창

219	신봉규 (36.申鳳圭/농업)	경북 문경군 가은면 성유	대구지방 법원 안동지청	1921.6.27.	대정8년 지령제7 호 위반	징역2년	경북문경의 강석희 외 13인 판결문	대구복심법원형사제2 부/1921.11.26./대정8 년령제7호위반/징역 2년/경북청송의 박주환 외 54인 판결문	
220	신상기 (35.申相琪/농업)	경북 청송 진보면 합강	대구지방 법원 안동지청	1921.4.22.	대정8년 제령제7 호 위반	징역1년	경북안동의 손재봉 외 25인 판결문	대구복심법원형사제2 부/1921.11.26./대정8 년제령제7호위반/공소 기각/경북안동의 손재봉 외 49인 판결문	
221	신상선 (35.申相宣/농업)	경북 청송 파천면 중평	대구지방 법원 안동지청	1921.4.22.	대정8년 제령제7 호 위반	징역1년	경북안동의 손재봉 외 25인 판결문	대구복심법원형사제2 부/1921.11.26./대정8 년제령제7호위반/면소/ 경북안동의 손재봉 외 49인 판결문	대통령 표창
222	신상용 (46.申相鎔/농업)	경북 청송 진보면 합강	대구지방 법원 안동지청	1921.4.22.	대정8년 제령제7 호 위반	징역1년	경북안동의 손재봉 외 25인 판결문	대구복심법원형사제2 부/1921.11.26./대정8 년제령제7호위반/공소 기각/경북안동의 손재봉 외 49인 판결문	건국 포장
223	신영화 (60.申永和/농업)	경북 영덕군 창수면 미곡	전주지방 법원 형사부	1943.10.30.	치안유지 법 위반	징역5년	독립유공자 공적조서		애족장
224	신용균 (29.申龍均/농업)	경북 문경군 가은면 성유	대구지방 법원 안동지청	1921.6.27.	대정8년 지령제7 호 위반	장역2년	경북문경의 강석희 외 13인 판결문	대구복심법원형사제2 부/1921.11.26./대정8 년제령제7호위반/징역 1년/경북청송의 박주환 외 54인 판결문	
225	신응부 (38.申應富/면장)	경북 안동 동호면 절강	대구지방 법원 안동지청	1921.7.11.	대정8년 제령제7 호 위반	징역1년	경북청송의 조용원 외 25인 판결문	대구복심법원형사제2 부/1921.11.26./대정8 년제령제7호위반/징역 1년면소/경북안동의 손 재봉 외 49인 판결문	
226	신응직 (34.申應稷/ 마포조합서기)	경북 안동 안동면 안막	대구지방 법원 안동지청	1921.7.11.	대정8년 제령제7 호 위반	무죄	경북청송의 조용원 외 25인 판결문	대구복심법원형사제2 부/1921.11.26./대정8 년제령제7호위반/징역 1년/경북청송의 박주환 외 54인 판결문	

227	신종범 (41.愼宗範/농업)	전북 무주군 적상면 괴목	광주지방 법원 금산지청	1920.12.29.	보안법 위반	징역5월	전북무주의 신종범 판결문	
228	신철희 (27.申喆熙/농업)	경북 청송군 파천면 중평	대구지방 법원 안동지청	1921.7.8.	대정8년 제령제7 호 위반	징역1년	경북군위의 이치균 외 2인 판결문	대구복심법원형사제2 부/1921.11.26./대정8 년제령제7호위반/원판 결취소/경북청송의 박주 환 외 54인 판결문	대통령 표창
229	신태순 (61.申泰淳/농업)	청진부 포항	경성지방 법원	1938.9.30.	치안유지 법 위반	경성지방 법원의 공판에 부침	경성북아현동 의 김중섭 외 17인 판결문	
230	심상훈 (27.沈相勳/농업)	전북 임실군 성수면 삼봉	전주지방 법원 금산지청	1923.5.21.	사기, 보안법 위반	징역1년	전북임실의 심상훈 외 1인 판결문	
231	안교헌 (46.安敎憲/농업)	황해도 신계군 마서면 번지	경성지방 법원	1938.9.30.	치안유지 법 위반	경성지방 법원의 공판에 부침	경성북아현동 의 김중섭 외 17인 판결문	
232	안규석 (19.安圭錫/농업)	경북 영양군 입암면 신구	대구지방 법원 안동지청	1921.7.4.	대정8년 제령제7 호 위반	면소	경북영양의 안규석 외 3인 판결문	대구복심법원형사제2 부/1921.11.26./대정8 년제령제7호위반/면소/ 경북청송의 박주환 외 54인 판결문	
233	안병철 (24.安秉喆/농업)	충남 논산 연산면 덕암	경성복심 법원	1921.7.27.	대정8년 제령제7 호 위반	무죄	함남덕원의 이성린 외 15인 판결문	
234	안용익 (22.安鎔翼/농업)	강원도 울진군 기성면 척산	대구지방 법원 울진지청	1921.6.10.	대정8년 제령제7 호 위반	징역10월	강원울진의 안용익 판결문	
235	안정호 (23.安正鎬/농업)	경북 문경군 농암면 궁기	대구지방 법원 안동지청	1921.6.27.	대정8년 지령제7 호 위반	징역1년 집행유예 4년	경북문경의 강석희 외 13인 판결문	
236	양계준 (39.梁啓準/농업)	전남 제주도 애월면 상가	광주지방 법원 목포지청	1943.2.16.	보안법 위반	징역10월 집행유예 2년	전남제주의 양원봉진 외 3인 판결문	

237	양기현 (39.梁琪鉉/농업)	전남 제주도 안덕면 동광	광주지방 법원 형사부	1940.12.4.	치안유지 법 위반	징역1년	전남제주의 강본승하 외 19인 판결문	
238	양남구 (55.梁南久/농업)	제주 좌면 도순	광주지방 법원목포 지원	1919.2.4.	소요 및 보안법	징역4년	형사사건부, 수형인명부	애족장
239	양봉 (28.梁鳳/농업)	제주 좌면 하원	광주지방 법원목포 지원	1919.2.4.	소요 및 보안법	벌금30원	형사사건부, 수형인명부	대통령 표창
240	양원준 (53.良元準/농업)	전남 제주도 제주읍 해안	광주지방 법원 목포지청	1943.2.16.	보안법 위반	징역10월 집행유예 2년	전남제주의 양원봉진 외 3인 판결문	
241	양원하 (47.梁元河/농업)	전남 제주도 애월면 하가	광주지방 법원 제주지청	1942.11.12.	보안법 위반	공소기각	전남제주의 원변호찬 외 1인 판결문	
242	양인문 (56.梁仁文/ 농업 겸 목공)	전북 진안군 진안면 군하	전주지방 법원 형사부	1943.10.15.	보안법 위반	징역2년	전북진안의 양인문 판결문/ 양인문가출옥 집행결제의건 보고/독립유공 자 공적조서	병보석 직후 사망	애족장
243	양주성 (50.梁柱星/ 양복재단업)	충남 홍성군 광천면 광천	경성복심 법원 형사부	1921.7.27.	대정8년 제령제7 호 위반	무죄	충남홍성의 이상은 외 6인 판결문	
244	양창언 (52.梁昌彦/농업)	전남 제주도 남원면 신례	광주지방 법원 형사부	1940.12.4.	치안유지 법 위반	징역2년	전남제주의 강본승하 외 19인 판결문	
245	여성백 (23.余性白/농업)	경북 영양군 석보면 북계	대구지방 법원 안동지청	1921.6.2.	대정8년 제령제7 호 위반	징역1년	경북영양의 이정호 외 3인 판결문	대구복심법원형사제2 부/1921.11.26./대정8 년제령제7호위반/면소/ 경북안동의 손재봉 외 49인 판결문	
	여성백 (44.余性白/농업)	전북 정읍군 태인면 태성	전주지방 법원 형사부	1943.10.15.	보안법 위반	징역 1년6월	전북진안의 양인문 판결문/ 양인문가출옥 집행결제의건 보고/독립유공 자 공적조서	옥중 사망	애족장

246	연안동 (33.延安童/농업)	전북 정읍군 이평면 팔선	전주지방 법원 형사부	1944.1.10.	치안유지 법 위반	징역1년	전북부안의 홍순옥 외 15인 판결문		
247	오귀룡 (58.吳貴龍/농업)	전북 정읍군 신태인 구석	전주지방 법원 형사부	1943.10.15.	보안법 위반	징역 2년6월	전북진안의 양인문 판결문/ 양인문기출옥 집행결제의건 보고/독립유공 자 공적조서		애족장
248	오병윤 (22.吳秉允/농업)	제주 좌면 하원	광주지방 법원목포 지원	1919.2.4.	소요 및 보안법	징역1년	형사사건부, 수형인명부		애족장
249	오병표 (73.吳秉杓/농업)	전남 제주도 제주읍 아라	광주지방 법원 형사부	1940.12.4.	치안유지 법 위반	징역2년	전남제주의 강본승하 외 19인 판결문		
250	오성태 (25.吳成泰/농업)	제주 우면 토평	대구복심 법원	1919.1.16.	보안법 위반, 사기	무죄	제주우면의 오성태 판결문		
251	오세덕 (28.吳世悳/전 한성은행원)	경기도 고양 숭인동 안암	경성지방 법원	1924.2.28.	대정8년 제령제7 호 위반	징역1년	경남진주의 구여순 외 5명 판결문		애국장
252	오승언 (54.吳承)彦/농업)	전남 제주도 표선면 가시	광주지방 법원 형사부	1940.12.4.	보안법 위반	징역2년	전남제주의 강본승하 외 19인 판결문		
253	오인석 (38.吳仁錫/농업)	제주 좌면 상예	광주지방 법원목포 지원	1918.10.28. 석방	소요 및 보안법	불기소	형사사건부, 수형인명부		
254	오인식 (23.吳寅植/농업)	제주 좌면 하원	광주지방 법원목포 지원	1919.2.4.	소요 및 보안법	벌금30원	형사사건부, 수형인명부		대통령 표창
255	오정숙 (51.吳禎淑/농업)	전남 제주도 표선면 가시	광주지방 법원 형사부	1940.12.4.	불경, 보안법 위반, 범인 장닉	징역1년	전남제주의 강본승하 외 19인 판결문		
256	오철식 (58.吳喆植/농업)	충남 논산군 연산면 장전	전주지방 법원 형사부	1940.10.30.	치안유지 법 위반	징역2년	전북김제의 김영식 외 9명 판결문		건국 포장

257	우택락 (44.禹宅洛/농업)	경북 청송 진보면 진안	대구지방 법원 안동지청	1921.4.22.	대정8년 제령제7 호 위반	징역2년	경북안동의 손재봉 외 25인 판결문	대구복심법원형사제2 부/1921.11.26./대정8 년제령제7호위반/공소 기각/경북안동의 손재봉 외 49인 판결문	대통령 표창
258	원성춘 (24.元性春/농업)	제주 좌면 하원	광주지방 법원목포 지원	1918.11.27. 석방	소요 및 보안법	불기소	형사사건부, 수형인명부		
259	원인수 (51.元仁水/농업)	제주 좌면 하원	광주지방 법원목포 지원	1919.2.4.	소요 및 보안법	벌금30원	형사사건부, 수형인명부		대통령 표창
260	원재호 (28.元在鎬/농업)	강원도 양양군 현남면 임호정	경성복심 법원	1921.11.16.	대정8년 제령제7 호 위반, 도주	무죄	강원양양의 김홍식 외 13인 판결문		
261	원찬숙 (45.元賛淑/무직)	경성부 하왕십리정 255번지	경성지방 법원	1938.9.30.	치안유지 법 위반	면소	경성북아현동 의 김중섭 외 17인 판결문		
262	유경찬 (24.柳景燦/농업)	경북 영덕 달산면 매일	대구지방 법원 안동지청	1921.5.16.	대정8년 제령제7 호 위반	징역1년	경북영덕의 권영기 외 17인 판결문		
263	유광선 (31.柳光善/농업)	전남 고흥군 두원면 용반	광주지방 법원 순천지청	1922.12.28.	공무집행 방해, 소요	면소	전남고흥의 유영선 외 11인 판결문		
264	유근성 (38.柳根成/의생)	경북 달성군 해안면 검사	대구지방 법원	1921.12.12.	대정8년 제령제7 호 위반	징역4년	경북의성의 유근성 외 1인 판결문	대구복심법원/1922. 3.23./대정8년제령제7 호위반/공소기각/경북 달성의 유근성 판결문	애족장
265	유상준 (32.柳相駿/농업)	경북 달성 해안면 검사	대구지방 법원 안동지청	1921.7.8.	대정8년 제령제7 호 위반	징역2년	경북김천의 이군명 외 11인 판결문	대구복심법원형사제2 부/1921.11.26./대정8 년제령제7호위반/징역 1년/경북안동의 손재봉 외 49인 판결문	
266	유영문 (27.柳永文/농업)	전남 고흥군 두원면 용반	광주지방 법원 순천지청	1922.12.28.	대정8년 제령제7 호 위반	광주지법 공판에 부침	전남고흥의 유영선 외 11인 판결문		

267	유영선 (31.柳永善/농업)	전남 고흥군 두원면 용반	광주지방 법원 순천지청	1922.12.28.	공무집행 방해, 상해, 소요	광주지법 공판에 부침	전남고흥의 유영선 외 11인 판결문	
268	유완식 (31.柳完植/농업)	경북 영양군 입암면 교동	대구지방 법원 안동지청	1921.7.4.	대정8년 제령제7 호 위반	면소	경북영양의 안규석 외 3인 판결문	대구복심법원형사제2 부/1921.11.26./대정8 년제령제7호위반/면소/ 경북청송의 박주환 외 54인 판결문
269	유원상 (57.柳源相/ 농업 겸 목공)	전북 정읍군 소성면 보화	전주지방 법원 형사부	1944.1.10.	치안유지 법 위반	징역1년	전북부안의 홍순옥 외 15인 판결문	대통령 표창
270	유택락 (32.柳宅洛/농업)	경북 청송 진보면 부곡	대구지방 법원 안동지청	1921.4.22.	대정8년 제령제7 호 위반	징역1년	경북안동의 손재봉 외 25인 판결문	대구복심법원형사제2 부/1921.11.26./대정8 년제령제7호위반/면소/ 경북안동의 손재봉 외 49인 판결문
271	유한성 (22.劉漢星/농업)	경북 군위 고로면 학성	대구지방 법원 안동지청	1921.7.8.	대정8년 제령제7 호 위반	징역1년	경북김천의 이군명 외 11인 판결문	대구복심법원형사제2 부/1921.11.26./대정8 년제령제7호위반/공소 기각/경북안동의 손재봉 외 49인 판결문	건국 포장
272	윤광현 (63.尹光鉉/목공)	경성부 행촌정	경성지방 법원	1942.8.13.	치안유지 법 위반	징역2년	경기부천의 용본춘영 외 2인 판결문	
273	은세룡 (70.殷世龍/무직)	전북 정읍군 영원면 후지	전주지방 법원 형사부	1940.10.30.	치안유지 법 위반	징역4년	전북김제의 김영식 외 9명 판결문	애족장
274	이계림 (32.李桂林/농업)	강원도 강릉군 성산면 어흘	경성복심 법원	1921.9.21.	대정8년 제령제7 호 위반	무죄	강원강릉의 이계림 판결문	
275	이구락 (25.李龜洛/농업)	경북 영덕군 달산면 대지	대구지방 법원	1921.11.30.	대정8년 제령제7 호 위반	징역1년	경북영덕의 이구락 판결문	
276	이군명 (34.李君明/농업)	경북 김천군 김천면 남산정	대구지방 법원 안동지청	1921.7.8.	대정8년 제령제7 호 위반	징역1년	경북김천의 이군명 외 11인 판결문	대구복심법원형사제2 부/1921.11.26./대정8 년제령제7호위반/공소 기각/경북안동의 손재봉 외 49인 판결문	건국 포장

277	이극모 (24.李極模/농업)	경북 안동 와룡면 서지	대구지방 법원 안동지청	1921.6.22.	대정8년 제령제7 호 위반, 안녕질서 위반	징역2년	경북청송의 박주환 외 26인 판결문	대구복심법원형사제2 부/1921.11.26./대정8 년제령제7호위반/징역 2년/경북청송의 바주한 외 54인 판결문(3 · 1운 동 참가)	
278	이기백 (23.李起白/농업)	경북 청송군 안덕면 감은	대구지방 법원 안동지청	1921.6.27.	대정8년 지령제7 호 위반	징역1년	경북문경의 강석희 외 13인 판결문	대구복심법원/1921.11. 26./대정8년제령제7호 위반/면소/경북청송의 박주한 외 76인 판결문	대통령 표창
279	이기우 (50.李琦雨/약종상)	경북 청송 진보면 진안	대구지방 법원	1921.6.22.	대정8년 제령제7 호 위반	징역1년	경북청송의 이기우 판결문		
280	이남호 (40.李南鎬/농업)	경북 안동 예안면 서부	대구지방 법원 안동지청	1921.6.22.	대정8년 제령제7 호 위반, 안녕질서 위반	징역2년	경북청송의 박주환 외 26인 판결문	*대구복심법원/1919. 6.24/소요, 보안법 위반 /무죄/경북안동의 李時 敎 외 6인 판결문(3 · 1 운동 참가) *대구복심법원형사제2 부/1921.11.26./대정8 년제령제7호위반/징역 2년/경북청송의 박주환 외 54인 판결문	애족장
281	이내룡 (45.李乃龍/농업)	전북 부안군 산내면 지서	전주지방 법원 형사부	1944.1.10.	치안유지 법 위반	징역2년	전북부안의 홍순옥 외 15인 판결문		
282	이달생 (32.李達生/농업)	제주 좌면 하원	광주지방 법원목포 지원	1919.2.4.	소요 및 보안법	징역1년	형사사건부, 수형인명부		애족장
283	이두표 (58.李斗杓/농업)	전남 제주도 한림면 금악	광주지방 법원 형사부	1940.12.4.	보안법 위반, 수렵규칙 위반, 총포화약 류취체령 시행규칙 위반	징역2년	선남제주의 강본승하 외 19인 판결문		

	이름	본적	재판소	일자	죄명	판결	출전	비고	
284	이득년 (1883-1950.李得年)	경기도 고양 용강 공덕		1925			독립유공자 공적조서		애국장
285	이득춘 (49.李得春/농업)	전북 부안군 산내면 진서	전주지방 법원 형사부	1944.1.10.	치안유지 법 위반	징역1년	전북부안의 홍순옥 외 15인 판결문		
286	이만형 (42.李晚馨/농업)	경북 영양 청기면 청기	대구지방 법원 안동지청	1921.5.16.	대정8년 제령제7 호 위반	징역1년	경북영덕의 권영기 외 17인 판결문	대구복심법원형사제2 부/1921.11.26./대정8 년제령제7호위반/면소/ 경북안동의 손재봉 외 49인 판결문	
287	이명달 (42.李明達/농업)	경북 안동 길안면 송사	대구지방 법원 안동지청	1921.5.16.	대정8년 제령제7 호 위반	징역1년	경북영덕의 권영기 외 17인 판결문		건국 포장
288	이무현 (21.李戊賢/농업)	제주 좌면 월평	광주지방 법원목포 지원	1918.11.27. 석방	소요 및 보안법	불기소	형사사건부, 수형인명부		
289	이민동 (22.李敏東/농업)	충남 청양군 청양면 중산	공주지방 법원	1918.6.20.	보안법 위반	징역5월	충남청양의 이민동 외 1인 판결문		
290	이봉규 (41.李奉奎/농업)	제주 좌면 월평	광주지방 법원목포 지원	1919.2.4.	소요 및 보안법	벌금30원	형사사건부, 수형인명부		대통령 표창
291	이상걸 (29.李相杰/농업)	경북 안동 임동면 대곡	대구지방 법원 안동지청	1921.4.22.	대정8년 제령제7 호 위반	징역1년	경북안동의 손재봉 외 25인 판결문		
292	이상은 (25.李相殷/농업)	충남 홍성군 고도면 상촌	경성복심 법원 형사부	1921.7.27.	대정8년 제령제7 호 위반	무죄	충남홍성의 이상은 외 6인 판결문		
293	이성린 (40.李成麟/농업)	함남 덕원 풍화면 금구	경성복심 법원	1921.7.27.	대정8년 제령제7 호 위반	징역6월	함남덕원의 이성린 외 15인 판결문		
294	이성예 (66.李聖裔/농업)	전남 제주도 남원면 태흥	광주지방 법원 형사부	1940.12.4.	불경, 보안법 위반	징역 1년6월	전남제주의 강본승하 외 19인 판결문		
295	이세인 (30.李世仁/농업)	제주 좌면 회수	광주지방 법원목포 지원	1918.11.27. 석방	소요 및 보안법	불기소	형사사건부, 수형인명부		

296	이승빈 (28.李昇斌/농업)	제주 좌면 도순	광주지방 법원목포 지원	1919.2.4.	소요 및 보안법	징역1년	형사사건부, 수형인명부		애족장
297	이연간 (51.李連玕/농업)	황해도 신계군 마서면 번지	경성지방 법원	1938.9.30.	치안유지 법 위반	경성지방 법원의 공판에 부침	경성북아현동 의 김중섭 외 17인 판결문		
298	이용운 (33.李用運/농업)	충북 제천 덕산면 도전	경성복심 법원	1923.6.4.	대정8년 제령제7 호 위반	공소기각	충북제천의 이용운 판결문		
299	이용하 (28.李容河/농업)	충남 보령군 주산면 창암	공주지방 법원	1922.3.28.	대정8년 제령재7 호 위반	공주지방 법원의 공판에 부침	전북김제의 김홍규 외 판결문	경성복심법원/1923.4. 4./대정8년제령제7호위 반/면소/전북김제의 김 홍규 외 5인 판결문	대통령 표창
300	이우석 (27.李雨錫/농업)	경북 영덕 달산면 매일	대구지방 법원 안동지청	1921.5.16.	대정8년 제령제7 호 위반	징역1년	경북영덕의 권영기 외 17인 판결문		건국 포장
301	이우형 (33.李佑衡/농업)	전북 정읍군 감곡면 계룡	대구지방 법원 안동지청	1927.6.21.	보안법 위반, 사기	면소	경성도렴동의 조용모 외 2인 판결문		
302	이원두 (54.李原斗/어업)	전남 제주도 제주읍 용담	광주지방 법원 목포지청	1943.2.16.	보안법 위반	징역10월 집행유예 2년	전남제주의 양원봉진 외 3인 판결문		
303	이원봉 (35.李源鳳/농업)	경북 청송 파천면 관동	대구지방 법원 안동지청	1921.7.11.	대정8년 제령제7 호 위반	징역1년 집행유예 3년	경북청송의 조용원 외 25인 판결문	대구복심법원/1921.11. 19./대정8년제령제7호 위반/징역1년/경북청송 의 박주한 외 76인 판결 문	
304	이원선 (40.李元善/농업)	전북 무주군 적상면 포내	전주지방 법원 금산지청	1923.5.21.	보안법 위반	징역6월	전북임실의 심상훈 외 1인 판결문		
305	이원연 (28.李源淵/농업)	경북 안동 예안면 삼계	대구지방 법원 안동지청	1921.4.22.	대정8년 제령제7 호 위반	징역1년	경북안동의 손재봉 외 25인 판결문		건국 포장
306	이원영 (44.李遠泳/농업)	제주 좌면 월평	광주지방 법원목포 지원	1919.2.4.	소요 및 보안법	벌금30원	형사사건부, 수형인명부		대통령 표창

307	이원유 (33.李元有/농업)	전북 옥구 서수면 서수	경성복심 법원	1921.7.27.	대정8년 제령제7 호 위반	무죄	함남덕원의 이성린 외 15인 판결문	
308	이유복 (31.李有福/제조업)	경북 영덕 달산면 용평	대구지방 법원 안동지청	1921.5.16.	대정8년 제령제7 호 위반	징역1년	경북영덕의 권영기 외 17인 판결문	대구복심법원형사제2 부/1921.11.26./대정8 년제령제7호위반/면소/ 경북안동의 손재봉 외 49인 판결문
309	이윤평 (32.李允平/농업)	제주 좌면 도순	광주지방 법원목포 지원	1919.2.4.	소요 및 보안법	징역1년	형사사건부, 수형인명부	애족장
310	이인석 (23.李寅錫/무직)	경북 경주 강동면 양동	대구지방 법원	1924.12.15.	공갈미수	징역8월	경북경주의 이인석 판결문	대구복심법원/1925.3. 17./공갈미수/징역8월/ 경북경주의 이인석 판결 문 (노령정부 군자금 관 련)	대통령 표창
311	이인언 (44.李仁彦)	황해도 황주군 청수면 석평	고등법원 형사부	1921.11.10.	보안법 위반	상고기각	황해도황주의 이인언 판결문	
312	이자춘 (43.李自春/농업)	제주 좌면 영남	광주지방 법원목포 지원	1918.11.27. 석방	소요 및 보안법	불기소	형사사건부, 수형인명부	
313	이정현 (63.李定鉉/농업)	경기도 용인군 수지 성복	전주지방 법원 형사부	1943.10.30.	치안유지 법 위반	징역3년	독립유공자 공적조사	옥중 사망	애족장
314	이정호 (26.李廷浩/농업)	경북 영양군 석보면 신평	대구지방 법원 안동지청	1921.6.2.	대정8년 제령제7 호 위반	징역1년	경북영양의 이정호 외 3인 판결문	대구복심법원형사제2 부/1921.11.26./대정8 년제령제7호위반/공소 기각/경북안동의 손재봉 외 49인 판결문	건국 포장
315	이조승 (35.李祖承/저술업)	충북 옥천군 청산면 하서	경성지방 법원	1939.5.23.	사기	면소	만주국 봉천의 채경대 외 7인 판결문	
316	이종구 (46.李鍾九/농업)	경북 의성 사곡면 신리	대구지방 법원 안동지청	1921.5.16.	대정8년 제령제7 호 위반	징역1년	경북영덕의 권영기 외 17인 판결문	대구복심법원형사제2 부/1921.11.26./대정8 년제령제7호위반/면소/ 경북안동의 손재봉 외 49인 판결문

317	이종기 (25.李鍾基/농업)	경북 의성 단촌면 병방	대구지방 법원 안동지청	1921.6.22.	대정8년 제령제7 호 위반, 안녕질서 위반	징역1년	경북청송의 박주환 외 26인 판결문	대구복심법원형사제2 부/1921.11.26./대정8 년제령제7호위반/징역 1년/경북청송의 박주환 외 54인 판결문	건국 포장
318	이종담 (27.李鍾譚/농업)	강원도 양양군 손양면 수여	경성복심 법원	1921.11.16.	대정8년 제령제7 호 위반, 도주	무죄	강원양양의 김홍식 외 13인 판결문		
319	이종명 (32.李鍾溟/농업)	강원 양양 손양면 수여	경성복심 법원	1921.11.16.	대정8년 제령제7 호 위반, 도주	징역6월	강원양양의 김홍식 외 13인 판결문		
320	이종승 (29.李鍾昇/잡상)	강원 양양 강현면 하북	경성복심 법원	1921.11.16.	대정8년 제령제7 호 위반, 도주	징역6월	강원양양의 김홍식 외 13인 판결문		
321	이종옥 (32.李種玉/농업)	충남 아산군 염치면 백암	공주지방 법원	1918.6.20.	보안법 위반	태70	충남청양의 이민동 외 1인 판결문		
322	이종원 (24.李鍾元/농업)	경북 군위군 악계면 춘산	대구지방 법원	1921.12.12.	대정8년 제령제7 호 위반	징역1년	경북의성의 유근성 외 1인 판결문		
323	이종창 (38.李宗昌)	제주 좌면 도순	광주지방 법원목포 지원	1919.2.4.	소요 및 보안법	징역1년	형사사건부, 수형인명부		애족장
324	이주범 (40.李柱範/농업)	강원 양양 손양면 수여	경성복심 법원	1921.11.16.	대정8년 제령제7 호 위반, 도주	징역6월	강원양양의 김홍식 외 13인 판결문		
325	이순용 (49.李俊用/농업)	경북 문경군 가은면 작천	대구지방 법원 안동지청	1921.6.27.	대정8년 지령제7 호 위반	징역2년	경북문경의 강석희 외 13인 판결문	대구복심법원형사제2 부/1921.11.26./대정8 년제령제7호위반/징역 1년/경북청송의 박주환 외 54인 판결문	

326	이중창 (40.李中昶/농업)	경북 안동 안동면 안막	대구지방 법원 안동지청	1921.7.11.	대정8년 제령제7 호 위반	징역1년 집행유예 3년	경북청송의 조용원 외 25인 판결문	대구복심법원/1919.5. 10./보안법 위반/공소기 각/경북안동의 金永右 외 7인 판결문(3·1운 동 참가)	
327	이진우 (35.李鎭祐/농업)	경북 영양 입암면 교동	대구지방 법원 안동지청	1921.5.16.	대정8년 제령제7 호 위반	징역1년	경북영덕의 권영기 외 17인 판결문	대구복심법원형사제2 부/1921.11.26./대정8 년제령제7호위반/면소/ 경북안동의 손재봉 외 49인 판결문	대통령 표창
328	이진호 (48.李鎭浩/농업)	전북 정읍군 태인면 백산	전주지방 법원 형사부	1943.10.15.	보안법 위반	징역5년	전북진안의 양인문 판결문/ 양인문기출옥 집행결제의건 보고/독립유공 자 공적조서		애족장
329	이진후 (49.李震厚/농업)	함남 영흥 인흥면 동산	경성복심 법원	1921.7.27.	대정8년 제령제7 호 위반	무죄	함남덕원의 이성린 외 15인 판결문		
330	이춘삼 (63.李春三/농업)	제주 좌면 하원	광주지방 법원목포 지원	1919.2.4.	소요 및 보안법	징역6월	형사사건부, 수형인명부		대통령 표창
331	이춘영 (50.李春榮/농업)	경기도 부천군 오정면 원종	경성지방 법원	1942.8.13.	치안유지 법 위반	징역2년	경기부천의 용본춘영 외 2인 판결문		
332	이춘화 (34.李春和/농업)	경북 안동 북후면 옹천	대구지방 법원 안동지청	1921.6.22.	대정8년 제령제7 호 위반, 안녕질서 위반	징역1년	경북청송의 박주환 외 26인 판결문	대구복심법원형사제2 부/1921.11.26./대정8 년제령제7호위반/무죄/ 경북청송의 박주환 외 54인 판결문	
333	이치균 (40.李致均/농업)	경북 군위군 효령면 성동	대구지방 법원 안동지청	1921.7.8.	대정8년 제령제7 호 위반	무죄	경북군위의 이치균 외 2인 판결문	대구복심법원형사제2 부/1921.11.26./대정8 년제령제7호위반/공소 기각/경북청송의 박주환 외 54인 판결문	
334	이치홍 (51.李致洪/농업)	함남 덕원 풍하면 노탄	경성복심 법원	1921.7.27.	대정8년 제령제7 호 위반	징역6월	함남덕원의 이성린 외 15인 판결문		

335	이태복 (29.李泰福/농업)	경북 의성군 사운면 산운	대구지방 법원 안동지청	1921.6.27.	대정8년 지령제7 호 위반	징역1년	경북문경의 강석희 외 13인 판결문	대구복심법원형사제2 부/1921.11.26./대정8 년제령제7호위반/면소/ 경북청송의 박주환 외 54인 판결문	
336	이하섭 (42.李夏燮/농업)	충남 부여군 임천면 만사	공주지방 법원	1922.3.28.	대정8년 제령재7 호 위반	면소	전북김제의 김흥규 외 판결문		
337	이하익 (55.李夏翼)	충북 부여군 옥산면 상기	전주지방 법원 형사부	1940.10.30.	치안유지 법 위반	징역 1년8월	전북김제의 김영식 외 9명 판결문		
338	이학우 (25.李鶴羽/농업)	경북 안동 임북면 정산	대구지방 법원 안동지청	1921.4.22.	대정8년 제령제7 호 위반	징역2년	경북안동의 손재봉 외 25인 판결문	대구복심법원형사제2 부/1921.11.26./대정8 년제령제7호위반/면소/ 경북안동의 손재봉 외 49인 판결문	대통령 표창
339	이해성 (43.李海星/농업)	강원도 양양군 손양면 동호	경성복심 법원	1921.11.16.	대정8년 제령제7 호 위반, 도주	무죄	강원양양의 김흥식 외 13인 판결문		
340	이해운 (39.李海雲/농업)	경북 의성군 산운면 산운	대구지방 법원 의성지청	1920.6.7.	보안법 위반, 경찰범처 벌규칙 위반	제1소위 구류 25일, 제2소위 무죄	경북의성의 이해운 판결문		
341	이형봉 (31.李亨鳳/농업)	함남 고원 산곡면 건천	경성복심 법원	1921.7.27.	대정8년 제령제7 호 위반	무죄	함남덕원의 이성린 외 15인 판결문		
342	임경갑 (32.林敬甲/농업)	경북 김천 김천면 남산정	대구지방 법원 안동지청	1921.7.8.	대정8년 제령제7 호 위반	징역1년	경북김천의 이군명 외 11인 판결문	대구복심법원형사제2 부/1921.11.26./대정8 년제령제7호위반/공소 기각/경북안동의 손재봉 외 49인 판결문	건국 포장
343	임경호 (57.林敬鎬)	경성 종로 필운정	대구지방 법원	1945.8.23.	치안유지 법 위반	공소권 없음	형사사건부, 독립유공자 공적조서	옥중 사망	애국장

344	임병묵 (17.林炳默/무직)	경북 안동 길안면 금곡	대구지방 법원 안동지청	1921.6.22.	대정8년 제령제7 호 위반, 안녕질서 위반	징역1년	경북청송의 박주환 외 26인 판결문		
345	임재근 (37.林在根/농업)	전북 익산 황등면 ○○	공주지방 법원	1923.12.24.	대정8년 제령제7 호 위반	구류29일	전북익산의 임재근 판결문		
346	임춘일 (40.林春一/농업)	경북 김천 지례면 교동	대구지방 법원 안동지청	1921.7.8.	대정8년 제령제7 호 위반	징역1년	경북김천의 이군명 외 11인 판결문	대구복심법원형사제2 부/1921.11.26./대정8 년제령제7호위반/공소 기각/경북안동의 손재봉 외 49인 판결문	건국 포장
347	장낙규 (40.張洛圭/농업)	경북 의성 단촌면 하화	대구지방 법원 안동지청	1921.6.22.	대정8년 제령제7 호 위반, 안녕질서 위반	무죄	경북청송의 박주환 외 26인 판결문	대구복심법원형사제2 부/1921.11.26./대정8 년제령제7호위반/공소 기각/경북청송의 박주환 외 54인 판결문	
348	장득원 (46.張得遠/ 농업, 교사)	전북 정읍군 태인면 태성	전주지방 법원 형사부	1943.10.15.	보안법 위반	징역2년	전북진안의 양인문 판결문/ 양인문기출옥 집행결제의건 보고/독립유공 자 공적조서		애족장
349	장연수 (44.蔣淵銖/농업)	경북 군위 고로면 장곡	대구지방 법원 안동지청	1921.7.8.	대정8년 제령제7 호 위반	징역1년	경북김천의 이군명 외 11인 판결문	대구복심법원형사제2 부/1921.11.26./대정8 년제령제7호위반/무죄/ 경북안동의 손재봉 외 49인 판결문	
350	장원국 (45.張元國/농업)	전남 제주도 중문면 상예	광주지방 법원 형사부	1940.12.4.	불경, 보안법 위반	징역1년	전남제주의 강본승하 외 19인 판결문		
351	장임호 (63.張林虎/ 법정사, 무직)	제주 좌면 도순 (함북 길주군 임의면)	광주지방 법원목포 지원	1919.2.4.	소요 및 보안법	징역4년	형사사건부, 수형인명부		애족장

352	장재환 (37.張在煥/농업)	전남 고흥군 두원면 용반	광주지방 법원 순천지청	1922.12.28.	대정8년 제령제7 호 위반	면소	전남고흥의 유영선 외 11인 판결문	
353	장주환 (26.張柱煥/ 한문교사)	경북 군위 의흥면 지호	대구지방 법원 안동지청	1921.6.22.	대정8년 제령제7 호 위반, 안녕질서 위반	징역1년	경북청송의 박주환 외 26인 판결문	대구복심법원형사제2 부/1921.11.26./대정8 년제령제7호위반/징역 1년/경북청송의 박주환 외 54인 판결문	건국 포장
354	전경준 (27.田景俊/농업)	경북 안동 길안면 금곡	대구지방 법원 안동시청	1921.6.22.	대정8년 제령제7 호 위반, 안녕질서 위반	징역1년	경북청송의 박주환 외 26인 판결문	대구복심법원형사제2 부/1921.11.26./대정8 년제령제7호위반/징역 1년/경북청송의 박주환 외 54인 판결문	
355	전명조 (29.全命祚/농업)	경북 영덕 오보면 오보	대구지방 법원 안동지청	1921.5.16.	대정8년 제령제7 호 위반	징역2년	경북영덕의 권영기 외 17인 판결문	대구복심법원형사제2 부/1921.11.26./대정8 년제령제7호위반/면소/ 경북안동의 손재봉 외 49인 판결문	대통령 표창
356	전봉균 (53.田鳳均/농업)	전북 옥구군 옥구면 오곡	전주지방 법원 형사부	1944.1.10.	치안유지 법 위반	징역 2년6월	전북부안의 홍순옥 외 15인 판결문		애족장
357	전상희 (56.全相喜/농업)	경북 문경군 가은면 상괴	대구지방 법원 안동지청	1921.6.27.	대정8년 지령제7 호 위반	징역2년	경북문경의 강석희 외 13인 판결문	대구복심법원형사제2 부/1921.11.26./대정8 년제령제7호위반/징역 2년/경북청송의 박주환 외 54인 판결문	
358	전암우 (31.錢岩佑/농업)	경북 문경군 가은면 상괴	대구지방 법원 안동지청	1921.6.27.	대정8년 지령제7 호 위반	징역2년	경북문경의 강석희 외 13인 판결문	대구복심법원형사제2 부/1921.11.26./대정8 년제령제7호위반/무죄/ 경북청송의 박주환 외 54인 판결문	
359	전정풍 (49.田正豊/농업)	전북 옥구군 옥구면 어은	전주지방 법원 형사부	1944.1.10.	치안유지 법 위반	징역1년	전북부안의 홍순옥 외 15인 판결문		건국 포장

360	정공일 (53.鄭公一/농업)	전북 고창군 대산면 덕천	전주지방 법원 형사부	1943.10.15.	보안법 위반	징역5년	전북진안의 양인문 판결문/ 양인문기출옥 집행결제의건 보고/독립유공 자 공적조서		애족장
361	정구용 (30.鄭龜鎔/ 법정사, 무직)	제주 좌면 도순 (경북 영일군 창주면)	광주지방 법원목포 지원	1919.2.4.	소요 및 보안법	징역3년	정구용 판결문(1923), 형사사건부, 수형인명부		애족장
362	정군칠 (35.鄭君七/농업)	전남 영광 군남면 남창	경성복심 법원	1921.7.27.	대정8년 제령제7 호 위반	징역1년	함남덕원의 이성린 외 15인 판결문		
363	정동원 (62.鄭東源/농업)	전북 고창군 성송면 상금	전주지방 법원 형사부	1943.10.15.	보안법 위반	병보석 2일만에 사망	전북진안의 양인문 판결문/ 양인문기출옥 집행결제의건 보고/독립유공 자 공적조서	병보석 직후 사망	애족장
364	정명섭 (50.丁明燮/농업)	강원도 영월군 열월면 거운	전주지방 법원 형사부	1943.10.30.	치안유지 법 위반	징역2년	독립유공자 공적조서		건국 포장
365	정상엽 (33.鄭常燁/농업)	전북 정읍 입암면 접지	경성지방 법원	1926.11.18.	강도예비	징역8년	전북정읍의 한규숙 외 5인 판결문		
366	정원술 (29.鄭元述/농업)	경북 영덕 오보면 오보	대구지방 법원 안동지청	1921.5.16.	대정8년 제령제7 호 위반	징역1년	경북영덕의 권영기 외 17인 판결문	대구복심법원형사제2 부/1921.11.26./대정8 년제령제7호위반/면소/ 경북안동의 손재봉 외 49인 판결문	
367	정인표 (45.鄭寅杓/무직)	전북 정읍군 태인면 태성	전주지방 법원 형사부	1943.10.15.	보안법 위반	징역8년	전북진안의 양인문 판결문/ 양인문기출옥 집행결제의건 보고/독립유공 자 공적조서		애족장

368	정종진 (43.鄭鍾震/무직)	경기도 고양군 숭인면 정능	경성지방 법원	1939.5.23.	보안법 위반	면소	만주국 봉천의 채경대 외 7인 판결문	
369	정찬규 (40.鄭燦奎/무직)	부정	경성지방 법원	1926.11.18.	대정8년 제령제7 호 위반, 강도예비, 총포화약 류취체령 위반	징역1년	전북정읍의 한규숙 외 5인 판결문	
370	정창묵 (59.鄭昌黙/농업)	전북 고창군 대산면 신평	전주지방 법원 형사부	1943.10.15.	보안법 위반	징역 2년6월	전북진안의 양인문 판결문/ 양인문기출옥 집행결제의견 보고/독립유공 자 공적조서	애족장
371	정한모 (18.鄭漢模/농업)	경북 안동 임하면 현하	대구지방 법원 안동지청	1921.5.16.	대정8년 제령제7 호 위반	징역1년	경북영덕의 권영기 외 17인 판결문	대구복심법원형사제2 부/1921.11.26./대정8 년제령제7호위반/면소/ 경북안동의 손재봉 외 49인 판결문	애족장
372	정휴규 (39.鄭休圭/농업)	전북 고창군 대산면 춘산	전주지방 법원 형사부	1943.10.15.	보안법 위반	징역3년	전북진안의 양인문 판결문/ 양인문기출옥 집행결제의견 보고/독립유공 자 공적조서		애족장
373	조계성 (36.趙桂成/농업)	제주 좌면 월평	광주지방 법원목포 지원	1919.2.4.	소요 및 보안법	징역2년	형사사건부, 수형인명부		애족장
374	조규복 (42.曺圭復/농업)	경북 의성 점곡면 송내	대구지방 법원 안동지청	1921.6.22.	대정8년 제령제7 호 위반, 안녕질서 위반	무죄	경북청송의 박주환 외 26인 판결문	대구복심법원형사제2 부/1921.11.26./대정8 년제령제7호위반/공소 기각/경북청송의 박주환 외 54인 판결문

375	조규영 (25.趙奎永/농업)	경북 청송 현서면 두현	대구지방 법원 안동지청	1921.5.16.	대정8년 제령제7 호 위반	징역2년	경북영덕의 권영기 외 17인 판결문	대구복심법원형사제2 부/1921.11.26./대정8 년제령제7호위반/면소/ 경북안동의 손재봉 외 49인 판결문	대통령 표창
376	조만식 (40.趙晩植/무직)	경성부 통동	경성지방 법원	1926.11.18.	강도예비, 총포화약 류취체령 위반	징역 1년6월	전북정읍의 한규숙 외 5인 판결문		애국장
377	조문규 (52.趙文奎/농업)	경북 의성 옥산면 제동	대구지방 법원	1926.1.30.	보안법 위반, 사기	면소	경북청송의 조성복 외 1인 판결문		
378	조병국 (31.曺炳國/농업)	충남 공주군 탄천면 화정	공주지방 법원	1922.3.28.	대정8년 제령제7 호 위반	면소	전북김제의 김홍규 외 판결문		
379	조성복 (57.趙性復/농업)	경북 청송 현서면 덕성	대구지방 법원	1926.1.30.	보안법 위반, 사기	면소	경북청송의 조성복 외 1인 판결문		
380	조용모 (51.趙鏞模/농업)	경성부 도렴	대구지방 법원 안동지청	1927.6.21.	보안법 위반, 사기	면소	경성도렴동의 조용모 외 2인 판결문		
381	조용원 (23.趙鏞元/면서기)	경북 청송군 안덕면 명당	대구지방 법원 안동지청	1921.7.11.	대정8년 제령제7 호 위반	징역1년	경북청송의 조용원 외 25인 판결문	대구복심법원형사제2 부/1921.11.26./대정8 년제령제7호위반/징역 1년/경북청송의 박주환 외 54인 판결문	대통령 표창
382	조인혁 (48.趙仁赫/잡화상)	제주 좌면 도순	광주지방 법원목포 지원	1918.11.27. 석방	소요 및 보안법	불기소	형사사건부, 수형인명부		
383	조판순 (47.趙判順/재목업)	전북 김제군 진봉면 옥정	전주지방 법원 형사부	1940.10.30.	치안유지 법 위반	징역2년	전북김제의 김영식 외 9명 판결문		건국 포장
384	주종록 (36.朱鍾錄/농업)	전남 고흥군 도양면 신양	광주지방 법원 순천지청	1922.12.28.	보안법 위반	면소	전남고흥의 유영선 외 11인 판결문		

385	주종익 (33.朱鍾益/농업)	전남 고흥군 도양면 신양	광주지방 법원 순천지청	1922.12.28.	보안법 위반	면소	전남고흥의 유영선 외 11인 판결문	
386	주종태 (24.朱鍾泰/농업)	전남 고흥군 도양면 신양	광주지방 법원 순천지청	1922.12.28.	공무집행 방해, 소요	광주비법 공판에 부침	전남고흥의 유영선 외 11인 판결문	
387	지갑생 (30.池甲生/농업)	제주 좌면 하원	광주지방 법원목포 지원	1919.2.4.	소요 및 보안법	벌금30원	형사사건부, 수형인명부	대통령 표창
388	지명한 (32.池明漢/농업)	강원도 고성군 신북면 포항	경성복심 법원	1921.10.3.	대정8년 제령제7 호 위반	무죄	전남함평의 시석주 외 6인 판결문	
389	지축생 (42.池丑生/농업)	제주 좌면 하원	광주지방 법원목포 지원	1919.2.4.	소요 및 보안법	벌금30원	형사사건부, 수형인명부	
390	차경석 (29.車京石)	전북 정읍군 입암면 접지	대구복심 법원	1919.2.9.	불경 내란, 사기		차경석 형사사건부	*대구지검안동지청 /1921.3.28./대정8년제 령제7호 위반/기소중지, 불기소/차경석 형사사 건부 *대구복심법원/1심: 1929.12.23., 2심:1930. 12.25., 3심:1930.10.13./ 불경, 내란음모, 사기/1 심 항고기각, 2심 기각, 3심 상고기각/ 전북정읍 의 차경석 형사사건부
391	차봉남 (40.車鳳南/농업)	황해도 수안군 수안면 용정	경성지방 법원	1938.9.30.	치안유지 법 위반	면소	경성북아현동 의 김중섭 외 17인 판결문	
392	차윤칠 (車輪七)	전북 정읍군	광주지방 법원 목포지청	1919.2.3.	보안법 위반	불기소	차윤칠 형집행원부	형독으로 시망
393	채경대 (50.菜慶大/농업)	만주국 봉천성 심양현 영인촌 어화원	경성지방 법원	1939.5.23.	보안법 위반	경성지방 법원의 공판에 부침	만주국 봉천의 채경대 외 7인 판결문	

394	채동기 (48.蔡東氣/농업)	전남 무안군 비금면 고서	경성지방 법원	1939.5.23.	보안법 위반	면소	만주국 봉천의 채경대 외 7인 판결문	
395	최도성 (58.崔道成/농업)	황해도 웅진군 웅진읍 구계	고등법원 형사부	1945.3.12.	치안유지 법 위반	상고기각	황해도웅진의 최도성 판결문	
396	최두홍 (44.崔斗洪/농업)	전북 김제군 만경면 장산	공주지방 법원	1922.3.28.	대정8년 제령재7 호 위반	면소	전북김제의 김흥규 외 판결문	경성복심법원/1923. 4.4./대정8년제령제7호 위반/징역1년/전북김제 의 김흥규 외 5인 판결문
397	최문수 (52.崔文洙/농업)	제주 좌면 법환	광주지방 법원목포 지원	1918.11.27. 석방	소요 및 보안법	불기소	형사사건부, 수형인명부	
398	최봉규 (44.崔奉圭/무직)	전남 영광군 군포면 도포	광주지방 법원	1938.12.2.	불경 보안법 위반	징역1년	전남목포의 최봉규 판결문/ 수형인명부	
399	최상룡 (27.崔尚龍/농업)	경남 진주 미천면 안간	경성지방 법원	1926.7.19.	대정8년 제령제7 호 위반, 강도예비, 총포화약 류취체령 위반	면소	전북정읍의 한규숙 외 5인 판결문	
400	최상익 (52.崔相翊/농업)	경북 경주 천북면 갈곡	대구지방 법원 안동지청	1921.4.22.	대정8년 제령제7 호 위반	징역2년	경북안동의 손재봉 외 25인 판결문	대구복심법원형사제2 부/1921.11.26./대정8 년제령제7호위반/공소 기각/경북안동의 손재봉 외 49인 판결문
401	최신일 (42.崔信日/농업)	제주 좌면 월평	광주지방 법원목포 지원	1919.2.4.	소요 및 보안법	징역1년	형사사건부, 수형인명부	애족장
402	최태우 (45.崔泰祐/일용직)	제주 우면 서홍 (전남 나주군 남면 사상)	광주지방 법원목포 지원	1919.2.4.	소요 및 보안법	징역4년	형사사건부, 수형인명부	애족장

403	하대룡 (41.河大龍/농업)	경북 의성 단촌면 병방	대구지방 법원 안동지청	1921.6.22.	대정8년 제령제7 호 위반, 안녕질서 위반	무죄	경북청송의 박주환 외 26인 판결문	대구복심법원형사제2 부/1921.11.26./대정8 년제령제7호위반/공소 기각/경북청송의 박주환 외 54인 판결문
404	하동만 (52.河東萬/무직)	부산부 복정 4정목	광주지방 법원	1945.2.2.	치안유지 법 위반	징역4년	부산복정의 하동만수 외 1인 판결문	
405	하동천 (55.河東千)	부산부 복정 4정목	광주지방 법원	1945.2.2.	치안유지 법 위반	징역3년	부산복정의 하동만수 외 1인 판결문	
406	한규숙 (38.韓圭淑/무직)	전북 정읍 입암면 접지	경성지방 법원	1926.11.18.	강도예비	징역1년	전북정읍의 한규숙 외 5인 판결문	
407	한윤옥 (18.韓允玉/ 법정사, 下男)	제주 좌면 도순 법정사 내	광주지방 법원목포 지원	1918.11.27. 석방	소요 및 보안법	불기소	형사사건부, 수형인명부	
408	한진환 (20.韓眞煥/농업)	강원도 고성군 신북면 서아	경성복심 법원	1921.10.3.	대정8년 제령제7 호 위반	무죄	전남함평의 서석주 외 6인 판결문	
409	함덕기 (28.咸德基/농업)	강원도 양양군 손양면 가평	경성복심 법원	1921.11.16.	대정8년 제령제7 호 위반, 도주	무죄	강원양양의 김홍식 외 13인 판결문	
410	함덕희 (41.咸惠熙/농업)	함남 영흥 영흥면 포하	경성복심 법원	1921.7.27.	대정8년 제령제7 호 위반	무죄	함남덕원의 이성린 외 15인 판결문	
411	현무생 (32.玄戊生/농업)	제주 좌면 월평	광주지방 법원목포 지원	1919.2.4.	소요 및 보안법	벌금30원	형사사건부, 수형인명부	대통령 표창
412	현시화 (48.玄始化/농업)	전남 제주도 표선면 세화	광주지방 법원 형사부	1940.12.4.	불경, 보안법 위반	징역2년	전남제주의 강본승하 외 19인 판결문	
413	현재천 (46.玄才千/농업)	제주 좌면 하원	광주지방 법원목포 지원	1918.11.9. 석방	소요 및 보안법	불기소	형사사건부, 수형인명부	

414	홍기환 (29.洪琪煥/농업)	경북 군위 산성면 백학	대구지방 법원 안동지청	1921.6.22.	대정8년 제령제7 호 위반, 안녕질서 위반	징역1년	경북청송의 박주환 외 26인 판결문		대통령 표창
415	홍석우 (27.洪奭佑/농업)	경북 군위 악계면 대율	대구지방 법원 안동지청	1921.7.8.	대정8년 제령제7 호 위반	징역1년	경북김천의 이군명 외 11인 판결문	대구복심법원형사제2 부/1921.11.26./대정8 년제령제7호위반/무죄/ 경북안동의 손재봉 외 49인 판결문	
416	홍순근 (21.洪純根/농업)	경북 군위 악계면 대율	대구지방 법원 안동지청	1921.7.8.	대정8년 제령제7 호 위반	징역1년	경북김천의 이군명 외 11인 판결문	대구복심법원형사제2 부/1921.11.26./대정8 년제령제7호위반/면소/ 경북안동의 손재봉 외 49인 판결문	
417	홍순옥 (53.洪淳玉/농업)	전북 부안군 산내면 지서	전주지방 법원 형사부	1944.1.10.	치안유지 법 위반	징역4년	전북부안의 홍순옥 외 15인 판결문		건국 포장
418	홍연흠 (37.洪演欽/농업)	경북 군위 악계면 대율	대구지방 법원 안동지청	1921.7.8.	대정8년 제령제7 호 위반	징역1년	경북김천의 이군명 외 11인 판결문	대구복심법원형사제2 부/1921.11.26./대정8 년제령제7호위반/공소 기각/경북안동의 손재봉 외 49인 판결문	건국 포장
419	홍영우 (32.洪泳佑/농업)	경북 군위 부계면 대율	대구지방 법원 안동지청	1921.7.8.	대정8년 제령제7 호 위반	징역1년	경북김천의 이군명 외 11인 판결문	대구복심법원형사제2 부/1921.11.26./대정8 년제령제7호위반/공소 기각/경북안동의 손재봉 외 49인 판결문	건국 포장
420	홍재훈 (24.洪載燻/농업)	경북 군위 악계면 동산	대구지방 법원 안동지청	1921.7.8.	대정8년 제령제7 호 위반	징역2년	경북김천의 이군명 외 11인 판결문	대구복심법원형사제2 부/1921.11.26./대정8 년제령제7호위반/공소 기각/경북안동의 손재봉 외 49인 판결문	
421	홍창흠 (28.洪昌欽/농업)	경북 군위 악계면 대율	대구지방 법원 안동지청	1921.7.8.	대정8년 제령제7 호 위반	징역1년	경북김천의 이군명 외 11인 판결문	대구복심법원형사제2 부/1921.11.26./대정8 년제령제7호위반/공소 기각/경북안동의 손재봉 외 49인 판결문	건국 포장

422	화진선 (33.化進宣)	경남 산청군 단성면 입석	대구복심 법원	1921.6.17.	대정8년 제령제7 호 위반	징역6월	경남산청의 화진선 판결문		대통령 표창
423	황응선 (45.黃應善/무직)	경기도 고양군 숭인면 정능	경성지방 법원	1939.5.23.	보안법 위반	면소	만주국 봉천의 채경대 외 7인 판결문		
424	황의봉 (54.黃義鵬/농업)	전북 정읍군 덕천면 신월	전주지방 법원 형사부	1943.10.30.	치안유지 법 위반	징역3년	독립유공자 공적조서		대통령 표창
계	424명								154명

다

라 마

바

자

ㅋ ㅌ

기타

일제강점기 보천교의 신국가 건설운동

초판1쇄 발행 2023년 2월 20일

지은이 안후상
펴낸이 홍종화

편집·디자인 오경희·조정화·오성현·신나래
　　　　　　　　박선주·이효진·정성희
관리 박정대

펴낸곳 민속원
창업 홍기원
출판등록 제1990-000045호
주소 서울 마포구 토정로25길 41(대흥동 337-25)
전화 02) 804-3320, 805-3320, 806-3320(代)
팩스 02) 802-3346
이메일 minsok1@chollian.net, minsokwon@naver.com
홈페이지 www.minsokwon.com

ISBN　　978-89-285-1790-9　 94380
S E T　 978-89-285-0359-9　 94080